MACROBE

COMMENTAIRE AU SONGE DE SCIPION

LIVRE I

COLLECTION DES UNIVERSITÉS DE FRANCE
publiée sous le patronage de l'ASSOCIATION GUILLAUME BUDÉ

MACROBE

COMMENTAIRE AU SONGE DE SCIPION

LIVRE I

TEXTE ÉTABLI, TRADUIT ET COMMENTÉ

PAR

Mireille ARMISEN-MARCHETTI
Professeur à l'Université de Toulouse-Le Mirail

PARIS

LES BELLES LETTRES

2001

Conformément aux statuts de l'Association Guillaume Budé, ce volume a été soumis à l'approbation de la commission technique, qui a chargé M. Jean Soubiran d'en faire la révision et d'en surveiller la correction en collaboration avec Mme Mireille Armisen-Marchetti.

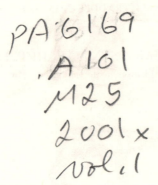

© *2001. Société d'édition Les Belles Lettres,*
95 bd Raspail 75006 Paris.

www.lesbelleslettres.com

ISBN : 2-251-01420-3

ISSN : 0184-7155

INTRODUCTION

I — LA PERSONNALITÉ DE MACROBE ET SON ŒUVRE

1) Le nom de Macrobe

De Macrobe, tout prête à discussion [1], à commencer par son nom. Nous possédons trois ouvrages d'un auteur connu

1. Sur l'identité de Macrobe et les dates de ses œuvres, cf. la bibliographie réunie par P. de Paolis, (1986-87), p. 108-234 (et particulièrement p. 113-125 : « Problemi biografici e cronologia delle opere », qui est un excellent état de la question). Les principaux travaux sont : H. Georgii, « Zur Bestimmung der Zeit des Servius », *Philologus*, (71), 1912, p. 518-526 ; M. Schanz-C. Hosius, *Geschichte der römischen Literatur*, IV, 2, Munich, 1920, p. 189-191 ; P. Wessner, art. « Macrobius », *P.W.*, 14, 1, 1928, col. 169-198 ; P. Courcelle, « Nouveaux aspects du platonisme chez Saint Ambroise », *R.E.L.*, (34), 1956, p. 220-239 (réfutation par M. Fuhrmann, « Macrobius und Ambrosius », *Philologus*, (107), 1963, p. 301-309) ; A. Chastagnol, « Les Espagnols dans l'aristocratie gouvernementale à l'époque de Théodose », *Empereurs romains d'Espagne (Colloques internationaux du C.N.R.S.)*, Paris, 1965, p. 269-292 ; A. Cameron, « The Date and Identity of Macrobius », *J.R.S.*, (16), 1966, p. 25-38 ; « Macrobius, Avienus and Avianus », *Class. Quart.*, (N.S.17), 1967, p. 385-99 ; N. Marinone, « La cronologia di Servio e Macrobio », *A.A.T.*, (104), 1969-70, p. 181-211 (repr. N. Marinone, *Analecta Graecolatina*, Bologne, 1990, p. 265-286) ; J. Flamant, *Macrobe et le néoplatonisme latin à la fin du IVe siècle*, Leiden, Brill, 1977, p. 91-141 ; S. Döpp, « Zur Datierung von Macrobius' *Saturnalia* », *Hermes*, (106), 1979, p. 619-632 ; J. R. Martindale, *The Prosopography of the Later Roman Empire*, II, *A.D. 395-527*, Cambridge, 1980 ; S. Panciera, « Iscrizioni senatorie di Roma e dintorni », *Epigrafia e ordine senatorio, Atti del Colloquio internazionale A.I.E.G.L.*, Rome, 1982, I, p. 658-660. On trouvera de scrupuleuses synthèses du problème, à défaut d'éléments vraiment

depuis le Moyen-Âge sous le nom de Macrobius : les *Saturnales*, le *Commentaire au Songe de Scipion*, ainsi qu'un traité de grammaire, le *De uerborum Graeci et Latini differentiis uel societatibus*, dont il ne subsiste que d'assez larges *excerpta*.

Dans la majorité des manuscrits, l'auteur est désigné sous les trois noms de Macrobius Ambrosius Theodosius. Mais il suffit d'examiner, dans l'apparat critique de la présente édition, les *incipit* et *explicit* de chacun des deux livres du *Commentaire* pour se rendre compte qu'un, voire deux de ces noms peuvent faire défaut : Ambrosius, le plus souvent [2] ; mais il arrive que ce soit Theodosius qui manque, voire les deux, et que Macrobius apparaisse seul. Par ailleurs, quand les trois noms sont donnés, leur ordre est variable ; le plus fréquent néanmoins reste celui que nous avons cité, Macrobius Ambrosius Theodosius, et ce sera donc celui auquel se tiendra cette édition.

Mais sous quel nom Macrobe était-il connu de ses contemporains ? A. Cameron, dans un article remarqué, souleva la question et bouleversa les habitudes en suggérant que le nom d'usage de Macrobe, à son époque, devait être Theodosius [3]. L'argumentation de Cameron est la suivante : au Bas-Empire, on utilise, pour désigner un individu, le dernier de ses noms. Or la souscription du ve siècle qui figure dans certains manuscrits à la fin du premier livre du *Commentaire* [4] atteste l'ordre Macrobius Ambrosius Theodosius ; par ailleurs, en tête du *De differentiis*, du même auteur, se lit la

---

nouveaux, dans les commentaires de L. Scarpa, (1981), p. 3-16 ; M. Regali, (1983), p. 7-14, ainsi que chez M. di Pasquale Barbanti, *Macrobio. Etica e psicologia nei « Commentarii in Somnium Scipionis »*, Catania, 1988, p. 17-25 ; Ch. Guittard, *Macrobe. Les Saturnales, L. I-III*, Introduction, traduction et notes de..., Paris, 1997, p. IX-XI.

2. Boèce, *In Isagogen Porphyrii* I, *C.S.E.L.* XLVIII, 1906, 31, et Cassiodore, *Expositio Psalmorum* 10, 7, l'appellent Macrobius Theodosius.

3. A. Cameron, (1966). En fait, l'hypothèse de Cameron aurait été esquissée dès le XVIIIe s. par P. Colomiès (cité par M. Bevilacqua, *Introduzione a Macrobio*, Lecce, 1973, p. 17, n.1, qui se range à cet avis), et, plus récemment, elle a été soutenue par S. Mazzarino, « La politica religiosa di Stilicone », *R.I.L.*, (71), 1938, p. 235-262.

4. Cf. ci-dessous, p. LXXVI.

dédicace *Theodosius Symmacho suo salutem dicit*. Quant
aux *Fables* d'Avianus, elles sont dédiées à un certain Theodosius, dans lequel A. Cameron reconnaît aussi notre
Macrobe [5]. Ces éléments convergents seraient la preuve que
les contemporains de Macrobe, et Macrobe lui-même, utilisaient son troisième nom, Theodosius.

L'argumentation d'A. Cameron, pour séduisante qu'elle
paraisse, n'est pas sans faiblesses. Tout d'abord, le nom de
l'auteur du *Commentaire* ne figure pas dans la souscription
même, mais seulement dans l'*explicit* du livre I, qui la suit
immédiatement ; A. Cameron, qui n'a pas consulté directement les manuscrits, a été trompé par l'apparat critique de
l'édition qu'il a utilisée [6]. Or il est évident qu'un simple
explicit n'a pas l'autorité d'une souscription. Par ailleurs,
objecte J. Flamant dans l'étude synthétique qu'il a consacrée
à Macrobe et qui sera souvent citée ici [7], il n'est pas exact
qu'au Bas-Empire le dernier des noms d'un personnage soit
toujours son nom d'usage : pour preuve, l'autre grande
œuvre de Macrobe, les *Saturnales*, où l'on voit tel protagoniste du dialogue appelé tantôt par l'un de ses noms, tantôt
par un autre. Enfin, note encore J. Flamant, le seul nom que
les manuscrits n'omettent jamais est celui de Macrobius ;
c'est aussi celui que maintiendront les descendants de
Macrobe, alors que Theodosius disparaît [8]. Nous ajouterons
pour notre part que les dédicaces (celle du *De differentiis*,
celle des *Fables* d'Avianus, où Macrobe se désigne ou est
désigné sous le nom de Theodosius) ne sont pas des docu-

5. A. Cameron, (1967), p. 386-388. F. Gaide, dans l'*Introduction* de
son édition des *Fables* d'Avianus, C.U.F., 1980, p. 22-25, se range à cet
avis. Quant à Avianus lui-même, A. Cameron, (1967), à la suite de
R. Ellis (*The Fables of Avianus*, Oxford, 1887), et suivi à son tour par
F. Gaide (*op. cit.*), l'identifie avec l'Aviénus que Macrobe met en scène
dans les *Saturnales* — lequel n'est sans doute pas le poète Aviénus,
traducteur d'Aratos et de Denys le Périégète.

6. Cette objection à A. Cameron a déjà été faite par B.C. Barker-
Benfield, (1975), I, p. 2-3 ; nos propres collations des manuscrits la
confirment (pour le texte de la souscription, cf. ci-dessous, p. LXXIV).

7. J. Flamant, (1977), p. 91-95.

8. Cf. ci-dessous, p. XIV-XVI.

ments officiels, mais relèvent des relations amicales et de la sphère privée, où les pratiques peuvent être plus souples.

Sur la foi de la tradition, et en l'absence de preuve contraire, nous continuerons donc à considérer Macrobius comme le nom le plus usuel de notre auteur — ce qui n'exclut pas qu'il ait pu être désigné aussi sous le nom de Theodosius.

2) Une origine provinciale ?

Nos sub alio ortos caelo (*Sat.* 1, *praef.* 11) : « moi qui suis né sous un autre ciel ». C'est grâce à cette brève notation — l'unique renseignement biographique que nous fournisse Macrobe — que nous savons que l'auteur des *Saturnales* et du *Commentaire* n'était pas natif de Rome. Un peu plus loin, il s'excuse *si in nostro sermone natiua Romani oris elegantia desideretur*, « que [son] style soit dépourvu de l'élégance innée à une bouche romaine » (*Sat.* 1, *praef.* 12). Notons d'autre part que le Theodosius auquel Avianus dédicace ses *Fables*, et qui, comme on l'a vu, est habituellement identifié à Macrobe [9], n'est pas lui non plus un Romain de naissance. Selon Avianus, Theodosius se distingue à la fois par son érudition grecque et par la latinité de sa langue, qui lui fait surpasser même des Romains : *Nam quis tecum de oratione, quis de poemate loqueretur, cum in utroque litterarum genere et Atticos Graeca eruditione superes et latinitate Romanos ?* [10] Ce dernier compliment (*superes et latinitate Romanos*) n'a de sens que s'il s'adresse à quelqu'un qui n'est pas lui-même *Romanus*. Et si notre Macrobe pour sa part se dit au contraire dépourvu d'*elegantia*, cela tient sans doute au fait qu'il s'agit d'une préface, dans laquelle il est de bon goût d'afficher une modestie de façade [11]. Le témoignage de

9. Cf. ci-dessus n. 5 p. IX.

10. Avianus, *Fables, praef.* : « Qui parlerait avec toi de prose, qui parlerait de poésie, quand, dans les deux genres, tu surpasses les Athéniens par ta culture grecque et les Romains par la latinité ? »

11. Comparer avec la modestie de Rufius Festus dans la préface de son *Breuiarium* I, 1 : *quippe cui desit facultas eloquendi.*

Macrobe et celui d'Avianus coïncideraient donc — dans l'hypothèse, plus que probable, où le Theodosius d'Avianus et Macrobe ne sont qu'une seule et même personne.

Est-ce à dire que la langue maternelle de Macrobe est le grec ? Non. La préface d'Avianus, que nous venons de citer, tout comme elle indique que Theodosius-Macrobe n'est pas de langue latine, suggère de la même façon que sa culture première n'est pas grecque : pourquoi Avianus admirerait-il un Grec pour sa *Graeca eruditio* ? Par ailleurs, on a noté depuis longtemps que Macrobe n'est pas parfaitement à l'aise avec la langue grecque. Il préfère citer les auteurs grecs en latin et commet des erreurs lorsqu'il les traduit [12], et à l'inverse il montre une très grande familiarité et un très grand attachement à l'égard de la littérature latine. On pourrait d'ailleurs se demander pourquoi un Néoplatonicien dont la langue la plus aisée, la langue maternelle, serait le grec, aurait choisi de débattre dans le *Commentaire* de questions techniques délicates dans une autre langue que celle des grands représentants de la doctrine. Qu'un Latin traite de philosophie en grec se concevrait plus aisément — qu'on songe à Marc-Aurèle — ; l'inverse n'est guère vraisemblable.

Nous nous rangerons donc à l'hypothèse communément reçue : Macrobe est un provincial, qui n'appartient pas par la naissance aux milieux aristocratiques de Rome, et l'*elegantia* dont il se dit dépourvu n'est que celle des natifs de la Ville. Mais dans ce cas, quelle est sa patrie ? Nous sommes réduits à des suppositions. On a depuis longtemps pensé à l'Afrique [13] ; J. Flamant propose l'Italie du Sud, l'Afrique ou l'Espagne, régions où l'aristocratie romaine avait de grands domaines et où Macrobe aurait pu entrer en contact avec ces milieux [14]. Une suggestion intéressante est celle de B.C.

---

12. Cf. G. Wissowa, (1880), p. 15.

13. Cf. L. von Jan, *Macrobii Ambrosii Theodosii Opera quae supersunt*, Quedlimburgi et Lipsiae, vol. I, 1848, p. 6 sq. ; P. Monceaux, *Les Africains. Etude sur la littérature latine d'Afrique*, Paris, 1894, p. 426-427 (qui, intrépidement, le déclare même originaire « des environs d'Hippone » !) ; A. Cameron, (1966), p. 25.

14. J. Flamant, (1977), p. 94.

Barker-Benfield, qui signale l'existence d'un papyrus d'Oxyrrhynchos du début du IVe s., où figurent à peu de distance les deux noms de Macrobios et d'Eudoxios (or le petit-fils de notre Macrobe, nous allons le voir, s'appelait Eudoxius) : la famille de Macrobe serait-elle originaire de Haute-Egypte ? Cette hypothèse, fragile, certes, et que B.C. Barker-Benfield lui-même avance avec beaucoup de prudence, coïnciderait bien avec l'estime extrême que Macrobe affiche à l'égard des Egyptiens et de leur savoir [15].

3) Carrière et identification de Macrobe

Ce que l'on sait, en revanche, c'est que Macrobe a accompli une carrière de haut fonctionnaire. Pourraient déjà le faire soupçonner, dans le *Commentaire*, la façon dont il magnifie le service de l'Etat, la considération qu'il témoigne aux *rectores* de la *res publica* et les récompenses célestes qu'il imagine pour eux, à la suite de Cicéron. A ces indices s'ajoute une preuve concrète : le double titre de *uir clarissimus et illustris* que lui attribuent les *incipit* et *explicit* d'un certain nombre de manuscrits [16]. Si *clarissimus* ne révèle que l'appartenance à l'ordre sénatorial, l'illustrat, lui, était réservé à une poignée de hauts fonctionnaires, aux préfets du prétoire et de la Ville et aux chefs des grands services [17]. Pour autant cela n'implique pas que Macrobe ait été *illustris* dès le moment où il écrivait le *Commentaire* : les manuscrits peuvent faire état d'une dignité à laquelle il n'a accédé que par la suite, voire même qui ne lui a été conférée qu'à titre honorifique, comme cela pouvait arriver aux consulaires en fin de carrière [18].

Reste que l'illustrat pouvait faire espérer une identification plus précise de notre auteur. Il était possible en effet de rechercher dans le *Codex Theodosianus* ceux des fonction-

15. Cf. ci-dessous, p. LI.
16. Cf. dans nos manuscrits, l'*incipit* du livre I dans V^3 ; l'*explicit* du livre I de S E H.
17. Cf. J. Gaudemet, *Institutions de l'Antiquité*, Paris, 1967, p. 706.
18. Cf. A. Cameron, (1966) ; J. Flamant, (1977), p. 96-126.

naires cités qui, par leur nom et dans une tranche chronologique acceptable, fussent susceptibles de lui correspondre. Malheureusement, il ne se trouve personne dans le *Codex* qui porte le nom complet de Macrobius Ambrosius Theodosius. A. Cameron, fidèle à son hypothèse selon laquelle Macrobe aurait été connu de ses contemporains sous son troisième nom, retient (comme l'avait déjà fait S. Mazzarino) un Theodosius, préfet du prétoire en 430. Par ailleurs, sous le simple nom de Macrobius, sans autre précision, le *Codex* cite trois fonctionnaires : un vicaire d'Espagne, en 399-400 ; un proconsul d'Afrique en 410 ; un *praepositus sacri cubiculi* à Constantinople en 422 [19].

Jusqu'aux travaux de A. Chastagnol, de A. Cameron et de J. Flamant [20], on admet comme une évidence simple que les trois personnages ne faisaient qu'un et qu'il s'agissait de l'auteur du *Commentaire* [21]. A. Chastagnol au contraire montre que ces trois carrières sont distinctes et ne peuvent être attribuées au même fonctionnaire ; il identifie Macrobe au proconsul d'Afrique. Pour A. Cameron, nous l'avons vu, il ne peut s'agir au contraire d'aucun des trois, Macrobe ne s'appelant pas officiellement Macrobe. J. Flamant à son tour se livre à un examen détaillé de la candidature des trois Macrobius, et rejoint la conclusion de A. Chastagnol : le *praepositus sacri cubiculi* peut être éliminé d'emblée : intime de l'empereur, c'était un chrétien, et, surtout, un eunuque ; or notre Macrobe était si peu eunuque qu'il a eu au moins un fils, auquel sont dédiés le *Commentaire* et les *Saturnales*. Le vicaire d'Espagne est un candidat improbable : le vicariat à lui seul ne conférait pas le titre d'*illustris* ; et le *Codex* nous apprend que ce Macrobe-là, pour avoir

19. L'ouvrage monumental de J. R. Martindale, *Prosopography* ... (cité note 1), paru en 1980, donc postérieurement aux travaux de A. Cameron et de J. Flamant, ne révèle l'existence d'aucun candidat nouveau à l'identification avec l'auteur du *Commentaire*.

20. *Op. cit.* n. 1.

21. Cf. P. Wessner, (1928), col. 170 ; P. Courcelle, (1948[2]), p. 3. Une exception néanmoins : l'article de S. Mazzarino (cité n. 1), qui ne semble pas avoir eu alors de retentissement.

trafiqué de la poste impériale, a été révoqué brutalement, ce qui rend peu vraisemblable que sa carrière ait pu reprendre par la suite et le mener jusqu'à l'illustrat [22]. Reste le proconsul d'Afrique, qui a dû être un païen modéré, envoyé dans cette province pour apaiser la querelle donatiste. « Le nom, l'âge, la religion, les relations de Macrobe rendent cette identification plausible. » [23]

Plausible, dirons-nous à notre tour, mais sans plus. L'identification proposée par A. Cameron n'est pas ruinée : car même si l'on rejette l'idée que Macrobe n'était connu de ses contemporains *que* sous le nom de Theodosius, il reste qu'il a pu l'être *aussi* sous ce nom. Il s'ensuit que le préfet du prétoire de 430 n'est pas rayé de la liste des candidats. Par ailleurs, le *Codex Theodosianus*, comme on le sait, ne nous a pas été transmis dans son intégralité, et notre Macrobe pourrait très bien ne pas figurer dans ce que nous en avons conservé. Dans l'état actuel de la recherche, l'incertitude continue à planer sur la personnalité de Macrobe.

4) Le dédicataire du *Commentaire* : les descendants de Macrobe

Le *Commentaire*, comme déjà les *Saturnales*, est dédié par Macrobe à son fils, un jeune homme pour lequel il trouve d'émouvants accents de tendresse : *uitae mihi pariter dulcedo et gloria* (*Comm.* I, 1, 1), *luce mihi dilectior fili* (*Ibid.* II, 1, 1) [24]. Mais d'emblée, ici aussi, on bute sur le problème du nom : selon les manuscrits, le fils de Macrobe s'appelle tantôt Eustathius, tantôt Eustachius. On sait à quel point le *t* et le *c* se confondent aisément en minuscule caroline, et les copistes eux-mêmes semblent parfois renoncer à distinguer les deux lettres : ainsi notre manuscrit *H* transforme-t-il sans cesse les

---

22. Ce n'est pas l'avis de J. R. Martindale, (*op. cit.* n. 1), II, p. 698, qui, sans signaler la difficulté, identifie le vicaire d'Espagne et le proconsul d'Afrique.

23. J. Flamant, (1977), p. 122-123.

24. Réminiscence de Virgile, *Aen.* IV, 31.

t en *c*. Nous avons cependant donné la préférence à Eustathius, et d'abord pour des raisons qui relèvent de la critique
textuelle. Dans les manuscrits du *Commentaire* que nous
avons collationnés, Eustathius est plus fréquent qu'Eustachius [25]. N'est-il pas plus probable, d'ailleurs, que les copistes médiévaux aient déformé un nom grec et rare, Eustathius,
en un nom chrétien qui leur était plus familier, Eustachius, le
contraire étant beaucoup moins vraisemblable ? J. Flamant
de son côté avance un indice interne relevé dans les *Saturnales* : parmi les protagonistes du dialogue figure un certain
Eustathius, un philosophe invité en tant que tel, et pour
lequel Symmaque dit son admiration. Eustathius possède un
savoir aussi éminent qu'éclectique, *ut solus nobis repraesen-
tet ingenia trium philosophorum de quibus nostra antiquitas gloriata est* [26]. Le philosophe Eustathius n'a pu être
identifié. Mais quoi qu'il en soit, le fils de Macrobe pourrait
lui devoir son nom comme à une sorte de « parrain spirituel » [27].

Enfin, la présomption selon laquelle le fils de Macrobe
s'appelait Eustathius est confortée par l'épigraphie : une
inscription napolitaine atteste l'existence d'un certain Plotinus Eustathius, préfet de Rome en 461. Il est tentant d'y voir
le fils de notre Macrobe, placé ainsi par son père, grâce à ce
double nom, sous le patronage de deux philosophes révérés à
des titres divers [28].

Le petit-fils de Macrobe, lui, nous est connu grâce à la
souscription [29] qui figure dans un certain nombre de manuscrits du *Commentaire*. Cette souscription associe en effet
deux réviseurs : l'arrière-petit-fils de Symmaque d'une part,
et, de l'autre, un certain Macrobius Plotinus Eudoxius, *uir*

25. Cf. l'apparat critique, *ad loc.*
26. *Sat.* I, 5, 13. Les *tres philosophi* sont, comme l'indique la suite du
texte, Carnéade, Critolaüs et Diogène, les trois membres de la célèbre
ambassade athénienne de 155 av. J.C.
27. J. Flamant, (1977), p. 67-69 et 132.
28. *C.I.L.* X, 8072, 4 ; J. R. Martindale, (*op. cit.* n. 1), II, p. 435. Cf. A.
Cameron, (1966), p. 37 ; J. Flamant, (1977), p. 131-132.
29. Cf. ci-dessous, p. LXXIV.

clarissimus, identifié unanimement comme le petit-fils de l'auteur du *Commentaire* [30]. Macrobius Plotinus Eudoxius serait ainsi le fils de Plotinus Eustathius, si l'identification de ce dernier est exacte, et perpétuerait de la sorte, associées dans son nom, la mémoire de son père et celle de son grand-père.

Cette filiation se trouve confortée par une découverte épigraphique, publiée par S. Panciera en 1982 [31]. Il s'agit d'une inscription, provenant probablement du Forum Romanum, sur laquelle on lit le nom de Fl[avius] Macrobius Pl[otinus] [E]ustathius, v(ir) [c(larissimus)...]. Ce personnage serait le Plotinus Eustathius qui fut préfet de Rome en 461, et que l'on avait déjà proposé d'identifier au fils de Macrobe. S. Panciera suggère donc la reconstruction suivante, qui nous paraît vraisemblable : Macrobe se serait appelé Flavius Macrobius Ambrosius Theodosius ; son fils serait le Flavius Macrobius Plotinus Eustathius de l'inscription, préfet de la Ville ; son petit-fils, cité dans la souscription du *Commentaire*, se nommerait à son tour Flavius Macrobius Plotinus Eudoxius.

5) La date du *Commentaire*

La datation du *Commentaire* est liée à celle des *Saturnales*, auxquelles il est, selon toute vraisemblance, postérieur. En effet les deux ouvrages, comme il a été dit plus haut, sont dédiés au même Eustathius, le fils de Macrobe. Mais la longue dédicace des *Saturnales, praef.* 1-2, révèle un jeune adolescent en âge de fréquenter l'école du *grammaticus* ; il aurait donc entre douze et quinze ans. En revanche la dédicace du *Commentaire* I, 1, 1 — *uitae mihi dulcedo pariter et gloria* — convient à un jeune homme, plutôt qu'à un enfant ou à un

---

30. A. Cameron, (1966), p. 37 ; J. Flamant, (1977), p. 129-131. J. R. Martindale, (*op. cit.* n. 1), II, p. 413, admet, sur la foi de leurs noms, le lien entre Macrobius Plotinus Eudoxius d'une part, et Macrobe et Plotinus Eustathius de l'autre.

31. Cf. n. 1 p. VII.

homme mûr ; et comme le contenu même de l'ouvrage incite à supposer qu'Eustathius est en âge de parachever par la philosophie sa formation scolaire, le fils de Macrobe pourrait avoir environ vingt ans [32]. Il y aurait ainsi, entre les deux œuvres, un écart de cinq à dix ans.

Cela étant, ni les *Saturnales* ni le *Commentaire* ne se laissent dater avec certitude, malgré l'ingéniosité dont ont fait preuve divers savants dans l'exploitation des critères internes et externes. Il n'est pas possible d'exposer ici le détail de toutes les argumentations, souvent très subtiles. Retenons simplement que les datations hautes, qui rendaient le *Commentaire* antérieur à l'an 400, tendent à être abandonnées [33], tandis que les datations basses, qui sont aussi les plus prudentes, celles d'A. Cameron, de N. Marinone et de J. Flamant, s'accordent, à partir de points de départ différents, pour en juger la composition postérieure à 430 [34]. Selon A. Cameron, qui fait de Macrobe le préfet du prétoire de 430, les *Saturnales* et le *Commentaire* ont été écrits dans la décennie qui a suivi cette charge. N. Marinone (qui, pour l'identification de Macrobe, adopte la proposition de A. Cameron) part du personnage du grammairien Servius, le commentateur de Virgile, tel qu'il est présenté dans les *Saturnales*, pour en déduire que les *Saturnales* comme le *Commentaire* ont été écrits entre 430 et 440. Enfin, pour J. Flamant, qui, comme on l'a vu, identifie notre auteur avec le proconsul d'Afrique de 410, les *Saturnales* n'ont pu être composées qu'après 408-410, et probablement entre 420 et 430 : l'indice en est

32. Cf. J. Flamant, (1977), p. 87-91 ; N. Marinone, « Note al commento Macrobiano », *Analecta Graecolatina*, Bologne, 1990, p. 369-371 ; M. Regali, (1983), p. 10-11.

33. Datations hautes : H. Georgii (*op. cit.* n.1) : entre 395 et 410 ; P. Courcelle (*op. cit.* n.1) : le *Commentaire* est antérieur à l'*Hexaméron* d'Ambroise, lui-même composé en 386 ou 387 (réfutation par M. Fuhrmann, *op. cit.* n. 1). Datations du même ordre (avec des arguments différents) *ap.* R. Cristescu-Ochesanu, « Controverse recente cu privire la cronologia lui Macrobius », *Studii Clasice*, (14), 1972, p. 231-7, et S. Döpp (*op. cit.* n.1).

34. A. Cameron, (1966) ; N. Marinone, « La cronologia... » (*op. cit.* n. 1 p. VII) ; J. Flamant, (1977), p. 80 sq.

l'autorité scientifique, c'est-à-dire, par voie de conséquence, l'âge prêtés à Servius. Quant au *Commentaire*, il est, comme on l'a dit, postérieur aux *Saturnales* de quelques années.

Il ne s'agit une fois de plus que d'hypothèses, mais qui coïncident bien avec l'identification de Plotinus Eustathius comme fils de Macrobe et dédicataire du *Commentaire* : Plotinus Eustathius étant préfet de la Ville en 461, il pouvait avoir vingt ans dans les années 420-430 ; et cet âge convient bien, nous l'avons dit, au dédicataire du *Commentaire*.

6) La religion de Macrobe

Ni les *Saturnales* ni le *Commentaire*, ni à plus forte raison le traité grammatical *De differentiis*..., ne font la moindre allusion au christianisme, qui est pourtant alors la religion et le système de pensée triomphants. Certains se sont néanmoins obstinés à faire de Macrobe un chrétien, et cela pour diverses raisons. Ce peut être d'abord par une conséquence de l'ancienne identification de Macrobe au *praepositus sacri cubiculi* cité par le *Code Théodosien* pour l'année 422 ; cette charge, qui amenait à côtoyer l'empereur dans sa vie privée, était en effet réservée à un personnage de toute confiance, à un chrétien. Mais, comme nous l'avons vu, cette identification ne tient pas. Il est arrivé aussi que l'on veuille voir en Macrobe un chrétien tiède, qui, malgré le baptême, continuerait à rester attaché avant tout à la culture romaine traditionnelle : s'il ne parle pas du christianisme, ce serait parce que celui-ci n'occupe que l'arrière-plan de sa conscience et de sa pensée [35].

Faire de Macrobe un chrétien, même négligent, est pourtant aller contre l'évidence. Nous pourrions invoquer les *Saturnales*, où le paganisme de Macrobe est démontré par le long exposé de théologie solaire auquel se livre le personnage le plus en vue du dialogue, Prétextat, porte-parole de

---

35. Cf. M. Bevilacqua (*op. cit.* n. 3 p. VIII), p. 23-32, mais qui affirme au lieu d'argumenter.

l'auteur, à n'en pas douter [36]. Mais tenons-nous en à l'ouvrage qui nous occupe ici : dans le *Commentaire*, Macrobe parle en pur Néoplatonicien. Il donne, par exemple, un exposé de la doctrine des trois hypostases qui est l'un des plus explicites que nous possédions. De la même façon la doctrine de l'âme, de son origine astrale et de sa descente sur terre, est développée longuement et avec une précision dénuée d'ambiguïté, bien que la thèse de la préexistence des âmes et de la métempsychose soit incompatible avec le dogme chrétien ; elle embarrassera d'ailleurs les lecteurs médiévaux du *Commentaire* [37]. Le silence dans lequel Macrobe tient le christianisme est un silence de dédain, un silence polémique, non le silence d'une âme tiède. Tiède, Macrobe ne l'est pas, bien au contraire. Mais son enthousiasme et sa vénération, comme on le verra sans cesse au fil du *Commentaire*, vont aux vérités de Plotin et de Porphyre, non à celles du Christ.

II — LE *COMMENTAIRE AU SONGE DE SCIPION*

Le titre

C'est Macrobe lui-même qui qualifie son œuvre de *commentarius*, ou plutôt de *commentarii*, au pluriel. Le premier livre s'achève sur ces mots : « Mais maintenant, interrompant la continuité de notre traité, réservons au volume du second *commentarius* la discussion de la suite » [38]. Dans la première phrase du second livre, de même, il est question de la matière qui a été traitée « dans le précédent *commentarius* », *superiore commentario*. Ainsi, Macrobe atteste à la fois qu'il a

36. *Sat.* I, 17-23. Pour la théologie de Macrobe, cf. J. Flamant, (1977), p. 676 sq. ; E. Syska, (1993).

37. Exposé sur la doctrine des hypostases : *Comm.* I, 14, 5-7. Traité sur l'âme : *Comm.* I, 8, 1-14, 20 et II, 12-16.

38. I, 22, 13 : *sed hic inhibita continuatione tractatus ad secundi commentarii uolumen disputationem sequentium reseruemus.*

lui-même décidé de la division en deux livres, et que chacun de ces livres forme un *commentarius* à lui seul. Néanmoins, pour ne pas contrarier l'habitude la plus fréquente ni créer d'équivoque, nous continuerons à parler du *Commentaire au Songe de Scipion*, au singulier, en désignant par là l'ensemble des deux *commentarii*, c'est-à-dire des deux livres du traité.

1) Le genre du commentaire philosophique

Mais qu'est-ce, en ce sens, qu'un *commentarius* ? Le terme, qui est en relation étymologique avec *commentor* (« avoir ou se remettre dans l'esprit ») et *mens* [39], s'applique à l'origine à tout document ou recueil de documents destiné à aider la mémoire : notes prises par un étudiant en cours, par un orateur pour s'aider à la tribune, registres ou archives tant de particuliers ou de familles que d'administrations, de magistrats, de collèges sacerdotaux, et même du prince. *Commentarii* en vient ainsi à désigner ce que nous appelons des Mémoires : on pense aux *Commentaires* de César, bien entendu ; mais Cicéron aussi parle du *commentarius* dans lequel est consignée l'histoire de son consulat [40].

Mais c'est à l'école qu'est né le « commentaire », au sens moderne du terme, d'une œuvre littéraire ou philosophique. Il a été un procédé d'enseignement avant d'être fixé par écrit. A l'école du grammairien, la tâche du maître devant ses élèves consiste à commenter les textes littéraires au programme, textes de prose ou de poésie, selon une méthode que nous connaissons bien : commentaire suivi, mot à mot, de l'œuvre toute entière, qui peut porter sur des points de langue, de métrique s'il s'agit de poésie, d'érudition histori-

---

39. Cf. A. Ernout et A. Meillet, *Dictionnaire étymologique de la langue latine*, Paris, 1959[4], s.v. *commentor*, p. 397.

40. Cic., *Att.* I, 19, 10. Cf. *Th. L.L.* III, VIII, s.v. *commentarius*, col. 1856-1861 ; C. Daremberg et E. Saglio, *Dict. des Antiquités grecques et romaines*, Paris, 1887, s. v. *commentarium, commentarius*.

que ou mythologique, etc. [41] Ce travail, oral ou écrit, porte le nom de *commentarius* [42]. Les grammairiens de quelque renom se faisaient en effet une fierté de fixer par écrit le contenu de leur enseignement, et nous possédons des témoins de leur production, à travers, pour nous en tenir à l'Antiquité tardive et aux plus célèbres d'entre eux, les commentaires de Servius à Virgile ou de Donat à Térence.

Le commentaire philosophique, lui aussi, est issu de l'école, mais sa méthode est différente. Le professeur de philosophie pratiquait devant son auditoire le commentaire oral d'un texte ou d'un corpus de textes groupés autour d'un thème. Sénèque décrit une leçon donnée par l'un des maîtres de sa jeunesse, le Pythagoricien Sotion, qui commence par exposer l'enseignement de Sextius et de Pythagore sur le végétarisme, avant d'ajouter sa contribution personnelle. Le Platonicien Taurus, maître d'Aulu-Gelle, à Athènes, développe dans un de ses cours les thèses des Anciens sur la colère, puis il expose ses propres *commentarii* [43]. Faut-il entendre par là qu'il lit de simples notes prévues pour ce cours, ou qu'il se reporte à des ouvrages qu'il a déjà publiés ? On penche pour la seconde hypothèse : ces exposés didacti-

41. Cf. H.-I. Marrou, *Histoire de l'éducation dans l'Antiquité*, nouv. éd., Paris, 1965, p. 252 sq. (pour l'école hellénistique) et p. 406 sq. (pour l'école latine). M.-Cl. Vacher, éd. de Suétone, *Grammairiens et rhéteurs*, p. 70, n. 11, définit les *commentarii* attribués à divers grammairiens comme des « écrits ayant un caractère discontinu et répondant à des préoccupations plus pratiques qu'esthétiques » ; le terme peut aussi désigner une œuvre littéraire « que l'on présente, soit par modestie, soit avec raison, comme rédigée rapidement et ne faisant que réunir les éléments de ce qui serait un travail en forme. » Pour la pérennité formelle du commentaire grammatical, cf. D. van Berchem, « Poètes et grammairiens : recherches sur la tradition scolaire d'explication des auteurs », *M.H.*, (9), 1952, p. 79-87. A Rome, Sénèque décrit le contenu des commentaires des grammairiens (*Ep.* 88, 3), et il se moque de leur érudition vaine et souvent de mauvais aloi : *Breu.* 13, 2-9 ; *Ep.* 88, 3-8.

42. *Commentarius* s'appliquant dès l'origine aux travaux des grammairiens : cf. Suet., *Gramm.* 5, 1 ; 10, 5.

43. Sotion : cf. Sén., *Ep.* 108, 20-21. Taurus : Aulu-Gelle, *N.A.* I, 26, 2 : *cum... disseruisset quae et in ueterum libris et in ipsius commentariis exposita sunt.*

ques aboutissaient en effet couramment à des publications, et nous savons, pour conserver le même exemple, que Taurus avait donné un commentaire du *Gorgias* [44].

L'école néoplatonicienne, qui est celle de Macrobe, a produit une quantité impressionnante de commentaires philosophiques, en grec surtout, mais aussi en latin, dont nous n'avons conservé qu'un nombre restreint, ce qui complique, voire, souvent, rend inextricable la recherche des filiations et des traditions d'un auteur à l'autre. Les raisons de cette surabondance sont multiples. La première est la transformation de l'enseignement philosophique à l'époque impériale, excellemment décrite par P. Hadot : la philosophie ne s'apprend plus, comme c'était le cas auparavant, par un libre dialogue avec le maître, mais par la lecture commentée des textes ; et ce commentaire lui-même est couché ensuite par écrit, par le maître en personne ou par un de ses élèves [45]. Pour l'époque de Macrobe, on peut invoquer en sus le retour aux sources de la culture classique, qui atteint son acmé à la fin du IVe siècle, lors de la « renaissance païenne », dans le milieu aristocratique mis en scène par les *Saturnales* ; ce mouvement, qui suscite également toute une activité matérielle de copie et d'émendation des grands textes du passé [46], ne pouvait qu'encourager la floraison des commentaires savants. Enfin, le commentaire philosophique pouvait avoir une fonction aussi intime que didactique, comme l'a démontré I. Hadot [47] : pour son auteur comme pour ses lecteurs, le commentaire se fait alors « exercice spirituel », c'est-à-dire méditation par laquelle on s'applique, selon une progression pédagogique qui est aussi une progression spirituelle, à s'approprier et à intérioriser les principes fondamentaux

44. Aulu-Gelle, *N.A.* VII, 14, 5. Proclus (*In Tim.* I, 76, 1 Diehl) atteste l'existence, dès la fin du IVe siècle av. J.C., d'un commentaire au *Timée* dû au Platonicien Crantor. Cf. P. Hadot, (1995), p. 232-237 : *Les méthodes d'enseignement : l'ère du commentaire*.

45. P. Hadot, (1995), p. 234.

46. S'agissant du *Commentaire*, en témoigne la souscription de Symmaque (cf. ci-dessous, p. LXXIV)

47. Cf. I. Hadot, Simplicius. *Commentaire sur le Manuel d'Epictète*, Leiden, 1996, p. 54-60.

d'une doctrine, elle-même conçue non pas comme un simple édifice intellectuel, mais bien comme un guide autour duquel s'organisent la vie et l'action personnelles.

Donc, dès le IIIe siècle, puis tout au long de l'histoire du néoplatonisme antique, les successeurs de Plotin, depuis Porphyre jusqu'à Proclus et Simplicius, pratiquent abondamment le genre du commentaire, revenant à l'envi vers les grands Anciens qu'ils considèrent comme les fondateurs de la pensée philosophique : Homère, qui fait l'objet d'interprétations allégoriques infinies ; Platon, bien entendu (dont à peu près tous les traités sont commentés, avec une prédilection pour la *République* et le *Timée*), Aristote, et jusqu'à des philosophes dont les fondements doctrinaux sont pourtant éloignés du néoplatonisme, comme Epictète.

Nous avons parlé, par commodité, du « genre » du commentaire philosophique. En effet, même s'il n'est pas identifié par les Anciens comme un genre littéraire au plein sens du terme [48], le commentaire philosophique respecte un certain nombre d'habitudes. Son préambule obéit à un schéma usuel, auquel, comme on le verra, Macrobe se conforme à son tour [49]. Quant à la conduite même du commentaire, elle est considérablement moins figée qu'elle ne l'était chez les grammairiens. On ne procède plus mot à mot, mais par unités plus larges : phrase par phrase, voire portion de texte par portion de texte, cela n'interdisant pas, bien entendu, de s'attarder sur un terme précis si on le juge utile. A partir de là, plusieurs choix s'offrent au commentateur. Il peut traiter, phrase par phrase, de la totalité d'une œuvre, comme, par exemple, Proclus dans ses commentaires au *Timée* ou à l'*Alcibiade*. Il peut aussi choisir de ne s'attacher qu'à un extrait suivi : c'est la méthode de Calcidius, qui ne commente que les chapitres centraux du *Timée*, après les avoir traduits. Il peut encore,

---

48. M. Regali, (1983), I, p. 18, n. 48, fait remarquer que le commentaire ne figure pas dans la liste des genres littéraires établie par le rhéteur Hermogène (*Rhetores Graeci*, t. VI, éd. Rabe, Leipzig, 1913).

49. Les règles du prologue, pour le commentaire philosophique, sont évoquées par Proclus, *Commentaire à la République*, I, 5-7 Kroll. Cf. ci-dessous, *Comm.* I, 1, 1 et note 1.

tout en suivant l'ordre de l'œuvre qu'il a prise pour cible, ne retenir que des morceaux choisis : ce sera le procédé de Macrobe, nous le verrons. Enfin la méthode la plus libre est sans doute celle de Proclus, dans son *Commentaire à la République*, où sont réunies dix-sept dissertations indépendantes les unes des autres, même si elles respectent, dans leurs sujets, l'ordre des thèmes du traité platonicien.

Même souplesse quant à la matière même du commentaire. Les remarques formelles, philologiques ou historiques, à la manière des grammairiens, sont certes exclues, sauf exception. Mais pour le reste, le commentateur dispose d'une liberté quasi infinie. Tout ce qui lui paraît devoir éclairer la pensée, réelle ou supposée, de l'auteur qu'il commente, peut être intégré à son propos. Ainsi, à des développements proprement philosophiques, au sens le plus large, peuvent s'ajouter des remarques, voire de copieux exposés relevant de disciplines annexes, scientifiques en particulier : de tout cela, le *Commentaire* de Macrobe sera le meilleur exemple.

2) L'œuvre commentée : le *Songe de Scipion*

Le *Songe* et la *République* de Cicéron

Mais la méthode de Macrobe et les buts qu'il poursuit ne peuvent être évalués que si l'on a bien en mémoire la nature du texte auquel il a choisi de s'attacher. Le *Somnium Scipionis* de Cicéron n'est pas une œuvre autonome : ce que l'on connaît sous ce nom, ce sont les paragraphes 9 à 29 du livre VI de la *République* [50]. Tel est le titre que porte cet extrait

---

50. Principales éditions et éditions commentées récentes du *Songe de Scipion*, soit seul, soit comme partie du *De republica* : A. Ronconi, *Cicerone, Somnium Scipionis* (texte et comm.), Florence, 1967[2] ; C. Ziegler, *M. Tullius Cicero, De re publica* (texte), Leipzig, 1969[7] ; E. Bréguet, *Cicero De republica*, C.U.F., Paris, Belles-Lettres (texte, trad. française et notes), 1980 (1989[2]) ; K. Büchner, *Cicero. De Re publica*, Heidelberg, 1984 (comm.) ; J. G. F. Powell, *Cicero : On friendship and the Dream of Scipio* (texte, trad. angl. et comm.), Warminster, 1990 ; J. E. G. Zetzel, *Cicero De re publica. Selections* (texte et comm. ; contient

aussi bien dans les manuscrits médiévaux de Macrobe que dans ceux de Favonius Eulogius, l'autre commentateur du *Songe* que nous connaissons [51].

Ce morceau brillant, qui constitue la conclusion générale du *De republica*, est, comme l'explique longuement Macrobe [52], une *fabula*, c'est-à-dire une fiction littéraire. Le principal personnage du dialogue, Scipion Emilien, raconte le songe inoubliable qu'il a fait vingt ans plus tôt, en 149 av. J.C., alors que, jeune commandant de légion, il était venu en Afrique pour participer à la troisième guerre punique. Accueilli par le vieux roi Massinissa, il avait passé la soirée à l'écouter évoquer le souvenir de son aïeul par adoption, Scipion l'Africain. Et, une fois couché, il avait rêvé qu'il s'élevait dans les régions célestes, où l'accueillaient précisément l'Africain et Paul Emile. Ceux-ci lui faisaient voir le ciel, les astres et la terre, lui expliquaient les admirables mécanismes du cosmos ; et, tout en l'assurant de l'immortalité des âmes, ils lui révélaient qu'après leur mort les âmes des hommes politiques méritants s'élevaient au ciel, où les attendait dans la Voie Lactée une béatitude éternelle.

Il n'est pas impossible que le *Songe de Scipion*, perçu comme unité spécifique, ait eu une destinée éditoriale autonome dès l'Antiquité, avant même de devenir objet de commentaires, mais nous n'en avons pas de preuve. Ce fut le cas assurément au Moyen-Âge, et cela grâce à l'œuvre de Macrobe, à laquelle le *Songe* dut de survivre dans de bonnes conditions. Car si le *De republica*, naufragé dans son entier jusqu'à l'époque moderne, ne réapparut qu'au début du XIXe siècle, par le biais d'un palimpseste péniblement déchiffré [53], le *Songe de Scipion*, lui, connut une transmission séparée

l'intégralité du *Songe*), Cambridge, 1995. Etudes spécifiques : P. Boyancé, *Etudes sur le Songe de Scipion*, Paris, 1936 ; K. Büchner, *Somnium Scipionis. Quellen. Gestalt. Sinn*, Wiesbaden, 1976.

51. Cf. dans notre apparat critique les *incipit* et *explicit* de chacun des deux livres. Le traité de Favonius Eulogius a pour titre *Disputatio de Somnio Scipionis* : cf. éd. van Weddingen, (1957), p. 13.

52. *Comm.* I, 2.

53. Les périlleuses conditions de transmission du texte de la *République* sont décrites dans l'édition d'E. Bréguet, (1989[2]), p. 150 sq.

grâce à un certain nombre de manuscrits médiévaux du *Commentaire*, où il apparaît en annexe à ce dernier [54].

Malgré leur exemple, et celui de certains éditeurs modernes, nous n'annexerons pas, dans la présente édition, le texte du *Somnium Scipionis* à celui du *Commentaire* de Macrobe. Nous pouvons en effet avoir la certitude que Macrobe n'a pas utilisé l'archétype de ces copies du *Songe* pour son commentaire, et que ce n'est pas lui non plus qui en a joint le texte à sa propre œuvre. Pour preuve, les variantes qui s'observent entre, d'une part, le *Songe* livré par les manuscrits à la suite du *Commentaire*, et, d'autre part, les citations qu'en donne Macrobe au fil de son œuvre, variantes révélatrices de deux traditions textuelles différentes [55]. Or on imagine mal que, si Macrobe avait eu en main l'archétype de ces éditions séparées du *Somnium*, il eût pu se dispenser d'harmoniser ses citations avec ce texte. Un autre indice montre que Macrobe n'utilisait pas une édition séparée du *Songe de Scipion* : il est capable de situer le *Songe* au sein du livre VI du *De republica* et d'en citer le contexte [56], ce qui montre qu'il a bien sous les yeux, au moment où il travaille, un exemplaire complet du traité de Cicéron. Ajoutons enfin qu'il se donne parfois la peine, pour mieux mettre en perspective la citation qu'il

54. Parmi nos manuscrits, le *Somnium* figure dans A, X et K, avant le *Commentaire*. E ne comporte que le début du *Somnium* (jusqu'à 3, 3 = *Rép.* VI, 15 *ut Africanum*), placé à la suite du *Commentaire*. Le livre VI de la *République* étant perdu dans le palimpseste, le *Somnium* n'est connu que par les manuscrits qui l'annexent au *Commentaire* (ainsi que par certains manuscrits très tardifs, qui présentent le *Somnium* à côté d'autres œuvres de Cicéron ; mais le texte est emprunté aux manuscrits du *Commentaire*). Tous remontent à un archétype unique, comme le montre la faute commune *parum rebus* pour *parumper* (*Somn.* 2, 3 = *Rép.* VI, 12). Pour l'histoire du texte du *Somnium*, cf. les éditions citées note 50, et en particulier celle d'E. Bréguet, p. 158-162.

55. Ces variantes sont au nombre d'une vingtaine. Trois exemples patents seulement : *conseruatores* dans *Somn.* 3, 1 = *Rép.* VI, 13 ; *seruatores* dans *Comm.* I, 8, 1 et I, 9, 1. *Subter* dans *Somn.* 4, 2 = *Rép.* VI, 17 ; *de septem* dans *Comm.* I, 17, 3. *Coniunctus* dans *Somn.* 5, 1 = *Rép.* VI, 18 ; *disiunctus* dans *Comm.* II, 2, 21 ; II, 3, 3 ; II, 3, 12.

56. *Somn.* I, 4, 2-3. Ces citations constituent, avec quelques autres rares et brefs témoignages indirects, tout ce que nous connaissons du livre VI du *De republica*, le *Songe* excepté.

commente, de résumer le *Somnium* en totalité ou en partie [57] : ressentirait-il le besoin de le faire s'il avait l'intention de joindre à son *Commentaire* le texte intégral du *Somnium*, donnant ainsi au lecteur la possibilité de s'y reporter à tout moment ? Ce sont donc les éditeurs médiévaux et eux seuls qui ont joint le *Songe* au *Commentaire*, à l'usage de lecteurs qui, eux, n'avaient pas le *De republica* dans leur bibliothèque et ne connaissaient pas autrement le texte de Cicéron. L'attention était d'autant plus judicieuse que le *De republica* disparut de bonne heure des bibliothèques médiévales. De nos jours en revanche la précaution serait oiseuse, et notre souci est plutôt de ne pas alourdir inutilement la présente édition.

Argument analytique du *Songe de Scipion*

Rép. VI, 9-10 = *Songe* 1, 1-4 [58] — Mise en scène du songe. Scipion Emilien est reçu par Massinissa. La nuit venue, Scipion l'Africain lui apparaît.

Rép. VI, 11-12 = *Songe* 2, 1-3 — L'Africain prédit à Scipion Emilien son avenir.

Rép. VI, 13 = *Songe* 3, 1 — L'Africain révèle à Scipion Emilien la béatitude céleste réservée aux âmes des hommes d'état méritants.

Rép. VI, 14 = *Songe* 3, 2 — Scipion Emilien voit lui apparaître son père Paul Emile.

Rép. VI, 15 = *Songe* 3, 3-5 — Paul Emile interdit à son fils le suicide.

Rép. VI, 16-17 = *Songe* 3, 5-4, 1-3 — Exposé astronomique : les sphères célestes, vues de la Voie Lactée.

Rép. VI, 18-19 = *Songe* 5, 1-3 — La musique des sphères.

---

57. *Comm.* II, 5, 1 ; II, 12, 1.

58. Chaque fois que nous citerons un passage du *Songe*, nous donnerons toujours deux références, la première renvoyant aux éditions de la *République*, livre VI, et la seconde, aux éditions du *Songe* seul.

Rép. VI, 20-22 = *Songe* 6 — Exposé géographique : les zones terrestres habitables. Conséquence : la gloire humaine est limitée dans l'espace.

Rép. VI, 23-25 = *Songe* 7 — La Grande Année et les cycles cosmiques. Conséquence : la gloire humaine est limitée dans le temps.

Rép. VI, 26-29 = *Songe* 8-9 — L'âme humaine est immortelle ; après sa séparation d'avec le corps, elle regagnera le ciel, si elle l'a mérité.

Le *Songe de Scipion* et le mythe d'Er

Ce songe eschatologique est à l'évidence une imitation du mythe d'Er, par lequel Platon concluait sa propre *République*[59]. Les Anciens n'avaient pas manqué de le noter, et Macrobe ouvre son commentaire sur cette comparaison[60]. Tout invite au rapprochement : non seulement les deux dialogues portent, chacun dans sa langue, le même titre, mais, signale Macrobe, leur intention est la même : parler de la justice. Et, comme encouragement à pratiquer cette vertu, l'un et l'autre s'achèvent sur un mythe qui fait espérer aux hommes, dans l'au-delà, des récompenses à la mesure de leurs mérites terrestres[61]. Mais la destinée des âmes *post mortem* ne prend son sens que si l'on connaît le cosmos dans son ensemble et son organisation harmonieuse. Aussi le *Songe de Scipion* propose-t-il un rapide *compendium* de la façon dont Cicéron se représente le monde, comme le mythe

59. Platon, *Rép.* X, 614 b-621 d.
60. *Comm.* I, 1, 2. Même remarque de la part de Favonius Eulogius, *Disp.* I, 1 (*Imitatione Platonis Cicero de re publica scribens locum etiam de Eris Pamphylii reditu in uitam (...) commentus est*) ; d'Augustin, *Ciu.* 22, 28. Il semble qu'il ait existé dans l'Antiquité une tradition du songe eschatologique à visée morale : cf. le songe de Cléonyme d'Athènes, rapporté par le disciple d'Aristote, Cléarque (*ap.* Proclus, *In Remp.* II, p. 114 Kroll = III, p. 58-59 Festugière), et ceux que mentionne Cicéron lui-même, *Diu.* I, 53.
61. Macr., *Comm.* I, 1, 2-8.

d'Er, en son temps, avait donné une description, plus sommaire il est vrai, du cosmos.

Pour autant, les idéologies des deux mythes ne sont pas parfaitement superposables. Sans procéder à une comparaison exhaustive qui n'aurait pas sa place ici [62], nous devons préciser quelques points de divergence : leur connaissance se révèlera utile pour prendre la mesure de la « lecture » que fait Macrobe du *Songe*. Disons rapidement que Cicéron mêle, à la représentation pythagorico-platonicienne qui est celle du mythe d'Er, des éléments stoïciens — le problème des sources est d'ailleurs l'une des questions difficiles posées par le *Songe*. D'autre part, dans les développements astronomiques et géographiques, Cicéron, même s'il ne connaît de ces questions que ce qu'en implique une bonne culture générale, ne peut pas ne pas tenir compte de l'état de la science de son époque, riche de tout l'apport de la période hellénistique. Cela n'ira pas sans poser quelques difficultés à Macrobe, pour qui Cicéron et Platon partagent la même connaissance de la vérité : il s'appliquera donc à montrer qu'ils sont d'accord, même quand à l'évidence ils se contredisent [63].

Mais la plus grande différence est dans le sens profond des deux épisodes. Le mythe d'Er se veut universaliste. Er est un homme quelconque, sans individualité, dont on ne connaît que le sec état-civil — Er, fils d'Arménios —, un Pamphylien, un étranger donc, dont le hasard fait un simple témoin passif [64] du devenir des âmes après la mort. Il constate qu'elles y sont traitées en fonction de leurs fautes et de leurs mérites terrestres, sur lesquels sont mesurés récompenses ou châtiments dans l'au-delà ; ensuite, elles se réincarnent, et sont responsables du choix de leur nouvelle vie. Fautes et mérites sont définis relativement à la vertu de justice (δικαιοσύνη), et le parangon du méchant est le tyran injuste. Mais, à l'inverse, l'homme juste doit cette qualité à sa connaissance théorique de la justice, connaissance elle-même

62. Pour cela, nous renvoyons aux éditions commentées et aux commentaires modernes du *Songe de Scipion*, cités note 50.

63. Cf. ci-dessous, p. LIII.

64. *Index*, dit Macrobe (*Comm.* I, 2, 12).

acquise par l'étude de la philosophie. Le parfait chef d'état est donc le philosophe.

Dans le *Songe de Scipion*, il en va autrement. Le rêveur, Scipion Emilien, est un héros national, et ce sont d'autres héros du passé romain, Scipion le premier Africain et Paul Emile, qui l'accueillent dans la Voie Lactée pour l'instruire des réalités de l'au-delà. Quant aux âmes méritantes appelées à jouir de l'immortalité céleste, ce sont celles des bons chefs d'état, c'est-à-dire des hommes d'action *qui patriam conseruarint, adiuuerint, auxerint* [65], et dont les vertus concrètes de justice et de piété se sont exercées à l'égard de la cité [66]. Certes, les politiques ne sont pas les seuls à avoir accès au « paradis » céleste : Cicéron l'ouvre aussi aux musiciens et aux philosophes, mais comme en passant et sans insister [67]. L'idée fondamentale du *Songe*, répétée à diverses reprises et qui oriente tout le texte, est bien l'immortalité astrale des chefs d'état méritants [68] ; et leur récompense, il faut le noter, est éternelle : elle n'est pas remise en cause, comme dans le mythe d'Er, par le cycle des réincarnations.

Les personnages du *Songe*

Le *Songe de Scipion*, dialogue à l'intérieur d'un dialogue, se joue entre trois personnages, dont un seul, Scipion Emilien, l'auteur et le narrateur du songe, est en même temps un protagoniste du *De republica*. Les deux autres, Scipion l'Africain et Paul Emile, sont des apparitions venues de l'au-delà.

P. Cornelius Scipio Aemilianus Africanus Numantinus, né en 185 ou 184 av. J.C., est le fils de Paul Emile, et c'est par

65. *Rép.* VI, 13 = *Somn.* 3, 1. C'est bien ainsi que Macrobe comprend le texte de Cicéron : cf. *Comm.* I, 1, 8.
66. *Rép.* VI, 16 = *Somn.* 3, 5.
67. *Rép.* VI, 18 = *Somn.* 5, 2.
68. On peut ajouter aux passages déjà cités *Rép.* VI, 29 = *Somn.* 9, 2. Il conviendrait certes de nuancer, en prenant en compte l'ensemble de la théorie politique de Cicéron, dans laquelle l'action est inséparable de la sagesse théorique : cf. (cités n. 50) A. Ronconi, p. 13 sq. ; K. Büchner, (1976), p. 73 sq. ; E. Bréguet, p. 85 sq.

adoption qu'il est devenu un Cornelius Scipio. Sa carrière, tant militaire que politique, fait de lui l'un des personnages les plus brillants de la République. Soldat exceptionnel, il a fait ses premières armes à Pydna, en 168. En 149 (date scénique du *Songe*), il rejoint comme tribun militaire en Afrique l'armée engagée contre Carthage, où il se distingue si bien qu'il est élu en 147 au consulat, au mépris des dispositions de la *lex annalis*. C'est donc comme proconsul que, l'année suivante, il s'empare de Carthage et l'anéantit, mettant fin à la troisième guerre punique : d'où un premier triomphe et le surnom d'Africanus, qui était déjà celui de son grand-père par adoption. En 133, la prise de Numance, au terme d'un siège aussi célèbre que cruel, lui vaut son second triomphe et le surnom de Numantinus. Les dernières années de sa vie sont agitées par les luttes politiques. Il s'oppose vigoureusement à l'action de son beau-frère Tiberius Gracchus, au point que sa mort subite, en 129, donnera lieu à une rumeur d'assassinat familial [69]. Mais Scipion Emilien, que Macrobe définit comme un *uir non minus philosophia quam uirtute praecellens* (*Comm.* I, 3, 16), est aussi un homme de haute culture. Il a été éveillé dès sa jeunesse à l'hellénisme par les soins de son père Paul Emile, qui avait entouré ses fils de maîtres grecs, avant de leur offrir, prélevée sur le butin de Pydna, la riche bibliothèque du roi de Macédoine Persée. Par la suite, Scipion Emilien réunira autour de lui un brillant cercle d'intellectuels grecs et romains, dont Panétius, Polybe, Térence, Lucilius [70]. Cicéron voit en lui le parangon de l'homme d'état, aussi apte à la réflexion théorique nourrie de culture grecque qu'à l'action guidée par l'expérience et les préceptes familiaux [71].

Son aïeul par adoption, P. Cornelius Scipio Africanus, né vers 235 av. J. C., est resté célèbre pour sa valeur militaire et son intégrité, ce qui ne lui épargna pas les déboires dans la vie publique. Consul en 207, il obtient du Sénat de passer en Afrique poursuivre la guerre contre Carthage. Là, après avoir

69. Cf. Macr., *Comm.* I, 5, 2 et note.
70. Cf. P. Grimal, *Le siècle des Scipions*, Paris, 1975[2].
71. Cf. Cic., *Rép.* I, 36.

noué des liens d'alliance et d'amitié avec le jeune roi Massinissa, il remporte en 202 sur Hannibal la victoire de Zama,
qui lui vaut, l'année suivante, le triomphe et le surnom
d'Africanus. Une dizaine d'années plus tard, il affronte en
Orient, comme légat de son frère Lucius, le roi de Syrie
Antiochos III, et résiste avec une vertu toute romaine à ses
tentatives de corruption, avant la défaite d'Antiochos à
Magnésie en 190. La fin de sa carrière politique, pour presti-
gieuse qu'elle soit (censure en 199, second consulat en 194),
est assombrie par des rivalités haineuses et par l'hostilité du
parti le plus conservateur mené par Caton. Après sa mort, en
183, Scipion l'Africain entre dans la légende militaire et
civique de Rome. C'est à ce prestigieux aïeul que Cicéron
confie le soin d'initier Scipion Emilien aux secrets de l'au-
delà et du cosmos.

Le troisième personnage, Paul Emile, reste quelque peu en
retrait dans le *Songe*. L. Aemilius Paullus Macedonicus, né
vers 228 av. J.C., est pourtant lui aussi un héros national.
Consul en 182, puis une seconde fois en 168, il est célèbre
pour sa victoire, cette même année, sur Persée, le roi de
Macédoine, à Pydna. Philhellène, il est aussi un orateur de
talent. Son rôle ici est plus sentimental que celui de l'Africain : véritable père de Scipion Emilien, lié à lui par une
affection tendre, il devra dissuader son fils de le rejoindre
avant l'heure par le suicide.

3) La méthode de Macrobe dans le *Commentaire*

Le choix des citations à commenter

Après les quatre premiers chapitres du prologue, et avant
de se lancer dans le commentaire proprement dit, Macrobe
décrit au lecteur la méthode qui sera désormais la sienne :
« Nous devons maintenant passer à l'examen des termes du
songe lui-même, examen non pas exhaustif, mais limité à

ceux qui nous paraîtront mériter une enquête [72]. » *Discutienda sunt nobis uerba* n'implique pas un commentaire mot à mot, à la façon des grammairiens, mais indique simplement qu'après les considérations globales qui formaient le prologue, le commentaire va en venir à l'examen du texte même. Mais Macrobe s'abstiendra d'étudier le *Songe* dans son intégralité (*non omnia*) ; il relèvera un certain nombre de citations, de longueur variable, choisies pour leur densité ou pour l'intérêt de leur contenu. Voici la liste de ces citations :

Livre I

Rép. VI, 12 = *Somn.* 2, 2 (*nam cum aetas tua... effugeris*), *ap. Comm.* I, 5, 2

Rép. VI, 13 = *Somn.* 3, 1 (*sed quo sis... reuertuntur*), *ap. Comm.* I, 8, 1

Rép. VI, 14 = *Somn.* 3, 2 (*hic ego... mors est*), *ap. Comm.* I, 10, 1 et 6

Rép. VI, 15 = *Somn.* 3, 3-5 (*quaeso, inquam, ... uideamini*), *ap. Comm.* I, 13, 3-4

Rép. VI, 16 = *Somn.* 3, 6 (*erat autem is ... nuncupatis*), *ap. Comm.* I, 15, 1

Rép. VI, 16 = *Somn.* 3, 7 (*ex quo mihi ... uincebant*), *ap. Comm.* I, 16, 1

Rép. VI, 17 = *Somn.* 4, 1-3 (*nouem tibi orbibus ... nutu suo pondera*), *ap. Comm.* I, 17, 2-4

Livre II

Rép. VI, 18 = *Somn.* 5, 1-2 (*quid hic... in hunc locum*), *ap. Comm.* II, 1, 2-3

Rép. VI, 20-21 = *Somn.* 6, 1-3 (*uides habitari... paruus uides*), *ap. Comm.* II, 5, 1-3

---

72. I, 5, 1 : *Nunc iam discutienda sunt nobis ipsius somnii uerba, non omnia, sed ut quaeque uidebuntur digna quaesitu.* Cf. aussi I, 2, 1 : *Ac priusquam somnii uerba consulimus, enodandum nobis est (...)*

*Rép.*VI, 23 = *Somn.* 7, 1 (*quin etiam ... possumus*), *ap. Comm.* II, 10, 1

*Rép.*VI, 24 = *Somn.* 7, 2-4 (*praesertim cum... conuersam*), *ap. Comm.* II, 11, 1-3

*Rép.*VI, 26 = *Somn.* 8, 2 (*Tu uero ... sempiternus mouet*), *ap. Comm.* II, 12, 1

*Rép.*VI, 27-28 = *Somn.* 8, 3-9, 1 (*nam quod semper ... et aeterna est*), *ap. Comm.* II, 13, 1-5

*Rép.*VI, 29 = *Somn.* 9, 2-3 (*hanc tu exerce... reuertuntur*), *ap. Comm.* II, 17, 2-3.

La longueur des citations est très variable : elle va de 18 mots pour la plus courte (*Comm.* I, 15, 1) à 205 pour la plus longue (*Comm.* II, 13, 1-5), les autres se situant dans la moyenne. Autant dire que Macrobe détache du texte cicéronien des ensembles conséquents, dont la somme représente un peu plus de 60 % du *Songe*. On remarque aussi que les citations sont prises dans l'ordre qui est le leur chez Cicéron. Macrobe se laisse porter par la solide architecture du texte, dont il salue l'ordonnance et les qualités didactiques : « Avec bon sens et sagesse, le Scipion de Cicéron, pour instruire son petit-fils, a suivi un plan dicté par une saine pédagogie. » [73] Il ne lui reste plus, pour son propre exposé, qu'à mettre ses pas dans ceux de Scipion.

Quant aux parties du *Songe* qui n'ont pas été retenues, les motifs de leur exclusion se laissent aisément apercevoir. Sont négligés les éléments anecdotiques, ceux qui chez Cicéron dressent le cadre scénique du rêve et lui confèrent sa vraisemblance psychologique : l'arrivée du jeune Scipion Emilien chez le roi Massinissa, l'hospitalité émue du vieux souverain et leur longue conversation (*Rép.*VI, 9-10 = *Songe* 1). Tout cela n'est que paraphrasé, et d'assez loin, au fil du prologue (*Comm.* I, 3-4). On voit bien pourquoi : Macrobe ne s'intéresse qu'au sens philosophique du *Songe*, non à sa qualité littéraire. De la même façon, il écarte l'évocation de la

---

73. *Comm.* II, 12, 2 : *Bene et sapienter Tullianus hic Scipio circa institutionem nepotis ordinem recte docentis impleuit.*

carrière de Scipion Emilien (*Rép.*VI, 11 = *Somn.* 2, 1-2), qui ne peut faire l'objet que d'un commentaire historique, dévolu au grammairien. Il laisse ensuite de côté d'autres éléments de mise en scène qui confèrent certes au texte de Cicéron sa vivacité quasi théâtrale, mais n'ajoutent pas à la pensée : les réactions de l'auditoire au récit de Scipion (*Rép.*VI, 12 = *Somn.* 2, 3) ; celles de Scipion lui-même : les retrouvailles avec son père Paul Emile et leur émotion réciproque, qui rendent pourtant ces héros si humains (*Rép.*VI, 14 = *Somn.* 3, 2-3) ; le dépit de Scipion lorsqu'il se trouve forcé de constater les dimensions mesquines de l'empire romain (*Rép.*VI, 16 = *Somn.* 3, 7). Et, de façon générale, le *Commentaire* ne s'embarrasse pas de ces purs outils narratifs que sont les transitions et les introductions des répliques (*Rép.*VI, 17 début = *Somn.* 4, 1 ; *Rép.*VI, 18 début = *Somn.* 5, 1 ; *Rép.*VI, 20 début = *Somn.* 5, 3-6, 1). D'autres passages, qui, tout en s'inscrivant dans la continuité de la pensée cicéronienne, ne paraissent pas assez importants pour être cités, sont brièvement paraphrasés. Ainsi, *Rép.*VI, 22 = *Somn.* 6, 4, qui n'est pas retenu dans le *Commentaire*, est résumé ainsi : « C'est pourquoi la petitesse de la terre est affirmée avec tant d'insistance : c'est afin que l'homme valeureux comprenne qu'il faut accorder peu de prix à l'étendue de sa gloire, qui dans un lieu si petit ne saura être grande. » [74] De la même façon, *Rép.*VI, 25 = *Somn.* 7, 5, qui n'est pas non plus cité, est résumé en II, 12, 4.

Le nombre des passages commentés, qui implique un nombre correspondant de sections dans le texte de Macrobe, est tout à fait remarquable, comme l'a déjà signalé N. Marinone [75]. Chaque livre s'articule autour de sept citations (car même si la citation de *Comm.* I, 10 est scindée en deux, elle ne nourrit qu'une unique section du *Commentaire* et ne doit être comptée qu'une fois). Bien entendu, ce ne peut être un hasard : sept est le nombre admirable auquel Macrobe consa-

---

74. *Comm.* II, 9, 10 : *Ideo autem terrae breuitas tam diligenter adseritur, ut parui pendendum ambitum famae uir fortis intellegat, quae in tam paruo magna esse non poterit.*

75. N. Marinone, « Note al commento... », (*op. cit.* n. 32), p. 373-375.

cre un interminable développement arithmologique [76]. Affinons l'examen, à la suite de N. Marinone : sachant que chaque citation donne lieu à un développement spécifique qui forme une section, sachant d'autre part que le livre I comporte un prologue (*Comm.* I, 1-4), qui peut compter pour une section supplémentaire, on aboutit à huit sections pour le premier livre, et sept pour le second. Huit et sept : ce sont les deux nombres « pleins » dont Cicéron, en une rapide formule, et Macrobe en deux très longs chapitres, s'émerveillent que le produit donne l'âge de Scipion Emilien au moment de sa mort ! Macrobe, adepte des spéculations pythagoriciennes sur les vertus mystiques des nombres, a voulu se recommander de leur admirable puissance.

Comment Macrobe dispose des citations

A partir de chaque citation, le *Commentaire* va développer un ou plusieurs sujets, formant chacun un véritable petit traité d'étendue variable. On se reportera à l'*Argument analytique* pour en avoir un aperçu complet. Nous ne donnons pour l'instant que deux exemples de la façon dont Macrobe procède. *Rép.*VI, 12 = *Somn.* 2, 2 (Scipion l'Africain annonce à Scipion Emilien qu'il parviendra à l'âge de huit fois sept ans, où il sera peut-être assassiné) donne lieu à deux exposés : un exposé arithmologique sur les vertus des nombres huit et sept (*Comm.* I, 5-6), suivi d'un exposé sur l'ambiguïté de certains présages (*Comm.* I, 7). *Rép.*VI, 20-21 = *Somn.* 6, 1-3 (Scipion l'Africain indique quels sont les lieux habités sur Terre et révèle l'existence de cycles cosmiques de durée fixe, pour montrer que la gloire humaine est limitée dans l'espace et dans le temps), suscite, chez Macrobe, un traité géographique sur les lieux habités, les zones climatiques et l'Océan (*Comm.* II, 5-8), puis un exposé astronomique sur les cycles cosmiques et la Grande Année (*Comm.* II, 10).

---

76. *Comm.* I, 6 (chapitre qui ne comporte pas moins de 83 paragraphes !).

Macrobe commente donc l'idée ou les idées contenues globalement dans la citation, mais il ne s'interdit pas pour autant de s'attacher à des mots isolés : le *Commentaire* I, 20, 3-9, développe chacun des titres décernés au soleil dans *Rép.*VI, 17 = *Somn.* 4, 2 (*dux et princeps et moderator luminum reliquorum, mens mundi et temperatio*). De même, il s'autorise des remarques rigoureusement grammaticales dans leur teneur, mais qu'il rapporte à son projet d'ensemble — à la différence du grammairien, pour qui elles constitueraient une fin en soi. C'est ainsi qu'il discute l'usage de la préposition *per* dans une de ses acceptions virgiliennes : si l'on prend la préposition en son sens ordinaire, la description astronomique de Virgile devient erronée ; impossible, puisque le poète ne commet jamais d'erreur scientifique ! C'est donc que *per* est employé de façon inhabituelle, avec le sens de *sub* ou de *inter* [77]. Le *Commentaire* I, 14, 21 fait appel à la notion de synonymie à propos d'un problème de terminologie astronomique : savoir si, dans l'expression cicéronienne *sidera et stellas*, les deux substantifs ont ou non le même sens.

Tous ces développements sont conduits avec un souci extrême de clarté, au point que l'exposé en devient parfois redondant et quasi scolaire. Macrobe destine son ouvrage à instruire : il le veut clair et maniable — la technicité des questions abordées dissimule parfois au lecteur moderne cette évidence —, c'est-à-dire composé d'unités bien identifiables, à la progression nette.

Ce souci apparaît d'abord dans la présentation des citations. Chaque extrait du *Songe* est isolé dans le texte avec grand soin. Nous ne pouvons savoir si, dans son propre manuscrit, Macrobe avait prévu des signes typographiques explicites (un équivalent de nos guillemets, ou bien un changement d'écriture ou d'encre). Mais dans le texte même, il a placé des repères, c'est-à-dire, dans presque tous les cas, une

---

77. *Comm.* II, 8, 5-6, discutant Virg., *G.* I, 238.

formule introductrice de la citation [78]. Il est d'autre part
soucieux de bien laisser apparaître la progression du texte de
Cicéron, en situant les citations au sein du mouvement général du *Songe* : preuve que l'œuvre qu'il commente n'est pas
un simple prétexte à ses propres développements, mais qu'il
entend en toute bonne foi en déployer le sens. D'où des
récapitulations parfois surabondantes [79], et qui montrent,
comme nous l'avons déjà dit, que le lecteur du *Commentaire*
n'était pas censé avoir sous la main le texte intégral du
Songe [80].

Même volonté de netteté dans la construction des développements. Macrobe aide considérablement son lecteur aux
prises, il ne l'ignore pas, avec une matière difficile, en lui
fournissant, en introduction d'une section, le plan de ce qui

78. *Comm.* I, 5, 2 : *ac prima nobis tractandam se ingerit pars illa de
numeris in qua sic ait* ; I, 8, 1 : *His aliqua ex parte tractatis progrediamur ad reliqua* ; I, 10, 2 : *ad sequentia transeamus* ; I, 10, 6 : *quid ille
respondit ? (...) inquit* ; I, 13, 2 : *nunc ipsa... uerba tractemus* ; I, 14,
1 : *sed illa uerba quae praeter hoc sunt inserta repetamus* ; I, 15, 1 :
lacteum circulum... cuius meminit his uerbis ; I, 16, 1 : *tractatum ad
sequentia transferamus* ; I, 17, 1 : *aui... sphaerarum ordinem in haec
uerba monstrantis* ; I, 22, 1 : *inquit* ; II, 1, 1 : *nunc iam de musica
earum (=sphaerarum) modulatione disputetur* ; II, 5, 1 : *sed iam
tractatum ad sequentia conferamus* ; II, 10, 1 : *quod doctrinae propositum non minus in sequentibus apparebit* ; II, 13, 1 : *quod quale sit ex
ipsis uerbis Ciceronis quae sequuntur inuenies* ; II, 17, 1 : *Africanus...
in haec uerba mandat et praecipit*. Seuls font exception II, 11, 1 et II, 12,
1, qui n'ont pas de formule introductive. La fin de la citation est moins
nettement marquée. Macrobe se contente souvent d'une phrase à la
troisième personne, dont le sujet (qui n'est pas toujours explicitement
nommé) est Cicéron. Cf. par ex. *Comm.* I, 5, 3 : *plenitudinem hic non
frustra numeris adsignat* ; I, 8, 2 : *bene et opportune... praemia bonis
post obitum speranda subiecit.*
79. *Comm.* II, 5, 1 : « Après avoir décrit le ciel (...), l'ordre et le
mouvement des sphères inférieures, le son (...) de la musique céleste,
l'air (...), et après être descendu (...) jusqu'à la terre, l'exposé cicéronien
vient de nous fournir une description de la terre elle-même (...) » ; II, 12,
1 : « Revoyons en effet rapidement depuis le début tout le contenu de
l'ouvrage... » (suit une récapitulation du contenu du *Songe* qui occupe
les quatre paragraphes suivants). Il y aurait d'autres exemples.
80. Et donc que ce texte n'avait pas été joint par Macrobe à son
propre manuscrit : cf. ci-dessus, p. XXVI-XXVII.

va suivre [81] ; à moins, quand l'exposé qu'il se propose est d'une seule pièce, qu'il ne se contente d'en énoncer plus brièvement le sujet [82]. A la fin d'une section, il n'hésite pas à récapituler longuement tout son contenu [83]. Mais il arrive aussi qu'il se contente de transitions brutes qui, toutes dépourvues d'art qu'elles sont, n'en remplissent pas moins leur fonction de repères [84]. Le *Commentaire* a été conçu comme un ouvrage où l'on doit pouvoir s'orienter rapidement, d'une section à l'autre, en s'aidant des sutures bien apparentes du texte. Cette commodité a dû être pour beaucoup, au Moyen-Âge, dans sa diffusion et son succès.

Le choix critique de la matière du commentaire

Macrobe nourrit ses développements de toute une documentation. Le problème de ses sources sera traité plus tard ; mais, dès maintenant, nous pouvons dire que cette documentation est très certainement abondante et d'origine multiple. Un premier indice en est la méthode décrite dans le prologue des *Saturnales*, et dont nous n'avons pas de raison de croire qu'elle soit fondamentalement différente dans le *Commen-*

81. Exemple : *Comm.* I, 5, 4, où il donne le plan de son très long développement sur la *plenitudo* des nombres.

82. *Comm.* I, 6, 1 : « Reste à prouver, par un raisonnement qui saute aux yeux, que le sept aussi mérite l'épithète de « plein » » ; I, 21, 36 : « En voilà assez au sujet de l'air. Il reste à exposer quelques précisions nécessaires au sujet de la terre » ; II, 1, 4 : « Après avoir exposé l'ordre des sphères et décrit le mouvement qui porte les sept sphères inférieures dans le sens contraire à celui du ciel, il est logique de s'interroger maintenant sur le son que produisent dans leur lancée ces masses gigantesques. »

83. *Comm.* I, 5, 1 : récapitule l'ensemble des thèmes (et ils sont nombreux) des quatre chapitres qui forment le prologue ; I, 17, 14 : « La place qu'ont attribuée au soleil Platon ou ses sources, les auteurs que Cicéron a suivis pour assigner au globe solaire la quatrième position, les considérations qui ont entraîné cette diversité d'opinions, la raison pour laquelle Cicéron a dit : « *sur le cercle le plus bas, tourne la lune, embrasée par les rayons du soleil* », nous les avons suffisamment exposés ; mais à tout cela il faut ajouter l'explication de ce fait-ci... ».

84. *Comm.* II, 7, 1 : « Ce développement parvenu à son terme propre, passons à ce que nous nous étions engagé à démontrer. »

taire. Macrobe s'y attribue de nombreuses lectures, tant en grec qu'en latin, dont il retire un matériau qu'il met lui-même en forme [85] ; et, toujours selon ses propres dires, tantôt il utilise sa source, par fidélité, dans les termes mêmes de l'auteur, tantôt, pour plus de clarté, il en retranscrit la matière dans ses propres mots [86].

Il en résulte une quantité considérable d'informations, qui demande à être maîtrisée. Macrobe insiste sur la concision et la pertinence qu'il veut conserver à son commentaire, quelle que soit l'abondance de la matière dont il dispose. Ainsi, à un moment où, comme il le signale explicitement, il utilise un traité de Plotin, il regrette de devoir passer sous silence bien des éléments fournis par sa source, « dans le seul but d'éviter que ce volume ne s'en trouve augmenté jusqu'à lasser inévitablement » [87]. Même retenue en II, 4, 11, à propos de l'exposé sur la musique, pour lequel la matière serait surabondante : « Ce n'est pas parce que, dans ce passage, Cicéron fait allusion à la musique, qu'il faut en faire l'occasion de couvrir l'ensemble des développements possibles sur la musique (...) ; il faut s'en tenir aux notions susceptibles de jeter de la lumière sur les termes qu'on s'est chargé d'expliquer. » [88]

---

85. *Sat.* I, *praef.* 2-4, et en particulier § 3 : *nec indigeste tamquam in aceruum congessimus digna memoratu : sed uariarum rerum disparilitas, auctoribus diuersa, confusa temporibus, ita in quoddam digesta corpus est, ut quae indistincte atque promiscue ad subsidium memoriae adnotaueramus, in ordinem instar membrorum cohaerentia conuenirent.*

86. *Sat.* I, *praef.* 4 : *et boni consulas oportet, si notitiam uetustatis modo nostris non obscure, modo ipsis antiquorum fideliter uerbis recognoscas, prout quaeque se uel enarranda uel transferenda suggesserint.*

87. *Comm.* II, 12, 8 : *(multa quae ... Plotinus disseruit) nunc nobis ob hoc solum praetereunda sunt, ne usque ad fastidii necessitatem uolumen extendant.*

88. *Comm.* II, 4, 12 : *nec enim quia fecit in hoc loco Cicero musicae mentionem, occasione hac eundum est per uniuersos tractatus qui possunt esse de musica (...), sed illa sunt persequenda quibus uerba quae explananda receperis possint liquere.* R.-E. van Weddingen, (1957), p. 7, voit dans ces mots une attaque contre Favonius Eulogius, dont le commentaire, de ce fait, serait antérieur à celui de Macrobe.

Un exemple positif de sa méthode peut s'observer au second livre du *Commentaire*, dans la polémique contre Aristote, qui a récusé la notion platonicienne d'âme automotrice. Macrobe se lance à son tour dans la bataille, du côté, bien entendu, des défenseurs de Platon : « Mais je ne suis pas inconscient ou téméraire au point de ne compter que sur mon talent pour faire échec à Aristote ou épauler Platon : dans la mesure où chacun des grands hommes qui s'enorgueillissaient du nom de Platoniciens a laissé un argument défensif ou deux pour faire valoir ses propres œuvres, j'ai recueilli et regroupé ceux-ci en un corpus unique formant une défense suivie, en y ajoutant ce qu'il était, après eux, ou permis de penser ou loisible d'interpréter hardiment. » [89] On reconnaît bien ce que Macrobe disait de sa méthode dans le prologue des *Saturnales* : il part d'une documentation de provenance diverse — ce qui n'implique pas, bien entendu, qu'il ait lu directement les auteurs : il a pu y avoir des intermédiaires, il y en a eu. Cette documentation est structurée par ses soins, et il s'efforce d'y ajouter, dans le respect à la fois de la doctrine et de ses prédécesseurs, sa propre contribution. Pourquoi mettre en doute sa parole, sinon par un parti-pris méprisant ? Nous avons ici le témoignage que Macrobe refuse d'être un copiste passif, et qu'il s'accorde une véritable autonomie intellectuelle [90].

---

89. *Comm.* II, 15, 2 : *neque uero tam immemor mei aut ita male animatus sum ut ex ingenio meo uel Aristoteli resistam uel adsim Platoni, sed ut quisque magnorum uirorum qui se Platonicos dici gloriabantur aut singula aut bina defensa ad ostentationem suorum operum reliquerunt, collecta haec in unum continuae defensionis corpus coaceruaui, adiecto si quid post illos aut sentire fas erat aut audere in intellectum licebat.*

90. Nous touchons ici à un problème brûlant, qui a divisé les critiques : nous y reviendrons plus à loisir dans la section consacrée aux sources de Macrobe (ci-dessous, p. LIV-LXVI).

4) Les buts de Macrobe dans le *Commentaire*

Examiner le détail de la méthode de Macrobe dans le *Commentaire* ne saurait suffire à déployer le sens de cette œuvre, si l'on ne s'interroge sur le fil directeur, sur l'intention unificatrice qui la guident, bref, sur son *propositum* ou σκοπός, pour adopter la terminologie de Macrobe lui-même [91].

Les sciences de la nature : un projet encyclopédique ?

L'un des traits remarquables et sans doute déconcertants du *Commentaire*, pour qui juge en fonction des spécialisations modernes, est la diversité des disciplines qui y sont abordées. A côté de considérations strictement philosophiques, au sens étroit du terme, figurent de copieux exposés sur l'arithmétique, l'astronomie, la musique et la géographie, dont la somme forme la partie centrale du *Commentaire*.

La section d'arithmétique occupe les chapitres 5 et 6 du livre I. Elle s'articule sur la qualité de « plénitude » attribuée par Cicéron aux nombres huit et sept, nombres dont le produit donne l'âge de Scipion Emilien. Macrobe commence par définir ce qu'est la *plenitudo* d'un nombre (I, 5, 3-14) ; puis il expose les vertus mystiques successivement du huit (I, 5, 15-18) et du sept (I, 6). Certes, il ne s'agit guère d'arithmétique à proprement parler ; mais Macrobe ne fait que prendre l'air du temps. Les mathématiques ont décliné depuis leur apogée à l'époque hellénistique, et l'arithmétique a cédé la place à ce que les Modernes appellent l'arithmologie, c'est-à-dire à une mystique des nombres, d'inspiration néo-pythagoricienne, dont témoignent, à la charnière des deux premiers siècles de notre ère, les œuvres de Théon de Smyrne et de Nicomaque de Gérasa, et qui devient prépondérante dans le milieu néoplatonicien des IVe et Ve siècles [92]. L'« arith-

---

91. *Comm.* I, 4, 1.

92. F. E. Robbins, « The tradition of Greek Arithmology », *Class. Philology*, (16, 2), 1921, p. 97-123, a dressé le stemma des traités d'arithmologie. La source commune remonterait au IIe s. av. J.C., et les traces les plus anciennes que nous possédions sont chez Posidonius, Varron et Philon d'Alexandrie. Cf. aussi J. Flamant, (1977), p. 306-313.

métique » de Macrobe, même si dans l'optique moderne elle ne mérite guère ce nom, est représentative de ce que l'on pouvait entendre par là à cette époque et dans ce milieu.

Après l'arithmétique, la progression du texte de Cicéron oriente le commentaire vers un abondant développement astronomique, auquel est consacrée toute la fin du livre I (chapitres 14, 21 à 22, 13) ; on peut y adjoindre les chapitres 1-8 et 11 du livre II, où s'interpénètrent respectivement astronomie et musique, astronomie et géographie. A partir de la représentation cicéronienne du cosmos (*Rép.*VI, 16-17 = *Somn.* 3, 6-7 et 4), Macrobe donne un exposé raisonné des connaissances astronomiques de base : cercles célestes (I, 15) ; sphère céleste (I, 16) ; sphères planétaires (I, 17 à 19) ; soleil (I, 20) ; zodiaque (I, 21) ; Terre (I, 22) ; exposé complété, au livre II, par la description des ceintures célestes (II, 7-8) et la définition de la Grande Année (II, 11).

Le livre II s'ouvre sur une section musicale (chapitres 1 à 4), suggérée par le passage du *Songe* sur la musique des sphères (*Rép.*VI, 18 = *Somn.* 5, 1-2). Macrobe raconte la découverte, attribuée à Pythagore, des rapports sur lesquels repose l'harmonie musicale (*Comm.* II, 1, 8-13), puis, après avoir défini les rapports en question, il les applique à la création de l'Âme du Monde dans le *Timée* (*Comm.* II, 2). La fin de la section (*Comm.* II, 3-4) démontre l'existence de la musique des sphères et en décrit le mécanisme céleste.

L'exposé suivant traite de géographie (*Comm.* II, 5-9). Continuant à suivre le déroulement du *Songe* (*Rép.*VI, 20-21 et 23 = *Somn.* 6, 1-3 et 7, 1), Macrobe définit les ceintures terrestres et les zones climatiques, puis les quatre mondes habités et l'Océan qui les isole les uns des autres.

D'où l'hypothèse, signalée, sinon retenue, par divers auteurs [93], selon laquelle l'œuvre de Macrobe s'inscrirait dans le mouvement encyclopédique qui, presque au même moment, donne à Rome la somme de Martianus Capella, les *Noces de Mercure et de Philologie*. Le terme « encyclopédi-

---

93. J. Flamant, (1977), p. 305-306 ; L. Scarpa, (1981), p. 21 sq. ; M. Regali, II, (1990), p. 8-9.

que », transposé du grec ἐγκύκλιος παιδεία, n'a pas la signification qu'on lui donne aujourd'hui. Il ne signale pas l'ambition de couvrir la totalité du savoir humain, mais s'applique à
un ouvrage de culture générale, aux deux sens de cette
notion : aussi bien la culture, tant personnelle que scolaire,
qui fait l'honnête homme, que la somme des connaissances
de base dont l'élève ou l'étudiant doit être pourvu avant
d'aborder des études plus spécialisées et plus exigeantes,
comme la philosophie [94]. Les sept derniers livres des *Noces
de Mercure et de Philologie*, bien caractéristiques de ce que
pouvait être cette culture générale, traitent successivement
de grammaire, de dialectique, de rhétorique, de géométrie,
d'arithmétique, d'astronomie et de musique. Les trois premières disciplines, les arts littéraires, représentent ce que le
Moyen-Âge appellera le *triuium*. Les quatre autres formeront
le *quadriuium* médiéval, c'est-à-dire le champ des sciences
de la nature ; leur répartition est apparue au sein de l'école
platonicienne [95].

Il peut paraître tentant d'appliquer cette grille d'interprétation au *Commentaire*, et de voir dans l'œuvre de Macrobe
un manuel d'initiation aux matières du *quadriuium*, destiné
à préparer le lecteur à l'étude de la philosophie. De tels
traités propédeutiques existaient, comme le signale justement J. Flamant, en citant l'exemple de l'*Expositio* de Théon
de Smyrne, censée préparer à la lecture de Platon [96]. Le fait

---

94. Cf. H.-I. Marrou (*op. cit.* n. 41) p. 266-267. Pour les rapports entre
les disciplines propédeutiques et la philosophie, qui ont été diversement
appréciés par les doctrines philosophiques antiques, et la constitution du
cycle des sept arts libéraux, à la datation discutée, cf. I. Hadot, *Arts
libéraux et philosophie dans la pensée antique*, Paris, 1984.

95. H.-I. Marrou (*op. cit.* n. 41) assigne la répartition des disciplines
qui formeront le *quadriuium* à une époque fort reculée (traditionnelle
depuis le Pythagoricien Archytas de Tarente, *Vors.* 47 B 1, elle remonterait peut-être même à Pythagore). Selon I. Hadot en revanche (*op. cit.*
n. préc., p. 14-100), le cycle des quatre sciences « mathématiques »,
arithmétique, géométrie, musique et astronomie, esquissé par Platon
dans la *République* VII, 522 c 8-531 c 7, a été conçu dans le contexte de
l'école platonicienne.

96. Théon de Smyrne, *Expositio doctrinarum mathematicarum ad
legendum Platonem utilium.* Cf. J. Flamant, (1977), p. 304-305. L'*Expo-*

que Macrobe substitue la géographie à la géométrie n'implique pas qu'il casse le moule formel du *quadriuium*. La géographie du *Commentaire*, que J. Flamant, reprenant l'heureuse formule de W. Stahl, définit comme une « géographie mathématique » [97], est moins descriptive que théorique, et l'on peut la considérer comme un avatar de la « géométrie », « mesure de la terre ». Martianus Capella de son côté inclut dans le livre VI des *Noces*, consacré à la géométrie, divers développements géographiques, dont certains (ceintures terrestres, zones habitées, description de l'Océan) sont tout à fait parallèles à ceux de Macrobe. Remarquons aussi que l'on peut trouver dans le *Commentaire* un exposé au moins de géométrie pure, sur le calcul de la circonférence du cercle et la valeur de π (*Comm.* I, 20, 14-17).

On peut donc admettre que le *Commentaire* introduit à chacune des matières du *quadriuium*, même si, bien entendu, il ne les épuise pas. Il est vrai aussi que Macrobe a clairement eu le projet de faire œuvre éducative, à l'usage d'abord de son fils Eustathius, comme c'était déjà le cas dans les *Saturnales*, où cette visée était explicitement énoncée [98]. Et, par delà Eustathius, le *Commentaire* se propose de façon générale d'« enseigner », *docere* [99]. On peut donc lui reconnaître une fonction didactique d'initiation aux sciences, organisée autour du découpage disciplinaire déjà traditionnel du *quadriuium*. Le Moyen-Âge ne s'y trompera pas, et il se passionnera à ce point pour la partie scientifique du *Commentaire* qu'il la détachera du reste de l'ouvrage sous la forme d'*excerpta* largement diffusés [100].

Pour autant, s'agit-il là du projet fondamental de Macrobe, du *propositum* qui guide toute son œuvre ? Que l'enseignement des disciplines du *quadriuium* soit l'un des apports de

sitio traite d'arithmologie, de musique et d'astronomie : elle sera souvent citée dans les notes du présent ouvrage.

97. J. Flamant, (1977), p. 465, citant W. Stahl, *Roman Science*, Madison, 1962, *passim*.

98. *Sat.* I, *praef.* 2.

99. *Comm.* II, 4, 11.

100. Cf ci-dessous, p. LXXVIII.

son ouvrage, on ne peut en douter ; mais cela ne suffit pas à rendre compte de ce qu'est le *Commentaire* [101]. Tout d'abord, l'exposé des disciplines du *quadriuium* n'occupe qu'une partie de l'œuvre de Macrobe. Le début et la fin du *Commentaire*, soient les chapitres I, 7-14 et II, 12-17, qui traitent de morale et de métaphysique, y sont étrangers. Quant à la position centrale des sections « scientifiques » au sein du *Commentaire*, elle ne traduit aucune prééminence, puisque le plan de l'ouvrage ne résulte pas d'une décision autonome, mais ne fait que se régler sur la progression du texte cicéronien.

Si d'ailleurs cette intention avait été première dans la pensée de Macrobe, son exposé, n'en doutons pas, serait plus systématique. Le genre parfaitement ductile du commentaire donnait à Macrobe toutes les libertés, l'autorisant, par exemple, à adopter la forme d'une succession de traités indépendants et fermement structurés. Or ce n'est pas le cas : les thèmes débordent les uns sur les autres et s'entrelacent, selon les exigences du texte commenté. Par exemple l'exposé sur la Grande Année (II, 11) est séparé de la section astronomique (I, 14, 21-22, 13), à laquelle pourtant son sujet l'apparente. Macrobe s'est assurément proposé de jeter un coup d'œil panoramique sur les disciplines scientifiques en se guidant sur le découpage en vigueur à son époque ; mais la clé de son œuvre est à chercher ailleurs.

Parties de la philosophie et progrès spirituel

Cette clé, nous pensons la trouver dans les toutes dernières lignes du *Commentaire*, où Macrobe conclut son travail en célébrant la perfection de l'œuvre qu'il vient de commenter. Le *Songe*, dit-il, est une œuvre achevée dans la mesure où il embrasse les trois parties dont se compose l'ensemble de la philosophie, la morale (*pars moralis*), la physique (*pars naturalis*) et la logique (*pars rationalis*). De chacune d'elles,

101. Nous reprenons à notre compte l'excellent argumentaire de M. Regali, (1990), p. 9, en le complétant de nos propres remarques.

Macrobe donne la définition. La morale est « la partie qui enseigne la perfection achevée des mœurs », la physique « celle qui prend pour sujet les corps divins », la logique, « celle qui traite des incorporels saisissables par l'intelligence seule » [102].

La division en elle-même est bien connue : la tripartition en morale, physique et logique (ou dialectique) est commune depuis longtemps à divers systèmes philosophiques. Mais le néoplatonisme introduit deux modifications. La logique devient une époptique, c'est-à-dire une contemplation de la vérité transcendante donnée au terme d'une initiation, par allusion aux rites des mystères d'Eleusis [103]. Par ailleurs les parties de la philosophie s'organisent selon un ordre hiérarchique qui correspond à une progression spirituelle : « l'éthique assure la purification initiale de l'âme ; la physique révèle que le monde a une cause transcendante et invite ainsi à rechercher les réalités incorporelles ; la métaphysique ou théologie, appelée aussi époptique... assure la contemplation de Dieu. » [104] Cette hiérarchie dans la dignité gouverne aussi le programme de l'enseignement philosophique : P. Hadot donne l'exemple prestigieux des *Ennéades* de Plotin, organisées par Porphyre en fonction de cette progression [105]. Et c'est probablement Porphyre qui est à l'origine de l'opposi-

---

102. *Comm.* II, 17, 15 : *cum... sit moralis quae docet morum elimatam perfectionem, naturalis quae de diuinis corporibus disputat, rationalis cum de incorporeis sermo est quae mens sola complectitur.* Cf. les définitions semblables de *Sat.* VII, 15, 14.

103. Cf. P. Hadot, « La division des parties de la philosophie dans l'Antiquité », *Museum Helveticum*, (36, 4), 1979, p. 201-223 (et particulièrement p. 218 sq.) ; *Id.*, (1995), p. 238 sq. : selon Plutarque (*Is. et Os.* 382 D), Platon et Aristote appelaient la dernière partie de la philosophie « l'époptique » (l'ἐποπτεία étant le degré suprême de l'initiation éleusinienne). Le terme d'époptique n'est pas attesté directement dans cet emploi chez Platon ni chez Aristote. En revanche, on le rencontre dans le médio- et le néoplatonisme : cf. Théon de Smyrne, *Expositio...*, p. 14 Hiller ; Clément d'Alexandrie, *Strom.* I, 28, 176, 1-3 ; Origène, *In Cant.* p. 75, 6 Baehrens.

104. P. Hadot, (1995), p. 238.

105. *Ibid.*, p. 239.

tion établie par Calcidius entre physique et époptique [106] :
nous sommes dans l'environnement immédiat, on le voit, de
Macrobe.

Tel est bien l'agencement que Macrobe prête au *Songe de
Scipion* : « Car l'exhortation aux vertus, au patriotisme et au
mépris de la gloire n'a-t-elle pas pour objet les enseignements
moraux de l'éthique ? Et lorsque Cicéron parle de la mesure
des sphères, de la nouveauté ou de la grandeur des astres, de
la souveraineté du soleil, des cercles célestes et des ceintures
terrestres, de la situation de l'Océan, et qu'il révèle le mystère, là-haut, de l'harmonie, il évoque les secrets de la physique ; mais lorsqu'il débat du mouvement et de l'immortalité de l'âme, laquelle de l'aveu général ne contient rien de
corporel, et dont l'essence n'est saisie par aucun des sens
mais seulement par la raison, là, il s'élève à l'altitude de la
logique. » [107] Il fallait citer ces mots *in extenso* pour y reconnaître en filigrane les conceptions néoplatoniciennes signa-
lées plus haut : le thème de l'initiation mystérique (*secreta
commemorat*), à laquelle est empruntée la métaphore de
l'« époptique », et celui de la hiérarchie des parties de la
philosophie, au travers de l'image de l'altitude (*ad altitudinem philosophiae rationalis ascendit*).

Or cette organisation, qui confère au *Songe de Scipion* sa
perfection, se transfère, du même coup, au *Commentaire*,

---

106. Cf. Calcidius, *In Tim.* 127 (*primariae superuectaeque contem-
plationis... quae appellatur epoptica*) et 272. Macrobe appartenait à la
même génération que Calcidius (cf. J. H. Waszink, (1962), p. xv), même
s'il ne l'avait pas lu ; et l'un comme l'autre doivent beaucoup à Porphyre.
Néanmoins Macrobe, à la différence de Calcidius, n'utilise pas le terme
d'*epoptica*.

107. *Comm.* II, 17, 16 : *Nam illa ad uirtutes amoremque patriae et
ad contemptum gloriae adhortatio, quid aliud continet nisi ethicae
philosophiae instituta moralia ? Cum uero uel de sphaerarum modo,
uel de nouitate siue magnitudine siderum deque principatu solis et
circis caelestibus cingulisque terrestribus et Oceani situ loquitur, et
harmoniae superum pandit arcanum, physicae secreta commemorat ; at
cum de motu et immortalitate animae disputat, cui nihil constat inesse
corporeum cuiusque essentiam nullus sensus sed sola ratio deprehendit,
illic ad altitudinem philosophiae rationalis ascendit.*

dont la structure est calquée sur celle du *Songe* [108]. La partie éthique du *Commentaire* consiste dans les chapitres I, 8-14 : elle inclut, sans surprise, l'exposé sur les vertus ; mais ces vertus prenant elles-mêmes leur source dans l'origine céleste et transcendante de l'âme, et assurant d'autre part le retour de celle-ci au ciel, la section éthique du *Commentaire* inclut la description de la descente de l'âme et de son incarnation, de sa mort, ou plutôt de ses morts, la discussion sur la situation des Enfers, et le retour de l'âme au ciel. La section consacrée à la physique correspond à la partie « scientifique » (mathématique, astronomie, musique et géographie) dont nous avons parlé plus haut. Enfin la logique, définie, pour le *Songe*, comme la partie qui traite du mouvement et de l'immortalité de l'âme, se retrouve sous cette même définition dans le *Commentaire* (II, 12-16).

Donc, en suivant le mouvement — parfait — du *Songe*, Macrobe construit à son tour une œuvre qui reproduit cette perfection tout en réalisant la progression de l'enseignement des Néoplatoniciens [109]. Le *propositum* et le fil directeur du *Commentaire* consistent à faire parcourir au lecteur l'ensemble du champ de la philosophie tout en l'entraînant dans un cheminement spirituel ascendant, conformément à la pratique des écoles néoplatoniciennes.

Commentaire ou trahison ? La permanence de la Vérité

En s'appliquant à réaliser cette ambition, Macrobe est persuadé de mettre ses pas dans ceux de Cicéron. Pour lui, le *Songe de Scipion* n'est pas un prétexte. Il a le sentiment

108. Cf. S. Gersh, I, (1986), p. 522 sq., qui décrit fort bien le contenu des trois parties de la philosophie chez Macrobe.

109. Reconnaissons pourtant que si la progression éthique-physique-logique/époptique se vérifie dans l'ensemble, des débordements d'une partie sur l'autre se produisent dans le détail : l'exposé sur les trois hypostases, qui par excellence s'attache aux incorporels saisissables par la seule intelligence, relève de la logique ; il est pourtant donné en I, 14, 5-7, au sein de la partie consacrée à l'éthique ; même chose pour la doxographie sur la nature de l'âme (I, 14, 19-20), que l'on verrait mieux, elle aussi, dans la partie logique.

sincère de dégager le sens profond du texte cicéronien, alors même que sa façon de procéder déconcerte le lecteur moderne, mieux au fait de la diachronie des systèmes philosophiques. Car, alors que le *Songe* combine des notions pythagoriciennes, platoniciennes et stoïciennes, Macrobe y voit l'émanation d'un système — le néoplatonisme — non seulement étranger à la pensée de Cicéron, mais de surcroît largement postérieur. Un seul exemple : pour rendre compte d'une formule qui émane de la plus pure orthodoxie stoïcienne, Macrobe n'hésite pas à invoquer la doctrine néoplatonicienne des hypostases [110].

Il faut y insister : Macrobe n'a nullement le sentiment de forcer la pensée de Cicéron, pour lequel il proclame inlassablement son respect. Dès le prologue du *Commentaire*, Cicéron est donné pour le Platon latin : le *Songe de Scipion* est le pendant du mythe d'Er, comme la *République* de Cicéron est le pendant de la *République* de Platon. Or Platon, de son côté, est le philosophe inspiré par excellence, dont les écrits émanent de la « divine profondeur de son génie » [111]. L'un comme l'autre, le philosophe grec comme le penseur latin, sont « des hommes d'une sagesse éminente et qui dans la recherche du vrai n'ont eu que des inspirations divines » [112]. Dans la forme brève et condensée du *Songe*, l'intemporelle Vérité se trouve enchâssée par les soins de Cicéron, le nouveau Platon [113].

---

110. *Comm.* I, 14, 5-7, pour rendre compte de *Rép.*VI, 15 = *Somn.* 3, 4 : *[hominibus] animus datus est ex illis sempiternis ignibus, quae sidera et stellas uocatis.* L'illusion qui consiste à déchiffrer des thèses néoplatoniciennes dans des textes antérieurs ou étrangers à cette doctrine est partagée par tous les commentateurs néoplatoniciens, et par Plotin lui-même dans ses lectures de Platon (Plotin, *Enn.* V, 1, 8, 10 ; Porphyre, *Vie de Plotin* 14, 11 sq.) : cf. Cl. Zintzen, (1969), p. 357-358.

111. *Comm.* II, 2, 1 : *ingenii proprii diuina profunditate.* Cf. aussi I, 6, 23 ; I, 8, 5.

112. *Comm.* I, 1, 3 : *uiros sapientia praecellentes nihilque nisi diuinum sentire solitos.*

113. *Comm.* II, 12, 7 : *miro compendio tantum includit arcanum quod Plotinus... libro integro disseruit.* Cf. aussi II, 5, 28 : *haec omnia non otiosus lector in tam paucis uerbis Ciceronis inueniet.*

L'autre grand homme latin est Virgile. Comme Cicéron est Platon, Virgile est le pendant d'Homère, dont il imite en tout la perfection [114]. Tout comme Homère possède une divine omniscience [115], Virgile est le poète prophétique, le *uates* inspiré, expert, par une grâce divine, dans toutes les disciplines, et philosophe autant que poète [116]. Il partage avec Cicéron la connaissance de « la doctrine véridique » [117]. Détenteurs eux aussi de cette même connaissance, d'autres grands hommes du lointain passé, Hésiode, Pythagore, les Egyptiens de la haute antiquité, compétents indifféremment en métaphysique et en astronomie, en morale et en musique, sont les meilleurs garants de la Vérité.

Il y a dans tout cela de quoi déconcerter un lecteur moderne, conscient de la diversité synchronique des doctrines philosophiques et convaincu du progrès des sciences, et qui de surcroît n'ignore pas le caractère très peu assuré des véritables doctrines de Pythagore ou des anciens Egyptiens. Ce curieux syncrétisme pourtant n'est pas propre à Macrobe. Il est caractéristique du néoplatonisme postérieur à Plotin, qui a pu être décrit comme « un gigantesque effort de synthèse entre les éléments les plus disparates de la tradition philosophique et religieuse de toute l'Antiquité » [118]. La diversité des systèmes philosophiques et l'évolution de la connaissance scientifique sont des notions étrangères à Macrobe et aux Néoplatoniciens de son époque, convaincus que la Vérité est une, absolue et connue de tout temps. Elle a été révélée depuis la plus haute antiquité à certains hommes

114. *Comm.* I, 7, 7. On sait la place que tient la réflexion sur Virgile dans les *Saturnales*.

115. *Comm.* II, 10, 11 : *Homerus diuinarum omnium inuentionum fons et origo.*

116. *Comm.* I, 13, 12 : Virgile est le *doctissim[us] uates* ; I, 15, 12 : il est compétent dans tous les domaines, *disciplinarum omnium peritissimu[s]* ; I, 9, 8 : il satisfait à la fois à la fiction poétique et à la vérité philosophique.

117. *Comm.* II, 12, 13.

118. P. Hadot, (1995), p. 259, qui donne (p. 260) des exemples des « jongleries invraisemblables » auxquelles pouvait conduire ce genre de tentatives. Mais il en souligne aussi le caractère formateur et les réussites.

de génie, qu'ils l'expriment de façon allégorique, comme Homère et Virgile, ou sur le mode dialectique, comme Platon et Cicéron. Mieux encore : l'ancienneté d'un savoir est une garantie de sa qualité, et cela vaut aussi pour les disciplines scientifiques : si les Egyptiens sont les pères de toutes les sciences, c'est que leur civilisation, restée, par un bienfait du climat, à l'écart des cataclysmes qui détruisent périodiquement les autres régions du monde, remonte à la nuit des temps [119].

Une telle attitude mentale, qui peut paraître bafouer la rationalité tenue pour caractéristique de la tradition gréco-latine, trouve ses racines pourtant dans cette même tradition : idée stoïcienne qu'il y a, déposées dans l'âme humaine, des notions innées qui germent quand on les cultive ; conviction toute grecque qu'il existe des hommes inspirés, dépositaires de vérités révélées par les dieux ; représentation traditionnelle d'une humanité originelle plus proche de la nature, c'est-à-dire de la raison et de la vérité [120].

Tout cela nous invite à ne pas considérer comme une simple hyperbole l'épithète de « divin », attribuée par Macrobe aux hommes de génie dont il invoque l'autorité ou à leurs découvertes [121] : car c'est bien par une grâce des dieux, par une révélation plus qu'humaine, que la vérité leur a été donnée. Significatif aussi qu'à la différence de Cicéron lui-même, qui composait des dialogues à plusieurs voix où il faisait s'affronter les doctrines, Macrobe écrive un commentaire à une seule voix, la sienne, celle du néoplatonisme. Révélateur enfin, son choix, au sein du corpus cicéronien, du *Songe de Scipion*, une œuvre, précisément, non de débat, mais de révélation, dans laquelle un personnage surnaturel et omniscient découvre à un héros méritant le fin mot du monde et de l'être.

119. *Comm.* II, 10, 14-15.
120. Considérations empruntées à P. Hadot, (1995), p. 235-236.
121. *Comm.* I, 1, 3 : (Platon et Cicéron) *nihil in inuestigatione ueri nisi diuinum sentire solitos* ; II, 2, 1 : la *diuina profunditas* du génie de Platon ; II, 10, 11 : Homère, source *diuinarum omnium inuentionum*.

Mais cette élévation du *Songe de Scipion* à la dignité de texte néoplatonicien, porteur d'une vérité absolue, ne va pas sans mal, et elle contraint parfois le commentateur à quelques contorsions. Nous avons signalé plus haut la difficulté de donner une exégèse néoplatonicienne à la formule, qui l'est fort peu, « âmes détachées de (*ex*) ces feux célestes ». Pour le matérialisme stoïcien, les âmes raisonnables sont en effet des particules qui proviennent de la substance ignée des astres. Idée inacceptable pour le néoplatonisme, qui conçoit l'âme comme un pur intelligible. D'où une manipulation laborieuse de la préposition *ex*, dont Macrobe fait un synonyme de *unde* [122]. Un peu plus loin, Cicéron qualifie la sphère céleste de *summus deus*. Mais pour un Néoplatonicien, le dieu suprême ne peut être que la première hypostase, et il n'est pas question de l'identifier à une réalité matérielle, fût-elle la sphère céleste. Ici aussi, Macrobe se tire de ce pas difficile grâce à une interprétation acrobatique des sens de *summus* et de *deus* [123]. Et que faire lorsque Cicéron et Platon adoptent des hypothèses scientifiques inconciliables ? Trouver un moyen de les concilier, malgré tout [124]. Il y aurait d'autres exemples.

122. *Comm.* I, 14, 17-18.
123. *Comm.* I, 17, 13.
124. *Comm.* I, 19, 1-7 : Cicéron adopte, pour la succession des sphères planétaires, l'ordre chaldéen, Platon, l'ordre égyptien ; pour la solution complexe adoptée par Macrobe, cf. notes *ad loc.* Autres exemples : II, 8, 1-8, où Macrobe s'efforce de justifier une expression astronomiquement aberrante de Virgile, en proposant plusieurs solutions et en invoquant le patronage d'Homère, car il n'est pas possible de croire que Virgile puisse avoir tort. II, 10, 14-16 : Cicéron a adopté la thèse stoïcienne de la destruction et du renouvellement périodiques du monde, inconciliable avec la représentation néoplatonicienne. Solution : les cataclysmes sont seulement partiels, et certaines régions, comme l'Egypte, y échappent. Ainsi le monde est-il à la fois périssable et éternel.

III — Les sources de Macrobe

1) Nature du problème

Macrobe signale à diverses reprises qu'il ne travaille pas de première main, mais qu'il exploite une documentation longuement rassemblée : il décrit sa méthode dans le prologue des *Saturnales*, nous l'avons vu, mais aussi dans le *Commentaire* [125]. Identifier ses sources serait d'un grand intérêt, non seulement pour la connaissance de Macrobe lui-même, mais plus généralement pour l'histoire de la philosophie. Cela nous fournirait des éléments pour reconstituer des textes disparus et dont on sait pourtant qu'ils ont eu une grande influence sur le cours de la pensée antique (nous pensons, entre autres, aux commentaires de Porphyre).

Mais le problème est difficile et multiple, et il a suscité une littérature abondante [126]. L'identification précise des sources

125. *Sat.*, I, *praef.* 2-4, et *Comm.* II, 15, 2. Cf. ci-dessus, p. xxxix-xli et notes.

126. L. Petit, *De Macrobio Ciceronis interprete philosopho*, Paris, 1886 (origine porphyrienne de nombreux développements de Macrobe) ; H. Linke, « Über Macrobius' Kommentar zu Ciceros Somnium Scipionis », *Philologische Abhandlungen, M. Hertz zum 70. Geburtstag*, Berlin, 1888, p. 240-256 (Macrobe utilise un commentaire latin au *Songe de Scipion*) ; thèse suivie par F. Bitsch, *De Platonicorum quaestionibus quibusdam Vergilianis*, Berlin, 1911, et par Ph. M. Schedler, (1916) ; F. Cumont, (1919), p. 113-120 (à propos de *Comm.* I, 13 : Macrobe, qui nomme Plotin et Platon, ne les a pas lus directement, mais utilise le *De regressu animae* de Porphyre) ; K. Mras, (1933), p. 232-288 (admet la prépondérance de Porphyre, mais montre par des rapprochements précis que Macrobe a utilisé d'autres sources) ; P. Henry, (1934) (insiste sur l'influence de Plotin) ; P. Courcelle, (1948²), chap. 5 (Macrobe utilise des ouvrages variés de Porphyre, mais il a lu Plotin, et il exploite aussi un commentaire néoplatonicien de Virgile) ; W. H. Stahl, (1990²) (réduit la part de Plotin au profit de Porphyre, plus simple ; le *Commentaire* est une compilation, même si Macrobe en fait un tout cohérent et lucide) ; A.R. Sodano, (1965), p. 198 sq. ; A. Setaioli, (1966), p. 154-198 (les exégèses homériques de Macrobe remontent, à une exception près, à des œuvres diverses de Porphyre) ; Cl. Zintzen, (1969), p. 357-376 (à propos des vertus politiques décrites dans le *Comm.* I, 8 : le néoplatonisme de Macrobe s'appuie sur Porphyre, mais subit, sur des points précis et

est rarement certaine. Il est exceptionnel que Macrobe nomme les auteurs qu'il utilise ; il s'en tient le plus souvent à des formules vagues, évoquant les thèses de *physici*, de *Platonici*, etc., sans plus préciser. Et même dans les cas où il désigne sa source, la méfiance est de mise, car rien n'assure qu'il l'ait consultée directement : il a pu avoir recours à des intermédiaires implicites, dont l'identification est bien difficile, quand soit ces intermédiaires, soit la source explicite, soit les deux, ont disparu. Enfin, dernière incertitude : quelle est sa part d'autonomie par rapport à ses sources ? Une pétition de principe a consisté à dire qu'il n'en avait aucune et qu'il recopiait des fiches, voire qu'il plagiait une œuvre unique [127] : position extrême, à peu près abandonnée de nos jours, mais révélatrice de la rigidité d'une certaine Quellenforschung.

Nous allons essayer de faire le point sur la question, sans nous enliser dans des débats byzantins qui n'aboutissent, au mieux, qu'à des hypothèses hasardées et infécondes ; d'autant que, à trop concentrer l'intérêt sur la question des sources, on en vient à perdre de vue la pensée de Macrobe, voire même à nier qu'il en ait eu une. Pour le détail des discussions, nous renvoyons à la bibliographie citée ci-dessus, note 126, ainsi qu'à nos propres notes *ad locos*.

2) La tradition platonicienne

Platon

A l'origine de la tradition philosophique dont se réclame Macrobe, Platon, *ipsius ueritatis arcanum* (*Comm.* I, 6, 23),

---

limités, un infléchissement romain) ; J. Flamant, (1977), *passim* (privilégie les diverses sources porphyriennes) ; S. Gersh, (1986), vol. I, p. 502-522 (peu d'apports nouveaux sur ce problème, mais synthèse limpide). A ces auteurs il faut ajouter les commentaires de L. Scarpa, (1981), et M. Regali, (1983 et 1991), *passim*. Précisons enfin qu'à l'exception de W. Stahl et de J. Flamant, tous ces auteurs travaillent essentiellement sur les sources des développements philosophiques. Les sources des passages scientifiques (plus difficiles encore à identifier, il est vrai) n'ont guère été étudiées.

127. Cf. la thèse de H. Linke, signalée note préc.

inter philosophiae professores princeps (I, 8, 5), est abondamment nommé. Le dialogue le plus cité est le *Timée*, avec une prédilection pour le passage sur la fabrication de l'Âme du Monde (*Tim.* 35 b-36 c), cité dans *Comm.* I, 6, 2 et 4 (= *Tim.* 35 b-c) ; I, 6, 45 (*id.*) ; II, 2, 11-15 (*id.*) ; II, 2, 20 et 22 (*Tim.* 35 b-36 c) ; une traduction du *Tim.* 35 d-36 d figure en *Comm.* II, 2, 15. Mais d'autres passages de ce même dialogue sont utilisés : le *Tim.* 22c-23c est cité à propos de la destruction périodique du monde (*Comm.* II, 10, 14). Macrobe recourt au *Tim.* 31 b-32 c à propos des liens assurant la cohésion des quatre éléments dans le cosmos (*Comm.* I, 6, 23-24), et une traduction est même proposée en I, 6, 29-31. A son tour le *Tim.* 39 b est traduit à propos de la fonction du soleil par rapport aux autres sphères célestes (*Comm.* I, 20, 2). Un autre dialogue abondamment exploité est le *Phédon*. Le *Comm.* I, 1, 6 utilise *Phaed.* 114 b-c (les séjours de l'âme dans l'au-delà sont fonction des choix qu'elle a faits dans la vie terrestre) ; I, 12, 7 cite *Phaed.* 79 c (l'âme enivrée par la matière) ; I, 13, 5 renvoie à *Phaed.* 64 cd ; 67 d ; 62 bc (les deux morts de l'homme et l'interdiction du suicide). A la *République* sont faites trois allusions, relatives au mythe d'Er : *Comm.* I, 1, 7 situe le mythe dans le corps du dialogue de Platon (*Rép.* X, 614 b-621 d) ; *Comm.* II, 3, 1 se réfère au chant des Sirènes qui produit la musique des sphères (*Rép.* X, 617 b) ; *Comm.* II, 17, 13 évoque les purifications imposées dans l'au-delà aux âmes des méchants (*Rép.* X, 615 ab). Enfin, le *Comm.* I, 1, 6 fait allusion au *Gorgias* 523 a -527, à propos du statut des âmes au sortir du corps, et le *Comm.* II, 15, 6, au *Phèdre* 245 c-246 a (thèse de l'âme se mouvant elle-même). Les *Lois* X, 894 b-896 a sont mises à contribution (*Comm.* II, 15, 25) à propos de la *diuisio* des divers mouvements.

Macrobe a-t-il eu directement accès aux textes de Platon ? Des avis opposés ont été émis, avec, les conciliant, une ingénieuse solution intermédiaire [128]. Nous noterons, pour notre

---

128. Non : cf. F. Cumont, (1919), et P. Courcelle, (1948^2). Oui : P. Henry, (1934). Oui et non (dans la mesure où Macrobe a pu relever des

part, que Macrobe lisait le grec : pourquoi n'aurait-il pas lu
Platon ? Mais pour chaque dialogue, les citations de Macrobe
se cantonnent à une portion de l'œuvre platonicienne, ce qui
ne plaide pas pour une lecture directe et exhaustive. Il restera
impossible d'espérer des certitudes, aussi longtemps que l'on
continuera à en savoir aussi peu sur ce que pouvait être la
bibliothèque d'un lettré à l'époque de Macrobe.

Plotin

Plotin, que Macrobe met, pour la valeur philosophique,
sur le même plan que Platon [129], est utilisé à six reprises.
Comm. I, 8, 5, à propos de la classification des vertus,
emprunte à *Enn.* I, 2, dont Macrobe cite le titre *Sur les
Vertus. Comm.* I, 13, 9-20 cite *Enn.* I, 9, *Sur le suicide
raisonnable. Comm.* I, 17, 8-11, pour prouver le mouvement
du ciel, recourt à Plotin, sans nommer le titre du traité ; il
s'agit de l'*Ennéade* II, 2, *Sur le mouvement du ciel. Comm.* I,
19, 27, traitant des présages, s'appuie en le citant sur le *Si les
astres agissent* de Plotin, soit l'*Ennéade* II, 3. Enfin, *Comm.*
II, 12, 7-15 résume successivement l'*Ennéade* I, 1, en donnant son titre (*Qu'est-ce que l'homme*), puis l'*Ennéade* II, 1,
cette fois sans citer de titre.

L'utilisation de Plotin par Macrobe a été étudiée avec beaucoup de scrupule par P. Henry, qui s'appuie sur une comparaison avisée des textes, mais qui aussi, emporté par son
estime pour Plotin, amplifie peut-être le rôle qu'il a pu jouer
auprès de Macrobe. P. Henry juge que Macrobe « était parfaitement familiarisé avec les œuvres de Plotin et qu'il les citait
de première main », en adaptateur intelligent et fidèle [130].
Pour autant, dans le cas exceptionnel où nous possédons à la
fois le texte de Plotin et l'adaptation qu'en a donnée Porphyre, P. Henry montre bien comment Macrobe, tout en
présentant Plotin comme sa source, utilise en fait Por-

citations de Platon dans une source intermédiaire) : J. Flamant, (1977),
p. 590.
129. *Comm.* I, 8, 5.
130. P. Henry, (1934), p. 152.

phyre [131]. On remarque d'autre part que Macrobe
n'emprunte qu'aux deux premières *Ennéades*. N'a-t-il eu
accès qu'à cette fraction de l'œuvre de Plotin ? A-t-il trouvé
cette lecture décourageante, au point de s'en tenir là et de
préférer la paraphrase porphyrienne, quand elle existait ?
C'est bien possible, d'autant qu'il devait faire toute confiance
à Porphyre pour reproduire fidèlement la pensée de Plotin [132].

Porphyre

Porphyre, en qui les érudits s'accordent aujourd'hui à voir
la principale source de Macrobe [133], n'est pourtant cité explicitement que deux fois. Pour l'interprétation des « portes du
songe » homériques (*Comm.* I, 3, 17), Macrobe renvoie aux
Commentaires de Porphyre, sans autre précision [134]. A propos des distances planétaires en revanche (*Comm.* II, 3, 15), il
nomme le *Commentaire au Timée*.

Dans deux autres cas, Porphyre n'est pas nommé, mais des
rapprochements textuels permettent d'identifier la source de
Macrobe : la réfutation des objections de l'Épicurien Colotès
contre l'usage philosophique du mythe (*Comm.* I, 2, 4-18)
avait été transmise par Porphyre, comme le prouve l'exposé
parallèle de Proclus [135]. Quant au *Comm.* I, 8, 5, il utilise les
Sententiae ad intelligibilia ducentes de Porphyre, sans les
citer, certes ; mais nous avons conservé le texte porphyrien,
et nous pouvons le reconnaître [136].

Restent enfin des passages pour lesquels l'attribution à
Porphyre n'est qu'hypothétique : *Comm.* I, 5, 5-7 (sur l'abs-
traction des corps mathématiques) remonterait au *Commen-*

131. *Comm.* I, 8, 5 sq. Cf. nos notes *ad loc.*
132. C'est la thèse de J. Flamant, (1977), p. 571-573 : Macrobe a eu en
mains les *Ennéades*, mais il a été arrêté par la difficulté de la lecture.
133. Cf. bibliographie citée note 126.
134. Il pourrait s'agir des Ζητήματα ὁμηρικά : cf. notes *ad loc.*
135. Cf. notes *ad loc.*
136. Curieusement, Macrobe indique comme source non pas Porphyre, mais Plotin : cf. notes *ad loc.*

taire au Timée ; même chose pour *Comm.* I, 6, 25-28 (sur les
éléments) ; *Comm.* I, 12, 7-12 (sur l'interprétation du mythe
de Bacchus) peut provenir soit du *Commentaire au Phédon*,
soit du *Commentaire au Timée* ; *Comm.* II, 1, 5-7 (la musique des sphères) admet un rapprochement avec la *Vie de
Pythagore* ; enfin, *Comm.* II, 10, 5-16 (débat sur l'éternité du
monde) aurait pour source à nouveau le *Commentaire au
Timée*. Pour ces diverses attributions, nous renvoyons à nos
notes *ad loc.*

Vient l'habituelle question : Macrobe a-t-il lu directement
Porphyre ? Nous tendons à le croire. Tout d'abord parce qu'il
faut bien que Macrobe ait lu quelque chose. D'où a-t-il pu
tirer sa connaissance de la tradition néoplatonicienne ? Porphyre était certainement pour lui d'un abord plus aisé que
Plotin, à la fois matériellement, puisqu'il était plus proche
dans le temps, et intellectuellement, car ses écrits sont d'un
accès plus facile. D'ailleurs, si Macrobe n'avait pas lu Porphyre, il faudrait supposer une source intermédiaire [137],
dont l'existence purement hypothétique fait encore plus difficulté.

Les Néoplatoniciens anonymes

Il arrive assez souvent que Macrobe signale qu'il rapporte
des thèses empruntées, sans mieux préciser ses sources. Dans
deux cas au moins on a tenté une attribution. A propos
d'abord des *theologi* de *Comm.* I, 14, 5-7 [138], où Macrobe
expose avec beaucoup de concision et de clarté la doctrine des
trois hypostases, ont été avancés les noms de Plotin (*Enn.* V,
2, 1, 1-22, combinée avec *Enn.* III, 4, 2-3) ou de Porphyre
(*Commentaire au Timée* ou hypothétique commentaire à
l'*Ennéade* V, 2). Surtout, il a été démontré de façon probante, par rapprochement avec l'*Antre des Nymphes* de Porphyre et le *Commentaire à la République* de Proclus, que la
description de la descente de l'âme à travers les sphères

137. C'est l'hypothèse de H. Linke (*op. cit.* n. 126).
138. Cf. note a*d loc.*

planétaires (*Comm.* I, 12, 1-3) provenait de Numénius, à travers Porphyre (mais à travers quel traité de Porphyre ? Il y a débat). Il est plus difficile en revanche de décider si l'influence de Numénius s'étend à l'ensemble du développement de Macrobe (*Comm.* I, 11, 10-12, 18), et, à supposer que ce soit le cas, par quel intermédiaire elle est parvenue à notre auteur [139].

3) Des sources latines ?

Toutes les sources dont il a été question jusqu'ici sont grecques. Macrobe a-t-il eu recours à une ou à des sources latines ? C'était la thèse de H. Linke [140] : Macrobe, incapable de toute autonomie, aurait reproduit fidèlement un commentaire latin au *Songe de Scipion*, lui-même fabriqué au ive siècle, peut-être par Marius Victorinus, à partir du *Commentaire au Timée* de Porphyre et d'un commentaire latin à l'*Enéide*. Cette brutale hypothèse, que rien n'étaye, sinon un *a priori* méprisant à l'égard de l'auteur du *Commentaire*, et qui en revanche est contredite par un certain nombre d'affirmations de Macrobe lui-même [141], est abandonnée aujourd'hui.

En revanche, le développement sur l'origine céleste de l'âme et sur son retour au ciel après la mort (*Comm.* I, 9-10) a plus justement intrigué les critiques, à cause de l'abondance des citations latines qu'il contient, citations plus nombreuses qu'il ne semble nécessaire [142], à cause aussi de l'apo-

---

139. Pour tout cela, cf. nos notes *ad loc.* Numénius, philosophe néopythagoricien ou platonicien originaire d'Apamée (iie s. ap. J.C.), est nommé en I, 2, 19, pour un rêve qu'il aurait rapporté.

140. Cf. note 126.

141. Cf. les moments où Macrobe indique qu'il trie ou qu'il résume la matière dont il dispose : *Comm.* I, 6, 10 ; I, 6, 12 ; II, 4, 10 ; II, 4, 12.

142. Ces citations sont : Juvénal, *Sat.* 2, 27 (= *Comm.* I, 9, 2) ; Perse, *Sat.* 1, 7 (= I, 9, 3) ; Virgile, *Aen.* 12, 952 (= I, 9, 4) ; *Aen.* 6, 736-7 (= I, 9, 5) ; *Aen.* 6, 653-5 (= I, 9, 9) ; paraphrase de *Aen.* 6, 538 (= I, 10, 12) ; Juvénal, *Sat.* 13, 2-3 (= I, 10, 12) ; paraphrase de Virgile, *Aen.* 6, 616-7 (= I, 10, 14) ; paraphrase d'Accius (v. 47 Dangel) (= I, 10, 15) ; *Aen.* 6, 743 (= I, 10, 17).

logue de Damoclès, qui s'insère mal dans le sujet traité [143].
Aussi divers savants, reprenant l'hypothèse ancienne de F.
Bitsch, ont-ils pensé que Macrobe utilisait pour ce passage un
commentaire néoplatonicien de Virgile, dont l'auteur pourrait être Marius Victorinus. Il s'agit certes d'un enchaînement de suppositions (que Marius Victorinus ait composé un
commentaire de Virgile ; que Macrobe l'ait utilisé ; nous ne
reproduisons pas ici le détail des argumentations), mais qui
parvient à une intéressante probabilité, sinon à une certitude [144].

4) Les sources des exposés scientifiques

La critique s'est moins intéressée aux sources des développements sur l'arithmétique, l'astronomie, la musique et la
géographie, qui posent des problèmes plus difficiles
encore [145]. C'est qu'à la différence des thèses philosophiques,
dépendantes du contexte doctrinal dans lequel elles ont vu le
jour, les hypothèses scientifiques sont autonomes ; et, même
si l'on en connaît l'inventeur, leur parcours postérieur est
imprévisible.

Arithmologie

La section arithmétique, ou plutôt arithmologique
(*Comm.* I, 5-6), est sans doute celle à propos de laquelle on

143. *Comm.* I, 10, 16. Macrobe est en train de parler de la localisation
des Enfers, et l'on ne voit pas bien ce qu'apporte l'anecdote de l'épée de
Damoclès. Cf. J. Flamant, (1977), p. 577.
144. Cf. F. Bitsch (*op. cit.* n. 126) ; P. Courcelle, « Les Pères de l'Eglise
devant les Enfers virgiliens », *Archives d'histoire doctrinale et littéraire
du Moyen-Âge*, (30), 1955, p. 5-74 ; P. Hadot, (1971), p. 215-231 (argumentation la plus serrée, appuyée par des comparaisons avec Servius et
Favonius Eulogius) ; J. Flamant, (1977), p. 580 (qui croit plutôt à l'utilisation par Macrobe d'un autre ouvrage de Marius Victorinus, comme les
Libri Platonicorum).
145. La meilleure étude reste celle de J. Flamant, (1977), p. 305-482,
passim.

peut le plus facilement relever des rapprochements textuels, ce qui ne veut pas dire que les sources soient identifiables. On se reportera aux notes de ces deux chapitres pour constater les convergences de l'exposé de Macrobe avec, par ordre chronologique, les *Éléments* d'Euclide, Varron (cité par Aulu-Gelle, *Nuits Attiques* III, 10), Philon d'Alexandrie, l'*Exposition des doctrines mathématiques utiles à la lecture de Platon* de Théon de Smyrne, l'*Introduction arithmétique* de Nicomaque de Gérasa, la *Disputatio de Somnio Scipionis* de Favonius Eulogius, le *Commentaire au Timée* de Calcidius, les *Noces de Mercure et de Philologie* de Martianus Capella. F. E. Robbins propose un stemma des rapports unissant entre eux tous ces textes ; il en résulte que Macrobe utiliserait une source tributaire principalement de Nicomaque de Gérasa, mais contaminée par des sources néoplatoniciennes du IIIe siècle [146]. J. Flamant pour sa part souligne que le traité de Nicomaque était bien connu à Rome par la traduction qu'avant Boèce en avait donnée Apulée, au témoignage de Cassiodore et d'Isidore de Séville [147].

Astronomie

La section astronomique (*Comm.* I, 14, 21-22, 13), elle aussi, présente de nombreuses convergences avec d'autres textes, sans que cela suffise à indiquer des relations directes. Le *Commentaire au Timée* de Porphyre, dont on a la certitude qu'il est une source importante de Macrobe, contenait nécessairement des développements astronomiques. Il est probable qu'il arrive à Macrobe d'y puiser ; mais où et quand ? L'ouvrage de Porphyre est proposé par P. Courcelle comme source du passage sur l'horizon (*Comm.* I, 15, 18 sq.), et par J. Flamant comme origine possible de la démonstration

---

146. F. E. Robbins, « The tradition ... », (*op. cit.* n. 92), p. 98-123. Notons néanmoins sa mise en garde : « Whole passages of one author are repeated in one or more others, and the topics of arithmology are so frequently paralleled that to determine the exact provenance of any one may be well-nigh impossible. »

147. J. Flamant, (1977), p. 308-313.

du mouvement rétrograde des planètes (*Comm.* I, 18) [148].
Par ailleurs, il arrive que le texte de Macrobe coïncide avec
des développements étroitement communs à Théon de
Smyrne et à Calcidius [149] ; or il a été démontré que la simili-
tude entre Théon et Calcidius prenait son origine dans le
Commentaire au Timée du Péripatéticien Adraste [150]. En
revanche, la parenté avec Macrobe n'est pas suffisamment
significative pour qu'Adraste soit la source directe de notre
auteur. Quelle a donc été la source intermédiaire ? Faut-il
penser une fois de plus au *Commentaire au Timée* de Porphyre ? Peut-être, mais cela, on le voit, n'est qu'hypothétique. Enfin, certains détails évoquent aussi une lointaine
origine posidonienne. La doxographie sur la Voie Lactée
pourrait remonter au philosophe d'Apamée, à l'opinion
duquel Macrobe se rallie [151]. L'affirmation que l'ombre de la
Terre est cylindrique est, elle aussi, posidonienne [152]. Mais ce
ne sont là que des passages limités, et les sources intermédiaires ont pu être nombreuses.

Ce qui frappe de toutes façons dans l'exposé astronomique
de Macrobe est le caractère composite et inégal de son savoir.
Des hypothèses rares et de haut niveau scientifique, comme
la précession des équinoxes ou la représentation semi-
héliocentrique d'Héraclide du Pont [153], voisinent avec les

148. P. Courcelle, (1948[2]), p. 32-33 ; J. Flamant, (1977), p. 419 (qui
préfère néanmoins penser que le raisonnement est de Macrobe lui-
même).

149 *Comm.* I, 19, 6-7 (cf. note *ad loc.*) : pour la théorie semi-
héliocentrique d'Héraclide du Pont, citée ici par Macrobe, cf. Théon de
Smyrne, p. 186, 17 - 187, 17 Hiller, et Calcidius, 109-111. *Comm.* I, 22, 3
traite de l'immobilité de la Terre, dont Macrobe donne une démonstration de tonalité aristotélicienne (cf. note *ad loc.*), qui figure aussi chez
Théon de Smyrne, p. 149, 15 Hiller et Calcidius, 76.

150. Cf. J. H. Waszink, éd. de Calcidius, (1962), p. xxxv sq.

151. *Comm.* I, 15, 3-7 : cf. note *ad loc.*

152. *Comm.* I, 20, 11 sq. : cf. P. Duhem, (1965[2]), II, p. 25-26. Mais en
I, 15, 11, Macrobe prêtait plus justement à la Terre une ombre en forme
de cône.

153. Macrobe a connaissance de la précession des équinoxes (*Comm.*
I, 17, 16-17), admirable découverte d'Hipparque (milieu du IIe s. av.
J.C.), qui eut peu de succès auprès des astronomes, mais qui émerge

observations douteuses de pseudo-« Egyptiens » [154]. Il est vrai que cette hétérogénéité n'est pas propre à Macrobe, et qu'on s'étonne de la même chose par exemple chez Vitruve [155]. Elle s'explique assurément par la diversité des sources utilisées, attestée par Macrobe lui-même [156].

Musique

L'exposé sur la musique occupe les quatre premiers chapitres du livre II. C'est l'unique fois où Macrobe déclare explicitement qu'il a pour source le *Commentaire au Timée* de Porphyre [157]. Par ailleurs, on y trouve une traduction du *Timée* (35b-36b) [158], ce qui n'implique pas, comme on l'a vu plus haut, qu'il ait eu accès directement au dialogue de Platon, mais confirme plutôt l'usage d'une littérature secondaire à ce dialogue. Cependant, tout en utilisant Porphyre, Macrobe accomplit un travail d'adaptation, qui consiste une fois de plus à plaquer sur Cicéron des thèses platoniciennes et néoplatoniciennes. J. Flamant résume bien les choses : Macrobe s'est donné pour tâche de démontrer l'existence de la musique des sphères (thèse cicéronienne) au moyen d'arguments métaphysiques relatifs à l'animation du monde par l'Âme (thèse platonicienne, réfractée par le *Commentaire au Timée* de Porphyre) [159]. Des comparaisons avec d'autres traités et commentaires néoplatoniciens, l'*Expositio* de Théon de Smyrne, les commentaires au *Timée* de Calci-

---

curieusement à nouveau dans la tradition médio- et néoplatonicienne : cf. notre note *ad loc*. Pour la thèse semi-héliocentrique d'Héraclide du Pont, cf. *Comm*. I, 19, 6-7 et notes.

154. *Comm*. I, 20, 11 sq. ; I, 21, 8 sq. ; etc.

155. C'est chez Vitruve (*De arch*. IX, 1, 6) que la théorie d'Héraclide est attestée pour la première fois ; mais il la dément un peu plus loin (IX, 1, 15), sans paraître s'apercevoir de la contradiction.

156. *Comm*. I, 20, 32 : *haec de solis magnitudine breuiter de multis excerpta libauimus*.

157. *Comm*. II, 3, 15 : *hanc Platonicorum persuasionem Porphyrius libris inseruit quibus Timaei obscuritatibus non nihil lucis infudit*.

158. *Comm*. II, 2, 15 (fabrication de l'Âme du Monde par le démiurge à l'aide de rapports numériques).

159. Cf. J. Flamant, (1977), p. 368.

dius et de Proclus, confirment la filiation porphyrienne du développement musical de Macrobe [160]. C'est aussi à travers Porphyre que certains détails à tonalité péripatéticienne sont arrivés jusqu'à lui, Porphyre lui-même ayant utilisé le commentaire au *Timée* d'Adraste [161].

Sur des points isolés, se devine l'usage d'autres sources. Une allusion à la *République* de Platon [162] peut provenir du *Commentaire à la République* de Porphyre ; à moins que le rapprochement avec la *République* ne soit déjà le fait du *Commentaire au Timée* du même Porphyre ? On ne peut que poser la question. Quant à l'étymologie du terme de « Camènes » (équivalent italique des Muses), étymologie que Macrobe attribue aux Etrusques (*Comm.* II, 3, 1), elle est connue par ailleurs et remonte à quelque antiquaire latin, sans qu'on puisse en dire davantage [163].

Géographie

La géographie (*Comm.* II, 5-9) est, des quatre exposés scientifiques du *Commentaire*, celui pour lequel la recherche des sources est le plus démunie. Le découpage des zones terrestres, la théorie des quatre mondes habités et la description du fleuve Océan, dont les bras, à leur confluent, crée-raient le phénomène des marées, sont empruntés à la repré-sentation de Cratès de Mallos (IIe s. av. J.C.). Macrobe remonte donc à un état relativement archaïque de la science, faisant fi en particulier des travaux de Posidonius (qui attri-buait fort justement les marées à l'influence de la lune) [164].

160. Cf. K. Mras, (1933), p. 264-268 ; A.R. Sodano, *Porphyrii in Platonis Timaeum commentariorum fragmenta*, Naples, 1964, *passim* ; J. Flamant, (1977), p. 352-381. Pour le détail des rapprochements et des argumentations, cf. nos notes *ad loc.*

161. *Comm.* II, 1, 5-7 ; II, 4, 11-12 : cf. notes *ad loc.*

162. *Comm.* II, 3, 1 : *Hinc Plato in Re publica sua... singulas ait Sirenas singulis orbibus insidere* (Platon, *Rép.* X, 617 b).

163. *Comm.* II, 3, 1. Cf. K. Mras, (1933), p. 267, qui relève la même étymologie *ap.* Festus, Augustin, Servius (cf. notre note *ad loc.*).

164. S'agissant de l'explication des marées, J. Flamant, (1977), p. 469, et à sa suite M. Regali, (1990), p. 172, pensent que Macrobe a préféré

Mais le cheminement par lequel lui sont parvenues les théories de Cratès ne se laisse pas préciser. Macrobe continue-t-il à utiliser, comme dans la section musicale, le *Commentaire au Timée* de Porphyre ? Commode, l'hypothèse est aussi parfaitement gratuite. Les thèses de Cratès ont pu parvenir jusqu'à Macrobe par de simples manuels scolaires qui n'ont pas laissé de traces dans l'histoire de la pensée. Il vaut mieux se résigner, à la suite de J. Flamant [165], à déclarer insoluble ici le problème des sources.

IV — La survie du *Commentaire au Songe de Scipion*

Le *Commentaire* de Macrobe fut extrêmement lu et diffusé au Moyen-Âge, et son succès perdura à la Renaissance : sa présence dans les catalogues des bibliothèques monastiques médiévales ainsi que le nombre de manuscrits conservés de nos jours l'attestent. C'est que, tout au long du Moyen-Âge et à la Renaissance encore, il permit à des savants qui ne lisaient pas le grec d'accéder au néoplatonisme par une source antique. Décrire sa survie dans le détail exigerait de nombreuses pages, ainsi qu'une compétence de médiéviste que nous ne songeons pas à feindre. On ne trouvera donc ici que quelques points de repère, empruntés aux diverses études qui ont paru sur le sujet ces dernières années et auxquelles il suffira de se reporter pour de plus amples informations [166].

passer sous silence la thèse posidonienne parce qu'elle confortait le principe fondateur de l'astrologie. L. Scarpa, (1981), p. 477, en revanche (et nous le suivrions volontiers), attribue ce choix à la préférence de Macrobe pour la théorie la plus ancienne, et aussi au fait que l'explication de Cratès est plus simple.

165. J. Flamant, (1977), p. 475, n. 333.

166. Il existe à ce sujet une bibliographie importante : cf. P. de Paolis, (1986-88), particulièrement p. 223-234 : « Il *Fortleben* di Macrobio ». Nous ne signalons que les études principales : Ph. M. Schedler, (1916) ; P. Duhem, (1913-1917), t. III, *passim* ; P. Courcelle, (1948²) (W. H. Stahl, (1990²), p. 39-55, et J. Flamant, (1977), p. 688-693, ne faisant que

A la charnière de l'Antiquité finissante et du Haut Moyen-Âge, le nom de Macrobe est cité pour la première fois, et fort élogieusement, par Boèce, à propos de l'incorporalité des limites géométriques [167]. Il est vrai que la famille de Boèce entretenait des liens avec les descendants de Macrobe [168]. A la même époque à peu près, Cassiodore connaît les *Saturnales* et le *Commentaire*, auquel il fait allusion [169].

Du VIe au VIIIe s., Macrobe est lu par Isidore de Séville (env. 560-636), dont les *Etymologies* présentent de nombreuses références au *Commentaire*, en particulier pour le livre III, où Isidore s'occupe d'astronomie : il se réfère à Macrobe à propos de la Voie Lactée, de la définition des planètes et des constellations, des éclipses... [170]. De même, dans le *De natura rerum* et le *De temporibus* de Bède le Vénérable (672-735), Macrobe apparaît comme l'une des sources de l'auteur pour les connaissances astronomiques [171].

Mais le succès du *Commentaire* ne s'amorce véritablement qu'avec la renaissance carolingienne. Nous dirons plus tard le rôle de Loup, abbé de Ferrières de 845 à 862, ainsi que de son disciple Heiric d'Auxerre dans la transmission du texte même [172]. Macrobe commence à jouer le rôle d'une autorité scientifique : c'est probablement à un modèle composé à Auxerre à ce moment que remontent les manuscrits d'*excerpta* du *Commentaire*, limités aux exposés d'astronomie, de musique et de géographie [173]. Autre indice : en 811, le

résumer les travaux de ces précurseurs) ; la question a été retravaillée à neuf par Cl. Zintzen, (1988) ; A. Hüttig, (1990) (travail de fond, qui contient de surcroît une abondante bibliographie) ; et, pour la Renaissance, D. Desrosiers-Bonin, (1990).

167. *In Isagogen Porphyrii Commenta*, C.S.E.L., 48, éd. Brandt, 1906, p. 31 : *si Macrobii Theodosii doctissimi uiri primum librum quem de Somnio Scipionis composuit in manibus sumpseris...*

168. Le beau-père de Boèce a révisé son exemplaire du *Commentaire* aidé par le petit-fils de Macrobe : cf. ci-dessous, p. LXXIV et n. 195.

169. Cassiodore, *Expos. ps.* VIII, 10, p. 96 Adriaen, se réfère à la doxographie de l'âme réunie par Macrobe dans *Comm.* I, 14, 19.

170. *Etymologies* 3, 46 ; 3, 60 ; 5, 36 : cf. A. Hüttig, (1990), p. 39.

171. Cf. A. Hüttig, (1990), p. 40.

172. Cf. ci-dessous, p. LXXIII sq. et LXXVII.

173. Ci-dessous, p. LXXVIII.

moine irlandais Dungal, décrivant à Charlemagne, dans une lettre, le mécanisme des éclipses, s'appuie sur le *Commentaire* [174]. Jean Scot Erigène (810-877), dans son effort d'harmonisation des conceptions platonicienne et chrétienne, puise aussi bien dans les exposés philosophiques de Macrobe — avec quelque raillerie, il est vrai — que dans ses développements scientifiques et numérologiques [175]. Rémi d'Auxerre (841-908), élève d'Heiric, connaît à la fois les *Saturnales* et le *Commentaire*, et les utilise dans son commentaire aux *Noces de Mercure et de Philologie* de Martianus Capella, bien qu'il accorde moins de considération à Macrobe qu'à Martianus et à Boèce. Il s'attache en particulier aux exposés arithmologique, astronomique (où il renvoie nommément au *Commentaire*) et géographique [176].

Aux xe et xie siècles, il semble que l'on se soit moins intéressé à Macrobe. Dans les exposés géométriques des *Opera mathematica* de Gerbert d'Aurillac (futur Sylvestre II) [177], se reconnaissent des paraphrases du *Commentaire*. Helpéric, dans son *De computo* (écrit en 978), cite nommément Macrobe et se réfère à sa détermination des signes du zodiaque [178]. Mais A. Hüttig cite surtout Bovo de Corvey (qui se réfère au *Commentaire*, non seulement pour l'explication des phénomènes de la nature, mais pour tenter de concilier philosophie antique et christianisme), l'Anonyme d'Einsiedeln, auteur d'un commentaire à la *Consolation de Philosophie* de Boèce, Adalbold d'Utrecht, Managold de Lautenbach [179].

---

174. *M.G.H. Epistolae IV, Karolini aevi II*, Berlin, 1895, p. 570-578, cité par A. Hüttig, (1990), p. 41.

175. Cf. Ph. M. Schedler, (1916) ; A. Hüttig, (1990), p. 42-46.

176. Cf. A. Hüttig, (1990), p. 46-52.

177. *Opera mathematica*, éd. Bubnov, Berlin, 1899, p. 56.

178. *Liber de computo*, Migne, *P.L.* 137, p. 23.

179. Cf. A. Hüttig, (1990), p. 57-74 (qui attribue le fléchissement des xe et xie s. à l'abaissement du niveau culturel lié à la dissolution de l'empire de Charlemagne) ; cf. aussi P. Courcelle, « Etude critique sur les commentaires de la *Consolation* de Boèce (ixe-xve s.) », *Archives d'histoire doctrinale et littéraire du Moyen-Âge*, 14, 1939, p. 5-140 ; P. Duhem, (1958²), p. 65-67.

Avec ce que les médiévistes n'hésitent pas à appeler la renaissance culturelle du xiiᵉ s., le succès du *Commentaire* connaît son apogée, comme l'atteste la tradition manuscrite, où l'on voit se multiplier les copies. L'œuvre de Macrobe est pratiquée dans des milieux divers, et d'abord par le représentant par excellence de la scolastique, Pierre Abélard (1079-1142), qui place Macrobe au premier rang des philosophes inspirés, en compagnie de Socrate, Platon, Pythagore, Cicéron et Virgile [180] ; il utilise intensivement la vision du monde contenue dans le *Commentaire* et l'intègre à ses œuvres théologiques [181]. Mais c'est surtout l'école de Chartres qui va puiser chez Macrobe. Guillaume de Conches (1080-1154), qui se passionne pour le néoplatonisme, recourt largement au *Commentaire* et aux *Saturnales* dans son *Dragmaticon* et sa *Philosophia mundi* ; dans ses gloses au *Timée* de Platon, il se réfère explicitement à Macrobe, mais, surtout, il compose des gloses au *Commentaire au Songe de Scipion* lui-même. Pour les deux ouvrages de Bernard Sylvestre, la *Cosmographie* et le *Commentaire aux six premiers livres de l'Énéide*, écrits vers le milieu du xiiᵉ s., Macrobe apparaît comme l'une des sources philosophiques et scientifiques principales. Alain de Lille (1125 ?-1203), qui se rattache lui aussi à l'école de Chartres, utilise la représentation néoplatonicienne du monde livrée par le *Commentaire* dans son *Anticlaudianus*, mais aussi dans le *De planctu naturae*. Enfin, Jean de Salisbury (1115-1180), élève d'Abélard et de Guillaume de Conches, reproduit dans son *Policraticus* des passages entiers tant des *Saturnales* que du *Commentaire*.

Parmi les auteurs qui relèvent de l'abbaye de Saint-Victor, à Paris, il faut citer surtout Hugues (1096-1141), mais aussi son élève Achard (abbé à partir de 1155), Richard élève d'Achard, ainsi que Godefroid (1130-1194), qui recourent plus ou moins explicitement tant aux exposés scientifiques du *Commentaire* (mesures et distance de la Terre et du Soleil,

---

180. *Theologia Christiana*, I, 7.
181. Cf. A. Hüttig, (1990), p. 75-94.

sphère céleste) qu'aux définitions métaphysiques de l'âme et à la description de sa descente dans le corps.

Au XIIIe s., se détachent les noms de Vincent de Beauvais (1184 ?-1264 ?), de Thomas de Cantimpré (1201-1263 ?), d'Alexandre de Hales (1185-1245), d'Albert le Grand (1193-1280), et bien entendu de Thomas d'Aquin (1224-1274) et de Bonaventure (1221-1274). Vincent fait un usage très libre de Macrobe dans les trois volumes de son *Speculum maius*, à propos de l'immortalité de l'âme, du suicide, de l'astronomie (étoiles fixes et planètes), de la musique, de la géographie (théorie des antipodes). Thomas de Cantimpré nomme et utilise Macrobe dans son *Liber de natura rerum secundum diuersos philosophos* (en particulier pour l'embryologie, l'astronomie, la géographie). Alexandre de Hales recourt au *Commentaire*, dans sa *Somme théologique*, pour la métaphysique de l'âme et la condamnation du suicide. Albert le Grand en fait l'une de ses sources scientifiques (astronomie, astrologie et géographie, avec la théorie des antipodes) ; il s'intéresse aussi à la classification des rêves et à la nature de l'âme (ici, pour critiquer l'idée de préexistence et de réincarnation). Quant à Thomas d'Aquin, il cite Macrobe à de nombreux endroits de sa *Somme théologique*, le tient pour une autorité, tout en le discutant avec discernement. Par exemple, à la différence de bien des auteurs que nous avons cités précédemment, il se refuse à assimiler les hypostases néoplatoniciennes à la trinité catholique [182]. Enfin, le Franciscain Jean Fidanza, plus connu sous le nom de Saint Bonaventure, élève de Thomas d'Aquin, s'intéresse à l'exposé sur les vertus et à la description de la descente de l'âme.

Pour autant, durant ces deux siècles, la connaissance de l'œuvre de Macrobe ne semble pas avoir été confinée aux sphères érudites et monastiques. Dans son roman *Erec et Enide*, Chrétien de Troyes met sous le patronage de Macrobe la description du manteau d'Erec ; et Macrobe est cité au tout

---

[182]. Cf. A. Hüttig, (1990), p. 159-162.

début du *Roman de la Rose* comme garant de la véracité de certains songes [183].

Au XIVe s., Macrobe intéresse l'humanisme naissant, et au premier chef Pétrarque (1304-1374), qui l'appelle *scriptor egregius* [184] et le cite souvent littéralement, lui empruntant en particulier la classification des vertus [185]. Le *De laboribus Herculis*, de Coluccio Salutati (mort en 1406 ; éditeur de l'*Africa* de Pétrarque), atteste une lecture attentive du *Commentaire*. Marsile Ficin lui-même, bien qu'il fût capable de lire Platon et Plotin en grec, ne dédaignait pas pour autant les sources latines, et il fait quelques allusions à Macrobe dans sa *Theologia Platonica* (interprétation allégorique de l'*aurea catena* et théorie des vertus) [186].

Enfin, il faut aussi mentionner la diffusion et l'influence des cartes accompagnant le *Commentaire* dans les manuscrits ; elles furent à la base des types les plus communs de mappemondes. Nous nous contenterons d'un exemple prestigieux entre tous : Christophe Colomb en possédait un manuscrit qu'il annota de sa main, et la description par Macrobe des mondes habités et de l'Océan, corrigée par les récits des navigateurs portugais, contribua à la représentation que le Gênois se donna du monde avant d'en entreprendre l'exploration [187].

La première édition imprimée du *Commentaire* est antérieure de vingt ans à la découverte de l'Amérique. L'intérêt que Macrobe (*Commentaire* et *Saturnales,* les deux textes étant le plus souvent associés par les éditeurs) continue à susciter au XVIe s. est attesté par le nombre d'éditions qui se

---

183. Chrétien de Troyes, *Erec et Enide*, (éd. M. Roques, Paris, 1952), v. 6674 sq. ; Guillaume de Lorris, *Roman de la Rose*, (éd. E. Lanly, Paris, 1973), v. 6-11. Cf. A. Hüttig, (1990), p. 171-172, où l'on trouvera d'autres exemples d'utilisation de Macrobe dans des œuvres en langues vernaculaires.

184. *De sui ipsius et multorum ignorantia*, éd. P.G. Ricci, p. 752, cité par Cl. Zintzen, (1988), p. 421, que nous suivons ici.

185. *De uita solitaria* I, p. 340. Cf. d'autres rapprochements *ap.* Cl. Zintzen, (1988), p. 421-427.

186. Cf. C. Zintzen, (1988), p. 428-431.

187. Cf. A. Hüttig, (1990), p. 170.

succèdent alors, très rapidement, à travers l'Europe
entière [188]. Mais dès le début du XVIIᵉ s., le rythme des
éditions et l'estime portée à cette œuvre décroissent considérablement, et les simples rééditions sont aussi nombreuses
que les éditions nouvelles. En 1963 encore, J. Willis, chargé
pourtant de l'édition scientifique du *Commentaire*, ne voyait
dans ce texte qu'*ineptae cantilenae* [189]. Nous souhaiterions
pour notre part avoir réussi à montrer qu'un auteur qui
représente tout un pan de la pensée littéraire, philosophique
et scientifique antique, qui a été par ailleurs l'une des sources
de la connaissance du néoplatonisme à l'époque médiévale et
à la Renaissance, mérite au contraire, de la part des érudits au
moins, son nom de « Longue-Vie ».

V — LA TRADITION MANUSCRITE

Conséquence du succès remporté par le *Commentaire* au
Moyen-Âge, le nombre considérable de manuscrits médiévaux connus à ce jour : autour de 230, peut-être même
davantage [190]. Six remontent au IXᵉ siècle, puis le nombre de
copies s'élève pour culminer au XIIᵉ siècle, époque à partir de
laquelle s'établit à force de contaminations une vulgate.
Comment dans ces conditions sélectionner les manuscrits à
collationner ? Examinons d'abord les travaux de nos prédécesseurs [191].

---

188. Cf. ci-dessous, p. LXXXVIII sq.
189. J. Willis, (1970²), vol. I, p. IX.
190. 230 est le nombre donné par B. C. Barker-Benfield, *The manuscripts of Macrobius'Commentary*, thèse, Oxford, 1975, 2 vol. dact.
Selon A. Hüttig, (1990), p. 27, il y en aurait beaucoup plus.
191. Très utile, la mise au point bibliographique de P. de Paolis,
(1986-88), p. 132-142.

1) L'état de la question

Les premières éditions « modernes »

Les deux pionniers, L. Jan (Quedlinburg et Leipzig, 1848) et F. Eyssenhardt (Leipzig, 1868), ont procédé à peu près au hasard, en fonction des manuscrits répertoriés à leur époque, gênés qu'ils étaient aussi par leur dispersion à travers l'Europe. L. Jan collationne (ou fait collationner) de nombreux manuscrits, de valeur inégale, et tente une vague classification. Parmi eux, le précieux Parisinus Latinus 6370 (ixe s.). Vingt ans plus tard, F. Eyssenhardt se contente de deux manuscrits, P (Parisinus Latinus 6371, xie s.) et B (Bamberg, Staatsbibliothek, M. IV 15, xie s.), dont il donne des collations souvent inexactes.

Entre l'édition de F. Eyssenhardt et celle de J. Willis

A partir du début du xxe s., divers chercheurs, paléographes ou philologues, attirent l'attention sur tel manuscrit, ou cherchent à établir des groupes restreints.

W. M. Lindsay [192] compare (à propos des seules *Saturnales*) le Paris. Lat. 6371 et le Bodleian Library, Auct. T. 2. 27. Le manuscrit d'Oxford est exempt de certaines fautes et omissions du manuscrit parisien, mais en certains points il lui est inférieur.

A. La Penna [193], dans un article important, attire l'attention sur le Paris. Lat. 6370, déjà utilisé par L. Jan. Le manuscrit date du ixe s. et dépend du scriptorium de Fleury ; l'une des quatre mains qui se partagent la copie est celle de Loup

---

192. W. M. Lindsay, « A Bodleian Manuscript of Macrobius », *Classical Review*, (14), 1900, p. 260-261.

193. A. La Penna, (1950), p. 177-187. A propos de ce manuscrit, cf. aussi E. K. Rand et L.W. Jones, *The earliest book of Tours with supplementary description of other manuscripts of Tours*, Cambridge, Mass., 1934, p. 100-101, n° 70a ; E. von Severus, *Lupus von Ferrières. Gestalt und Werk eines Vermittlers antiken Geistesgutes an das Mittelalter im 9. Jahrhundert, Beiträge zur Geschichte des alten Mönchtums und des Benediktinorders*, 21, Münster in W., 1940, p. 80-81 et p. 103.

de Ferrières, qui a effectué de nombreuses corrections, malheureusement sur grattages, conformément à ses habitudes [194]. Il contient une précieuse souscription : *Aurelius Memmius Symmachus u.c. emendabam uel distinguebam meum Rauennae cum Macrobio Plotino Eudoxio u.c.* [195]. Le texte est remarquablement plus correct que celui des deux manuscrits utilisés par Eyssenhardt, même s'il présente des corruptions qui lui sont particulières. Le même auteur, dans un second article [196], traite du Paris. Lat. 16677 (ixe s. ; contient aussi la souscription), qu'il considère comme étroitement apparenté au Paris. Lat. 6370 ; mais aucun des deux manuscrits ne descend de l'autre.

L'édition de J. Willis

En 1963, J. Willis publie à Leipzig, chez Teubner, la plus récente édition du *Commentaire* (seconde édition en 1970). Il n'indique pas comment il a choisi les manuscrits qu'il a collationnés, et renonce à établir un stemma : « Et in Saturnalibus edendis discere potui quae ratio cognationis inter diuersos libros manuscriptos intercederet : in Commentariis in Somnium Scipionis idem non licuit... Itaque in tanta omnium contaminatione eas lectiones secutus sum quae et maxime Macrobianae mihi uiderentur et quae facillime a

---

194. Loup (805-862) fut abbé de Ferrières de 842 à 862. Sa correspondance (éd. L. Levillain, 2 vol., Paris, Belles-Lettres, 1927-1936) révèle un chercheur fervent de textes antiques, qu'il ne dédaignait pas de corriger lui-même, malheureusement après grattages : cf. E. Pellegrin, « Les manuscrits de Loup de Ferrières. A propos du manuscrit Orléans 162 (139) corrigé de sa main », *Bibl. de l'École des Chartes*, (115), 1957, p. 5-31.

195. « Moi, Aurelius Memmius Symmachus, clarissime, j'ai corrigé et ponctué mon exemplaire à Ravenne, en compagnie de Macrobius Plotinus Eudoxius, clarissime ». Cf. notre apparat critique à la fin du livre I. Symmaque est le consul de 485, beau-père de Boèce, l'arrière-petit-fils du protagoniste des *Saturnales*, le grand orateur Symmaque. Quant à Macrobius Plotinus, nous avons, après d'autres, proposé de l'identifier avec le petit-fils de Macrobe : cf. ci-dessus, p. xv-xvi.

196. A. La Penna, (1951), p. 239-254.

monachis corrumpi potuisse uiderentur. » [197] En fait, J. Willis utilise les manuscrits d'Eyssenhardt, auxquels il ajoute ceux qui avaient été signalés par Lindsay et La Penna, ainsi qu'un manuscrit londonien, Brit. Libr. Cotton Faustina C.I., non daté.

Eclairages récents : les travaux de P. de Paolis...

Depuis la parution de l'édition Willis, deux chercheurs se sont penchés sur ce chaos que semblait être la tradition manuscrite du *Commentaire*, et leurs résultats offrent des bases d'édition neuves. P. de Paolis [198] concentre son attention sur les manuscrits utilisés par Willis, auxquels il ajoute un manuscrit de la Bibliothèque Vaticane, l'Ottobonianus Latinus 1939. Il en déduit que les Parisini Latini 16677 et 6370 ne descendent pas d'un ancêtre commun. En revanche il existe des affinités textuelles entre le Bodl. Libr., Auct. T. 2. 27, le Paris. Lat. 6371, et l'Ottob. Lat. 1939. Ces deux derniers sont étroitement liés, bien que le second soit fortement contaminé.

... et ceux de B. Barker-Benfield.

En 1975, paraissait la thèse de B.C. Barker-Benfield, dont le titre définit suffisamment le contenu [199]. Nous en rendons compte dans le détail, car nous avons mis à profit ses conclusions pour sélectionner nos propres manuscrits.

B.C. Barker-Benfield a répertorié 230 manuscrits du *Commentaire*, et en a examiné 151 sur « échantillons » ou sondages. Comment a-t-il sélectionné les 151 manuscrits qu'il a

197. J. Willis, (1970²), vol. I, p. ix-x.
198. P. de Paolis, (1982). Nous rendons compte de cet article avant la thèse de B. Barker-Benfield, en dépit de la chronologie, car il s'agit, par la force des choses, d'une contribution plus limitée, et aussi parce que, de toutes façons, P. de Paolis ne connaissait pas alors le travail de B.C. Barker-Benfield.
199. B.C. Barker-Benfield, (1975). Cf. aussi B.C. Barker-Benfield, (1976), (1983).

étudiés ? Il ne le précise pas. On peut supposer que c'est en fonction de leur date, puisqu'à partir du XIIe s. se constitue une vulgate complètement contaminée. Il n'indique pas non plus comment il a choisi ses « échantillons ». Voici les principaux indices et critères sur lesquels s'appuie sa classification :

— la souscription de Symmaque, qui apparaît dans dix manuscrits [200] ;
— l'existence d'un manuscrit-vedette, le Paris. Lat. 6370, le plus ancien et le plus prestigieux, qui ne s'inscrit dans aucune famille ;
— la découverte qu'il existait au IXe s., en France du Nord, un corpus réunissant le *De senectute* de Cicéron et le *Commentaire* de Macrobe [201] ;
— l'existence d'une forme abrégée du *Commentaire*, qui apparaît dans un groupe de manuscrits allemands et italiens, et dont l'origine peut être un manuscrit d'Auxerre.

Les deux personnages nommés dans la souscription, Symmaque et Macrobius Plotinus Eudoxius, donnent à celle-ci un intérêt exceptionnel. Pour autant, parmi les dix manuscrits qui la contiennent, il n'y en a que trois où elle soit de la même main que le texte ou n'ait pas été rajoutée dans un ascendant proche. Parmi ces trois, un manuscrit démembré, le British Libr., Harleianus 2772, f. 44-74 + Munich Clm 23486, f. 1-2, (allemand ?), XIe s., que nous avons retenu pour la présente édition, on verra plus loin pourquoi. Une famille de manuscrits, appelée φ par B.C. Barker-Benfield, est définie par la présence, à la fin du livre I, des mots *emendatum est*, qui ne peuvent être qu'une abréviation de la souscription. De cette famille φ, nous avons retenu les deux membres les

200. Cf. ci-dessus, p. LXXIV et n. 195. B.C. Barker-Benfield signale dans sa thèse (1975) neuf manuscrits portant la souscription, et il en mentionne un dixième en (1983), p. 225, n. 6.
201. Cf. aussi B. C. Barker-Benfield, (1976), p. 145-165.

plus anciens, qui remontent au IXe s., le Paris. Lat. 16677
(Fleury ?) [202] et le Paris. Lat. nouv. acq. 454 (Corbie).

Le Paris. Lat. 6370, dont l'importance avait été pressentie
par L. Jan et démontrée par A. La Penna, voit sa qualité
confirmée. Il est passé, comme il a été dit, par les mains de
Loup de Ferrières, et par celles de son disciple Heiric
d'Auxerre, qui ajouta corrections et variantes. La correspondance de Loup confirme ces observations. Dans une lettre à
un certain Adalgaudus, Loup déclare qu'il a en main un
manuscrit de Macrobe, et qu'Adalgaudus, qui possède de son
côté un excellent manuscrit, lui en a fourni un feuillet,
recopié et inséré par Loup à la place du texte d'origine. Quant
à la souscription, les indices paléographiques indiquent
qu'elle a été rajoutée postérieurement, par Loup ou Heiric :
la forme des lettres montre que le scripteur devait avoir eu
accès à un ancien manuscrit, dans lequel B.C. Barker-
Benfield ne répugnerait pas — tout en restant très prudent
— à reconnaître le propre exemplaire de Symmaque.

Par ailleurs, B.C. Barker-Benfield a découvert que trois des
six manuscrits du IXe s. associaient le *De senectute* de Cicéron
et le *Commentaire* de Macrobe. Ce sont le Paris. Lat. 16677 +
Vatican. Reg. Lat. 1587 ; le Paris. Lat. nouv. acq. 454 ;
le Leiden Voss. Lat. F. 12 β + F. 122 + London, Brit. Libr.
Royal 15. B. XII, f.1-2 (manuscrit lacunaire). Autre élément
reliant ces manuscrits entre eux : les deux premiers — les
seuls complets — portent à la fin du livre I les mots *emendatum est*, abréviation de la souscription. Cette famille (déjà
appelée φ) se définit donc à la fois par l'association du *Commentaire* et du *De senectute*, et par la présence dans son
ascendance de la souscription.

Est apparentée au groupe φ, par un nombre significatif de
leçons, une famille d'origine allemande, à laquelle appartient
un manuscrit du IXe s., Cologne, Dombibl. 186, que nous
avons retenu du fait à la fois de cette parenté et de son
ancienneté.

---

202. Manuscrit déjà collationné par A. La Penna, (1950), J. Willis,
(1970^2) (sous le sigle E, que nous conservons) et P. de Paolis, (1982).

Une autre famille, que B.C. Barker-Benfield nomme π, se définit par le grand nombre de mots conservés dans leur graphie grecque, alors qu'ils sont translittérés dans les autres manuscrits. La famille π aurait donc des chances de se rattacher à un courant particulièrement pur de la tradition. Parmi eux, deux manuscrits du IXe s. : Cologne, Dombibl. 186 (déjà retenu par nous pour son appartenance aussi à la famille φ), et le British Libr., Harleianus 2772, f. 44-74 + Munich Clm 23486, f. 1-2 (XIe s.), que nous sélectionnons parce qu'il contient aussi la souscription.

Enfin, il existe un groupe de dix manuscrits, sur lequel L. Jan avait déjà attiré l'attention, et dont B.C. Barker-Benfield confirme l'unité : ce groupe ne comporte que la section centale du *Commentaire* (exposés sur l'astronomie, la musique et la géographie, soit I, 14, 21 *Nunc uideamus quae sint...*, à II, 9, 10 *...magna esse poterit*), à laquelle s'ajoute le passage sur les portes du songe (I, 3, 17 *Si quis forte quaerere uult...*, à I, 3, 20 *...tendente penetraretur*). Nous avons retenu le plus ancien manuscrit de ce groupe, le Bernensis 347 (seconde moitié du IXe s.).

2) L'établissement du stemma

Voici donc les manuscrits que nous avons sélectionnés (nous ne précisons leur contenu que lorsque le texte du *Commentaire* y est incomplet) :

S : Paris. Lat. 6370, f. 1^r-111^v (Tours, début du IXe s. : vers 820). C'est le ms. P^4 de Jan, le S de Willis.

E : Paris. Lat. 16677, f. 3^r, 4^v, 1^r, 2^v, 7^r, 8^v, 5^r, 6^v, 9^r-55^v, 58^r-72^v (Fleury (?), IXe s.). Ms. E de Willis.

A : Paris. Lat. nouv. acq. 454, f. 18^v-81^v (Corbie, seconde moitié du IXe s).

K : Cologne, Dombibl. 186, f. 75^r-120^r (Allemagne ?, IXe s.).

H : Londres, British Libr., Harleianus 2772, f. 44^r-74^v + Munich Clm 23486, f. 1-2 (Allemagne, XIe s.).

British Libr., Harleianus 2772+ Munich Clm 23486, f. 2 contient *Comm.* I, 2, 2 à II, 15, 28. Munich Clm 23486, f. 1 contient *Comm.* II, 16, 27 à II, 17, 16.

V : Leiden, Voss. Lat. F. 12 β + F. 122 + London, British Libr. Royal 15. B. XII, f. 1-2 (probablement Fleury, moitié ixe s.).

Manuscrit très lacunaire : Voss. Lat. F 12 β, f. 24^v contient *Comm.* I, 1, 1 à I, 1, 7 ; Voss. Lat. F 12 β, f. 25^r-26^v contient *Comm.* I, 2, 12-I, 4, 2 ; British Libr. Royal 15. B. XII, f.1-2 contient *Comm.* I, 19, 14-I, 20, 3 ; Leiden Voss. Lat. F. 122 contient *Comm.* II, 1, 13-II, 2, 11.

N : Bern. 347, f. 1^r-22^r (probablement Auxerre, seconde moitié ixe s.-xe s.)

Manuscrit d'*excerpta* : contient *Comm.* I, 3, 17-I, 3, 20 ; I, 14, 21-II, 9, 10.

A ces sept manuscrits, nous en avons ajouté un huitième, sélectionné pour son ancienneté :

X : Bruxelles 10146, f. 8^r-135^v (origine inconnue, début x^e) [203].

Fautes communes à tous ces manuscrits

Il existe un certain nombre de fautes communes à tous nos manuscrits, preuve qu'ils se rattachent tous à un ancêtre commun. Certaines sont les fautes communes suivantes :

I, 6, 3 : *bini* est donné en première main par S X E A K H (pas de V ni de N) ; la leçon correcte est *bina*.

I, 19, 4 : omission de *in* en première main, par nos huit manuscrits.

II, 2, 16 : *quintum* et *sextum* sont donnés par S X E A K H N (pas de V) ; les bonnes leçons sont *quintam* et *sextam*.

---

203. Ce manuscrit est signalé par B.C. Barker-Benfield, (1983), p. 230, qui le date du début du xe s., peut-être même de la fin du ixe. En revanche P. Thomas, *Catalogue des manuscrits des classiques latins de la bibliothèque royale de Bruxelles*, 1896, ne le datait que du xie s.

II, 5, 1 : *manere* est donné en première main par S E A H N (pas de X K V) ; *manare* s'impose.

II, 15, 15 : *terrae* S X E A K H (pas de V N) ; *terra* s'impose.

Très probables, sinon absolument certaines, sont les deux fautes communes que voici :

I, 3, 13 : *est proprium quia* est donné par S X E A K H V (pas de N). Cette expression s'inscrit dans une suite de propositions causales, toutes introduites par *quod*. Il est plus que probable que l'usage d'une abréviation a entraîné une confusion entre *quod* et *quia*.

I, 6, 50 : *post uiginti octo dies et horas fere septem* est donné en première main par S X E A K_a K_b H_a H_b (pas de V ni de N), alors que *post uiginti septem dies et horas fere octo* semble s'imposer (cf. note *ad loc.*).

Isolement de S

S est certainement le meilleur de nos manuscrits, ce qui ne veut pas dire qu'il faille le suivre en tout. Un certain nombre des leçons originelles ont malheureusement disparu sous les grattages de Loup de Ferrières. Le problème est de savoir d'après quel manuscrit Loup a corrigé S. Est-ce d'après un manuscrit de qualité exceptionnelle qui lui aurait été transmis par son correspondant Adalgaudus, connu par la lettre de Loup que nous avons déjà mentionnée ? Mais la lettre est ambiguë. Elle semble indiquer qu'Adalgaudus a procuré à Loup une feuille d'un manuscrit de bonne qualité qu'il avait en sa possession. Est-ce cette feuille que Loup a recopiée de sa propre écriture à l'intérieur de S ? Loup a-t-il eu en main par la suite le manuscrit entier ? Si oui, est-ce de ce manuscrit qu'il s'est servi pour ses corrections sur grattages ? Et enfin, quel était ce manuscrit ? On rêve qu'il ait pu s'agir de la copie de Symmaque, l'auteur de la souscription, qui révisa son manuscrit avec l'aide du petit-fils de Macrobe, mais rien ne corrobore, ni d'ailleurs n'infirme, cette hypothèse si excitante.

S contient un certain nombre de fautes et d'omissions propres réparties dans l'ensemble du manuscrit [204]. Il ne présente par ailleurs aucun lien spécifique avec un autre de nos manuscrits. C'est de X qu'il serait le plus proche (ils ont en commun moins d'une vingtaine de fautes, peu significatives, ainsi qu'une omission de trois mots [205]). Mais X est postérieur à S.

Le manuscrit X

X présente de nombreuses fautes spécifiques, parmi lesquelles, tout à fait remarquables, de très longues omissions pouvant atteindre plusieurs paragraphes, et remplacées par un simple *usque* inséré dans le texte [206]. Il n'a donc pas de descendants parmi les autres manuscrits de notre sélection.

Il entretient, comme on l'a vu, quelques relations lâches avec S. Il semble par ailleurs assez nettement lié avec H, mais pour le livre II seulement (trois omissions significatives [207]). En effet, comme on le verra ci-dessous, le livre I et le livre II de H relèvent de deux traditions distinctes.

---

204. Omissions spécifiques les plus considérables : I, 6, 77 (*quod Graeci mesenteron dicunt tertium quod*) ; I, 13, 7 (*esse appetendam illam uero quam omnibus*) ; I, 17, 14 (*apud theologos Iuppiter est mundi anima*) ; II, 3, 14 (*quantumque est a terra usque ad Venerem*) ; II, 14, 11 (*sed origo motus uim refertur*).

205. II, 6, 3 : omission par S X de *ad alias partes*.

206. Exemples de ces omissions propres à X : I, 17, 2-4 (*huic subiecti... neque mouetur*) ; II, 1, 2 (*hic est inquit... quod docti*) ; II, 2, 21 (*hic est inquit... ratione distinctis*) ; II, 5, 1-3 (*uastas solitudines... in terris*) ; II, 6, 4-5 (*triginta tria... stadiorum milia*) ; II, 10, 1 (*futurorum hominum... non aeternam*) ; II, 11, 1-3 (*praesertim cum... annum habeto*) ; II, 12, 1 (*corpus hoc... deus aeternus*) ; II, 17, 2-3 (*quibus agitatus... uolutantur*).

207. Omissions communes à X et H : II, 3, 5 (*metra canoris uersibus adhibebantur ut per stropham*) ; II, 5, 31 (texte faussé par saut du même au même et contamination de la ligne suivante : *interruptos ut nihil inter ipsos ab aliis ad alios manare*) ; II, 6, 7 (*superior sit cuius partem nos incolimus et a D per B usque ad C pars terrae*).

E et A sont étroitement apparentés

Ils le sont par la forme abrégée de la souscription, *emendatum est*, qui figure à la fin du livre I, et par les deux distiques élégiaques *De errore emendationis* qui présentent les excuses du copiste, à la fin du livre II [208] ; ils le sont aussi par leurs très nombreuses fautes communes [209]. Pour autant, aucun des deux manuscrits ne descend de l'autre, car il arrive souvent que pour un même mot, chacun présente une faute, mais différente [210]. Il est impossible de dire lequel des deux est le plus proche de l'archétype ; les fautes vont tantôt dans un sens, tantôt dans l'autre.

K et H sont étroitement apparentés pour le livre I

Nombre de mots grecs, qui dans les autres manuscrits ont été translittérés, sont ici conservés dans leur graphie d'origine. Cela vaut pour les deux livres du *Commentaire* (B.C. Barker-Benfield l'avait déjà remarqué, et c'est sur ce critère qu'il avait isolé sa famille π).

---

208. Nous rétablissons la colométrie, absente de E, mais présente, bien que légèrement erronée, dans A :
De errore emendationis
Da ueniam lector si quid male puncta notabunt
    uel si mendosum pagina texit opus
non mens praua mihi sed fallax offuit error.
    Quae non sonte subest ucula culpa mihi E
De errore... subest umcula mihi culpae A.

209. Quelques exemples d'omissions communes à E et A : I, 2, 19 (*uel ludere*) ; I, 6, 32 (*hoc inter aquam*) ; I, 13, 18 (*non poteris*) ; I, 14, 5 (*disseramus*) ; I, 18, 12 (*et licet*) ; I, 21, 10 (*omnes habere discursus nec*) ; I, 21, 30 (*sed fere medium*) ; II, 1, 15 (*epitritus deque nascitur*) ; II, 5, 32 (*partim etiam aduersos*) ; II, 13, 5 (*aeternum id esse quod ipsum se moueat*). Quant aux fautes communes autres que des omissions, elles sont innombrables.

210. Exemples : I, 7, 19 (*a raro cogatur* E *ara rogatur* A *aut raro cogatur* ω) ; I, 16, 13 (*a circo* E *ad circo* A *ad circum* ω) ; I, 18, 10 (*quia si uicina* E *quia uicina* A *quasi uicina* ω) ; II, 1, 20 (*sunt super* E *sunt et super* A *sunt et insuper* ω) ; II, 3, 7 (*tali* E *taliam* A *talium* ω) ; II, 5, 29 (*hemispheras* E *hiemispheras* A *hemisphaeriis* ω) ; II, 7, 13 (*inuersam* E *aduerso* A *aduersam* ω) ; II, 16, 3 (*progressinique* E *progressioneque* A *progressionique* ω).

Alors que pour le livre II ces manuscrits ne présentent pas de convergences vraiment significatives, pour le livre I leur parenté est une évidence écrasante. Elle est attestée par le nombre de fautes communes, parmi lesquelles de multiples omissions, certaines longues [211]. Néanmoins ni K ni H ne descendent l'un de l'autre, chacun présentant des fautes et omissions spécifiques.

Surtout, K et H contiennent un passage redondant commun. Dans I, 6, 76, après le mot *perfectissimus*, les deux manuscrits interpolent une seconde copie du texte de I, 6, 49 (*solem qui de loco...*) à I, 6, 62 (*...intra horas septem non fuerit*). La première copie de ce passage sera désignée désormais par les sigles K^a et H^a, et la seconde copie, par les sigles K^b et H^b. Il est remarquable que le couple $K^a H^a$ d'un côté, et le couple $K^b H^b$ de l'autre ne présentent pas les mêmes leçons, bien qu'un certain nombre de leçons soient communes et spécifiques aux quatre versions. Les quatre manuscrits descendent donc d'un ancêtre commun, mais $K^a H^a$ forment une branche de sa descendance, et $K^b H^b$ en forment une autre. Il est remarquable aussi que $K^a H^a$ ont perdu les graphies grecques, alors qu'elles sont conservées dans $K^b H^b$.

Le passage redondant comporte 696 mots. Entre la fin de la première copie $K^a H^a$, au § 62 (*...non fuerit*), et le moment du § 76 (*...perfectissimus*) où commence la seconde copie $K^b H^b$, on compte 634 mots, c'est-à-dire une portion de texte sensiblement équivalente. Ne peut-on penser que, dans le modèle commun à K (livre I) et H (livre I), ou dans l'un de ses ancêtres proches, a été insérée une feuille provenant d'un autre manuscrit ? Il faut alors se demander si l'intrus est l'ancêtre de $K^a H^a$ ou de $K^b H^b$. C'est l'ancêtre de $K^a H^a$, car

211. Exemples d'omissions communes à K et H, parmi les plus significatives : I, 5, 3 (*corporibus non usu ueniunt non tamen plena illa sed uasta dicenda sunt*) ; I, 6, 45 (*antiquato usu primae litterae apud ueteres enim septas uocitabatur*) ; I, 6, 7 (*et femina est par idem*) ; I, 6, 26 (*sed conectitur per societatem*) ; I, 6, 32 (*densitatis et ponderis tantumdem inter aerem et ignem est et rursus quod interest inter aerem et aquam causa*) ; I, 6, 76 (*numerus est perfecto numero id est eptadi iungitur ut aut decies septeni aut septies deni computentur anni*) ; I, 12, 12 (*et rursus ex diuiso ad indiuiduum*).

lui ne possède pas les graphies grecques, alors que K^b H^b ont conservé les graphies grecques caractéristiques de la famille K H [212].

Le stemma partiel est donc le suivant :

∂

∂'' ∂'

(a perdu les graphies grecques)   (a conservé les graphies grecques)

K^a H^a K^b H^b

Parenté entre les familles E A et K H

E, A, K et H présentent de nombreuses fautes communes, dont des omissions significatives, qui concernent presque uniquement le livre I (la restriction était attendue, puisque K et H ne sont eux-mêmes apparentés que pour ce livre) [213].

Il faut noter d'autre part que E, A et K offrent de leur côté un grand nombre de fautes communes, et qui concernent, cette fois, les deux livres du *Commentaire* [214].

212. La feuille superflue a pu être insérée pour remplacer une feuille crue perdue, et qui n'était que déplacée une feuille plus loin (puisque c'est la première occurrence du texte qui est l'intruse).

213. Principales omissions : I, 2, 8 (omission en première main de *in nutricum cunas sapientiae tractatus eliminat* ; dans K H, on lit à la place une formule synonyme (probablement inventée par un correcteur pour suppléer au texte manquant, puis incorporée) : *pellit omnino philosophia*) ; I, 6, 13 (*et sextam partem*) ; I, 8, 8 (*se sequestrant harum quid singulae uelint superius expressimus cum de uirtutibus*) ; I, 10, 5 (*uelim dicas inquit si et pater Paulus tecum et alii supersunt ad hanc interrogationem*).

214. Nous ne donnons pour exemples que les omissions les plus significatives : I, 14, 20 (*Xenophanes ex terra et aqua Boethos ex aere et igne*) ; I, 19, 10 (*nisi de superposito sole cui resplendet habere*) ; II, 7, 12 (*signo ad o sol accedit sed a p*) ; II, 13, 10 (*quicquid autem ex se mouetur semper mouetur igitur anima semper mouetur*) ; II, 14, 20 (*si quod mouet et ipsum mouetur*) ; II, 17, 10 (*et exercitatus*). Mais E et A sont plus étroitement liés entre eux qu'ils ne le sont avec K. Exemples : I, 14, 6 (*cause teste uocatur* E A *causa teste uocatur* K ; la bonne leçon est *causa et est et uocatur*) ; I, 17, 16 (*in unas cursus* E A *in una cursus* K ;

K est donc apparenté dans son entier à E A. En revanche, H ne lui est apparenté que pour le livre I. Pour autant, les deux livres de H, qui ont conservé tous deux les graphies grecques, s'inscrivent dans la famille π, caractérisée par ces graphies.

Le manuscrit lacunaire V

V est constitué de trois fragments, Leiden Voss. lat. F. 12 β + F. 122 + London, Brit. Libr. Royal 15. B. XII, f.1-2, dont B.C. Barker-Benfield a démontré qu'ils formaient un manuscrit unique, associant le *Commentaire* de Macrobe et le *De senectute* de Cicéron [215]. Cela, plus la présence de la souscription (absente bien entendu de V, du fait de son caractère lacunaire), définit l'appartenance à un groupe qu'il appelle φ.

L'examen des convergences confirme la thèse de B.C. Barker-Benfield. Il existe un nombre significatif de fautes communes à A et V [216]. Les convergences E A V sont remarquables aussi et comprennent trois omissions intéressantes [217]. Sachant par ailleurs que V n'entretient pas de parenté notable avec E, le stemma partiel qui s'ensuit est le suivant :

la bonne leçon est *in una eas cursus*) ; II, 12, 7 (*ut haec* E A *ut hoc* K ; la bonne leçon est *et haec*).

215. B.C. Barker-Benfield, (1976).

216. Une seule omission, peu significative, est commune à A et V : I, 3, 4 (*aut*). En revanche nous avons relevé plus d'une trentaine de fautes, ce qui est beaucoup, étant donné la brièveté du manuscrit lacunaire V. Exemples : I, 1, 1 (*debuit* au lieu de *deberet*) ; (*somno* au lieu de *somnio*) ; I, 2, 20 (*nomina* au lieu de *numina*) ; I, 3, 6 (*daturam* au lieu de *dat cura*) ; I, 3, 11 (*alia* au lieu de *illa*) ; I, 3, 13 (*solitudinem* au lieu de *sollicitudinem*) ; I, 19, 19 (*uenire deficiunt* au lieu de *euenire definiunt*) ; II, 1, 25 (*addis* au lieu de *dis*).

217. Ces omissions sont : II, 1, 15 (*ad tria nam in quattuor*) ; II, 1, 15 (*epitritus deque eo nascitur*) ; II, 1, 25 (*et hemitonio et fit de hemiolio dia pason constat de sex tonis*). A cela s'ajoutent une vingtaine de fautes communes.

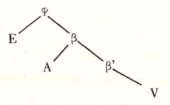

Les convergences E A K H V sont également significatives, d'autant qu'y figure une omission commune importante [218]. Bien entendu, ces convergences n'existent qu'au livre I (puisque le livre II de H provient d'une autre source que celle commune à K et au livre I de H).

Le manuscrit d'*excerpta* N

N présente un certain nombre de fautes propres, dont diverses omissions longues [219]. N n'a pas de descendant parmi les autres manuscrits, comme on pouvait s'y attendre. Il ne présente de points de contact ni avec S ni avec X. Au sein de la famille E A, il est apparenté à A [220], non à E (ces convergences avec A ne peuvent guère s'expliquer que par une contamination, d'autant qu'il n'y a parmi elles aucune

---

218. Omissions : I, 3, 5 (*de hoc enim est huic generi commune cum ceteris sed quia in ipso somnio tantummodo esse creditur dum uidetur*) ; I, 3, 14 (*cum adhuc*) ; I, 3, 16 (*publicam*). Exemples de fautes communes : I, 3, 6 (*uirorum* au lieu de *uiuorum*) ; I, 3, 13 (*ipse per se ductus* au lieu de *ipse perductus*).

219. Omissions propres à N : I, 15, 7-8 (*quibus autem partibus zodiacum intersecet superius iam relatum est haec de lacteo*) ; I, 19, 4 (*ideo et Cicero hos duos cursus comites solis uocauit quia in spatio pari longe a se numquam recedunt*) ; I, 19, 18-19 (*notandum quod... aduersa uel prospera*) ; I, 20, 3 (*ut saepe iam diximus*) ; I, 20, 5-8 (*nam certa spatii... cur uero et temperatio*) ; I, 20, 8 (*quam uerissime praedicatione extulit*) ; I, 20, 21 (*quae terrae diametros habet quae faciunt quadragies octies centena milia*) ; I, 22, 13 (*ista autem... reseruemus*) ; II, 1, 1 (*superiore commentario... disputetur*).

220. Exemples : I, 19, 3 (*inmittit* A N ; *emittit* ω) ; I, 21, 8 (*affecta* A N ; *effecta* ω) ; I, 22, 9 (*densetur* A N ; *densetus* ω) ; II, 2, 16 (*ad uero par* A N ; *at uero pars* ω) ; II, 5, 6 (*barbaricusque nationis* A N ; *barbari cuiusque nationis* ω).

omission). S'agissant de la famille K H, le manuscrit N présente un certain nombre de contacts avec K, mais plus encore, il entretient des contacts décisifs avec H pour le livre II [221]. On relève enfin quelques convergences assez significatives avec E A K H [222].

Nous proposons donc le stemma suivant :

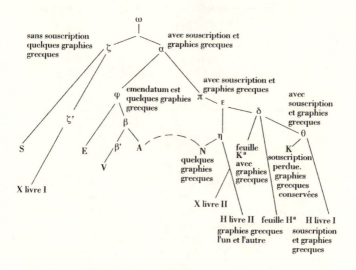

Remarques sur l'apparat critique

Afin d'alléger l'apparat critique, nous avons éliminé les leçons à l'évidence fautives quand elles n'étaient proposées que par un manuscrit unique en première main, et corrigées en seconde main. Nous avons aussi supprimé (sauf cas par-

221. II, 1, 25 (*plurali* au lieu de *duplari*) ; II, 5, 31 (omission de *ab illis ad uos manare possit sed dicendo ita interruptos ut nihil*) ; II, 9, 10 (interpolation de *ut contentus potius conscientiae praemio gloriam non requirat*).
222. I, 20, 2 (*secundum* E A K H N ; *secundo* S X ; pas de V) ; I, 20, 25 (*numquam* E A K H N ; *nunc quam* S X ; pas de V) ; II, 1, 9 (*statuta* E A K H N ; *stata* S X ; pas de V) ; II, 7, 14 (*ei sol* E A K H N ; *eis sol* S X ; pas de V).

ticuliers et significatifs) les fautes évidentes présentées par un seul manuscrit, même sans correction. En revanche, nous avons conservé les omissions, y compris dans le cas où on ne les trouve que dans un seul manuscrit. Nous avons aussi renoncé à signaler les variantes orthographiques et les fantaisies non significatives (en particulier sur les mots d'origine grecque) telles que *uelud, inquid, reliquid, sydera, uirgilius, spera, hemisperium,* etc.

VI — LES ÉDITIONS DU *COMMENTAIRE AU SONGE DE SCIPION*

Texte latin seul

Le *Commentaire* n'apparaît jamais seul, mais associé aux *Saturnales,* ou bien au sein d'*Oeuvres complètes*. Plusieurs éditions du début du XVIe s. (Venise, 1517 ; Paris, 1519 ; Paris, 1524 ; Venise, 1528) [223] contiennent aussi le *De die natali* de Censorinus, apparenté au *Commentaire* de Macrobe au moins par ses développements arithmologiques. La liste qui suit, et qui se veut exhaustive, montre que le *Commentaire* a fait l'objet d'un engouement très vif à la Renaissance, avant de tomber dans un relatif dédain aux XVIIe et XVIIIe s.

1472 Venise : N. Jenson (*editio princeps*).

1483 Brescia : Boninus de Boninis (rééd. 1485).

1492 Venise : Joannes Rubeus.

1500 Venise : Philippo Pincio.

1501 Brescia : A. Britannicus.

1513 Venise : L. A. de Giunta.

1515 Florence : P. Junta.

1515 Paris : vaenundatur ab Jodoco Badio et Joanne Parvo.

---

223. La liste des éditions du *Commentaire* est donnée par W.H. Stahl, (1952), dans son Introduction, p. 61-63. Nous l'avons vérifiée de notre côté.

1517 Venise : Aldus.

1519 Paris : J. Badius Ascensius.

1521 Venise : I. Tacuinus de Tridino.

1521 Cologne : E. Cervicornus.

1524 Paris : accuratione ascensiana.

1526 Cologne : E. Cervicornus.

1527 Cologne : impensa J. Soteris.

1528 Venise : Aldus et A. Asulanus.

1532 Lyon : S. Gryphius (rééd. *ibid.* par le même éditeur 1538 ; 1542 ; 1548 ; 1550 ; 1556 ; 1560 ; 1585).

1535 Bâle : J. Hervagus.

1560 Lyon : T. Paganus.

1585 Paris : H. Stephanus.

1597 Joh. Isacius Pontanus recensuit... — Leyde : F. Raphelengius.

1597 Genève : J. Stoer (rééd. *ibid.* par le même éditeur en 1607).

1628 Joh. Isacius Pontanus secundo recensuit — Leyde : J. Maire.

1670 Accedunt notae integrae Isacii Pontani, Joh. Meursii, Jacobi Gronovii — Leyde : A. Doude.

1694 Accedunt integrae Isacii Pontani, Joh. Meursii, Jacobi Gronovii notae et animadversiones — Londres : T. Dring and C. Harper.

1736 Padoue : J. Cominus.

1774 Cum notis integris Isacii Pontani, Jo. Meursii, Jac. Gronovii, quibus adjunxit et suas Jo. Car. Zeunius — Leipzig : impensis G.C. Georgii.

1788 Zweibrücken : ex Typographia societatis.

1848-1852 Prolegomena, apparatum criticum, adnotationes... adjecit Ludovicus Janus, 2 vol. — Quedlinburg et Leipzig : G. Bassius (le *Commentaire* figure dans le vol. I).

1868 F. Eyssenhardt (1893 iterum recognovit) — Leipzig : B. G. Teubner.

1963 (1970^2) Ambrosii Theodosii Macrobii Commentarii in Somnium Scipionis, edidit Iacobus Willis — Leipzig : B.G. Teubner.

Traductions françaises

1827 *Œuvres de Macrobe*, traduites par Ch. de Rosoy, ... — Paris, F. Didot, 2 vol.

1845 Macrobe, *Œuvres complètes...* Avec la traduction en français publiée sous la direction de M. Nisard — Paris, J.-J. Dubochet, 1 vol.

1845-1847 *Œuvres de Macrobe*, traduction nouvelle, par MM. Henri Descamps, N.-A. Dubois, Laas d'Aguen, A. Ubicini Martelli — Paris, Panckoucke, 3 vol.

Traductions commentées

William Harris Stahl, *Commentary on the Dream of Scipio by Macrobius*. Translated with an Introduction and Notes, New York, Columbia University Press, 1952 (1990^2) (sans texte latin).

Macrobii Ambrosii Theodosii commentariorum in Somnium Scipionis libri duo. Introduzione, testo, traduzione e note a cura di Luigi Scarpa, Padova, Livinia editrice, 1981 (texte latin éd. Willis).

Macrobio. Commento al Somnium Scipionis. Libro I. Introduzione, testo, traduzione e note a cura di Mario Regali, Pisa, Giardini editori, 1983 (texte latin éd. Willis) [Id.] *Libro II, ibid.*, 1990.

BIBLIOGRAPHIE
DES PRINCIPAUX AUTEURS
ANTIQUES ET MODERNES
utilisés dans l'introduction et les notes

Artémidore, Ὀνειροκριτικά, éd. R.A. Pack, Leipzig, 1963.
Id., *La Clé des songes. Onirocritique*, traduit du grec et présenté par J.-Y. Boriaud, Paris, 1998.

G. Aujac, *La Sphère, instrument au service de la découverte du monde*, Caen, 1993 (recueil d'articles).
Id., 1975 : cf. Géminos.

B. Bakhouche, *Les textes latins d'astronomie. Un maillon dans la chaîne du savoir,* Louvain-Paris, 1996.

B.C. Barker-Benfield, *The manuscripts of Macrobius' Commentary on the Somnium Scipionis*, thèse de doctorat (2 vol. dactyl.), Oxford, 1975.
Id., « A ninth-century manuscript from Fleury : Cato de senectute cum Macrobio », *Medieval Learning and Literature. Essays presented to R.W. Hunt*, Oxford, 1976, p. 145-165.
Id., chapitre « Macrobius », *in* L.D. Reynolds (éd.), *Texts and Transmission. A survey of the Latin Classics*, Oxford, 1983, p. 222-235.

R. Beutler, art. *Numenios*, in *R.E.*, Suppl. VII, 1940, col. 664-678.

J. Bidez, *Vie de Porphyre*, Gand, 1913.

A. Bouché-Leclercq, *L'astrologie grecque*, Paris, 1899.

E. Bréguet, (éd.), cf. Cicéron.

P. Boyancé, *Etudes sur le Songe de Scipion*, Paris, 1936.

K. Büchner, *Somnium Scipionis. Quellen. Gestalt. Sinn*, Wiesbaden, 1976.
Id. : cf. Cicéron.

F. Buffière, *Les mythes d'Homère et la pensée grecque*, Paris, 1973² (1956¹).

A. Cameron, « The Date and Identity of Macrobius », *J. R. S.*, (16), 1966, p. 25-38.
Id., « Macrobius, Avienus and Avianus », *Class. Quart.*, (N. S. 17), 1967, p. 385-99.

Calcidius, *Timaeus a Calcidio translatus commentarioque instructus*, éd. J. H. Waszink, Londres/Leyde, 1962.

Censorinus, *De die natali*, éd. F. Hultsch, Leipzig, 1867.
Id., *De die natali liber*, pref., testo critico, traduzione e commento a cura di C. A. Rapisarda, Bologne, 1991.

Cicéron, *La République*, éd. E. Bréguet, C.U.F., Paris, t. 1 — Livre I, 1989² (1980¹) ; t. 2 — Livres II-VI, 1980.
Id., *Aratea. Fragments poétiques*, éd. J. Soubiran, C.U.F., Paris, 1993² (1972¹).
Id., *De Re publica*, Komm. von K. Büchner, Heidelberg, 1984.

Cléomède, *De motu circulari corporum caelestium libri duo*, éd. H. Ziegler, Leipzig, 1891.
Id., *Théorie élémentaire (De motu circulari corporum caelestium libri duo)*, texte présenté, traduit et commenté par R. Goulet, Paris, 1980.

P. Courcelle, *Les lettres grecques en Occident de Macrobe à Cassiodore*, Paris, 1948².
Id., *Connais-toi toi-même : de Socrate à Saint Bernard*, 3 vol., Paris, 1974-1975.

F. Cumont, « Comment Plotin détourna Porphyre du suicide », *R. E. G.*, (32), 1919, p. 113-120.
Id., *Les religions orientales dans le paganisme romain*, Paris, 1929.
Id., *Recherches sur le symbolisme funéraire des Romains*, Paris, 1942.
Id., *Lux perpetua*, Paris, 1949.

H. De Ley « Le traité sur l'emplacement des Enfers chez Macrobe », *A.C.*, (36), 1967, p. 190-208.
Id., *Macrobius and Numenius*, Bruxelles, 1972.

H. Diels, *Doxographi Graeci*, Berlin, 1879.

D. Desrosiers-Bonin, « Le *Songe de Scipion* et le *Commentaire* de Macrobe à la Renaissance », in *Le Songe à la Renaissance*, Saint-Etienne, 1990, p. 71-81.

E. Dodds, « Numenius et Ammonius », in *Les sources de Plotin. Entretiens sur l'Antiquité classique*, tome V, Vandœuvres-Genève, 1960, p. 1-62.
Id., Proclus. The Elements of Theology, Oxford, 1963[2].

P. Duhem, *Le système du monde. Histoire des doctrines cosmologiques de Platon à Copernic*, Paris. T. II, 1965[2]. — T. III, 1958[2] (1ère éd. Paris, 1913-1917).

L. Edelstein, I.G. Kidd : cf. Posidonius.

M.A. Elferink, *La descente de l'âme d'après Macrobe*, Leiden, 1968.

Favonius Eulogius, *Disputatio de Somnio Scipionis*, éd. et trad. R.-E. van Weddingen, Bruxelles, 1957.
Id., Favonio Eulogio. Disputatio de Somnio Scipionis, a cura di L. Scarpa, Padova, 1974.

A.-J. Festugière, *La révélation d'Hermès Trismégiste*, 4 vol., Paris, 1949-54.
Id. : cf. Proclus.

J. Flamant, *Macrobe et le néoplatonisme latin à la fin du IVe siècle*, Leiden, 1977.
Id., « Macrobe : une langue philosophique ? », in *La langue latine, langue de la philosophie*. Actes du colloque organisé par l'Ecole française de Rome avec le concours de l'Université de Rome « La Sapienza » (Rome, 17-19 mai 1990), Ecole française de Rome, 1992, p. 218-232.

Fragmente der Vorsokratiker, éd. H. Diels-W. Kranz, Hildesheim/Zürich/New York, 1975[6] (abrév. *Vors.*).

C. Garrido López, *La lengua de Macrobio*, Madrid, 1981.

C. Granados Fernandez, *Léxico de Macrobio*, Madrid, 1980.

Géminos, *Introduction aux Phénomènes*, éd. G. Aujac, C.U.F., Paris, 1975.

S. Gersh, *Middle Platonism and Neoplatonism. The Latin Tradition*, vol. I, Notre Dame, Indiana, 1986.

R. Goulet : cf. Cléomède.

P. Hadot, *Porphyre et Victorinus*, 2 vol., Paris, 1968.
Id., Qu'est-ce que la philosophie antique ?, Paris, 1995.

P. Henry, *Plotin et l'Occident*, Louvain, 1934.

W. Hübner, *Die Eigenschaften der Tierkreiszeichen in der Antike*, Wiesbaden, 1982.

A. Hüttig, *Macrobius im Mittelalter. Ein Beitrag zur Rezeptions-geschichte der Commentarii in Somnium Scipionis*, Frankfurt am Main-Bern-New York-Paris, 1990.

Ps.-Jamblique, *Theologumena arithmeticae*, éd. V. De Falco, Leipzig, 1922 (nouv. éd. Stuttgart, 1975).

M. Laffranque, *Posidonios d'Apamée. Essai de mise au point*, Paris, 1964.

A. La Penna, « Le Parisinus Latinus 6370 et le texte des *Commentarii* de Macrobe », *Revue de Philologie*, (24), 1950, p. 177-187.
Id., « Note sul testo dei Commentarii di Macrobio », *Annali della Scuola Normale Superiore di Pisa*, classe di Lettere e filosofia, s. 2, (20), 1951, p. 239-254.

A. Le Boeuffle, *Les noms latins d'astres et de constellations*, Paris, 1977.
Id., *Astronomie, Astrologie. Lexique latin*, Paris, 1987.

E.-A. Leemans, *Studie over den Wijsgeer Numenius van Apamea met Uitgave der Fragmenten*, Bruxelles, 1937.

P. Levêque, *Aurea catena Homeri*, Paris, 1959.

Macrobe, *Saturnalia*, éd. J. Willis, Leipzig, 1970[2] (1963[1]).
Id., *Commentarii in Somnium Scipionis*, éd. J. Willis, Leipzig, 1970.

Pour les autres éditions, cf. l'*Introduction*, p. LXXXVIII-XC.

N. Marinone, *Analecta graecolatina*, Bologne, 1990.

Martianus Capella, *De nuptiis Philologiae et Mercurii*, éd. A. Dick, Leipzig, 1925.

K. Mras, « Macrobius'Kommentar zu Ciceros Somnium. Ein Beitrag zur Geistesgeschichte des 5. Jahrhunderts n. Chr. », *Sitzungsberichte der preussischen Akademie der Wissenschaften*, Phil.-historische Klasse, 1933, p. 232-288.

O. Neugebauer, *A History of Ancient Mathematical Astronomy*, 3 vol., Berlin-Heidelberg-New York, 1975.

Nicomaque de Gérasa, *Introductionis arithmeticae libri duo*, éd. R. Hoche, Leipzig, 1866.
Id., *Introduction to Arithmetic*, transl. into english by M. L. d'Ooge, with *Studies in Greek Arithmetic* by F.E. Robbins and L.C. Karpinski, New York/Londres, 1926.

Numénius, éd. E. Des Places, C.U.F., Paris, 1973.
Id. : cf. E. A. Leemans.

P. de Paolis, « Alcuni problemi di tradizione manoscritta dei Commentarii in Somnium Scipionis di Macrobio », *Sileno*, (8), 1982, p. 83-101.

Id., « Macrobio 1934-1984 », *Lustrum*, (28-29), 1986-87, p. 108-234.

Id., « Il *Somnium Scipionis* nel linguaggio filosofico di Macrobio », in *La langue latine, langue de la philosophie*. Actes du colloque organisé par l'Ecole française de Rome avec le concours de l'Université de Rome « La Sapienza » (Rome, 17-19 mai 1990), Ecole française de Rome, 1992, p. 233-244.

M. di Pasquale Barbanti, *Etica e psicologia nei « Commentarii in Somnium Scipionis »*, Catane, 1988.

J. Pépin, *Mythe et allégorie*, Paris, 1958.

Pline l'ancien, *Histoire naturelle*, livre II, éd. J. Beaujeu, C.U.F., Paris, 1950.

Ps.-Plutarque, *Opinions des philosophes*, éd. G. Lachenaux, C.U.F., Paris, 1993.

Posidonius : L. Edelstein, I. G. Kidd, *Posidonius*, vol. I, *The Fragments*, Cambridge, 1972 ; I. G. Kidd, *Posidonius*, vol. II, *The Commentary*, *ibid.*, 1988.

W. Theiler, *Poseidonios. Die Fragmente, I : Texte ; II : Erläuterungen*, Berlin/New York, 1982.

Cl. Préaux, *La lune dans la pensée grecque*, Bruxelles, 1973.

Proclus, *In Platonis Rempublicam*, éd. W. Kroll, 3 vol., Leipzig, 1899-1901.

Id., *Commentaire sur la République*, trad. et notes A.-J. Festugière, 3 vol., Paris, 1970.

Id., *In Platonis Timaeum*, éd. E. Diehl, 3 vol., Leipzig, 1903-1906.

Id., *Commentaire sur le Timée*, trad. et notes A.-J. Festugière, 5 vol., Paris, 1966-1968.

C. A. Rapisarda : cf. Censorinus.

M. Regali, « La quadripartizione delle virtù nei « Commentarii » di Macrobio », *Atene e Roma*, N.S., (25), 1980, p. 166-172.

Id., *Macrobio. Commento al Somnium Scipionis, Libro I*. Introduzione, testo, traduzione e commento a cura di ..., Pisa, 1983.

Id., *Libro II*, Pisa, 1990.

L. Scarpa : cf. Favonius Eulogius.

Id., *Macrobii Ambrosii Theodosii Commentariorum in Somnium Scipionis libri duo.* Introduzione, testo, traduzione e note a cura di..., Padoue, 1981.

Ph. M. Schedler, *Die Philosophie des Macrobius und ihr Einfluss auf die Wissenschaft des christlichen Mittelalters*, Münster, 1916.

Servius, *In Vergilii carmina commentarii*, éd. G. Thilo-H. Hagen, 3 vol., Leipzig, 1881-1892.

A. Setaioli, « L'esegesi omerica nel commento di Macrobio al 'Somnium Scipionis' », *Studi Italiani di Filologia Classica*, (38), 1966, p. 154-198.
Id., *La vicenda dell'anima nel commento di Servio a Virgilio*, Frankfurt/Main, 1995.

A.R. Sodano, « Porfirio commentatore di Platone », in *Porphyre. Entretiens sur l'Antiquité classique*, tome XII, Vandœuvres-Genève, 1965, p. 195-223.

J. Soubiran : cf. Vitruve.
Id. : cf. Cicéron.

W. H. Stahl, « Astronomy and Geography in Macrobius », *Transactions and Proceedings of the American Philological Association*, (73), 1942, p. 232-258.
Id., *Commentary on the Dream of Scipio by Macrobius.* Translated with an Introduction and Notes, New-York, 1990[2] (1ère éd. 1952).

S. V. F. = Stoicorum Veterum Fragmenta, éd. J.von Arnim, éd. stér. Stuttgart, 1968 (1ère éd. 1903-1924).

E. Syska, *Studien zur Theologie im ersten Buch der Saturnalien des Ambrosius Theodosius Macrobius*, Stuttgart, 1993.

W. Theiler : cf. Posidonius.

Théon de Smyrne, *Expositio doctrinarum mathematicarum ad legendum Platonem utilium*, éd. Hiller, Leipzig, 1878.
Id., trad. J. Dupuis, Paris, 1892.

Vitruve, *De architectura*, IX, éd. J. Soubiran, C.U.F., Paris, 1969.

Vors. = cf. Fragmente der Vorsokratiker.

J. H. Waszink : cf. Calcidius.

R.-E. van Weddingen : cf. Favonius Eulogius.

P. Wessner, art. « Macrobius », *R.E.*, 14, 1, 1928, col. 169-198.

J. Willis : cf. Macrobe.

G. Wissowa, *De Macrobii Saturnalium fontibus*, Diss. Breslau, 1880.

Cl. Zintzen, « Römisches und Neuplatonisches bei Macrobius », *Politeia und Res Publica, Beiträge... dem Andenken R. Starks gewidmet, Palingenesia* IV, Wiesbaden, 1969, p. 357-376.
Id., « Bemerkungen zur Nachwirkung des Macrobius in Mittelalter und Renaissance », in *Roma renascens. Beiträge zur Spätantike und Rezeptionsgeschichte Ilona Opelt in Verehrung gewidmet*, Frankfurt am Main-Bern-New York-Paris, 1988, p. 415-439.

REMERCIEMENTS

Monsieur le Professeur Jean Soubiran a bien voulu accepter la tâche écrasante et ingrate de relire le manuscrit et de corriger les épreuves de cet ouvrage. Mais auparavant, il a amicalement suivi tout au long la progression de ce travail, nous dispensant sans se lasser ses encouragements et son aide. A sa compétence de philologue et d'historien des sciences, nous devons en particulier : dans le texte de I, 16, 4, la leçon *quos quidem scire nos possumus* ; la note à I, 15, 7, sur l'explication posidonienne de la Voie Lactée ; les notes à I, 16, 18, sur le diamètre de l'horizon et le problème de la réfraction atmosphérique ; et tant d'autres rectifications et suggestions, prodiguées avec une rare générosité, qu'il est impossible d'énumérer. Qu'il trouve ici l'expression de notre bien sincère gratitude.

CONSPECTVS SIGLORVM

S : Parisinus Latinus 6370 (probabiliter Turonibus, saec. IX ineunte)

X : Bruxellensis 10146 (originis ignotae, saec. X ineunte)

E : Parisinus Latinus 16677 (Fleury ?, saec. IX)

A : Parisinus nouv. acq. 454 (Corbeiae, altera parte saec. IX)

K : Coloniensis, Dombibl. 186 (Germania ?, saec. IX)

H : Londinensis, British Libr., Harleianus 2772 + Monacensis Clm 23486 (Germania, saec. XI)

V : Leidensis, Voss. Lat. F. 12 β + F. 122 + Londinensis, British Libr. Royal 15. B. XII, f. 1-2 (probabiliter Fleury, medio saec. IX)

N : Bernensis 347 (probabiliter Autosidori, altera parte saec. IX - saec. X)

N.B. Dans chaque unité critique de l'apparat sont allégués systématiquement tous les mss. collationnés (au maximum huit : SXEAKHVN) disponibles pour le passage. L'absence de un, deux ou trois sigles signifie que le(s) ms(s) non mentionnés manquent pour le lieu variant en question (mss d'*excerpta*, ou présentant une lacune, plus ou moins étendue, à cet endroit).

ARGUMENT ANALYTIQUE DU LIVRE I

Préambule (chap. 1-5,1)

Parallèle entre le *Songe de Scipion*, de Cicéron, et le mythe d'Er, de Platon (chap. 1)

Mythe et philosophie (chap. 2)

Critiques épicuriennes du mythe platonicien (chap. 2, 1-5)
Les diverses catégories de mythes en littérature (chap. 2, 6-12)
Quand le philosophe s'autorise-t-il l'usage de fictions ? (chap. 2, 13-21)

Typologie des songes (chap. 3)

Esprit et but du *Songe de Scipion* (chap. 4)

Récapitulation du préambule (chap. 5, 1)

PREMIÈRE CITATION DU *SONGE* (chap. 5, 2)

Exposé arithmologique (chap. 5,3-6,83)

La notion de plénitude arithmétique (chap. 5, 3-14)

Vertus du nombre huit (chap. 5, 15-18)

Vertus du nombre sept (chap. 6)
La combinaison du pair (huit) et de l'impair (sept) (chap. 6, 1-5)

Petit traité de divination (chap. 7)

Traité sur l'âme (chap. 8,1-14,20)

Deuxième citation du *Songe* (chap. 8, 1-2)

Traité des vertus (chap. 8, 3-11)

Traité sur le séjour de l'âme (chap. 9)

Exposé astronomique (chap. 14,21-22,13)

LIVRE I

MACROBE
COMMENTAIRE AU SONGE DE SCIPION
LIVRE I

PRÉAMBULE[1]

Parallèle entre le *Songe de Scipion*, de Cicéron, et le mythe d'Er, de Platon

1. 1 Entre les ouvrages que Platon et Cicéron ont l'un et l'autre consacrés à la République, nous avons constaté de prime abord, Eustathius [2], mon fils, douceur et fierté à la fois de ma vie, la différence que voici : le premier a imaginé l'organisation de la république, l'autre l'a décrite ; Platon a exposé ce qu'elle devrait être [3], Cicéron, ce qu'elle était sous la forme que lui avaient donnée nos ancêtres. **2** Voici toutefois le point sur lequel l'imitation a sans doute le mieux respecté la ressemblance avec le modèle : tandis que Platon, en conclusion de son ouvrage, se sert d'un personnage, rendu à la vie qu'il semblait avoir quittée, pour lui faire révéler quelle est la condition des âmes dépouillées du corps, avec en sus

---

1. Cf. notes complémentaires, p. 137.
2. Pour ce nom, cf. *Introduction*, p. xiv sq.
3. Même jugement chez Cicéron, *Rép.* II, 21 : *[Plato] aream sibi sumpsit in qua ciuitatem extrueret arbitratu suo, praeclaram ille quidem fortasse, sed a uita hominum abhorrentem et moribus* ; II, 52 : *ciuitatemque optandam magis quam sperandam (...), non quae posset esse, sed in qua ratio rerum ciuilium perspici posset, effecit.*

MACROBII AMBROSII THEODOSII
VIRI CLARISSIMI ET ILLVSTRIS
IN SOMNIVM SCIPIONIS
LIBER PRIMVS

1. 1. Inter Platonis et Ciceronis libros quos de re publica uterque constituit, Eustathi fili, uitae mihi dulcedo pariter et gloria, hoc interesse prima fronte perspeximus quod ille rem publicam ordinauit, hic rettulit ; alter qualis esse deberet, alter qualis esset a maioribus instituta disseruit. **2.** In hoc tamen uel maxime operis similitudinem seruauit imitatio quod, cum Plato in uoluminis conclusione a quodam uitae reddito, quam reliquisse uidebatur, indicari faciat qui sit exutarum corporibus status animarum, adiecta quadam

TITVLI : MACROBII AMBROSII VR CL LIBER PRIMVS IN SOMNIVM SCIPIONIS INCIPIT *X* MACROBII THEODOSII IN SOMNIVM SCIPIONIS LIB. INCIPIT V^1 AMBRO-SII MACROBII THEODOSII IN SOMNIVM SCIPIONIS LIB. INCIPIT V^2 Macrobii ambrosii Theodosii V.C. et inL. commenta ex cicerone in somnium Scipionis V^3 incipit prologus *A nulla inscriptio in S K.*

1. 1. eustathi *S V* : eustati *K* eustachi *A in ras. X* ‖ fili *om. K* ‖ deberet *S X K* : debuit *A V* ‖ instituta *S X K²* : constituta *A K¹ V*. **2.** operis *S X A K² V²* : moris *K¹ V¹* ‖ exutarum *S X A² V²* : exactis *A¹ K V¹* ‖ status *S X A² K V²* : statis *A¹ V¹* ‖ quadam *S A² V² in ras.* : autem his *A¹ K* his quadam *X*.

une description des sphères et des astres d'un grand intérêt,
le Scipion de Cicéron expose une représentation de la nature,
de signification fort analogue, qui lui aurait été inspirée
pendant son sommeil [4].

3 Mais quel besoin avaient-ils, l'un d'une fiction telle, et
l'autre d'un tel songe, surtout dans ces ouvrages où ils par-
laient de la constitution de la république, et quel était l'intérêt, au milieu des lois régissant le gouvernement des cités, de
décrire les cercles, les orbites et les sphères, de traiter du
système [5] des astres et de la révolution du ciel ? La question
m'a semblé digne d'enquête et pourrait peut-être le sembler
aussi à d'autres, pour nous éviter de soupçonner des hommes
d'une sagesse éminente et qui dans la recherche du vrai n'ont
eu que des inspirations divines, d'avoir ajouté à une œuvre
châtiée un ingrédient superflu. C'est donc de cela d'abord
qu'il faut dire quelques mots, afin que l'esprit de l'œuvre
dont nous parlons apparaisse clairement.

4 Examinant en profondeur la nature de toutes choses et
de tous actes, Platon remarque que dans tout exposé où l'on
se propose de traiter de l'organisation de la république, il faut
infuser aux âmes l'amour de la justice, sans laquelle ni la
république, ni même un groupe humain restreint, voire une
modeste maison ne pourront se maintenir [6]. **5** Il s'est rendu

4. La comparaison entre le mythe d'Er (Platon, *Rép.* X, 614b-621b ;
cf. ci-dessous, I, 1, 9) et le *Songe de Scipion* figure de la même façon dans
le prologue de l'autre commentaire au *Songe* que nous possédons, la
Disputatio de Favonius Eulogius (I, 1).

5. *Modo* est la leçon unanime des manuscrits. Zeunius (*Am. Theod.
Macrobi opera cum integris notis uariorum*, Lipsiae, 1774, II, p. 761),
suivi par Eyssenhardt et Willis, a corrigé en *motu*. Néanmoins *modus*, la
lectio difficilior, se rencontre en I, 14, 26, dans un contexte semblable.

6. Cf. *Rép.* I, 351e-352a. Selon Proclus (*In remp.* I, 7, 9-8, 6 Kroll), de
nombreux commentateurs de la *République* de Platon ont considéré
que le but de l'ouvrage était de traiter de la justice. C'est bien ce que dit
Socrate lui-même (*Rép.* I, 336e).

sphaerarum uel siderum non otiosa descriptione, rerum
facies non dissimilia significans a Tulliano Scipione per quietem sibi ingesta narratur.

3. Sed quid uel illi commento tali uel huic tali somnio in
his potissimum libris opus fuerit in quibus de rerum publicarum statu loquebantur, quoue adtinuerit inter gubernandarum urbium constituta circulos, orbes globosque descri-
bere, de stellarum modo, de caeli conuersione tractare,
quaesitu dignum et mihi uisum est et aliis fortasse uideatur,
ne uiros sapientia praecellentes nihilque in inuestigatione
ueri nisi diuinum sentire solitos aliquid castigato operi adie-
cisse superfluum suspicemur. De hoc ergo prius pauca
dicenda sunt, ut liquido mens operis de quo loquimur innotescat.

4. Rerum omnium Plato et actuum naturam penitus inspiciens aduertit in omni sermone de rei publicae institutione
proposito infundendum animis iustitiae amorem, sine qua
non solum res publica, sed nec exiguus hominum coetus, ne
domus quidem parua constabit. **5.** Ad hunc porro iustitiae

---

1. 2. sphaerarum S : sperarum X A^2K^2V *(ut saepius)* orarum A^1
horarum K^1 ‖ descriptione S X K : dis- A^2V^2 discriptioque A^1 discriptio
V^1 ‖ rerum S X A^2 K^2 : serum A^1 operum V operis K^1 ‖ tulliano S X A^2
K^2V^2 : tulliono A^1K^1 tullion V^1. **3.** sed quid uel illi S X A^2 V *in ras.* : si
quid uel illi K^2 secundone illi A^1 secundo cur K^1 ‖ somnio S X A^2 K V^2 :
-no A^1V^1 ‖ in quibus X : quibus S A K V ‖ gubernandarum S X A^2 K^2 :
ornandarum A^1 V ordidarum K^1 ‖ orbes S A^2 K^2 V^2 : orbis X A^1 K^1 V^1
‖ modo *codd.* : motu *Zeunius et alii* ‖ in inuest- S : inuest- X A K V ‖
loquimur X A^1 K V : loquitur S^2 *in ras.* A^2. **4.** EXPLICIT PROLOGVS
MACROBII AMBROSII COMMENTA IN CICERONE IN SOMNIVM SCIPIONIS INCIPIT
A ‖ naturam S X A^2 K^2 V^2 *in ras.* : -rarum A^1 -ras K^1 ‖ penitus
inspiciens X A K V : i. p. S ‖ proposito S X A^2 K V^2 : posito V^1 prosito
A^1 ‖ animis S X K^2 V^2 : nimis A K^1 V^1 ‖ nec S^2 X A K V : ne S^1 ‖ ne
S V^2 : nec X A K V^1.

compte aussi que rien n'aiderait autant à implanter dans les
cœurs cette inclination pour la justice que de dissiper
l'impression que son fruit disparaissait en même temps que
la vie de l'homme. Mais comment montrer qu'il survit dura-
blement à l'homme sans le faire dépendre au préalable de
l'immortalité de l'âme ? Une fois donc accréditée l'éternité
des âmes, Platon pose comme conséquence qu'à ces âmes
délivrées des liens du corps sont assignés des séjours précis,
en considération de leurs bons ou mauvais mérites. **6** Ainsi,
dans le *Phédon*, après avoir mis l'âme, à la lumière de
démonstrations inexpugnables, en possession de l'authentique dignité de son immortalité propre, Platon distingue
ensuite les séjours dus à ceux qui quittent cette existence, en
fonction de la loi que chaque individu, par son mode de vie, a
sanctionnée pour lui-même. Dans le *Gorgias*, une fois achevé
le débat en faveur de la justice, la douceur socratique prend
un ton de gravité morale pour nous enseigner le statut des
âmes au sortir du corps [7]. **7** Cette même démarche, il l'a
scrupuleusement adoptée à plus forte raison dans les volumes qu'il a consacrés à l'organisation de la république. C'est
seulement après avoir donné le premier rang à la justice et
enseigné que l'âme ne périt pas avec l'être animé que, par le
biais de cette fiction (*fabula*) — c'est le nom dont certains se
servent [8] — il a indiqué à la fin de son ouvrage où va l'âme au
sortir du corps, et d'où elle vient quand elle entre dans le
corps, afin de faire voir qu'aux âmes, qui sont immortelles et
destinées à être jugées, sont réservés une récompense si elles
ont pratiqué la justice, un châtiment si elles l'ont bafouée.

8 On voit que Cicéron a conservé ce plan avec autant de
discernement que de génie : après avoir, au fil du débat,

---

7. *Phaed*. 114b-c ; *Gorg*. 523a-527a.
8. Il s'agit des Épicuriens : cf. ci-dessous, chapitre I, 2.

adfectum pectoribus inoculandum nihil aeque patrocinatu-
rum uidit quam si fructus eius non uideretur cum uita hominis terminari. Hunc uero superstitem durare post hominem
qui poterat ostendi, nisi prius de animae immortalitate constaret ? Fide autem facta perpetuitatis animarum, consequens
esse animaduertit ut certa illis loca nexu corporis absolutis
pro contemplatu probi improbiue meriti deputata sint. **6.** Sic
in Phaedone inexpugnabilium luce rationum anima in
ueram dignitatem propriae immortalitatis adserta, sequitur
distinctio locorum quae hanc uitam relinquentibus ea lege
debentur quam sibi quisque uiuendo sanxerunt. Sic in Gor-
gia, post peractam pro iustitia disputationem, de habitu post
corpus animarum morali grauitate Socraticae dulcedinis
admonemur. **7.** Idem igitur obseruanter secutus est in illis
praecipue uoluminibus quibus statum rei publicae formandum recepit. Nam postquam principatum iustitiae dedit
docuitque animam post animal non perire, per illam demum
fabulam — sic enim quidam uocant — quo anima post
corpus euadat uel unde ad corpus ueniat in fine operis adseruit, ut iustitiae uel cultae praemium uel spretae poenam
animis quippe immortalibus subiturisque iudicium seruari
doceret.

8. Hunc ordinem Tullius non minore iudicio reseruans
quam ingenio repertus est : postquam in omni rei publicae

---

1. 5. pectoribus S X K^2 V^2 : rectoribus A K^1 V^1 ‖ inoculandum S^1 X^2 A
K : inculcandum S^2 X^1 V^2 //culcandum V^1 ‖ ostendi S X^1 A^2 K^2 V :
iuste A^1 iuste ostendi X^2 iuste nosse K^1 ‖ improbi *om.* X^1. **6.** phaedone
edd. : phoedone V^1 phadone K^1 phedrone S X K^2 fhedone A^1 fhedrone
A^2 phoedrone V^2 ‖ morali S X A V : immortalitate K. **7.** formandum S
X A^2 K V^2 : -ndam A^1 firmandum V^1 ‖ *post* ad corpus *usque ad I, 2, 12
def.* V ‖ adseruit A : asseruit S X K^2 asserit K^1 ‖ ut *om.* A^1 K^1 ‖ doceret
om. K^1. **8.** repertus est S X A K^2 : repperiens K^1.

donné la palme à la justice dans toute circonstance, calme ou troublée, de la vie publique [9], il a placé le développement sur le séjour sacré des âmes immortelles et sur les arcanes des régions célestes au point culminant de son œuvre achevée, en indiquant où doivent aller, ou plutôt revenir, les hommes qui auront géré la république avec prudence, justice, courage et tempérance [10].

9 Mais celui qui révèle ces secrets est chez Platon un nommé Er, un Pamphylien, soldat de son métier ; blessé au combat et laissé pour mort, il devait au bout de onze jours enfin, parmi ceux qui avaient péri avec lui, recevoir les ultimes honneurs du bûcher ; tout à coup, qu'il eût recouvré la vie ou qu'il l'eût conservée, il se mit à raconter tout ce qu'il avait fait et vu pendant les jours qu'il avait passés entre ces deux vies, comme s'il se livrait à un témoignage public devant l'humanité entière. Bien que Cicéron déplore, en homme qui a lui-même connaissance du vrai, que cette fiction soit la risée des ignorants [11], il évita cependant en suivant cet exemple de s'exposer à une critique stupide et préféra réveiller son narrateur que le ressusciter.

Mythe et philosophie

Critiques épicuriennes du mythe platonicien

2. 1 Avant d'examiner les termes du songe, nous devons préciser quelle est la catégorie d'hommes qui, d'après Cicéron, ont ri de la fiction de Platon, et dont il ne redoute pas pour lui-même les mêmes railleries. Car par ces mots il ne désigne pas la foule inculte, mais une catégorie d'hommes ignorante du vrai sous un étalage de compétence, d'hommes capables à la fois, à l'évidence, de lire de tels ouvrages et d'en faire une critique acharnée. **2** Nous dirons donc quels sont les

---

9, 11. Cf. notes complémentaires, p. 137.

10. Dans le *Songe de Scipion* (*Rép.* VI, 9-29), qui couronnait le dialogue de Cicéron. *Prudentia, iustitia, fortitudo* et *moderatio* (ou *temperantia*) sont les quatre vertus cardinales, dont Macrobe traitera longuement par la suite (*Comm.* I, 8, 4 sq.).

otio ac negotio palmam iustitiae disputando dedit, sacras immortalium animarum sedes et caelestium arcana regionum in ipso consummati operis fastigio locauit, indicans quo his perueniendum uel potius reuertendum sit qui rem publicam cum prudentia, iustitia, fortitudine ac moderatione tractauerint.

9. Sed ille Platonicus secretorum relator Er quidam nomine fuit, natione Pamphylus, miles officio, qui, cum uulneribus in proelio acceptis uitam effudisse uisus duodecimo demum die inter ceteros una peremptos ultimo esset honorandus igne, subito seu recepta anima seu retenta, quicquid emensis inter utramque uitam diebus egerat uideratue, tamquam publicum professus indicium humano generi enuntiauit. Hanc fabulam Cicero licet ab indoctis quasi ipse ueri conscius doleat irrisam, exemplum tamen stolidae reprehensionis uitans excitari narraturum quam reuiuiscere maluit.

2. 1. Ac priusquam somnii uerba consulimus, enodandum nobis est a quo genere hominum Tullius memoret uel irrisam Platonis fabulam uel ne sibi idem eueniat non uereri. Nec enim his uerbis uult imperitum uulgus intellegi, sed genus hominum ueri ignarum sub peritiae ostentatione, quippe quos et legisse talia et ad reprehendendum constaret animatos. **2**. Dicemus igitur et quos in tantum philosophum referat

---

1. 9. ultimo S A : -mus X K ‖ recepta seu retenta anima S^1 ‖ *ab* hanc fabulam *inc.* E ‖ irrisam S X E^2 A^2 K : inrixam E^1 A^1.
    2. 1. somnii S X A^2 K : -ni E A^1 ‖ consulimus S E^2 K : -lamus X A^2 -libus A^1 -liambus E^1 ‖ est a S X E K^2 : est A ea K^1 ‖ memoret S X K : -rat E A ‖ legisse talia S X E^2 K : degisse alia E^1 A ‖ ad reprehendendum S E A^2 K^2 : -dentium A^1 ad reprehendum X apprehendendum K^1 ‖ constaret S X E^2 K : -re E^1 A.

gens qui, selon Cicéron, ont exercé à l'égard d'un si grand philosophe une censure d'une certaine légèreté, lequel d'entre eux a même laissé un réquisitoire écrit, et enfin ce qu'il convient de répondre à leurs objections, du moins pour la seule partie nécessaire à notre ouvrage. Une fois, et c'est facile à faire, tout nerf retiré à ces adversaires, les traits qu'une jalousie mordante a jamais brandis ou brandira peut-être, contrairement à ce qu'en pense Cicéron [12], même contre le songe de Scipion, ces traits se trouveront réduits à rien.

3 C'est la faction épicurienne toute entière, qui s'égare toujours aussi loin du vrai et tient pour risible ce qu'elle ignore, qui s'est moquée de ce livre sacré et des réalités sérieuses et augustes de la nature [13]. Et Colotès, un disciple d'Epicure qui se distingue par sa faconde, a même fait un livre des chicanes caustiques que lui a inspirées ce sujet. Mais ses autres remarques injustifiées — dans la mesure où elles ne concernent pas le songe qui est le point de départ de mon exposé — je dois les passer ici sous silence : je m'en tiendrai à la calomnie dont Cicéron et Platon continueront à être victimes ensemble si on ne l'étouffe pas [14]. **4** Colotès dit qu'un philosophe n'aurait pas dû inventer une fiction, parce qu'aucune sorte d'affabulation ne convient à des hommes qui professent le vrai. « Pourquoi, dit-il, si tu as prétendu nous enseigner la connaissance des choses célestes, la constitution des âmes, n'avoir pas procédé par un exposé direct et qui se suffise ? Pourquoi l'introduction d'un personnage, l'invention d'une péripétie inouïe, la mise en scène organisée d'une affabulation adventice ont-elles souillé par un mensonge la porte même de la vérité recherchée ? » [15] **5** Puisque ces reproches, en visant l'Er de Platon, mettent aussi en accusation le sommeil de notre Africain qui rêve — car les deux personnages ont été choisis au sein d'une intrigue appropriée

---

12. Puisque Cicéron estime que le songe qu'il prête à Scipion ne risque pas d'encourir les mêmes critiques que le mythe platonicien d'Er (ci-dessus, I, 2, 1). Nous n'avons pas conservé de traces de critiques contre la fiction du songe utilisée par Cicéron, ce qui n'implique pas qu'il n'en ait pas existé.

13-15. Cf. notes complémentaires, p. 137-138.

quandam censurae exercuisse leuitatem, quisue eorum etiam
scriptam reliquerit accusationem, et postremo quid pro ea
dumtaxat parte quae huic operi necessaria est responderi
conueniat obiectis. Quibus, quod factu facile est, eneruatis,
iam quicquid uel contra Ciceronis opinionem etiam in Scipionis somnium seu iaculatus est umquam morsus liuoris
seu forte iaculabitur, dissolutum erit.

3. Epicureorum tota factio, aequo semper errore a uero
deuia et illa aestimans ridenda quae nesciat, sacrum uolumen
et augustissima irrisit naturae seria. Colotes uero, inter Epi-
curi auditores loquacitate notabilior, etiam in librum rettulit
quae de hoc amarius cauillatus est. Sed cetera quae iniuria
notauit — si quidem ad somnium de quo hic procedit sermo
non attinent — hoc loco nobis omittenda sunt : illam calum-
niam persequemur quae, nisi supplodetur, manebit Ciceroni
cum Platone communis. **4.** Ait a philosopho fabulam non
oportuisse confingi, quoniam nullum figmenti genus ueri
professoribus conueniret. « Cur enim, inquit, si rerum caelestium notionem, si habitum nos animarum docere uoluisti,
non simplici et absoluta hoc insinuatione curatum est, sed
quaesita persona casusque excogitata nouitas et composita
aduocati scaena figmenti ipsam quaerendi ueri ianuam men-
dacio polluerunt ? » **5.** Haec quoniam, dum de Platonico Ere
iactantur, etiam quietem Africani nostri somniantis accusant
— utraque enim sub apposito argumento electa persona est

---

2. 2. *ab* huic operi *inc. H* ‖ factu *S X E² K H* : -tum *E¹ A* ‖ eneruatis *S
X E A² K² H²* : -ti *A¹* enumeratis *K¹* enumerans *H¹* ‖ liuoris *S X E² A²
K H* : liboris *E¹ A¹*. **3.** aequo *S X E A K² s.l. H² in ras.* : ambiguo *K¹*. **4.**
ait *om. S¹* ‖ notionem *S² in ras. X E A* : notationem *K H* ‖ simplici hoc
et absoluta *S¹* ‖ sed quaesita *S X E A H²* : requisita *K H¹* ‖ persona *S X
E² A² K H* : -ne *E¹ A¹* ‖ figmenti *S X E² K H* : -tis *E¹ A*.

parce qu'ils paraissaient propres à transmettre la leçon —,
résistons à la pression de l'adversaire et réfutons sa vaine
argumentation, afin qu'une fois la calomnie réduite d'un
même coup à néant, leur aventure à chacun retrouve, comme
de juste, son intacte dignité.

Les diverses catégories de mythes en littérature

6 La philosophie ne répugne pas toujours aux fictions
(*fabulae*), pas plus qu'elle ne les approuve toujours [16] ; et
pour que l'on puisse aisément distinguer les éléments qu'elle
renie et exclut comme profanes du vestibule même de son
débat sacré, et ceux qu'au contraire elle admet souvent et
volontiers, l'analyse doit procéder par divisions successives.

7 Les *fabulae*, dont le nom même signale qu'elles font
profession de fausseté [17], ont été inventées tantôt pour pro-
curer seulement du plaisir aux auditeurs, tantôt aussi pour
les exhorter à une vie plus morale. **8** Ce qui charme l'ouïe, ce
sont soit les comédies, comme celles que firent jouer Ménandre et ses imitateurs, soit les intrigues emplies d'aventures
amoureuses imaginaires, que pratiqua beaucoup Pétrone et
auxquelles s'amusa parfois, à notre étonnement, Apulée [18].
Toutes les fictions de ce genre, qui ne se proposent que de
délecter l'auditeur, l'exposé philosophique les exclut de son
sanctuaire pour les renvoyer aux berceaux des nourrices. **9**
Quant aux fictions qui exhortent l'intelligence du lecteur à se
figurer en quelque sorte les vertus, elles se divisent à leur tour
en deux groupes. Il en est certaines en effet dont l'argument
relève de l'imagination et où la progression même de la
narration est tissée d'éléments inventés : c'est le cas des fables
d'Ésope, célèbres pour l'élégance de la fabulation ; dans
d'autres en revanche l'argument s'appuie bien sur une base
véridique solide, mais cette vérité même est présentée à

16, 18. Cf. notes complémentaires, p. 138.
17. Cf. Varron, *L.L.* VI, 55, qui dérive *fabula*, comme *falsum* et
fallacia, de *fari* : si la première étymologie est juste, les deux autres sont
erronées (cf. A. Ernout et A.Meillet, *Dict. Etym....*, s.v. *for* et *fallo*). Pour
la théorie du mythe chez Macrobe, cf. A. Setaioli, (1966), p. 156-171, et
pour ses rapports avec la théologie tripartite varronienne (cela concer-
nant surtout, il est vrai, les *Saturnales*), cf. E. Syska, (1993), p. 4-12.

quae accommoda enuntiandis haberetur —, resistamus
urgenti et frustra arguens refellatur, ut una calumnia disso-
luta utriusque factum incolumem, ut fas est, retineat dignitatem.

6. Nec omnibus fabulis philosophia repugnat, nec omnibus adquiescit ; et ut facile secerni possit quae ex his a se
abdicet ac uelut profana ab ipso uestibulo sacrae disputatio-
nis excludat, quae uero etiam saepe ac libenter admittat,
diuisionum gradibus explicandum est.

7. Fabulae, quarum nomen indicat falsi professionem, aut
tantum conciliandae auribus uoluptatis aut adhortationis
quoque in bonam frugem gratia repertae sunt. **8.** Auditum
mulcent uel comoediae, quales Menander eiusue imitatores
agendas dederunt, uel argumenta fictis casibus amatorum
referta, quibus uel multum se Arbiter exercuit uel Apuleium
non numquam lusisse miramur. Hoc totum fabularum
genus, quod solas aurium delicias profitetur, e sacrario suo in
nutricum cunas sapientiae tractatus eliminat. **9.** Ex his
autem quae ad quandam uirtutum speciem intellectum
legentis hortantur fit secunda discretio. In quibusdam enim
et argumentum ex ficto locatur et per mendacia ipse relatio-
nis ordo contexitur, ut sunt illae Aesopi fabulae elegantia
fictionis illustres, at in aliis argumentum quidem fundatur
ueri soliditate, sed haec ipsa ueritas per quaedam composita

2. 5. accommoda S X E^2 K H : -de E^1 A ‖ enuntiandis S X E^2 K^2 :
nuntiandis E^1 A K^1 nuntiantis H^1 enuntiantis K^3 *s.l.* H^2 ‖ urgenti S X E^2
A^2 K H : -guenti E^1 -gunti A^1. **6.** diuisionum S X E^2 A^2 K H : diuisioni
E^1 A^1. **8.** auditum S X^1 E^2 A^2 *in ras.* H^2 : aut auditum E^1 X^2 K H^1 ‖
mulcent S^2 *in ras.* X E^2 A^2 *in ras.* K^2 *in ras.* H^2 *in ras.* : mulciunt E^1 ‖
numquam S X E^2 A^2 K^2 H^2 : um- E^1 A^1 K^1 H^1 ‖ in nutricum cunas
sapientiae tractatus eliminat S X E^2 *mg.* A^2 *mg.* K^2 *mg.* H^2 *mg.* : pellit
omnino philosophia K^1 H^1 , *om.* E^1 A^1. **9.** enim et S X E^2 K^2 : enim E^1 A
K^1 H ‖ aesopi S X K H : -phi E A ‖ elegantia S^1 X A : elig- S^2 E K H.

travers un agencement imaginaire, et on parle alors de narration fictive, non de fiction : ainsi, les rites des mystères, les
récits hésiodiques ou orphiques au sujet de la généalogie et
des aventures des dieux [19], les formules mystiques des Pythagoriciens [20]. **10** Donc, dans la deuxième division dont je viens
de parler, la première catégorie, celle qui sur un fond imaginaire déroule un récit imaginaire, est étrangère aux ouvrages
philosophiques.

La catégorie suivante se scinde à son tour pour admettre,
une fois divisée, une nouvelle distinction : lorsque l'argument a un fond de vérité et que seule la narration relève de la
fiction, on rencontre plusieurs façons de présenter le vrai par
le biais de l'imaginaire. **11** Ou bien la narration est un tissu de
turpitudes, indignes des dieux et monstrueuses : par exemple
des adultères divins, Saturne tranchant le sexe de son père le
Ciel et lui-même à son tour détrôné par son fils et jeté aux
fers [21] — ce genre-là, les philosophes préfèrent l'ignorer
totalement ; ou bien la connaissance du sacré est révélée sous
le voile pieux d'éléments imaginaires, couverte de faits honnêtes et revêtue de noms honnêtes : et c'est le seul genre
d'imagination à avoir la caution du philosophe qui traite du
divin. **12** Puisque donc ni Er dans son témoignage ni l'Africain dans son rêve ne font injure au débat, mais que l'exposition des saintes réalités, conservant intacte la dignité de son
être, s'est couverte de ces noms, que l'accusateur, enfin ins-
truit à distinguer les éléments de fiction des fictions elles-
mêmes, veuille bien se calmer.

Quand le philosophe s'autorise-t-il l'usage de fictions ?

13 Il faut pourtant savoir que les philosophes n'admettent
pas dans tout débat des éléments de fiction, même licites ;
mais ils ont coutume d'y recourir lorsqu'ils traitent soit de
l'Âme [22], soit des puissances de l'air ou de l'éther, soit des

---

19-22. Cf. notes complémentaires, p. 139.

et ficta profertur, et hoc iam uocatur narratio fabulosa, non
fabula, ut sunt caerimoniarum sacra, ut Hesiodi et Orphei
quae de deorum progenie actuue narrantur, ut mystica
Pythagoreorum sensa referuntur. **10.** Ergo ex hac secunda
diuisione quam diximus, a philosophiae libris prior species,
quae concepta de falso per falsum narratur, aliena est.

Sequens in aliam rursus discretionem scissa diuiditur :
nam cum ueritas argumento subest solaque fit narratio fabulosa, non unus reperitur modus per figmentum uera refe-
rendi. **11.** Aut enim contextio narrationis per turpia et indigna numinibus ac monstro similia componitur, ut di adulteri,
Saturnus pudenda Caeli patris abscidens et ipse rursus a filio
regni potito in uincla coniectus — quod genus totum philosophi nescire malunt ; aut sacrarum rerum notio sub pio
figmentorum uelamine honestis et tecta rebus et uestita
nominibus enuntiatur. Et hoc est solum figmenti genus quod
cautio de diuinis rebus philosophantis admittit. **12.** Cum
igitur nullam disputationi pariat iniuriam uel Er index uel
somnians Africanus, sed rerum sacrarum enuntiatio integra
sui dignitate his sit tecta nominibus, accusator tandem edoc-
tus a fabulis fabulosa secernere conquiescat.

13. Sciendum est tamen non in omnem disputationem
philosophos admittere fabulosa uel licita, sed his uti solent
cum uel de anima uel de aeriis aetheriisue potestatibus uel de

---

2. 9. actuue narrantur S^2 *in ras.* $X E^2 K H$: actu uenerantur $E^1 A$ ‖
mystica $S^3 K H$: mis- S^2 *in ras.* $X E^2 A^2$ mistiga $E^1 A^1$ ‖ pythagoreorum
$S^2 X$: pytag- $S^1 H$ phytag- $E K$ phitag- A. **10.** libris $S X A^2 K^2 H^2$ *in ras.* :
liberi E lib//ri K^1 liber A^1 ‖ sequens $S X E^2 K^2 H^2$ *in ras.* : quae sequens
$E^1 A K^1$ ‖ ueritas argumento $S X E$: -tas -ntum A^1 -tatis -ntum $A^2 K^1 H$
-tatis -nto K^2. **11.** monstro $S X K H E^2$: nostro $E^1 A$ ‖ regni $X E A$: -gno
$S K H$ ‖ cautio $S X E^2 A^2 K H$: cutio $E^1 A^1$. **12.** *Ab* nullam *denuo inc.*
V.

autres dieux [23]. **14** Du reste, lorsque le traité ose s'élever jusqu'au Dieu suprême et souverain universel que les Grecs appellent τἀγαθόν (le Bien), πρῶτον αἴτιον (la Cause Première), ou bien jusqu'à l'Intellect, que les Grecs appellent νοῦς et qui contient les formes originelles des choses que l'on a nommées ἰδέαι (Idées), Intellect qui est né et provient du Dieu suprême [24] ; lorsque, dis-je, ils parlent de ces choses-là, le Dieu suprême et l'Intellect, ils ne s'enfoncent pas dans la fiction ; mais, s'ils s'efforcent de traiter de réalités qui dépassent non seulement le langage mais aussi la pensée de l'homme, ils recourent à des analogies et à des exemples [25]. **15** Ainsi Platon, déterminé à parler de l'ἀγαθόν (du Bien), n'osa pas dire ce qu'il est, n'en connaissant qu'une chose : qu'il est impossible à l'homme de connaître son essence ; mais il découvrit que, seul parmi les objets visibles, le soleil lui était tout à fait analogue, et il mit à profit cette analogie pour ouvrir à son discours un chemin par où s'élever jusqu'à l'insaisissable [26]. **16** C'est aussi pour cela que les Anciens ne fabriquèrent pas de statue pour l'ἀγαθόν (le Bien) alors qu'ils en élevaient pour les autres dieux, parce que le Dieu suprême et l'Intellect né de lui sont au-dessus de la nature comme ils sont au-delà de l'Âme : il serait sacrilège d'y accéder en partant de fictions.

17 Mais quand il s'agit des autres dieux, comme je l'ai dit, et de l'Âme, on ne recourt pas à des éléments de fiction de façon gratuite ni par amusement, mais parce qu'on sait que la nature déteste s'exposer sans voiles et dans sa nudité [27] ; et tout comme elle a soustrait à la perception humaine ordinaire toute intellection d'elle-même en se couvrant et en se dissimulant de diverses façons sous le sensible, elle a voulu que ses

---

23, 25-27. Cf. notes complémentaires, p. 139-141.

24. *Summus deus* et *mens*, les deux premières hypostases. La première hypostase, l'Un, est couramment appelée Dieu par Plotin (cf. J. H. Sleeman et G. Pollet, *Lexicon Plotinianum*, Leiden-Louvain, 1980, s.v. θεός) ; et, pour Macrobe, cf. ci-dessous, I, 6, 8-9 ; I, 14, 6 : *deus qui prima causa et est et uocatur... de se mentem creauit* ; I, 17, 15. L'Intellect contient les Idées des choses : cf. Plotin, *Enn.* I, 6, 9, 34 sq. ; I, 8, 2, 15-21 ; etc. (nombreux autres passages plotiniens). Ces *generum species* sont innombrables : cf. ci-dessous, I, 6, 8-9.

ceteris dis loquuntur. **14.** Ceterum cum ad summum et principem omnium deum, qui apud Graecos τἀγαθόν, qui
πρῶτον αἴτιον nuncupatur, tractatus se audet attollere, uel ad
mentem, quam Graeci νοῦν appellant, originales rerum species, quae ἰδέαι dictae sunt, continentem, ex summo natam et
profectam deo, cum de his, inquam, loquuntur, summo deo
et mente, nihil fabulosum penitus adtingunt ; sed, si quid de
his adsignare conantur quae non sermonem tantummodo,
sed cogitationem quoque humanam superant, ad similitudi-
nes et exempla confugiunt. **15.** Sic Plato, cum de τἀγαθῷ
loqui esset animatus, dicere quid sit non ausus est, hoc solum
de eo sciens, quod sciri quale sit ab homine non possit, solum
uero ei simillimum de uisibilibus solem repperit, et per eius
similitudinem uiam sermoni suo adtollendi se ad non com-
prehendenda patefecit. **16.** Ideo et nullum eius simulacrum,
cum dis aliis constituerentur, finxit antiquitas, quia summus
deus nataque ex eo mens, sicut ultra animam, ita supra
naturam sunt, quo nihil fas est de fabulis peruenire.

17. De dis autem, ut dixi, ceteris et de anima non frustra se
nec ut oblectent ad fabulosa conuertunt, sed quia sciunt
inimicam esse naturae apertam nudamque expositionem sui,
quae, sicut uulgaribus hominum sensibus intellectum sui
uario rerum tegmine operimentoque subtraxit, ita a pruden-

---

2. 14. ΤΑΓΑΘΟΝ *S X K H V* : ΓΑΓ//ΕΟΝ *E¹* ΓΑΓΑΘΟΝ *A*
ΓΑΓΕϹΟΝ *E²* ‖ ΠΡΩΤΟΝ ΑΙΤΙΟΝ *S E* : ΠΡΩΤΟΝΛΙΤΙΟΝ *A*
ΠΡΩΤΟΠΑΝΤΟΝ *X* ΠΡΩΙΟΝΑΙΤΙΟΝ *K V* ΠΡΑΤΟΝΑΙΤΙΟΝ *H*
‖ quam *codd.* : quem *Willis* ‖ ΝΟΥΝ *S X E* : ΝΟΙΝ *A K H V* ‖ ΙΔΕΑΙ
S X : ideae *A K H V* idaeae *E* ‖ his *S X² E A K H V²* : is *X¹ V¹*. **15.**
τἀγαθῷ *edd.* : ΑΓΑΘΟ *X* tagatho *S A K H V* agatho *E* ‖ solum *S X E²*
K² H² V² : solo *E¹ A K¹ H¹ V¹* ‖ se ad *S X E² K² H² V²* : ad *E¹ A K¹ H¹*
V¹ ‖ patefecit *S X E A K V* : -facit *H*. **16.** eius *S E A K H V* : ei *X* ‖
constituerentur *S E A V* : -retur *X K H* ‖ mens sicut *S X E² K H V²* :
mens uel *E¹* mens ue// *A* mensi// *V¹*. **17.** naturae apertam *S X E² A²*
K H V : -ram ap- *A¹* -ram eap- *E¹* ‖ sui uario *om. V¹* ‖ ita a *S X K² H² V²* :
ita *E A K¹ H¹ V¹*.

secrets fussent traités par les sages à travers des éléments de
fiction. **18** Ainsi les mystères eux-mêmes sont dissimulés par
le cheminement souterrain des symboles, afin que même aux
adeptes la nature de telles réalités ne s'offre pas toute nue,
mais que, si les hommes éminents, par le truchement de la
sagesse, ont seuls connaissance de la vérité secrète, les autres
se contentent pour les vénérer de symboles qui protègent le
mystère de la dépréciation [28]. **19** Numénius enfin, qui parmi
les philosophes se signalait par sa curiosité pour l'ésotérisme,
se vit reprocher par des songes l'offense qu'il avait commise à
l'égard des divinités, parce qu'il avait divulgué en les inter-
prétant les rites d'Éleusis : il vit les déesses d'Éleusis en
personne dans l'attitude de prostituées postées devant un
lupanar ouvert ; et comme il s'étonnait et leur demandait les
raisons de cette attitude honteuse et malséante pour des
divinités, elles lui répondirent avec colère que c'était lui qui
les avait tirées de force du sanctuaire de leur chasteté et
prostituées aux premiers venus [29]. **20** C'est dire combien les
divinités ont toujours préféré être connues et vénérées de la
façon que les Anciens ont imaginée à l'intention du vulgaire,
leur attribuant portraits et statues, alors qu'elles n'ont rien à
voir avec de telles formes, âges, alors qu'elles ignorent autant
la croissance que la décrépitude, vêtements et ornements
divers, alors qu'elles n'ont pas de corps. **21** En conséquence,
Pythagore lui-même et Empédocle, Parménide aussi et Héraclite ont inventé des fictions à propos des dieux, et Timée
pareillement en déroulant la généalogie divine conformément à la tradition [30].

28. L'analogie avec les mystères figure chez Porphyre (*ap.* Proclus, *In
remp.* XVI, 107, 10 sq.), et c'est à lui que Macrobe a pu l'emprunter. Le
parallèle entre connaissance de la nature et initiation aux mystères se
trouvait déjà chez Platon (*Gorg.* 493 a-b ; 497 c ; *Banq.* 210a ; *Phaedr.*
248b ; 249c ; 250b-e ; 251a) et il a fait fortune chez les Stoïciens (Cléanthe, *S.V.F.* I, 538 ; Chrysippe, *S.V.F.* II, 42 ; 1008 ; Sénèque, *N.Q.* I,
praef. 3 ; *Ep.* 90, 28 ; 95, 64). Mais Plotin (initié lui-même aux mystères
d'Isis) utilisait avec prédilection le rituel mystérique pour symboliser
l'ascension vers la contemplation du Bien (*Enn.* I, 6, 7 ; VI, 9, 11, 1-4 : cf.
P. Hadot, éd. de Plotin, *Traité* 9 = VI, 9, Paris, 1994).
29-30. Cf. notes complémentaires, p. 141.

tibus arcana sua uoluit per fabulosa tractari. **18** Sic ipsa mysteria figurarum cuniculis operiuntur ne uel haec adeptis nudam rerum talium natura se praebeat, sed, summatibus tantum uiris sapientia interprete ueri arcani consciis, contenti sint reliqui ad uenerationem figuris defendentibus a uilitate secretum. **19.** Numenio denique inter philosophos occultorum curiosiori offensam numinum, quod Eleusinia sacra interpretando uulgauerit, somnia prodiderunt, uiso sibi ipsas Eleusinias deas habitu meretricio ante apertum lupanar uidere prostantes, admirantique et causas non conuenientis numinibus turpitudinis consulenti respondisse iratas ab ipso se de adyto pudicitiae suae ui abstractas et passim adeuntibus prostitutas. **20.** Adeo semper ita se et sciri et coli numina maluerunt qualiter in uulgus antiquitas fabulata est, quae et imagines et simulacra formarum talium prorsus alienis, et aetates tam incrementi quam diminutionis ignaris, et amictus ornatusque uarios corpus non habentibus adsignauit. **21.** Secundum haec Pythagoras ipse atque Empedocles, Parmenides quoque et Heraclitus de dis fabulati sunt, nec secus Timaeus qui progenies eorum sicut traditum fuerat exsecutus est.

---

2. 18. sic ipsa S X E^2 K H : sic in ipsa E^1 A sic//ipsa V^1 sic enim V^2 ‖ nudam S X H^2 : nuda E A K H^1 V ‖ sapientia S X E^2 A K H V^2 : -tiam E^1 V^1 ‖ arcani S E A^2 K^1 V : archani X H atcani A^1 arcanique K^2. **19.** uulgauerit S^2 X K H V : -ri S^1 deuulgauerit E A ‖ non S X E A^2 K H V^2 : nam A^1 // V^1 ‖ conuenientis S X E^1 K H : -uenientes E^2 A V^2 -uentis V^1 ‖ turpitudinis S X K H V : -petudinis E -pidinis A ‖ respondisse S X E^2 A^2 V^2 : -ndidisse E^1 A^1 K H -n//disse V^1 ‖ de adyto S : de adito X de addito V addito E^1 A^1 H^1 ad//ito K^1 adito K^2 dedito E^2 aditu A^2 H^2 ‖ pudicitiae S X^2 K H V : pudititiae X^1 pudiditiae E pondidicitiae A^1 pundidicitiae A^2 ‖ adeuntibus S X^2 E A K V : abeun- X^1 H. **20.** sciri S^2 X E A K H V : scire S^1 ‖ numinibus *post* prorsus *add.* X ‖ aetates S X E^2 H : aetatis E^1 A K V ‖ uarios S X E K H V : -riis A. **21.** pythagoras S : pitha- V pyta- A K H pita- E phyta- X ‖ secus S X E A K^2 H V^2 : secu V^1 sicut K^1.

Typologie des songes

3. 1 Sur ces préalables, et avant de commenter le texte
même du *Songe*, voyons d'abord combien de sortes de songes
ont été identifiées par l'observation — puisque les Anciens
ont soumis à une définition et à une règle le débordement
d'images qui envahissent pêle-mêle les dormeurs — afin de
reconnaître à quel genre rattacher le songe dont nous trai-
tons [31]. **2** L'ensemble des visions qui s'offrent dans le sommeil se divise principalement en cinq variétés, avec autant
d'appellations. On trouve, selon les Grecs, l'ὄνειρος, que les
Latins appellent *somnium* (songe), l'ὅραμα qui est à proprement parler la *uisio* (vision), le χρηματισμός que l'on nomme
oraculum (oracle), l'ἐνύπνιον ou *insomnium* (vision interne
au songe), le φάντασμα que Cicéron, quand il a eu besoin de
ce terme, a traduit par *uisum* (fantasme) [32].

3 Les deux derniers, quand ils se manifestent, ne valent pas
la peine qu'on les interprète, parce qu'ils ne fournissent
aucun élément divinatoire : je parle de l'ἐνύπνιον et du
φάντασμα.

4 Il y a en effet ἐνύπνιον quand une préoccupation oppres-
sante d'origine psychique, physique ou extérieure s'offre au

31. Cf. notes complémentaires, p. 141-142.

32. Ces cinq catégories figurent dans l'*Onirocriticon* d'Artémidore
d'Ephèse (2ᵉ moitié du IIᵉ s. ap. J. C.), mais avec des différences que nous
signalerons *ad loc*. D'où l'hypothèse d'une source commune : cf. A. H.
M. Kessels, « Ancient Systems of Dream-classification », *Mnemosyne*,
(22), 1969, p. 389-424. Mais laquelle ? Ont été évoqués trois traités de
Porphyre : a) le *Commentaire au Timée* (Ph. M. Schedler, (1916)) ; b) le
Commentaire à la République (P. Courcelle, (1948²), p. 24) ; c) les
Questions Homériques (K. Mras, (1933), p. 238). En revanche A. H. M.
Kessels (*art. cit.*, p. 413), excluant Porphyre, estime que Macrobe
« found an impressive dream-classification in some dream-book, the
same that has been Artemidorus'source. » De son côté, Calcidius, *Tim.*
256, propose une autre quintuple classification (*somnium/uisum/
admonitio/spectaculum/reuelatio*), mais qui, malgré les diverses tentatives que l'on a pu faire, ne coïncide pas avec celle de Macrobe. Chez
Cicéron (*Diu.* I, 64) et Philon (Περὶ τοῦ θεοπέμπους εἶναι τοὺς ὀνείρους,
I-II) apparaît une classification tripartite qui remonte à Posidonius, mais
est indépendante de la tradition représentée par Artémidore et
Macrobe : cf. A. H. M. Kessels, *art. cit.*, p. 396-7.

3. 1. His praelibatis antequam ipsa somnii uerba tractemus, prius quot somniandi modos obseruatio deprehenderit,
cum licentiam figurarum quae passim quiescentibus inge-
runtur sub definitionem ac regulam uetustas mitteret, edis-
seramus, ut cui eorum generi somnium quo de agimus appli-
candum sit innotescat. **2.** Omnium quae uidere sibi
dormientes uidentur quinque sunt principales et diuersitates
et nomina. Aut enim est ὄνειρος secundum Graecos quod
Latini somnium uocant, aut est ὅραμα quod uisio recte appellatur, aut est χρηματισμός quod oraculum nuncupatur, aut
est ἐνύπνιον quod insomnium dicitur, aut est φάντασμα quod
Cicero, quotiens opus hoc nomine fuit, uisum uocauit.

3. Vltima ex his duo cum uidentur, cura interpretationis
indigna sunt, quia nihil diuinationis apportant, ἐνύπνιον dico
et φάντασμα.

4. Est enim ἐνύπνιον quotiens cura oppressi animi corpo-
risue siue fortunae, qualis uigilantem fatigauerat, talem se

---

3. 1. tractemus S^2 X E^2 A^2 K^2 H^2 V : tractamus S^1 A^1 tracte E^1 K^1 H^1 ‖
quot S^2 X A^2 K^2 *in ras.* H^2 *in ras.* V^2 : quod S^1 A^1 V^1 quo// E ‖ modos
S X E A^2 K H V^2 : -do A^1 V^1 ‖ obseruatio *om.* K^1 H^1 ‖ licentiam S X E
H V^2 : -ntia A K laetitia V^1 ‖ definitionem S X V^2 : difin- E^2 diffin- H^2
defensionem E^1 A K H^1 V^1 ‖ quo de agimus S^2 X E^2 A^2 K H V : quod
eagi- E^1 A^1 quod egi- S^1. **2.** ONEIPOC X E A H V : ONEIPOS K
oneipoc S ‖ OPAMA S^1 X^2 : OPAHA E^1 A K H OPΩMA S^2 X^1 OPΩHA
E^2 V ‖ aut S X E A^2 K H V^2 : ut A^1 V^1 ‖ XPHMATICMOC S X H^2 V^2 :
XPHMATICMΩC E^2 K^2 XPhMATIΣ A^1 XPHMATIΣ E^1 A^2 K^1 H^1 V^1
‖ ENYΠNION X^2 E^2 A^2 V : enypnion S ENYΠPION X^1 K H^2
*ENV*ΠPION H^1 enenYΠNION E^1 ENYΠMION A^1 ‖ ΦANTACMA
X^2 : ΦANTASMA X^1 fantasma S E A K H V ‖ quotiens S X E A K^2 V :
-ties K^1 H. **3.** indigna sunt S X E^2 A^2 K H : -gnas ut A^1 -gna sunt ut E^1
-gna sunt // V ‖ ENYΠNION X E A V : enypnion S ENYΠPION K H
‖ ΦANTACMA X V : fantasma S ΦANTACHA E A K H. **4.** est enim S
X E^2 K H V : et enim E^1 A ‖ ENYΠNION X E A V : enypnion S
ENYΠPION K H.

dormeur sous la même forme dont elle l'obsédait, éveillé : préoccupation d'origine psychique, quand un amoureux rêve qu'il jouit de l'être aimé ou qu'il en est privé, quand, redoutant un personnage dont les manœuvres ou la puissance nous menacent, on se figure, à partir d'une mise en image de ses propres pensées, qu'on a fondu sur lui ou qu'on l'a fui ; d'origine physique, quand, gorgé de vin pur ou gavé de nourriture [33], on s'imagine qu'on suffoque sous les excès ou qu'on se libère de l'oppression, ou au contraire quand, ayant faim ou soif, on rêve qu'on manque de nourriture ou de boisson, qu'on en cherche, voire qu'on en a trouvé ; d'origine extérieure, quand on se croit investi d'un pouvoir ou d'une magistrature comme on le désirait, ou dépouillé, comme on le craignait [34]. **5** Ces représentations et autres semblables, qui ont perturbé le repos du dormeur de la même façon qu'elles l'avaient précédé, proviennent d'une disposition de l'âme ; aussi s'envolent-elles en même temps que le sommeil et disparaissent-elles avec lui. D'où le nom d'*insomnium* : ce n'est pas parce qu'on l'a sous les yeux au cours d'un songe — car cela vaut pour les autres catégories comme pour celle-ci — mais parce qu'on n'y accorde crédit que durant le songe même, aussi longtemps qu'on l'a sous les yeux : après le songe il ne présente plus d'intérêt ni de signification [35].

6 Virgile n'a pas caché, lui non plus, que les *insomnia* sont faux :

mais les mânes envoient vers le ciel les *insomnia* faux [36],

appelant « ciel », ici, le monde des vivants, parce que nous passons pour être au-dessus des morts comme les dieux sont au-dessus de nous. Décrivant aussi l'amour, dont le tourment est toujours suivi d'*insomnia*, il dit :

...les traits de son visage lui restent fixés au cœur,

33-34, 36. Cf. notes complémentaires, p. 142.

35. Parce qu'il n'a pas de valeur divinatoire. Artémidore (I, 1, p. 3 Pack) explique de la même façon le nom de l'ἐνύπνιον et sa nature : l'ἐνύπνιον est un souvenir des réalités présentes provoqué par un affect de l'âme — désir amoureux, peur, faim, etc. (chez Macrobe, *ex habitu mentis*).

ingerit dormienti : animi, si amator deliciis suis aut fruentem
se uideat aut carentem, si metuens quis imminentem sibi uel
insidiis uel potestate personam aut incurrisse hanc ex imagine cogitationum suarum aut effugisse uideatur ; corporis,
si temeto ingurgitatus aut distentus cibo uel abundantia
praefocari se aestimet uel grauantibus exonerari, aut contra
si esuriens cibum aut potum sitiens desiderare, quaerere, uel
etiam inuenisse uideatur ; fortunae, cum se quis aestimat uel
potentia uel magistratu aut augeri pro desiderio aut exui pro
timore. **5.** Haec et his similia, quoniam ex habitu mentis
quietem sicut praeuenerant ita et turbauerant dormientis,
una cum somno auolant et pariter euanescunt. Hinc et
insomnio nomen est, non quia per somnium uidetur — hoc
enim est huic generi commune cum ceteris —, sed quia in
ipso somnio tantummodo esse creditur dum uidetur, post
somnium nullam sui utilitatem uel significationem relinquit.

    6. Falsa esse insomnia nec Maro tacuit :

        sed falsa ad caelum mittunt insomnia manes,

caelum hic uiuorum regionem uocans quia, sicut di nobis, ita
nos defunctis superi habemur. Amorem quoque describens,
cuius curam semper sequuntur insomnia, ait :

        ...haerent infixi pectore uultus

---

3. 4. dormienti S X E^2 A K H V^2 : -ntis E^1 V^1 ‖ animi S^2 *in ras.* X E^2 A^1
K H : -mo E^1 E^3 A^2 V ‖ aut carentem S X E A^2 K^2 H V^2 : a carentem V^1
a car//entem A^1 aetarentem K^1 ‖ pro *ante* potestate *add.* S X ‖
effugisse S X E^2 A^2 : efug- K H defug- V defuisse E^1 A^1 ‖ ingurgitatus S
X^2 E K H V : ingurgiatus A ingitatus X^1 ‖ sitiens S X E^2 A^2 K H V :
sciens E^1 A^1 ‖ augeri S X E A K^2 V^2 : ageri V^1 agere K^1 H. **5.** turbauerant
S X E A H^2 V^2 : -ba//erant V^1 -bant K H^1 ‖ est S A : *om.* X E K H V ‖
uidetur S X E^2 A^2 K H V : -deretur E^1 A^1 ‖ hoc enim — dum uidetur S
X E^2 A^2 K^2 H^2 V^2 : *om.* E^1 A^1 K^1 H^1 V^1 ‖ somnium X E A K^2 H^2 V :
somnum S K^1 samnium H^1 ‖ significationem S X E^2 A^2 K H V : -ones E^1
A^1. **6.** insomnia nec — mittunt insomnia *om.* E^1 ‖ uiuorum S X E^2 H^2 *in*
ras. V^2 : uirorum E^1 A K V^1 ‖ haerent S X E A^2 K^2 H^2 *in ras.* V^2 *in ras.* :
-rint A^1 -rant K^1.

ainsi que ses paroles, et le tourment refuse
à ses membres la paix du repos [37],

et ensuite :

Ma sœur Anne, quels *insomnia*
me terrifient dans mon angoisse ? [38]

7 Quant au φάντασμα, c'est-à-dire au *uisum* [39], il se produit entre veille et repos profond, dans cette espèce, comme
on dit, de première brume du sommeil, quand le dormeur,
qui se croit encore éveillé alors qu'il commence tout juste à
sommeiller, rêve qu'il aperçoit, fondant sur lui ou errant çà et
là, des silhouettes qui diffèrent des créatures naturelles par la
taille ou par l'aspect ainsi que diverses choses confuses,
plaisantes ou désordonnées. A cette catégorie appartient
aussi l'ἐπιάλτης, qui selon la croyance populaire s'empare
des dormeurs et, pesant sur eux de tout son poids, les écrase
de façon perceptible [40].

8 Si ces deux types de songes ne sont d'aucun secours pour
connaître le futur, les trois autres nous mettent dans la disposition mentale de la divination.

Il y a *oraculum*, de fait, lorsque dans le sommeil un parent
ou quelque autre personne auguste et imposante, ou encore
un prêtre, voire un dieu, révèlent clairement quelque chose
qui se produira ou ne se produira pas, qu'il faut faire ou éviter.

9 Il y a *uisio* quand on rêve d'une chose qui se produira de
la façon dont on l'avait rêvée. On rêve qu'un ami qui séjourne

37. Virg., *Aen.* IV, 4-5.
38. Virg., *Aen.* IV, 9.
39. Macrobe fait de l'ἐνύπνιον et du φάντασμα deux catégories distinctes, alors qu'Artémidore (I, 2, p. 6 Pack) considère le φάντασμα
comme une espèce de l'ἐνύπνιον, sans s'étendre davantage.
40. L'ἐπιάλτης est le démon incube responsable, selon les Anciens,
du cauchemar oppressant (Dioscoride, III, 140, 3), et assimilé parfois à
Pan (Artémidore, II, 32, p. 167-8 Pack) ou aux Faunes (Pline, *H.N.*
XXV, 29 ; XXVII, 86 ; XXX, 84). Mais, selon Artémidore, l'ἐπιάλτης
peut délivrer un message divinatoire. Pour le rôle des démons dans le
rêve, et en particulier dans le rêve divinatoire, selon les philosophes
comme selon la tradition populaire antique, cf. Cl. Zintzen, art. *Geister
(Dämonen), R. L. A. C.*, IX, 1976, col. 546-797.

uerbaque, nec placidam membris dat cura quietem,

et post haec :

Anna soror, quae me suspensam insomnia terrent ?

7. Φάντασμα uero, hoc est uisum, cum inter uigiliam et adultam quietem in quadam, ut aiunt, prima somni nebula adhuc se uigilare aestimans qui dormire uix coepit aspicere uidetur irruentes in se uel passim uagantes formas a natura seu magnitudine seu specie discrepantes uariasque tempestates rerum uel laetas uel turbulentas. In hoc genere est et ἐπιάλτης, quem publica persuasio quiescentes opinatur inuadere et pondere suo pressos ac sentientes grauare.

8. His duobus modis ad nullam noscendi futuri opem receptis, tribus ceteris in ingenium diuinationis instruimur.

Et est oraculum quidem cum in somnis parens uel alia sancta grauisque persona seu sacerdos uel etiam deus aperte euenturum quid aut non euenturum, faciendum uitandumue denuntiat.

9. Visio est autem cum id quis uidet quod eodem modo quo apparuerat eueniet. Amicum peregre commorantem

---

3. 6. dat cura *S X E K H* : daturam *A¹ V¹* dat curam *A² V²*. **7.** ΦΑΝΤΑϹΜΑ *X* : fantasma *S E A K H V* ‖ et adultam — uigilare *om. H¹* ‖ adultam *S X E²* s.l. *A² K H² V* : -teram *E¹ A¹* ‖ turbulentas *S² X E² A² K H V* : -bolentas *E¹ A¹* -bulentes *S¹* ‖ ΕΠΙΑΛΤΗϹ *S* : ΕΠΙΑΑΤΗϹ *E²* *X* ΕΠΦΙΑΛΤΗΣ *K²* *in ras.* ephialtes *V²* s.l. ΕΠΙΒΑΤΗϹ *E¹* ΕΠΙΒΑΤΗϹ *A H V¹* ‖ opinatur *S X E² A² H²* *in ras. V²* : -nantur *E¹ A¹* *K V¹* ‖ inuadere *S X E² A² K H V²* : eua- *E¹ A¹ V¹* ‖ pressos *S X E² K²* *V²* : opressos *A* oppressos *H* //presos *K¹ V¹* perpresos *E¹*. **8.** in *ante* ingenium *S X E² K H² V²* : *om. E¹ A H¹ V¹* ‖ parens *om. K¹ H¹* ‖ grauisque *codd.* : grauisue *Willis* ‖ *pr.* euenturum *S X E² K H V* : uent- *E¹ A* ‖ uitandumue *S X E A K² H² V* : uet- *K¹ H¹ ut uid.* ‖ denuntiat *S X E² K² H²* : nuntiat *E¹ A V* nontiat *H¹* n.ntiat *K¹*. **9.** eueniet *S X K² H²* : eueniat *E A K¹ H¹ V*.

à l'étranger, auquel on ne pensait pas, est de retour sous vos yeux, et celui dont on avait rêvé vient à votre rencontre et vous tombe dans les bras. On a reçu dans son sommeil un dépôt, et au matin un solliciteur se présente, qui vous remet de l'argent à garder et confie à votre loyauté des objets à conserver secrètement [41].

10 Le *somnium* à proprement parler cache sous des symboles et voile sous des énigmes la signification, incompréhensible sans interprétation, de ce qu'il montre [42] ; nous n'avons pas à en décrire la nature puisque chacun sait par expérience de quoi il s'agit. Il en existe cinq espèces : le songe est personnel, étranger, commun, public ou général. **11** Il est personnel lorsqu'on se voit soi-même en rêve en train d'agir ou de subir ; étranger, lorsqu'il s'agit de quelqu'un d'autre ; commun, lorsqu'il s'agit en même temps de soi et d'un d'autre ; public, lorsqu'on croit que quelque événement fâcheux ou heureux est arrivé à la cité, ou au forum ou au théâtre, ou bien dans quelque édifice ou lors de quelque acte publics ; général, lorsqu'on rêve qu'il y a quelque chose de changé dans les parages de la sphère solaire ou du globe lunaire, ou bien d'autres astres, du ciel ou de la Terre entière [43].

12 Le rêve raconté par Scipion embrasse donc à la fois les trois seules catégories du genre originel auxquelles on peut croire, et il touche à toutes les espèces du *somnium* même. C'est un *oraculum* parce que Paul Emile et l'Africain, pères l'un et l'autre de Scipion, augustes et imposants tous deux et investis du sacerdoce [44], lui ont annoncé son destin à venir ;

41, 43-44. Cf. notes complémentaires, p. 142.

42. A la différence de Macrobe, Artémidore (I, 2, p. 6 Pack) fait du χρηματισμός (chez Macrobe, *oraculum*) et de l'ὄραμα (*uisio*) deux espèces de l'ὄνειρος (*somnium*), sans les caractériser davantage. En revanche il divise les ὄνειροι en songes « théorématiques » (dont le message est direct) et « allégoriques » (symboliques, qui demandent interprétation). On trouve trace de cette dualité chez Macrobe : l'*oraculum*, qui parle *aperte* (§ 8), et la *visio*, où ce que voit le dormeur se produira de la façon même dont il l'a rêvé (§ 9), sont, même si Macrobe ne prononce pas le terme, des songes théorématiques ; en cela ils s'opposent au *somnium*, qui, parce qu'il utilise des symboles (§ 10), correspond au songe « allégorique » d'Artémidore.

quem non cogitabat uisus sibi est reuersum uidere, et procedenti obuius quem uiderat uenit in amplexus. Depositum in
quiete suscepit et matutinus ei precator occurrit mandans
pecuniae tutelam et fidae custodiae celanda committens.

10. Somnium proprie uocatur quod tegit figuris et uelat
ambagibus non nisi interpretatione intellegendam significationem rei quae demonstratur, quod quale sit non a nobis
exponendum est, cum hoc unusquisque ex usu quid sit
agnoscat. Huius quinque sunt species : aut enim proprium
aut alienum aut commune aut publicum aut generale est. **11.**
Proprium est, cum se quis facientem patientemue aliquid
somniat, alienum cum alium, commune cum se una cum
alio ; publicum est, cum ciuitati foroue uel theatro seu quibuslibet publicis moenibus actibusue triste uel laetum quid
aestimat accidisse ; generale est, cum circa solis orbem lunaremue globum seu alia sidera uel caelum omnesue terras
aliquid somniat innouatum.

12. Hoc ergo quod Scipio uidisse se rettulit et tria illa quae
sola probabilia sunt genera principalitatis amplectitur, et
omnes ipsius somnii species adtingit. Est enim oraculum,
quia Paulus et Africanus uterque parens, sancti grauesque
ambo nec alieni a sacerdotio, quid illi euenturum esset

3. 9. uisus *S X A K H* : -sum *E V* ‖ procedenti *S X A K H² V* : -ntem *E*
prodenti *H¹* ‖ uiderat *S X E² K H V* : -dera *A* -dere *E¹* ‖ in *S² X E² K²*
H² V² : om. *S¹ E¹ A K¹ H¹ V¹* ‖ amplexus *S X E A H² V* : compl- *K H¹*
‖ quiete *S X* : -tem *E A K H V* ‖ fidae *S E A H V* : -dei *X¹ K* -dem *X² s.l.*
‖ celanda *S X E² V²* : celandam *K V¹* //dam *H* celandem *E¹ A*. **10.** uelat
S X E² A² K² H² V : uelatam *E¹* uelat// *A¹ K¹ H¹* ‖ intellegendam *om.*
K¹ H¹ ‖ quod *S X E A² K² H² V²* : quo *A¹ K¹ H¹ V¹* ‖ agnoscat *S X E²*
A K² H V² : -catur *E¹* -cat// *K¹ V¹*. **11.** theatro *S X A² K H V²* : -to *A¹*
V¹ -trho *E* ‖ quibuslibet *S X K H V²* : quis libet *A V¹* qui//bet *E* ‖
lunaremue *S X H² V²* : -rem *E A K¹ H¹ V¹* -remque *K²* ‖ seu alia *om. A*.
12. illa *S X E K H V²* : alia *A V¹* ‖ grauesque ambo nec *S X E² A² K H*
V : graues quam bone *E¹ A¹*.

c'est une *uisio*, parce qu'il a aperçu les lieux mêmes où il se trouverait après avoir quitté son corps et vu ce qu'il serait ; c'est un *somnium*, parce que la science de l'interprétation est nécessaire pour nous découvrir la hauteur des révélations qui lui ont été faites, dissimulée qu'elle est par la profondeur de la sagesse.

13 Le songe de Scipion se réfère aussi à toutes les espèces du *somnium* lui-même. Il est personnel, parce que Scipion a été transporté en personne vers les régions supérieures et qu'il a pris connaissance de son propre avenir ; étranger, parce qu'il a découvert le sort dévolu aux âmes des autres hommes ; commun, parce qu'il a appris que le même séjour est prévu tant pour lui que pour tous les hommes d'égal mérite ; public, parce qu'il a connu ainsi la victoire de sa patrie, la ruine de Carthage, son triomphe au Capitole et les inquiétudes que causera une sédition à venir [45] ; général, parce qu'il a embrassé, en regardant au-dessus et au-dessous de lui, le ciel, les cercles célestes, l'harmonie de leur rotation — choses nouvelles et inconnues pour un homme encore vivant — ainsi que les mouvements des planètes [46] et des luminaires et la géographie de la Terre entière.

14 Et l'on ne saurait prétendre que le songe, du fait qu'il était général et public, ne s'accordait pas avec le personnage de Scipion, sous prétexte que ce dernier n'avait pas encore obtenu la magistrature suprême, pis, qu'il était encore de son propre aveu considéré quasiment comme un simple soldat [47]. On dit en effet que les songes relatifs à la situation de l'état ne peuvent être tenus pour véridiques que s'ils ont été faits par le chef de l'état ou un magistrat, ou bien si de nombreux

---

45. Cf. *Songe*, 2, 1-2. Après sa victoire sur Carthage (146 av. J. C.), Scipion Emilien aura droit aux honneurs du triomphe et recevra à son tour le surnom d'Africanus. « Sédition » (*seditio*) fait allusion aux troubles qui marquèrent le tribunat de Ti. Gracchus et aboutirent à la mort de ce dernier (133 av. J. C.).

46. Bien que signifiant le plus souvent « étoiles fixes », *stellae* peut désigner les planètes (cf. I, 14, 21 et note 314). Ici, ce sens se dégage, sans doute possible, de la présence de *motus* et de la coordination avec *lumina*, « luminaires » (le soleil et la lune).

47. Cf. notes complémentaires, p. 142.

denuntiauerunt. Est uisio, quia loca ipsa in quibus post corpus uel qualis futurus esset aspexit. Est somnium, quia rerum quae illi narratae sunt altitudo, tecta profunditate prudentiae, non potest nobis nisi scientia interpretationis aperiri.

13. Ad ipsius quoque somnii species omnes refertur : est proprium, qu*od* ad supera ipse perductus est et de se futura cognouit ; est alienum, quod quem statum aliorum animae sortitae sint deprehendit ; commune, quod eadem loca tam sibi quam ceteris eiusdem meriti didicit praeparari ; publicum, quod uictoriam patriae et Carthaginis interitum et Capitolinum triumphum ac sollicitudinem futurae seditionis agnouit ; generale, quod caelum caelique circulos conuersionisque concentum, uiuo adhuc homini noua et incognita, stellarum etiam ac luminum motus terraeque omnis situm suspiciendo uel despiciendo concepit.

14. Nec dici potest non aptum fuisse Scipionis personae somnium quod et generale esset et publicum quia necdum illi contigisset amplissimus magistratus, immo cum adhuc, ut ipse dicit, paene miles haberetur. Aiunt enim non habenda pro ueris de statu ciuitatis somnia nisi quae rector eius magistratusue uidisset, aut quae de plebe non unus sed multi

---

3. 12. ipsa $S\,X\,E\,A\,V$: illa $K\,H$ ∥ quia $S^2\,X\,E\,A^2\,K\,H\,V^2$: qua $S^1\,A^1\,V^1$. **13.** ipsius $S\,X\,E\,A\,V$: ipsum $K\,H$ ∥ somnii $S\,X\,E\,A\,V$: -niorum K^2 *in ras. H* ∥ refertur $S\,X$: -feruntur $E\,A^2\,K\,H\,V$ -funruntur A^1 ∥ quod *ego* : quia *codd.* ∥ perductus $S\,X\,K^2$: per se ductus $E\,A\,K^1\,H\,V^2$ per se doctus V^1 ∥ de se $S\,X\,K^2\,H^2\,V^2$: se $E\,A\,K^1\,H^1\,V^1$ ∥ futura $S\,X\,E\,A\,K^2\,H^2\,V$: -ras K^1 -ris H^1 ∥ est alienum $S\,X\,E^2\,A^2\,K\,H$: et alienum $E^1\,A^1$ alienum V ∥ aliorum $S\,X^2\,K^2\,V^2$: malorum $X^1\,E\,A^2\,K^1\,H\,V^1$ est malorum A^1 ∥ sint $S\,X\,E^2\,K^2\,H\,V$: sunt $E^1\,A$, *om.* K^1 ∥ sollicitudinem $S\,X\,E^2\,K\,H\,V^2$: solicitud- E^1 solitud- $A\,V^1$ ∥ suspiciendo $S\,X\,E^2\,A^2\,V^2$: suscipiendo $E^1\,K\,H$ suscipiciendo A^1 susciendo V^1. **14.** esset et $S\,X\,K^2\,H\,V$: est et $E\,A$ et K^1 ∥ cum adhuc $S\,X\,E^2\,K^2\,V^2$: *om.* $E^1\,A\,K^1\,H\,V^1$ ∥ somnia *om.* V^1 ∥ magistratusue $S\,X\,E\,A\,K^2\,V$: -tusque $K^1\,H$.

plébéiens, et non pas un seul [48], ont fait le même rêve. **15** C'est pour cette raison que chez Homère, lorsqu'Agamemnon annonça au conseil des Grecs qu'il avait rêvé de préparatifs de bataille, Nestor, dont la sagesse fut aussi précieuse pour l'armée que la vigueur de toute la jeunesse réunie, accorda foi à ce récit et dit : « Quand il s'agit de la situation de l'état, on doit faire confiance à un songe du roi ; mais si le songe venait de quelqu'un d'autre, nous le rejetterions comme sans fondement. » [49] **16** Mais il n'était pas aberrant que Scipion, même s'il n'avait pas encore obtenu alors le consulat et n'était pas le chef de l'armée, rêvât de la ruine de Carthage dont il devait être l'auteur et entendît parler de la victoire publique qui serait acquise grâce à lui, vît en outre les mystères de la nature, puisqu'il était un homme remarquable tant par sa sagesse que par sa vaillance.

17 Cela dit, puisque nous avons mentionné plus haut, en invoquant le témoignage de Virgile sur la fausseté des *insomnia*, un vers tiré de la description des portes jumelles du songe [50], le lecteur qui d'aventure se demandera pourquoi la porte d'ivoire est dévolue aux songes faux et la porte de corne aux songes véridiques trouvera l'information chez Porphyre, qui dans ses *Commentaires*, à propos du passage similaire qu'Homère consacre à la même distinction, écrit ceci [51] : **18** « Toute vérité, dit-il, est cachée. Pourtant l'âme, quand elle se trouve tant soit peu libérée par le sommeil de ses devoirs à l'égard du corps [52], la discerne par éclairs, tend parfois son regard vers elle sans pourtant l'atteindre, et lorsqu'elle

---

48. Artémidore (I, 2, p. 9-11 Pack) donne l'explication de cette restriction : le songe doit se réaliser eu égard au rêveur ; il serait donc absurde qu'un simple particulier reçût un songe « public » qu'il est incapable de réaliser. En revanche des particuliers nombreux représentent le peuple ; et le peuple, acteur de la vie publique, est en état de réaliser le songe.

49. Cf. *Il.* II, 56-83. Artémidore (I, 2, p. 10 Pack) donne le même exemple et cite également la réponse de Nestor.

50. Virg., *Aen.* VI, 893-6 (cf. ci-dessus, § 6).

51. *Od.*, XIX, 562-9 ; cf. Virg., *Aen.* VI, 893-6. Macrobe ne cite le nom de Porphyre que deux fois dans le *Commentaire* : ici et en II, 3, 15. Selon K. Mras, (1933), p. 238, cette citation pourrait provenir des Ζητήματα ὁμηρικά de Porphyre.

52. Cf. notes complémentaires, p. 142.

similia somniassent. **15.** Ideo apud Homerum, cum in conci-
lio Graecorum Agamemnon somnium quod de instruendo
proelio uiderat publicaret, Nestor, qui non minus ipse prudentia quam omnis iuuenta uiribus iuuit exercitum, concilians fidem relatis : « De statu, inquit, publico credendum
regio somnio, quo, si alter uidisset, repudiaremus ut futile. »
16. Sed non ab re erat ut Scipio, etsi necdum adeptus tunc
fuerat consulatum nec erat rector exercitus, Carthaginis som-
niaret interitum cuius erat auctor futurus audiretque uictoriam beneficio suo publicam, uideret etiam secreta naturae,
uir non minus philosophia quam uirtute praecellens.

17. His adsertis, quia superius falsitatis insomniorum Ver-
gilium testem citantes, uersus fecimus mentionem eruti de
geminarum somnii descriptione portarum, si quis forte quaerere uelit cur porta ex ebore falsis et e cornu ueris sit deputata, instruetur auctore Porphyrio, qui in commentariis suis
haec in eundem locum dicit ab Homero sub eadem diuisione
descriptum : **18.** « Latet, inquit, omne uerum. Hoc tamen
anima cum ab officiis corporis somno eius paululum libera
est, interdum aspicit, nonnumquam tendit aciem nec tamen

---

3. 15. ideo $S\ X\ K^2$: sic et $E\ A\ K^1\ H\ V$ ‖ iuuenta $S\ X^2\ E\ A\ K\ V$: -ntas H
iumenta X^1 ‖ exercitum $S\ X\ A\ K\ H$: exercitas E^2 exertum V exertam E^1
‖ concilians $S\ X\ E\ A^2\ K\ H\ V^2$: -liens $A^1\ V^1$ ‖ ab si alter $usque\ ad\ 16$
carthaginis $S^2\ in\ ras.$ **16.** uictoriam $S\ E\ A\ V$: uictoriam suam X
uictoriam quam erat uisurus $K\ H$ ‖ publicam $S^1\ X\ E^2\ K^2\ V^2$: puplicam
H^2 publicadam S^2, $om.\ E^1\ A\ K^1\ H^1\ V^1$ ‖ uirtute $S\ X\ E^2\ A^2\ K\ H\ V^2$: -tem
$E^1\ A^1\ V^1$. **17.** uergilium testem $S\ X\ E^1\ K\ H\ V^1$: -lium teste A^1 -lio teste
$E^2V^2\ A^2$ ‖ citantes $S\ X\ E\ K\ H\ V^2$: incit- $A\ V^1$ ‖ descriptione $S\ X^2\ K^2\ H^2$
$in\ ras.$: decript- X^1 descret- E discret- $A\ K^1\ V$ ‖ ab si quis $inc.\ N$ ‖
deputata instruetur $S\ X\ E^2\ A^2\ K\ H\ V^2\ N$: deport- i. V^1 deportata
struetur E^1 deportatam struetur A^1 ‖ auctore $S\ X\ E\ K\ H^2\ V^2\ N$: aut- H^1
act- $A\ V^1$ ‖ haec $S\ X\ E\ A\ K^2\ V\ N$: hoc $K^1\ H$ ‖ descriptum $S\ X\ K^2\ N$:
discrip- $E\ A\ V$ scrip- $K^1\ H$. **18.** ab uerum $usque\ ad$ libero $S^2\ in\ ras.$

l'aperçoit, elle ne la voit pas dans une lumière franche et
directe, mais derrière le voile qu'étend sur elle le tissu obscur
de la nature. » **19** Et Virgile assure que, s'agissant de la
nature, il en va de même lorsqu'il dit :

> Regarde, je vais dissiper entièrement le nuage
> qui pour le moment, en faisant écran à ta vue,
> affaiblit tes regards mortels et t'environne
> d'une humide obscurité... [53]

20 Lorsqu'au cours du sommeil ce voile permet au regard
introspectif de l'âme d'atteindre le vrai, on considère qu'il
est en corne, matériau translucide par nature lorsqu'il est
aminci ; mais quand il rend aveugle au vrai et arrête le regard,
on pense qu'il est en ivoire, dont la matière est si opaque
naturellement qu'on peut l'amincir à l'extrême sans qu'elle
laisse passer le regard qui tente de la percer [54].

Esprit et but du *Songe de Scipion*.

4. 1 Après avoir traité des genres et des espèces de songes
auxquels se rattache le rêve de Scipion, tâchons maintenant,
avant d'examiner les mots, de dégager l'esprit même de ce
songe et son but — σκοπός en grec — et disons nettement
que le but de l'ouvrage en question, comme nous l'avons déjà
soutenu au début de notre exposé, consiste à nous enseigner

---

53. *Aen.* II, 604-6.
54. Le commentateur de Virgile, Servius (Thilo-Hagen, II, p. 122),
donne de ce passage une interprétation fort différente (la porte de corne
représente les yeux, qui sont véridiques ; la porte d'ivoire, la bouche,
dont les paroles sont trompeuses).

peruenit, et, cum aspicit, tamen non libero et directo lumine
uidet, sed interiecto uelamine, quod nexus naturae caligantis
obducit. » **19.** Et hoc in natura esse idem Vergilius asserit,
dicens :

> Aspice — namque omnem quae nunc obducta tuenti
> mortales hebetat uisus tibi et umida circum
> caligat nubem eripiam ...

20. Hoc uelamen cum in quiete ad uerum usque aciem
animae introspicientis admittit, de cornu creditur, cuius ista
natura est ut tenuatum uisui peruium sit ; cum autem a uero
hebetat ac repellit obtutum, ebur putatur, cuius corpus ita
natura densetum est ut ad quamuis extremitatem tenuitatis
erasum nullo uisu ad ulteriora tendente penetretur.

4. 1. Tractatis generibus et modis ad quos somnium Scipionis refertur, nunc ipsam eiusdem somnii mentem ipsum-
que propositum, quem Graeci σκοπόν uocant, antequam
uerba inspiciantur, temptemus aperire et eo pertinere propositum praesentis operis adseramus, sicut etiam in principio

---

3. 18. interiecto S^2 X E A K H N : -terto S^1 -tersecto V. **19.** in natura S
X E A K^2 H^2 V^2 N : natura// K^1 naturae H^1 intura V^1 ‖ mortales S X E
A^2 K H^2 V N : -lis H^1 morales A^1 ‖ tibi *om.* N. **20.** a uero *om.* N ‖ hebetat
S X E A^2 K^2 H V N : hab- K^1 habitat A^1 ‖ repellit S X E^2 A K^2 H V N :
-llat E^1 K^1 ‖ ita S^2 *in ras.* X K^2 H N : sic a E K^1 V sit a A ‖ densetum S
E^2 A K H^2 V^1 : -satum X E^1 H^1 V^2 N ‖ extremitatem S X^1 E A^2 K^2 H V
N : -tes K^1 -tis X^2 -ti A^1 ‖ tenuitatis S X^1 E A K H N : -nuitatem X^2
-nuetatis V ‖ uisu S X E A^2 K H V^2 N : -so A^1 -som V^1 ‖ tendente S X
E A K^2 H^2 *in ras.* V^2 N : -ntem V^1 tedentum K^1 ‖ penetretur S X E A K
V N : -tret H^1 -tratur H^2.

4. 1. *ab* tractatis *usque ad I, 14, 21* nunc uideamus *def.* N ‖ et modis
ad quos S^2 *in ras.* ‖ ad quos S^2 X E^2 K H V^2 : quos E^1 A^1 V^1 quis A^2 ‖
quem S^2 *in ras.* X K^1 H : que A quod E K^2 V^2 *in ras.* ‖ ΣΚΟΠΟΝ S :
scopon K^1 H^1 ΣΚΟΝΟΝ A ΣΚΟΠΟΣ X K^2 H^2 ΣΚΟΠΟΠ E V ‖ etiam
E A K H V^1 : iam S X V^2.

que les âmes des hommes qui ont bien mérité de la république, après avoir quitté le corps, retournent au ciel et y
jouissent d'une béatitude éternelle.

2 Voici en effet quelle occasion incita Scipion lui-même à
raconter un songe qu'il avait tu, nous dit-il, pendant longtemps [55]. A Laelius, qui déplorait qu'on n'eût élevé dans un
lieu public aucune statue à Nasica pour le récompenser
d'avoir tué un tyran [56], voici ce que Scipion à la fin lui
répondit : « *Mais même si, pour les sages, la plus grande
récompense de leur vertu est la conscience même d'avoir
accompli des actions supérieures, cette vertu divine aspire
pourtant non point à des statues scellées au plomb* [57], *ni à
des triomphes dont se fanent les lauriers, mais à des récompenses d'une espèce plus durable et plus vivace.* » — « *Mais
lesquelles ?* » *demanda Laelius.* **3** « *Permettez-moi, dit alors
Scipion, puisque nous sommes au troisième jour de ces
fêtes* [58]*...* », et en continuant ainsi il en vint au récit de son
rêve, montrant qu'il existe des récompenses d'une espèce
plus durable et plus vivace, qui attendent au ciel, comme il
l'avait vu de ses yeux, les bons chefs d'état ; ce qu'il dit ici en
témoigne [59] : **4** « *Mais afin de te rendre plus empressé, Africain, à veiller sur la république, sache ceci : pour tous ceux
qui ont maintenu, soutenu, agrandi la patrie, il existe au
ciel un endroit particulier bien défini où ils peuvent dans le
bonheur jouir de l'éternité.* [60] » Et un peu plus loin, pour
montrer ce qu'est exactement cet endroit, il dit : « *Mais,
Scipion, comme ton aïeul que voici, comme moi qui t'engen-
drai, cultive la justice et la piété, qui est un grand devoir à
l'égard des parents et des proches, mais un devoir suprême à*

---

55. Macrobe résume maintenant le passage du *De republica* de Cicéron (perdu pour nous) qui précède immédiatement le *Songe*. « Un songe
qu'il avait tu pendant longtemps » : Scipion Emilien est censé raconter
en 129 seulement un songe qu'il a fait quelque vingt ans plus tôt, en 149
av. J.C.

56, 59-60. Cf. notes complémentaires, p. 142-143.

57. Les statues étaient scellées sur leur socle à l'aide de plomb fondu.

58. Les *feriae Latinae*, qui duraient trois jours.

huius sermonis adstruximus, ut animas bene de re publica meritorum post corpora caelo reddi et illic frui beatitatis perpetuitate nos doceat.

2. Nam Scipionem ipsum haec occasio ad narrandum somnium prouocauit, quod longo tempore se testatus est silentio condidisse. Cum enim Laelius quereretur nullas Nasicae statuas in publico in interfecti tyranni remunerationem locatas, respondit Scipio post alia in haec uerba : « *Sed quamquam sapientibus conscientia ipsa factorum egregiorum amplissimum uirtutis est praemium, tamen illa diuina uirtus non statuas plumbo inhaerentes nec triumphos arescentibus laureis, sed stabiliora quaedam et uiridiora praemiorum genera desiderat.* » — « *Quae tamen ista sunt ?* » inquit Laelius. **3.** *Tum Scipio :* « *Patimini me, quoniam tertium diem iam feriati sumus,* » et cetera quibus ad narrationem somnii uenit, docens illa esse stabiliora et uiridiora praemiorum genera quae ipse uidisset in caelo bonis rerum publicarum seruata rectoribus, sicut his uerbis eius ostenditur : **4.** « *Sed quo sis, Africane, alacrior ad tutandam rem publicam, sic habeto : omnibus qui patriam conseruarint, adiuuerint, auxerint, certum esse in caelo definitum locum ubi beati aeuo sempiterno fruantur.* » Et paulo post hunc certum locum qui sit designans ait : « *Sed sic, Scipio, ut auus hic tuus, ut ego qui te genui, iustitiam cole et pietatem quae, cum magna in parentibus et propinquis, tum in patria*

---

4. 1. sermonis *om. A*. **2.** in publico *S X* : publico *A V¹* publice *E² in ras. K H V²* ‖ *post* laureis *def. V* ‖ uiridiora *S X E A K² H²* : uiriora *K¹* uiriora quae *H¹*. **3.** me quoniam *S¹ E K H* : quoniam *A* me inquit quoniam *S² s.l. X* ‖ somnii *S X E² A² H* : -mni *E¹ A¹ K*. **4.** quo sis *S X E² A² K H* : quos is *A¹* quos his *E¹* ‖ tutandam *S² in ras. X E² A² s.l. K H* : tudendam *A¹* tudentandam *E¹* ‖ adiuuerint *S X E²* : *om. E¹ A K H* ‖ locum *om. K¹ H¹* ‖ sempiterno *om. K¹ H¹* ‖ hic *om. H¹*.

*l'égard de la patrie. Cette vie t'ouvre le chemin du ciel et de
cette société d'hommes qui ont désormais achevé leur existence et qui, délivrés de leur corps, habitent le lieu que
tu aperçois* [61] » — il désignait ainsi le cercle galactique
(γαλαξίας).

5 Il faut savoir en effet que le lieu où Scipion se voit en rêve
pendant son sommeil est le cercle lacté qui porte le nom de
galactique ; du moins est-ce en ces termes qu'il s'exprime en
commençant son récit : « *Il me montrait Carthage du haut
d'un lieu élevé, plein d'étoiles, brillant et lumineux* [62]. » Et
un peu après il dit plus clairement : « *C'était, rayonnant d'un
éclat splendide au milieu des flammes, le cercle que vous avez
appris des Grecs à appeler « orbe lacté ». Tous les objets que je
contemplais de là-haut m'apparaissaient éclatants et admirables.* » [63] Nous traiterons de ce cercle galactique de façon
plus complète lorsque nous parlerons des cercles célestes [64].

Récapitulation du préambule

5. 1 Entre le *De republica* de Cicéron et celui, antérieur, de
Platon, nous avons exposé quelles sont les différences et les
ressemblances ; ce qui fait que, pour son œuvre, Platon a
choisi le témoignage d'Er et Cicéron, le songe de Scipion ; les
objections des Épicuriens à Platon et la façon dont on réfute
cette calomnie inconsistante ; nous avons rappelé quels sont
les ouvrages où les philosophes admettent des éléments de
fiction, et ceux dont ils les excluent absolument ; puis nous
avons distingué comme il se devait les divers genres d'images,
trompeuses ou véridiques, que l'on voit en songe, et nous
avons précisé, s'agissant des songes, les espèces auxquelles,
d'évidence, se rapporte le songe de l'Africain ; nous avons dit
s'il convenait que Scipion fît un tel songe ; nous avons rapporté l'opinion des Anciens sur les portes jumelles du songe,
et après toutes ces considérations nous avons caractérisé

---

61. *Rép.* VI, 16 = *Somn.* 3, 5.
62. *Rép.* VI, 11 = *Somn.* 2, 1.
63. *Rép.* VI, 16 = *Somn.* 3, 6-7.
64. Cf. *infra* I, 15, 1-7.

maxima est. Ea uita uia est in caelum et in hunc coetum eorum qui iam uixere et corpore laxati illum incolunt locum quem uides », significans γαλαξίαν.

5. Sciendum est enim quod locus in quo sibi uidetur esse Scipio per quietem, lacteus circulus est, qui γαλαξίας uocatur, siquidem his uerbis in principio utitur : « *Ostendebat autem Carthaginem de excelso et pleno stellarum illustri et claro quodam loco.* » Et paulo post apertius dicit : « *Erat autem is splendidissimo candore inter flammas circus elucens, quem uos, ut a Grais accepistis, orbem lacteum nuncupatis. Ex quo omnia mihi contemplanti praeclara et mirabilia uidebantur.* » Et de hoc quidem γαλαξία, cum de circulis loquemur, plenius disseremus.

5. 1. Sed iam quoniam, inter libros quos de re publica Cicero quosque prius Plato scripserat, quae differentia, quae similitudo habeatur expressimus, et cur operi suo uel Plato Eris indicium uel Cicero somnium Scipionis adsciuerit, quidue sit ab Epicureis obiectum Platoni uel quemadmodum debilis calumnia refellatur, et quibus tractatibus philosophi admisceant uel a quibus penitus excludant fabulosa rettulimus, adiecimusque post haec necessario genera omnium imaginum quae falso quaeque uero uidentur in somnis, ipsasque distinximus species somniorum ad quas Africani somnium constaret referri, et si Scipioni conuenerit talia somniare, et de geminis somnii portis quae fuerit a ueteribus expressa sententia, super his omnibus ipsius somnii de quo

4. 4. maxima *S X E A² K H²* : -me A¹ *H¹* ‖ γαλαξίαν *edd.* : galaxian *S X²* *E A K H²* -xiam *X¹* galatias *H¹*. **5.** γαλαξίας *edd.* : galaxias *S X E A² K H* glaxias *A¹* ‖ illustri *om. A¹* ‖ is *om. E¹ A* ‖ circus *E¹ A K H* : circulus *S* *X E²* ‖ γαλαξία *edd.* : galaxia *S X E A² K H* glaxia *A¹* ‖ de *om. K¹*.
5. 1. refellatur *S X E A² H* : refall- *A¹ K* ‖ constaret *S X K H* : -stat *E* *A* ‖ talia *S² X E A K H* : alia *S¹* ‖ somnii *X E A K H* : -ni *S* ‖ ueteribus *S X²E A K H* : auctoribus *X¹* ‖ somnii *S X A² K H* : -ni *E* omni *A¹*.

l'esprit et le projet du songe même dont nous parlons, et précisé clairement dans quelle partie du ciel Scipion endormi rêva qu'il avait vu et entendu ce qu'il a rapporté ; nous devons maintenant passer à l'examen des termes du songe lui-même, examen non pas exhaustif, mais limité à ceux qui nous paraîtront mériter une enquête [65].

Première citation du Songe

2 La première partie pour laquelle un commentaire s'impose est celle qui traite des nombres [66] ; voici ce que dit Cicéron : « *En effet, quand ta vie aura vu s'accomplir huit fois sept tours et retours du soleil, et que ces deux nombres, qui sont considérés tous deux, pour des raisons différentes, comme des nombres pleins* [67], *auront dans cette révolution naturelle accompli leur produit, marqué pour toi par le destin, l'état entier se tournera vers toi seul, vers le nom qui est le tien : c'est sur toi que le sénat, que tous les bons citoyens, que les alliés, que les Latins poseront les yeux, tu seras le seul sur qui reposera le salut de l'état ; en un mot, il te faudra en qualité de dictateur réorganiser la république, si du moins tu échappes auparavant aux mains impies de tes proches* [68]. »

EXPOSÉ ARITHMOLOGIQUE

La notion de plénitude arithmétique

3 C'est fort justement que Cicéron attribue ici à ces nombres la plénitude. En effet « plénitude » ne convient proprement qu'aux choses divines et supérieures, car on ne saurait dire proprement qu'un corps est plein : en effet, il se montre à la fois insatisfait de lui-même en expulsant de sa substance, et avide de celle d'autrui en l'absorbant. Et si ces processus n'existent pas pour les corps minéraux [69], on ne peut dire pour autant que ceux-ci sont pleins, mais qu'ils sont bruts. **4** Voici donc ce qu'est la plénitude commune à tous les nombres : quand notre pensée monte de nous vers les dieux, c'est dans les nombres qu'elle rencontre d'abord la perfection

65-69. Cf. notes complémentaires, p. 143-144.

loquimur mentem propositumque signauimus, et partem caeli euidenter expressimus in qua sibi Scipio per quietem haec uel uidisse uisus est uel audisse quae rettulit, nunc iam discutienda sunt nobis ipsius somnii uerba, non omnia, sed ut quaeque uidebuntur digna quaesitu.

2. Ac prima nobis tractandam se ingerit pars illa de numeris in qua sic ait : « *Nam cum aetas tua septenos octies solis anfractus reditusque conuerterit, duoque hi numeri quorum uterque plenus, alter altera de causa habetur, circuitu naturali summam tibi fatalem confecerint, in te unum atque in tuum nomen se tota conuertet ciuitas ; te senatus, te omnes boni, te socii, te Latini intuebuntur, tu eris unus in quo nitatur ciuitatis salus, ac, ne multa, dictator rem publicam constituas oportet, si impias propinquorum manus effugeris.* »

3. Plenitudinem hic non frustra numeris adsignat. Plenitudo enim proprie nisi diuinis rebus supernisque non conuenit, neque enim corpus proprie plenum dixeris quod, cum sui sit impatiens effluendo, alieni est appetens hauriendo. Quae si metallicis corporibus non usu ueniunt, non tamen plena illa, sed uasta dicenda sunt **4.** Haec est igitur communis numerorum omnium plenitudo, quod cogitationi a nobis ad superos meanti occurrit prima perfectio incorporalitatis in

---

5. 1. ut quaeque S X A K H^2 : quae E quaeque H^1 ‖ uidebuntur S X A^2 K H^2 : -bantur E A^1 uidentur H^1. **2.** tractandam S X^2 A K H : -da E tradandum X^1 ‖ naturali S X E^2 A^2 K H : -lis E^1 A^1 ‖ confecerint S^2 X E A K H^2 : -fecerit S^1 -ferit H^1 ‖ in *ante* tuum *om.* X^1 ‖ conuertet S X E A^2 K H^2 : -tit A^1 H^1 ‖ dictator rem publicam S E K H : dictatorem -cam A^1 dicantur -cam A^2 dictato rei -cae X^1 dictator rei -cae X^2 ‖ impias S X E^2 H^2 : -piorum E^1 A K H^1. **3.** effluendo S X E^2 H^2 *s.l.* : effundendo E^1 K H^1 effundo A ‖ corporibus — sunt *om.* K H ‖ sed S X E^2 A^2 : se E^1 set A^1 ‖ uasta *codd.* : ναστά *Bentley*. **4.** a nobis S X E^2 K^2 H^2 : *om.* E^1 A K^1 H^1 ‖ perfectio S X E A K^2 H^2 : -to K^1 -ta H^1.

incorporelle ; parmi les nombres pourtant, ne sont pleins au
sens propre [70], selon les modalités qui s'imposent au présent
traité, que ceux qui ou bien ont le pouvoir de lier [ou bien
deviennent à leur tour des corps] ou bien génèrent un corps,
mais un corps intelligible et non sensible [71]. Pour échapper
au grief d'obscurité, il faut éclairer tout cela en remontant à
des notions un peu plus éloignées.

5 Tous les corps sont délimités par une surface et leur
partie extérieure se termine par cette même surface. Or, bien
que ces limites enveloppent toujours les corps dont elles sont
les limites, elles sont conçues comme incorporelles. Car tant
qu'on parle d'un corps, on ne pense pas encore à sa limite :
concevoir la limite, c'est avoir cessé de penser au corps. **6**
Lorsqu'on passe des corps aux incorporels, on rencontre
donc en premier les limites des corps ; telle est la première
réalité de nature incorporelle à venir après les corps, mais elle
n'est ni parfaitement ni complètement dépourvue de corps ;
en effet, bien que par nature elle se situe à l'extérieur du
corps, elle n'apparaît cependant qu'autour d'un corps.
Lorsqu'enfin tu nommes le corps entier, la surface aussi est
comprise dans le mot, même si pourtant l'intelligence, sinon
la réalité matérielle, l'isole des corps [72]. **7** Limite des corps,
cette surface est elle-même limitée par des lignes — γραμμαί,
dans la terminologie des Grecs. Les lignes se terminent par
des points [73]. Il s'agit des corps que l'on appelle 'mathématiques', et dont traite la subtile technique de la géométrie [74].

---

70. Macrobe donne ici le plan de son exposé arithmologique sur la
plenitudo des nombres. Il distingue deux types de *plenitudo* : a) (§ 3-4)
une *plenitudo* commune à tous les nombres, qui tient au fait que les
nombres sont la première réalité véritablement incorporelle (démonstration géométrique de cette assertion aux § 5-13) b) (§ 14) des modes de
plenitudo spécifiques à certains nombres pris individuellement : *proprie
pleni [numeri] ... non sentiendo concipias* (ces derniers *modi* de la
plenitudo n'épuisant pas la notion, puisque Macrobe précise bien que
sont retenus seulement ceux *qui praesenti tractatui necessarii sunt*). Le
chapitre 5, 15-18 est consacré à l'exposé des diverses qualités assurant la
plenitudo spécifique du nombre huit, et le chapitre 6, à la *plenitudo*
spécifique du sept : cf. notes *ad loc.*
71-74. Cf. notes complémentaires, p. 144-145.

numeris ; inter ipsos tamen proprie pleni uocantur, secundum hos modos qui praesenti tractatui necessarii sunt, qui
aut uim obtinent uinculorum [aut corpora rursus efficiun-
tur] aut corpus efficiunt, sed corpus quod intellegendo, non
sentiendo concipias. Totum hoc, ut obscuritatis deprecetur
offensam, paulo altius repetita rerum luce pandendum est.

5. Omnia corpora superficie finiuntur et in ipsam eorum
pars ultima terminatur. Hi autem termini, cum sint semper
circa corpora quorum termini sunt, incorporei tamen intel-
leguntur. Nam quousque corpus esse dicetur, necdum terminus intellegitur : cogitatio quae conceperit terminum corpus
reliquit. **6.** Ergo primus a corporibus ad incorporea transitus
offendit corporum terminos, et haec est prima incorporea
natura post corpora, sed non pure nec ad integrum carens
corpore ; nam licet extra corpus natura eius sit, tamen non
nisi circa corpus apparet. Cum totum denique corpus nomi-
nas, etiam superficies hoc uocabulo continetur, de corporibus eam tamen etsi non res sed intellectus sequestrat. **7.** Haec
superficies, sicut est corporum terminus, ita lineis terminatur, quas suo nomine γραμμάς Graecia nominauit. Punctis
lineae finiuntur, et haec sunt corpora quae mathematica
uocantur, de quibus sollerti industria geometriae disputatur.

---

5. 4. qui praesenti tractatui S^2 X E^2 A^2 K^2 i.m. : qui -te t. S^1 qui p. -tu E^1
A^1 quam p. t. H^2 qui — tractatui om. K^1 qui praesenti om. H^1 ‖ aut
corpora rursus efficiuntur *post* uinculorum *add.* S^2 i.m. X E A K H ‖
intellegendo S K H : -ligendo X -legendum A -ligendum E ‖ sentiendo S
X K H : -dum E A^2 setiendum A^1. **5.** tamen S X E A : autem K om. H ‖
ab conceperit *usque ad 6* tamen non S^2 *in ras.* **6.** sed non — corpore *om.*
S^2 *in ras. suppl.* S^3 *i.m.* ‖ corpore S^3 *i. m.* X E A : -por// K -porum H ‖
sit *om.* K H^1. **7.** superficies S^2 *in ras.* X E^2 A^2 K H : -facies E^1 A^1 ‖ sicut
est S^2 *in ras.* X K H : sicuti E A ‖ ‖ γραμμάς *edd.* : grammas *codd.* ‖
graecia S X E A K^2 H^2 : gecia K^1 H^1 ‖ uocantur S X E A : nominantur
H, *non leg.* K ‖ geometriae S K H : -tria E -trice A gemetrice X.

8 Donc, quand on se représente cette surface à partir d'un côté quelconque du corps, le nombre de lignes qui lui est attribué est fonction de la forme du corps adjacent. Qu'il ait en effet trois angles comme le triangle, quatre comme le carré ou davantage, sa surface est incluse entre autant de lignes qui se touchent à leurs extrémités. **9** Il faut se rappeler ici que tout corps résulte de plusieurs dimensions, longueur, largeur et hauteur. Quand on trace une ligne, on a une seule de ces trois dimensions : car il y a longueur sans largeur. En revanche la surface, que les Grecs nomment ἐπιφάνεια, s'étend en longueur et en largeur mais n'a pas de hauteur ; et nous avons dit combien de lignes limitent cette surface. On obtient des corps solides quand à ces deux dimensions s'ajoute la hauteur [75] : car de la présence des trois dimensions résulte le solide que les Grecs nomment στερεόν, tel le dé nommé κύβος [76].

10 Mais si l'on envisage la surface non plus d'une seule face mais d'un corps tout entier — supposons que ce soit un carré, pour limiter l'exposé à un seul corps qui suffira comme exemple — on obtient non plus quatre mais huit coins. Tu comprends bien cela si, par-dessus un unique carré comme celui que nous avons décrit plus haut, on en imagine un second semblable placé au-dessus de lui, de façon à ajouter au carré plan la hauteur qui lui manquait et, en remplissant les trois dimensions, à engendrer un corps solide, que les Grecs nomment στερεόν, sur le modèle du dé qu'ils nomment κύβος.

---

75. Cf. notes complémentaires, p. 145.
76. Pourquoi l'exemple du dé ? Le premier des corps solides est le tétraèdre : cf. Philolaos, *Vors.* 44 A 13, l. 20 sq. ; Boèce, *Arith.* II, 21, 1. Si Macrobe choisit le dé, c'est parce que le dé, comme il est dit au § 10, a huit coins (c'est-à-dire est formé au moyen de huit points), ce qui démontre géométriquement que le huit est capable d'engendrer un solide (même démonstration chez Favonius Eulogius, *Disp.* 15, 2-6). Or cette capacité confère au nombre qui la possède une forme de *plenitudo* (cf. § 4 et 14). Macrobe anticipe donc sur la suite de son propos, qui est de montrer la *plenitudo* du huit (cf. § 15).

8. Ergo haec superficies, cum ex aliqua parte corporis cogitatur, pro forma subiecti corporis accipit numerum linearum. Nam seu trium ut trigonum, seu quattuor ut quadratum, seu plurium sit angulorum, totidem lineis sese ad extrema tangentibus planities eius includitur. **9.** Hoc loco admonendi sumus quod omne corpus longitudinis, latitudinis et altitudinis dimensionibus constat. Ex his tribus in lineae ductu una dimensio est : longitudo est enim sine latitudine. Planities uero, quam Graeci ἐπιφάνειαν uocant, longo latoque distenditur, alto caret, et haec planities quantis lineis contineatur expressimus. Soliditas autem corporum constat cum his duabus additur altitudo : fit enim tribus dimensionibus impletis corpus solidum quod στερεόν uocant, qualis est tessera quae κύβος uocatur.

10. Si uero non unius partis, sed totius uelis corporis superficiem cogitare, quod proponamus esse quadratum, ut de uno quod exemplo sufficiet disputemus, iam non quattuor, sed octo anguli colliguntur. Quod animaduertis si *su*per unum quadratum, quale prius diximus, alterum tale altius impositum mente conspicias, ut altitudo quae illi plano deerat adiciatur fiatque tribus dimensionibus impletis corpus solidum quod στερεόν uocant, ad imitationem tesserae quae κύβος uocatur.

---

5. 8. aliqua *S X E² K H² in ras.* : alia *E¹ A* ‖ corporis cogitatur *S X E A K² in ras. H²* : disputatur *H¹* ‖ seu trium *S X E A² K² H²* : seutrum *A¹* trium *K¹* se trium *H¹* ‖ seu quattuor *S² X E² A K H* : seu quod q- *S¹* se q- *E¹*. **9.** ἐπιφάνειαν *edd.* : ΕΠΙΦΑΝΙΑΝ *K H* epiphaniam *S* epyphaniam *X* ephifaniam *A* ephifama *E* ‖ quantis *S X A² K²* : in quibus quantis *A¹ K¹ H* in quibus quantisue *E* ‖ duabus *S E A²* : duobus *X K H* dua *A¹* ‖ στερεόν *edd.* : CTEPEON *K H* stereon *S E A X* ‖ κύβος *edd.* : kybos *S* cybos *E A²* X ΚΙΒΟΣ *K H* cibos *A¹*. **10.** si uero — uocatur *om. S¹* ‖ super *edd.* : per *codd.* ‖ ΣΤΕΡΕΟΝ *S²* : stereon *X* ΣΤΕΡΟΝ *E* ΣΤΗΡΟΝ *A* ΣΤΡΕΟΝ *K H* ‖ κύβος *edd.* : ΚΙΒΟC *K H* cybos *S X* cyboc *E A*.

11 On voit par conséquent que le nombre huit est un corps solide et reconnu comme tel. Si le un équivaut en géométrie à un point [77], le deux permet de tracer la ligne limitée, comme nous l'avons dit plus haut, par deux points ; mais quatre points rangés face à face deux par deux donnent la figure d'un carré, une fois une ligne menée de chaque point au point d'en face. Si, comme nous l'avons dit, ces quatre points sont multipliés par deux pour faire huit, ils dessinent deux carrés semblables, qui, si on les superpose pour ajouter la hauteur, produisent la forme du cube, qui est un solide [78].

12 On voit par conséquent que le nombre est antérieur à la surface et aux lignes dont, comme nous l'avons rappelé, résulte celle-ci, ainsi qu'à toutes les figures [79]. En effet on remonte des lignes au nombre comme à un préalable, si bien qu'en considérant le nombre variable des lignes on peut reconnaître quelles sont les figures géométriques représentées. **13** Quant à la surface avec ses lignes, nous avons dit qu'elle est la première réalité incorporelle à succéder aux corps, sans qu'il faille pourtant l'en séparer à cause de sa constante association avec les corps. Donc ce qui se trouve en amont d'elle est déjà purement incorporel ; or l'exposé précédent a fait voir que les nombres étaient antérieurs à la surface. Donc la première réalité incorporelle achevée réside dans les nombres ; c'est cela que nous avons appelé la plénitude de tous les nombres.

14 D'autre part il existe, comme nous l'avons fait observer plus haut, la plénitude des nombres qui ou bien génèrent un corps ou bien ont le pouvoir de lier [80], bien que, je ne le

---

77. Cp. Philon, *De opif.* 49 : κατὰ μὲν γὰρ τὸ ἓν τάττεται τὸ λεγόμενον ἐν γεωμετρίᾳ σημεῖον ; Sext. Emp., *Pyrrh.* III, 154 (citant les Pythagoriciens).

78. *Id.* chez Favonius Eulogius, *Disp.* 15, 2-6 .

79. L'idée que le nombre est antérieur à la figure, et l'arithmétique antérieure à la géométrie, est un cas particulier du dogme pythagoricien fondamental selon lequel les nombres sont les causes et les principes des choses (Aristt., *Métaph.* XII, 1083b ; XIII, 1090a). Cette idée a fait fortune chez les Néoplatoniciens : Plotin, *Enn.* VI, 6, 9 ; Théon, I, 2, p. 26-7 Dupuis ; Nicomaque de Gérasa, *Introd.* I, 4, 2 ; Calcidius, 53 ; Favonius Eulogius, *Disp.* 2, 1 ; Boèce, *Arithm.* I, 1, 8-9.

80. Cf. notes complémentaires, p. 145.

11. Ex his apparet octonarium numerum solidum corpus
et esse et haberi. Si quidem unum apud geometras puncti
locum obtinet, duo lineae ductum faciunt quae duobus punctis, ut supra diximus, coercetur ; quattuor uero puncta
aduersum se in duobus ordinibus bina per ordinem posita
exprimunt quadri speciem, a singulis punctis in aduersum
punctum eiecta linea. Haec quattuor, ut diximus, duplicata et
octo facta, duo quadra similia describunt, quae sibi superposita additaque altitudine formam cybi, quod est solidum
corpus, efficiunt.

12. Ex his apparet antiquiorem esse numerum superficie
et lineis ex quibus illam constare memorauimus formisque
omnibus. A lineis enim ascenditur ad numerum tamquam ad
priorem, ut intellegatur ex diuersis numeris linearum quae
formae geometricae describantur. **13.** Ipsam uero superficiem cum lineis suis primam post corpora diximus incorpoream esse naturam, nec tamen sequestrandam propter per-
petuam cum corporibus societatem. Ergo quod ab hac
sursum recedit iam pure incorporeum est ; numeros autem
hac superiores praecedens sermo patefecit. Prima est igitur
perfectio incorporalitatis in numeris ; et haec est, ut diximus,
numerorum omnium plenitudo.

14. Seorsum illa, ut supra admonuimus, plenitudo est
eorum qui aut corpus efficiant aut uim obtineant uinculo-

---

5. 11. haberi S X E A^2 K : -re A^1 H ‖ puncti locum S X E^2 K : -tum -ci
E^1 A H ‖ in *ante* aduersum *om.* E^1 A^1 ‖ sibi X^2 K H : *om.* S X^1 E A ‖
superposita additaque X K H : -sitaque addita E A addita S^1 s. addita
S^2 ‖ cybi S X E A^2 : KYBI K H cybo A^1. **12.** et *ante* lineis *om.* E^1 A ‖
ut *om.* E^1 A ‖ intellegatur S A K^2 *in ras.* : -ligatur E X -legantur H.
13. ab hac S X E A^2 K H^2 : ab ac A^1 ob hoc H^1 ‖ sursum S E K H : rursum
X A ‖ est *ante* igitur *om.* X.

discute pas, il existe aussi d'autres causes qui fassent les nombres pleins [81].

Vertus du nombre huit

15 On a prouvé précédemment comment le nombre huit génère un solide [82]. Il sera donc particulièrement juste de dire que le huit est plein du fait qu'il génère la solidité corporelle, mais il n'est pas douteux non plus que ce nombre est aussi plus propre à réaliser l'harmonie, c'est-à-dire l'accord céleste, puisqu'il y a huit sphères mobiles ; il sera question d'elles dans la suite de l'exposé [83].

16 Toutes les parties aussi dont se compose ce nombre sont propres à engendrer la plénitude par leur assemblage [84]. Le huit résulte en effet soit de nombres qui ne sont pas engendrés et n'engendrent pas, l'unité et le sept, dont les propriétés seront décrites plus à fond le moment venu [85] ; soit de la duplication du nombre qui est engendré et engendre, c'est-à-dire le quatre — car ce nombre quatre naît du deux et engendre le huit — ; soit de l'addition du trois et du cinq : l'un des deux est le premier impair de tous les nombres ; quant aux propriétés du cinq, elles seront abordées dans la suite de l'ouvrage [86]. **17** Les Pythagoriciens ont appelé ce nombre (le huit) « la justice » [87], parce qu'il est le premier de tous à se résoudre en nombres pairement pairs [88], à savoir en deux fois quatre, tels qu'à leur tour ils se résolvent semblablement en nombres pairement pairs, à savoir en deux fois deux. On le compose aussi en usant de la même propriété, c'est-à-dire en multipliant deux fois deux par deux. **18** Donc,

---

81. Quelles sont ces *aliae causae* ? Macrobe pense probablement à diverses qualités numérologiques spécifiques de nombres pris individuellement, comme celles qu'il va reconnaître maintenant au huit.

82, 84-88. Cf. notes complémentaires, p. 145-146.

83. Cf. *Comm.* I, 17 : les huit sphères sont la sphère des fixes, celles des cinq planètes et celles des deux luminaires, soleil et lune (cf. Ps-Jamblique, *Theol.* p. 73, 10 sq. De Falco). Pour l'harmonie des sphères, cf. *Comm.* II, 1-4. L'implication du huit dans l'harmonie des sphères est l'une des *aliae causae* de *plenitudo* numérique dont il vient d'être question (cf. note précédente).

rum, licet alias quoque causas quibus pleni numeri efficiantur esse non ambigam.

15. Qualiter autem octonarius numerus solidum corpus efficiat ante latis probatum est. Ergo singulariter quoque plenus iure dicetur propter corporeae soliditatis effectum, sed et ad ipsam caeli harmoniam, id est concinentiam, hunc numerum magis aptum esse non dubium est, cum sphaerae ipsae octo sint quae mouentur, de quibus secuturus sermo procedet.

16. Omnes quoque partes, de quibus constat hic numerus, tales sunt ut ex earum compage plenitudo nascatur. Est enim aut de his quae neque generantur neque generant, de monade et septem, quae qualia sint suo loco plenius explicabitur ; aut de duplicato eo qui et generatur et generat, id est quattuor — nam hic numerus quattuor et nascitur de duobus et octo generat — ; aut componitur de tribus et quinque, quorum alter primus omnium numerorum impar apparuit ; quinarii autem potentiam sequens tractatus adtinget. **17.** Pythagorici uero hunc numerum iustitiam uocauerunt, quia primus omnium ita soluitur in numeros pariter pares, hoc est in bis quaterna, ut nihilo minus in numeros aeque pariter pares diuisio quoque ipsa soluatur, id est in bis bina. Eadem quoque qualitate contexitur, id est bis bina bis. **18.** Cum ergo et

---

5. 14. rerum *ante* licet *add. E K¹ H¹ et fortasse A¹* ∥ efficiantur *S² X E A K² H²* : effiantur *S¹, om. K¹ H¹* ∥ non *om. A¹*. **15.** autem *om. A* ∥ est *post* probatum *om. S¹* ∥ plenus *S X E² K H* : -nius *E¹ A* ∥ iure *om. K¹* ∥ id est concinentiam *om. X¹*. **16.** aut *S X E² A² K H* : ut *E¹ A¹* ∥ his quae neque generantur neque generant de *om. S¹* his — generantur *suppl. S² i.m.* ∥ quae neque *S² i.m. X E² A² K H* : pene quae *E¹ A¹* ∥ neque generant *A²* : *om. S² i.m. X E A¹ K H* ∥ et septem *om. K¹ H¹* ∥ plenius *S X H²* : *om. E A K H¹*. **17.** pythagorici *S² in ras. K* : pyta- *X H* phyta- *E A* ∥ id est *K H¹* : hoc est *X, om. S E A H²* ∥ quoque *S X E A K* : uero *H* ∥ id est *ante* in *om. K¹*. **18.** ergo *S X E A K* : uero *H*.

comme sa composition résulte de facteurs pairs égaux et que sa décomposition se fait par termes égaux jusqu'à l'unité, qui n'admet plus de division de type arithmétique, cette division en parties égales justifie son nom de « justice » ; et puisque, comme l'a montré tout ce qui précède, il repose visiblement tant sur la plénitude de ses parties que sur la sienne propre, c'est à juste titre qu'on l'appelle « plein ».

Vertus du nombre sept

6. 1 Reste à prouver, par un raisonnement qui saute aux yeux, que le nombre sept aussi mérite l'épithète de « plein » [89].

La combinaison du pair (huit) et de l'impair (sept)

Et d'abord nous ne pouvons passer sans nous émerveiller le fait que les deux nombres dont la multiplication définissait la durée de la vie de notre héros, relevaient du pair et de l'impair. En effet la combinaison de ces nombres engendre une véritable perfection. Car le nombre impair est appelé « mâle », le nombre pair « femelle ». Les arithméticiens vénèrent aussi le nombre impair sous le nom de « père », le nombre pair sous celui de « mère » [90].

2 C'est également pourquoi le Timée de Platon [91] a rappelé que le dieu créateur de l'Âme du Monde en a tissé les parties avec du pair et de l'impair, c'est-à-dire avec des doubles et des triples, en empruntant alternativement à la série des doubles jusqu'à huit et à la série des triples jusqu'à vingt-sept. **3** Huit et vingt-sept sont en effet les premiers cubes à apparaître dans chaque série, dans la mesure où, du côté pair, deux fois deux, qui font quatre, donnent la surface, et deux fois deux fois deux, qui font huit, forment le

---

89, 91. Cf. notes complémentaires, p. 146.
90. Cf. Philon, *De opif.* 13 : « dans les êtres le mâle est l'impair et la femelle le pair » ; *id.* Martianus Capella, II, 105. Ps.-Jamblique, *Theol. arithm.*, p. 4, 1 et 18 sq. De Falco : le un, qui est à la fois pair et impair, est mâle et femelle, Père et Mère.

contextio ipsius pari aequalitate procedat et resolutio aequaliter redeat usque ad monadem, quae diuisionem arithmetica
ratione non recipit, merito propter aequalem diuisionem
iustitiae nomen accepit ; et, quia ex supra dictis omnibus
apparet quanta et partium suarum et seorsum sua plenitu-
dine nitatur, iure plenus uocatur.

6. 1. Superest ut septenarium quoque numerum plenum
iure uocitandum ratio in medio constituta persuadeat.

Ac primum hoc transire sine admiratione non possumus
quod duo numeri qui in se multiplicati uitale spatium uiri
fortis includerent ex pari et impari constiterunt. Hoc enim
uere perfectum est quod ex horum numerorum permixtione
generatur. Nam impar numerus mas et par femina uocatur.
Item arithmetici imparem patris et parem matris appellatione uenerantur.

2. Hinc et Timaeus Platonis fabricatorem mundanae animae deum partes eius ex pari et impari, id est duplari et
triplari numero, intertexuisse memorauit, ita ut a duplari
usque ad octo, a triplari usque ad uiginti septem staret
alternatio mutuandi. **3.** Hi enim primi cybi utrimque nascuntur, siquidem a paribus bis bina, quae sunt quattuor, superficiem faciunt, bis bina bis, quae sunt octo, corpus solidum

5. 18. aequalitate S^2 X K^2 : aequabilitate S^1 E A K^1 H ‖ aequaliter A :
aequabiliter S X E K H ‖ propter *om.* K^1 H^1 ‖ iustitiae S X K H :
iustitiae iustitia E^2 A iustiae iustitia E^1.
6. 1. uitale S X E^2 A^2 K H : uita E^1 A^1 ‖ constiterunt S X E A K^2 H^2 :
-tuerunt K^1 H^1 ‖ horum S X^2 *s.l.* E^2 K H : orum E^1 eorum X^1 A. **2.**
duplari S X E A^2 H^2 : -plicari A^1 K H^1 ‖ triplari S X E A^2 H^2 : triplicari
A^1 K H^1 ‖ a duplari S X E A^2 K^2 H^2 : ad du- A^1 duplari K^1 H^1 ‖
alternatio S^2 *in ras.* X^2 K^2 H^2 : altercatio X^1 A alter//atio E alteratio
K^1 H^1 ‖ mutuandi S X E^2 K^2 *in ras.* H^2 : -tandi E^1 A -tando H^1. **3.** cybi
S X E A^2 : KYBI K H cibi A^1 ‖ siquidem a S X E A K^2 H^2 : si quidem
K^1 quidem H^1 ‖ bina quae *edd.* : bini quae S X E A bini qui K^1 H bina
qui K^2 ‖ bina bis quae S X E A K^2 H^2 : bini bis qui K^1 H^1.

volume [92] ; du côté impair, trois fois trois, qui font neuf,
aboutissent à la surface, et trois fois trois fois trois, c'est-à-
dire trois fois neuf, qui font vingt-sept, réalisent semblablement le premier cube de l'autre série [93] ; cela permet de
comprendre que ces deux nombres [j'entends le huit et le
sept] [94], qui réunis en un produit représentent l'existence
d'un homme d'état parfait, ont été jugés seuls capables de
produire l'Âme du Monde, la chose la plus parfaite qui puisse
exister après son créateur.

4 Il faut noter encore qu'en mettant en évidence ci-dessus
la dignité commune à tous les nombres, nous avons montré
qu'ils sont antérieurs à la surface et à ses lignes, ainsi qu'à
tous les corps [95] ; or, en progressant, le traité vient de découvrir aussi l'antériorité, par rapport à l'Âme du Monde, des
nombres qui composent sa texture, comme l'a révélé la doctrine auguste de Timée, témoin informé des secrets de la
nature même. **5** Voilà pourquoi des sages n'ont pas hésité à
déclarer que l'âme est un nombre en mouvement [96].

Les combinaisons produisant le sept

Voyons maintenant pourquoi le nombre sept est considéré
comme plein en soi, du fait de ses qualités propres ; pour que
sa plénitude apparaisse plus explicitement, examinons
d'abord les qualités des parties qui le composent [97], et
ensuite seulement sa puissance propre. **6** Le nombre sept est
fait soit de un et de six, soit de deux et de cinq, soit de trois et
de quatre. Etudions les termes de chacune de ces combinaisons, qui nous feront reconnaître qu'aucun autre nombre
n'est riche d'une souveraineté aussi variée.

Un plus six : vertus du un...

7 La première combinaison est celle du un et du six. Le un,
appelé monade, c'est-à-dire unité, est à la fois mâle et

---

92. Pour les relations entre nombres et figures géométriques, cf.
ci-dessus, I, 5, 8-11.
93-97. Cf. notes complémentaires, p. 146-147.

fingunt, a dispari uero ter terna, quae sunt nouem, superficiem reddunt, et ter terna ter, id est ter nouena, quae sunt
uiginti septem, primum aeque cybum alterius partis efficiunt ; unde intellegi datur hos duos numeros [octo dico et
septem], qui ad multiplicationem annorum perfecti in re
publica uiri conuenerunt, solos idoneos ad efficiendam
mundi animam iudicatos, qua nihil post auctorem potest esse
perfectius.

4. Hoc quoque notandum est quod, superius adserentes
communem numerorum omnium dignitatem, antiquiores
eos superficie et lineis eius omnibusque corporibus ostendimus ; procedens autem tractatus inuenit numeros et ante
animam mundi fuisse, quibus illam contextam augustissima
Timaei ratio, naturae ipsius conscia testis, expressit. **5.** Hinc
est quod pronuntiare non dubitauere sapientes animam esse
numerum se mouentem.

Nunc uideamus cur septenarius numerus suo seorsum
merito plenus habeatur ; cuius ut pressius plenitudo noscatur, primum merita partium de quibus constat, tum demum
quid ipse possit inuestigemus. **6.** Constat septenarius numerus uel ex uno et sex, uel ex duobus et quinque, uel ex tribus
et quattuor. Singularum compagum membra tractemus, ex
quibus fatebimur nullum alium numerum tam uaria esse
maiestate fecundum.

7. Ex uno et sex compago prima componitur. Vnum autem
quod monas, id est unitas, dicitur, et mas idem et femina est,

---

6. 3. reddunt S^2 : *om.* S^1 X E A K H ‖ cybum S X : cibum E A KYBON
K CVBON H ‖ octo dico et septem *delenda mihi uidentur* ‖ qua X^2 *in
ras.* E^1 A K^2 : quia S E^2 *i.m.* K^1 H^1. **4.** numeros S X E A^2 K H^2 : -rus A^1
H^1 ‖ quibus illam *om.* K^1 H^1 ‖ augustissima S X : ang- E A K^2 H
angustissimam K^1 ‖ conscia testis S X : consciae test- K H^2 conscientiae
test- H^1 conscia etesti A^1 conscia et testis E A^2. **5.** ut pressius S^2 E A : ut
expressius X K^2 H^2 expressius K^1 H^1, *om.* S^1. **7.** et femina est par idem
om. K^1 H.

femelle [98], à la fois pair et impair [99] ; ce n'est pas un nombre [100], c'est la source et l'origine des nombres [101]. **8** Cette
monade, début et fin de toutes choses et ne connaissant elle-
même ni commencement ni fin [102], a rapport avec le Dieu
suprême dont elle isole la compréhension du nombre des
réalités et des puissances qui viennent après lui [103], et on ne
manque pas de la trouver aussi au palier qui suit la divinité.
Elle est l'Intellect né du Dieu suprême, qui, ignorant les
cycles temporels, reste arrêtée toujours dans un présent unique, et bien que, du fait de son unicité, elle ne soit pas elle-
même dénombrable, elle engendre cependant à partir d'elle
et contient en elle les espèces innombrables des genres [104]. **9**
A partir de là, en abaissant aussi quelque peu le regard de ta
pensée, tu découvriras que cette monade a rapport avec
l'Âme [105]. Etrangère à la contagion de la matière brute, ne se
devant qu'à son auteur et à elle-même, dotée d'une nature
simple, l'Âme se répand certes dans l'immensité de l'univers
à animer, mais n'encourt pour autant aucune rupture avec sa
propre unité. Tu vois comment cette monade, issue de la cause
première du réel, conserve jusqu'à l'Âme, en restant partout
entière et toujours indivisée, la continuité de sa puissance.

10 Voilà pour la monade, de façon plus concise que ne
s'offrait l'abondante matière [106]. Ne t'inquiète pas si, bien
que paraissant à la tête de tous les nombres, elle est mise en
relation tout particulièrement avec le sept : c'est qu'il n'est
pas de nombre avec lequel la monade incorruptible soit plus
justement mise en relation qu'avec le nombre vierge. **11** A ce
nombre, le sept, est à tel point attachée l'idée de virginité
qu'on l'appelle aussi Pallas. On le considère en effet comme
vierge parce que, quand on le multiplie par deux, il n'engen-

98. Cf. Ps.-Jamblique, *Theol.* p. 4, 1 et 18 sq. De Falco.
99. Cf. Ps.-Jamblique, *Theol.* p. 4, 18 sq. De Falco. Pour Calcidius,
38, le un, étant au sommet du labdoma (cf. ci-dessus n. 93), appartient
aussi bien à la branche paire qu'à la branche impaire. Pour Favonius
Eulogius en revanche (*Disp.* 4, 2), la monade n'est ni paire ni impaire,
parce qu'elle n'est pas un nombre à proprement parler : cf. note suiv.
Selon Platon, la monade était impaire (*Hipp. maj.* 302a) : Macrobe ne
suit pas le maître, mais ses commentateurs.
100-106. Cf. notes complémentaires, p. 147-148.

par idem atque impar, ipse non numerus sed fons et origo numerorum. **8.** Haec monas, initium finisque omnium neque ipsa principii aut finis sciens, ad summum refertur deum eiusque intellectum a sequentium numero rerum et potestatum sequestrat, nec in inferiore post deum gradu frustra eam desideraueris. Haec illa est mens ex summo enata deo, quae, uices temporum nesciens, in uno semper quod adest consistit aeuo, cumque, utpote una, non sit ipsa numerabilis, innumeras tamen generum species et de se creat et intra se continet. **9.** Inde quoque aciem paululum cogitationis inclinans, hanc monada reperies ad animam referri. Anima enim, aliena a siluestris contagione materiae, tantum se auctori suo ac sibi debens, simplicem sortita naturam, cum se animandae immensitati uniuersitatis infundat, nullum init tamen cum sua unitate diuortium. Vides ut haec monas, orta a prima rerum causa, adusque animam ubique integra et semper indiuidua, continuationem potestatis obtineat.

10. Haec de monade castigatius quam se copia suggerebat. Nec te remordeat quod, cum omni numero praeesse uideatur, in coniunctione praecipue septenarii praedicetur : nulli enim aptius iungitur monas incorrupta quam uirgini. **11.** Huic autem numero, id est septenario, adeo opinio uirginitatis inoleuit ut Pallas quoque uocitetur. Nam uirgo creditur quia nullum ex se parit numerum duplicatus qui intra dena-

---

6. 8. enata $E\ A\ K\ H$: nata $S\ X$ ‖ numerabilis innumeras $S\ X\ E\ A\ K^2\ H^2$: numerum K^1 numeru H^1. **9.** monada S : -dam $X^1\ E\ A$ -dem $X^2\ K\ H$ ‖ sortita $S\ X\ E^2\ K\ H$: sorti $E^1\ A$ ‖ animandae $S\ X\ E\ A\ K^2\ H^2$: -mam de K^1 -ma de H^1 ‖ init $S\ X\ E\ A^2\ K\ H^2$: ini A^1 innutrit H^1 ‖ unitate $S\ X\ A^2\ K\ H$: oni- A^1 boni- E ‖ continuationem $S\ X\ H^2$: -ne $E\ A\ K\ H^1$. **10.** aptius $S^2\ X^2\ A\ K\ H$: abtius S^1 aptiis E atius X^1 ‖ iungitur $S\ X\ K\ H$: iug- $E\ A$. **11.** adeo *om.* A ‖ quia nullum *om.* $A^{1.}$

dre pas de nombre compris à l'intérieur de la décade, qui est
d'évidence la première limite des nombres ; il est Pallas,
parce qu'il procède de la descendance et de la multiplication
de la seule monade, tout comme Minerve est la seule, dit-on,
à être née d'un seul parent [107].

... et vertus du six

12 Quant au six, qui, uni au un, donne le sept, sa sainteté et
son pouvoir sont divers et multiples, d'abord parce qu'il est le
seul de tous les nombres inférieurs à dix à résulter de ses
propres parties. **13** Il possède en effet une moitié, un tiers et
un sixième : et sa moitié est trois, son tiers deux, son sixième
un, qui tous additionnés font six [108]. Il présente d'autres
titres encore à la vénération, mais, pour ne pas lasser par un
exposé trop long [109], nous nous attacherons à une seule de
toutes ses propriétés ; nous l'avons privilégiée parce que, une
fois rappelée, elle établira du même coup la dignité tant du
sept que du six.
14 La nature, usant d'une harmonie numérique précise, a
fixé le terme de la gestation humaine dans le cas le plus
courant à neuf mois, mais un calcul qui part d'une multiplication recourant au nombre six l'a fait aussi limiter à sept
mois. **15** En voici le compte rendu bref et complet. Nous
avons dit plus haut que les premiers de tous les cubes numériques sont au nombre de deux : huit du côté pair, vingt-sept
du côté impair, l'impair étant le mâle, le pair la femelle. Ces
deux cubes multipliés par six donnent le nombre de jours qui
se succèdent dans sept mois. **16** Que s'unissent en effet les
nombres qui sont, comme nous le rappelons, mâle et femelle,
c'est-à-dire huit et vingt-sept, ils engendrent trente-cinq. Ce

---

107-108. Cf. notes complémentaires, p. 148.
109. Cf. note 106 p. 148. La formule suivante de Macrobe (*quod ideo
praetulimus quia...*) montre qu'il ne suit pas aveuglément sa ou ses
sources arithmologiques, mais opère un tri en fonction du texte qu'il
commente.

rium coartetur, quem primum limitem constat esse numerorum ; Pallas ideo quia ex solius monadis fetu et multiplicatione processit, sicut Minerua sola ex uno parente nata
perhibetur.

12. Senarius uero, qui cum uno coniunctus septenarium
facit, uariae ac multiplicis religionis et potentiae est, primum
quod, solus ex omnibus numeris qui intra decem sunt, de
suis partibus constat. **13.** Habet enim medietatem et tertiam
partem et sextam partem, et est medietas tria, tertia pars duo,
sexta pars unum, quae omnia simul sex faciunt. Habet et alia
suae uenerationis indicia, sed, ne longior faciat sermo fastidium, unum ex omnibus eius officium persequemur ; quod
ideo praetulimus quia hoc commemorato non senarii tantum, sed et septenarii pariter dignitas adstruetur.

14. Humano partui frequentiorem usum nouem mensium
certo numerorum modulamine natura constituit, sed ratio
sub adsciti senarii numeri multiplicatione procedens etiam
septem menses compulit usurpari. **15.** Quam breuiter abso-
luteque dicemus. Duos esse primos omnium numerorum
cybos, id est a pari octo, ab impari uiginti septem, et esse
imparem marem, parem feminam superius expressimus.
Horum uterque, si per senarium numerum multiplicetur,
efficiunt dierum numerum qui septem mensibus explican-
tur. **16.** Coeant enim numeri, mas ille qui memoratur et
femina, octo scilicet et uiginti septem, pariunt ex se quinque

---

6. 12. coniunctus S X K H : -iectus E A ‖ potentiae S X E A K :
potestatis H ‖ de *om.* K^1 H. **13.** et sextam partem S X E^2 K^2 H^2 : *om.* E^1
A K^1 H^1 ‖ est *post* tertia *add.* E A ‖ commemorato S X E^2 K H^2 : -tio H^1
omne oratio E^1 A^1 omnis oratio A^2. **14.** mensium S^2 X E^2 K H : -sum S^1
E^1 A ‖ ratio S X E A K^2 H^2 : -ti K^1 H^1 ‖ adsciti S E^2 K H^2 : sciti H^1 assiti
X^2 E^1 A asiti X^1 asserti X^3. **15.** quam S X K H : quamquam E A ‖
dicemus S X A^2 K H : -cimus E A^1 ‖ cybos S^2 *in ras.* X E : KYBOC K
H cibos A ‖ a pari S^2 *in ras.* X E A : appari K H.

dernier, multiplié par six, procrée le deux cent dix : nombre de jours qui fait sept mois accomplis. Donc ce nombre est si fécond par nature qu'il réalise le premier achèvement du fœtus humain comme s'il était une sorte d'arbitre de sa maturité [110]. **17** Quant à reconnaître le sexe de l'enfant à venir, voici, selon Hippocrate, comment on le détermine dans l'utérus : le fœtus bouge soit le soixante-dixième soit le quatre-vingt-dixième jour. Le jour où il bouge, multiplié dans l'un et l'autre cas par trois, donne le septième ou le neuvième mois [111].

Deux plus cinq : vertus du deux...

18 Voilà un aperçu de la première combinaison dont se compose le sept. La deuxième est celle du deux et du cinq. Prenons la dyade, qui, parce qu'elle est la première après la monade, est le premier nombre [112]. C'est elle qui s'est écoulée la première de cette toute-puissance solitaire pour former la ligne du corps intelligible [113], et elle est en relation avec les sphères errantes des planètes et des luminaires parce que ces sphères aussi se sont séparées, de façon à produire <ce> nombre [114], de celle qu'on nomme ἀπλανής, et se sont tournées dans le sens contraire, selon la variété de leur mouvement [115]. Ce nombre deux se lie donc très étroitement au nombre cinq, étant donné que, comme nous l'avons dit, il est en relation avec les astres errants et que le cinq est en relation avec les zones du ciel [116], mais pour le premier (le deux) c'est en fonction du processus de séparation, et pour l'autre (le cinq), en fonction du nombre.

... et vertus du cinq

19 Quant au privilège qu'a reçu le nombre cinq d'un pouvoir qui s'élève au-dessus des autres, il lui est venu du fait qu'il est seul à embrasser l'ensemble de ce qui existe et de ce qui semble exister (nous disons qu'« existent » les choses intelligibles, et que « semblent exister » toutes les choses corporelles, qu'elles aient un corps divin ou périssable. Donc ce nombre désigne à la fois toutes les choses supérieures et inférieures.) **20** « Existent », en effet, ou le Dieu suprême, ou

110-116. Cf. notes complémentaires, p. 149-150.

et triginta. Haec sexies multiplicata creant decem et ducentos, qui numerus dierum mensem septimum claudit. Ita est ergo natura fecundus hic numerus ut primam humani partus perfectionem, quasi arbiter quidam maturitatis, absoluat. **17.** Discretio uero sexus futuri, sicut Hippocrates refert, sic in utero dinoscitur. Aut enim septuagesimo aut nonagesimo die conceptus mouetur. Dies ergo motus, quicumque fuerit de duobus, ter multiplicatus aut septimum aut nonum explicat mensem.

18. Haec de prima septenarii copulatione libata sint. Secunda de duobus et quinque est. Ex his δυάς, quia post monada prima est, primus est numerus. Haec ab illa omnipotentia solitaria in corporis intellegibilis lineam prima defluxit, ideo et ad uagas stellarum et luminum sphaeras refertur quia hae quoque ab illa quae aplanes dicitur in numerum scissae et in uarii motus contrarietatem retortae sunt. Hic ergo numerus cum quinario aptissime iungitur, cum hic ad errantes, ut diximus, ad caeli zonas ille referatur, sed ille ratione scissionis, hic numero.

19. Illa uero quinario numero proprietas excepta potentiae ultra ceteras eminentis euenit quod solus omnia quaeque sunt quaeque uidentur esse complexus est (esse autem dicimus intellegibilia, uideri esse corporalia omnia, seu diuinum corpus habeant seu caducum. Hic ergo numerus simul omnia et supera et subiecta designat). **20.** Aut enim deus summus

---

6. 16. haec *om.* K^1 ‖ claudit ita $S X K H$: claudita A^1 clauditur E^2 claudit $E^1 A^2$. **17.** hippocrates S : hipo- A hyppo- E hypo- $X K$ ypo- H ‖ ter *om.* E^1. **18.** est *om.* $K^1 H^1$ ‖ ΔYAC K : ΔYAS H dyas $S X E^2$ dias A^2 dies $E^1 A^1$ ‖ monada $S X H^1$: monade E^2 monadem $A H^2$ nonadem K monadade E^1 ‖ primus est *om.* $K^1 H$ ‖ in *om.* $A H^1$ ‖ hae $S X K H$: haec $E A$ ‖ aplanes $S X E A K^2 H$: -nas K^1 ἀπλανής *Willis* ‖ sunt *post* scissae *add.* X ‖ uarii $S X E^2 K H$: -riae $E^1 A$. **19.** quaeque S^2 *in ras.* $X E A$: quae $K H$ ‖ sunt $S X A K H$: his E^1 non E^2 ‖ ut *post* dicimus *add.* A ‖ supera $S X E^2 K H$: supra $E^1 A$.

l'Intellect né de lui qui contient les idées des choses, ou l'Âme du Monde qui est la source de toutes les âmes, ou les corps célestes jusqu'à nous, ou la nature terrestre : et ainsi se trouve accompli le nombre cinq, qui englobe la totalité des choses [117].

Trois plus quatre : capacité de liaison de ces deux nombres

21 Voilà qui doit suffire, compte tenu de la brièveté que nous nous sommes imposée [118], pour la deuxième combinaison dont se compose le nombre sept. La troisième est celle du trois et du quatre ; venons-en à ses effets [119].

22 La première surface d'un corps géométrique, du côté impair, résulte de trois lignes (qui délimitent en effet une forme triangulaire) ; du côté pair, la première que l'on trouve résulte de quatre lignes [120]. **23** Nous savons également, d'après Platon [121], c'est-à-dire selon les arcanes de la vérité même, qu'une chaîne puissante relie l'une à l'autre les choses pour lesquelles une médiété intermédiaire tient lieu de chaîne solide. Mais lorsque cet élément moyen lui-même est doublé, les extrêmes se trouvent liés plus que fortement : de façon indissoluble. Le nombre trois est donc le premier à avoir reçu entre ses extrêmes un élément médian qui assure sa cohésion ; le quatre, lui, est le premier de tous qui ait été nanti de deux éléments médians [122].

L'union des éléments d'après le *Timée* de Platon

24 Ayant emprunté ces derniers à ce nombre, le dieu artisan et créateur de la masse du monde a enchaîné les éléments au moyen d'un lien réciproque et indissoluble, comme il est dit dans le *Timée* de Platon : des éléments aussi opposés et hostiles, déclinant par leur nature toute communauté — je veux parler de la terre et du feu —, n'auraient pu

---

117, 119-121. Cf. notes complémentaires, p. 150.
118. Cf. note 106 p. 148.
122. Même idée *ap.* Favonius Eulogius, 7, 1 (*sed trias primus est totus, quod habet et medium*) et 8, 1 (*quatuor... duo media pro sui qualitate complectitur*).

est aut mens ex eo nata in qua rerum species continentur, aut
mundi anima quae animarum omnium fons est, aut caelestia
sunt usque ad nos, aut terrena natura est : et sic quinarius
rerum omnium numerus impletur.

21. De secunda septenarii numeri coniunctione dicta haec
pro affectatae breuitatis necessitate sufficiant. Tertia est de
tribus et quattuor, quae quantum ualeat reuoluamus.

22. Geometrici corporis ab impari prima planities in tribus
lineis constat (his enim trigonalis forma concluditur) ; a pari
uero prima in quattuor inuenitur. **23.** Item scimus secundum
Platonem, id est secundum ipsius ueritatis arcanum, illa forti
inter se uinculo colligari quibus interiecta medietas praestat
uinculi firmitatem. Cum uero medietas ipsa geminatur, ea
quae extima sunt non tenaciter tantum, sed etiam insolubili-
ter uinciuntur. Primo ergo ternario contigit numero ut inter
duo summa medium quo uinciretur acciperet ; quaternarius
uero duas medietates primus omnium nactus est.

24. Quas ab hoc numero deus mundanae molis artifex
conditorque mutuatus, insolubili inter se uinculo elementa
deuinxit, sicut in Timaeo Platonis adsertum est, non aliter
tam controuersa sibi ac repugnantia et natura communio-
nem abnuentia permisceri — terram dico et ignem —

---

6. 20. terrena $S\,X\,E\,A\,K^2\,H^2$: terre $K^1\,H^1$. **21.** numeri *om.* K ‖ haec *om.*
H^1. **22.** geometrici $S\,X\,E\,A\,K^2\,H^2$: -ca $K^1\,H^1$ ‖ a pari $S\,X\,E^2\,A^2\,K^2\,H$:
pari $E^1\,A^1\,K^1$. **23.** colligari $X\,K^2\,H^2$: conl- $S\,E\,A$ collocari $K^1\,H^1$ ‖
contigit $S\,X$: -tingit $E\,A\,K\,H$ ‖ ut *om.* A ‖ duo summa $S\,X\,E^2\,A^1\,H^2$:
duos s- $K\,H^1$ duas -mas $E^1\,A^2$ ‖ uinciretur $S\,X\,E^2\,K\,H$: -ceretur $E^1\,A$ ‖
nactus $S\,X\,E^2\,A^2\,K^2\,H^2$: nat- $E^1\,A^1\,K^1\,H^1$. **24.** se *om.* H^1 ‖ sibi — 25 ita
enim S^2 *in ras.* ‖ natura S^2 *in ras.* $K^2\,H$: -rae $X\,E\,A\,K^1$ ‖ abnuentia S^2
in ras. $X\,K\,H$: ab inuentione $E\,A^1$ ab inuicem A^2 ‖ permisceri S^3 *s.l.* X
H^2 : permisci K^2 promiscitur E^1 promiscit A^1 promisci S^2 *in ras.*
permiscitur E^2 diuisa A^2, *om.* $K^1\,H^1$.

se mêler ni s'allier en un rapport de proportion [123] aussi
étroit s'ils n'étaient enchaînés par les deux attaches médianes
de l'air et de l'eau. **25** Car ces éléments profondément différents les uns des autres ont été connectés par le dieu artisan
dans un ordre propre à faciliter leur union. Comme chacun
d'eux possédait deux qualités, le dieu a fait en sorte qu'il
trouvât dans l'élément auquel il était accolé une qualité
apparentée et semblable à l'une des deux siennes. **26** La terre
est sèche et froide, l'eau, elle, froide et humide. Ces deux
éléments, bien que s'opposant par le sec et l'humide, sont
unis par le froid qui leur est commun. L'air est humide et
chaud, et bien qu'il s'oppose par sa chaleur à l'eau qui est
froide, il lui est rattaché par l'intermédiaire de l'humidité
qu'ils possèdent ensemble. Au-dessus de lui le feu, comme il
est chaud et sec, rejette certes, du fait de sa sécheresse,
l'humidité de l'air, mais il lui est attaché par la chaleur qu'ils
se partagent [124]. **27** De la sorte, chaque élément donne pour
ainsi dire le bras aux deux voisins qui le flanquent au moyen
de l'une de ses qualités : l'eau s'attache la terre par le froid, et
l'air par l'humidité ; l'air s'allie à l'eau par l'humide, semblable pour les deux, et au feu par la chaleur ; le feu se mêle à
l'air en tant que chaud, et s'unit à la terre par sa sécheresse ;
la terre supporte le feu grâce au sec, mais ne rejette pas l'eau
à cause du froid. **28** Pourtant, si les éléments n'étaient que
deux, cette diversité de liens n'aurait apporté à leur union
aucune solidité ; s'ils étaient trois, elle nouerait entre les
éléments à enchaîner un lien, certes, mais moins solide ;
entre quatre éléments, en revanche, l'assemblage ne peut se
défaire, du moment que les deux extrémités sont liées par
deux intermédiaires.

---

123. *Iugabilis competentia* : même expression en I, 6, 31 (faisant
écho au terme ἀναλογία qui apparaît dans le *Timée* 31 c et surtout 32 c) ;
I, 6, 33 ; I, 19, 21 ; II, 2, 1 et 18.
   124. Cf. notes complémentaires, p. 150-151.

potuisse <et> per tam iugabilem competentiam foederari,
nisi duobus mediis aeris et aquae nexibus uincirentur. **25.** Ita
enim elementa inter se diuersissima opifex tamen deus ordinis opportunitate conexuit ut facile iungerentur. Nam cum
binae essent in singulis qualitates, talem unicuique de duabus alteram dedit ut in eo cui adhaereret cognatam sibi et
similem reperiret. **26.** Terra est sicca et frigida, aqua uero
frigida et humecta est. Haec duo elementa, licet sibi per
siccum humectumque contraria sint, per frigidum tamen
commune iunguntur. Aer humectus et calidus est, et cum
aquae frigidae contrarius sit calore, conciliatione tamen socii
copulatur humoris. Super hunc ignis, cum sit calidus et
siccus, humorem quidem aeris respuit siccitate, sed conectitur per societatem caloris. **27.** Et ita fit ut singula quaeque
elementorum duo sibi hinc inde uicina singulis qualitatibus
uelut quibusdam amplectantur ulnis : aqua terram frigore,
aerem sibi nectit humore ; aer aquae humecto simili et igni
calore sociatur ; ignis aeri miscetur ut calido, terrae iungitur
siccitate ; terra ignem sicco patitur, aquam frigore non respuit. **28.** Haec tamen uarietas uinculorum, si elementa duo
forent, nihil inter ipsa firmitatis habuisset ; si tria, minus
quidem ualido, aliquo tamen nexu uincienda nodaret ; inter
quattuor uero insolubilis colligatio est, cum duae summita-
tes duabus interiectionibus uinciuntur.

---

6. 24. et per *Willis* : per *codd.* ‖ iugabilem S^2 *in ras.* X E A : lug- K H ‖
uincirentur S^2 *in ras.* X E^2 A^2 K H : uincer- E^1 A^1. **25.** iungerentur S X
E K H : -retur *A*. **26.** est *ante* haec *om.* K^1 H^1 ‖ calidus est S X E K H^2 :
calidest A calidus H^1 ‖ frigidae S X K^2 H : -dus E^1 A frigus E^2 K^1 ‖
calore S X A K H^2 : -ri E H^1 ‖ tamen *om.* K^1 ‖ sed — societatem *om.* K^1
H^1. **27.** ut S X E A K^2 H^2 : et K^1 H^1 ‖ elementorum S X K H : elimen-
E^2 A limen- E^1 ‖ hinc *om.* H^1 ‖ humecto S E^1 A H^2 : humore E^2 *s.l.* X
K *ut uid.* H^1 ‖ ignem sicco S X K H : igne s- A igne sico E^1 ignem siccum
E^2 ‖ frigore S^2 *in ras.* X E A H^2 : rigore K H^1.

Tout cela apparaîtra plus clairement si nous faisons voir le fond même de l'idée en citant le *Timée* de Platon [125]. **29** « La raison inhérente à la beauté divine, dit Platon, exigeait la fabrication d'un monde accessible à la vue et au toucher. Or il était évident que rien n'est visible sans l'aide du feu, que rien n'est tangible sans composant solide, que rien de solide ne peut exister sans la terre. **30** Aussi le démiurge, lorsqu'il commença à façonner le corps entier de l'univers à partir du feu et de la terre, vit que les deux ne pouvaient s'assembler sans un terme médian pour les relier, et que le lien le meilleur était celui qui s'attachait lui-même autant qu'il attachait les éléments qu'il devait relier : or il vit qu'un seul intermédiaire ne peut suffire que lorsqu'il s'agit de relier une surface privée de hauteur ; mais quand il faut que les liens aient prise sur la hauteur, la ligature exige deux intermédiaires. **31** Aussi a-t-il inséré l'air et l'eau entre le feu et la terre ; ainsi l'ensemble des choses est-il parcouru par un rapport de proportion unique et cohérent, qui maintient ensemble des éléments divers en usant de la symétrie même de leurs différences. » **32** Car autant l'eau et l'air diffèrent par leur densité et leur poids, autant diffèrent l'air et le feu. Et d'autre part la différence qui existe entre l'air et l'eau du fait de leur légèreté et de leur ténuité se retrouve entre l'eau et la terre. Et encore : la différence qu'il y a entre la terre et l'eau du fait de leur densité et de leur poids est la même qu'entre l'eau et l'air ; et la différence entre l'eau et l'air, la même qu'entre l'air et le feu. Et inversement la différence qu'il y a entre le feu et l'air à cause de leur ténuité et de leur légèreté est la même qu'entre l'air et l'eau ; et on reconnaît entre l'air et

---

125. Il s'agit toujours du *Timée* 31b-32b, dont Macrobe donne une traduction libre, pratiquant en outre des coupures dans le texte. Aussi K. Mras, (1933), p. 242, pense-t-il que Macrobe ne connaissait le texte de Platon qu'à travers une paraphrase grecque (probablement empruntée au commentaire de Porphyre au *Timée*).

Quod erit manifestius si in medio posuerimus ipsam conti-
nentiam sensus de Timaeo Platonis excerptam. **29.** « Diuini
decoris, inquit, ratio postulabat talem fieri mundum qui et
uisum pateretur et tactum. Constabat autem neque uideri
aliquid posse sine ignis beneficio, neque tangi sine solido, et
solidum nihil esse sine terra. **30.** Vnde omne mundi corpus
de igne et terra instituere fabricator incipiens uidit duo
conuenire sine medio colligante non posse, et hoc esse opti-
mum uinculum quod et se pariter et a se liganda deuinciat ;
unam uero interiectionem tunc solum posse sufficere cum
superficies sine altitudine uincienda est ; at ubi artanda uinculis est alta dimensio, nodum nisi gemina interiectione non
necti. **31.** Inde aerem et aquam inter ignem terramque
contexuit, et ita per omnia una et sibi conueniens iugabilis
competentia cucurrit, elementorum diuersitatem ipsa diffe-
rentiarum aequalitate consocians. » **32.** Nam quantum interest inter aquam et aerem causa densitatis et ponderis, tantun-
dem inter aerem et ignem est. Et rursus quod interest inter
aerem et aquam causa leuitatis et raritatis, hoc interest inter
aquam et terram. Item quod interest inter terram et aquam
causa densitatis et ponderis, hoc interest inter aquam et
aerem, et quod inter aquam et aerem, hoc inter aerem et
ignem. Et contra quod interest inter ignem et aerem tenuitatis leuitatisque causa, hoc inter aerem et aquam est, et quod
est inter aerem et aquam, hoc inter aquam intellegitur et

6. 28. excerptam E^2 X K H : excep- S E^1 A. **30.** igne S X H : -ni E A K
|| optimum *om.* K H^1 || deuinciat S X A^2 K H : -ceat E A^1 || optimam
post uero *add.* H || tunc S E A K : tum X H || uincienda S E^2 A^2 K H^2 :
uic- E^1 A^1 uincianda X uindienda H^1 || nodum S X E^2 A^2 K H : nondum
E^1 no.dum A^1 || non necti S E^2 A K H : connecti E^1 non conecti X. **32.**
causa densitatis S X : densitatis causa E A K^2 *ut uidetur,* H^2 densitatis —
aquam causa *om.* K^1 H^1 || leuitatis et raritatis S X : r. e. l. E A K H || et
ponderis S X H^2 : uel p- E A K H^1 || hoc inter aerem et ignem — et aerem
om. K H^1 || hoc inter aquam *om.* E A.

l'eau la même différence qu'entre l'eau et la terre. **33** Et ce ne sont pas seulement les éléments voisins et contigus qui sont appariés, mais la même symétrie est maintenue quand on en saute un sur deux. Car ce que la terre est à l'air, l'eau l'est au feu, et en sens inverse tu retrouveras le même rapport de proportion. Ainsi ces éléments se trouvent-ils associés grâce à leurs diversités symétriques mêmes.

La double capacité de liaison du sept

34 Cet exposé avait pour but de démontrer clairement qu'une surface ne peut être liée par moins de trois éléments, un solide par moins de quatre. Le nombre sept possède donc une double capacité de liaison, du fait que ses deux parties disposent déjà de liens premiers, le trois avec un seul élément médian, le quatre avec deux. C'est pourquoi dans un autre passage toujours du *Songe*, Cicéron dit, à propos du sept : « *nombre qui est le nœud de presque toutes choses* » [126].

35 De la même façon tous les corps sont ou bien des corps mathématiques, enfants de la géométrie, ou des corps qui s'offrent à la vue et au toucher. Les premiers résultent de trois degrés d'accroissement. En effet la ligne est issue du point, ou la surface de la ligne, ou le solide du plan [127]. Quant aux corps de la seconde catégorie, une fois les quatre éléments mis en continuité, ils se forment par un assemblage cohérent, de façon à produire une substance corporelle compacte. **36** Et tous les corps ont trois dimensions, la longueur, la largeur, la hauteur ; leurs limites, en y comprenant le résultat ultime, sont quatre : le point, la ligne, la surface et le volume en soi [128].

---

126. *Rép.* VI, 18 = *Songe*, 5, 2. Cf. *Comm.* II, 1, 3.

127. Cf. *Comm.* I, 5, 7 ; II, 2, 4-7, et cp. Philon, *De opif.* 49.

128. Philon (*De opif.* 102) utilise les trois dimensions et les quatre limites des corps comme preuve que le sept est le nombre « maturateur », τελεσφόρος.

terram. **33.** Nec solum sibi uicina et cohaerentia comparan-
tur, sed eadem alternis saltibus custoditur aequalitas. Nam
quod est terra ad aerem, hoc est aqua ad ignem, et quotiens
uerteris, eandem reperies iugabilem competentiam. Ita ex
ipso quo inter se sunt aequabiliter diuersa sociantur.

34. Haec eo dicta sunt ut aperta ratione constaret neque
planitiem sine tribus neque soliditatem sine quattuor posse
uinciri. Ergo septenarius numerus geminam uim obtinet
uinciendi, quia ambae partes eius uincula prima sortitae
sunt, ternarius cum una medietate, quaternarius cum duabus. Hinc in alio loco eiusdem somnii Cicero de septenario
dicit : « *qui numerus rerum omnium fere nodus est.* »

35. Item omnia corpora aut mathematica sunt alumna
geometriae aut talia quae uisum tactumue patiantur. Horum
priora tribus incrementorum gradibus constant. Aut enim
linea crescit ex puncto, aut ex linea superficies, aut ex planitie
soliditas. Altera uero corpora quattuor elementorum collato
tenore in robur substantiae corpulentae concordi concre-
tione coalescunt. **36.** Nec non omnium corporum tres sunt
dimensiones : longitudo, latitudo, profunditas ; termini,
adnumerato effectu ultimo, quattuor : punctum, linea,
superficies et ipsa soliditas.

6. 33. cohaerentia $S\,X\,K^2$: coeren- H^2 heren- $E\,A^2$ eren- A^1 aren- $K^1\,H^1$
∥ quo $S\,X\,K\,H$: quae $E\,A$ ∥ aequabiliter $S\,X\,H^2$: aequaliter $E\,A\,K\,H^1$.
34. sunt $X\,E\,H$: sint $S\,A\,K$ ∥ soliditatem $S\,X\,E^2\,K^2\,H^2$: societa- $E^1\,A\,K^1$
H^1 ∥ uinciri $S\,X\,A^2\,K\,H$: -ceri $E\,A^1$ ∥ eius *om.* A^1 ∥ sortitae $S\,X\,E^2\,K^2$
H^2 : societate $A^1\,K^1\,H^1$ sociae ae E^1 sociata A^2 *ut uidetur* ∥ numerus *post*
ternarius *add.* $E\,A\,K\,H$ ∥ fere nodus $S\,X\,E\,A\,H^2$: fenerodis $K\,H^1$.
35. talia $S\,X\,E^2\,H$: alia $E^1\,A$, *K non leg.* ∥ constant $S\,X\,E\,K\,H^2$: -tat A
H^1 ∥ crescit $E\,A\,K\,H$: eicitur $S\,X$ ∥ planitie $S\,X\,A\,K$: -nicie $E\,H^2$ placie
H^1 ∥ tenore $A^2\,K\,H^1$: fen- $S^1\,E^2\,X^2\,H^2$ fon- E^1 sen- A^1 federe $S^2\,X^1$ ∥
corpulentae $S\,X^2\,E^2\,A\,K\,H$: corpol- E^1 copul- X^1. **36.** termini $S\,X\,E^2\,K$
H : -no $E^1\,A$.

De même, puisque les éléments dont sont faits les corps
sont au nombre de quatre, terre, eau, air et feu, ils sont
assurément séparés par trois intervalles : l'un va de la terre à
l'eau, le suivant de l'eau à l'air, le troisième de l'air au feu. **37**
L'espace qui va de la terre à l'eau, les physiciens l'appellent
Nécessité [129], parce qu'il lie et solidifie, croit-on, la compo-
sante fangeuse des corps ; d'où ces mots du censeur homérique, lorsqu'il couvrait les Grecs d'invectives : « puissiez-vous
tous vous résoudre en terre et en eau ! » [130], c'est-à-dire en ce
qu'il y a dans la nature humaine de trouble, dont fut fait pour
l'homme le premier assemblage. **38** Quant à celui qui se
trouve entre l'eau et l'air, on l'appelle Harmonie, c'est-à-dire
accord juste et consonant, parce que c'est cet espace qui unit
les parties inférieures aux supérieures et fait s'accorder des
éléments dissonants. **39** Celui qui est entre l'air et le feu
s'appelle Obéissance parce que, tout comme les éléments
fangeux et lourds sont unis aux éléments supérieurs par la
Nécessité, les éléments supérieurs sont liés aux éléments
fangeux par l'Obéissance, l'Harmonie, au milieu, assurant la
conjonction des uns et des autres.

40 Il est donc manifeste que l'achèvement des corps
résulte des quatre éléments et de leurs trois intervalles. Donc
ces deux nombres, j'entends le trois et le quatre, associés par
la multiplicité de leurs liens nécessaires, se prêtent, par
l'accord d'un pacte d'assistance, à la production des deux
sortes de corps [131]. **41** Et non seulement ces deux nombres
favorisent en commun le développement des corps, mais les

129. K. Mras, (1933), p. 243, rapproche les noms de Nécessité, Harmonie, Obéissance, attribués par Macrobe aux trois intervalles séparant
les éléments, d'un passage du Ps.-Jamblique, *Theol.* p. 67, 2 sq. De
Falco : τρεῖς δὲ αὐτῶν (στοιχείων) ἀναγκαίως αἱ μεταξύτητες... τῶν δὲ
τοιούτων ἑνωτικαί πως αἱ ἁρμονίαι, μεταξὺ δὲ ἀέρος καὶ πυρὸς πειθώ.

130. *Il.* VII, 99 : ce sont les termes dans lesquels Ménélas flétrit les
Grecs qui se dérobent au combat singulier contre Hector. A. Setaioli,
(1966), p. 175-176, note que la citation a été exploitée dès les philosophes
présocratiques, avec Xénophane (*Vors.* 21 B 27 et surtout 33), qui
l'interprète néanmoins dans un sens différent de Macrobe.

131. Mathématiques et physiques : cf. ci-dessus, § 35.

Item, cum quattuor sint elementa ex quibus constant corpora — terra, aqua, aer et ignis —, tribus sine dubio interstitiis separantur, quorum unum est a terra usque ad aquam, ab aqua usque ad aerem sequens, tertium ab aere usque ad ignem. **37.** Et a terra quidem usque ad aquam spatium Necessitas a physicis dicitur, quia uincire et solidare creditur quod est in corporibus lutulentum ; unde Homericus censor, cum Graecis imprecaretur : « uos omnes, inquit, in terram et aquam resoluamini », in id dicens quod est in natura humana turbidum, quo facta est homini prima concretio. **38.** Illud uero quod est inter aquam et aerem Harmonia dicitur, id est apta et consonans conuenientia, quia hoc spatium est quod superioribus inferiora conciliat et facit dissona conuenire. **39.** Inter aerem uero et ignem Oboedientia dicitur quia, sicut lutulenta et grauia superioribus Necessitate iunguntur, ita superiora lutulentis Oboedientia copulantur, Harmonia media coniunctionem utrisque praestante.

40. Ex quattuor igitur elementis et tribus eorum interstitiis absolutionem corporum constare manifestum est. Ergo hi duo numeri, tria dico et quattuor, tam multiplici inter se cognationis necessitate sociati, efficiendis utrisque corporibus consensu ministri foederis obsequuntur. **41.** Nec solum explicandis corporibus hi duo numeri collatiuum praestant

---

6. 36. constant S X K H : -stent E A ‖ terra S X E A H^2 : *om.* K H^1 ‖ aer et S X E^2 A K H^2 : et E^1 aer H^1 ‖ ad aerem S X E^2 K H : ad E^1 aerem A. **37.** a physicis S X E^2 A K : a phis- H physicis E^1 ‖ uincire S X^2 E A K^2 H^2 : -cere X^1 K^1 H^1 ‖ homericus S X H^2 : hum- E A homeracus K H^1 ‖ censor cum S X E A H^2 : consor c. K consortium H^1 ‖ est *ante* in *om.* X^1 ‖ turbidum S X K H : turpi- E A ‖ quo S X E A : quod K H. **38.** harmonia *edd.* : ar- S X E^2 K H armenia E^1 A. **39.** grauia S X E A H^2 : -uiora K H^1 ‖ utrisque S E^2 A^2 K H : utrius- X urtis- E^1 A^1. **40.** elementis S X K H : elim- E A. **41.** praestant S X A^2 K H : -stent E A^1.

Pythagoriciens dans leurs mystères vénèrent à tel point le
groupe quaternaire, qu'ils nomment τετρακτύς, dans l'idée
qu'il est en relation avec la perfection de l'âme [132], qu'ils ont
même fondé sur lui le caractère sacré de leur serment :

οὐ μὰ τὸν ἀμετέρᾳ ψυχᾷ παραδόντα τετρακτύν
« par celui même qui offrit à notre âme la tétrade » [133].

42 Quant au nombre trois, il caractérise l'âme, dont
l'ensemble est fait de ses trois parties : la première est la
raison, appelée λογιστικόν, la seconde l'irascibilité, nommée
θυμικόν, la troisième le désir, désigné par ἐπιθυμητικόν [134].

43 De la même façon nul parmi les sages n'a douté que
l'âme consistât aussi en accords musicaux [135]. Parmi eux,
l'accord appelé διὰ πασῶν (octave) possède un grand pouvoir.
Il se compose de deux accords, le διὰ τεσσάρων (quarte) et
le διὰ πέντε (quinte). Le διὰ πέντε résulte de l'hémiole et le

---

132. La τετρακτύς (tétrade) est au sens strict la succession des quatre
premiers nombres ; et l'addition 1+2+3+4 donnant 10, les Pythagoriciens la tiennent pour le principe de la décade sacrée. Mais le concept de
tétrade s'étend aussi à diverses organisations quadripartites. C'est ainsi
que les Pythagoriciens organisent l'âme en une tétrade de facultés
cognitives conférant à l'homme sa qualité d'être raisonnable : « Notre
âme est constituée elle aussi par la tétrade. Il y a en effet intelligence,
science, opinion et sensation ; de là viennent l'art et la science, et c'est
grâce à cela que nous sommes, nous-mêmes, des êtres raisonnables. »
(Aetius, *Plac.* I, 3, 8 : trad. P. Kucharski, *Etude sur la doctrine pythagoricienne de la tétrade*, Paris, 1952, p. 40-41. Cf. aussi Théon, p. 98-99
Hiller = II, 38, p. 160-163 Dupuis). Par ailleurs, l'âme est faite d'accords
musicaux, qui eux-mêmes reposent sur la *tetraktys* : cf. ci-dessous, § 43.
Porphyre (*Vie de Pythagore*, 20), en justifiant lui aussi la formule du
serment des Pythagoriciens, présente la τετρακτύς comme un de leurs
secrets « ... qui s'étendait à beaucoup d'achèvements de la nature », πρὸς
πολλὰ διατεῖνον φυσικὰ συντελέσματα.
133. Cf. notes complémentaires, p. 151.
134. On reconnaît la tripartition platonicienne de l'âme, *Rép.* IV,
436a sq. ; IX, 580d sq. Cf. Ps-Jamblique, *Theol.* p. 71, 18 sq. De Falco.
135. Conception pythagoricienne : cf. *infra*, I, 14, 19.

fauorem, sed quaternarium quidem Pythagorei, quem
τετρακτύν uocant, adeo quasi ad perfectionem animae perti-
nentem inter arcana uenerantur, ut ex eo et iuris iurandi
religionem sibi fecerint :

οὐ μὰ τὸν ἁμετέρᾳ ψυχᾷ παραδόντα τετρακτύν

« per qui nostrae animae numerum dedit ipse quaternum ».

42. Ternarius uero adsignat animam tribus suis partibus
absolutam, quarum prima est ratio quam λογιστικόν appellant, secunda animositas quam θυμικόν uocant, tertia cupidi-
tas quae ἐπιθυμητικόν nuncupatur.
43. Item nullus sapientum animam ex symphoniis quoque musicis constitisse dubitauit. Inter has non paruae
potentiae est quae dicitur διὰ πασῶν. Haec constat ex duabus, id est διὰ τεσσάρων et διὰ πέντε. Fit autem διὰ πέντε ex

---

6. 41. sed S X A^2 K H : se A^1 et E ‖ pythagorei S : pyta- X K H phytagori
E^1 A^1 phytagorici E^2 A^2 ‖ τετρακτύν edd. : tetractyn S TETRAKTIN X
TETRACTIN K H tetractim E A ‖ ex ante iuris add. H^1 ‖ religionem S
X E^2 A^2 K H : regionem E^1 A^1 ‖ οὐ μὰ edd. : OY MA codd. ‖ τὸν edd. :
TON S X E A K^2 H TOM K^1 ‖ ἁμετέρᾳ edd. : AMETEPA S X E A^2 K
H AMETEP A^1 ‖ ψυχᾷ edd. : ΨΥΧAI S X H^2 ΨΥΧA H^1 ΨΥΧAN E
YYA A^1 YYXA A^2 ΨΥΖA K ‖ παραδόντα edd. : ΠΑΡΑΔΟΝΤΑ S
ΠΑΡΑDONTA E A ΠΑΡΑΤΟΝΤΑ X H^2 PADONTA K H^1 ‖ τετρακτύν
edd. : TETPAKTYN S X E A K TETPAKTIN H ‖ qui S X E A H^2 : que
K H^1. **42.** appellant post quam add. K H^1 ‖ λογιστικόν edd. :
ΛOΓICTIKON K H logisticon S E A logistycon X ‖ θυμικόν edd. :
thymicon S E A tymicon X TIMIKON H EIMIKON K ‖ ἐπιθυμητικόν
edd. : epythymeticon S^2 ephythymeticon S^1 ephitimeticon E A epyme-
ticon X ENEIMETIKON K^1 ENIEIMETIKON K^2 EΠIEIMETIKON
H^1 EΠITIMETIKON H^2 ‖ nuncupatur S H^2 : -pantur A K H^1 noncu-
pantur E nuncupant X. **43.** διὰ πασῶν edd. : ΔIA ΠACON K diapason S
X E A ΔIA ΠAKON H ‖ duabus S X : duobus E A K H ‖ id est om. H
‖ διὰ τεσσάρων edd. : ΔIA TECCAPON K H dia tessaron A dia tesaron
S dia tesseron X E^2 dia estassaron E^1 ‖ et διὰ — et fit διὰ τεσσάρων om.
X ‖ pr. διὰ πέντε edd. : ΔIA ΠENTE H^2 dia pente S E A ΔIA NENTE
K H^1 ‖ alt. διὰ πέντε edd. : ΔIA ΠENTE H^2 dia pente S E A ΔIA
NENTE K H^1.

διὰ τεσσάρων de l'épitrite ; or le premier hémiole est trois et le premier épitrite, quatre. Nous serons plus explicite sur ce point le moment venu [136]. **44** Donc c'est de ces deux nombres que résultent le διὰ τεσσάρων et le διὰ πέντε, qui engendrent l'accord διὰ πασῶν ; cela fait dire à Virgile, à qui nulle science n'est étrangère, lorsqu'il veut parler des hommes qui sont pleinement heureux sous tous les rapports :

... ô trois et quatre fois heureux... [137]

Vertus spécifiques du sept

Ontologie

45 C'étaient là quelques brèves remarques au fil de nos recherches sur les parties du nombre sept. Sur lui-même nous dirons aussi quelques mots [138].

Ce nombre se nomme aujourd'hui ἑπτάς, la première lettre étant tombée en désuétude ; car il s'appelait chez les Anciens σεπτάς, ce qui en grec attestait la vénération due à ce nombre [139]. En effet c'est par ce nombre entre tous que fut engendrée l'Âme du Monde, comme l'a enseigné le *Timée* de Platon. **46** Car de la monade, située au sommet, découlèrent des deux côtés trois nombres, ici les pairs, là les impairs ; soit, après la monade, d'un côté le deux, puis le quatre, puis le huit ; de l'autre côté, le trois, puis le neuf, puis le vingt-sept ; et l'assemblage issu de ces nombres, sur l'ordre du créateur, a

---

136. Cf. notes complémentaires, p. 151.

137. Virg., *Aen.* I, 94, repris d'Homère, *Od.* V, 306. C'est le vers d'Homère que cite le Ps.-Jamblique, *Theol.* p. 26, 14 De Falco. La source arithmologique de Macrobe devait semblablement utiliser Homère, et Macrobe lui substitue Virgile pour l'adapter à son projet propre.

138. Cf. W. H. Roscher, *Hebdomadenlehren der griechischen Philosophen und Ärzte*, Leipzig, 1906 ; Fr. Boll, art. *Hebdomas* in *R. E.*, VII, col. 2547-78.

139. Bien qu'il n'y ait pas de rapport entre le terme ἑπτάς, « heptade », et σεπτός/σεμνός, « vénérable, saint », cette étymologie fantaisiste avait cours dans le milieu pythagoricien, où elle était attribuée à Pythagore lui-même : cf. Philon, *De opif.* 147 ; Nicomaque de Gérasa *ap.* Photius, *Codex* 187, 144b ; Ps-Jamblique, *Theol.* 57, 14 De Falco.

hemiolio et fit διὰ τεσσάρων ex epitrito ; et est primus hemiolius tria et primus epitritus quattuor. Quod quale sit suo loco
planius exsequemur. **44.** Ergo ex his duobus numeris constat
διὰ τεσσάρων et διὰ πέντε, ex quibus διὰ πασῶν symphonia
generatur ; unde Vergilius, nullius disciplinae expers, plene
et per omnia beatos exprimere uolens, ait :

> ...o terque quaterque beati.

45. Haec de partibus septenarii numeri sectantes compen-
dia diximus. De ipso quoque pauca dicemus.

Hic numerus ἑπτάς nunc uocatur, antiquato usu primae
litterae ; apud ueteres enim σεπτάς uocitabatur, quod Graeco
nomine testabatur uenerationem debitam numero. Nam
primo omnium hoc numero anima mundana generata est,
sicut Timaeus Platonis edocuit. **46** Monade enim in uertice
locata, terni numeri ab eadem ex utraque parte fluxerunt, ab
hac pares, ab illa impares ; id est post monadem a parte altera
duo, inde quattuor, deinde octo, ab altera uero parte tria,
deinde nouem, et inde uiginti septem : ex his numeris facta
contextio generationem animae imperio creatoris effecit.

---

6. 43. διὰ τεσσάρων *edd.* : ΔΙΑ TECCAPON *K* dia tessaron *S² E A²* ΔΙΑ
TEECAPON *H* dia tessakon *S¹* dia tessaro *A¹* dia tesseron *X* ‖ exsequemur *S X² E* : exe- *X¹ A² K H* exequimur *A¹*. **44.** διὰ τεσσάρων *edd.* : dia
tessaron *S* dia tesaron *E A* ΔΙΑ TECCANON *K H* dia tesseron *X* ‖ διὰ
πέντε *edd.* : dia pente *S X E A* ΔΙΑ NENTE *K H* ‖ διὰ πασῶν *edd.* : ΔΙΑ
ΠΑCON *H K²* diapason *S X E A* ΔΙΑ NACON *K¹*. **45.** diximus *E A K H* :
dixerimus *S* decaemus *X¹* dicaemus *X²* ‖ ἑπτάς *edd.* : ΕΠΤΑC *K H*
eptas *S X E A* ‖ nunc — σεπτάς *S X E A K² H²* : om. *K¹ H¹* ‖ σεπτάς
edd. : septas *codd.* ‖ uocitabatur *S X K² H²* : -bantur *E* uocabantur *A*
nuncupabatur *K¹ H¹*. **46.** terni *S X E A H²* : ternuni *H¹* termini *K* ‖ ab
eadem *om. X¹* ‖ quattuor deinde *post* impares *add. E¹ A K¹ H¹* ‖ duo
inde quattuor deinde octo *S X E² H²* : duo inde quattuor inde octo *K²* id
est duo inde octo *E¹* id est duodem de octo *A* duo inde octo *K¹* duo inde
H¹ ‖ et *ante* ex his *add. S* ‖ facta *S X E² K²* : pac- *E¹ A K¹* parta *H* ‖
effecit *S K H²* : -ficit *X E A H¹*.

engendré l'Âme [140]. **47** Donc la puissance considérable de ce nombre se révèle dans le fait que l'origine de l'Âme du Monde est contenue entre sept limites, et aussi que la succession des sept sphères planétaires a été subordonnée à la sphère étoilée qui les contient toutes par la providence artiste du démiurge, en sorte qu'elles se déplacent en sens contraire des mouvements rapides de la sphère supérieure, et gouvernent tous les corps inférieurs [141].

Astronomie : cycles lunaire, solaire, célestes

48 La lune aussi, en tant que septième de ces planètes, voit son mouvement lié au nombre sept et sa course réglée par lui. On peut le prouver de maintes façons, mais commençons la démonstration par ceci : **49** la lune parcourt la totalité du cercle zodiacal en vingt-huit jours environ. En effet, même si elle met trente jours pour revenir au soleil dont elle est partie, elle n'en met que vingt-huit à peu près pour achever le tour complet du zodiaque, et ceux qui restent lui servent à rejoindre le soleil, qui s'est éloigné de l'endroit où elle l'avait laissé. **50** Le soleil en effet met un mois entier à parcourir l'un des douze signes [142]. Supposons donc, alors que le soleil est au premier degré du Bélier, que la lune ait émergé pour ainsi dire de son disque, qu'elle « naisse », comme nous disons. Vingt-sept jours et environ huit heures plus tard [143] elle est de retour au premier degré du Bélier. Mais elle n'y retrouve pas le soleil : car lui entre temps, obéissant à la loi qui régit sa progression, a poursuivi son déplacement, et nous jugeons donc que la lune n'est pas encore revenue à l'endroit qu'elle avait quitté, parce que nos yeux l'avaient vue partir non du

140. Platon, *Timée* 35b-c. Macrobe décrit très clairement ici le schéma du *labdoma*, utilisé par toute une tradition de commentateurs du *Timée* : cf. ci-dessus note 93, p. 146-147.

141. La remarque selon laquelle le sept gouverne le nombre des planètes est un thème obligé chez les arithmologues : cf. Varron *ap.* Aulu-Gelle, III, 10, 2 ; Philon, *De opif.* 113 ; *Leg. alleg.* I, 8 ; Clément d'Alexandrie, *Strom.* VI, 16, 143, 1 ; Ps.-Jamblique, *Theol.* p. 55, 9 De Falco ; Calcidius, 37 ; Favonius Eulogius, *Disp.* 12, 2 ; Martianus Capella, VII, 738 ; Proclus, *In Tim.*, II p. 266, 8 Diehl ; Jean Lydus, *De mens.* II, 10. *Obuiarent* : cf. ci-dessus, n. 115, p. 149-150.

142-143. Cf. notes complémentaires, p. 151-152.

47. Non parua ergo hinc potentia numeri huius ostenditur quia mundanae animae origo septem finibus continetur, septem quoque uagantium sphaerarum ordinem illi stelliferae et omnes continenti subiecit artifex fabricatoris prouidentia, quae et superioris rapidis motibus obuiarent et inferiora omnia gubernarent.

48. Lunam quoque, quasi ex illis septimam, numerus septenarius mouet cursumque eius ipse dispensat. Quod cum multis modis probetur, ab hoc incipiat ostendi : **49.** luna octo et uiginti prope diebus totius zodiaci ambitum conficit. Nam etsi per triginta dies ad solem a quo profecta est remeat, solos tamen fere uiginti octo in tota zodiaci circumitione consumit, reliquis solem, qui de loco in quo eum reliquit accesserat, comprehendit. **50.** Sol enim unum de duodecim signis integro mense metitur. Ponamus ergo, sole in prima parte Arietis constituto, ab ipsius, ut ita dicam, orbe emersisse lunam, quod eam nasci uocamus. Haec post uiginti septem dies et horas fere octo ad primam partem Arietis redit. Sed illic non inuenit solem : interea enim et ipse, progressionis suae lege, ulterius accessit, et ideo ipsa necdum putatur eo unde profecta fuerat reuertisse, quia oculi nostri

6. 47. mundanae *om.* X ‖ sphaerarum S : spe- $X E A K$ stellarum H ‖ illi stelliferae $S X E A^2$: illis s- K^2 illis stellis fere A^1 illis stellis $K^1 H$ ‖ continenti $S X E A K^2$: -tiam poli $K^1 H$ ‖ prouidentia $S X E A$: prudentia $K H$ ‖ superioris $S E A^1$: -ri X^1 -ribus $A^2 X^2 K H$. **49.** prope $S X$: *om.* $E A K H$ ‖ etsi $S X E A$: et ipsi $K H$ ‖ circuitione $S E A K$: circuitione $X H^2$ circuione H^1 ‖ consumit $S X E A$: -summat $K H$ ‖ *ab* solem *inc.* $K_b H_b$ ‖ solem $S X^2 E A K_a H_a H_b$: idem K_b *om.* X^1 ‖ reliquit $S X E A K_a^2 H_a^2 H_b$: -linquit $K_a^1 H_a^1$ -linquid K_b ‖ accesserat $S A K_a K_b H_b$: absces- $X E H_a^2$ abces- H_a^1 ‖ comprehendit $S X E A K_a H_a$: -dat $K_b H_b$. **50.** ergo $S X E^2 K_a K_b H_a H_b$: ego $E^1 A$ ‖ sole $S E^2 in ras A^2 in ras.$ $K_a^2 K_b H_b$: -lem $X K_a^1$ sol $H_a^2 in ras.$ ‖ mense *ante* ut *add.* A ‖ septem ... octo $E^2 X^2 H_a^2$: octo ... septem $S X^1 E^1 A K_a K_b Ha^1 H_b$.

premier degré du Bélier, mais du soleil. Donc, pour le rejoindre, lui, il lui faut les jours qui restent, c'est-à-dire deux
jours, plus ou moins ; et c'est à ce moment-là, lorsqu'elle
passe à nouveau sous le disque solaire et s'en éloigne à
nouveau, qu'elle « renaît », comme on dit. **51** Par conséquent
elle ne « naît » presque jamais deux fois de suite dans le même
signe, exception faite des Gémeaux, où cela arrive parfois,
parce que le soleil, retardé par la hauteur de ce signe, y passe
deux jours en plus des trente [144] ; dans d'autres cela se
produit très rarement, lorsqu'elle s'écarte du soleil vers le
premier degré du signe. **52** Donc, le sept est à l'origine de ce
nombre de vingt-huit jours. En effet, si l'on va de un jusqu'à
sept en additionnant la quotité de chaque nombre aux précédents, on trouve vingt-huit né de sept [145].

53 De ce nombre encore, qui se divise de façon équilibrée
en quatre fois sept, la lune a besoin pour parcourir toute la
largeur du zodiaque et revenir. En effet elle met sept jours
pour passer par une course oblique en largeur de l'extrémité
du bord septentrional au milieu de la largeur, à l'endroit
appelé écliptique ; pendant les sept jours suivants, elle descend du milieu jusqu'au point austral le plus bas ; pendant
sept autres elle s'élève à rebours obliquement jusqu'au
milieu, et pendant les sept derniers elle revient à la limite
septentrionale [146]. Ainsi, en quatre fois la même durée de
sept jours elle parcourt toute la longueur et toute la largeur
du zodiaque, en cercle et en travers.

---

144. Cf. notes complémentaires, p. 152-153.
145. Cf. Varron *ap.* Aulu-Gelle, III, 10, 6 ; Philon, *De opif.* 101 ;
Clément d'Alexandrie, *Strom.* VI, 143, 2 sq. ; Ps.-Jamblique, *Theol.* 59,
17 sq. De Falco ; Martianus Capella, VII, 738 ; Jean Lydus, *De mens.* III,
12.
146. Cf. notes complémentaires, p. 153.

tunc non a prima parte Arietis, sed a sole eam senserant processisse. Hunc ergo diebus reliquis, id est duobus plus minusue, consequitur, et tunc, orbi eius denuo succedens ac denuo inde procedens, rursus dicitur nasci. **51.** Inde fere numquam in eodem signo bis continuo nascitur, nisi in Geminis, ubi hoc non numquam euenit, quia dies in eo sol duos supra triginta altitudine signi morante consumit ; rarissimo in aliis, si circa primam signi partem a sole procedat. **52.** Huius ergo uiginti octo dierum numeri septenarius origo est. Nam si ab uno usque ad septem quantum singuli numeri exprimunt tantum antecedentibus addendo procedas, inuenies uiginti octo nata de septem.

53. Hunc etiam numerum, qui in quater septenos aequa sorte digeritur, ad totam zodiaci latitudinem emetiendam remetiendamque consumit. Nam septem diebus ab extremitate septentrionalis orae oblique per latum meando ad medietatem latitudinis peruenit — qui locus appellatur eclipticus —, septem sequentibus a medio ad imum australe delabitur, septem aliis rursus ad medium obliquata conscendit, ultimis septem septentrionali redditur summitati. Ita isdem quater septenis diebus omnem zodiaci et longitudinem et latitudinem circum perque discurrit.

---

6. 50. a prima parte S : a parte prima X ad -mam -tem $E\ A\ K_a\ K_b\ H_a\ H_b$ || a sole eam $S\ X\ E^2\ K_a^{\ 2}$: sole H_b a solem $K_a^{\ 1}$ ad solem $A\ K_b\ H_a^{\ 2}$ ad solem arietis $H_a^{\ 1}$ solam E^1 || id est $S\ X\ E^2$: om. $E^1\ A\ K_a\ K_b\ H_a\ H_b$ || duobus om. H_b. **51.** inde $S\ X\ E\ A\ K_a\ H_a$: un- $K_b\ H_b$ || duos $S\ X\ E\ K_a^{\ 2}\ H_a^{\ 2}$: duo $A\ K_a^{\ 1}\ H_a^{\ 1}\ K_b\ H_b$. **52.** pr. numeri $S\ X\ E\ A\ K_a\ H_a$: -ris $K_b\ H_b$. **53.** a sorte *usque ad* consumit S^2 *in ras.* || digeritur S^2 *in ras.* $X^2\ E\ A\ H_a^{\ 2}$: -retur X^1 dirigitur $K_a\ K_b^{\ 1}\ H_a^{\ 1}$ dirigetur $K_b^{\ 2}\ H_b$ || ab $S\ X$: om. $E\ A\ K_a\ K_b\ H_a\ H_b$ || extremitate $S\ X\ K_b\ H_b$: -tem $E\ K_a\ H_a$ -ti A || orae $S^1\ X^2\ A\ K_a\ K_b\ H_a\ H_b$: hor- $S^2\ X^1$ boreae E || eclipticus $S\ X\ E^2\ A^2\ K_a\ K_b\ H_a\ H_b$: -pcus $E^1\ A^1$ || australe $S\ X\ E^2\ A^2\ K_a\ H_a\ H_b$: astrale $E^1\ A^1\ K_b$ || rursus $S\ X\ H_a\ H_b$: -sum $E\ A\ K_a\ K_b$ || ultimis $S\ X\ A^2\ H_a^{\ 2}$: -mi $E\ A^1\ K_a\ H_a^{\ 1}$ -me $K_b\ H_b$ || septem om. H_a || septentrionali $S\ X\ E^2\ K_a^{\ 2}$: -nalis $K_b\ H_b$ -na $E^1\ A^1\ K_a^{\ 1}\ H_a^{\ 1}$ -nae $A^2\ H_a^{\ 2}$.

54 C'est aussi en tranches similaires de sept jours qu'elle organise la périodicité de sa lumière par des modifications qui suivent une loi invariable. Pendant les sept premiers jours elle s'accroît jusqu'à atteindre la moitié d'un disque qui serait coupé en deux, et on l'appelle alors διχότομος (coupée en deux) ; pendant la seconde période elle remplit entièrement son disque en rassemblant ses feux renaissants, et on dit alors qu'elle est pleine ; pendant la troisième elle redevient διχότομος, en se réduisant par un processus décroissant jusqu'à une moitié de disque ; pendant la quatrième, elle s'amincit en amoindrissant jusqu'au bout sa lumière [147].

55 Dans l'ensemble d'un mois elle connaît aussi sept changements, appelés φάσεις (phases) [148] : lorsqu'elle naît, lorsqu'elle devient διχότομος, puis ἀμφίκυρτος (gibbeuse), lorsqu'elle est pleine, lorsqu'elle est ἀμφίκυρτος à nouveau et une fois encore διχότομος, et lorsqu'elle est à nos yeux privée de la totalité de sa lumière. **56** Elle est ἀμφίκυρτος lorsqu'elle dépasse le diamètre du *dichotomos* sans refermer encore la circonférence de son disque, ou bien lorsqu'en partant du disque elle commence dès lors à décroître, entre pleine lune et demi-lune, et qu'elle se fait convexe tout en restant plus qu'à moitié lumineuse [149].

147. En fait, on ne peut pas dire qu'une phase lunaire dure exactement 7 jours, puisque la durée d'une lunaison complète est de 29 j 12 h 44 mn 2,9 s (cf. ci-dessus, n. 142). Les Anciens disposaient d'une bonne approximation : Censorinus, 22, 5, et Martianus Capella, VIII, 865, donnent 29 j. 1/2. La durée de 28 j, adoptée par l'opinion populaire, peut être chez les astronomes une inexactitude involontaire (Bérose *ap.* Vitruve, IX, 2, 2 ; Aristide (Aristarque ?) de Samos *ap.* Aulu-Gelle, III, 10, 6) ; mais pour les arithmologues, elle permet de rapporter la succession des phases au nombre 7, avec 4 phases de 7 jours chacune : cf. Varron *ap.* Aulu-Gelle, III, 10, 6 ; Philon, *Leg. alleg.* I, 8 ; *De opif.* 101 ; Théon, p. 103 Hiller = II, 6, p. 170-171 Dupuis ; Clément d'Alexandrie, *Strom.* VI, 16, 143 ; Ps.-Jamblique, *Theol.* p. 59, 18 De Falco ; Proclus, *In Remp.* II, 190, 30 sq. Kroll. Le plus souvent cependant, les arithmologues préfèrent découvrir le 7 dans le nombre des états successifs de la lune (ce qui au moins ne viole pas la réalité astronomique), comme le fait Macrobe lui-même au § 55. Pour les noms de ces états, cf. les notes suiv.
148-149. Cf. notes complémentaires, p. 153.

54. Similibus quoque dispensationibus hebdomadum luminis sui uices sempiterna lege uariando disponit. Primis enim septem usque ad medietatem uelut diuisi orbis excrescit, et διχότομος tunc uocatur ; secundis orbem totum renascentes ignes colligendo iam complet, et plena tunc dicitur ; tertiis διχότομος rursus efficitur cum ad medietatem decrescendo contrahitur ; quartis ultima luminis sui diminutione tenuatur.

55. Septem quoque permutationibus, quas φάσεις uocant, toto mense distinguitur : cum nascitur, cum fit διχότομος, et cum fit ἀμφίκυρτος, cum plena, et rursus ἀμφίκυρτος, ac denuo διχότομος, et cum ad nos luminis uniuersitate priuatur. **56.** Ἀμφίκυρτος est autem cum supra diametrum dichotomi antequam orbis conclusione cingatur uel de orbe iam minuens inter medietatem ac plenitudinem insuper mediam luminis curuat eminentiam.

---

6. 54. dispensationibus S X E^2 A^2 K_b H_a *in ras.* H_b : -nis E^1 A^1 K_a ‖ uariando S X K_a K_b H_a H_b : -riendo E A ‖ septem S X E K_a K_b H_a H_b : septimus A^1 septemus A^2 ‖ διχότομος *edd.* : dichotomos S ΔΙΧΟΤΟΥ-ΜΟϹ K_b H_b dichotumus K_a H_a dicotomus E^1 A^2 dicotumos A^1 dicotomos X^1 dicatomus X^2 dyatomus E^2 ‖ renascentes S X E A $H_a^{\,2}$: -scentis K_a K_b $H_a^{\,1}$ $H_b^{\,2}$ -scendis $H_b^{\,1}$ ‖ ignes S X E^2 $H_a^{\,2}$: -gnis E^1 A K_a K_b $H_a^{\,1}$ H_b ‖ ΔΙΧΟΤΟΜΟϹ K_b H_b : dichotomos S dichothomos K_a $H_a^{\,2}$ dicothomos A^2 dichothumus E^1 A^1 dichotumos $H_a^{\,1}$ dichotosmos X dicathomos E^2.
55. φάσεις *edd.* : ΦΑϹΙϹ K_b H_b fasis S X E A K_a H_a ‖ ΔΙΧΟΤΟΜΟϹ K_b H_b : dichotomos S X $H_a^{\,2}$ dicothomos K_a dicthomosen E A dichomosen $H_a^{\,1}$ ‖ et E A K_a K_b H_a H_b : *om.* S X ‖ *pr.* ἀμφίκυρτος *edd.* : amphicyrtos A^2 K_a ΑΜΠΙΚΥΡΤΟϹ K_b H_b ΑΜΡΗΥΚΥΡΤΟϹ X amphycyrtos S amphicytos H_a ampicyrtos E A^1 ‖ *alt.* ἀμφίκυρτος *edd.* : amphicyrtos K_a H_a ΑΜΠΙΚΥΡΤΟϹ K_b H_b ΑΜΡΗΥΚΥΡΤΟϹ X amphycyrtos S amphycirtos E amphicirtos A ‖ διχότομος *edd.* : dichotomos S X $K_a^{\,2}$ $H_a^{\,2}$ ΔΙϹΤΟΤΟΜΟϹ K_b H_b dictotomos E A $K_a^{\,1}$ dichtomos $H_a^{\,1}$ **56.** ἀμφίκυρτος *edd.* : amphicyrtos S K_a H_a ΑΜΠΙΚΥΡΤΟϹ K_b H_b ΑΜΡΗΥΚΥΡΤΟϹ X amphycyrtus E A ‖ est *om.* H_a ‖ autem *om.* A ‖ dichotomi S X H_a H_b : dicthotomi A K_a K_b, E *non leg.* ‖ mediam S X E K_b H_b : -dia A K_a H_a.

57 Le soleil aussi, auquel tous les êtres doivent la vie, connaît au septième signe sa variation périodique. En effet, à partir du solstice d'hiver, il arrive au solstice d'été alors qu'il est dans le septième signe, et à partir du tropique de printemps il parvient au tropique d'automne au moment où il parcourt le septième signe [150].

58 Les trois cycles de la lumière éthérée aussi sont réglés par ce nombre. Le premier est le plus grand, le deuxième est moyen et le plus petit est le troisième ; et le premier est celui de l'année solaire, le moyen celui du mois lunaire, le plus petit celui du jour, du lever au coucher du soleil. **59** D'autre part chaque cycle est quadripartite, et ainsi apparaît le nombre sept : il résulte de l'addition des trois sortes de cycles et des quatre phases de leur déroulement [151]. Voici les quatre phases : un cycle est au début humide, puis chaud, ensuite sec et enfin froid. **60** Et le cycle le plus grand, celui de l'année, est humide au printemps, chaud en été, sec en automne, froid en hiver. Le cycle moyen du mois lunaire est fait de telle sorte que la première hebdomade est humide, parce que la lune naissante provoque en général l'humidité ; la seconde est chaude, car c'est le moment où la lune fait croître sa lumière à la vue du soleil ; la troisième est sèche, du fait qu'elle est plus éloignée de la nouvelle lune ; la quatrième est froide, faute désormais de lumière. Quant au troisième cycle, qui est celui du jour en fonction du lever et du coucher du soleil, sa composition fait qu'il est humide pendant tout le premier

---

150. Cf. Varron, *ap.* Aulu-Gelle, III, 10, 4 ; Philon, *De opif.* 116 ; Théon de Smyrne, p. 104 Hiller = II, 46, p. 170-171 Dupuis. Notons ici l'emploi artificiel de l'ordinal pour « faire » sept, ainsi que l'emploi très impropre de « tropique » (qui exprime le changement de direction du soleil aux solstices) pour « équinoxe » (où le soleil ne change pas de direction).

151. Cf. notes complémentaires, p. 153.

57. Sol quoque ipse, de quo uitam omnia mutuantur, septimo signo uices suas uariat. Nam a solstitio hiemali ad aestiuum solstitium septimo peruenit signo, et a tropico uerno usque ad autumnale tropicum septimi signi peragratione perducitur.

58. Tres quoque conuersiones lucis aetheriae per hunc numerum constant. Est autem prima maxima, secunda media, minima est tertia ; et maxima est anni secundum solem, media mensis secundum lunam, minima diei secundum ortum et occasum. **59.** Est uero unaquaeque conuersio quadripertita, et ita constat septenus numerus, id est ex tribus generibus conuersionum et ex quattuor modis quibus unaquaeque conuertitur. Hi sunt autem quattuor modi : fit enim prima humida, deinde calida, inde sicca et ad ultimum frigida. **60.** Et maxima conuersio, id est anni, humida est uerno tempore, calida aestiuo, sicca autumno, frigida per hiemem. Media autem conuersio, mensis per lunam, ita fit ut prima sit hebdomas humida, quia nascens luna humorem adsolet concitare ; secunda calida, adolescente in eadem luce de solis aspectu ; tertia sicca, quasi plus ab ortu remota ; quarta frigida, deficiente iam lumine. Tertia uero conuersio, quae est diei secundum ortum et occasum, ita disponitur quod humida sit usque ad primam de quattuor partibus

6. 57. a $S\,X\,E^2$: om. $E^1\,A\,K_b\,H_a\,H_b$, K_a non leg. ‖ solstitio $S\,X^2\,A\,K_b$: -sticio $E\,H_a\,H_b$ sosticio X^1, K_a non leg. **59.** est uero $S\,X\,E\,A\,H_a^{\;2}$: est $K_a\,H_a^{\;1}$ et fouero $K_b\,H_b$ ‖ septenus codd. : -narius Willis ‖ ex post est om. $K_b^{\;1}$ ‖ conuersionum $S\,X\,E\,A\,K_a\,K_b\,H_b^{\;2}$: -nis H_a -ne $H_b^{\;1}$. **60.** maxima $S\,X\,E\,A\,K_a^{\;2}\,K_b\,H_a^{\;2}\,H_b$: maxima maxima $K_a^{\;1}\,H_a^{\;1}$ ‖ sicca $S\,X\,A^2\,K_b\,H_a\,H_b$: sic $A^1\,K_a$, E non leg. ‖ hebdomas S^1 : ebd- $S^2\,X\,A$ epd- $H_a^{\;2}$ in ras. ebdomadas $K_a\,K_b\,H_b$, E non leg. ‖ eadem S : eam $E\,A\,K_a\,K_b\,H_b$ ea H_a iam X ‖ luce $S\,X\,E\,A\,H_a$: -cem $K_a\,K_b\,H_b$ ‖ ortu $S\,X\,A^2\,K_a\,K_b\,H_a\,H_b$: -to $E\,A^1$ ‖ uero om. X ‖ quod $S\,X\,E\,A\,K_a\,H_a$: ut $K_b\,H_b$.

quart de la journée, chaud pendant le second, sec pendant le
troisième, froid enfin lors du quatrième.

Cycles des marées

61 L'océan aussi dans ses marées respecte ce nombre [152].
En effet au premier jour de la lune naissante il s'enfle plus
que d'habitude, il monte un peu moins le deuxième, le
troisième jour le voit moins haut que le second, et la diminu-
tion se poursuit jusqu'au septième jour. Inversement le huitième jour demeure égal au septième et le neuvième semblable au sixième, le dixième au cinquième, le onzième est égal
au quatrième et le douzième au troisième, et le treizième est
semblable au deuxième, le quatorzième au premier. La troisième hebdomade se fait comme la première ; la quatrième,
comme la seconde.

Cycles de la vie humaine : développement de l'embryon...

62 Enfin, c'est ce nombre qui fait que l'homme est conçu,
se forme, naît, vit, se développe et par tous les degrés de l'âge
est livré à la vieillesse : bref, qu'il existe [153]. Passons sur le fait
que, par une loi de la nature, l'utérus qui n'est pas occupé par
une semence efficace met ce nombre de jours au retour du
mois pour se débarrasser de l'impôt dont la femme est grevée
comme par décret [154] ; mais nous ne pouvons cependant
omettre que, si la semence ne s'est pas écoulée hors de
l'utérus moins de sept heures après son émission, on déclare
qu'elle s'est implantée pour donner la vie [155].
63 Mais une fois la semence placée à l'intérieur de la
matrice qui donne à l'homme sa forme, la nature artiste
entreprend d'abord, le septième jour, d'entourer le liquide
séminal d'une enveloppe faite d'une membrane aussi fine que
celle qui dans l'œuf est contenue par la coquille extérieure et

152. Cf. Ps.-Jamblique, *Theol.* p. 60, 6 sq. De Falco.
153. Cf. notes complémentaires, p. 153-154.
154. Cf. Philon, *De opif.* 124 ; Ps.-Jamblique, *Theol.* p. 61, 2 sq. De
Falco.
155. Cf. Ps.-Jamblique, *Theol.* p. 61, 6 sq. De Falco.

partem diei, calida usque ad secundam, sicca usque ad tertiam, quarta iam frigida.

61. Oceanus quoque in incremento suo hunc numerum
tenet. Nam primo nascentis lunae die fit copiosior solito,
minuitur paulisper secundo, minoremque eum uidet tertius
quam secundus, et ita decrescendo ad diem septimum peruenit. Rursus octauus dies manet septimo par et nonus fit
similis sexto, decimus quinto, et undecimus fit quarto par
tertioque duodecimus, et tertius decimus similis fit secundo,
quartus decimus primo. Tertia uero hebdomas eadem facit
quae prima ; quarta, eadem quae secunda.

62. Hic denique est numerus qui hominem concipi, for-
mari, edi, uiuere, ali ac per omnes aetatum gradus tradi
senectae atque omnino constare facit. Nam ut illud taceamus
quod uterum nulla ui seminis occupatum hoc dierum
numero natura constituit uelut decreto exonerandae mulieris uectigali mense redeunte purgari, hoc tamen praetereun-
dum non est quia semen, quod post iactum sui intra horas
septem non fuerit in effusionem relapsum, haesisse in uitam
pronuntiatur.

63. Verum semine semel intra formandi hominis monetam
locato, hoc primum artifex natura molitur ut die septimo
folliculum genuino circumdet umori ex membrana tam tenui
qualis in ouo ab exteriore testa clauditur et intra se claudit

6. 61. in S X : *om. E A* K_a K_b H_a H_b ‖ nam *om.* K_a H_a ‖ hebdomas S^1 :
ebd- $S^2 X$ E A ebdomadas K_g K_b H_a epdomadas H_b. **62.** est *om. X* ‖ ali
om. H_b ‖ ui S X E A $K_a{}^2$ $H_a{}^2$ K_b H_b : uis $H_a{}^1$ $K_a{}^1$ *fortasse* ‖ seminis S X
E A K_g H_a : -ni K_b H_b ‖ decreto S X E^2 K_a K_b H_a H_b : -ti $E^1 A$ ‖ mulieris
S X E^2 A K_a H_a : -ri K_b H_b -res E^1 ‖ uectigali S X E A K_a $H_a{}^2$ *in ras.* : -le
K_b H_b ‖ *pr.* non *om.* $H_a{}^1$ ‖ *post* fuerit *des.* K_b H_b ‖ haesisse S X E^2 K H :
exire A^2 *in ras.* exisse E^1. **63.** monetam S X E A H^2 : -nitam K -nitum H^1.

contient à l'intérieur le liquide [156]. **64** Certes cette découverte a été faite par les physiciens, mais de son côté Hippocrate, qui est incapable tant de tromper que de se tromper, en a donné une preuve expérimentale en rapportant, dans son livre intitulé *De la Nature de l'enfant*, qu'un tel réceptacle de semence avait été rejeté de l'utérus d'une femme qu'il avait examinée le septième jour après la conception. En effet, comme la semence ne s'était pas écoulée, et que la femme le priait de ne pas la laisser enceinte, il lui avait ordonné de s'agiter en sautant, et il raconte qu'au septième jour le septième saut avait abouti à l'expulsion de l'embryon avec un sac comme celui que nous avons décrit plus haut. Voilà ce que dit Hippocrate [157].

65 Le Péripatéticien Straton et Dioclès de Carystos [158], eux, organisent le processus de formation du corps, après la conception, en périodes de sept jours, en fonction des observations suivantes : pendant la deuxième semaine, pensent-ils, des gouttes de sang apparaissent à la surface du sac dont nous avons parlé ; la troisième semaine, elles vont à l'intérieur se mélanger au liquide de la conception ; la quatrième, le liquide lui-même se coagule pour devenir une sorte de substance intermédiaire entre chair et sang, mi-liquide encore et mi-solide ; mais lors de la cinquième semaine il se dessine parfois au sein même de la substance liquide une forme humaine, de la taille certes d'une abeille, mais point si petite qu'on n'y reconnaisse tous les membres et les contours bien dessinés du corps entier [159]. **66** Nous avons ajouté « parfois » parce que, c'est un fait établi, lorsque cette configuration des membres se dessine à la cinquième semaine, le fœtus est à terme au septième mois [160]. Mais lorsque la grossesse est pro-

---

156. Cf. Varron *ap.* Aulu-Gelle, III, 10, 7 ; et surtout Ps.-Jambl., *Theol.* p. 61, 13 De Falco. La comparaison avec l'œuf figure chez Hippocrate, *De la nature de l'enfant* 13, 3 ; Aristt., *Gen. an.* III, 8, 758 b 6.

157-158, 160. Cf. notes complémentaires, p. 154-155.

159. Texte parallèle (y compris pour la comparaison avec l'abeille) chez le Ps.-Jamblique, *Theol.* p. 62, 17 sq. De Falco. Proclus, *In Remp.* II, 33, 15 sq. Kroll, attribue à Orphée et aux Pythagoriciens l'idée qu'une fois dans la matrice, le sperme met 35 jours à prendre figure et forme.

liquorem. **64.** Hoc cum a physicis deprehensum sit, Hippocrates quoque ipse, qui tam fallere quam falli nescit, experimenti certus adseruit, referens in libro qui De natura pueri
inscribitur tale seminis receptaculum de utero eius eiectum
quam septimo post conceptum die intellexerat. Mulierem
enim, semine non effuso, ne grauida maneret orantem impe-
rauerat saltibus concitari aitque septimo die saltum septimum eiciendo cum tali folliculo qualem supra rettulimus
suffecisse conceptui. Haec Hippocrates.

65. Straton uero Peripateticus et Diocles Carystius per
septenos dies concepti corporis fabricam hac obseruatione
dispensant, ut *h*ebdomade secunda credant guttas sanguinis
in superficie folliculi de quo diximus apparere, tertia
demergi eas introrsum ad ipsum conceptionis humorem,
quarta humorem ipsum coagulari ut quiddam uelut inter
carnem ac sanguinem liquida adhuc soliditate conueniat,
quinta uero interdum fingi in ipsa substantia humoris humanam figuram, magnitudine quidem apis, sed ut in illa breuitate membra omnia et designata totius corporis liniamenta
consistant. **66.** Ideo autem adiecimus 'interdum'quia constat
quotiens quinta hebdomade fingitur designatio ista membrorum, mense septimo maturari partum. Cum autem nono

---

6. 64. hippocrates *S* : hipo- *E A* hypo- *X* hicpo- *K* ipo- *H* ‖ experimenti
certus *S X E A* : -mentis certis *K H* ‖ quam *S¹ A K H* : quale *S² X, E non
leg.* ‖ mulierem enim *S² X* : mulier enim *K* enim mulier *S¹ A²* enim uel
mulier *A¹* mulierem autem *H, E non leg.* ‖ eiciendo *S X E A* : eiciens *K
H* ‖ tali folliculo *S X E²* : tali foliculo *E¹ A* tale foliculum *K H¹* tali
foliculum *H²* ‖ qualem *S X E A²* : in qualem *A¹* quale *K H* ‖ hippocrates
edd. : ippo- *E A K H* hyppo- *S* hypo- *X*. **65.** uero *S X² E A* : *om. X¹K
H* ‖ carystius *S* : caris- *X E A K H* ‖ hac *S X E A K² H²* : hanc *K¹ H¹* ‖
hebdomade *edd.* : ebd- *S X H² in ras.* ebdomada// *A* ebdomada de *E
K* ‖ guttas *S X¹ E² A²* : -ta *E¹ A¹ H* -tam *X² K*. **66.** hebdomade *S¹* : ebd-
S² X¹ E ebdomada *X² A H, K non leg.*.

mise à durer jusqu'au neuvième mois, du moins s'il s'agit d'une fille, les membres se différencient dès la sixième semaine ; si c'est un garçon, à la septième.

... période post-natale...

67 Après l'accouchement, c'est à la septième heure que l'on détermine si le nouveau-né vivra ou s'il est né en respirant à peine parce qu'il a commencé à agoniser dans l'utérus [161]. En effet au-delà de ce nombre d'heures les enfants qui naissent agonisants n'arrivent plus à aspirer l'air. Celui qui y parvient au-delà de sept heures montre qu'il est fait pour vivre, à moins qu'un autre accident, comme peut en connaître même un enfant bien constitué, ne l'emporte. **68** C'est après sept jours encore que l'enfant perd les restes du cordon ombilical, après deux fois sept jours que sa vue commence à être sensible à la lumière, et après sept fois sept jours qu'il fait enfin bouger librement ses pupilles et tout son visage pour suivre les divers mouvements des objets visibles.

...enfance et jeunesse...

69 Au bout de sept mois ses dents commencent à percer et à deux fois sept mois il reste assis sans avoir peur de tomber. A trois fois sept mois les sons qu'il émet aboutissent à des mots, et à quatre fois sept mois non seulement il se tient solidement debout, mais de plus il marche. A cinq fois sept mois il commence à se dégoûter du lait de sa nourrice, à moins qu'une habitude ininterrompue ne l'amène à tolérer plus longtemps l'allaitement [162].

70 A sept ans les dents qui avaient percé en premier cèdent la place à d'autres mieux adaptées à la nourriture solide [163], et la même année, la septième, l'enfant accède pleinement au langage ; c'est cela qui fait dire que les sept voyelles ont été inventées par la nature, même si les Latins ont préféré consi-

---

161. Cf. Ps.-Jamblique, *Theol.* p. 64, 21 De Falco.
162-163. Cf. notes complémentaires, p. 155.

mense absolutio futura est, si quidem femina fabricatur, sexta *h*ebdomade membra iam diuidi ; si masculus, septima.

67. Post partum uero, utrum uicturum sit quod effusum est an in utero sic praemortuum ut tantummodo spirans nascatur, septima hora discernit. Vltra hunc enim horarum numerum, quae praemortua nascuntur aeris halitum ferre non possunt. Quem quisquis ultra septem horas sustinuerit, intellegitur ad uitam creatus, nisi alter forte, qualis perfectum potest, casus eripiat. **68.** Item post dies septem iactat reliquias umbilici, et post bis septem incipit ad lumen uisus moueri eius, et post septies septem libere iam et pupulas et totam faciem uertit ad motus singulos uidendorum.

69. Post septem uero menses dentes incipiunt mandibulis emergere, et post bis septem sedet sine casus timore. Post ter septem sonus eius in uerba prorumpit, et post quater septem non solum stat firmiter, sed et incedit. Post quinquies septem incipit lac nutricis horrescere, nisi forte ad patientiam longioris usus continuata consuetudine protrahatur.

70. Post annos septem dentes qui primi emerserant aliis aptioribus ad cibum solidum nascentibus cedunt, eodemque anno, id est septimo, plene absoluitur integritas loquendi : unde et septem uocales litterae a natura dicuntur inuentae, licet latinitas, easdem modo longas modo breues pronunti-

6. 66. futura est si *S X E² A² K H* : -rae si *E¹ A¹* ‖ hebdomade *edd*. : ebd-*S X¹ E K H* ebdomada *X² A* ‖ si *ante* masculus *om. E¹.* **67.** nascatur *S²* *X E² K H* : -ceretur *S¹ E¹ A* ‖ hunc *om. E¹.* **68.** moueri eius *S X² E A K* *H* : e. m. *X¹* ‖ et post *S X E* : ut p. *A K H* ‖ pupulas *S X¹ A K H²* : pupullas *E²* pupillas *E¹* papillas *X²* pabulas *H¹.* **69.** *a* mandibulis *usque* *ad* incipit *S² in ras.* ‖ mandibulis *S² in ras. X E² A² H²* : -bilis *A¹ K* -blis *E¹* -beles *H¹* ‖ sedet *S X E²* : sed *E¹ A K H* ‖ quinquies *S X E² H²* : quinque *E¹ A K H¹.* **70.** aptioribus *S X E A²* : aptiopibus *A¹* abtioribus *K* abcioribus *H* ‖ cedunt *S X A* : cedant *H* concedunt *K* concidunt *E* ‖ a *S X E²* : *om. E¹ A K H* ‖ breues *S X E A H²* : -ue *K H¹.*

dérer qu'il y en a cinq au lieu de sept, en les prononçant tantôt longues tantôt brèves ; mais même chez eux, si l'on dénombre les timbres des voyelles et non leurs graphies, il y en a pareillement sept [164].

71 Passé deux fois sept ans, comme son âge l'exige, l'enfant devient pubère. C'est alors en effet que se mettent en branle la capacité à procréer chez les garçons et les menstruations chez les filles [165]. C'est pour cela aussi que cette force, qui est désormais quasiment celle d'un homme, est libérée de la tutelle imposée aux enfants ; cependant les lois en libèrent les filles deux ans plus tôt, parce qu'elles se marient précocement [166].

72 Après trois fois sept ans, la jeunesse couvre les joues d'un duvet [167], et la même année met fin à la croissance en taille ; et une fois accomplie la quatrième hebdomade en années, il n'est plus possible non plus de croître en carrure [168].

... âge adulte et vieillesse

73 La cinquième hebdomade mène à son terme le développement complet des forces dont peut disposer un individu, et il n'est plus possible dès lors de gagner en vigueur. Ainsi chez les pugilistes se conserve l'habitude, si déjà des victoires les ont couronnés, de ne plus attendre de leur corps d'autre accroissement de leurs forces, et s'ils sont jusque là restés privés de cette gloire, de quitter le métier [169].

74 Les six fois sept ans conservent les forces acquises auparavant, sans entraîner de déclin autre qu'accidentel. Certes, de la sixième à la septième hebdomade un déclin se produit, mais il reste caché et ne révèle pas le dommage par une dégradation évidente. C'est pourquoi dans un certain nombre d'états l'usage est de ne convoquer personne sous les armes après la sixième hebdomade [170] ; dans d'autres, plus nombreux, on n'obtient son congé régulier qu'après la septième.

164-170. Cf. notes complémentaires, p. 155-156.

ando, quinque pro septem tenere maluerit, apud quos tamen
si sonos uocalium, non apices numeraueris, similiter septem
sunt.

71. Post annos autem bis septem ipsa aetatis necessitate
pubescit. Tunc enim moueri incipit uis generationis in mas-
culis et purgatio feminarum. Ideo et tutela puerili quasi uirile
iam robur absoluitur, de qua tamen feminae, propter uoto-
rum festinationem, maturius biennio legibus liberantur.

72. Post ter septenos annos genas flore uestit iuuenta,
idemque annus finem in longum crescendi facit : et quarta
annorum hebdomas impleta in latum quoque crescere ultra
iam prohibet.

73. Quinta omne uirium quantae inesse unicuique possunt
complet augmentum, nulloque modo iam potest quisquam
se fortior fieri. Inter pugiles denique haec consuetudo serua-
tur ut, quos iam coronauere uictoriae, nihil de se amplius in
incremento uirium sperent, qui uero expertes huius gloriae
usque illo manserunt, a professione discedant.

74. Sexies uero septeni anni seruant uires ante collectas,
nec diminutionem nisi ex accidenti euenire patiuntur. Sed a
sexta usque ad septimam septimanam fit quidem diminutio,
sed occulta et quae detrimentum suum aperta defectione non
prodat. Ideo nonnullarum rerum publicarum hic mos est ut
post sextam ad militiam nemo cogatur ; in pluribus datur
remissio iusta post septimam.

---

6. 71. et *post* ideo *om.* K^1 ‖ puerili S E : -ri X A -ris K H ‖ propter *om.*
H^1. **72.** iuuenta S X E^2 A K H : -tas E^1 ‖ annus S X E^2 A^2 H^2 : -nos E^1 A^1
K H^1 ‖ hebdomas S^1 : ebd- S^2 X^1 habd- E^1 epd- A^2 *in ras.* habdoma K
hebdomade E^2 ebdomada X^2 epdomata H^1 epdomadas H^2 ‖ ultra iam S
X : iam ultra E^2 A K^2 H ultra K^1, *om.* E^1. **73.** in S X : *om.* E A K H ‖ illo
S X E^2 H^2 : ad illum E^1 A^1 K H^1 ad illud A^2. **74.** ex S X E A : *om.* K H
‖ accidenti S X E^2 A^2 : acced- E^1 A^1 K H.

75 Mais il faut bien remarquer que le nombre sept multiplié par lui-même donne l'âge qui passe pour parfait et que
l'on appelle ainsi, ce qui fait qu'un homme de cet âge,
puisqu'il a dès lors atteint la perfection sans avoir encore
dépassé ce point, est capable de conseils, sans être encore
considéré comme inapte aux exercices de force [171].

76 Mais lorsque la décade, qui est elle aussi un nombre
absolument parfait, est unie à un nombre parfait, l'ἑπτάς
(hebdomade), pour donner un compte de dix fois sept ou sept
fois dix années, les physiciens considèrent que ce nombre est
la borne de l'existence et qu'il limite l'étendue parfaite de la
vie humaine [172]. Et qui dépasse ce terme, exempté qu'il est
de tout devoir, se trouve disponible pour le seul exercice de la
sagesse, se consacre tout entier à persuader autrui, et le
respect lui est dû puisqu'il est libéré d'autres fonctions : de la
septième à la dixième hebdomade les devoirs varient selon les
capacités physiques conservées jusque là par chacun.

Anatomie humaine

77 Le même nombre gouverne la disposition des organes
du corps entier. Il y a en effet à l'intérieur du corps humain
sept organes noirs, comme disent les Grecs : la langue, le
cœur, le poumon, le foie, la rate, les deux reins [173] ; et sept
autres, avec les veines et les méats afférents à chacun, sont
chargés de recevoir et de rejeter la nourriture et l'air : le gosier,
l'estomac, le ventre, la vessie et les trois principaux intestins,
dont l'un s'appelle *dissiptum*, celui qui sépare le ventre et les
autres intestins ; le deuxième est le *medium*, que les Grecs

---

171. Philon, *De opif.* 103, est le seul à attribuer à la 7ᵉ hebdomade la
τελείωσις, et encore ne s'agit-il que de la perfection intellectuelle.

172. Cf. Philon, *De opif.* 103 et 104 (citant Solon) ; Ps.-Jamblique,
Theol. p. 66, 22 sq. De Falco.

173. Les 7 organes internes : cf. Philon, *Leg. alleg.* I, 12 (mais le *De
opif.* 118 groupe autrement les organes) ; Théon, p. 104 Hiller = II, 46,
p. 172-173 Dupuis ; Ps.-Jamblique, *Theol.* p. 67, 18 De Falco ; Calcidius,
37 ; Martianus Capella, VII, 739 ; Proclus, *In Tim.* II, p. 266, 11 Diehl.

75. Notandum uero quod, cum numerus septem se multiplicat, facit aetatem quae proprie perfecta et habetur et dicitur, adeo ut illius aetatis homo, utpote qui perfectionem et adtigerit iam et necdum praeterierit, et consilio aptus sit nec ab exercitio uirium alienus habeatur.

76. Cum uero decas, qui et ipse perfectissimus numerus est, perfecto numero, id est ἑπτάδι, iungitur ut aut decies septeni aut septies deni computentur anni, haec a physicis creditur meta uiuendi, et hoc uitae humanae perfectum spatium terminatur. Quod quisquis excesserit, ab omni officio uacuus, soli exercitio sapientiae uacat, et omnem usum sui in suadendo habet, aliorum munerum uacatione reuerendus : a septima enim usque ad decimam septimanam, pro captu uirium quae adhuc singulis perseuerant, uariantur officia.

77. Idem numerus totius corporis membra disponit. Septem sunt enim intra hominem quae a Graecis nigra membra uocitantur : lingua, cor, pulmo, iecur, lien, renes duo ; et septem alia, cum uenis ac meatibus quae adiacent singulis, ad cibum et spiritum accipiendum reddendumque sunt deputata : guttur, stomachus, aluus, uesica et intestina principalia tria, quorum unum dissiptum uocatur, quod uentrem et cetera intestina secernit, alterum medium, quod Graeci

6. 75. numerus S X E A K H^2 : -ros H^1 ‖ exercitio S X E^2 A^2 H^2 : -rtio E^1 A^1 H^1 -rcio K ‖ uirium S X E A^2 H^2 : -rum A^1 K H^1. **76.** *post* perfectissimus *interpolati sunt* K_b, H_b ‖ numerus — anni *om.* K^1 H^1 ‖ ἑπτάδι *edd.* : eptadi S X E A^2 *in ras.* K^2 *i. m.* H^2 *i. m., om.* K^1 H^1 ‖ perfectum S X E A^2 H^2 : -to A^1 fectum K H^1 ‖ quisquis S X^1 E^2 *i.m.* : siquis X^2 E^1 A K H ‖ munerum S X E A H^2 : numer- K H^1 ‖ singulis S X E^2 A^2 K H : -li E^1 A^1 ‖ officia S X E A H^2 : -cio K H^1. **77.** renes S X : rien- E A K H ‖ quae *ante* ad *add.* K H ‖ accipiendum reddendumque S X A : a. retinendumque E accipiendumque K suscipiendumque H^1 suscipiendum reddendumque H^2 ‖ aluus S X E^2 A^2 K H : alius E^1 A^1 ‖ tria S X E^2 H^2 *in ras.* : tracta E^1 A K ‖ dissiptum S E^2 : dissep- H^2 disip- X K H^1 dissipatum E^1 A ‖ graeci — quod *om.* S^1.

nomment μεσέντερον ; le troisième, celui que les Anciens ont appelé *hira*, est considéré comme le plus important de tous les intestins et évacue les résidus de nourriture [174].

78 Quant à l'air et à la nourriture, à l'absorption et au rejet desquels sont affectés, avec leurs méats afférents, comme il a été dit, les organes que nous avons mentionnés, il a été observé que sans absorption d'air la vie ne se prolonge pas au-delà de sept heures, et sans absorption de nourriture, au-delà d'autant de jours [175].

79 Sept aussi sont dans le corps les strates étagées qui font son épaisseur, du plus profond jusqu'à la surface : moëlle, os, nerfs, veines, artères, chair, peau. Voilà pour les organes internes.

80 Les parties visibles du corps sont aussi au nombre de sept : tête, tronc, mains et pieds, sexe [176]. De la même façon ceux qui sont divisibles sont tous faits d'assemblages de sept éléments : ainsi pour les bras il y a l'épaule, le bras, le coude, la paume et les trois phalanges ; pour les jambes, la cuisse, le genou, le tibia, le pied lui-même sous lequel se trouve la plante et de la même façon les trois phalanges.

81 Et comme la nature a placé les sens et leurs auxiliaires dans la tête comme dans une citadelle, leurs opérations sont pratiquées par sept orifices, à savoir celui de la bouche plus les deux des yeux, des narines, des oreilles [177] ; c'est donc à juste titre que ce nombre, qui est l'intendant et le propriétaire de tout l'atelier, révèle aussi aux corps malades le danger ou la guérison [178]. Bien plus, c'est pour cela aussi que le corps entier dispose pour bouger de sept mouvements différents :

---

174. Cf. Ps.-Jamblique, *Theol.* p. 68, 4 sq. De Falco. Le *dissiptum* est le duodénum, le *medium* ou mésentère est l'ileum, et l'*hira* représente le gros intestin et le rectum.

175. On ne peut vivre sans nourriture plus de sept jours : même idée chez Hippocr., *Des chairs* 19, 1 ; Varron *ap.* Aulu-Gelle III, 10, 15 ; Ps.-Jamblique, *Theol.* p. 68, 6 sq. De Falco (mais pour Pline, XI, 283, le jeûne peut durer plus de onze jours). En revanche, la bizarre affirmation selon laquelle on ne peut vivre sans respirer plus de sept heures (triomphe de la théorie sur l'observation, ou texte corrompu ?) n'a pas d'équivalent ailleurs, heureusement.

176-178. Cf. notes complémentaires, p. 156.

μεσέντερον dicunt, tertium, quod ueteres hiram uocarunt habeturque praecipuum intestinorum omnium et cibi retrimenta deducit.

78. De spiritu autem et cibo, quibus accipiendis, ut relatum est, atque reddendis membra quae diximus cum meatibus sibi adiacentibus obsequuntur, hoc obseruatum est quod sine haustu spiritus ultra horas septem, sine cibi, ultra totidem dies uita non durat.

79. Septem sunt quoque gradus in corpore qui dimensionem altitudinis ab imo in superficiem complent, medulla, os, neruus, uena, arteria, caro, cutis. Haec de interioribus.

80. In aperto quoque septem sunt corporis partes, caput, pectus, manus pedesque et pudendum. Item quae diuiduntur non nisi septem compagibus iuncta sunt : ut in manibus est humerus, brachium, cubitus, uola et digitorum nodi terni, in pedibus uero femur, genu, tibia, pes ipse, sub quo uola est, et digitorum similiter nodi terni.

81. Et quia sensus eorumque ministeria natura in capite uelut in arce constituit, septem foraminibus sensuum celebrantur officia, id est oris ac deinde oculorum, narium et aurium binis ; unde non immerito hic numerus, totius fabricae dispensator et dominus, aegris quoque corporibus periculum sanitatemue denuntiat. Immo ideo et septem motibus omne corpus agitatur : aut enim accessio est aut recessio, aut

6. 77. μεσέντερον *edd.* : mesenteron S^2 X^2 E A^2 K H -ro X^1 meseren- A^1 ‖ hiram S E^2 H^2 : ir- S E^1 A K H^1 ‖ praecipuum S X^2 E A H^2 : principium X^1 praetium K H^1 ‖ retrimenta S X^1 A^1 K : detri- X^2 E A^2 H. **78.** adiacentibus S X E^2 K H : adiec- E^1 A ‖ non *om.* A. **79.** superficiem S X E A : -cie K H. **80.** *pr.* uola S^2 X E A K H : bo- S^1 ‖ *alt.* uola S^2 X E A^2 H^2 *in ras.* : bo- S^1 A^1 K ‖ *a* similiter *usque ad 81* dispensator et S^2 *in ras.* **81.** celebrantur — narium *om.* A^1 ‖ et *post* ideo *om.* A.

marche en avant ou en arrière, flexion vers la droite ou vers la gauche, mouvement vers le haut ou vers le bas, rotation [179].

Conclusion du développement arithmologique

82 Signalé par tant de vertus, qu'il emprunte à ses parties ou met en œuvre dans sa totalité propre, c'est à bon droit que le nombre sept est considéré comme plein et ainsi qualifié. C'est aussi une démonstration parfaite, à mon avis, qui a permis désormais d'établir pourquoi, pour des raisons différentes, le huit et le sept sont appelés pleins. **83** Quant au sens de la citation, le voici : lorsque tu auras accompli la cinquante-sixième année de ton âge, produit qui te sera fatal, c'est vers toi que le peuple tournera les yeux dans l'espoir du salut, et la dictature sera due à tes vertus pour que tu remédies à la situation partagée par tous les hommes de bien, mais à condition que tu échappes aux pièges de tes proches. En effet par « *huit fois sept tours et retours du soleil* » Cicéron veut dire cinquante-six ans, « tour et retour du soleil » désignant l'année : « tour », parce que le soleil décrit le pourtour du zodiaque, « retour », parce qu'une loi précise lui fait parcourir les mêmes signes chaque année.

PETIT TRAITÉ DE DIVINATION

De l'ambiguïté des présages

7. 1 Ici, certains [180] se demandent ce que signifie ce doute : « *à condition que tu échappes...* ». Comme si une âme divine, de retour au ciel depuis longtemps et y affichant une parfaite connaissance du futur, avait pu ignorer si son petit-fils pourrait ou ne pourrait pas se tirer de danger ! Mais ils ne s'avisent pas que tous les présages, signes ou songes ont pour règle, s'agissant des malheurs, d'utiliser un langage oblique pour les annoncer, ou en menacer, ou en avertir. **2** C'est pourquoi nous évitons certains de ces malheurs en prenant des précautions, nous en écartons d'autres en priant et en offrant des sacrifices. Mais il en est d'inéluctables qu'aucun procédé,

179-180. Cf. notes complémentaires, p. 156.

in laeuam dextramue deflexio, aut sursum quis seu deorsum mouetur, aut in orbem rotatur.

82. Tot uirtutibus insignitus septenarius, quas uel de partibus suis mutuatur uel totus exercet, iure plenus et habetur et dicitur. Et absoluta, ut arbitror, ratione iam constitit cur diuersis ex causis octo et septem pleni uocentur. **83.** Sensus autem hic est : cum aetas tua quinquagesimum et sextum annum compleuerit, quae summa tibi fatalis erit, spes quidem salutis publicae te uidebit et pro remediis communis bonorum omnium status uirtutibus tuis dictatura debebitur, sed si euaseris insidias propinquorum. Nam per « *septenos octies solis anfractus reditusque* » quinquaginta et sex significat annos, anfractum solis et reditum annum uocans : anfractum, propter zodiaci ambitum, reditum, quia eadem signa per annos singulos certa lege metitur.

7. 1. Hic quidam mirantur quid sibi uelit ista dubitatio, « *si effugeris...* ». Quasi potuerit diuina anima et olim caelo reddita atque hinc maxime scientiam futuri professa nescire possitne nepos suus an non possit euadere ! Sed non aduertunt hanc habere legem omina uel signa uel somnia, ut de aduersis oblique aut denuntient aut minentur aut moneant. **2.** Et ideo quaedam cauendo transimus, alia exorando et litando uitantur. Sunt ineluctabilia quae nulla arte, nullo auertuntur

6. 81. deflexio $S X E^2 A K$: ref- H deflectitur E^1 ‖ sursum $S X E A H^2$: rurs- $K H^1$ ‖ quis $S X E^2 A^2 K H$: qui $E^1 A^1$. **82.** *pr.* et $S X E^2$: ut $E^1 A K H$. **83.** omnium $S X E^2 A^2 K H$: omniumque $E^1 A^1$ ‖ debebitur $S X E A H^2$: deleb- $K H^1$ ‖ solis *om.* E^1 ‖ *a* significat *usque ad 7.1* quid S^2 *in ras.*

7. 1. hinc $E A K^1 H$: hic $S X K^2$ ‖ possitne $S X E A H^2$: possit $K H^1$ ‖ omina $S X^1$: omnia X^2 *s.l.* $E A K H$. **2.** exorando $S X E^2 A$: -ortando $E^1 K H$ ‖ sunt $S^1 E A K H$: sunt alia S^2 alia sunt X ‖ auertuntur $S X^2 E A$: -tentur X^1 aduer- $K H$.

aucune astuce ne détournent. Car dans le cas d'un avertisse-
ment, on échappe au danger au prix d'une attention vigi-
lante ; le contenu des menaces, un sacrifice propitiatoire le
détourne ; mais jamais les malheurs annoncés ne se dissi-
pent.

3 On va me dire alors : comment donc distinguer entre ces
signes, pour pouvoir reconnaître s'il faut se méfier, ou prier,
ou subir ? Mais le propos du présent ouvrage aura été de
montrer quelle obscurité délibérée est coutumière aux signes
divinatoires, afin que l'on ne s'étonne plus de l'espèce
d'incertitude qui apparaît ici ; du reste il y aura lieu de
rechercher les indications placées par le démiurge dans sa
propre œuvre aussi pour les distinguer, à moins qu'une
puissance divine ne s'y oppose. Car ce mot de Virgile :

« ... en effet les Parques interdisent de savoir le reste » [181]

est une pensée qui émane de l'intime profondeur de son
savoir.

4 Des exemples bien connus nous enseignent même combien les prédictions d'événements futurs sont presque toujours mêlées d'ambiguïtés ; il n'empêche que l'observateur
attentif — à moins, comme nous l'avons dit, que la divinité
ne s'y oppose — peut déceler des indices sous-jacents qui lui
fassent saisir la vérité : ainsi chez Homère le songe envoyé,
paraît-il, par Jupiter, pour inciter le roi à engager le combat le
lendemain avec les ennemis, sous la promesse explicite qu'il
vaincrait, éveilla-t-il son espoir ; obéissant à un oracle qu'il
croyait divin, il livra bataille, perdit la plupart de ses troupes
et de justesse rentra au camp, à grand'peine [182]. **5** Est-ce à

---

181. Virg., *Aen.* III, 379-80.
182. Hom., *Il.* II, 8-15 ; 23-33 ; 60-75. Platon (*Rép.* II, 383a) cite le
songe trompeur d'Agamemnon comme exemple de fiction poétique
fallacieuse, les dieux étant incapables de mensonge.

ingenio. Nam ubi admonitio est, uigilantia cautionis euadi-
tur ; quod apportant minae, litatio propitiationis auertit ;
numquam denuntiata uanescunt.

3. Hic subicies : unde igitur ista discernimus, ut possit
cauendumne an exorandum an uero patiendum sit deprehendi ? Sed praesentis operis fuerit insinuare qualis soleat in
diuinationibus esse affectata confusio, ut desinas de inserta
uelut dubitatione mirari ; ceterum in suo quoque opere arti-
ficis erit signa quaerere quibus ista discernat, si hoc uis
diuina non impedit. Nam illud

> ... prohibent nam cetera Parcae
> scire ...

Maronis est ex intima disciplinae profunditate sententia.

4 Diuulgatis etiam docemur exemplis quam paene semper,
cum praedicuntur futura, ita dubiis obserantur ut tamen
diligens — nisi diuinitus, ut diximus, impeditur — subesse
reperiat apprehendendae uestigia ueritatis : ut ecce Homericum somnium a Ioue, ut dicitur, missum ad conserendam
futuro die cum hostibus manum sub aperta promissione
uictoriae spem regis animauit ; ille, uelut diuinum secutus
oraculum, commisso proelio, amissis suorum plurimis, uix
aegreque in castra remeauit. **5.** Num dicendum est deum

7. 2. est *om.* K^1 ‖ auertit *S X E A* H^2 : aduer- *K* H^1 ‖ uanescunt *S X* A^2
K H : eua- *E* uen- A^1. **3.** hic *S X E A* : hinc *K H* ‖ subicies *S X E* H^2 :
-ciens *A* -cient *K* H^1 ‖ erit *S X E A* H^2 : erunt *K* H^1 ‖ discernat *S X E A* :
-nit *K H* ‖ si *S X* : nisi *E A K H* ‖ helenum *post* scire *add.* *X* ‖ sententia
S X E^2 *s.l.* : scientia E^1 *A K H*. **4.** quam — obserantur *om.* X^1 ‖ diuinitus *S X* E^2 A^2 *K H* : -uinus E^1 A^1 ‖ impeditur *S X*^{1} *K H* : -tus *E A* -diatur
X^2 ‖ apprehendendae *X* : adpre- *S* depre- *E A K H* ‖ uestigia *S X* E^2 A^2
K H : -ga E^1 A^1 ‖ homericum *S X* E^2 *K H* : -co E^1 humerico *A* ‖ proelio
S X E A : prae- *K H* ‖ a -que *usque ad 5* fata S^2 *in ras.* **5.** est *ante* deum
om. K H.

dire que la recommandation divine était mensongère ? Point
du tout ; mais comme les destins avaient assigné aux Grecs ce
malheur, il y avait, dissimulé dans les termes du songe, un
détail propre à disposer l'homme qui l'eût remarqué à vaincre vraiment ou du moins à se méfier. **6** En effet le songe
enjoignait d'engager l'armée entière ; mais le roi, se conten-
tant du seul encouragement à combattre, ne vit pas que
l'ordre d'engagement s'appliquait à tout le monde ; laissant
là Achille, qui à ce moment, blessé par un outrage récent,
avait avec ses hommes déposé les armes, il marcha au combat
et subit une défaite qui lui était due, lavant du même coup le
songe du grief de fausseté, puisqu'il n'avait pas suivi la
totalité des ordres reçus [183].

7 Virgile, qui imite en tout la perfection d'Homère, a
respecté dans des cas semblables une observance tout aussi
scrupuleuse. Chez lui en effet Enée avait reçu de l'oracle de
Délos des instructions plus que suffisantes pour choisir, en
accord avec le destin, la région où établir son royaume ; il
tomba pourtant dans l'erreur pour avoir négligé un seul
mot [184]. **8** Certes la prophétie ne contenait pas le nom des
lieux où Enée devait se rendre, mais comme elle lui disait de
se guider sur l'origine ancienne de ses ancêtres, il y avait dans
ces termes un indice qui, entre la Crète et l'Italie, les deux
pays d'où provenaient les auteurs de sa race, désignait plutôt
l'Italie et, comme on dit, la montrait du doigt. En effet
Teucer était originaire de la première, Dardanus de la
seconde [185] ; la voix sacrée, en appelant « rudes Dardanides »
les hommes qui l'interrogeaient, leur désigna clairement
l'Italie dont était parti Dardanus, puisqu'elle les appelait du
nom de l'ancêtre dont il convenait de choisir le pays d'origine.

183. Cf. notes complémentaires, p. 156-157.
184. Virg., *Aen.* III, 84 -191 (*Dardanidae duri* : v. 94).
185. Teucer : ancêtre de la famille royale de Troie, il est originaire,
selon les auteurs, soit de Phrygie, soit d'Attique, soit, comme ici, de
Crète. Une tradition faisait venir son gendre et successeur Dardanos
d'Italie centrale. L'interprétation de Macrobe est aussi celle de Servius,
ad loc.

mandasse mendacium ? Non ita est, sed quia illum casum
Graecis fata decreuerant, latuit in uerbis somnii quod ani-
maduersum uel ad uere uincendum uel ad cauendum saltem
potuisset instruere. **6.** Habuit enim illa praeceptio ut uniuersus produceretur exercitus ; at ille, sola pugnandi hortatione
contentus, non uidit quid de producenda uniuersitate prae-
ceptum sit, praetermissoque Achille, qui tunc recenti laces-
situs iniuria ab armis cum suo milite feriabatur, rex progres-
sus in proelium et casum qui debebatur excepit et absoluit
somnium inuidia mentiendi non omnia de imperatis
sequendo.

7. Parem obseruantiae diligentiam Homericae per omnia
perfectionis imitator Maro in talibus quoque rebus obtinuit.
Nam apud illum Aeneas, ad regionem instruendo regno
fataliter eligendam satis abundeque Delio instructus oraculo,
in errorem tamen unius uerbi neglegentia relapsus est. **8.**
Non quidem fuerat locorum quae petere deberet nomen
insertum, sed, cum origo uetus parentum sequenda diceretur, fuit in uerbis quod inter Cretam et Italiam, quae ipsius
gentis auctores utraque produxerant, magis ostenderet et,
quod aiunt, digito demonstraret Italiam. Nam cum fuissent
inde Teucer, hinc Dardanus, uox sacra, sic adloquendo

Dardanidae duri,

aperte consulentibus Italiam, de qua Dardanus profectus
esset, obiecit, appellando eos parentis illius nomine cuius
erat origo rectius eligenda.

---

7. 5. somnii S X E^2 A^2 K H : -ni E^1 A^1. **6.** illa *om.* X ∥ uniuersus S X E
A^2 H^2 : -sos A^1 -so K H^1 ∥ at S X E^2 A^2 K H : ad E^1 A^1 ∥ iniuria S X E
A^2 : -riam A^1 K H ∥ ab S X E^2 : *om.* E^1 A K H ∥ feriabatur S X E^2 A^2 :
-riebatur E^1 A^1 K H. **8.** dardanus S X H : -mus E -nius A, K *non leg.* ∥
appellando S X E A H^2 : -pellendo K H^1 ∥ parentis S X E^2 A^2 H^2 : -tes
E^1 A^1 K H^1.

9 Ici aussi la prédiction sur la fin de Scipion relève en fait de la catégorie des annonces sûres ; et si une incertitude y a été introduite pour ménager une obscurité, elle est néanmoins levée par une formule insérée au début du songe. En effet, par les mots « ...*auront dans cette révolution naturelle accompli leur produit, marqué pour toi par le destin* », le songe annonce que cette fin ne peut être évitée. S'il a rapporté à Scipion la succession des autres épisodes de sa vie sans laisser place au doute et ne s'est montré quelque peu ambigu qu'au sujet de sa mort, la raison en est que les oracles sont enclins à révéler tout plutôt que la fin de la vie, soit par égard pour la douleur et la peur humaines, soit parce qu'il est utile que cela surtout reste caché ; ou bien, lorsqu'il en est question, la prédiction ne va pas sans quelque obscurité.

TRAITÉ SUR L'ÂME

Deuxième citation du *Songe*

8. 1 Après ce commentaire partiel, passons au reste. « *Mais pour accroître ton empressement à veiller sur la république, sache ceci, Africain : pour tous ceux qui ont maintenu, soutenu, accru la patrie, il existe au ciel un endroit particulier bien défini où ils peuvent dans la béatitude jouir de l'éternité. Rien en effet, rien du moins de ce qui se fait sur terre, n'est plus agréable au dieu suprême qui gouverne l'univers entier, que ces rassemblements et ces groupements humains liés par le droit, que l'on appelle états. Leurs dirigeants et leurs protecteurs, partis d'ici, y retournent.* » [186]

2 C'est à bon escient et au bon moment, après sa prédiction sur la mort, que le premier Africain en est venu à exposer les récompenses promises aux bons citoyens après leur disparition. Ces mots ont si bien détourné la pensée de l'homme vivant de la peur causée par la prédiction mortelle, qu'il brûle spontanément du désir de mourir, devant la grandeur

186. Cic., *Somn.* 3, 1 = *Rép.* VI, 13.

9. Et hic certae quidem denuntiationis est quod de Scipionis fine praedicitur, sed gratia conciliandae obscuritatis inserta dubitatio dicto tamen quod initio somnii continetur absoluitur. Nam cum dicitur « *circuitu naturali summam tibi fatalem confecerint* », uitari hunc finem non posse pronuntiat. Quod autem Scipioni reliquos uitae actus sine offensa dubitandi per ordinem rettulit et de sola morte similis uisus est ambigenti, haec ratio est quod, siue dum humano uel maerori parcitur uel timori, seu quia utile est hoc maxime latere, pronius cetera oraculis quam uitae finis exprimitur ; aut, cum dicitur, non sine aliqua obscuritate profertur.

8. 1. His aliqua ex parte tractatis progrediamur ad reliqua : « *Sed quo sis, Africane, alacrior ad tutandam rem publicam, sic habeto : omnibus qui patriam conseruarint, adiuuerint, auxerint, certum esse in caelo definitum locum ubi beati aeuo sempiterno fruantur. Nihil est enim illi principi deo qui omnem mundum regit, quod quidem in terris fiat, acceptius quam concilia coetusque hominum iure sociati, quae ciuitates appellantur. Earum rectores et seruatores hinc profecti huc reuertuntur.* »
2. Bene et opportune, postquam de morte praedixit, mox praemia bonis post obitum speranda subiecit. Quibus adeo a metu praedicti interitus cogitatio uiuentis erepta est ut ad moriendi desiderium ultro animaretur maiestate promissae

---

7. 9. praedicitur *S X E H* : -cit *A K* ‖ nam *S X E A H²* *s.l.* : namque *K H¹* ‖ dicitur *S X H²* : dicit *E A K H¹* ‖ circuitu naturali *S X H²* : -tus -lis *E A² K H¹* circui naturalis *A¹* ‖ confecerint *X* : -rit *S E A K H* ‖ scipioni *S X E A K² H²* : -poni *K¹* sapioni *H¹* ‖ parcitur *S X E² s.l. K H²* : pati- *E¹ A* paci- *H¹* ‖ pronius *S X E² K² H* : pronus *E¹ K¹* prius *A²* prus *A¹* ‖ aut *om. K¹* ‖ cum *om. H¹* ‖ non *S X A³ i.m. K H* : num *E A¹* nam *A²* ‖ profertur *S X E A H²* : -fectus *K H¹*.
8. 1. tractatis *S X E A² H* : -tantis *A¹ K* ‖ *alt.* ad *S X E² A K H* : et *E¹* ‖ tutandam *S² E A K H* : -dum *S¹* -dem *X* ‖ auxerint *S X E² A² K H* : auser- *A¹* auserit *E¹* ‖ hominum *S X E A* : omnium *K H* ‖ huc *S X E A²* *H* : hunc *A¹ K*.

de la béatitude et de la demeure célestes qui lui sont promises. Mais la béatitude due aux sauveurs de la patrie mérite
quelques mots, qui nous permettront par la suite de commenter l'ensemble du passage que nous nous sommes proposé ici de traiter [187].

Traité des vertus

Les vertus philosophiques sont-elles les seules à conférer le bonheur ?

3 Il n'y a que les vertus qui fassent le bonheur, et il n'est
pas d'autre chemin vers ce qui porte ce nom : aussi ceux qui
jugent que seule la pratique de la philosophie confère les
vertus proclament que seuls les philosophes sont heureux [188]. En effet, en réservant le terme de sagesse à la
connaissance du divin, ils ne reconnaissent comme sages que
ceux qui scrutent les réalités supérieures d'un esprit pénétrant, qui les saisissent au prix d'une enquête attentive et
sagace et qui, dans la mesure où la clairvoyance d'un vivant le
permet, les imitent ; en cela, disent-ils, réside la seule façon
de pratiquer les vertus, dont ils répartissent les devoirs de la
façon suivante [189]. **4** La prudence consiste à considérer de
haut, grâce à la contemplation du divin, ce monde-ci et tout
ce qui appartient au monde, et à concentrer toute la réflexion
de l'âme sur le divin seul ; la tempérance, à abandonner,
autant que le permet la nature, tout ce que réclament les
besoins du corps ; le courage, à éviter que l'effroi ne saisisse
l'âme lorsqu'elle s'éloigne en quelque sorte du corps sous la
conduite de la philosophie, et qu'elle n'ait le vertige au
sommet de cette ascension vers les réalités supérieures ; la
justice, à faire converger le respect de chacune des vertus vers
l'unique voie qu'on s'est ainsi proposée [190]. Il en résulte que
selon l'exigence abrupte d'une aussi rigide définition, les
chefs d'état ne sauraient être heureux.

187-190. Cf. notes complémentaires, p. 157.

187-190. Cf. notes complémentaires, p. 157.

beatitudinis et caelestis habitaculi. Sed de beatitate quae
debetur conseruatoribus patriae pauca dicenda sunt, ut postea locum omnem, quem hic tractandum recepimus, reuoluamus.

3. Solae faciunt uirtutes beatum, nullaque alia quisquam
uia hoc nomen adipiscitur : unde qui aestimant nullis nisi
philosophantibus inesse uirtutes, nullos praeter philosophos
beatos esse pronuntiant. Agnitionem enim rerum diuinarum
sapientiam proprie uocantes, eos tantummodo dicunt esse
sapientes qui superna et acie mentis requirunt et quaerendi
sagaci diligentia comprehendunt et, quantum uiuendi per-
spicuitas praestat, imitantur ; et in hoc solo esse aiunt exer-
citia uirtutum, quarum sic officia dispensant. **4.** Prudentiae
esse mundum istum et omnia quae mundo insunt diuinorum
contemplatione despicere omnemque animae cogitationem
in sola diuina dirigere ; temperantiae, omnia relinquere, in
quantum natura patitur, quae corporis usus requirit ; fortitudinis, non terreri animam a corpore quodam modo ductu
philosophiae recedentem, nec altitudinem perfectae ad
superna ascensionis horrere ; iustitiae, ad unam sibi huius
propositi consentire uiam uniuscuiusque uirtutis obsequium. Atque ita fit ut, secundum hoc tam rigidae definitionis abruptum, rerum publicarum rectores beati esse non
possint.

8. 2. de *post* sed *om.* H^1 ‖ conseruatoribus S X E A^2 K H : -ris A^1 ‖
reuoluamus S^1 A K H : resol- S^2 X E^2, E^1 *non leg.* **3.** in hoc solo S X E^2
H^2 : hoc sola E^1 hoc sole A^1 haec sola A^2 H^1, K *non leg.* **4.** istum S X E^2
H^2 : *om.* E^1 A H^1, K *non leg.* ‖ usus S X E A H^2 : usu K H^1 ‖ requirit S
X E^2 A^2 K H : reliquerit E^1 A^1 ‖ horrere S X E A^2 K H^2 : horrore A^1
horrorere H^1 ‖ *a* iustitiae *usque ad* propositi S^2 *in ras.*

Le système des vertus selon Plotin

Vertus politiques...

5 Mais Plotin, le prince des philosophes avec Platon, établit dans son traité *Des Vertus* [191] une classification de ces dernières par degrés successifs, selon un système de division exact et naturel. Il existe, dit-il, quatre genres de vertus, de quatre vertus chacun. Les vertus du premier genre portent le nom de politiques, celles du deuxième, de purificatrices, celles du troisième, de vertus d'une âme déjà purifiée, celles du quatrième, de vertus exemplaires. **6** Et les vertus politiques sont le propre de l'homme, en tant qu'animal social [192]. C'est par elles que les hommes de bien veillent sur l'état, défendent les villes ; par elles qu'ils vénèrent leurs parents, aiment leurs enfants, chérissent leurs proches ; par elles qu'ils assurent le salut des citoyens ; par elles qu'ils protègent les alliés avec une attentive prévoyance, les lient par une juste générosité ; par elles aussi qu'ils

> « obligèrent les autres à se souvenir d'eux
> par leurs mérites » [193].

7 La prudence de l'homme politique consiste à diriger l'ensemble de ses pensées et de ses actes selon la norme de la raison [194], à ne vouloir et à ne faire que le bien, et à veiller aux actions humaines comme s'il avait les dieux pour témoins ; la prudence comprend la raison, l'intellect, la circonspection, la prévoyance, l'ouverture d'esprit, la précaution ; le courage du politique consiste à dominer la crainte du danger et à ne redouter que l'ignominie, à supporter fermement tant l'adversité que le succès ; le courage comporte la magnanimité, la confiance, l'assurance, la générosité, la constance, la tolérance, la fermeté ; sa tempérance consiste à ne rien convoiter dont il se repente, à n'excéder en rien la juste mesure, à mater le désir sous le joug de la raison ; la tempérance est escortée par la modestie, le respect, l'abstinence, la chasteté, l'honnêteté, la modération, l'économie, la sobriété, la pudeur ; sa justice, à assurer à chacun ce qui lui appartient [195] ; de la justice sont issues l'innocence, l'amitié, la

191-195. Cf. notes complémentaires, p. 157-158.

5. Sed Plotinus, inter philosophiae professores cum Platone princeps, libro De uirtutibus gradus earum uera et
naturali diuisionis ratione compositos per ordinem digerit.
Quattuor sunt, inquit, quaternarum genera uirtutum. Ex his
primae politicae uocantur, secundae purgatoriae, tertiae
animi iam purgati, quartae exemplares. **6.** Et sunt politicae
hominis, qua sociale animal est. His boni uiri rei publicae
consulunt, urbes tuentur ; his parentes uenerantur, liberos
amant, proximos diligunt ; his ciuium salutem gubernant ;
his socios circumspecta prouidentia protegunt, iusta liberalitate deuinciunt : hisque

... sui memores alios fecere merendo.

7. Et est politici prudentiae ad rationis normam quae cogitat
quaeque agit uniuersa dirigere ac nihil praeter rectum uelle
uel facere, humanisque actibus tamquam diuinis arbitris
prouidere ; prudentiae insunt ratio, intellectus, circumspectio, prouidentia, docilitas, cautio ; fortitudinis, animum
supra periculi metum agere nihilque nisi turpia timere, tole-
rare fortiter uel aduersa uel prospera ; fortitudo praestat
magnanimitatem, fiduciam, securitatem, magnificentiam,
constantiam, tolerantiam, firmitatem ; temperantiae, nihil
appetere paenitendum, in nullo legem moderationis excedere, sub iugum rationis cupiditatem domare ; temperan-
tiam sequuntur modestia, uerecundia, abstinentia, castitas,
honestas, moderatio, parcitas, sobrietas, pudicitia ; iustitiae,
seruare unicuique quod suum est ; de iustitia ueniunt inno-

---

8. 5. plotinus *S X E² H²* : prot- *E¹ A K H¹* ‖ ratione *S X E² A² K H* : -nem
E¹ A¹. **6.** liberalitate *S X E² H²* : libertate *E¹ A K H¹*. **7.** prudentiae *edd.* :
-tia *codd.* ‖ agit *S X E A H²* : ait *K H¹* ‖ ac *S X E² A H* : hac *E¹ K* ‖ est
ante animum *add.* *K H¹* ‖ est *post* temperantiae *add.* *H* ‖ delinquere
post nullo *add.* *H* ‖ excedere *S X E² A² K* : non excedere *H* exercere *E¹*
A¹ ‖ iustitiae *S X E A K* : -ticiae est *H*.

concorde, la piété, la religion, le scrupule, l'humanité. **8** Grâce à ces vertus l'homme de bien peut d'abord se diriger lui-même et diriger ensuite l'état, gouvernant de façon juste et prévoyante sans manquer à l'humain [196].

Vertus purificatrices...

Les vertus du deuxième genre, dites purificatrices [197], appartiennent à l'homme en tant qu'ouvert au divin, et elles délient seulement l'âme de qui est décidé à se purifier de la contagion du corps, et à fuir, si l'on peut dire, les choses humaines, pour ne se mêler qu'aux choses divines. Ces vertus sont le fait d'hommes de loisir qui se tiennent à l'écart de l'action politique. Nous avons dit plus haut ce qu'exige chacune d'elles, lorsque nous avons parlé des vertus des philosophes [198], que certains considèrent en fait comme les seules vertus.

Vertus de l'âme déjà purifiée...

9 Les vertus du troisième genre sont celles de l'âme déjà purifiée, décantée, et lavée avec un soin impeccable de toute éclaboussure de ce monde [199]. Là, la prudence consiste non à préférer le divin parce qu'on l'a choisi, mais à ne connaître que lui et à le contempler comme si rien d'autre n'existait ; la tempérance, non pas à réfréner les désirs terrestres, mais à les reléguer dans l'oubli ; le courage, à ignorer les passions et non à les vaincre, de façon à

« ...ne pas connaître la colère, n'avoir aucun désir » [200] ;

la justice, à s'unir à l'Intelligence supérieure et divine de façon à maintenir avec elle une alliance perpétuelle en l'imitant.

Vertus exemplaires

10 Les vertus du quatrième genre sont celles qui résident dans l'Intelligence divine elle-même, que, nous l'avons dit, on appelle νοῦς [201] ; de leur modèle découlent successivement

196-201. Cf. notes complémentaires, p. 158.

centia, amicitia, concordia, pietas, religio, affectus, humani-
tas. **8** His uirtutibus uir bonus primum sui atque inde rei
publicae rector efficitur, iuste ac prouide gubernans, humana
non deserens.

Secundae, quas purgatorias uocant, hominis sunt qua
diuini capax est, solumque animum eius expediunt qui
decreuit se a corporis contagione purgare et quadam huma-
norum fuga solis se inserere diuinis. Hae sunt otiosorum qui
a rerum publicarum actibus se sequestrant. Harum quid
singulae uelint, superius expressimus cum de uirtutibus phi-
losophantium diceremus, quas solas quidam aestimauerunt
esse uirtutes.

9. Tertiae sunt purgati iam defaecatique animi et ab omni
mundi huius aspergine presse pureque detersi. Illic prudentiae est diuina non quasi in electione praeferre, sed sola
nosse, et haec tamquam nihil sit aliud intueri ; temperantiae,
terrenas cupiditates non reprimere, sed penitus obliuisci ;
fortitudinis, passiones ignorare, non uincere, ut

> nesciat irasci, cupiat nihil ... ;

iustitiae, ita cum supera et diuina mente sociari ut seruet
perpetuum cum ea foedus imitando.

10. Quartae sunt quae in ipsa diuina mente consistunt
quam diximus νοῦν uocari, a quarum exemplo reliquae

8. 7. religio $S X E^2 A^2 K H$: regio $E^1 A^1$. **8.** atque inde $S X$: et suorum
inde E^1 et suorumque inde A^1 et suorum atque inde E^2 suorumque inde
A^2 et suorum ac deinde $K H$ ‖ hominis $S X E^2$ *in ras.* $A^2 H^2$: -nes $A^1 K$
H^1 ‖ qua $S X$: quia $E^1 A$ qui $E^2 K H$ ‖ contagione $S X^2 E$: cogitatione
$X^1 A K H$ ‖ quadam $S X E^2 A^2 K H$: quidam $E^1 A^1$ ‖ hae $S X E A^1 H^2$:
haec $A^2 K H^1$ ‖ diceremus $S X E A H^2$: -cemus $K H^1$ ‖ quidam $S X E A$:
-dem $K H$ ‖ aestimauerunt $S X E A^2$: exti- A^1 existi- $K H$. **9.** defaecatique $X E A^2 H^2$: defetcati- S defecti- $A^1 K H^1$ ‖ illic $S X E^2 A^1 K H$: illis
E^1 illi A^2 ‖ temperantiae $S X E$: -tias et A^1 -tia sed A^2 -tis est K -tiae est
H ‖ supera $S X E^2 A^2 K H$: supra $E^1 A^1$. **10.** diuina mente $S X E A$:
mente diuina $K H^2$ mente dina H^1 ‖ quam $S^2 X E^2 A H^2$: quem $S^1 E^1 K$
H^1 *(cf. I, 2, 14 ; I, 14, 6 ; I, 14, 8)* ‖ NOYN $S X$: noyn H^2 NOIN A^2
non $E^1 A^1 K H^1$, *del.* E^2.

toutes les autres. Car si l'Intelligence contient les idées des autres notions, à plus forte raison faut-il croire qu'elle contient les idées des vertus. Là, c'est l'Intelligence divine même qui est la prudence ; elle est la tempérance, parce qu'elle est tournée vers elle-même en une tension perpétuelle ; le courage, parce qu'elle est toujours identique et ne change jamais ; la justice, parce qu'une loi immuable lui fait poursuivre éternellement son œuvre sans dévier.

11 Tels sont les quatre genres, de quatre vertus chacun ; ces genres, de surcroît, se différencient surtout face aux passions. On appelle passions, nous le savons, le fait que les hommes

« ...craignent et désirent, souffrent et jouissent... ». [202]

Les vertus du premier groupe adoucissent ces passions, celles du deuxième les suppriment, celles du troisième les oublient, et devant celles du quatrième il est impie de les mentionner.

Les vertus politiques aussi confèrent le bonheur

12 Si donc l'office et l'effet des vertus est de rendre heureux, et si l'on sait qu'il existe aussi des vertus politiques, les vertus politiques aussi rendent donc heureux. Cicéron a donc raison de dire à propos des chefs d'état : « *où ils peuvent dans la béatitude jouir de l'éternité* » ; pour montrer que le bonheur naît parfois de vertus inactives, parfois de vertus actives, il n'a pas dit dans l'absolu que rien n'était plus agréable au dieu suprême que les états, il a ajouté : « *rien du moins de ce qui se fait sur terre* », afin de marquer la différence entre ceux qui commencent par les choses célestes, et les chefs d'état qui se ménagent un chemin vers le ciel par leurs actes terrestres. **13** Que peut-il y avoir de plus précis que cette définition, de plus attentif au sens du mot « états » ? « *Que ces rassemblements*, dit Cicéron, *et ces groupements humains liés par le droit que l'on appelle états* ». [203] En effet les

omnes per ordinem defluunt. Nam si rerum aliarum, multo magis uirtutum ideas esse in mente credendum est. Illic prudentia est mens ipsa diuina ; temperantia, quod in se perpetua intentione conuersa est ; fortitudo, quod semper idem est nec aliquando mutatur ; iustitia, quod perenni lege a sempiterna operis sui continuatione non flectitur.

11. Haec sunt quaternarum quattuor genera uirtutum, quae praeter cetera maximam in passionibus habent differentiam sui. Passiones autem, ut scimus, uocantur quod homines

... metuunt cupiuntque, dolent gaudentque ...

Has primae molliunt, secundae auferunt, tertiae obliuiscuntur, in quartis nefas est nominari.

12. Si ergo hoc est officium et effectus uirtutum, beare, constat autem et politicas esse uirtutes, igitur et politicis efficiuntur beati. Iure ergo Tullius de rerum publicarum rectoribus dixit : « *ubi beati aeuo sempiterno fruantur* » ; qui, ut ostenderet alios otiosis, alios negotiosis uirtutibus fieri beatos, non dixit absolute nihil esse illi principi deo acceptius quam ciuitates, sed adiecit : « *quod quidem in terris fiat* », ut eos qui ab ipsis caelestibus incipiunt discerneret a rectoribus ciuitatum, quibus per terrenos actus iter paratur ad caelum. **13.** Illa autem definitione quid pressius potest esse, quid cautius de nomine ciuitatum ? « *Quam concilia,* inquit, *coetusque hominum iure sociati, quae ciui-*

---

8. 10. ideas *S X E² A² K H* : deas *E¹ A¹* ‖ in se *S X E² H² in ras.* : ipse a *E¹* ipsae *A¹* ipsa *A² K* ‖ a *S X E² A² K H* : ad *E¹ A¹*. **11.** scimus *S X E² K H* : sicmus *E¹ A* ‖ auferunt *S X E² A² H* : -rent *E¹ A¹*, *K non leg.* **12.** hoc est *S X E A K* : est hoc *H* ‖ et politicis *S A H²* : et -ces *H¹* ex p- *X E² in ras.*, *K non leg.* ‖ fruantur *S X E¹ A* : -uuntur *E² K H* ‖ per terrenos *S X E² H²* : praeter nos *E¹ A K* per ternos *H¹* ‖ actus *S X E A H²* : -tis *K H¹*.

bandes d'esclaves et de gladiateurs de jadis étaient « *des rassemblements et des groupements humains* », mais elles n'étaient pas « *liées par le droit* ». Or il n'est de justice que dans une foule dont l'ensemble s'accorde pour obéir aux lois.

Traité sur le séjour de l'âme

Le séjour céleste de l'âme

9. 1 Quant à l'expression « *leurs dirigeants et leurs protecteurs, partis d'ici, y retournent* », voici comment il faut la comprendre. Les bons philosophes s'accordent à tenir pour opinion indubitable que la source originelle des âmes est au ciel [204] ; et aussi longtemps que l'âme use du corps, la sagesse parfaite consiste pour elle à reconnaître le lieu dont elle est issue, la source dont elle provient. **2** D'où cette formule, dont usa un écrivain dans un contexte mi-divertissant mi-railleur, mais sur un ton sérieux :

« du ciel est descendu le γνῶθι σεαυτόν. » [205]

Car ce sont là les mots, paraît-il, de l'oracle de Delphes. Consulté sur le chemin qui menait à la béatitude : « en te connaissant toi-même », dit-il [206]. Mais cette maxime est également gravée au fronton du temple même. **3** Or pour l'homme, comme nous l'avons dit, il n'existe qu'une façon de se connaître : c'est de se retourner vers les commencements premiers d'où il tire son origine et sa naissance, et de ne pas se

« chercher à l'extérieur. » [207]

Car c'est ainsi, en ayant conscience de sa noblesse, que l'âme se pare des vertus mêmes qui, après sa sortie du corps, la ramènent au point d'où elle était descendue ; en effet, baignée par le matériau pur et léger des vertus, elle n'est plus

204-207. Cf. notes complémentaires, p. 158-159.

tates appellantur ». Nam et seruilis quondam et gladiatoria manus « *concilia hominum et coetus* » fuerunt, sed non « *iure sociati* ». Illa autem sola iusta est multitudo, cuius uniuersitas in legum consentit obsequium.

9. 1. Quod uero ait : « *harum rectores et seruatores hinc profecti huc reuertuntur* », hoc modo accipiendum est. Animarum originem manare de caelo inter recte philosophantes indubitatae constat esse sententiae ; et animae, dum corpore utitur, haec est perfecta sapientia ut unde orta sit, de quo fonte uenerit, recognoscat. **2.** Hinc illud a quodam inter alia seu festiua, siue mordacia, serio tamen usurpatum est :

... de caelo descendit γνῶθι σεαυτόν.

Nam et Delphici uox haec fertur oraculi. Consulenti ad beatitatem quo itinere perueniret : « si te, inquit, agnoueris. » Sed et ipsius fronti templi haec inscripta sententia est. **3.** Homini autem, ut diximus, una est agnitio sui : si originis natalisque principii exordia prima respexerit nec se

quaesiuerit extra.

Sic enim anima uirtutes ipsas conscientia nobilitatis induitur, quibus post corpus euecta eo unde descenderat reportatur, quia nec corporea sordescit uel oneratur eluuie, quae

---

9. 1. harum *S X E A H²* : eorum *K H¹*. **2.** alia *S X E² A² K H* : -lias *E¹ A¹* ‖ est *S X E² H²* : et *E¹ A K H¹* ‖ γνῶθι σεαυτόν *edd.* : ΓΝΩΘΙ CEAYTON *S X* ΓΝΩEI CEAYTON *E¹* ΓΝΩΤΙC ΤΑΥΤΟΝ *E²* ΓΗΩΕΙ CEAYTON *A* ΓHΩEI CEAYTΩΝ *K* ΙHΩEI CEAYTΩΝ *H* ‖ haec fertur *S X E A* : effertur *K* defertur *H* ‖ ipsius fronti templi *S X* : in ipsius templi fronte *E A* inpsius templi *K¹* in ipsius templi *K²* ..ipsius templi *H¹*..ipsius fronti templi *H²*. **3.** conscientia *S X² E A* : -tias *X¹* continentia *K H* ‖ eluuie *S³ X E H²* *in ras.* : elubie *S²* *in ras. A K*.

souillée ni alourdie par le flot bourbeux de la matière, et elle
semble n'avoir jamais quitté le ciel, resté sien par la nostalgie
et l'imagination [208].

4 C'est comme cela que l'âme, qui a été habituée par la
fréquentation du corps à se pencher sur lui et qui est passée
en quelque sorte de la condition humaine à l'animalité,
frémit à l'idée d'être séparée du corps, et, quand cela devient
inévitable, c'est seulement

« en gémissant qu'elle s'enfuit, indignée, sous les ombres. » [209]

5 Mais même après la mort il ne lui est pas facile d'abandonner le corps, parce que

« <toutes> les contagions corporelles ne cessent pas complètement » [210] ;

ou bien elle continue à errer autour de son cadavre, ou bien
elle cherche à se loger dans un nouveau corps, corps
d'homme, voire même d'animal [211], choisissant une espèce
dont les mœurs s'accordent avec celles qui avaient sa prédilection lorsqu'elle était une âme humaine, et elle préfère tout
endurer [212] pour échapper au ciel dont par ignorance, par
oubli volontaire, ou plutôt par trahison, elle s'est détournée.

6 Mais les chefs d'état et les autres sages, qui habitent le
ciel par la nostalgie lors même que le corps les retient encore,
revendiquent aisément, au sortir du corps, le séjour céleste
qu'ils n'avaient quasiment pas quitté. Car ce n'était pas sans
raison ni par une flatterie vide de sens que les Anciens ont
divinisé des fondateurs de villes ou des hommes d'état illustres ; Hésiode même, le généalogiste des dieux, mêle des rois

---

208. Thème plotinien : *Enn*. III, 8, 5 ; IV, 8, 8.
209-211. Cf. notes complémentaires, p. 159-160.
212. *Mauultque omnia perpeti* : dans ce passage tout imprégné de
poésie, possible réminiscence d'Horace, *Od*. I, 3, 25, qui qualifie la race
humaine d'*audax omnia perpeti*.

puro ac leui fomite uirtutum rigatur, nec deseruisse umquam
caelum uidetur, quod respectu et cogitationibus possidebat.

4. Hinc anima, quam in se pronam corporis usus effecit
atque in pecudem quodam modo reformauit ex homine, et
absolutionem corporis perhorrescit et, cum necesse est, non
nisi

> cum gemitu fugit indignata sub umbras.

5. Sed nec post mortem facile corpus relinquit, quia non

> funditus <omnes>
> corporeae excedunt pestes,

sed aut suum oberrat cadauer aut noui corporis ambit habi-
taculum, non humani tantummodo, sed ferini quoque, electo
genere moribus congruo quos in homine libenter exercuit,
mauultque omnia perpeti ut caelum, quod uel ignorando uel
dissimulando uel potius prodendo deseruit, euadat.

6. Ciuitatum uero rectores ceterique sapientes caelum
respectu, uel cum adhuc corpore tenentur, habitantes, facile
post corpus caelestem, quam paene non reliquerant, sedem
reposcunt. Nec enim de nihilo aut de uana adulatione uenie-
bat, quod quosdam urbium conditores aut clariores in re
publica uiros in numerum deorum consecrauit antiquitas ;
sed Hesiodus quoque, diuinae subolis adsertor, priscos reges

---

9. 3. leui fomite $S^1 E^2 K H$: leue f- E^1 leue fomitet A leui fonte X^2 *in ras.*
leni fonte S^2 *s.l.* **4.** effecit $S^1 X^1 E^2 A^2$: efficit $S^2 E^1 A^1 X^2 H^2$ -ciat $K H^1$
|| indignata $S X E^2 K H$: -gnita $E^1 A^2$ -gnitas A^1. **5.** relinquit $S X H$:
-quid K^1 -quet $E A$ -qued K^2 || funditus omnes *ego* : funditus S^2 *in ras.*
penitus X de facile $E^1 A^1 K$ facile $E^2 A^2 H^2$ *in ras.* || aut *ante* excedunt
add. H || sed *om.* H^1 || mauultque $S^2 X E A K H^2$: mauulque $S^1 H^1$ ||
prodendo $S X E^2 H^2$ *in ras.* : proponendo $E^1 A K$. **6.** reliquerant $S E^2 A^2$:
relin- $X E^1 A^1 K$ reliquerunt H^2 relinquerunt H^1 || clariores $K H$:
calores $E^1 A^1$ claros $S X E^2 A^2$ || subolis $S X^1 E^2$: sob- $X^2 E^1 A K H$.

archaïques à d'autres dieux, et il leur assigne, dans les cieux aussi, la fonction, inspirée de leur ancien pouvoir, de diriger les affaires humaines. **7** Et pour n'indisposer personne en citant dans le texte les vers du poète grec, nous les soumettrons dans leur traduction latine :

« Eux, par la volonté du grand Jupiter, sont les dieux Indigètes :

hommes jadis, partageant désormais avec les dieux le soin des affaires humaines,

avec largesse et générosité, ils continuent à disposer du pouvoir des rois ». [213]

8 Virgile le sait bien, lui aussi : tout en reléguant les héros aux Enfers par fidélité à son sujet, il ne les éloigne pas du ciel, mais leur assigne un éther plus vaste et enseigne qu'ils connaissent leur propre soleil et leurs propres astres [214] ; ainsi, respectueux d'une double doctrine, a-t-il satisfait à la fiction poétique autant qu'à la vérité philosophique.

9 Et si, à l'en croire, ils continuent après avoir quitté leur corps à exercer les activités plus futiles qu'ils exerçaient de leur vivant,

« le plaisir des chars et des armes qu'ils connaissaient de leur vivant, le soin de faire paître leurs chevaux luisants, les suivent inchangés une fois sous la terre » [215],

à plus forte raison les anciens dirigeants des cités, une fois admis au ciel, ne renoncent-ils pas au soin de diriger les hommes.

10 Ces âmes sont admises, croit-on, dans la dernière sphère, celle qu'on appelle ἀπλανής, et l'on a raison de le penser, puisque c'est de là qu'elles proviennent. En effet les

213. Cf. notes complémentaires, p. 160.
214. Cf. Virg., *Aen*. VI, 641 (description des Champs Elysées) : *solemque suum, sua sidera norunt*. Macrobe pour sa part traitera de la localisation des Enfers au chapitre I, 11, 4-10.
215. Virg., *Aen*. VI, 653-5.

cum dis aliis enumerat, hisque exemplo ueteris potestatis
etiam in caelo regendi res humanas adsignat officium. **7.** Et
ne cui fastidiosum sit si uersus ipsos ut poeta Graecus protu-
lit inseramus, referemus eos ut ex uerbis suis in Latina uerba
conuersi sunt :

Indigetes diui fato summi Iouis hi sunt :
quondam homines, modo cum superis humana tuentes,
largi ac munifici, ius regum nunc quoque nacti.

8. Hoc et Vergilius non ignorat, qui, licet argumento suo
seruiens heroas in inferos relegauerit, non tamen eos abducit
a caelo, sed aethera his deputat largiorem, et nosse eos solem
suum ac sua sidera profitetur, ut geminae doctrinae obseruatione praestiterit et poeticae figmentum et philosophiae ueri-
tatem.

9. Et si secundum illum res quoque leuiores quas uiui
exercuerant, etiam post corpus exercent,

... quae gratia currum
armorumque fuit uiuis, quae cura nitentis
pascere equos, eadem sequitur tellure repostos,

multo magis rectores quondam urbium recepti in caelum
curam regendorum hominum non relinquunt.

10. Hae autem animae in ultimam sphaeram recipi
creduntur quae ἀπλανής uocatur, nec frustra hoc usurpatum
est siquidem inde profectae sunt. Animis enim necdum

---

9. 7. referemus S X E A H^2 : refrenemus K H^1 ‖ largi ac S X E^2 A^2 :
largiae E^1 A^1 largi et K H. **8.** suum S X E^2 H^2 : *om.* E^1 A K H^1 ‖
obseruatione S^1 A^2 K H^1 : -nem E A^1 -nes S^2 X H^2. **9.** uiui *om.* A ‖
corpus S X A^2 : -pora E K H -poris A^1 ‖ currum S^1 : curuum E^1 A^1
curruum S^2 X E^2 A^2 K H ‖ armorumque S X E A H^2 : am- K H^1 ‖
recepti S X E^2 K H : rectos E^1 A. **10.** ἀπλανής *edd.* : ΑΠΛΑΝΕϹ K H
aplanes S X E A ‖ hoc *om.* K^1.

âmes qui n'ont pas encore été prises au piège du désir du corps ont pour domicile la partie du monde où se trouvent les étoiles, et c'est de là qu'elles descendent dans les corps [216]. C'est pourquoi les hommes qui le méritent [217] y reviennent. Il était donc tout à fait exact de dire, puisque l'entretien se déroule dans le cercle galactique qui est contenu dans la sphère ἀπλανής (fixe) : « *partis d'ici, y retournent* ».

TROISIÈME CITATION DU SONGE

10. 1 Passons à la suite. « *Alors, malgré mon effroi, par crainte moins de la mort que de la traîtrise de mes proches, je lui demandai s'il était lui-même en vie, ainsi que mon père Paul et d'autres que nous tenions, nous, pour disparus.* » [218]
2 Même par hasard et au fil des récits de fiction, les semences enfouies des vertus [219] se font jour : on peut voir ici comment elles lèvent dans le cœur de Scipion alors même qu'il rêve. D'un seul coup en effet il remplit à titre égal les devoirs relevant de toutes les vertus politiques. **3** Il garde le cœur ferme, sans terreur devant la mort qu'on lui prédit : c'est du courage. Il est terrifié par la traîtrise de ses proches, et le crime d'autrui lui inspire plus d'horreur que sa propre mort : c'est l'effet de sa piété et de son affection extrême pour ses proches ; or ces sentiments, nous l'avons dit, se rapportent à la justice, qui assure à chacun ce qui lui appartient. Loin de tenir son propre avis pour avéré, insoucieux de l'opinion, qui pour des esprits moins circonspects s'épanouit comme vérité, il cherche une connaissance plus sûre : c'est incontestablement de la prudence. **4** Lorsqu'une béatitude parfaite et une demeure céleste sont promises à la créature humaine qu'il savait être, il bride pourtant, il tempère et il

---

216. Macrobe anticipe sur le long développement des chapitres I, 12 et 13.
217. Cf. notes complémentaires, p. 160.
218. Cic., *Rép.* VI, 14 = *Somn.* 3, 2.
219. Cf. notes complémentaires, p. 160-161.

desiderio corporis inretitis siderea pars mundi praestat habi-
taculum et inde labuntur in corpora. Ideo his illo est reditio
qui merentur. Rectissime ergo dictum est, cum in galaxia,
quem ἀπλανής continet, sermo iste procedat : « *hinc profecti*
huc reuertuntur »

10. 1. Ad sequentia transeamus : « *Hic ego etsi eram*
perterritus, non tam mortis metu quam insidiarum a meis,
quaesiui tamen uiueretne ipse et Paulus pater et alii quos
nos extinctos esse arbitraremur. »
2. Vel fortuitis et inter fabulas elucent semina infixa uirtutum : quae nunc uideas licet ut e pectore Scipionis uel
somniantis emineant. In re enim una politicarum uirtutum
omnium pariter exercet officium. **3.** Quod non labitur animo
praedicta morte perterritus, fortitudo est. Quod suorum ter-
retur insidiis magisque alienum facinus quam suum horres-
cit exitium, de pietate et nimio in suos amore procedit ; haec
autem diximus ad iustitiam referri, quae seruat unicuique
quod suum est. Quod ea quae arbitratur non pro compertis
habet, sed, spreta opinione quae minus cautis animis pro
uero inolescit, quaerit discere certiora, indubitata prudentia
est. **4.** Quod cum perfecta beatitas et caelestis habitatio
humanae naturae, in qua se nouerat esse, promittitur,
audiendi tamen talia desiderium frenat, temperat et seques-

---

9. 10. galaxia *S X E² A² H* : galasia *E¹ A¹* galax *K* ‖ quem *om. K H¹* ‖
ἀπλανής *edd.* : aplanes *S X E² A² H²* *i.m.* apanes *E¹ A¹, om. K H¹* ‖
procedat *S X E² A* : -dit *E¹* -deret *K H.*

10. 2. e pectore *S X E² H²* : spectores *E¹ A* spectatores *K H¹* ‖
scipionis *S X E² K H* : -nes *E¹ A* ‖ somniantis *S X E² H²* : -tes *E¹ A K H¹*
‖ politicarum *X E A* : polyticharum *S²* *in ras.* polyticarum *S³* policarum
K H. **3.** praedicta *S X E A H²* : praedicat *K* predicata *H¹* ‖ est *om. H¹* ‖
autem *S² X E A* : autem ut *K H* enim *S¹* ‖ certiora *S X E² H²* *in ras.* :
fortiora *E¹ A K.* **4.** diuina *post* habitatio *add. A.*

écarte son désir d'entendre de telles assurances, pour demander si son grand-père et son père sont vivants : qu'est-ce d'autre que de la tempérance [220] ? Si bien qu'il était dès lors évident que l'Africain avait été conduit dans son sommeil au séjour qui lui était dû.

5 Par ailleurs cette interrogation pose le problème de l'immortalité de l'âme. Car le sens de la demande en elle-même est celui-ci : nous, dit Scipion, nous pensions que l'âme s'éteint au terme de l'agonie et cesse d'exister une fois l'homme disparu. Il dit en effet : « *que nous tenions, nous, pour disparus.* » Or ce qui est disparu cesse désormais d'être. Je voudrais donc que tu me dises, demande-t-il, si mon père Paul et d'autres partagent ta survie. **6** A cette question, qui était celle d'un fils pieux à propos de ses parents, et, à propos des autres hommes, celle d'un sage enquêtant sur la nature même, que répondit le premier Africain ? « *Non, dit-il, ils sont en vie, ils se sont échappés d'un coup d'aile* [221] *des entraves du corps comme d'une prison* [222] *; car en réalité, ce que pour vous on appelle vie, c'est la mort.* » [223] **7** Si mourir, c'est se rendre aux enfers, et si vivre, c'est partager le séjour des dieux, tu vois aisément ce qu'il faut considérer comme la mort et comme la vie de l'âme ; encore devra-t-on avoir établi quelle est la localisation des enfers qui permet d'estimer que l'âme qui y est jetée meurt, et que celle qui s'en tient éloignée jouit de la vie et survit véritablement. **8** Tu trouveras, dissimulée dans ces quelques mots de Scipion, la somme des recherches que la sagesse des Anciens a consacrées à enquêter sur ce problème [224] ; aussi, par goût de la brièveté [225], avons-nous extrait de cet ensemble quelques éléments qui suffiront à nous révéler le fin mot de la question qui nous préoccupe.

---

220. Pour la description des vertus politiques que pratique si bien Scipion Emilien, cf. *supra*, chap. 8, 3-8.

221. Cf. notes complémentaires, p. 161.

222. Pour l'image de la prison du corps, cf. ci-dessous, n. 227, p. 162. *Vincla* correspond aux δεσμοί de Platon, *Phaed.* 67d.

223-225. Cf. notes complémentaires, p. 161.

trat ut de uita aui et patris interroget, quid nisi temperantia
est ? Vt iam tum liqueret Africanum per quietem ad ea loca
quae sibi deberentur adductum.

5. In hac autem interrogatione de animae immortalitate
tractatur. Ipsius enim consultationis hic sensus est : nos,
inquit, arbitrabamur animam cum fine morientis extingui
nec ulterius esse post hominem. Ait enim : *« quos extinctos
esse arbitraremur »*. Quod autem extinguitur, esse iam desinit. Ergo uelim dicas, inquit, si et pater Paulus tecum et alii
supersunt. **6.** Ad hanc interrogationem, quae et de parentibus ut a pio filio, et de ceteris ut a sapiente ac naturam ipsam
discutiente processit, quid ille respondit ? *« Immo uero,
inquit, hi uiuunt, qui e corporum uinclis tamquam e carcere
euolauerunt ; uestra uero quae dicitur esse uita mors est. »* **7.**
Si ad inferos meare mors est et uita est esse cum superis,
facile discernis quae mors animae, quae uita credenda sit, si
constiterit qui locus habendus sit inferorum, ut anima, dum
ad hunc truditur, mori, cum ab hoc procul est, uita frui et
uere superesse credatur. **8.** Et quia totum tractatum quem
ueterum sapientia de inuestigatione huius quaestionis agitauit, in hac latentem uerborum paucitate reperies, ex omnibus aliqua, quibus nos de rei quam quaerimus absolutione
sufficiet admoneri, amore breuitatis excerpsimus.

10. 4. liqueret $S\,X\,A^2$: -rit $E\,A^1\,K\,H$. **5.** animae immortalitate $S\,X\,E\,A$:
i. a. $K\,H$ ‖ consultationis $S\,X\,H^2$: consula- $K\,H^1$ consylta- E consilia- A
‖ uelim — 6 ad hanc $S\,X\,E^2\,H^2$: om. $E^1\,A\,K\,H^1$. **6.** interrogationem $S\,X$
$E^2\,H^2$: rationem A ad rationem $K\,H^1$, *aliquid del.* E^1 ‖ hi $S\,X\,E\,A$: om.
$K\,H$ ‖ *pr.* e $S\,X\,H$: ex E et A ae K ‖ *alt.* e $S\,X\,A^2\,K\,H$: ex E et A^1 ‖ uestra
$S\,X\,E\,A^2\,K\,H$: -tram A^1. **7.** *alt.* est $S\,X\,E\,A$: om. $K\,H$ ‖ hunc $S\,X\,A\,K$
H^2 : huc $E\,H^1$. **8.** agitauit $S\,X\,E^2\,K\,H$: cogitabat E^1 cogitabit A^1 cogitauit
A^2 ‖ aliqua quibus $S\,X\,E^2\,A^2\,K\,H$: aliquibus $E^1\,A^1$ ‖ excerpsimus $X\,E$
$A^2\,K\,H$: -cerpimus S -cepsimus A^1.

Traité sur l'emplacement des enfers

Thèse pré-philosophique : les enfers sont le corps

9 Avant que la recherche philosophique relative à l'étude de la nature ne se développât jusqu'à atteindre la vigueur qui est la sienne, les premiers organisateurs des cérémonies religieuses [226], dans les différentes nations, affirmèrent que les enfers n'étaient autres que les corps eux-mêmes, où les âmes, enfermées, endurent une prison [227] que les ténèbres rendent affreuse, la saleté et le sang, horrible. **10** C'est cela qu'ils appelèrent « tombeau de l'âme [228] », « gouffres de Pluton », « enfers » ; et toutes les choses que la croyance aux mythes a cru situées dans l'au-delà, ils s'efforcèrent de les localiser en nous-mêmes et dans le corps même de l'homme [229], soutenant que le fleuve d'oubli n'était autre que l'erreur de l'âme qui oublie la grandeur de sa vie antérieure, celle dont elle a joui avant d'être jetée dans le corps, et qui croit que seule existe la vie corporelle. [230] **11** Une interprétation semblable leur fit considérer que le Phlégéthon est le feu des colères et des désirs [231], l'Achéron tout ce que, avec une versatilité bien humaine, nous regrettons désespérément d'avoir fait ou dit [232], le Cocyte, ce qui pousse les hommes au chagrin et aux larmes [233], le Styx, ce qui engloutit les âmes humaines dans le gouffre des haines réciproques [234].

12 Quant à la description des châtiments, ils crurent qu'elle avait été empruntée à l'expérience même des relations humaines [235] ; et ils voulurent que dans « le vautour rongeant le foie immortel » [236] on ne vît rien d'autre que les tourments de la conscience, qui fouille les entrailles exposées aux outra-

226-227, 229-236. Cf. notes complémentaires, p. 161-163.
228. L'image du corps/tombeau de l'âme, appuyée sur la paronymie σῶμα/σῆμα (cf. ci-dessous, I, 11, 3), apparaît chez Platon (*Gorg.* 493a et *Crat.* 400c), à partir d'une source probablement pythagoricienne (Clément d'Alexandrie, *Strom.* III, 3, 13, 2, l'attribue à Philolaos). L'image est fréquente dans la tradition néoplatonicienne : Plotin, *Enn.* IV, 8, 1, 31 ; Porphyre, *Vita Plotini* 22, 45 ; Serv., *Ad Aen.* VI, 703 ; etc. Cf. P. Courcelle, « Le corps-tombeau », *R.E.A.*, (68), 1966, p. 101-122.

9. Antequam studium philosophiae circa naturae inquisitionem ad tantum uigoris adolesceret, qui per diuersas gentes auctores constituendis sacris caerimoniarum fuerunt, aliud esse inferos negauerunt quam ipsa corpora, quibus inclusae animae carcerem foedum tenebris, horrendum sordibus et cruore patiuntur. **10.** Hoc animae sepulcrum, hoc Ditis concaua, hoc inferos uocauerunt, et omnia quae illic esse credidit fabulosa persuasio, in nobismet ipsis et in ipsis humanis corporibus adsignare conati sunt, obliuionis fluuium aliud non esse adserentes quam errorem animae obliuiscentis maiestatem uitae prioris qua, antequam in corpus truderetur, potita est, solamque esse in corpore uitam putantis. **11.** Pari interpretatione *Phl*egethontem ardores irarum et cupiditatum putarunt, Acherontem quidquid fecisse dixisseue usque ad tristitiam humanae uarietatis more nos paenitet, Cocytum quidquid homines in luctum lacrimasque compellit, Stygem quidquid inter se humanos animos in gurgitem mergit odiorum.

12. Ipsam quoque poenarum descriptionem de ipso usu conuersationis humanae sumptam crediderunt, uulturem iecur immortale tondentem nihil aliud intellegi uolentes quam tormenta conscientiae, obnoxia flagitio uiscera inte-

---

10. 9. inferos *S X A² K H* : -ro *A¹* -rum *E* ‖ horrendum *X E¹ A H²* : orrendum *K H¹* horridum *S E²*. **10.** esse credidit *S E A* : c. e. *X* credit esse *K H* ‖ et in ipsis *S X* : *om. E A K H* ‖ adserentes — obliuiscentis *om. A¹* ‖ qua *S X E² A* : quia *E¹, om. K H* ‖ *putantis S X E²* : -ntes *E¹ H* putatis *A¹* putans *A²* putantantes *K*. **11.** phlegethontem *edd.* : fleg- *S X² E A² H²* flag- *A¹* flegethotem *X¹* flegethentem *K* fleget.ntem *H¹* ‖ cocytum *S E A² K H²* : COCYTVM *X* cotytum *H¹* coetum *A¹*. **12.** iecur immortale *S X E³ K H* : iecore ortale *E¹* iecorem ortale *E² A¹* iecor mortale *A²* ‖ tondentem nihil aliud *S² in ras.* ‖ tondentem *S² E A* : rodentem *X* comendentem *K* commendentem *H* ‖ conscientiae *S X E²* : malae conscientiae *A² H* mali conscientiae *K* mihi conscientiae *E¹ A¹* ‖ flagitio *S X E² K H* : -gitatio *E¹ A*.

ges, déchire les organes vitaux par le rappel inlassable du crime commis, réveille sans cesse les soucis, pour peu qu'ils aient tenté de s'assoupir, en s'y accrochant comme à un foie renaissant, et, impitoyable, ne s'épargne jamais, conformément à la loi selon laquelle

« s'il est son propre juge, nul coupable n'est acquitté, » [237]

ni ne peut, quand il s'agit de lui-même, échapper à sa propre sentence. **13** Les condamnés qui, tout en ayant des festins sous les yeux, sont torturés par la faim et périssent d'inanition [238], ce sont, disent-ils, les hommes que le désir d'acquérir toujours plus empêche de voir l'abondance présente ; indigents dans la profusion, ils souffrent dans l'opulence des maux du dénuement, incapables de regarder ce qu'ils ont déjà aussi longtemps que leur font défaut les objets de leur convoitise. **14** Ceux qui sont suspendus, écartelés, à des rayons de roues [239], sont les hommes qui ne prévoient rien par la réflexion, ne règlent rien par la raison, ne résolvent rien par les vertus, et abandonnent à la fortune tant leur personne que l'ensemble de leurs actions : accidents et hasards les emportent dans une rotation perpétuelle. **15** Roulent « un rocher énorme », ceux qui usent leur vie à des entreprises inefficaces et laborieuses ; un roc noir toujours sur le point de glisser et paraissant prêt à tomber menace la tête des ambitieux qui briguent des charges périlleuses et une tyrannie funeste, futurs vainqueurs jamais exempts de crainte [240] ; et, contraignant la foule de leurs sujets à « haïr pourvu qu'elle craigne » [241], ils se voient toujours en train de recueillir la fin qu'ils méritent.

237. Juv., *Sat.* 13, 2-3.
238. Il s'agit de Tantale, dans la description qui prend sa source chez Homère, *Od.* XI, 582-592 ; Ov., *Met.* IV, 458-9 ; Sén., *Thy.* 152-175. Selon une autre tradition, attestée par Euripide, *Or.* 5 sq., et suivie par Lucrèce, III, 980-83, Tantale était menacé d'être écrasé par un rocher suspendu au-dessus de sa tête. Virg., *Aen.* VI, 602-7, combine les deux traditions. Tantale est le symbole de la *cupido* chez Horace, *Sat.* I, 1, 68-70 (cf. aussi Lucien, *Timon* 18 ; Apulée, *De deo Socratis* 171-2).
239-241. Cf. notes complémentaires, p. 164.

riora rimantis, et ipsa uitalia indefessa admissi sceleris admo-
nitione laniantis, semperque curas, si requiescere forte temp-
tauerint, excitantis tamquam fibris renascentibus inhaerendo, nec ulla sibi miseratione parcentis, lege hac qua

... se

iudice nemo nocens absoluitur,

nec de se suam potest uitare sententiam. **13.** Illos aiunt,
epulis ante ora positis, excruciari fame et inedia tabescere
quos magis magisque adquirendi desiderium cogit praesen-
tem copiam non uidere ; et, in affluentia inopes, egestatis
mala in ubertate patiuntur, nescientes parta respicere dum
egent habendis. **14.** Illos radiis rotarum pendere districtos
qui, nihil consilio praeuidentes, nihil ratione moderantes,
nihil uirtutibus explicantes, seque et actus omnes suos fortunae permittentes, casibus et fortuitis semper rotantur. **15.**
Saxum ingens uoluere inefficacibus laboriosisque conatibus
uitam terentes ; atram silicem lapsuram semper et cadenti
similem illorum capitibus imminere qui arduas potestates et
infaustam ambiunt tyrannidem, numquam sine timore uic-
turi, et, cogentes subiectum uulgus odisse dum metuat, semper sibi uidentur exitium quod merentur excipere.

10. 12. rimantis S X E^2 A^2 K H : -mans E^1 -matis A^1 ‖ rimantis et ipsa
iter. K ‖ laniantis S X E^2 A^2 K H : -nians E^1 -niatis A^1 ‖ excitantis S X
E^2 A^2 K H : -citatis E^1 A^1 ‖ inhaerendo S X E^2 H^2 *in ras.* : inherendam
E^1 A^2 inerendam A^1 inedendo K ‖ qua S X E^2 A^2 K H : quas E^1 A^1. **13.**
aiunt S X E^2 *in ras.* A^2 : agunt A^1 K H ‖ ante ora S^2 X E A : ante..ora H^2
anteriora K ante hora S^1 ‖ magis *om.* A^1 ‖ magisque *om.* E^1. **14.** consilio
S X E^2 A K : -lii H conscium E^1 ‖ et actus S X E^2 A^2 K H : exactos E^1 A^1.
15. conatibus S X E^2 A^2 K H : cum natibus E^1 A^1 ‖ terentes S X E^2 A^2 :
terren- E^1 A^1 K H ‖ semper *om.* E A K H^1 ‖ cadenti similem S X E^2 A^2
K H : -tem -li E^1 A^1 ‖ ambiunt S X E A H^2 : *om.* K H^1 ‖ uulgus S X E^2
A^2 K H : -guus E^1 -guos A^1 ‖ sibi uidentur *om.* A^1.

16 Et les suppositions des théologiens [242] ne sont pas vaines. Denys, le féroce usurpateur du palais de Sicile, voulut un jour montrer à l'un de ses courtisans, qui s'imaginait que seul le tyran était heureux, à quel point sa vie était gâchée par une peur permanente et emplie de périls toujours menaçants ; il ordonna de sortir une épée de son fourreau et de la suspendre par le pommeau à un fil ténu, la pointe en bas, de façon qu'elle menaçât la tête du courtisan pendant le festin ; et comme la présence du danger mortel rendait importunes à cet homme les richesses de la Sicile et de la tyrannie, Denys lui dit : « Telle est la vie que tu croyais heureuse : c'est ainsi que nous voyons la mort nous menacer sans cesse. Demande-toi quand on pourra être heureux si l'on ne cesse pas de trembler. » [243]

17 En fonction donc de ces thèses des théologiens, si vraiment

« nous subissons chacun nos propres mânes » [244]

et si nous croyons que les enfers se situent dans notre corps, que devons-nous penser, sinon que l'âme meurt lorsqu'elle est plongée dans les enfers du corps, et qu'elle vit lorsqu'au sortir du corps elle s'élance vers les régions supérieures ?

Thèses philosophiques

Interprétation pythagorico-platonicienne : les deux morts

11. 1 Il faut dire ce que la recherche philosophique, plus scrupuleuse dans sa quête de la vérité, a par la suite ajouté à ces thèses [245]. En effet les disciples de Pythagore d'abord,

---

242. *Theologi* : cf. I, 10, 9 et note 226, p. 161-162.

243. Anecdote de l'épée de Damoclès, longuement rapportée par Cicéron, *Tusc.* V, 61-2. J. Flamant, (1977), p. 579, remarque avec raison qu'elle ne sert en rien le sujet en cours, qui est la localisation des enfers, et qu'elle est probablement un vestige de la source à laquelle Macrobe doit ses citations latines.

244-245. Cf. notes complémentaires, p. 164-165.

16. Nec frustra hoc theologi suspicati sunt. Nam et Dionysius, aulae Siculae inclementissimus incubator, familiari
quondam suo solam beatam existimanti uitam tyranni
uolens quam perpetuo metu misera quamque impenden-
tium semper periculorum plena esset ostendere, gladium
uagina raptum et a capulo de filo tenui pendentem mucrone
demisso iussit familiaris illius capiti inter epulas imminere ;
cumque ille et Siculas et tyrannicas copias praesentis mortis
periculo grauaretur, « talis est, » inquit Dionysius, « uita
quam beatam putabas : sic semper mortem nobis imminentem uidemus. Aestima quando esse felix poterit qui timere
non desinit. »

17. Secundum haec igitur quae a theologis adseruntur, si
uere

> quisque suos patimur manes

et inferos in his corporibus esse credimus, quid aliud intellegendum est quam mori animam cum ad corporis inferna
demergitur, uiuere autem cum ad supera post corpus euadit ?

11. 1. Dicendum est quid his postea ueri sollicitior inquisitor philosophiae cultus adiecerit. Nam et qui primum

---

10. 16. dionysius S^2 : -nisius S^1 X E A K H ‖ siculae S X E^2 H^2 : om. E^1
A K H^1 ‖ quondam S X E A^2 K H^2 : quodam A^1H^1 ‖ periculorum S X
E^2 K H : -larum E^1 A ‖ dionysius S^2 : -nisius S^1 X E A K H ‖ mortem om.
K^1 ‖ esse felix S X E A : f. e. K H. **17.** theologis S X E^2 H^2 : -lesis E^1 A
-leis K H^1 ‖ patimur S X E^2 A K H^2 : partim E^1 patitur H^1 ‖ euadit S X
E H^2 : -dat A eleuauit H^1, K non leg.

11. 1. corporis post his add. S^1 ‖ sollicitior S E : sollitior X A sollicior
K H.

puis ceux de Platon, ont déclaré qu'il existait deux morts,
celle de l'âme et celle de l'être animé, professant que l'être
animé meurt lorsque l'âme sort du corps, mais que l'âme,
elle, meurt lorsqu'elle quitte la source une et indivisible de la
nature pour se diffuser dans les parties du corps [246]. **2** L'une
de ces morts est manifeste et connue de tous, la seconde n'est
reconnue que par les sages : les autres se figurent qu'elle est la
vie ; cela fait qu'on ignore très généralement pourquoi nous
nommons le dieu de la mort tantôt le Riche tantôt le
Cruel [247]. L'épithète flatteuse indique que la première mort,
celle de l'être animé, délivre l'âme et la rend aux véritables
richesses de la nature et à la liberté qui lui est propre ; quant
à la seconde mort, celle que le vulgaire croit être la vie, nous
attestons, en usant d'un terme terrifiant, qu'elle arrache
l'âme à la lumière de son immortalité pour la précipiter en
quelque sorte dans les ténèbres de la mort. **3** En effet, pour
composer un être vivant, il faut qu'une âme soit enchaînée à
l'intérieur du corps. Aussi le corps est-il appelé δέμας, c'est-
à-dire « chaîne », et σῶμα, qui est quasiment σῆμα, c'est-à-
dire « tombeau » de l'âme. C'est cela qui fait dire à Cicéron,
pour signifier à la fois que le corps est une chaîne et que le
corps est un tombeau, le tombeau étant la prison des
morts [248] : « *eux qui se sont échappés d'un coup d'aile des
entraves du corps comme d'une prison* ».

Les trois thèses platoniciennes

4 Quant aux enfers, les Platoniciens ont dit qu'ils ne se
trouvaient pas dans le corps, c'est-à-dire qu'ils ne commençaient pas avec le corps ; ils ont appelé « séjour de Dis »,

---

246, 248. Cf. notes complémentaires, p. 165.

247. Le Dis Pater romain, dieu du monde souterrain, fut de bonne
heure assimilé au Pluton grec. L'épithète de « Riche » était une allusion
à l'abondance inépuisable des ressources du sol, tant agricoles que
minières : *terrena autem uis omnis atque natura Diti patri dedicata est,
qui diues ut apud Graecos* Πλούτων, *quia et recidunt omnia in terras et
oriuntur e terris* (Cic., *N.D.* II, 66). Pluton d'ailleurs est souvent repré-
senté avec une corne d'abondance. *Immitis*, appliqué à ce même dieu, se
trouve chez Virgile, *G.* IV, 492.

Pythagoram et qui postea Platonem secuti sunt, duas esse mortes, unam animae, animalis alteram prodiderunt, mori animal cum anima discedit e corpore, ipsam uero animam mori adserentes cum a simplici et indiuiduo fonte naturae in membra corporea dissipatur. **2.** Et quia una ex his manifesta et omnibus nota est, altera non nisi a sapientibus deprehensa, ceteris eam uitam esse credentibus, ideo hoc ignoratur a plurimis cur eundem mortis deum modo Ditem, modo immitem uocemus, cum per alteram, id est animalis mortem, absolui animam et ad ueras naturae diuitias atque ad propriam libertatem remitti faustum nomen indicio sit ; per alteram uero, quae uulgo uita existimatur, animam de immortalitatis suae luce ad quasdam tenebras mortis impelli uocabuli testemur horrore. **3.** Nam ut constet animal, necesse est in corpore anima uinciatur. Ideo corpus δέμας, hoc est uinculum, nuncupatur, et σῶμα, quasi quoddam σῆμα, id est animae sepulcrum. Vnde Cicero, pariter utrumque significans, corpus esse uinculum, corpus sepulcrum, quod carcer est sepultorum, ait : « *qui e corporum uinclis tamquam e carcere euolauerunt.* »

4. Inferos autem Platonici non in corporibus esse, id est non a corporibus incipere, dixerunt, sed certam mundi istius

---

11. 1. pythagoram K : pythagoran S^2 pytagoram X pitagoram H pytagoran S^1 phytagoran $E A$ ‖ qui *om*. X ‖ secuti $S X E^2 A K H$: -te E^1 ‖ esse $S E A K^2$: se $K^1 H$, *om*. X ‖ simplici $S X E^2 K H$: simpli $E^1 A$ ‖ indiuiduo $S X E^2 H$: diuiduo $E^1 A K$. **2.** nota $S X E A H^2$: nata $K H^1$ ‖ *pr.* a *om*. S^1 ‖ absolui $S X E A$: ads- $K H$ ‖ uita S^2 *in ras.* $X E^2 A^2 K H$: -tae $E^1 A^1$ ‖ immortalitatis suae luce ad quasdam S^2 *in ras.* ‖ suae *om.* H^1 ‖ horrore $S X E^2 A$: orr- E^1 err- $K H$. **3.** δέμας *edd.* : ΔΕΜΑϹ $K H$ demas $S X E A$ ‖ σῶμα *edd.* : CΩMA *codd.* ‖ quoddam $S X E^2 K H$: quiddam $E^1 A$ ‖ σῆμα *edd.* : CHMA $X E A H$ sema $S K$ ‖ semma *post* CHMA *add.* $E^1 A$ ‖ est *om.* K ‖ cicero $S X$: et cicero $E A K H$ ‖ pariter utrumque significans S^2 *in ras.* ‖ ait qui $S^2 X E K H$: atque S^1 ait quae A ‖ uinclis *om.* H. **4.** a $S X E^2 K H$: *om.* $E^1 A$.

c'est-à-dire enfers, une région précise du monde d'ici-bas ;
mais s'agissant de délimiter cet endroit, ils ont émis des
opinions discordantes et leur doctrine s'est partagée entre
trois écoles.

Première thèse platonicienne

5 Les uns [249] ont divisé le monde en deux parties, dont
l'une agit, l'autre subit ; et ils ont dit que la première agit
parce que, tout en étant immuable, elle impose à l'autre la
nécessité et les causes du changement, et que la seconde
subit, parce que le changement la modifie. **6** La partie
immuable du monde va, selon leurs dires, de la sphère appelée ἀπλανής jusqu'au globe lunaire exclu, la partie chan-
geante va de la lune à la terre [250] ; les âmes sont vivantes tant
qu'elles restent dans la partie immuable, elles meurent après
leur chute vers la partie soumise au changement ; et c'est la
raison pour laquelle l'intervalle entre la lune et la terre est
attribué à la mort et aux enfers ; la lune elle-même est la
frontière entre la vie et la mort ; et l'on a donc pensé, non
sans raison, que les âmes qui s'écoulaient [251] de la lune sur la
terre mouraient, et que celles qui de la lune montaient vers
les régions supérieures revenaient à la vie. Car la lune est la
limite supérieure du monde des êtres éphémères : c'est à
partir d'elle que les âmes commencent à être soumises au
comput des jours et au temps. **7** Enfin les physiciens ont
appelé la lune « terre de l'éther » [252], et ils ont nommé ses
habitants « peuples de la lune » [253]. Ils ont appuyé leur enseignement sur une foule d'arguments qu'il serait long d'énumérer ici. Il n'est pas douteux que la lune est responsable et
créatrice des corps mortels, au point que certains corps
subissent un accroissement quand arrive sa lumière et dimi-
nuent lorsqu'elle décroît [254]. Mais pour éviter qu'un exposé
surabondant sur une matière évidente n'engendre la lassi-
tude, passons à une autre définition de l'emplacement des
enfers.

249-254. Cf. notes complémentaires, p. 165-166.

partem Ditis sedem, id est inferos, uocauerunt ; de loci uero
ipsius finibus inter se dissona publicauerunt et in tres sectas
diuisa sententia est.

5. Alii enim mundum in duo diuiserunt, quorum alterum
facit, alterum patitur ; et illud facere dixerunt quod, cum sit
immutabile, alteri causas et necessitatem permutationis
imponit, hoc pati quod permutatione uariatur. **6.** Et immu-
tabilem quidem mundi partem a sphaera, quae ἀπλανής
dicitur, usque ad globi lunaris exordium, mutabilem uero a
luna ad terras usque dixerunt ; et uiuere animas dum in
immutabili parte consistunt, mori autem cum ad partem
ceciderint permutationis capacem ; atque ideo inter lunam
terrasque locum mortis et inferorum uocari ; ipsamque
lunam uitae esse mortisque confinium ; et animas inde in
terram fluentes mori, inde ad supera meantes in uitam
reuerti nec immerito aestimatum est. A luna enim deorsum
natura incipit caducorum : ab hac animae sub numerum
dierum cadere et sub tempus incipiunt. **7.** Denique illam
aetheriam terram physici uocauerunt, et habitatores eius
lunares populos nuncuparunt. Quod ita esse plurimis argu-
mentis, quae nunc longum est enumerare, docuerunt. Nec
dubium est quin ipsa sit mortalium corporum et auctor et
conditrix, adeo ut nonnulla corpora sub luminis eius accessu
patiantur augmenta et hoc decrescente minuantur. Sed ne de
re manifesta fastidium prolixa adsertione generetur, ad ea
quae de inferorum loco alii definiunt transeamus.

---

11. 4. publicauerunt X E^1 A K H : -carunt S E^2. **5.** sit S X E A : om. K
H ‖ permutatione S^1 A : -nes S^2 X E -nem K H. **6.** quae S X E^2 A^2 K H :
qui E^1 A^1 ‖ ἀπλανής edd. : ΑΠΛΑΝΕΣ K H aplanes S X E^1 A planes
E^2 ‖ a om. E^1 ‖ in immutabili S E^2 A^2 K H : in mutabili E^1 X immutabili
A^1 ‖ autem om. S^1 ‖ aestimatum S X E A : -mandum K H ‖ cadere et
sub tempus S^2 in ras. **7.** nuncuparunt S K H : nonc- X -pauerunt E A ‖
patiantur — minuantur om. E^1 A ‖ decrescans post decrescente add.
K. ‖ inferorum S X K H : infernorum E A.

Deuxième thèse platonicienne

8 D'autres Platoniciens en effet ont préféré diviser le monde en trois séries de quatre éléments [255] ; dans la première ils comptent la terre, l'eau, l'air, le feu qui est une partie plus limpide de l'air au voisinage de la lune ; au-dessus, ils ont mis à nouveau des éléments en nombre égal mais de nature plus pure, si bien que la terre y est remplacée par la lune, que les physiciens appellent, nous l'avons dit, la « terre de l'éther » ; que l'eau est la sphère de Mercure, l'air, celle de Vénus, et le feu est dans le soleil ; la troisième série d'éléments, inversée par rapport à nous, situe la terre à l'extérieur ; ainsi les autres éléments se trouvant regroupés au milieu, l'extrémité inférieure comme l'extrémité supérieure s'achèvent par la terre ; on considère donc que la sphère de Mars est le feu, celle de Jupiter, l'air, celle de Saturne, l'eau, et que la terre, elle, est la sphère ἀπλανής (fixe), dans laquelle, selon la tradition antique, nous devons voir les Champs Elysées réservés aux âmes pures. **9** Lorsque, quittant ces Champs Elysées, l'âme est envoyée dans le corps, elle descend jusqu'au corps par les trois séries d'éléments au prix d'une triple mort. Telle est la seconde thèse platonicienne au sujet de la mort qui frappe l'âme jetée dans le corps.

Troisième thèse platonicienne

10 D'autres Platoniciens encore [256] — nous avons signalé ci-dessus qu'il y avait parmi eux trois écoles différentes — divisent eux aussi, comme le font les premiers, le monde en deux parties, mais en les délimitant autrement. Ils ont considéré en effet que le ciel, c'est-à-dire la sphère appelée ἀπλανής (fixe), formait la première partie, et que les sept sphères dites errantes, plus l'intervalle entre elles et la terre, plus la terre elle-même, formaient la seconde partie. **11** Donc, d'après cette école, qui a les faveurs de la raison, les âmes bienheureuses exemptes de toute contamination corporelle

---

255-256. Cf. notes complémentaires, p. 166.

8. Maluerunt enim mundum alii in elementa ter quaterna
diuidere, ut in primo numerentur ordine terra, aqua, aer,
ignis, qui est pars liquidior aeris uicina lunae ; supra haec
rursum totidem numero, sed naturae purioris elementa, ut
sit luna pro terra, quam aetheriam terram a physicis diximus
nominatam, aqua sit sphaera Mercurii, aer Veneris, ignis in
sole, tertius uero elementorum ordo ita ad nos conuersus
habeatur ut terram ultimam faciat, et, ceteris in medium
redactis, in terras desinat tam ima quam summa postremitas,
igitur sphaera Martia ignis habeatur, aer Iouis, Saturni aqua,
terra uero ἀπλανής, in qua Elysios esse campos puris animis
deputatos antiquitas nobis intellegendum reliquit. **9.** De his
campis anima, cum in corpus emittitur, per tres elementorum ordines trina morte ad corpus usque descendit. Haec est
inter Platonicos de morte animae, cum in corpus truditur,
secunda sententia.

10. Alii uero — nam tres esse inter eos sententiarum
diuersitates ante signauimus — in duas quidem et ipsi partes, sicut primi faciunt, sed non isdem terminis diuidunt
mundum. Hi enim caelum, quod ἀπλανής sphaera uocitatur,
partem unam, septem uero sphaeras quae uagae uocantur et
quod inter illas ac terram est terramque ipsam, alteram
partem esse uoluerunt. **11.** Secundum hos ergo, quorum
sectae amicior est ratio, animae beatae, ab omni cuiuscum-

11. 8. alii in $S\ X\ E^2\ A^2\ K\ H^2$: alii $E^1\ A^1$ in H^1 ‖ aer $S\ X\ E\ K^2\ H$: *om.* A
K^1 ‖ qui $S\ X^2\ E^1\ A$: quae $X^1\ E^2\ K\ H$ ‖ numero $S\ X\ E^2\ A^2\ H$: -ros $E^1\ A^1$
K ‖ purioris $S\ X\ A^2\ K\ H$: -res $E\ A^1$ ‖ aetheriam $S\ X\ K\ H$: -ream $E\ A$ ‖
a $S\ X\ E^2\ A^2\ K\ H$: *om.* $E^1\ A^1$ ‖ aer $S\ X\ E\ A^2\ H$: et K *om.* A^1 ‖ sole $S\ X$
$E\ A^2\ H$: -lem $A^1\ K$ ‖ terras $S\ X\ H$: terram $E\ A\ K$ ‖ ἀπλανής *edd.* :
ΑΠΛΑΝΕϹ K aplanes $S\ X\ E\ A^2\ H$ adplanes A^1 ‖ deputatos $S\ X\ E^2\ K$
H : desp- E^1 disp- A. **9.** tres *om.* K ‖ morte $S\ X\ E\ A^2\ H$: -ti A^1 -tis K ‖
platonicos $S\ X\ E^2\ A^2\ K\ H$: -ca E^1 -cus A^1. **10.** isdem $S\ E$: iis- A his $X\ K$
H ‖ ἀπλανής *edd.* : ΑΠΛΑΝΕϹ K aplanes $S\ X\ E\ H$ adplanes A ‖
sphaera *om.* K^1 ‖ et *om.* X^1.

habitent le ciel. Mais l'âme qui sous l'effet d'un désir [257] secret quitte des yeux cet observatoire vertigineux et cette lumière perpétuelle pour se représenter avec convoitise le corps et ce que nous appelons sur terre la vie, alourdie par cette pensée terrestre, se laisse glisser petit à petit vers le bas. **12** Lorsqu'elle abandonne son incorporalité parfaite elle ne revêt pas d'un coup son corps de boue, mais peu à peu, en s'appauvrissant imperceptiblement, en s'éloignant de plus en plus de sa pureté homogène et absolue, elle se gonfle et étoffe en quelque sorte son corps sidéral. En effet, dans chacune des sphères situées au-dessous de la sphère du ciel, elle se revêt d'une enveloppe éthérée [258], enveloppes qui la préparent progressivement à son union avec ce revêtement d'argile [259], et ainsi, mourant d'autant de morts qu'elle traverse de sphères, elle parvient à cet état que l'on appelle sur terre la vie.

La descente de l'âme à travers les sphères célestes

12. 1 Quant à la descente au cours de laquelle l'âme se laisse glisser du ciel jusqu'aux bas-fonds de cette vie, voici l'ordre de son déroulement [260].

Le cercle de la Voie Lactée embrasse le zodiaque de part et d'autre en le coupant de sa circonférence oblique ; les intersections se situent aux endroits où le zodiaque porte les deux signes tropicaux, le Capricorne et le Cancer [261]. Les physiciens les ont appelés les « portes du soleil », parce que dans l'une et l'autre, le solstice empêche le soleil, en lui barrant la route, de poursuivre sa marche et le fait revenir à son trajet, dans la zone dont il ne quitte jamais les limites. **2** C'est par ces

257. Cf. déjà ci-dessus I, 9, 10, et ci-dessous, I, 12, 16. Même idée chez Plotin, *Enn.* IV, 3, 13, 17-20. D'autre part, selon Numénius, frg. 11 Des Places = 20 Leeman (Eus., *Prép. év.*, XI, 17, 11-18, 5, p. 537 b 20 V), le principe divin entre en contact avec le sensible « parce qu'il a tendu son désir vers la matière », ἐπορεξάμενος τῆς ὕλης. Cf. A.-J. Festugière, (1953), p. 91. Les *Oracles chaldaïques* contiennent eux aussi l'idée que l'âme, partie du feu originel, descend les degrés de l'échelle des êtres par un acte volontaire : cf. F. Cumont, *Lux perpetua*, Paris, 1949, p. 363-364.
258-261. Cf. notes complémentaires, p. 167-168.

que contagione corporis liberae, caelum possident. Quae
uero appetentiam corporis et huius quam in terris uitam
uocamus, ab illa specula altissima et perpetua luce despi-
ciens, desiderio latenti cogitauerit, pondere ipso terrenae
cogitationis, paulatim in inferiora delabitur. **12.** Nec subito a
perfecta incorporalitate luteum corpus induitur, sed sensim,
per tacita detrimenta et longiorem simplicis et absolutissi-
mae puritatis recessum, in quaedam siderei corporis incre-
menta turgescit. In singulis enim sphaeris quae caelo subiectae sunt aetheria obuolutione uestitur, ut per eas gradatim
societati huius indumenti testei concilietur, et ideo, totidem
mortibus quot sphaeras transit, ad hanc peruenit quae in
terris uita uocitatur.

12. 1. Descensus uero ipsius, quo anima de caelo in huius
uitae inferna delabitur, sic ordo digeritur.

Zodiacum ita lacteus circulus obliquae circumflexionis
occursu ambiendo complectitur ut eum qua duo tropica
signa, Capricornus et Cancer, feruntur, intersecet. Has solis
portas physici uocauerunt, quia in utraque obuiante solstitio
ulterius solis inhibetur accessio, et fit ei regressus ad zonae
uiam cuius terminos numquam relinquit. **2.** Per has portas

11. 11. contagione corporis $S X E A$: -nis -re $K H$ ‖ appetentiam $X E K$:
-tia $S A H$ ‖ cogitationis $X E A K$: contagione S^2 *in ras. H.* **12.**
incorporalitate $S X E^2 A^2 K^2$: corp- $E^1 A^1 K^1 H$ ‖ sensim S^2 *in ras.* X^2
$E K H$: sensum $X^1 A$ ‖ longiorem $S X K H$: -ris $E A$ ‖ aetheria $S X$: -rea
$E A^2 K H$ -ra A^1 ‖ per eas $S^2 X E A K H$: pareas S^1 ‖ quot $S X E^2$ *in ras.*
A^2 : quod $A^1 K H$.
    12. 1 digeritur $S X E^2$: dirigitur $E^1 A K H^2$ *in ras.* ‖ *ab* ita *inc. N* ‖
intersecet $S X E^2$ *in ras.* $A K^2 H^2 N$: interscet $K^1 H^1$ ‖ uocauerunt $S X$
$E A K^2 N$: -uerint $K^1 H$ ‖ solstitio $X A N$: solsticio $K H$ solistitio S
solisticio E ‖ ad ... uiam $S X K^2 H$: a ... uia $E A K^1 N$ ‖ *post* relinquit *def.*
N.

portes, croit-on, que les âmes passent du ciel à la terre et
retournent de la terre au ciel. Aussi sont-elles appelées respectivement « porte des hommes » et « porte des dieux » :
« porte des hommes », le Cancer, parce que c'est par lui que se
fait la descente vers nos bas-fonds ; « porte des dieux », le
Capricorne, parce que c'est par là que passent les âmes pour
regagner le séjour de leur immortalité et les rangs des dieux.
3 C'est ce que symbolise la divine sagesse d'Homère, dans sa
description de l'antre d'Ithaque. C'est aussi ce qui fait penser
à Pythagore que l'empire de Dis commence au-dessous de la
Voie Lactée : car on voit bien qu'une fois qu'elles l'ont
quittée, les âmes ont rompu avec les régions supérieures. Cela
explique, selon lui, que le premier aliment des nouveau-nés
soit le lait : c'est que le premier mouvement qui les fait
descendre dans les corps terrestres part de la Voie Lactée.
Voilà pourquoi, à propos des âmes des bienheureux, Scipion
s'est entendu dire, alors qu'on lui désignait la Voie Lactée :
« *partis d'ici, ils y retournent.* » [262]

4 Donc, lorsque les âmes prêtes à entamer leur descente [263] sont encore dans le Cancer, comme elles n'ont à cet
endroit toujours pas quitté la Voie Lactée, elles font encore
partie des dieux. Mais lorsque leur glissade les a menées
jusqu'au Lion [264], elles commencent à y expérimenter leur
condition future. Et comme dans le Lion elles font le premier
apprentissage de leur naissance, nouvelles recrues, en quelque sorte, de la nature humaine, comme d'autre part le
Verseau est à l'opposé du Lion et va se coucher quand l'autre
se lève, on sacrifie aux Mânes lorsque le soleil occupe le
Verseau : rien d'étonnant, s'agissant d'un signe que l'on tient
pour contraire et hostile à la vie humaine [265].

262, 264-265. Cf. notes complémentaires, p. 168.
263. Pour la descente de l'âme, outre les commentaires de L. Scarpa,
(1981) et M. Regali, (1983), *ad loc.*, cf. M. A. Elferink, (1968), p. 8-34 ; H.
De Ley, (1972), p. 51-61 ; J. Flamant, (1977), p. 557-562 ; M. di Pasquale
Barbanti, (1988), p. 128-141 ; A. Setaioli, (1995), p. 63-121. En dépit des
réserves de M. A. Elferink, il semble bien que Macrobe continue dans
toute la suite du chapitre 12 à développer la doctrine de Numénius,
connue de lui à travers Porphyre.

animae de caelo in terras meare et de terris in caelum remeare
creduntur. Ideo hominum una, altera deorum uocatur :
hominum, Cancer, quia per hunc in inferiora descensus est ;
Capricornus, deorum, quia per illum animae in propriae
immortalitatis sedem et in deorum numerum reuertuntur. **3.**
Et hoc est quod Homeri diuina prudentia in antri Ithacensis
descriptione significat. Hinc et Pythagoras putat a lacteo
circulo deorsum incipere Ditis imperium, quia animae inde
lapsae uidentur iam a superis recessisse. Ideo primam nascentibus offerri ait lactis alimoniam, quia primus eis motus a
lacteo incipit in corpora terrena labentibus. Vnde et Scipioni
de animis beatorum ostenso lacteo dictum est : « *hinc profecti huc reuertuntur.* »

4. Ergo descensurae cum adhuc in Cancro sunt, quoniam
illic positae necdum lacteum reliquerunt, adhuc in numero
sunt deorum. Cum uero ad Leonem labendo peruenerint,
illic condicionis futurae auspicantur exordium. Et quia in
Leone sunt rudimenta nascendi et quaedam humanae naturae tirocinia, Aquarius autem aduersus Leoni est et illo
oriente mox occidit, ideo, cum sol Aquarium tenet, Manibus
parentatur, utpote in signo quod humanae uitae contrarium
uel aduersum feratur.

12. 2. terras S X E^2 A^2 K H : terram E^1 terris A^1 ‖ meare *om.* A ‖ est S
X E K : et A H. **3.** prudentia S X E A K : sententia H ‖ ithacensis E^2 K :
-cesis S^2 *in ras.* -censii H -censi X^2 -cessis E^1 -cessi A itacensis X^1 ‖
pythagoras S^2 X^2 : pytag- X^1 pithag- K pitag- S^1 H phytag- E A ‖ lacteo
S X E^2 K H : lec- E^1 A ‖ iam *om.* E^1 ‖ a S X E^2 A^2 K H : ad E^1 A^1 ‖ ait
S X E^2 K H : aut A^1 autumant A^2, *om.* E^1. **4.** quoniam — numero sunt
om. H ‖ condicionis S^2 X E A H^2 : -ditionis S^1 -diciones H^1- dicione K^1
-dicioni K^2 ‖ et *ante* ideo *add.* H ‖ signo S X E A K^2 H^2 : -num K^1 H^1 ‖
aduersum S X E A K^2 H^2 : -sam K^1 H^1 ‖ uel aduersum *iter.* A^1.

5 Donc, de là, c'est-à-dire à partir de l'intersection entre le zodiaque et la Voie Lactée, l'âme qui descend passe en s'allongeant de la forme ronde, la seule divine [266], à la forme conique, de la même façon que la ligne naît du point et passe de l'indivisible à la longueur ; et ici, à partir de ce qui est pour elle le point, la monade, elle devient dyade, ce qui représente la première extension [267]. **6** Telle est l'essence que Platon a qualifiée à la fois d'indivisible et de divisée, lorsqu'il parle dans le *Timée* de la fabrication de l'Âme du Monde [268]. Car les âmes, celle de l'individu comme celle du monde, tantôt apparaîtront ignorantes de la division, si l'on envisage la simplicité de la nature divine, tantôt s'en révèleront capables, en se répandant l'une dans les membres du monde, l'autre dans ceux de l'individu.

7 Lorsque donc l'âme est entraînée vers le corps, elle commence dans cette première prolongation d'elle-même à éprouver le désordre de la matière, c'est-à-dire l'afflux en elle de la ὕλη. C'est cela que Platon a relevé dans le *Phédon*, en disant que l'âme entraînée vers le corps vacille sous l'effet d'une ivresse inconnue [269] ; il entendait par là qu'elle boit pour la première fois le flot de la matière dont elle est imprégnée et alourdie au cours de sa descente. **8** Un indice de ce mystère est fourni aussi par la constellation de la Coupe de Liber Pater, située dans l'intervalle entre le Cancer et le Lion [270] : elle atteste que là, pour la première fois, l'afflux de matière enivre les âmes prêtes à descendre ; il s'ensuit aussi que le compagnon de l'ivresse, l'oubli, commence là déjà à s'insinuer subrepticement dans les âmes. **9** Car si les âmes transportaient jusque dans les corps le souvenir des choses

266, 269-270. Cf. notes complémentaires, p. 168-169.

267. Pour les relations entre point/monade et ligne/dyade, cf. *Comm.* I, 5, 11 ; I, 6, 35 ; II, 2, 5. Sur tout ce passage (nature arithmétique ou géométrique de l'âme ?), cf. la mise au point de H. De Ley, (1972), p. 27-50, à laquelle se sont ralliés les commentateurs postérieurs. De Ley montre en particulier que cette conception de l'âme est tout à fait compatible avec ce que nous croyons savoir de la pensée de Numénius, à laquelle il convient dès lors d'attribuer l'ensemble du chapitre 12.

268. Cf. *Tim.* 35a, ainsi que le commentaire de Plotin, *Enn.* I, 1, 8, 11 sq. ; Porph., *Sent.* 5.

5. Illinc ergo, id est a confinio quo se zodiacus lacteusque
contingunt, anima descendens a tereti, quae sola forma
diuina est, in conum defluendo producitur, sicut a puncto
nascitur linea et in longum ex indiuiduo procedit, ibique a
puncto suo, quod est monas, uenit in dyadem, quae est prima
protractio. **6.** Et haec est essentia quam indiuiduam eandem-
que diuiduam Plato in Timaeo, cum de mundanae animae
fabrica loqueretur, expressit. Animae enim, sicut mundi, ita
et hominis unius, modo diuisionis reperientur ignarae, si
diuinae naturae simplicitas cogitetur, modo capaces, cum illa
per mundi, haec per hominis membra diffunditur.

7. Anima ergo, cum trahitur ad corpus, in hac prima sui
productione siluestrem tumultum, id est ὕλην influentem
sibi, incipit experiri, et hoc est quod Plato notauit in Phaedone, animam in corpus trahi noua ebrietate trepidantem,
uolens nouum potum materialis alluuionis intellegi, quo
delibuta et grauata deducitur. **8.** Arcani huius indicium est et
Crater Liberi Patris ille sidereus, in regione quae inter Cancrum est et Leonem locatus, ebrietatem illic primum descen-
suris animis euenire silua influente significans, unde et
comes ebrietatis, obliuio, illic animis incipit iam latenter
obrepere. **9.** Nam si animae memoriam rerum diuinarum,

12. 5. illinc S X K H : illic E A ‖ a tereti S X E^2 *in ras.* A^2 K^2 H^2 : a teriti
A^1 a TEREPI H^1 ATEPI K^1 ‖ indiuiduo S X E^2 A^2 K^2 H : diuiduo E^1 A^1
K^1 ‖ dyadem S E A : diadem X ΔYAΔEN K H ‖ protractio S X E A H :
contr- K. **6.** est *om.* X ‖ indiuiduam S X^2 E A^2 K H^2 : indiuidiam H^1
indiuduam X^1 induam A^1. **7.** ὕλην *edd.* : hylen S E A K hilen X ylen H
‖ experiri S X E A K H^2 : -perire H^1 ‖ phaedone S^1 E^1 A : phaedrone S^2
phedrone X E^2 H phoedone K ‖ uolens *om.* K^1 H^1 ‖ alluuionis S^1 X E^2
A^2 K H : aluuionis E^1 aluuiones A^1 obluiuionis S^2 ‖ delibuta S^2 X E K
H^2 : dilibuta S^1 A delibita H^1. **8.** et S X K^2 H^2 : *om.* E A K^1 H^1 ‖ patris
S X E^2 K H : pater E^1 A ‖ silua — latenter *om.* K ‖ obrepere S X^2 E A
K : obripere X^1 H^2 obpere H^1.

divines dont elles avaient connaissance au ciel, les hommes n'auraient aucun désaccord à propos de la nature divine ; mais toutes en descendant boivent l'oubli, les unes pourtant plus que les autres. Aussi, bien que sur terre la vérité ne s'impose pas à tout le monde, tout le monde possède l'opinion, parce que le défaut de mémoire est le commencement de l'opinion. **10** Mais ceux qui ont bu moins d'oubli découvrent mieux le vrai, parce qu'ils se rappellent aisément ce qu'ils ont su là-haut auparavant. Voilà pourquoi ce que les Latins appellent « lecture » se dit chez les Grecs « connaissance retrouvée » [271] : c'est que, lorsque nous apprenons des choses vraies, nous retrouvons ce que nous savions naturellement, avant que le flot de matière n'enivrât les âmes descendant dans les corps.

11 Or c'est cette hylè (« matière »), qui, marquée de l'empreinte des idées, a formé tout le corps du monde que nous voyons partout. Mais la partie la plus haute et la plus pure de cette matière, celle dont les êtres divins se nourrissent ou sont constitués, est appelée nectar et passe pour être la boisson des dieux [272] ; quant à la partie inférieure, plus troublée, c'est la boisson des âmes, et c'est cela que les Anciens ont appelé le fleuve Léthé [273].

12 Les Orphiques supposent que Liber Pater lui-même symbolise le νοῦς ὑλικός, qui né de l'indivisible se divise à son tour en individus. C'est pourquoi dans leurs mystères la tradition veut que Liber, mis en pièces par la fureur des Titans, ses morceaux ensevelis, ait ressuscité un et entier : c'est que le νοῦς (que l'on traduit par *mens*, nous l'avons dit),

271. *Repetita cognitio* : traduction périphrastique d'ἀνάγνωσις. C'est la notion platonicienne de la réminiscence, ἀνάμνησις (Plat., *Phaed.* 72e ; 76b ; *Phaedr.* 249c ; *Men.* 81d-86a), résumée par Cic., *Tusc.* I, 56-8.

272. Chez les plus anciens poètes, le nectar, avec l'ambroisie, forme la nourriture des dieux, et leur assure l'immortalité (Hom. *Il.* I, 598 ; *Od.* V, 199 ; *Hymne à Déméter* 49 ; Hés., *Théog.* 640 ; 796). Par la suite il semble que le nectar soit plutôt leur boisson et l'ambroisie leur nourriture, mais la distinction n'est pas très claire.

273. Cf. ci-dessus, I, 10, 10 et note 230, p. 162.

quarum in caelo erant consciae, ad corpora usque deferrent, nulla inter homines foret de diuinitate dissensio ; sed obliuionem quidem omnes descendendo hauriunt, aliae uero magis, minus aliae. Et ideo in terris uerum cum non omnibus liqueat, tamen opinantur omnes, quia opinionis ortus est memoriae defectus. **10.** Hi tamen hoc magis inueniunt qui minus obliuionis hauserunt, quia facile reminiscuntur quid illic ante cognouerint. Hinc est quod, quae apud Latinos lectio, apud Graecos uocatur repetita cognitio, quia, cum uera discimus, ea recognoscimus quae naturaliter noueramus, priusquam materialis influxio in corpus uenientes animas ebriaret.

11. Haec est autem hyle, quae omne corpus mundi quod ubicumque cernimus, ideis impressa, formauit. Sed altissima et purissima pars eius, qua uel sustentantur diuina uel constant, nectar uocatur et creditur esse potus deorum, inferior uero atque turbidior potus animarum, et hoc est quod ueteres Lethaeum fluuium uocauerunt.

12. Ipsum autem Liberum Patrem Orphaici νοῦν ὑλικόν suspicantur intellegi, qui ab illo indiuiduo natus in singulos ipse diuiditur. Ideo in illorum sacris traditur Titanio furore in membra discerptus et frustis sepultis, rursus unus et integer emersisse, quia νοῦς, quem diximus mentem uocari,

---

12. 9. liqueat *S X E² A² K H* : -quent *E¹ A¹*. **10.** hauserunt *S X A² K H* : hauxer- *E A¹* ‖ ante *S X* : antea *E A H, K non leg.* ‖ cognouerint *S X E A* : -runt *K H* ‖ cognitio *S X E² K H* : -gnatio *E¹* -gnotio *A* ‖ influxio *S X E² A²* : -flexio *E¹ A¹ H, K non leg.* **11.** hyle *S E A K* : hile *X* kyle *H* ‖ potus deorum *X E² A K H* : d. p. *S* positus deorum *E¹* ‖ turbidior *S X E A* : turpid- *H, K non leg.* **12.** orphaici *S X H* : orfaici *E A, K non leg.* ‖ νοῦν ὑλικόν *edd.* : ΝΟΥΝ ΥΛΙΚΟΝ *S K* ΝΟΥΝΥΝΚΟΝ *H* ΝΟΥΛΥΚΟΝ *E* ΝΟΥΑΥΚΟΝ *A* ΝΟΥΑΙΚΟΝ *X* ‖ in *post* ab *add. A* ‖ in membra *om.* *H¹* ‖ νοῦς *edd.* : ΝΟΥϹ *S X E K H* ΝΟΙϹ *A*.

en s'offrant à la division à partir de l'indivisible, puis en revenant à nouveau de la division à l'indivisible, accomplit ses devoirs cosmiques sans manquer aux mystères de sa propre nature [274].

13 Donc l'âme que cette première surcharge a fait descendre du zodiaque et de la Voie Lactée jusqu'aux sphères inférieures [275], non seulement, nous l'avons déjà dit, gagne au cours de leur traversée une enveloppe dans chaque sphère au contact du corps lumineux [276], mais de surcroît développe chacune des démarches qu'elle devra mettre en pratique par la suite : **14** dans la sphère de Saturne, le raisonnement et l'intelligence, appelés λογιστικόν et θεωρητικόν ; dans celle de Jupiter, l'énergie d'agir, nommée πρακτικόν ; dans celle de Mars, l'ardeur du courage, appelée θυμικόν ; dans celle du Soleil, la faculté de percevoir et de se représenter, dites αἰσθητικόν et φανταστικόν ; le mouvement du désir, nommé ἐπιθυμητικόν, dans la sphère de Vénus ; celui qui pousse l'âme à énoncer et à interpréter ce qu'elle ressent, appelé ἑρμηνευτικόν, dans la sphère de Mercure ; quant au φυτικόν, la faculté d'engendrer et de faire croître les corps, elle l'acquiert en pénétrant dans la sphère lunaire [277]. **15** Cette

274. Sur l'ordre d'Héra, les Titans, ennemis de Zeus, s'emparèrent de son fils Dionysos, le mirent en pièces et le firent bouillir dans un chaudron. Mais sa grand-mère Rhéa vint à son secours et le reconstitua, si bien qu'il revint à la vie (Onomacrite *ap.* Pausanias, 8, 37, 5 ; Nonnos, *Dionys.*, VI, 172 sq.). Pour l'interprétation orphique du mythe du démembrement de Dionysos par les Titans, cf. Olympiodore, *In Phaed.*, p. 84, 21 Norvin ; 85, 22 ; 86, 22 ; Proclus, *In Tim.* II, p. 146, 3 sq. Diehl ; 197, 25 (= *Orph. frg.* 210b Kern). Macrobe consacre un chapitre entier des *Saturnales* (I, 18) à Dionysos, avec cette précision : *physici* Διόνυσον Διὸς νοῦν... *dixerunt*. Ici, la source de Macrobe est probablement Porphyre, *Commentaire au Phédon* ou *au Timée* (cf. M. A. Elferink, (1968), p. 31-2 et notes).

275. Cf. notes complémentaires, p. 169.

276. Pour les enveloppes éthérées de l'âme, cf. ci-dessus, I, 11, 12 et note 258, p. 167.

277. Cf. notes complémentaires, p. 169.

ex indiuiduo praebendo se diuidendum, et rursus ex diuiso
ad indiuiduum reuertendo et mundi implet officia et naturae
suae arcana non deserit.

13. Hoc ergo primo pondere de zodiaco et lacteo ad
subiectas usque sphaeras anima delapsa, dum et per illas
labitur, in singulis non solum, ut iam diximus, luminosi
corporis amicitur accessu, sed et singulos motus, quos in
exercitio est habitura, producit : **14.** in Saturni, ratiocinationem et intellegentiam, quod λογιστικόν et θεωρητικόν
uocant ; in Iouis, uim agendi, quod πρακτικόν dicitur ; in
Martis, animositatis ardorem, quod θυμικόν nuncupatur ; in
Solis, sentiendi opinandique naturam, quod αἰσθητικόν et
φανταστικόν appellant ; desiderii uero motum, quod
ἐπιθυμητικόν uocatur, in Veneris ; pronuntiandi et interpre-
tandi quae sentiat, quod ἑρμηνευτικόν dicitur, in orbe Mercurii ; φυτικόν uero, id est naturam plantandi et augendi
corpora, in ingressu globi lunaris exercet. **15.** Et est haec,

---

12. 12. indiuiduo *S X E² A² K² H* : diu- *E¹ A¹ K¹* ‖ se diuidendum *S X¹*
E² A² H² : sed d. *K* sed diuidendo *H¹* sed uidendum *E¹* sed uiuendum
A¹ se diuiduum *E³ X²* ‖ et — indiuiduum *om. K¹ H¹* ‖ indiuiduum *S X*
E² K² H² : -uidendum *E¹ A*. **13.** motus *S X E² A² K H* : -tos *E¹ A¹* ‖ in
S X E² : *om. E¹ A K H*. **14.** ratiocinationem *S X E K H²* : rationa- *A H¹*
‖ λογιστικόν *edd.* : ΛΟΓΙCΤΙΚΟΝ *K H* logisticon *S X E A* ‖ θεωρητικόν
edd. : ΘΕΟΡΙΤΙΚΟΝ *K H* theoreticon *S X E²* theoriticon *A* thoriticon
E¹ ‖ uim *S X K H* : cum *E¹ A¹* causam uel uim *E²* causa *A²* ‖ quod *om.*
H¹ ‖ πρακτικόν *edd.* : practicon *S X E² A K²* in *ras. H* praticon *E¹* ‖
θυμικόν *edd.* : thymicon *S²* thimicon *X E A* tymicon *S¹* TIMIKON *K H²*
TIMKON *H¹* ‖ nuncupatur *S E² A² K H* : noncupatur *X E¹* cupatur *A¹*
‖ αἰσθητικόν *edd.* : ΑΙCΤΕΤΙΚΟΝ *H* estheticon *S²* in *ras.* ECTETIKON
K aesteticon *E A* hetheticon *X* ‖ φανταστικόν *edd.* : ΘΑΝΤΑCΤΙΚΟΝ *K*
H phantasticon *S X* fantasticon *E A* ‖ ἐπιθυμητικόν *edd.* : epithymeti-
con *S²* in *ras. E* ΕΠΙΘΙΜΕΤΙΚΟΝ *K* epithimeticon *A* ΕΜΙΘΙ-
ΜΕΚΤΙΚΟΝ *H* hephytimeticon *X* ‖ ἑρμηνευτικόν *edd.* : hermeneuticon
S ermeneuticon *X E A* ΗΡΜΕΝΕΟΥΤΙΚΟΝ *K H* ‖ φυτικόν *edd.* :
phyticon *S* ΦΙΤΙΚΟΝ *K H* phiticon *X* fiticon *E A*.

dernière faculté est à la fois la plus éloignée du divin et la première de toutes nos facultés terrestres. Car ce corps est à la fois la lie des choses divines et la première substance animale.

16 Ce qui fait la différence entre les corps terrestres et ceux d'en haut (je veux parler des corps du ciel, des astres et d'autres éléments), c'est que les corps d'en haut ont été appelés à monter au séjour de l'âme, où ils ont gagné l'immortalité du fait même de la nature du lieu, dont ils prennent la sublimité. Les corps terrestres, en revanche, voient l'âme les rejoindre en bas et en mourir, croit-on, lorsqu'elle s'enferme dans la région du périssable et dans le séjour de la mortalité. **17** Et ne t'inquiète pas qu'au sujet d'une âme que nous déclarons immortelle, nous parlions si souvent de mort. Car l'âme n'est pas anéantie par sa propre mort, elle est étouffée pour un temps [278], et cet ensevelissement temporaire ne la prive pas du bénéfice de son éternité, puisqu'au sortir du corps, quand elle a mérité de retrouver sa pureté en se libérant complètement de la contagion des vices, elle est rendue à la lumière de la vie éternelle et rétablie dans son intégrité.

18 Voilà tout à fait clarifiées, me semble-t-il, sur la vie et la mort de l'âme, les précisions que la science et la sagesse cicéroniennes ont tirées du sanctuaire de la philosophie.

QUATRIÈME CITATION DU *SONGE*

13. 1 Mais dans son sommeil Scipion, animé par la pensée du ciel qui récompense les bienheureux et par la promesse de l'immortalité, sentit cet espoir si glorieux et si brillant s'accroître encore à la vue de son père, dont il avait demandé,

---

278. On comparera cette description de la mort spirituelle avec celle qu'en donne Plotin, *Enn.* I, 8, 13, 21-6.

sicut a diuinis ultima, ita in nostris terrenisque omnibus prima. Corpus enim hoc, sicut faex rerum diuinarum est, ita animalis est prima substantia.

16. Et haec est differentia inter terrena corpora et supera, caeli dico et siderum aliorumque elementorum, quod illa quidem sursum arcessita sunt ad animae sedem, et immortalitatem ex ipsa natura regionis et sublimitatis imitatione meruerunt. Ad haec uero terrena corpora anima ipsa deducitur et ideo mori creditur, cum in caducam regionem et in sedem mortalitatis includitur. **17.** Nec te moueat quod de anima, quam esse immortalem dicimus, mortem totiens nominamus. Et enim sua morte anima non extinguitur, sed ad tempus obruitur, nec temporali demersione beneficium perpetuitatis eximitur, cum rursus e corpore, ubi meruerit contagione uitiorum penitus elimata purgari, ad perennis uitae lucem restituta in integrum reuertatur.

18. Plene, ut arbitror, de uita et morte animae definitio liquet, quam de adytis philosophiae doctrina et sapientia Ciceronis elicuit.

13. 1. Sed Scipio per quietem, et caelo quod in praemium cedit beatis, et promissione immortalitatis animatus, tam gloriosam spem tamque inclitam magis magisque firmauit uiso parente, de quo utrum uiueret, cum adhuc uideretur

---

12. 15. a diuinis S X E^2 *in ras.* K^2 H^2 : audiuimus A animabus descendentibus K^1 H^1 ‖ rerum S X E^2 K^2 H^2 : *om.* E^1 A K^1 H^1. **16.** arcessita X E^2 *in ras.* K : arcersita S in arcescita A accersita H ‖ in caducam S^2 X E A^2 K H : inducam S^1 A^1. **17.** contagione S X E A H^2 : cogitatione K H^1 ‖ elimata S X E^2 A^2 : eliata E^1 elimenta A^1 elementa K H. **18.** adytis S X : aditis E^2 abditis E^1 A K H ‖ doctrina S X^2 E K H : -nae X^1 A ‖ et *om.* K.

13. 1. firmauit S X E A^2 K H : form- A^1 ‖ uiso parente E A H *et clausulae causa* : uiso patre S X, K *non leg.*

car il semblait encore en douter, s'il était en vie. **2** Il se mit donc à préférer la mort, afin de vivre, et loin de s'en tenir aux larmes que lui arrachait la vue de son père qu'il avait cru disparu, quand il put à nouveau parler, il voulut avant tout lui faire admettre que son plus cher désir était de demeurer désormais avec lui. Cependant il ne se détermina pas dans son for intérieur à accomplir ce qu'il désirait avant d'avoir pris conseil de lui : ce qui est bien une preuve d'abord de sagesse, puis de piété [279].

Voyons maintenant les mots mêmes tant de celui qui prend conseil que de celui qui lui fait des recommandations. **3** « *Je t'en prie, dis-je, vénérable et excellent père, puisque la vie est ici, comme l'Africain vient de le dire, pourquoi m'attarder sur la terre ? Pourquoi ne pas me hâter de vous rejoindre ici ?* » — « *Non, me dit-il, il n'en va pas ainsi. Tant que le dieu qui a pour temple tout ce que tu aperçois ici ne t'a pas libéré de ta prison corporelle, tu ne peux avoir accès ici.* **4** *En effet une loi a régi la création des hommes : qu'ils veille-raient sur le globe que tu aperçois au centre de ce temple et que l'on appelle la terre ; ils ont reçu une âme, d'après ces feux éternels que vous nommez astres et étoiles : sphériques et arrondis, animés d'intelligences divines, ils décrivent leurs cercles et leurs orbites avec une admirable rapidité. C'est pourquoi, Publius, toi et tous les hommes pieux devez garder votre âme dans la prison du corps et ne pas quitter la vie humaine sans l'ordre de celui qui vous l'a donnée : sinon, vous paraîtriez vous soustraire à la mission assignée par le dieu.* » [280]

Traité sur le suicide

Interdiction du suicide selon Platon

5 Ce sont là le principe et l'enseignement de Platon, qui pose dans le *Phédon* [281] que l'homme ne doit pas mourir volontairement. Mais dans le même dialogue il dit aussi que les philosophes doivent désirer la mort et que la philosophie

279-281. Cf. notes complémentaires, p. 170.

dubitare, quaesiuerat. **2.** Mortem igitur malle coepit, ut uiueret, nec flesse contentus uiso parente quem crediderat extinc-
tum, ubi loqui posse coepit, hoc primum probare uoluit,
nihil se magis desiderare quam ut cum eo iam moraretur. Nec
tamen apud se quae desiderabat facienda constituit quam
ante consuleret : quorum unum prudentiae, alterum pietatis
adsertio est.

Nunc ipsa uel consulentis uel praecipientis uerba tractemus. **3.** *« Quaeso, inquam, pater sanctissime atque optime,*
quoniam haec est uita, ut Africanum audio dicere, quid
moror in terris ? Quin huc ad uos uenire propero ? » — *« Non*
est ita, » inquit ille. *« Nisi enim cum deus is, cuius hoc*
templum est omne quod conspicis, istis te corporis custodiis
liberauerit, huc tibi aditus patere non potest. **4.** *Homines*
enim sunt hac lege generati qui tuerentur illum globum
quem in templo hoc medium uides, quae terra dicitur, hisque
animus datus est ex illis sempiternis ignibus quae sidera et
stellas uocatis, quae, globosae et rotundae, diuinis anima-
tae mentibus, circulos suos orbesque conficiunt celeritate
mirabili. Quare et tibi, Publi, et piis omnibus retinendus
animus est in custodia corporis nec iniussu eius, a quo ille
est uobis datus, ex hominum uita migrandum est, ne munus
adsignatum a deo diffugisse uideamini. »

5. Haec secta et praeceptio Platonis est, qui in Phaedone
definit homini non esse sua sponte moriendum. Sed in
eodem tamen dialogo idem dicit mortem philosophantibus
appetendam et ipsam philosophiam meditationem esse

---

13. 2. ut *om. H¹* ‖ iam *om.* X. **3.** moror *S X E K* : -rer *A H* ‖ liberauerit
S X E² : -rabit *E¹ A K H*. **4.** hisque *S X E² A²* : his *E¹ A¹ K H* ‖ circulos
E A K H : circos *S X* ‖ diffugisse *S X H²* : defug- *A²* K effug- *E* si fug- *A¹*
ipsi fug- *H¹*. **5.** in *S X E² A² K H* : inde *E¹ A¹* ‖ phaedone *edd.* : fedone
E¹ A phoedone *K* phedrone *S² X H* fedrone *E²* phedronae *S¹*.

elle-même est un entraînement à mourir. Ces assertions semblent contradictoires, mais ne le sont pas. En effet Platon
admet pour l'homme deux morts. Je ne suis pas en train de
répéter ce que j'ai dit plus haut [282], à savoir qu'il existe deux
morts, celle de l'âme et celle de l'être animé. Mais s'agissant
de l'être animé lui-même, c'est-à-dire de l'homme, Platon
affirme qu'il y a deux morts, dont l'une est le fait de la nature,
l'autre des vertus. **6** L'homme meurt lorsque l'âme abandonne le corps, qui se défait par une loi naturelle. Mais on
parle aussi de mort lorsque l'âme, encore installée dans le
corps, apprend de la philosophie à mépriser les séductions
corporelles, et qu'elle se défait des doux pièges des désirs et
de toutes les autres passions Et c'est là le résultat, que nous
avons signalé plus haut, de la seconde série de vertus, qui sont
l'apanage des seuls philosophes. **7** C'est cette mort-là que
selon Platon les sages doivent désirer ; quant à l'autre, celle
dont la nature a fait pour tous une loi générale, il interdit
qu'elle soit forcée, imposée ou recherchée ; il montre qu'il
faut attendre la nature et révèle les causes de cette interdiction en empruntant à l'expérience concrète des relations
quotidiennes. **8** Il dit en effet que les hommes qui sont jetés
en prison sur l'ordre d'une autorité ne doivent pas s'en
échapper avant que l'autorité qui les a fait enfermer ne les
autorise à en sortir : car on n'évite pas le châtiment en
s'évadant, on l'aggrave. Il ajoute aussi que nous sommes au
pouvoir de la divinité, dont la tutelle et la providence nous
gouvernent ; or il ne faut pas, contre la volonté du maître,
emporter l'une quelconque de ses possessions hors de
l'endroit où il a établi son bien ; et de la même façon que celui

282. *Comm.*, I, 11, 1.

moriendi. Haec sibi ergo contraria uidentur, sed non ita est.
Nam Plato duas mortes hominis nouit. Nec hoc nunc repeto
quod superius dictum est, duas esse mortes, unam animae,
animalis alteram. Sed ipsius quoque animalis, hoc est hominis, duas adserit mortes, quarum unam natura, uirtutes alteram praestant. **6.** Homo enim moritur cum anima corpus
relinquit solutum lege naturae. Mori etiam dicitur cum
anima, adhuc in corpore constituta, corporeas illecebras philosophia docente contemnit, et cupiditatum dulces insidias
reliquasque omnes exuitur passiones. Et hoc est quod superius ex secundo uirtutum ordine, quae solis philosophantibus aptae sunt, euenire signauimus. **7.** Hanc ergo mortem
dicit Plato sapientibus appetendam, illam uero quam omnibus natura constituit cogi uel inferri uel accersiri uetat,
docens expectandam esse naturam, et has causas huius ape-
riens sanctionis quas ex usu rerum quae in cotidiana conuer-
satione sunt mutuatur. **8.** Ait enim eos qui potestatis imperio
truduntur in carcerem non oportere inde diffugere priusquam potestas ipsa quae clausit abire permiserit : non enim
uitari poenam furtiua discessione, sed crescere. Hoc quoque
addit nos esse in dominio dei, cuius tutela et prouidentia
gubernamur ; nihil autem esse inuito domino de his quae
possidet ex eo loco in quo suum constituerat auferendum ; et

---

13. 5. nunc $S\,X\,E^2\,H$: non $E^1\,A\,K$ ‖ repeto $S\,X\,E^2$: recepto $A\,H$ recepta
K retento E^1 ‖ a quod *usque ad* quarum S^2 *in ras.* **6.** relinquit $A^2\,H$:
-linquid K reliquit $S\,X\,E\,A^1$ ‖ illecebras $S\,X\,K\,H^2$: -bris H^1 inlecebras
E^2 *in ras.* inlecebres A ‖ reliquasque $S\,X\,E^2$ -quiasque $K\,H$ -quas $E^1\,A$
‖ superius $X\,E\,A\,K\,H$: -rus S. **7.** sapientibus — omnibus *om.* S ‖ quas
ex usu $S\,X\,E\,A^2\,K^2\,H^2$: quas sexus K^1 quas sexu $A^1\,H^1$ ‖ mutuatur S^2
$X\,E\,A\,K\,H$: muta- S^1. **8.** diffugere $S\,X$: fug- $E\,A\,K\,H$ ‖ clausit $S\,X\,E\,K$
H^2 : clausat H^1 claudit A ‖ addit $S\,X$: addidit $E\,A\,K\,H$ ‖ nos $S\,X\,E\,A$
H^2 : non $K\,H^1$ ‖ dei cuius $E\,A^2\,K\,H^1$: deorum quorum $S\,X\,H^2$ deo
quorum cuius A^1 ‖ hoc quoque *post* tutela *add.* A^1 hic quoque A^2, *del.*
A^3.

qui ôte la vie à l'esclave d'autrui sera déclaré criminel, celui qui s'est donné la mort sans l'ordre de son maître n'obtient pas son acquittement mais son inculpation.

Interdiction du suicide selon Plotin

9 Plotin approfondit encore ces données premières de la doctrine platonicienne [283]. Il faut, déclare-t-il, que l'âme quittant la condition humaine se trouve libérée des passions corporelles. L'expulser du corps par la violence, c'est lui interdire la liberté. Car celui qui se donne la mort volontairement en vient à cette extrémité parce qu'il est las des contraintes de l'existence, ou sous l'effet de quelque crainte, ou par haine, toutes choses qui comptent parmi les passions [284]. Donc même si auparavant l'âme était pure de ces souillures, du fait même qu'on la fait sortir par force, elle est souillée.

Il dit ensuite que la mort doit être pour l'âme une libération du corps, non une chaîne ; mais par sa sortie forcée l'âme se trouve encore plus enchaînée au voisinage du corps. **10** Et, c'est vrai, les âmes qui ont été ainsi arrachées au corps errent longtemps autour de lui, de sa sépulture ou de l'endroit où le suicide a été perpétré ; celles au contraire qui dans cette vie se détachent des chaînes du corps par la mort philosophique se mêlent au ciel et aux astres alors même que le corps existe encore. C'est pourquoi Plotin, à propos des morts volontaires, déclare que la seule louable est celle qui se réalise, comme nous l'avons dit, par le moyen de la philosophie, non par le fer ; par la sagesse, non par le poison [285].

11 Il ajoute encore que la mort n'est conforme à la nature que si le corps abandonne l'âme, et non l'âme, le corps [286]. On sait en effet que c'est un rapport numérique précis et déterminé qui associe les âmes aux corps [287]. Tant que ces nombres subsistent, le corps continue à être animé ; mais

283, 287. Cf. notes complémentaires, p. 170.
284. *Enn.* I, 9, 10.
285. *Enn.*, I, 9, 14 sq.
286. *Enn.* I, 9, 3 et 8 sq.

sicut qui uitam mancipio extorquet alieno, crimine non care-
bit, ita eum qui finem sibi domino necdum iubente quaesiuerit, non absolutionem consequi sed reatum.

9. Haec Platonicae sectae semina altius Plotinus exsequitur. Oportet, inquit, animam post hominem liberam corpo-
reis passionibus inueniri. Quam qui de corpore uiolenter
extrudit, liberam esse non patitur. Qui enim sibi sua sponte
necem comparat, aut pertaesus necessitatis aut metu cuius-
quam ad hoc descendit aut odio, quae omnia inter passiones
habentur. Ergo etsi ante fuit his sordibus pura, hoc ipso
tamen quod exit extorta, sordescit.

Deinde mortem debere ait animae a corpore solutionem
esse, non uinculum ; exitu autem coacto animam circa corpus magis magisque uinciri. **10.** Et re uera ideo sic extortae
animae diu circa corpus eiusue sepulturam uel locum in quo
iniecta manus est peruagantur, cum contra illae animae, quae
se in hac uita a uinculis corporis philosophiae morte dissol-
uunt, adhuc extante corpore caelo et sideribus inserantur. Et
ideo illam solam de uoluntariis mortibus significat esse lau-
dabilem quae comparatur, ut diximus, philosophiae ratione,
non ferro ; prudentia, non ueneno.

11. Addit etiam illam solam esse naturalem mortem ubi
corpus animam, non anima corpus relinquit. Constat enim
numerorum certam constitutamque rationem animas sociare
corporibus. Hi numeri dum supersunt, perseuerat corpus

---

13. 8. alieno crimine non S^2 *in ras.* **9.** exsequitur S X K : exe- E A H ‖
necessitatis S^2 X K H : -tates A -tate S^1 E ‖ ut moriatur *post* hoc *add.* X
‖ quod *Eyss.* : quo *codd.* ‖ extorta S X E^2 : et torta A tota E^1 exteriora
K H ‖ magis *om.* E^1 A^1.   **10.** extortae S X E A H^2 : exor- K H^1 ‖ quo
om. A^1 ‖ iniecta S X E^2 A^2 *in ras.* H^2 : iniectum E^1 gesta K H^1 ‖ cum *om.*
X. **11.** addit S X K H : addidit E A ‖ certam constitutamque rationem S
X A^1 K H : -ta -taque -ne E A^2.

lorsqu'ils font défaut, la puissance secrète qui maintenait cette association s'évanouit : c'est ce que nous appelons « fatalité » et « moments fatals à la vie ». **12** Ce n'est donc pas l'âme qui disparaît — elle est immortelle et éternelle — mais le corps qui succombe une fois son compte accompli ; ce n'est pas l'âme qui se fatigue de l'animer, mais le corps qui abandonne sa fonction quand il ne peut plus être animé. D'où la formule du très savant poète :

« ...j'accomplirai le nombre et serai rendu aux ténèbres. » [288]

13 Telle est donc la véritable mort naturelle : lorsque l'épuisement de ses nombres, et lui seul, entraîne la fin du corps, et non lorsque l'on arrache la vie à un corps encore capable de continuer à la supporter. Et la différence entre la dissolution naturelle et la dissolution volontaire de la vie n'est pas mince. **14** Lorsqu'en effet l'âme est abandonnée par le corps, elle ne peut rien conserver en elle de corporel si elle a observé la pureté durant sa vie d'ici-bas. Mais lorsqu'elle est expulsée du corps par la violence, du fait qu'elle sort en rompant sa chaîne au lieu de la détacher, la contrainte subie devient pour elle occasion de passion, et elle est contaminée par les maux inhérents à sa chaîne lors même qu'elle la rompt.

15 Plotin ajoute aux considérations précédentes un argument de plus contre la mort volontaire, en disant : puisqu'on a la certitude que dans l'au-delà les âmes doivent être récompensées en proportion de la perfection à laquelle chacune est parvenue dans la vie d'ici-bas, il n'y a pas lieu de hâter la fin de la vie puisque l'on peut faire encore des progrès [289]. **16** Et ce ne sont pas de vaines paroles. En effet dans les débats ésotériques sur le retour de l'âme [290], on trouve l'idée que les âmes qui commettent des fautes dans cette vie ressemblent

288. Virg., *Aen.* VI, 545. La signification de ce vers reste obscure aux commentateurs (cf. R.G. Austin, *P. Vergili Maronis Aeneidos liber sextus with a Commentary*, Oxford, 1977, p. 179-80). Servius, *ad loc.*, propose plusieurs interprétations, dont l'une semble recouper celle de Macrobe.

289. *Enn.* I, 9, 17 sq.

290. Cf. notes complémentaires, p. 170.

animari ; cum uero deficiunt, mox arcana illa uis soluitur qua
societas ipsa constabat, et hoc est quod fatum et fatalia uitae
tempora uocamus. **12.** Anima ergo ipsa non deficit quippe
quae immortalis atque perpetua est, sed impletis numeris
corpus fatiscit ; nec anima lassatur animando, sed officium
suum deserit corpus cum iam non possit animari. Hinc illud
est doctissimi uatis :

... explebo numerum reddarque tenebris.

13. Haec est igitur naturalis uere mors, cum finem corporis
solus numerorum suorum defectus apportat, non cum extor-
quetur uita corpori adhuc idoneo ad continuationem ferendi.
Nec leuis est differentia uitam uel natura uel sponte
soluendi. **14.** Anima enim, cum a corpore deseritur, potest in
se nihil retinere corporeum, si se pure, cum in hac uita esset,
instituit. Cum uero ipsa de corpore uiolenter extruditur, quia
exit rupto uinculo, non soluto, fit ei ipsa necessitas occasio
passionis, et malis uinculi, dum rumpit, inficitur.

15. Hanc quoque superioribus adicit rationem non sponte
pereundi : cum constet, inquit, remunerationem animis illic
esse tribuendam pro modo perfectionis ad quam in hac uita
unaquaeque peruenit, non est praecipitandus uitae finis cum
adhuc proficiendi esse possit accessio. **16.** Nec frustra hoc
dictum est. Nam in arcanis de animae reditu disputationibus
fertur in hac uita delinquentes similes esse super aequale

---

13. 11. animari S X E^2 A H : -re E^1 animam K ‖ fatum S X E A H^2 : fact-
K H^1 ‖ uitae S X E^2 H^2 : uitae et E^1 uita et A H^1 uitam et K. **13.** corporis
S X K H : -ri E A^2 -re A^1 ‖ leuis S X E^2 H : -ui E^1 A K ‖ natura S X E
A^2 K H^2 : -ram A^1 nata H^1. **14.** a *om.* X A^1 ‖ in se nihil S^2 X E A H : n.
i. s. S^1 K ‖ uinculi S^1 E A K H^1 : -lis S^2 X H^2. **15.** adicit S E A K : adiecit
X addidit H ‖ remunerationem S X E A K : -tio H ‖ illic S X E A K H^2 :
illuc H^1 ‖ praecipitandus S X E A K H^2 : -do H^1. **16.** delinquentes S X
E H : rel- A K.

aux gens qui tombent sur un terrain plat et à qui il est possible de se relever aussitôt sans difficulté ; mais les âmes qui s'éloignent de cette vie avec les souillures de leurs fautes sont assimilables à des gens tombés d'une haute falaise dans un précipice d'où ils n'auront jamais la possibilité de remonter. Il faut donc user du laps de vie qui nous est imparti pour accroître la possibilité de nous purifier parfaitement.

17 Dans ce cas, vas-tu dire, à qui s'est parfaitement purifié, le suicide s'impose : on n'a plus aucune raison de rester, puisque, parvenu tout en haut, on ne cherche pas à aller plus loin. Mais par le fait même de se donner une fin rapide dans l'espoir de savourer la béatitude, on se prend au filet de la passion, car l'espoir, comme la crainte, est une passion ; et on encourt aussi les autres inconvénients que nous avons développés plus haut. **18** Voilà pourquoi Paul Emile dissuade et repousse son fils, qui dans l'espoir d'une vie plus authentique a hâte de venir le rejoindre : il ne veut pas que son désir prématuré de libération et d'ascension l'enchaîne et le retienne davantage par cette passion même. Et il ne dit pas : « à moins que ne survienne une mort naturelle, tu ne pourras mourir », mais « tu ne pourras venir ici ». **19** *« Tant que le dieu ne t'a pas libéré de ta prison corporelle, tu ne peux avoir accès ici »*, dit-il, parce qu'il sait, pour avoir déjà été reçu au ciel, que l'accès à la demeure céleste n'est ouvert qu'à la pureté parfaite. Avec une égale fermeté, il ne faut ni redouter la mort qui vient selon la nature, ni forcer celle qui va contre l'ordre de la nature.

20 Grâce à ce que nous venons de rapporter des leçons de Platon et de Plotin sur le suicide, il ne restera plus la moindre obscurité dans les termes par lesquels Cicéron l'interdit.

solum cadentibus, quibus denuo sine difficultate praesto sit surgere ; animas uero ex hac uita cum delictorum sordibus recedentes aequandas his qui in abruptum ex alto praecipitique delapsi sint, unde numquam facultas sit resurgendi. Ideo ergo utendum concessis uitae spatiis ut sit perfectae purgationis maior facultas.

17. Ergo, inquies, qui iam perfecte purgatus est, manum sibi debet inferre, cum non sit ei causa remanendi, quia profectum ulterius non requirit qui ad supera peruenit. Sed hoc ipso quo sibi celerem finem spe fruendae beatitatis arcessit, inretitur laqueo passionis, quia spes, sicut timor, passio est, sed et cetera quae superior ratio disseruit incurrit. **18.** Et hoc est quod Paulus filium spe uitae uerioris ad se uenire properantem prohibet ac repellit, ne festinatum absolutionis ascensionisque desiderium magis eum hac ipsa passione uinciat ac retardet, nec dicit quod nisi mors naturalis aduenerit « emori non poteris », sed « huc uenire non poteris ». **19.** « *Nisi enim cum deus* » inquit, « *istis te corporis custodiis liberauerit, huc tibi aditus patere non potest* », quia scit, iam receptus in caelum, nisi perfectae puritati caelestis habitaculi aditum non patere. Pari autem constantia mors nec ueniens per naturam timenda est, nec contra ordinem cogenda naturae.

20. Ex his quae Platonem quaeque Plotinum de uoluntaria morte pronuntiasse rettulimus, nihil in uerbis Ciceronis quibus hanc prohibet remanebit obscurum.

---

13. 16. surgere *S X E A H* : suggerere *K* ‖ in *om. S¹* ‖ sint *S X A* : sunt *E K H* ‖ facultas sit *S X H* : s. f. *E A K* ‖ utendum *S X A² K H* : -do *E A¹*. **17.** inquies *S X E² H* : -quis *E¹ A K* ‖ arcessit *S E H* : arcescit *A* arcersit *K* accersit *X* ‖ laqueo *S X A² H* : -queos *A¹* -queis *E K* ‖ passio *S X E² A² K H* : pano *A¹* pena *E¹*. **18.** ascensionisque *S E¹ A K* : accessio- *E² X H* ‖ uinciat *S X E² A² K H* : -ceat *E¹ A¹* ‖ *pr.* non poteris *om. E¹ A*. **19.** non patere — ueniens *om. A¹* ‖ timenda *S X E² K H* : estim- *E¹ A*.

Cinquième citation du *Songe*

Nature de l'âme

Le monde-temple

14. 1 Mais revenons au passage qui suit immédiatement celui-ci : « *En effet une loi a régi la création des hommes : qu'ils veilleraient sur le globe que tu aperçois au centre de ce temple et que l'on appelle la terre ; ils ont reçu une âme, d'après ces feux éternels que vous nommez astres et étoiles : sphériques et arrondis, animés d'intelligences divines, ils décrivent leurs cercles et leurs orbites avec une admirable rapidité.* »

2 Pourquoi Cicéron dit de la terre qu'elle est un globe placé au milieu du monde, nous l'exposerons de façon plus complète lorsque nous parlerons des neuf sphères [291]. Quant à l'univers, il est fort justement appelé temple [292] de la divinité, puisque des philosophes considèrent que la divinité n'est autre que le ciel même et les corps célestes que nous voyons. Aussi, pour montrer que la toute-puissance du dieu suprême est à peine intelligible, jamais visible, Cicéron a appelé l'ensemble de ce qui s'offre au regard de l'homme 'temple de l'être que seul conçoit l'esprit' ; ainsi l'homme qui vénère ces objets comme des temples réservera cependant les honneurs suprêmes à leur créateur, et quiconque est admis à fréquenter ce temple saura qu'il doit vivre à la façon d'un prêtre [293] ; et donc Cicéron fait en quelque sorte proclamer par la bouche d'un héraut que le genre humain participe d'une divinité si haute que l'humanité entière se trouve ennoblie par cette parenté avec l'âme astrale.

Terminologie : *animus* et *anima*

3 Notons que dans ce passage il a utilisé le mot *animus* à la fois dans son sens propre et dans son sens figuré. L'*animus* est proprement l'intelligence, dont on n'a jamais douté qu'elle fût plus divine que le souffle vital ; mais il arrive que par abus de langage nous désignions par le même mot le souffle vital (*anima*). **4** Dans l'expression : « *ils ont reçu une âme (animus) d'après ces feux éternels* », nous devons comprendre qu'il s'agit de l'intelligence, que nous partageons

291-293. Cf. notes complémentaires, p. 170-171.

14. 1. Sed illa uerba quae praeter hoc sunt inserta repetamus. « *Homines enim sunt hac lege generati qui tuerentur illum globum quem in templo hoc medium uides, quae terra dicitur, hisque animus datus est ex illis sempiternis ignibus quae sidera et stellas uocatis ; quae globosae et rotundae, diuinis animatae mentibus, circos suos orbesque conficiunt celeritate mirabili.* »

2. De terra cur globus dicatur in medio mundo positus, plenius disseremus cum de nouem sphaeris loquemur. Bene autem uniuersus mundus dei templum uocatur, propter illos qui aestimant nihil esse aliud deum nisi caelum ipsum et caelestia ista quae cernimus. Ideo ut summi omnipotentiam dei ostenderet posse uix intellegi, numquam uideri, quidquid humano subicitur aspectui templum eius uocauit qui sola mente concipitur, ut qui haec ueneratur ut templa, cultum tamen maximum debeat conditori, sciatque quisquis in usum templi huius inducitur ritu sibi uiuendum sacerdotis ; unde, et quasi quodam publico praeconio, tantam humano generi diuinitatem inesse testatur ut uniuersos siderei animi cognatione nobilitet.

3. Notandum est quod hoc loco animum et ut proprie et ut abusiue dicitur posuit. Animus enim proprie mens est, quam diuiniorem anima nemo dubitauit ; sed nonnumquam sic et animam usurpantes uocamus. **4.** Cum ergo dicit : « *hisque animus datus est ex illis sempiternis ignibus* », mentem praestat intellegi, quae nobis proprie cum caelo sideribusque

proprement avec le ciel et les astres. Mais dans l'expression « *vous devez garder votre âme (animus) dans la prison du corps* », Cicéron désigne le souffle vital (*anima*), enchaîné dans la prison corporelle à laquelle échappe l'intelligence divine [294].

L'émanation des hypostases

5 Voyons maintenant comment l'âme, c'est-à-dire l'intelligence, nous est commune avec les astres, selon les théologiens [295]. **6** Le dieu qui est et qui est appelé cause première, est le principe et l'origine uniques de tous les êtres qui existent et paraissent exister. Grâce à la surabondante fécondité propre à sa souveraineté, il a engendré l'Intelligence. Cette Intelligence, ou νοῦς, dans la mesure où elle regarde vers son père, conserve une complète ressemblance avec son auteur, mais elle engendre l'Âme, en se tournant vers ce qui la suit. **7** L'Âme à son tour, dans la mesure où elle regarde vers son père, revêt ses caractères, mais peu à peu, en regardant en arrière, elle dégénère, d'incorporelle qu'elle est, jusqu'à fabriquer les corps. Elle tient donc de l'Intelligence dont elle est née la raison parfaitement pure, ou λογικόν, et de sa propre nature elle reçoit le principe de la sensation et le principe de la croissance, appelés respectivement αἰσθητικόν et φυτικόν [296]. Mais le premier des trois, le λογικόν, qu'elle a hérité de l'Intelligence, étant vraiment divin, n'est adapté

294. La terminologie cicéronienne de l'âme est, de fait, quelque peu hésitante. Pour rendre le grec νοῦς, Cicéron utilise *mens* ou *animus* ; pour ψυχή, *animus* ou, rarement, *anima*. Le terme *animus*, le plus fréquent chez lui, est donc ambigu. Macrobe en revanche s'efforce d'être très précis, d'autant que la terminologie de l'âme renvoie pour lui au système des trois hypostases, central dans le néoplatonisme. Il traduira donc νοῦς par *mens* ou *animus* (*animus enim proprie mens est*, § 3), et ψυχή par *anima*. Mais comment expliquer, à propos d'*animus*, le flottement de Cicéron, qui, ne l'oublions pas, est aux yeux de Macrobe un scrupuleux Néoplatonicien ? En l'attribuant à une *abusio*, c'est-à-dire, ici, à un simple emploi figuré (cf. la définition de ce terme dans la *Rhétorique à Herennius* 4, 45 : *abusio est quae uerbo simili et propinquo pro certo et proprio abutitur*). Cf. J. Flamant, (1992).

295-296. Cf. notes complémentaires, p. 171.

communis est. Cum uero ait : « *retinendus animus est in custodia corporis* », ipsam tunc animam nominat quae uincitur custodia corporali, cui mens diuina non subditur.

5. Nunc qualiter nobis animus, id est mens, cum sideribus communis sit secundum theologos disseramus. **6.** Deus, qui prima causa et est et uocatur, unus omnium quaeque sunt quaeque uidentur esse princeps et origo est. Hic superabundanti maiestatis fecunditate de se mentem creauit. Haec mens, quae νοῦς uocatur, qua patrem inspicit, plenam similitudinem seruat auctoris, animam uero de se creat posteriora respiciens. **7.** Rursum anima patrem qua intuetur, induitur, ac paulatim regrediente respectu in fabricam corporum incorporea ipsa degenerat. Habet ergo et purissimam ex mente, de qua est nata, rationem, quod λογικόν uocatur, et ex sua natura accipit praebendi sensus praebendique incrementi seminarium, quorum unum αἰσθητικόν, alterum φυτικόν nuncupatur. Sed ex his primum, id est λογικόν, quod innatum sibi ex mente sumpsit, sicut uere diuinum est, ita

---

14. 4. subditur *S X* : subitur *A¹* subicitur *E A² K H*. **5.** disseramus *om. E¹ A¹*. **6.** causa et est et *S X E² H* : causae test *E¹* causae teste *A* causa teste *K* ‖ fecunditate *S X K H* : -tati *E A* ‖ qua *S X E² H²* : quae *E¹ A K H¹*. **7.** patrem qua *S X E A* : partem quam *K H* ‖ incorporea *S X E H* : in corpore *A* incorpoream *K* ‖ nata *S X E A² H* : natu *A¹* natura *K* ‖ quod *om. H¹* ‖ λογικόν *edd.* : logicon *S X* ΛΟΙΚΟΝ *K H* loicon *E A* ‖ accipit *S X K H* : accep- *E A* ‖ sensus praebendique *S X E A K* : sensus praebendi *H²*, *om. H¹* ‖ unum *S X E² A² H²* : una *E¹ A¹ K H¹* ‖ αἰσθητικόν *edd.* : aestheticon *S* estheticon *A²* esthetycon *X* est ΘΕΤΙΚΟΝ *K H* est theticon *E¹ A¹* est ethicon *E²* ‖ φυτικόν *edd.* : phyticon *S E A* phiticon *X* ΠΙΤΙΚΟΝ *K H* ‖ λογικόν *edd.* : logicon *S X* ΛΟΙΚΟΝ *K* loicon *E A* ΛΟΥΚΟΝ *H* ‖ innatum *S X E A H²* : in naturam *K H¹*.

qu'aux réalités divines ; les deux autres, l'αἰσθητικόν et le
φυτικόν, étant coupés du divin, conviennent à l'éphémère.

Création des âmes humaines

8 L'Âme donc, créant et agençant les corps pour elle-même
— voilà pourquoi on fait commencer à partir de l'Âme la
faculté que les sages qui traitent de Dieu et de l'Intelligence
appellent νοῦς — l'Âme, puisant à cette source de l'Intelligence, d'une pureté absolue et sans mélange, où elle avait bu à
sa naissance, en prenant sur la surabondance de son origine, a
animé ces corps divins supérieurs — j'entends ceux du ciel et
des astres — qu'elle avait créés les premiers ; et des âmes divines se sont répandues dans tous les corps, qui prenaient une
forme ronde, c'est-à-dire sphérique ; voilà le sens de l'expression que Cicéron applique aux étoiles : « *animées d'âmes divines* ». **9** Mais en dégénérant pour gagner les régions inférieures et terrestres, l'Âme constate que la fragilité des corps
éphémères ne peut supporter la divinité toute pure de l'Intelligence ; mieux, que cette Intelligence, même partielle,
convient tout juste aux seuls corps humains, parce qu'on les
voit seuls dotés de la station droite, comme pour s'écarter en
quelque sorte des objets bas et tendre vers ceux d'en haut,
parce qu'eux seuls lèvent aisément leur regard vers le ciel,
puisqu'ils sont toujours debout [297], et parce qu'eux seuls possèdent une tête à l'image d'une sphère, la seule forme, nous
l'avons dit, qui puisse servir de réceptacle à l'intelligence [298].
10 C'est donc à l'homme seul qu'elle a infusé la raison, c'est-à-
dire l'essence de l'intelligence dont le siège se trouve dans la
tête, mais elle a aussi introduit en lui, parce qu'il est un corps
éphémère, la double faculté de sentir et de croître.

Les autres vivants : animaux et plantes

11 De là vient que l'homme possède la raison, sent et
croît ; et c'est par sa raison seulement qu'il a mérité de
l'emporter sur les autres animaux ; eux, parce qu'ils sont
toujours penchés vers le sol, que cette difficulté même à

297, 298. Cf. notes complémentaires, p. 171-172.

solis diuinis aptum ; reliqua duo, αἰσθητικόν et φυτικόν, ut a diuinis recedunt, ita conuenientia sunt caducis.

8. Anima ergo, creans sibi condensque corpora — nam ideo ab anima natura incipit quam sapientes de deo et mente νοῦν nominant — ex illo mero ac purissimo fonte mentis, quem nascendo de originis suae hauserat copia, corpora illa diuina uel supera — caeli dico et siderum — quae prima condebat, animauit, diuinaeque mentes omnibus corporibus quae in formam teretem, id est in sphaerae modum, forma-bantur, infusae sunt ; et hoc est quod, cum de stellis loque-retur, ait : « *quae diuinis animatae mentibus.* » **9.** In infe-riora uero ac terrena degenerans, fragilitatem corporum caducorum deprehendit meram diuinitatem mentis susti-nere non posse, immo partem eius uix solis humanis corpo-ribus conuenire, quia et sola uidentur erecta, tamquam ad supera ab imis recedant, et sola caelum facile, tamquam semper erecta, suspiciunt, solisque inest uel in capite sphae-rae similitudo, quam formam diximus solam mentis capa-cem. **10.** Soli ergo homini rationem, id est uim mentis, infudit, cui sedes in capite est, sed et geminam illam sen-tiendi crescendique naturam, quia caducum est corpus, inse-ruit.

11. Et hinc est quod homo et rationis compos est et sentit et crescit, solaque ratione meruit praestare ceteris animali-bus, quae, quia semper prona sunt et ex ipsa quoque suspi-

---

14.7. αἰσθητικόν *edd.* : aestheticon S^2 esthetycon X A id est ethicon E id est ΘΕΤΙΚΟΝ K H, *om.* S^1 ‖ φυτικόν K : phyticon S^2 E^2 fyticon E^1 A phiticon X ΠΙΤΙΚΟΝ H, *om.* S^1 ‖ **8.** sibi *om.* A H^1 ‖ νοῦν S^2 X H^2 : non S^1 H^1 nte K, *om.* E A ‖ quem S X E^2 A H : que E^1 K ‖ originis S X E A^2 H : -ni A^1 -ne K ‖ hauserat S X E A^2 H : auserat A^1 auxerant K ‖ condebat S X E A H : condidit K ‖ formabantur S^2 X E A K H^2 : -batur S^1 -buntur H^1. **9.** partem S X E^2 A^2 H : pater K pat E^1 A^1 ‖ et S^1 X K H : haec E A^2 *in ras.* et haec S^2 ‖ tamquam S X E A^2 K H^2 : quam A^1 H^1 ‖ ad supera — facile tamquam *om.* H^1 ‖ sola S X E H^2 : sola in A non solum K ‖ capacem — *10* mentis *om.* A^1. **11.** hinc S X E^2 A^2 K : hic E^1 A^1 H ‖ compos S X E^2 K H : corpus E^1 capax A^2 *in ras.*

élever leurs regards les a écartés du monde d'en haut [299] et
qu'ils n'ont mérité par aucune partie d'eux-mêmes de res-
sembler aux corps divins, n'ont pas obtenu la moindre part
de l'Intelligence et ont donc été privés de raison ; ils n'ont
reçu que deux facultés, sentir et croître [300]. **12** Car s'il leur
arrive de présenter quelque apparence de raison, ce n'est pas
de la raison, mais de la mémoire, et non point cette mémoire
mêlée de raison, mais celle qui va avec la grossièreté des cinq
sens ; nous renoncerons ici à en dire plus, car cela ne
concerne pas notre sujet.

13 La troisième catégorie de corps terrestres se compose
des arbres et des plantes, dépourvus à la fois de raison et de
sensibilité ; ne disposant que de la faculté de croître, ils ne
doivent le nom de vivants qu'à cette partie de l'âme.

Interprétations allégoriques de Virgile...

14 Cette hiérarchie naturelle, Virgile aussi l'a évoquée. Il a
attribué au monde une âme, et pour en montrer la pureté, il
l'a appelée intelligence. Car, dit-il,

« un souffle intérieur nourrit » [301]

le ciel, les terres, les mers et les astres : c'est l'*anima*, tout
comme ailleurs il dit *anima* pour 'souffle':

« toute la force des feux et des *animae* » [302].

Et pour bien faire voir la dignité de cette âme cosmique, il a
attesté qu'elle est intelligence :

« l'intelligence meut la masse » [303].

Et pour montrer que tous les êtres vivants résultent de cette
âme et en sont animés, il a ajouté :

« de là provient la race des hommes et des troupeaux » [304],

---

299. Cf. notes complémentaires, p. 172.
300. Cf. Aristt., *De anim.* II, 3, 414 a-b ; Plotin, *Enn.* III, 4, 2.
301. Virg., *Aen.* VI, 726.
302. Virg., *Aen.* VIII, 403.
303-304. Cf. notes complémentaires, p. 172.

ciendi difficultate a superis recesserunt nec ullam diuinorum
corporum similitudinem aliqua sui parte meruerunt, nihil ex
mente sortita sunt et ideo ratione caruerunt, duoque tantum
adepta sunt, sentire uel crescere. **12.** Nam si quid in illis
similitudinem rationis imitatur, non ratio sed memoria est, et
memoria non illa ratione mixta, sed quae hebetudinem sensuum quinque comitatur ; de qua plura nunc dicere, quoniam ad praesens opus non adtinet, omittemus.

13. Terrenorum corporum tertius ordo in arboribus et
herbis est, quae carent tam ratione quam sensu, et quia
crescendi tantummodo usus in his uiget, hac sola uiuere
parte dicuntur.

14. Hunc rerum ordinem et Vergilius expressit. Nam et
mundo animam dedit et, ut puritati eius adtestaretur, mentem uocauit. Caelum enim, ait, et terras et maria et sidera

> spiritus intus alit ...

id est anima, sicut alibi pro spiramento animam dicit :

> quantum ignes animaeque ualent...

Et ut illius mundanae animae adsereret dignitatem, mentem
esse testatus est :

> mens agitat molem...

Nec non ut ostenderet ex ipsa anima constare et animari
uniuersa quae uiuunt, addidit :

> inde hominum pecudumque genus...

---

14. 11. *a* nihil *usque ad 12* memoria est S^2 *in ras.* **12.** quid S^2 *in ras.* X E
A K H^2 : quis H^1 ‖ hebetudinem X A^2 : habetudinem S^1 hebitudinem S^2
E K H ebitudinem A^1 ‖ sensuum S^2 X E H : sensum S^1 A semsuum K
‖ omittemus S X E^2 H : omittimus E^1 ommittimus A mittimus K. **13.**
hac S^2 X E A^2 K H : haec S^1 ac A^1. **14.** eius *om.* H^1 ‖ ait S X E A K H^2 :
uocauit H^1 ‖ et *ante* terras *om.* E K ‖ *a* spiritus *usque ad* anima S^2 *in ras.*
‖ animae *post* mundanae *om.* H^1 ‖ esse *om.* S^1 ‖ testatus S X E A K H^2 :
dignatus H^1 ‖ inde S X E A H : hinc K.

etc. ; et pour faire voir que l'âme recèle toujours la même vigueur mais que son exercice est étouffé chez les animaux par l'épaisseur de leur corps, il a ajouté :

« tant que les embarras du corps ne les alourdissent pas » [305], etc.

... et d'Homère : la *catena aurea*

15 En conséquence donc, étant donné que l'Intelligence procède du dieu suprême et l'Âme de l'Intelligence, que l'Âme organise et emplit de vie l'ensemble des êtres qui viennent après elle, que cet éclair unique les illumine tous et se reflète dans cet ensemble comme un unique visage se reflète dans une longue succession de miroirs [306], étant donné aussi que tous les êtres se succèdent en séquences continues, dégénérant progressivement en se rapprochant du bas, on découvrira, à y regarder de plus près, du dieu suprême jusqu'à la lie ultime, un enchaînement unique et ininterrompu de liens réciproques ; c'est la chaîne d'or d'Homère, que le dieu a fait pendre, raconte le poète, du ciel à la terre [307].

Application de ces notions au texte de Cicéron

16 Cet exposé établit donc que l'homme est le seul de tous les êtres terrestres à partager avec le ciel et les astres l'intelligence, c'est-à-dire l'âme. C'est ce que dit Cicéron : « *Ils ont reçu une âme, d'après ces feux éternels que vous nommez astres et étoiles.* » [308] **17** Pourtant, il n'affirme pas que nous ayons reçu notre âme 'de' ces feux célestes éternels eux-mêmes — car le feu est un corps, pour divin qu'il soit, et nous ne saurions recevoir notre âme d'un corps, même divin —, il dit que nous l'avons reçue 'de là d'où' ces corps mêmes, qui sont et paraissent divins, ont reçu la leur, c'est-à-dire de la partie de l'Âme cosmique constituée, nous l'avons dit, d'intelligence pure. **18** Voilà pourquoi après les mots : « *ils ont reçu une âme, d'après ces feux éternels que vous nommez astres et étoiles* », il a ajouté : « *animés*

305-308. Cf. notes complémentaires, p. 172-173.

et cetera ; utque adsereret eundem esse in anima semper
uigorem, sed usum eius hebescere in animalibus corporis
densitate, adiecit :

> ... quantum non noxia corpora tardant

et reliqua.

15. Secundum haec ergo, cum ex summo deo mens, ex
mente anima sit, anima uero et condat et uita compleat omnia
quae sequuntur, cunctaque hic unus fulgor illuminet et in
uniuersis appareat, ut in multis speculis per ordinem positis
uultus unus, cumque omnia continuis successionibus se
sequantur degenerantia per ordinem ad imum meandi, inue-
nietur pressius intuenti a summo deo usque ad ultimam
rerum faecem una mutuis se uinculis religans et nusquam
interrupta conexio ; et haec est Homeri catena aurea, quam
pendere de caelo in terras deum iussisse commemorat.

16. His ergo dictis, solum hominem constat ex terrenis
omnibus mentis, id est animi, societatem cum caelo et sideribus habere communem. Et hoc est quod ait : « *hisque
animus datus est ex illis sempiternis ignibus, quae sidera et
stellas uocatis.* » **17.** Nec tamen ex ipsis caelestibus et sempiternis ignibus nos dicit animatos — ignis enim ille, licet
diuinum, tamen corpus est, nec ex corpore quamuis diuino
possemus animari — sed unde ipsa illa corpora, quae diuina
et sunt et uidentur, animata sunt, id est ex ea mundanae
animae parte quam diximus de pura mente constare. **18.** Et
ideo postquam dixit : « *hisque animus datus est ex illis
sempiternis ignibus, quae sidera et stellas uocatis* », mox

---

14. 14. utque *S X E H* : usque *A K* ‖ in anima — hebescere *om. K*. **15.**
sit *codd.* : fit *Willis* ‖ et in *S E A K* : in *X H* ‖ mutuis se *S X² E² A² K* :
metuisse *X¹ H //*dmuisse *E¹* utuisse *A¹* ‖ est *om. H*. **17.** ignis enim *S² E
A K H* : enim ignis *S¹ X* ‖ ille *om. X*.

d'intelligences divines », voulant ainsi, par une claire distinction, désigner par 'feux éternels', les corps des étoiles, et
par 'intelligences divines' leurs âmes, et montrer que la
puissance de l'intelligence dont disposent nos âmes leur
vient de ces âmes-là.

Doxographie sur l'âme

19 Il n'est pas sans intérêt d'achever cette dissertation sur
l'âme par le bilan de toutes les opinions notoirement formu-
lées à ce sujet [309]. Platon a dit que l'âme était une essence se
mouvant elle-même ; Xénocrate, un nombre se mouvant
lui-même ; Aristote, une ἐντελέχεια [310] ; Pythagore et Philolaos, une ἁρμονία ; Posidonius, une idée ; Asclépiade, l'exercice harmonieux des cinq sens ; Hippocrate, un souffle léger
diffus dans le corps entier ; Héraclide du Pont, une lumière ;
Héraclite le physicien, une étincelle de l'essence stellaire ;
Zénon, un souffle qui s'est condensé à l'intérieur du corps ;
Démocrite, un souffle mêlé aux atomes et d'une mobilité qui
lui permet de parcourir tout le corps ; **20** Critolaos le Péripatéticien a dit que l'âme était faite d'une quintessence ; Hipparque, qu'elle était du feu ; Anaximène, de l'air ; Empédo-

---

309. Cf. notes complémentaires, p. 173.

310. L. Scarpa, (1981), *ad loc.*, et surtout M. Regali, (1983), *ad loc.*,
proposent de lire, à la place d'ἐντελέχεια, ἐνδελέχεια. Le premier terme,
qui se rencontre dans les œuvres ésotériques d'Aristote, définissait l'âme
comme un principe immobile qui a sa fin (τέλος) en lui-même (cf. *De
anim.* II, 1, 412 a 21 ; Aet., *Plac.* IV, 2, 6). Dans les œuvres exotériques
en revanche, Aristote aurait décrit l'âme comme une ἐνδελέχεια, c'est-à-
dire comme un mouvement continu et éternel. Cf. Cic., *Tusc.* I, 22 :
animum ἐνδελέχειαν... *[Aristoteles] appellat quasi quandam conti-
nuatam motionem et perennem* (mais le passage cicéronien est contro-
versé). Sur toute cette question, cf. J. Pépin, *Théologie cosmique et
théologie chrétienne*, Paris, 1964, p. 206-216. Nous préférons pour notre
part nous en tenir à la leçon de nos manuscrits, qui, à l'exception de X
(l'un des moins bons), donnent unanimement *t*.

adiecit : « *quae diuinis animatae mentibus* », ut per sempi-
ternos ignes corpus stellarum, per diuinas uero mentes
earum animas manifesta discretione significet, et ex illis in
nostras uenire animas uim mentis ostendat.

19. Non ab re est ut haec de anima disputatio in fine
sententias omnium qui de anima uidentur pronuntiasse
contineat. Platon dixit animam essentiam se mouentem,
Xenocrates numerum se mouentem, Aristoteles ἐντελέχειαν,
Pythagoras et Philolaus ἁρμονίαν, Posidonius ideam, Ascle-
piades quinque sensuum exercitium sibi consonum, Hippocrates spiritum tenuem per corpus omne dispersum, Hera-
cli*des* Ponticus lucem, Heraclitus physicus scintillam
stellaris essentiae, Zenon concretum corpori spiritum,
Democritus spiritum insertum atomis hac facilitate motus ut
corpus illi omne sit peruium ; **20.** Critolaus Peripateticus
constare eam de quinta essentia, Hipparchus ignem, Anaxi-

---

14. 18. ut per S X^2 E A K H : ut X^1 ‖ *a* per diuinas *usque ad* earum S^2
in ras. ‖ et *om.* A^1. **19.** de anima disputatio in fine S E^2 H : disputatio de
anima in fine X de anima disputationi finis A K de anima E^1 ‖ sententias
S X E H : sententiae // sententias A sententiae de anime sententias K ‖
qui S E^2 A^2 K H : quae X E^1 A^1 ‖ uidentur S X E^2 A^2 K H : -detur E^1 A^1
‖ platon S X : -to E A K H ‖ esse *ante* essentiam *add.* X ‖ aristoteles S
X A^2 K : aristotiles E H arestoteles A^1 ‖ ἐντελέχειαν *edd.* : entelechiam
S A H endelechiam X entelechyam K entelachiam E ‖ pythagoras K :
pytag- S X E A H ‖ et philolaus X A^2 K H : et phylolaus S epilolaus E A^1
‖ ἁρμονίαν *La Penna* : armonian S armoniam X E A K H ‖ posidonius
S H : possid- X E^2 A^2 possed- E^1 K possedomus A^1 ‖ ideam S^2 X E A H :
idaeam K deum S^1 ‖ hippocrates *edd.* : hipocr- H hyppocr- S E A hypocr-
X K ‖ heraclides *edd. a Zeunio* : heraclitus *codd.* ‖ lucem heraclitus *om.*
E ‖ heraclitus X K H : heraclytus S eradytus A^1 heradytus A^2 ‖
concretum S X E A^2 H^2 : -cretus A^1 -creti K^2 H^1, *om.* K^1 ‖ corpori S X
E^2 A K : -ris E^1 H ‖ atomis *edd.* : athomis S X E A H acomis K. **20.** eam
de S X E^2 H : eamdem E^1 eadem A K ‖ hipparchus X H : hypparchus S
hypparcus E A hipparcus K.

cle et Critias, du sang ; Parménide, un composé de terre et de
feu ; Xénophane, de terre et d'eau ; Boéthos, d'air et de feu ;
Epicure, qu'elle était un fantôme de feu, d'air et de souffle
mêlés [311]. Mais l'opinion qui a prévalu la tient pour incorporelle autant qu'immortelle.

EXPOSÉ ASTRONOMIQUE [312]

Terminologie

21 Considérons maintenant les deux termes que Cicéron
met sur le même plan en disant : « *que vous nommez astres et
étoiles* ». Car il ne s'agit pas ici d'une réalité unique désignée
par une double appellation, comme « épée et glaive » [313] ;
mais les « étoiles », en fait, sont isolées, comme les cinq
« errantes » [314], comme toutes celles qui gravitent solitaire-
ment sans être combinées à d'autres ; les « astres » [315], eux,
sont disposés de façon à former une constellation par l'assemblage de plusieurs étoiles, comme le Bélier, le Taureau,
comme Andromède, Persée ou la Couronne, et toutes sortes
de figures variées qui, croit-on, ont été reçues dans le ciel [316].
C'est ainsi que, chez les Grecs aussi, ἀστήρ et ἄστρον ont des
sens différents, et ἀστήρ désigne une étoile unique, ἄστρον
une constellation faite d'un agrégat d'étoiles [317] que nous
nommons, nous, astérisme.
22 En qualifiant les étoiles de « sphériques et rondes », il ne
rend pas compte de la forme des étoiles isolées seulement,
mais de celles aussi qui se groupent pour former les constellations. Toutes les étoiles, en effet, si elles diffèrent quelque
peu entre elles par la taille, ne diffèrent aucunement par la
forme. Or ces deux termes décrivent une sphère solide, qui

311-316. Cf. notes complémentaires, p. 173-175.
317. Même remarque *ap.* Achilles, *Isag.* 14. Dans les faits l'usage
semble moins scrupuleux, et l'on voit ἀστήρ et ἄστρον utilisés indifféremment pour désigner une étoile fixe : cf. G. Aujac, (1975), p. 174.

menes aera, Empedocles et Critias sanguinem, Parmenides
ex terra et igne, Xenophanes ex terra et aqua, Boethos ex aere
et igne, Epicurus speciem ex igne et aere et spiritu mixtam.
Obtinuit tamen non minus de incorporalitate eius quam de
immortalitate sententia.

21. Nunc uideamus quae sint haec duo nomina quorum
pariter meminit cum dicit : « *quae sidera et stellas uocatis* ».
Neque enim hic res una gemina appellatione monstratur, ut
ensis et gladius, sed sunt stellae quidem singulares, ut erraticae quinque, ut ceterae quae non admixtae aliis solae feruntur ; sidera uero, quae in aliquod signum stellarum plurium
compositione formantur, ut Aries, Taurus, ut Andromeda,
Perseus uel Corona, et quaecumque uariarum genera formarum in caelum recepta creduntur. Sic et apud Graecos ἀστήρ
et ἄστρον diuersa significant, et ἀστήρ stella una est, ἄστρον
signum stellis coactum, quod nos sidus uocamus.

22. Cum uero stellas globosas et rotundas dicat, non singularium tantum exprimit speciem, sed et earum quae in
signa formanda conueniunt. Omnes enim stellae inter se, etsi
in magnitudine aliquam, nullam tamen habent in specie
differentiam. Per haec autem duo nomina solida sphaera

---

14. 20. aera *S E² A H* : aerem *X*, *om. E¹ K* ‖ empedocles *S X K* :
enpedocles *E* erpedocles *A* empodacles *H* ‖ critias *S X E²* : crities *H²*
criti *K¹* critisios *H¹* critisios *K²* cristitias *E¹* cristasias *A* ‖ xenophanes —
igne *om. E¹ A K* ‖ xenophanes *edd.* : xenophantes *S¹ E²* exenophantes *S²*
X H² exenonphantes *H¹* ‖ boethos *X E² H* : boetos *S* ‖ spiritu *S E A² K*
H : -tum *X A¹*. **21.** *a* nunc uideamus *inc. N* ‖ et *om. E¹ A¹* ‖ *a* uocatis
usque ad enim *S² in ras.* ‖ sunt *om. A* ‖ ut ceterae *S¹ E¹ A K* : et ceterae
S² X E² H N ‖ ἀστήρ et ἄστρον *edd.* : ACTEP et ACTRON *K H* aster et
astron *S X E A N* ‖ et ἀστήρ *edd.* : et ACTEP *K H* et aster *S X E A N* ‖
ἄστρον *edd.* : ACTRON *K H* astron *S X E A N* ‖ coactum *S X E A H N* :
-ctus *K*. **22.** singularium *S E A K H N²* : singularum *X* sigularium *N¹* ‖
et *om. E¹ A K*.

ne résulte ni d'une masse dépourvue de rotondité, ni d'une rotondité privée de masse, car dans le premier cas manquerait la forme, et dans le second, la compacité du corps.

23 Or, par « sphères », nous désignons ici les corps des étoiles elles-mêmes, qui tous ont été façonnés selon cette forme. Sont appelées en outre « sphères », la sphère ἀπλανής, qui est la plus grande, et les sept sphères inférieures [318], que parcourent les deux luminaires et les cinq astres errants [319].

24 Quant à « cercles » et « orbes », ces deux noms désignent deux choses distinctes ; et de ces noms, Cicéron s'est servi en des sens différents selon les passages. Il a mis « orbe » pour « cercle », comme dans « *orbe lacté* », et « orbe » pour « sphère », comme dans « *les neuf orbes ou plutôt globes* » [320]. Mais il appelle aussi « cercles » ceux qui ceinturent la sphère la plus grande, comme on les rencontrera dans la suite du traité ; l'un d'eux est le cercle lacté, qu'il désigne comme « *le cercle rayonnant au milieu des flammes* » [321]. **25.** Mais, ici, ce n'est rien de tout cela qu'il a voulu faire entendre par les termes de « cercle » et d'« orbe » ; dans ce passage, « orbe » s'applique à la révolution entière et achevée d'une étoile, c'est-à-dire à son retour au même endroit dont elle est partie, après avoir décrit tout le tour de la sphère sur laquelle elle se meut. Quant au cercle, ici, c'est la ligne qui entoure la sphère et constitue une sorte de sentier [322] que parcourent les deux luminaires, et à l'intérieur duquel est contenue l'errance régulière [323] des planètes.

---

318. Macrobe illustre ici toute l'ambiguïté du terme *sphaera/* σφαῖρα, qui peut désigner : 1) les sphères solides qui forment les astres (étoiles et planètes) ; 2) la sphère creuse et immobile (*aplanes*) du ciel, qui porte les étoiles ; 3) les sphères, également creuses et transparentes, et, dans le système auquel se rallie Macrobe, concentriques, qui sont censées porter les planètes.

319. Cf. *Comm.* II, 4, 8-9. Les *duo lumina* sont le soleil et la lune, couramment désignés ainsi par opposition aux cinq planètes. Ce qui les distingue de ces dernières, c'est, outre leur brillance et leur diamètre apparent, le fait que le soleil et la lune ne connaissent pas de rétrogradations, mais posent le problème des éclipses (évoqué ci-dessous, I, 15, 10-12).

320-323. Cf. notes complémentaires, p. 175-176.

describitur, quae nec ex globo, si rotunditas desideretur, nec
ex rotunditate, si globus desit, efficitur, cum alterum forma,
alterum soliditate corporis deseratur.

23. Sphaeras autem hic dicimus ipsarum stellarum corpora, quae omnia hac specie formata sunt. Dicuntur praete-
rea sphaerae et ἀπλανής illa, quae maxima est, et subiectae
septem, per quas duo lumina et uagae quinque discurrunt.

24. Circi uero et orbes duarum sunt rerum duo nomina ; et
his nominibus quidem alibi aliter est usus. Nam et orbem pro
circulo posuit, ut « *orbem lacteum* », et orbem pro sphaera, ut
« *nouem tibi orbibus uel potius globis* ». Sed et circi uocantur
qui sphaeram maximam cingunt, ut eos sequens tractatus
inueniet ; quorum unus est lacteus, de quo ait : « *inter flammas circus elucens* ». **25.** Sed hic horum nihil neque circi
neque orbis nomine uoluit intellegi, sed est orbis in hoc loco
stellae una integra et peracta conuersio, id est ab eodem loco
post emensum sphaerae per quam mouetur ambitum in
eundem locum regressus. Circus est autem hic linea ambiens
sphaeram ac ueluti semitam faciens per quam lumen utrumque discurrit, et intra quam uagantium stellarum error legitimus coercetur.

14. 22. desideretur *S X² E² in ras. A K H¹ N¹* : desit *X¹ H² N²* ‖ nec *S
X E A N* : // nec *K* aliter nec *H* ‖ forma *S X K H N* : -mam *E A* ‖
soliditate *S X K H N* : -tatem *E A* ‖ deseratur *S² in ras. X H* : desideratur
K N desiderat *E A*. **23.** ἀπλανής *edd.* : aplanes *codd.* ‖ subiectae *S X E
A H N* : -cta *K* ‖ quas *om. N¹* ‖ duo lumina *S² X E A K H N* : sol
uolumina *S¹*. **24.** circi *S X A² K H N* : c.rci *E* circa *A¹* ‖ et his *S X E K
H N* : his *A* ‖ nominibus *S³ X E A K H N* : nominbus *S² in ras.* ‖ alibi
S X E² H N : albi *K* alli *A, om. E¹* ‖ *ab* ut nouem *usque ad 25* ueluti *K
non leg.* ‖ circi *S X E² A² H N* : carci *E¹ A¹* ‖ sphaeram *S²* : speram *S¹
X E² A H N* sperant *E¹* ‖ circus *om. H¹*. **25.** est *post* circus *om. X¹* ‖
coercetur *X E² A² K H N* : cohercetur *S* coerceretur *E¹* co.erceretur *A¹*.

26 Et si les Anciens ont dit que les planètes erraient, c'est parce qu'elles sont emportées par un mouvement propre, et qu'elles gravitent en sens contraire de la course de la plus grande sphère, c'est-à-dire du ciel lui-même, de l'occident vers l'orient. Toutes ces étoiles ont une égale vitesse, un mouvement semblable, et leur mode de déplacement est identique [324], mais toutes ne décrivent pas leurs cercles et leurs orbes dans le même temps. **27** Et la raison pour laquelle leur vitesse même est « admirable », c'est que, alors qu'elle est la même pour toutes, et qu'aucune de ces étoiles ne peut être plus rapide ni plus lente, toutes cependant n'accomplissent pas leur révolution dans le même laps de temps. La raison qui fait que, la vitesse étant égale, le laps de temps n'est pas le même, la suite nous l'enseignera plus précisément [325].

Les cercles célestes

La Voie Lactée

15. 1. Après cet exposé sur la nature des astres et l'origine astrale de l'âme humaine, le père, exhortant à nouveau son fils à la piété envers les dieux, à la justice envers les hommes, a ajouté à nouveau une récompense, en lui montrant le cercle lacté, séjour dû aux vertus et empli des bienheureux qui s'y retrouvent ; Scipion l'évoque en ces termes : « *c'était, rayonnant d'un éclat splendide au milieu des flammes, le cercle que vous avez appris des Grecs à appeler 'orbe lacté'* » [326].

2 'Orbe', avec l'épithète 'lacté', a ici le même sens que 'cercle'. Un seul des cercles qui entourent le ciel est 'lacté'. En plus de lui, il en existe dix, dont nous révèlerons ce qu'il y a à dire lorsque notre exposé, comme il convient, en sera venu à ce sujet. Il est le seul de tous à être visible, les autres cercles se saisissant plus par la pensée que par la vue [327].

324. Principe constant chez les astronomes antiques : cf. n. 459, p. 196.

325. Cf. I, 21, 5-6 : si la durée de révolution des planètes, à vitesse égale, diffère, c'est tout simplement parce que leurs orbites sont de longueur inégale.

326-327. Cf. notes complémentaires, p. 176.

26. Quas ideo ueteres errare dixerunt quia et cursu suo
feruntur et contra sphaerae maximae, id est ipsius caeli,
impetum contrario motu ad orientem ab occidente uoluuntur. Et omnium quidem par celeritas, motus similis, et idem
est modus meandi, sed non omnes eodem tempore circos
suos orbesque conficiunt. **27.** Et ideo est celeritas ipsa mira-
bilis quia, cum sit eadem omnium nec ulla ex illis aut conci-
tatior esse possit aut segnior, non eodem tamen temporis
spatio omnes ambitum suum peragunt. Causam uero sub
eadem celeritate disparis spatii aptius nos sequentia docebunt.

15. 1. His de siderum natura et siderea hominum mente
narratis, rursus filium pater ut in deos pius, ut in homines
iustus esset hortatus, praemium rursus adiecit, ostendens
lacteum circulum uirtutibus debitum et beatorum coetu
refertum, cuius meminit his uerbis : « *erat autem is splendidissimo candore inter flammas circus elucens, quem uos, ut a
Grais accepistis, orbem lacteum nuncupatis.* »

2. Orbis hic idem quod circus in lactei appellatione significat. Est autem lacteus unus e circis qui ambiunt caelum. Et
sunt praeter eum numero decem, de quibus quae dicenda
sunt proferemus cum de hoc competens sermo processerit.
Solus ex omnibus hic subiectus est oculis, ceteris circulis
magis cogitatione quam uisu comprehendendis.

---

14. 26. et idem *S X K H N* : idem *E A* ‖ modus *S X E² A K H² N* : motus
E¹ modos *H¹*. **27.** possit *S X E² K H N* : posset *E¹ A* ‖ segnior *S X E H²*
N : signior *A K H¹* ‖ eadem *S X² E A² K H* : eodem *X¹ A¹ N* ‖ celeritate
S X E A² K H : -ritatem *A¹ N*.
15. 1. hortatus *S X E² K H N* : ort- *E¹ A* ‖ debitum *S X E A H N* :
deditum *K* ‖ meminit *S X E² K H N* : meninit *E¹ A* ‖ is *S X² H² in ras.* :
i *A¹* his *X¹ K N*, *om. E A²* ‖ circus *S E A H² N* : circulus *X K H¹*. **2.**
circus *S X K H* : circulus *E A N* ‖ significat *S X K H* : -catur *E¹* -cans *A*
-cant *E² N* ‖ proferemus *S X¹ E A K N* : -ramus *X² s.l. H* ‖ uisu *S X E*
A K H : oculis *N*.

3 Au sujet de ce cercle lacté il y a eu beaucoup d'opinions différentes, et les uns ont avancé des explications mythiques, d'autres, naturelles [328] ; quant à nous, passant les considérations mythiques sous silence [329], nous nous en tiendrons à celles qui ont paru relever de sa nature. **4** Théophraste a dit que le cercle lacté était la suture au moyen de laquelle la sphère céleste, faite de deux hémisphères, a été assemblée ; si bien que, à l'endroit où, de part et d'autre, les bords ont été rapprochés, apparaît une clarté qui attire l'attention [330]. **5** Pour Diodore, c'est un feu d'une nature dense et condensée, concentré en un sentier unique au tracé courbe, qui s'accumule sur la ligne de séparation de l'architecture cosmique, et c'est pour cela qu'il tombe sous la vue de l'observateur, alors que le reste du feu céleste dérobe aux regards sa lumière, trop subtile et ténue [331]. **6** Pour Démocrite, il s'agit d'innombrables étoiles faibles, qui, concentrées dans un espace exigu, les intervalles très réduits qui les séparent se trouvant occultés, sont contiguës de partout, et de ce fait, couvrant tout de la clarté qu'elles diffusent, présentent le corps continu d'un luminaire cohérent [332]. **7** Mais Posidonius, dont la définition a rallié la majorité des suffrages, dit que la Voie Lactée est un épanchement de chaleur astrale, que sa courbure, opposée au zodiaque, a fait dévier obliquement ; de la sorte, puisque le soleil ne sort jamais des limites du zodiaque, laissant la partie restante du ciel privée de sa chaleur, ce cercle, s'écartant

---

328. La nature de la Voie Lactée, en effet, a fait l'objet de la part des Anciens d'un grand nombre d'explications, mythiques (cf. note 329) et physiques (Aristote, *Met.* I, 8 ; Manilius, I, 684-808 ; Philon, *De prou.* II, 89 ; Achilles, *Isag.* 24 ; Schol. Germ., p. 187 Breysig ; Aétius, III, 1, *in* H. Diels, *Dox. Gr.*, p. 364 sq. ; Ps.-Galien, *Hist. phil.* 74, *ibid.*, p. 629), auxquelles s'ajoutent des considérations sporadiques, au fil des textes : cf. *R.E.* XIII, 1910, s.v. *Galaxias*, col. 560-571 [W. Gundel] ; *Kl. Pauly* III, 1969, s.v. *Milchstrasse*, col. 1294 [J. Mau]. La doxographie de Macrobe est donc très sélective et passe sous silence non seulement les explications mythiques, comme il l'annonce lui-même, mais un grand nombre d'hypothèses physiques. Selon H. Diels, *Dox. Gr.* p. 230, c'est Posidonius, cité en dernier, qui serait la source de cette doxographie. Certes Diodore, qui y figure, semble postérieur à Posidonius ; mais il pouvait rapporter une opinion soutenue avant lui.

329-332. Cf. notes complémentaires, p. 176.

3. De hoc lacteo multi inter se diuersa senserunt, causas-
que eius alii fabulosas, naturales alii protulerunt ; sed nos,
fabulosa reticentes, ea tantum quae ad naturam eius uisa sunt
pertinere dicemus. **4.** Theophrastus lacteum dixit esse compagem qua de duobus hemisphaeriis caeli sphaera solidata
est, et ideo ubi orae utrimque conuenerant, notabilem claritatem uideri. **5.** Diodorus, ignem esse densetae concretaeque
naturae in unam curui limitis semitam discretione mundanae fabricae coaceruante concretum, et ideo uisum intuentis
admittere, reliquo igne caelesti lucem suam nimia subtilitate
diffusam non subiciente conspectui. **6.** Democritus, innumeras stellas breuesque omnes, quae spisso tractu in unum
coactae, spatiis quae angustissima interiacent opertis, uicinae sibi undique et ideo passim diffusae lucis aspergine,
continuum iuncti luminis corpus ostendunt. **7.** Sed Posidonius, cuius definitioni plurium consensus accessit, ait lacteum caloris esse siderei fusionem, quam ideo aduersa
zodiaco curuitas obliquauit ut, quoniam sol numquam
zodiaci excedendo terminos expertem feruoris sui partem

15. 3. fabulosas S X E^2 H : fabulas E^1 A K N. **4.** theophrastus S X E^2 A
N : theofrastus K H theophyastus E^1 ‖ compagem S X A H N :
conpagem E compaginem K ‖ orae S X E A H N : horae K ‖ notabilem
S X E A K^2 H^2 N : nobilem K^1 nobilitatem H^1. **5.** diodorus S X E^2 K H
N : deodorus E^1 A ‖ densetae S E^2 A^2 H N : densatae X desetae E^1 A^1
desecte K ‖ coaceruante X^2 E^2 A^2 H N : conaceruante X^1 coaceruantem
K coacerbante S E^1 coacerbantem A^1 ‖ igne S X E^2 H N : igni E^1 A K.
6. spisso tractu S X E^2 A^2 K H N : spiso tracto E^1 A^1. **7.** posidonius S^1 :
possid- S^2 X E A H N possed- K ‖ cuius *om.* A^1 ‖ definitioni S X A^2 K
N : definicioni H^2 difinitioni E definitione A^1 deficione H^1 ‖ plurium S
X E^2 H N : -rimum E^1 E^3 A -rimus K ‖ fusionem S E A K N^1 : inf- X H
N^2 ‖ zodiaco S X E^2 H N : -ci E^1 A K ‖ curuitas — zodiaci *om.* K ‖
curuitas X E^2 H N : curbitas S orbitas E^1 orbita A ‖ obliquauit S X^2 E
H N : obliquit X^1 subliquauit A.

obliquement du trajet du soleil, tempère l'univers de sa courbe chaude [333]. Quant aux endroits où la Voie Lactée coupe le zodiaque, nous les avons indiqués plus haut [334]. Voilà pour la Voie Lactée.

Le zodiaque

8 Il existe, comme nous l'avons dit, dix autres cercles, dont l'un est le zodiaque lui-même ; il est le seul de ces dix à s'être vu attribuer une largeur, de la façon que nous rapporterons. **9** Les cercles célestes sont par nature une ligne immatérielle que l'on se représente intellectuellement, si bien qu'on n'envisage que sa longueur, toute largeur étant exclue ; mais, dans le cas du zodiaque, le fait qu'il contient les signes exigeait qu'il eût une largeur [335].

L'écliptique

10 Donc, l'espace que prenait sa largeur, avec les astérismes qui s'y étalent, a été limité par deux lignes : et une troisième, menée par le milieu, est appelée écliptique, parce que, lorsque le soleil et la lune accomplissent semblablement leur course sur cette même ligne, il se produit nécessairement une éclipse de l'un des deux [336] : éclipse de soleil si la lune passe à ce moment-là au-dessous de lui ; de lune, si elle se trouve alors à l'opposé du soleil. **11** Ainsi le soleil ne s'éclipse que le trentième jour du mois lunaire, et la lune ne connaît d'éclipse que le quinzième jour de son parcours. En effet, ce qui se produit ainsi, c'est ceci : ou bien la lune, placée face au soleil de façon à lui emprunter sa lumière habituelle, trouve en face d'elle, sur la même ligne, le cône (d'ombre) [337] de la terre ; ou bien c'est elle qui, en passant sous le soleil et en s'interposant, empêche la lumière du soleil d'atteindre l'œil humain. **12** Donc, lors d'une éclipse, le soleil lui-même ne subit pas d'atteinte ; c'est notre regard qui est floué ; la lune en revanche, lors de sa propre éclipse, souffre de ne pas

333-337. Cf. notes complémentaires, p. 176-178.

caeli reliquam deserebat, hic circus, a uia solis in obliquum recedens, uniuersitatem flexu calido temperaret. Quibus autem partibus zodiacum intersecet, superius iam relatum est. Haec de lacteo.

8. Decem autem alii, ut diximus, circi sunt, quorum unus est ipse zodiacus, qui ex his decem solus potuit latitudinem hoc modo quem referemus adipisci. **9.** Natura caelestium circulorum incorporalis est linea, quae ita mente concipitur ut sola longitudine censeatur, latum habere non possit ; sed in zodiaco latitudinem signorum capacitas exigebat.

10. Quantum igitur spatii lata dimensio porrectis sideribus occupabat, duabus lineis limitatum est ; et tertia ducta per medium ecliptica uocatur, quia, cum cursum suum in eadem linea pariter sol et luna conficiunt, alterius eorum necesse est euenire defectum : solis, si ei tunc luna succedat ; lunae, si tunc aduersa sit soli. **11.** Ideo nec sol umquam deficit nisi cum tricesimus lunae dies est, et nisi quinto decimo cursus sui die nescit luna defectum. Sic enim euenit ut aut lunae contra solem positae ad mutuandum ab eo solitum lumen sub eadem inuentus linea terrae conus obsistat, aut soli ipsa succedens obiectu suo ab humano aspectu lumen eius repellat. **12.** In defectu ergo sol ipse nil patitur, sed noster fraudatur aspectus, luna uero circa proprium

---

15. 7. deserebat $S\,X\,E\,H^2$ *i.m. N* : deserabat *A* disserebat $K\,H^1$ ‖ quibus — lacteo *om. N et transp. I, 12, 1* ita lacteus — relinquit. **8.** potuit $S\,X\,E^2$ $A^2\,K\,H\,N$: posuit $E^1\,A^1$. **9.** ut *om. H^1.* **10.** occupabat $S\,X\,E\,A\,K\,H$: -pat *N* ‖ quia $S\,X\,E^2\,A^2\,H$: quam $E^1\,A^1$ qua $K\,N$ ‖ cum cursum $S\,X\,E^2\,A^2$ $K\,H\,N$: concursum $E^1\,A^1$ ‖ luna — si tunc *om. K* ‖ soli *om. K.* **11.** tricesimus $S\,X\,E^2\,A^2\,K\,H$: trec- $E^1\,A^1\,N$ tricesimae A^3 ‖ mutuandum $S\,X\,E^2\,A^2\,K\,H$: -tuendum $E^1\,A^1$ -tandum *N.* **12.** ergo $S\,X\,H$: autem *E A K N.*

recevoir la lumière du soleil grâce à laquelle elle donne couleur à la nuit. Virgile le savait, lui qui, parfaitement au fait de toutes les disciplines, dit :

« les diverses éclipses du soleil et les épreuves de la lune. » [338]

Quoique, donc, le tracé de trois lignes limite et divise le zodiaque, les Anciens, créateurs du vocabulaire, ont voulu cependant qu'on parlât d'un cercle unique.

Les parallèles

13 Cinq autres cercles sont appelés parallèles. Celui du milieu, qui est aussi le plus grand, est le cercle équinoxial ; deux sont voisins des extrémités et de ce fait sont courts ; l'un d'entre eux est appelé septentrional, l'autre austral. Entre eux et celui du milieu sont les deux tropiques, plus grands que les cercles extrêmes, plus petits que le cercle médian ; ce sont eux qui marquent de part et d'autre la limite de la zone torride [339].

Les colures

14 Outre ces cercles, il y en a aussi deux qui sont les colures ; ils doivent ce nom au fait que leur circonférence est incomplète. En effet, entourant le pôle septentrional et s'en éloignant dans des directions opposées, ils se coupent au sommet et déterminent sur chacun des cinq cercles parallèles quatre parties égales, coupant le zodiaque de façon à traverser de leur tracé, l'un le Bélier et la Balance, l'autre le Cancer et le Capricorne ; mais on pense qu'ils ne parviennent pas jusqu'au pôle austral [340].

Le méridien

15 Les deux qui restent pour faire le nombre annoncé, le méridien et l'horizon, ne sont pas inscrits sur la sphère parce qu'ils ne peuvent avoir de situation fixe, mais varient selon les différentes positions de l'observateur ou de l'habitant.

338-340. Cf. notes complémentaires, p. 178.

defectum laborat non accipiendo solis lumen cuius beneficio noctem colorat. Quod sciens Vergilius, disciplinarum omnium peritissimus, ait :

defectus solis uarios lunaeque labores.

Quamuis igitur trium linearum ductus zodiacum et claudat et diuidat, unum tamen circum auctor uocabulorum dici uoluit antiquitas.

13. Quinque alii circuli paralleli uocantur. Horum medius et maximus est aequinoctialis, duo extremitatibus uicini atque ideo breues, quorum unus septentrionalis dicitur, alter australis. Inter hos et medium duo sunt tropici maiores ultimis, medio minores, et ipsi ex utraque parte zonae ustae terminum faciunt.

14. Praeter hos alii sunt duo coluri, quibus nomen dedit imperfecta conuersio. Ambientes enim septentrionalem uerticem atque inde in diuersa diffusi, et se in summo intersecant, et quinque parallelos in quaternas partes aequaliter diuidunt, zodiacum ita intersecantes ut unus eorum per Arietem et Libram, alter per Cancrum atque Capricornum meando decurrat ; sed ad australem uerticem non peruenire creduntur.

15. Duo qui ad numerum praedictum supersunt, meridianus et horizon, non scribuntur in sphaera quia certum locum habere non possunt, sed pro diuersitate circumspicientis habitantisue uariantur.

---

15. 12. laborat S X E A K H : -rabat N ‖ beneficio noctem S X K H : benificio noctem E A beneficium nocte N ‖ sciens *post* uergilius *transt.* S ‖ ductus S X E A^2 K N : -ctos A^1 -ctu H. **13.** terminum S X H N : -nos E A K. **14.** praeter S E^2 A^2 K H N : propter X E^1 A^1 ‖ sunt duo S X E A K N : duo sunt H ‖ coluri S X E A H^2 N : colori K circuli H^1 ‖ inde *om.* E^1 A ‖ per arietem *om.* K ‖ ad S E^2 A^2 K H : *om.* X E^1 A^1 N ‖ uerticem S X E A K H^2 N : plagam H^1.

16 Le méridien est en effet le cercle déterminé par le soleil
lorsqu'il est parvenu à l'aplomb de la tête des hommes et
marque exactement la moitié du jour. Et comme la sphéricité
de la terre empêche que les lieux d'habitation de tous les
hommes soient sur le même plan, ce n'est pas la même région
du ciel qui se trouve à l'aplomb de tous ; aussi ne pourra-t-il
y avoir de méridien unique pour tous : chaque peuple détermine au-dessus de sa tête son propre méridien [341].

L'horizon

17 De même c'est le regard circulaire de chaque individu
qui définit pour lui l'horizon. En effet l'horizon est la limite,
figurée par une sorte de cercle, de la portion de ciel visible
au-dessus de la terre. Et comme le regard humain ne peut
parvenir véritablement à cette limite elle-même, l'étendue
que chacun peut apercevoir d'un coup d'œil circulaire fixe
pour lui sa limite personnelle de la portion de ciel qui domine
la terre [342]. **18** Cet horizon, que le regard de chacun circon-
scrit pour son compte, ne pourra dépasser la distance de trois
cent soixante stades. En effet, lorsqu'on regarde droit devant
soi, la vue ne va pas au-delà de cent quatre vingts stades [343] ;
mais une fois parvenu à cette distance, le regard qui ne peut
aller plus loin sur la rotondité terrestre, rebrousse chemin et
s'infléchit [344], si bien que ce nombre, doublé puisqu'il y a
deux côtés, aboutit à une longueur de trois cent soixante
stades contenue à l'intérieur de l'horizon individuel ; et ce
que l'on aura perdu d'espace derrière soi en avançant, on le

341. *Meridianus (circulus)* calque le grec μεσημβρίνος (κύκλος). Le
méridien est le cercle céleste qui passe par les pôles et par le zénith d'un
lieu donné ; c'est donc, comme il est dit au § 15, un cercle de la sphère
locale, qui varie avec la longitude. Le soleil le franchit chaque jour à midi
(cf. définitions de Géminos, V, 64-67 ; Manilius, I, 633-647 ; Théon,
p. 131, 13 sq. Hiller = III, 8, p. 216-217 Dupuis ; Calcidius, *In Tim.* 66).
Pour autant, sous nos latitudes tempérées, il n'est pas vrai, contrairement à ce que dit Macrobe, que le soleil soit à ce moment-là « à
l'aplomb », c'est-à-dire au zénith, de l'observateur : cela ne peut se
produire qu'entre les deux tropiques.
342-344. Cf. notes complémentaires, p. 178-180.

16. Meridianus est enim quem sol, cum super hominum
uerticem uenerit, ipsum diem medium efficiendo designat.
Et quia globositas terrae habitationes omnium aequales sibi
esse non patitur, non eadem pars caeli omnium uerticem
despicit ; et ideo unus omnibus meridianus esse non poterit,
sed singulis gentibus super uerticem suum proprius meridianus efficitur.

17. Similiter sibi horizontem facit circumspectio singulo-
rum. Horizon est enim, uelut quodam circo designatus, terminus caeli quod super terram uidetur. Et quia ad ipsum
uere finem non potest humana acies peruenire, quantum
quisque oculos circumferendo conspexerit, proprium sibi
caeli quod super terram est terminum facit. **18.** Hic horizon,
quem sibi uniuscuiusque circumscribit aspectus, ultra tre-
centos et sexaginta stadios longitudinem intra se continere
non poterit. Centum enim et octoginta stadios non excedit
acies contra uidentis ; sed uisus, cum ad hoc spatium uenerit,
accessu deficiens in rotunditatem recurrendo curuatur, atque
ita fit ut hic numerus, ex utraque parte geminatus, trecento-
rum sexaginta stadiorum spatium quod intra horizontem
suum continetur efficiat, semperque, quantum ex huius spatii parte postea procedendo dimiseris, tantum tibi de

15. 16. quem sol cum $S X E A K H$: quos locum N ‖ hominum uerticem
$S X E^2 A K N$: hominem uerticem E^1 uerticem hominum H ‖ uenerit S
$X E A^2 H$: inuen- $A^1 K N$ ‖ quia $S X E^2 A^2 K H N$: quas $E^1 A^1$ ‖ sed *om.*
K. **17.** horizontem $A^2 N$: orizontem $S X K H$ horizantem A^1 horizon E^2
horizan E^1 ‖ uelut $S E A K H$: -lud N -luti X. **18.** horizon S : or- $X E A$
$K H N$ ‖ uniuscuiusque $S E A K H N$: unusquisque X ‖ excedit $S X E^2$
A^2 *in ras.* $H^2 N$: -dat $E^1 H^1$ excitat K ‖ curuatur $S^2 X E A K H$: curbatur
$S^1 N$ ‖ horizontem $S^2 E^2 A^2 K N$: orizontem $S^1 X H$ horizantem $E^1 A^1$
‖ efficiat $S X K H N$: -ciet $E A$ ‖ spatii $S X E^2 A^2 K H N$: -tiis $E^1 A^1$ ‖
postea $S^1 X E A K H N$: postera S^2 ‖ dimiseris S^2 : de- $S^1 S^3 X E^2 H N$
dimisserit A^2 demiserit K demisserit $E^1 A^1$ ‖ tantum tibi $S X E K H N$
: tantum sibi A^2 locorum transgressione A^1.

regagnera toujours par l'avant ; cela fait que l'horizon se
modifie toujours en fonction de nos déplacements. **19** Mais
l'aspect que j'ai décrit, c'est celui que lui confère sur terre
une plaine unie ou bien une mer calme et libre, qui n'opposent aucun obstacle aux regards. Ne te laisse pas troubler par
le fait que souvent nous voyons s'élever au loin une monta-
gne, ou que nous levons les yeux vers les hauteurs mêmes du
ciel. Il en va différemment en effet selon que le relief
s'impose au regard ou que la vue porte et s'étale en terrain
plat. Dans ce dernier cas seulement se réalise le cercle de
l'horizon.

Assez parlé de tous les cercles qui entourent le ciel.

Sixième citation du *Songe*

16. 1 Passons au commentaire de ce qui suit : « *De ce lieu
d'où je contemplais l'univers entier, tout le reste me paraissait magnifique et merveilleux. S'y trouvaient les étoiles
que nous n'avons jamais vues d'ici, et toutes avaient des
dimensions que nous n'avons jamais soupçonnées ; parmi
elles, la plus petite, qui est la plus éloignée de la sphère
céleste et la plus proche de la terre, brillait d'une lumière
d'emprunt : les globes des étoiles, eux, l'emportaient aisément en grandeur sur la terre.* » [345]

2 En disant « *de ce lieu d'où je contemplais l'univers
entier* », il confirme le fait que nous avons signalé plus haut :
c'est dans la Voie Lactée même qu'eut lieu, dans le songe, la
rencontre entre Scipion et ses pères [346]. Or il y a deux choses

345. *Rép.* VI, 16 = *Somn.* 3, 7.
346. *Comm.* I, 4, 4-5.

anteriore sumetur ; et ideo horizon semper quantacumque
locorum transgressione mutatur. **19.** Hunc autem quem diximus admittit aspectum aut in terris aequa planities aut pelagi
tranquilla libertas, quae nullam oculis obicit offensam. Nec
te moueat quod saepe in longissimo positum montem uidemus aut quod ipsa caeli superna suspicimus. Aliud est enim
cum se oculis ingerit altitudo, aliud cum per planum se
porrigit et extendit intuitus, in quo solo horizontis circus
efficitur.

Haec de circis omnibus quibus caelum cingitur dicta sufficiant.

16. 1. Tractatum ad sequentia transferamus : « *Ex quo
mihi omnia contemplanti praeclara cetera et mirabilia uidebantur. Erant autem eae stellae quas numquam ex hoc loco
uidimus, et eae magnitudines omnium quas esse numquam
suspicati sumus, ex quibus erat ea minima, quae ultima a
caelo, citima terris luce lucebat aliena : stellarum autem
globi terrae magnitudinem facile uincebant.* »

2. Dicendo : « *ex quo omnia mihi contemplanti* », id quod
supra rettulimus adfirmat : in ipso lacteo Scipionis et parentum per somnium contigisse conuentum. Duo sunt autem

---

15. 18. locorum *S X E A H N* : locum *K*. **19.** aequa *S X E A K H* : equales
N ‖ nullam *S X E A K* : nulla *N* numquam *H* ‖ obicit *S²* *in ras. E A K*
H N : subicit *X* ‖ te *om. A¹* ‖ aut quod *S X E² H N* : ad quos *E¹ A K* ‖
circus *om. K¹* ‖ sufficiant *S X A² K H² N* : -cient *E A¹* -ciunt *H¹*.
    16. 1. uidebantur *S X E A K H² N* : -dentur *H¹* ‖ eae *edd.* : hae *S X E
A H N* haec *K* ‖ numquam *S X E A² K H* : nunqua *N* numque *A¹* ‖ et
eae *S²* *in ras. X¹ K²* : et hae *X² E²* *in ras. H* et iai *K¹* haeque *A* et aecce
N ‖ numquam *S X E² A² H* : nusquam *E¹ A¹ K N* ‖ ea *om. K¹* ‖ luce *S
X E² A² K H² N* : lune *H¹, om. E¹ A¹*. **2.** adfirmat *S X E A N* : affirmat
K adfirmant *H* ‖ per somnium *S X E² H N* : per omnium *E¹* omnium *A*
phennium *K*.

surtout, s'agissant des étoiles, qui l'ont, dit-il, émerveillé :
pour certaines, la nouveauté, et pour toutes, la grandeur.
Nous commenterons d'abord la nouveauté, ensuite la grandeur.

Les étoiles

Etoiles de l'hémisphère austral, invisibles pour nous

3 En ajoutant l'exacte précision : *« que nous n'avons
jamais vues d'ici »*, il montre pour quelle raison elles ne nous
sont pas visibles. C'est que l'endroit où nous habitons occupe
une position telle que certaines étoiles ne peuvent jamais en
être visibles, parce que la partie du ciel où elles se trouvent ne
peut jamais apparaître aux habitants de notre région. **4** Car
cette partie-ci de la terre, habitée par l'ensemble des hommes
— ceux du moins que nous pouvons connaître [347] —, s'élève
vers le pôle septentrional, et pour nous la convexité de la
sphère plonge le pôle austral dans les profondeurs. Donc,
comme la sphère céleste tourne toujours autour de la terre
d'est en ouest [348], notre pôle qui possède les « Sept
bœufs » [349], quelle que soit la direction vers laquelle l'oriente
la rotation cosmique, étant au-dessus de nous, est toujours
visible pour nous et présente toujours

« les Ourses qui redoutent de se tremper dans les eaux de
l'Océan » [350].

5 Le pôle austral au contraire, qui pour nous est en quelque
sorte immergé une fois pour toutes à cause de la position du
lieu que nous habitons, échappe en permanence à notre
regard et ne nous montre pas ses astérismes, alors qu'il en a
sans doute, lui aussi, qui le signalent. C'est ce qu'a voulu dire
le poète initié aux secrets de la nature :

« ce pôle est toujours au-dessus de nous ; mais l'autre,
sous leurs pieds, le noir Styx et les Mânes souterrains
l'aperçoivent. » [351]

347-351. Cf. notes complémentaires, p. 180-181.

praecipua quae in stellis se admiratum refert, aliquarum
nouitatem et omnium magnitudinem. Ac prius de nouitate,
post de magnitudine disseremus.

3. Plene et docte adiciendo : « *quas numquam ex hoc loco
uidimus* », causam cur a nobis non uideantur ostendit. Locus
enim nostrae habitationis ita positus est ut quaedam stellae
ex ipso numquam possint uideri, quia ipsa pars caeli in qua
sunt numquam potest hic habitantibus apparere. **4.** Pars
enim haec terrae, quae incolitur ab uniuersis hominibus —
qu*os* *quidem* scire nos possumus —, ad septentrionalem
uerticem surgit, et sphaeralis conuexitas australem nobis
uerticem in ima demergit. Cum ergo semper circa terram ab
ortu in occasum caeli sphaera uoluatur, uertex hic qui septentriones habet, quoquouersum mundana uolubilitate uer-
tatur, quoniam super nos est, semper a nobis uidetur ac
semper ostendit

> Arctos Oceani metuentes aequore tingui.

5. Australis contra, quasi semel nobis pro habitationis
nostrae positione demersus, nec ipse a nobis umquam uidetur nec sidera sua, quibus et ipse sine dubio insignitur,
ostendit. Et hoc est quod poeta naturae ipsius conscius dixit :

> hic uertex nobis semper sublimis ; at illum
> sub pedibus Styx atra uidet Manesque profundi.

---

16. 3. plene *S X E A H N* : plane *K* ‖ uidimus *S X E² H N* : -demus *E¹*
A K ‖ ex *om*. *H¹* ‖ possint *S X E A² K H N* : possit *A¹*. **4.** quos quidem
scire nos *ego* : qui in uicem scire nos *S* qui nos in uicem scire *X* qui in
uicem scire non *E A K H N* quos in uicem scire nos *Willis* ‖ ab nos *usque
ad pr.* uerticem *S²* *in ras.* ‖ *pr.* uerticem *om*. *K¹* ‖ demergit *S X K H
N* : dim- *E A* ‖ uoluatur *S X E² K H² N²* : uoluitur *E¹ A* uotuatur *N¹*
uollantur *H¹* ‖ quoquouersum *X A K H* : quoquouorsum *S E* qua-
quauouersum *N ut uid.* ‖ oceani *S X E² A K H N* : -num *E¹* ‖ tingui *S
X E A K H* : -gi *N*. **5.** demersus *S E² K H N* : dim- *X E¹ A* ‖ a nobis
codd. : nobis *Willis* ‖ sub pedibus *S X E² A² K H N* : supedibus *E¹ A¹*.

6 Mais comme la différence qui fait que des parties du ciel sont ou bien toujours visibles ou bien jamais est due, pour ses habitants, à la sphéricité de la terre, il ne fait pas de doute que pour qui se trouve dans le ciel, le ciel entier est visible, sans que s'interpose aucune partie de la terre, qui dans sa totalité n'occupe qu'un point à peine [352] en regard de l'immensité du ciel. **7** On comprend donc qu'un homme, à qui il n'avait jamais été donné de voir de la terre les étoiles du pôle austral, et qui, jetant librement un coup d'œil circulaire sans se heurter à l'obstacle de la terre, les a aperçues, ait ressenti de l'admiration devant ces étoiles qui lui étaient nouvelles, et que, comprenant la raison pour laquelle il ne les avait jamais vues auparavant, il dise : « *s'y trouvaient les étoiles que nous n'avons jamais vues d'ici* », désignant par « ici » la terre sur laquelle il était au moment de son récit.

Dimensions des étoiles

8 Nous allons examiner maintenant le sens de ce qu'il a ajouté : « *et toutes avaient des dimensions que nous n'avons jamais soupçonnées.* » La raison pour laquelle les hommes n'ont jamais soupçonné les dimensions qu'il a constatées chez les étoiles, il l'a lui-même dévoilée en ajoutant : « *les globes des étoiles, eux, l'emportaient aisément en grandeur sur la terre* [353]. » **9** A quel moment en effet un homme — hormis celui que la connaissance philosophique a placé au-dessus de l'homme, ou plutôt a fait vraiment homme [354] — peut-il soupçonner qu'une seule étoile puisse être plus grande que la terre entière, alors qu'elles semblent au vulgaire pouvoir à peine égaler chacune la flamme d'une seule torche [355] ? Donc on ne considérera vraiment leur énormité comme assurée qu'une fois établi que chacune d'elles est plus grande que la terre entière. On peut le démontrer de la façon suivante.

352, 354-355. Cf. notes complémentaires, p. 181.

353. On savait depuis Aristt., *Météor.* I, 3, 339b et *De caelo* II, 14, 298a, que la terre est beaucoup plus petite que certaines étoiles. Par la suite, cf. Manilius, I, 408 sq. ; Cléomède, II, 3, 2 p. 176, 12 Ziegler : toutes les étoiles sont plus grosses que la terre.

6. Sed cum hanc diuersitatem caelestibus partibus uel semper uel numquam apparendi terrae globositas habitantibus faciat, ab eo qui in caelo est omne sine dubio caelum uidetur, non impediente aliqua parte terrae, quae tota puncti locum pro caeli magnitudine uix obtinet. **7.** Cui ergo australis uerticis stellas numquam de terris uidere contigerat, ubi circumspectu libero sine offensa terreni obicis uisae sunt, iure quasi nouae admirationem dederunt, et quia intellexit causam propter quam eas numquam ante uidisset, ait : « *erant autem eae stellae quas numquam ex hoc loco uidimus* », hunc locum demonstratiue terram dicens in qua erat dum ista narraret.

8. Sequitur illa discussio, quid sit quod adiecit : « *et eae magnitudines omnium quas esse numquam suspicati sumus* ». Cur autem magnitudines quas uidit in stellis numquam homines suspicati sint, ipse patefecit addendo : « *stellarum autem globi terrae magnitudinem facile uincebant.* » **9.** Nam quando homo, nisi quem doctrina philosophiae supra hominem, immo uere hominem fecit, suspicari potest stellam unam omni terra esse maiorem, cum uulgo singulae uix facis unius flammam aequare posse uideantur ? Ergo tunc earum uere magnitudo adserta credetur, si maiores singulas quam est omnis terra constiterit. Quod hoc modo licet recognoscas.

---

16. 6. omne $S\,X\,E\,A^2\,H\,N$: -nes A^1 -nis K ‖ caelum $S\,X\,E\,A^2\,H$: -lo A^1 K, *om. N*. **7.** circumspectu $S\,X\,E\,A^2\,H\,N$: -spetu A^1 -spici K ‖ sine $S\,X$ $E^2\,K\,H\,N$: in $E^1\,A$ ‖ admirationem $S\,E\,A\,N$: ammir- $X\,K$ ad amir- H ‖ dederunt $S\,X\,E\,A\,H\,N$: ediderant K ‖ eae $S\,X^1\,E\,K\,N$: hae $A\,H$ heae X^2. **8.** eae $S\,X\,K^2$ *in ras.* : hae $E\,A\,H\,N$ ‖ uidit $S\,X\,E\,A\,H$: -det $K\,N$ ‖ patefecit $S\,X\,E\,A\,K\,H$: -facit N. **9.** homo nisi $S^2\,X\,E^2\,H\,N$: homini si S^1 $E^1\,K$ homini A ‖ flammam $X^2\,E\,A\,K\,H\,N$: flamma X^1 flammae S ‖ aequare $S\,E\,A\,K\,H\,N$: -ri X ‖ credetur $S\,X\,E^2\,H\,N$: -ditur $E^1\,A\,K$.

10 Les géomètres ont défini le point comme ce dont l'insaisissable petitesse empêche la division en parties, et qui même n'est pas considéré comme une partie mais seulement comme un signe [356]. Les physiciens ont enseigné que la terre, rapportée à la grandeur de l'orbite solaire, équivaut à un point [357]. Quant au soleil, on a reconnu combien il est plus petit que sa propre orbite. En effet des calculs tout à fait probants de ses dimensions ont établi que la grandeur du soleil équivaut à la deux cent seizième partie de la longueur de sa propre orbite [358]. **11** Donc comme le soleil, rapporté à son orbite, représente une fraction déterminée de celle-ci, et que la terre, par rapport à l'orbite du soleil, représente un point qui ne peut être une fraction, on conclut sans hésitation que le soleil est plus grand que la terre, dans la mesure où une fraction est plus grande que ce qui, par son excessive petitesse, n'admet pas le nom de fraction.

12 Mais il est certain que les orbites des étoiles supérieures sont plus grandes que l'orbite du soleil, le contenant étant plus grand que le contenu, puisque la disposition des sphères célestes fait que chaque sphère inférieure est enveloppée par la sphère qui lui est supérieure. C'est pourquoi Scipion a dit aussi que la sphère lunaire, dans la mesure où elle est la plus éloignée du ciel et la plus proche de la terre, est la plus petite, tandis que la terre elle-même, qui vient alors en dernier, se réduit quasiment en fait à un point. **13** Si donc les orbites des étoiles supérieures, comme nous l'avons dit, sont plus grandes que l'orbite du soleil, si d'autre part chaque étoile est d'une grandeur telle que, rapportée à sa propre orbite, elle en représente une partie, on ne peut douter que chacune soit plus grande que la terre [359], qui, comme nous l'avons dit, est

---

356. Cf. Euclide, *Elem*. I, déf. 1 ; Nicomaque, *Intr*. II, 6, 7 ; Boèce, *Arith*. II, 4, 4 ; II, 4, 9.

357. Cf. notes complémentaires, p. 181.

358. Cf. ci-dessous, I, 20, 30-31. On ne sait d'où Macrobe a tiré cette mesure, considérablement supérieure à la réalité : elle suppose un diamètre apparent de 1° 40′, alors que la mesure réelle est de 32′ 2″ (légères variations du périhélie à l'aphélie). Pour les autres estimations antiques connues, cf. ci-dessous la note 452, p. 195.

359. Cf. notes complémentaires, p. 181.

10. Punctum dixerunt esse geometrae quod ob incompre-
hensibilem breuitatem sui in partes diuidi non possit, nec
ipsum pars aliqua, sed tantummodo signum esse dicatur.
Physici terram ad magnitudinem circi per quem sol uoluitur
puncti modum obtinere docuerunt. Sol autem quanto minor
sit circo proprio deprehensum est. Manifestissimis enim
dimensionum rationibus constitit mensuram solis ducentesimam sextam decimam partem habere magnitudinis circi
per quem sol ipse discurrit. **11.** Cum ergo sol ad circum pars
certa sit, terra uero ad circum solis punctum sit, quod pars
esse non possit, sine cunctatione iudicii solem constat terra
esse maiorem, si maior est pars eo quod partis nomen nimia
breuitate non capiat.

12. Verum solis circo superiorum stellarum circos certum
est esse maiores, si eo quod continetur id quod continet
maius est, cum hic sit caelestium sphaerarum ordo, ut a
superiore unaquaeque inferior ambiatur. Vnde et lunae
sphaeram, quasi a caelo ultimam et uicinam terrae, minimam
dixit, cum terra ipsa in punctum quasi uere iam postrema
deficiat. **13.** Si ergo stellarum superiorum circi, ut diximus,
circo solis sunt grandiores, singulae autem huius sunt magnitudinis ut ad circum unaquaeque suum modum partis obtineant, sine dubio singulae terra sunt ampliores, quam ad

---

16. 10. breuitatem $S\,X\,E\,K\,H\,N$: -ti A^1 -tis A^2 ‖ ad — circi *om.* H^1 ‖ *a*
circi *usque ad* modum S^2 *in ras.* ‖ constitit $S\,E\,A\,K\,N$: consistit $X^1\,H$
consistat X^2 *s.l.* ‖ sol *om.* H ‖ discurrit $S\,X\,E\,A\,H^2\,N$: -curo H^1 dicunt
K. **11.** ergo $S\,X\,E\,A\,K\,N$: uero H ‖ *pr.* ad circum *codd.* : ad circum suum
Willis ‖ nimia $S\,X\,E\,A^2\,K\,H\,N$: ima A^1 nimia sui *Willis* ‖ capiat $S\,X^1$
$A\,K\,N$: -pit $E^2\,H$ -piet X^2 *s.l.* -put E^1. **12.** ambiatur $S^2\,X\,E\,A\,H\,N$: -tor
S^1, *om.* K ‖ a $S\,X^2\,E^2\,H\,N$: e X^1, *om.* $E^1\,A\,K$ ‖ in *om.* K. **13.** ad circum
$S\,X\,E^2\,A^2\,K\,H\,N$: a circo E^1 ad circo A^1 ‖ singulae *om.* N ‖ terra $S\,X\,E$
$A^2\,K\,H$: terrae $A^1\,N$.

un point par rapport à l'orbite solaire, elle-même plus petite que les orbites supérieures.

Quant à savoir si la lune brille véritablement d'une lumière d'emprunt, ce sera démontré plus loin [360].

SEPTIÈME CITATION DU SONGE

17. 1 Le regard de Scipion, parcourant ces objets non sans admiration, avait glissé jusqu'à la terre et s'y était attardé familièrement : il fut ramené aux régions d'en haut par une remarque de son aïeul, qui lui montrait en ces termes l'ordre même des sphères, en commençant par le ciel : **2** « *L'assemblage du tout est fait, tu le vois, de neuf orbes ou plutôt sphères, dont l'une est la sphère céleste, la plus éloignée, qui enveloppe toutes les autres, divinité suprême en personne, qui enserre et contient les autres, et sur laquelle sont fixées les étoiles dont s'accomplissent les révolutions éternelles.* **3** *Au-dessous d'elle sont placées les sept sphères qui tournent à l'envers en un mouvement contraire à celui du ciel. L'une de ces sphères appartient à l'étoile qu'on appelle sur terre Saturne ; puis on trouve l'éclat favorable et salutaire à l'humanité de l'astre attribué à Jupiter ; vient ensuite, rougeoyant et terrifiant pour la terre, l'astre que vous attribuez à Mars ; puis la région qui est à peu près au milieu des sept* [361] *est occupée par le soleil, guide, prince et modérateur des autres astres, âme et régulateur du monde, doté d'une grandeur qui lui permet d'irradier et d'emplir l'univers de sa lumière. Il est suivi et comme escorté par la course de Vénus d'une part, de Mercure de l'autre ; et, sur le cercle le plus bas, gravite la lune, embrasée par les rayons du soleil.* **4** *Au-dessous d'elle, il n'est rien que de mortel et d'éphémère, à l'exception des âmes dont, par un présent divin, a été doté*

---

360. *Comm.* I, 19, 9-10.
361. Cf. notes complémentaires, p. 181-182.

solis circum, qui superioribus minor est, punctum esse prae-
diximus.

De luna, si uere luce lucet aliena, sequentia docebunt.

17. 1. Haec cum Scipionis obtutus non sine admiratione
percurrens ad terras usque fluxisset et illic familiaris haesis-
set, rursus aui monitu ad superiora reuocatus est, ipsum a
caeli exordio sphaerarum ordinem in haec uerba monstrantis : **2.** « *Nouem tibi orbibus uel potius globis conexa sunt
omnia, quorum unus est caelestis extimus qui reliquos
omnes complectitur, summus ipse deus, arcens et continens
ceteros, in quo sunt infixi illi qui uoluuntur stellarum cursus
sempiterni.* **3.** *Huic subiecti <sunt> septem qui uersantur
retro contrario motu atque caelum. E quibus unum globum
possidet illa quam in terris Saturniam nominant ; deinde
est hominum generi prosperus et salutaris ille fulgor qui
dicitur Iouis ; tum rutilus horribilisque terris quem Martium dicitis ; deinde de septem mediam fere regionem sol
obtinet, dux et princeps et moderator luminum reliquorum,
mens mundi et temperatio, tanta magnitudine ut cuncta sua
luce lustret et compleat. Hunc ut comites consequuntur Veneris alter, alter Mercuri cursus ; in infimoque orbe luna radiis
solis accensa conuertitur.* **4.** *Infra autem eam nihil est nisi
mortale et caducum, praeter animos munere deorum homi-*

---

17. 1. *a* fluxisset *usque ad* reuocatus S^2 *in ras.* ‖ monitu S^2 X E^2 A^2 *in
ras.* H N : -tus E^1 -tis K ‖ reuocatus S^2 X E^2 K H N : aduoc- E^1 auoc-
A ‖ ipsum *om.* H^1 ‖ a *om.* E^1 ‖ monstrantis S X E^2 A K H^2 N : -stratis
E^1 H^1. **3.** huic — 4 tellus *om.* X ‖ sunt *dett. Willis* : *om.* S E A K H N ‖
globum S E A K H^2 N : caelum H^1 ‖ deinde est *om.* K ‖ generi S E^2 A^2
K H N : -ris E^1 A^1 ‖ de S E A : *om.* K H N ‖ tanta magnitudine S E A^2
K H N : -ntam -nem A^1 ‖ mercuri H *ob clausulam* : -rii S E A K N ‖ in
E H^2 : *om.* S A K H^1 N ‖ infimoque S E A^2 H N : infirm- A^1 K ‖ orbe S
E A^2 K H : -bem A^1 N. **4.** deorum *om.* H^1 N.

le genre humain ; au-dessus de la lune, tout est éternel.
Quant à l'astre qui vient au centre et en neuvième position,
la terre, il est immobile et placé tout en bas, et tous les corps
pesants se portent sur lui de leur propre mouvement. » [362]

5 C'est une description soigneuse du monde entier, de
haut en bas, qui est condensée dans ce passage, et le corps,
pour ainsi dire, de l'univers est figuré dans son ensemble ;
certains [363] l'ont appelé τὸ πᾶν, c'est-à-dire « le tout » ; c'est
pourquoi notre auteur dit aussi : « *l'assemblage du tout* ».
Quant à Virgile, il l'a nommé « le grand corps » :

« ... et il se mêle au grand corps. » [364]

Les sphères célestes

Sommaire de l'exposé

6 Dans ce passage Cicéron, après avoir jeté les semences
des recherches qui s'offrent à nous, nous a légué de nombreux domaines à cultiver. A propos des sept sphères inférieures, il dit : « *qui tournent à l'envers en un mouvement*
contraire à celui du ciel ». **7** Par ces mots, il nous invite à
nous demander si le ciel tourne et si ces sept sphères à la fois
tournent et se meuvent en sens contraire ; si l'autorité de
Platon s'accorde avec l'ordre des sphères rapporté par Cicéron ; si elles occupent vraiment une position inférieure ;
comment on peut dire que les étoiles de toutes ces sphères
parcourent le zodiaque, alors que le zodiaque est à la fois
unique et au plus haut du ciel ; quelle raison rend, dans ce
zodiaque unique, les trajets des unes plus courts, ceux des
autres plus longs — car toutes ces questions sont nécessairement impliquées par l'exposé de leur ordre — ; enfin, pour
quelle raison « *tous les corps pesants* » tendent vers la terre,
comme il dit, « *de leur propre mouvement* » [365].

362. *Rép.* VI, 17 = *Somn.* 4, 1-3.
363, 365. Cf. notes complémentaires, p. 182.
364. *Aen.* VI, 727.

*num generi datos ; supra lunam sunt aeterna omnia. Nam
ea quae est media et nona, tellus, neque mouetur et infima
est et in eam feruntur omnia nutu suo pondera.* »

5. Totius mundi a summo in imum diligens in hunc locum
collecta descriptio est, et integrum quoddam uniuersitatis
corpus effingitur, quod quidam τὸ πᾶν, id est omne, dixerunt ; unde et hic dicit : « *conexa sunt omnia* », Vergilius uero
« magnum corpus » uocauit :

... et magno se corpore miscet.

6. Hoc autem loco Cicero, rerum quaerendarum iactis
seminibus, multa nobis excolenda legauit. De septem subiec-
tis globis ait : « *qui uersantur retro contrario motu atque
caelum.* » **7.** Quod cum dicit, admonet ut quaeramus si uer-
satur caelum, et si illi septem et uersantur et contrario motu
mouentur, aut si hunc esse sphaerarum ordinem quem
Cicero refert Platonica consentit auctoritas, et si uere subiectae sint ; quo pacto stellae earum omnium zodiacum lustrare
dicantur, cum zodiacus et unus et in summo caelo sit ;
quaeue ratio in uno zodiaco aliarum cursus breuiores, aliarum faciat longiores — haec enim omnia in exponendo
earum ordine necesse est adserantur — ; et postremo, qua
ratione in terram ferantur, sicut ait, « *omnia nutu suo pondera.* »

17. 4. quae *E A K H N* : qua *S* ‖ usque *ante* neque *add. X* ‖ infima *S X*
E A² H N : infirma *A¹ K* ‖ feruntur *K H* : referuntur *S X A² N* refertur
E A¹. **5.** τὸ πᾶν *edd.* : TO ΠΑΝ *S X E A K H² N* TO NAN *H¹* ‖ omne
om. A¹ ‖ conexa *S X E² N* : connexa *E¹ A K* conuexa *H* ‖ uero *om. E¹ A
K* ‖ corpore *om. K* ‖ miscet *S X A² K H N* : miscit *E A¹*. **7.** motu *om. H¹*
‖ in *om. E¹ A K* ‖ sit *post* unus *transp. K, om. N* ‖ enim *om. K*.

La sphère étoilée

8 Que le ciel tourne, c'est ce qu'enseignent la nature, la puissance et la raison de l'Âme cosmique [366], dont l'éternité implique le mouvement, parce que le mouvement ne quitte jamais ce que la vie n'abandonne pas, et que la vie ne se retire pas non plus de ce en quoi la mobilité demeure toujours vivace. Donc le corps céleste aussi, que l'Âme du Monde a façonné pour être partie prenante de son immortalité afin que jamais il ne cesse de vivre, est toujours en mouvement et ignore l'immobilité, parce que l'ignore aussi l'Âme même qui le meut [367]. **9** En effet comme l'essence de l'Âme, qui est incorporelle, réside dans le mouvement, que par ailleurs la première de toutes les choses qu'a fabriquées l'Âme a été le corps du ciel, assurément la nature du mouvement a migré à partir des incorporels dans ce corps premier ; et sa puissance, inentamée et incorruptible, n'abandonne pas le premier corps qu'elle a commencé de mouvoir.

10 Quant au mouvement du ciel, s'il est nécessairement circulaire, c'est que, comme il est nécessaire qu'il se meuve sans cesse, et qu'au-delà n'existe pas de lieu vers lequel puisse tendre son déplacement, il est animé d'un mouvement continu de retour perpétuel sur lui-même [368]. Donc il court où il peut et où il trouve place ; et son déplacement est une révolution, parce que, pour une sphère embrassant la totalité de l'espace et du lieu, la rotation est le seul trajet possible. Mais ainsi encore il semble toujours poursuivre l'Âme qui parcourt en tous sens l'univers même. **11** Dirons-nous donc, s'il la poursuit toujours, qu'il ne la trouve jamais ? Non : il la trouve toujours parce qu'elle est partout dans sa totalité, partout dans sa perfection. Mais pourquoi, s'il trouve celle qu'il cherche, ne se repose-t-il pas ? Parce qu'elle ignore elle aussi le repos. Il s'arrêterait en effet, s'il trouvait quelque part l'Âme immobile ; mais, étant donné qu'elle, tendant vers ce

---

366, 367. Cf. notes complémentaires, p. 182.

368. Cf. Plotin, *Enn.* II, 2, 1, 23-25 et 27-30 (rapprochement signalé par P. Henry, (1936), p. 182-186).

8. Versari caelum mundanae animae natura et uis et ratio docet, cuius aeternitas in motu est, quia numquam motus relinquit quod uita non deserit, nec ab eo uita discedit in quo uiget semper agitatus. Igitur et caeleste corpus, quod mundi anima futurum sibi immortalitatis particeps fabricata est, ne umquam uiuendo deficiat, semper in motu est et stare nescit, quia nec ipsa stat anima qua impellitur. **9.** Nam cum animae, quae incorporea est, essentia sit in motu, primum autem omnium caeli corpus anima fabricata sit, sine dubio in corpus hoc primum ex incorporeis motus natura migrauit, cuius uis integra et incorrupta non deserit quod primum coepit mouere.

10. Ideo uero caeli motus necessario uolubilis est quia, cum semper moueri necesse sit, ultra autem locus nullus sit quo se tendat accessio, continuatione perpetuae in se reditionis agitatur. Ergo in quo potest uel habet, currit ; et accedere eius reuolui est, quia sphaerae spatia et loca complectentis omnia unus est cursus, rotari. Sed et sic animam sequi semper uidetur quae in ipsa uniuersitate discurrit. **11.** Dicemus ergo quod eam numquam reperiat, si semper hanc sequitur ? Immo semper eam reperit, quia ubique tota, ubique perfecta est. Cur ergo, si quam quaerit reperit, non quiescit ? Quia et illa requietis est inscia. Staret enim, si usquam stantem animam reperiret ; cum uero illa ad cuius appetentiam trahi-

17. 8. uersari S X E^2 H N : -are E^1 A K ‖ in motu S X E^2 A K H N : inmota E^1 ‖ discedit S X E^2 A^2 K H N : descendit E^1 A^1 ‖ agitatus S X E A N : agitatur K agitur H^1 agitus H^2 ‖ uiuendo S X E^2 A^2 K H N : -ndum E^1 A^1 ‖ in motu S X A H N : immota E^1 K immotu E^2. **10.** ideo uero S^2 *in ras.* ‖ moueri S X K H N : -re E A ‖ et loca *om.* A^1 ‖ complectentis E^2 K H : conplectentis S A N complectantis E^1 conplectentis X ‖ semper *ante* discurrit *add.* N. **11.** quia ubique — reperit *om.* X ‖ *alt.* ubique S H N : *om.* E A K ‖ uero *om.* A^1.

dont la recherche l'attire, se répand toujours dans l'univers, le corps aussi se retourne toujours vers elle, à travers elle [369].

Sur le mystère de la rotation céleste, ce bref exposé, tiré des abondants développements de Plotin, suffira.

Statut métaphysique du ciel

12 Mais le fait que ce globe le plus éloigné, animé d'une telle rotation, ait été appelé « dieu suprême » par Cicéron, ne doit pas faire penser qu'il soit lui-même la cause première et la divinité toute-puissante, puisque le globe même qui constitue le ciel est une fabrication de l'Âme, que l'Âme a procédé de l'Intelligence, et que l'Intelligence a été procréée par le Dieu, qui est au sens propre « suprême » [370]. **13** Cicéron a dit « suprême » par référence à l'ordre des autres sphères qui lui sont inférieures, raison pour laquelle il a ajouté ensuite : « *qui enserre et contient les autres* » ; et il a dit « dieu » parce qu'il n'est pas seulement un être vivant immortel et divin, plein d'une raison qu'il tient de cette extrême pureté de l'Intelligence, mais parce qu'il exerce aussi ou contient lui-même toutes les vertus qui accompagnent cette toute-puissance de la sommité première. **14** Les Anciens, enfin, l'ont appelé Jupiter [371], et chez les théologiens Jupiter est l'Âme du Monde [372]. D'où l'expression :

« Commençons par Jupiter, Muses,
tout est plein de Jupiter » [373],

369. Cf. Plotin, *Enn.* II, 2, 1, 45-49 (rapprochement signalé par P. Henry, (1936), p. 182-186).

370, 372-373. Cf. notes complémentaires, p. 182-183.

371. Comme on le sait, le thème originel commun des noms Zeus et Jupiter désigne le ciel lumineux (cf. Ernout et Meillet, *Dict. Etym.*, s. v. *Iuppiter*), et les Romains connaissaient la parenté étymologique *Iuppiter-dies* : cf. Varron, *L.L.* V, 66. Dans la religion romaine traditionnelle, le ciel est bien le premier domaine de Jupiter : cf. G. Dumézil, *La religion romaine archaïque*, Paris, 1974², p. 187-192. On pensera à l'interprétation allégorique prêtée par Cicéron (*N.D.* II, 65) au Stoïcien Balbus, à qui il fait citer Ennius (*Thyeste* 345 Vahlen : *aspice hoc sublime candens, quem inuocant omnes Iouem*) et traduire un passage d'Euripide (*frg.* 941 Nauck) assimilant Jupiter-Zeus à l'éther.

tur, semper in uniuersa se fundat, semper et corpus se in ipsam per ipsam retorquet.

Haec de caelestis uolubilitatis arcano pauca de multis Plotino auctore reperta sufficient.

12. Quod autem hunc iste extimum globum qui ita uoluitur, summum deum uocauit, non ita accipiendum est ut ipse prima causa et deus ille omnipotentissimus aestimetur, cum globus ipse quod caelum est animae sit fabrica, anima ex mente processerit, mens ex deo qui uere summus est procreata sit. **13.** Sed summum quidem dixit ad ceterorum ordinem qui subiecti sunt, unde mox subiecit : « *arcens et continens ceteros* » ; deum uero, quod non modo immortale animal ac diuinum sit et plenum inditae ex illa purissima mente rationis, sed quod et uirtutes omnes, quae illam primae omnipotentiam summitatis sequuntur, aut ipse faciat aut ipse contineat. **14.** Ipsum denique Iouem ueteres uocauerunt, et apud theologos Iuppiter est mundi anima. Hinc illud est :

ab Ioue principium, Musae, Iouis omnia plena,

17. 11. fundat $S X E^2 A K H N$: -dit E^1 ‖ per $S E A K H N$: et per X ‖ retorquet $S X E A K H$: -queat N ‖ sufficient S^2 *in ras.* $X^2 E^1 A^1 K^2 H$ N : -ciant $X^1 E^2 A^2$ -ciet K^1. **12.** iste *ego* : istum $S E A K H N$, *om.* X. ‖ sit fabrica S^2 *in ras.* $X E A K H$: fabricat N. **13.** sed $S X E A^2 K H N$: id A^1 ‖ mox *om.* K^1 ‖ subiecit *om.* A ‖ uocauit *ante* uero *add.* X ‖ sit et X $E A K N$: sit $S H$ ‖ *pr.* aut $S X E^2 A^2 K H$: ut $E^1 A^1 N$ ‖ *alt.* aut $S X E^2$ $A^2 K H N$: an E^1 am A^1. **14.** et — anima *om.* S.

empruntée par d'autres poètes à Aratos qui, s'apprêtant à parler des astres, et décidant que le ciel, où sont les astres, devait fournir l'exorde, rappela qu'il fallait commencer par Jupiter [374]. **15** De là aussi vient que Junon est appelée sa sœur et son épouse. Junon est l'air ; et elle est appelée sa sœur, parce que l'air encore a été engendré par les mêmes semences que le ciel ; son épouse, parce que l'air est au-dessous du ciel [375].

Le mouvement des étoiles

16 A cela il faut ajouter que, en faisant exception pour les deux luminaires et les cinq étoiles dites errantes, certains auteurs ont affirmé que toutes les autres étoiles étaient fixées au ciel et ne se mouvaient qu'avec le ciel [376], et d'autres, dont la thèse est plus proche de la vérité, qu'outre la révolution du ciel à laquelle leur déplacement est associé, elles avançaient de leur propre mouvement [377] ; mais à cause de l'immensité de la sphère la plus extérieure [378], elles mettaient un nombre de siècles qui dépasse tout chiffrage imaginable à accomplir une seule fois leur complète révolution ; et pour cette raison leur mouvement n'était en rien perçu par un homme, la durée d'une vie humaine étant insuffisante pour saisir ne serait-ce qu'une fraction ponctuelle d'une progression aussi lente [379]. **17** C'est pour cela que Cicéron, qui n'ignore aucune doctrine approuvée des Anciens, a évoqué les deux thèses ensemble en disant « *sur laquelle sont fixées les étoiles dont s'accomplissent les révolutions éternelles* » : car s'il a dit qu'elles étaient fixées, il n'a pas non plus caché qu'elles avaient un mouvement [380].

Les sphères planétaires

Thèse à démontrer : les planètes ont un mouvement propre

18. 1 Recherchons maintenant, à l'aide d'arguments qui mènent à la vérité, si les sept sphères [381] qui sont au-dessous de lui sont entraînées, comme le dit Cicéron, par un mouvement contraire à la rotation du ciel [382].

374-382. Cf. notes complémentaires, p. 183-185.

quod de Arato poetae alii mutuati sunt, qui, de sideribus locu-
turus, a caelo, in quo sunt sidera, exordium sumendum esse
decernens, ab Ioue incipiendum esse memorauit. **15.** Hinc et
Iuno soror eius et coniunx uocatur. Est autem Iuno aer ; et
dicitur soror, quia isdem seminibus quibus caelum etiam aer
procreatus est ; coniunx, quia aer subiectus est caelo.

16. His illud adiciendum est quod, praeter duo lumina et
stellas quinque quae appellantur uagae, reliquas omnes alii
infixas caelo nec nisi cum caelo moueri, alii, quorum adsertio
uero propior est, has quoque dixerunt suo motu, praeter
quod cum caeli conuersione feruntur, accedere ; sed propter
immensitatem extimi globi excedentia credibilem numerum
saecula in una eas cursus sui ambitione consumere, et ideo
nullum earum motum ab homine sentiri, cum non sufficiat
humanae uitae spatium ad breue saltem punctum tam tardae
accessionis deprehendendum. **17.** Hinc Tullius, nullius sectae inscius ueteribus approbatae, simul attigit utramque sententiam dicendo « *in quo sunt infixi illi qui uoluuntur stellarum cursus sempiterni* » : nam et infixos dixit et cursus
habere non tacuit.

18. 1. Nunc utrum illi septem globi qui subiecti sunt
contrario, ut ait, quam caelum uertitur motu ferantur, argu-
mentis ad uerum ducentibus requiramus.

17. 14. arato $S\ X\ E^2\ A^2\ H\ N$: arto $E^1\ A^1$ arte K ‖ mutuati $S\ X\ E^2\ H$:
mutati $E^1\ A\ K$ mutua N ‖ et maxime aratus *ante* qui *add.* K ‖ a $S\ X\ E$
$A\ K\ N$: de H ‖ incipiendum $S\ X\ E\ K\ H\ N$: incipiendum est A. **15.** et
post autem *add.* K ‖ aer et dicitur $S\ X\ E^2\ A\ H\ N$: redditur E^1, *om.* K ‖
seminibus $S\ X\ E^2\ K\ H\ N$: numinibus E^1 nominibus A. **16.** adiciendum
$S\ X\ E\ A\ K\ H^2\ N$: accipiendum H^1 ‖ reliquas $S\ X\ E\ A\ N$: et reliquas H
reliquos K ‖ alii *om.* N^1 ‖ infixas $S\ X\ K\ H\ N$: infixas esse E infixae sunt
A ‖ propior $X^2\ E^2\ K\ H$: propi.or $S\ N$ proprior $E^1\ A$ propor X^1 ‖ una eas
$S\ X\ E^2\ H\ N$: unas $E^1\ A^1$ una $A^2\ K$ ‖ saltem $S\ X^2\ E\ K\ H\ N$: saltim A
salutem X^1 ‖ accessionis $S\ X\ E\ K\ H\ N$: accensionis A. **17.** nullius *om.*
X^1 ‖ ueteribus $S\ E^1\ A\ K\ H\ N$: a ueteribus $X\ E^2$ ‖ attigit $S\ E\ H\ N$: adtigit
K attingit X adgit A^1 agit A^2 ‖ cursus $S\ X\ E\ A\ K^2\ H\ N$: incursus K^1.
18. 1. motu $S\ X\ E^2\ A^2\ K\ H\ N$: -tus $E^1\ A^1$.

2 La thèse selon laquelle le soleil, la lune et les cinq astres qui tirent leur nom de leur mouvement erratique [383], avancent, en plus de la rotation diurne du ciel qui les entraîne avec elle d'est en ouest, par un mouvement propre de l'occident vers l'orient [384], a été jugée incroyable et monstrueuse non seulement par des profanes de la culture mais aussi par bien des initiés à la science [385] ; mais chez ceux qui y regardent de plus près, on s'assurera que le fait est si vrai qu'il peut non seulement être conçu par l'intelligence, mais vérifié aussi à l'œil nu. **3** Cependant, pour débattre de ce sujet avec un contradicteur obstiné, allons, toi, qui que tu sois, qui refuses de voir cette évidence, réunissons en les articulant tous les arguments, ceux qu'imaginent les adversaires de la thèse pour lui ôter son crédit et ceux que fournit la vérité même.

Sens du déplacement des planètes

4 De ces astres errants, avec les deux luminaires, nous dirons ou bien que, fixés au ciel comme les autres astérismes, ils n'offrent pas à nos yeux de mouvement propre, mais sont emportés par l'élan de la rotation cosmique, ou bien qu'ils se meuvent aussi d'une progression à eux. D'autre part, s'ils se meuvent, ou bien ils suivent le trajet du ciel d'est en ouest, progressant à la fois du mouvement commun et du leur propre, ou bien, régressant en sens opposé, ils gravitent de la région occidentale vers l'orient. En dehors de ces possibilités, rien, je crois, ne peut ni exister ni être imaginé [386]. Voyons maintenant laquelle pourra être démontrée.

5 Si ces astres étaient fixes, ils ne s'écarteraient jamais de la même position, mais seraient toujours visibles au même endroit, comme les autres. Prenons en effet, parmi les étoiles fixes, les Pléiades : elles ne s'écartent jamais de l'amas qui est

383. *Error* : cf. ci-dessus, I, 14, 25 (*error legitimus*) ; I, 6, 18.
384-385. Cf. notes complémentaires, p. 185-186.
386. Macrobe ne posera nulle part dans son exposé la redoutable question : par quel montage de mécanique céleste les deux mouvements qu'il attribue aux planètes (d'est en ouest, avec le ciel, et d'ouest en est, spécifique) peuvent-ils se combiner ?

2. Solem ac lunam et stellas quinque quibus ab errore nomen est, praeter quod secum trahit ab ortu in occasum caeli diurna conuersio, ipsa suo motu in orientem ab occidente procedere, non solis litterarum profanis, sed multis quoque doctrina initiatis, abhorrere a fide ac monstro simile iudicatum est ; sed apud pressius intuentes ita uerum esse constabit ut non solum mente concipi, sed oculis quoque ipsis possit probari. **3.** Tamen ut nobis de hoc sit cum pertinaciter negante tractatus, age, quisque tibi hoc liquere dissimulas, simul omnia quae uel contentio sibi fingit detractans fidem, uel quae ipsa ueritas suggerit, in diuisionis membra mittamus.

4. Has erraticas, cum luminibus duobus, aut infixas caelo, ut alia sidera, nullum sui motum nostris oculis indicare, sed ferri mundanae conuersionis impetu, aut moueri sua quoque accessione dicemus. Rursus, si mouentur, aut caeli uiam sequuntur ab ortu in occasum, et communi et suo motu meantes, aut contrario recessu in orientem ab occidentis parte uersantur. Praeter haec, ut opinor, nihil potest uel esse uel fingi. Nunc uideamus quid ex his poterit uerum probari.

5. Si infixae essent, numquam ab eadem statione discederent, sed in isdem locis semper, ut aliae, uiderentur. Ecce enim, de infixis, Vergiliae : nec a sui umquam se copulatione

18. 2. secum trahit S X E A N : secum trait H se ait K^1 se contrait K^2 ‖ abhorrere S X A N : aborrere E^2 K H ab errore E^1 ‖ possit S X E A K H^2 N : posset H^1. **3.** pertinaciter S X E^2 A^2 K H N : perten- E^1 A^1 ‖ quisque S^1 X E^1 A K H N : quisquis S^2 E^2 ‖ dissimulas S X^2 E^2 A^2 K H : -milas X^1 -mulans E^1 A^1 N ‖ fingit S X E^2 A^2 H N : -get E^1 -gens A^1 K ‖ detractans X A H N : detrectans S E detractat K. **4.** ut *om.* N ‖ motum S X E A H N : motus signum K ‖ dicemus S X E^2 H N : -cimus E^1 -camus A K ‖ si *om.* A^1 ‖ *ab* ab *usque ad* uersantur S^2 *in ras.* **5.** numquam *om.* N ‖ isdem S : hisdem X E A K H N ‖ uergiliae S X^2 E^2 K H^2 : uirgiliae E^1 A H^1 N ueg.iliae X^1.

le leur, pas plus qu'elles ne s'éloignent des Hyades, leurs
voisines, ni n'abandonnent la région toute proche d'Orion.
L'assemblage des Ourses ne se défait pas ; le Dragon, qui se
glisse entre elles, les a entourées une fois pour toutes et ne
modifie pas son étreinte [387]. **6** Les planètes en revanche sont
visibles tantôt dans une région du ciel, tantôt dans une autre,
et souvent, alors que deux d'entre elles ou plus sont entrées
en conjonction dans un même endroit, elles s'éloignent
ensuite à la fois de l'endroit où elles étaient visibles ensemble
et de leurs positions réciproques. Cela démontre, et l'observation le confirme, qu'elles ne sont pas fixées au ciel. Donc
elles se déplacent, et personne ne pourra nier cette évidence
visuelle.

7 Le problème est donc de savoir si leur mouvement propre
les fait tourner d'est en ouest ou en sens contraire. La réponse
à cette question nous viendra non seulement d'un raisonnement évident, mais de l'observation même. Considérons en
effet la série des constellations que nous voyons former les
divisions ou les articulations du zodiaque, et partons d'une
constellation quelconque de cette série. **8** Lorsque le Bélier se
lève [388], le Taureau émerge après lui. Il est suivi des Gémeaux,
qui le sont du Cancer, et ainsi de suite. Si donc les planètes
allaient de l'est vers l'ouest, leur révolution ne les mènerait pas
du Bélier dans le Taureau qui est situé derrière lui, ni du
Taureau dans la constellation suivante des Gémeaux ; mais
elles avanceraient des Gémeaux dans le Taureau et du Taureau dans le Bélier, d'une progression directe et concordant

---

387. Cf. notes complémentaires, p. 186.
388. En fait, Macrobe ne choisit pas cette constellation par hasard,
mais il se plie à la tradition, courante depuis Posidonius, qui faisait
commencer l'énumération des signes du zodiaque par le Bélier : cf.
Varron, *R.R.* II, 1, 7 ; Géminos, I, 2 ; Nigidius Figulus, *frg.* 89 ; Vitruve,
IX, 3, 1 (et note éd. Soubiran, (1969), *ad loc.*) ; Hygin, *Astr.* I, 7, 1 ; II,
praef. 2 ; IV, 12 ; Manilius, I, 263 ; Germanicus, 532 sq. ; Ptol., *Tetrab.*
I, 10, 2 ; II, 7 ; Jean Lydus, *De mens.* III, 22. Cette habitude a pu être
prise sous l'influence des astronomes égyptiens, selon lesquels le Bélier
se serait trouvé au milieu du ciel au moment de la naissance du monde :
cf. ci-dessous, I, 21, 23. A cela s'ajoute le fait que l'année chaldéenne et
l'ancienne année romaine commençaient au printemps.

dispergunt, nec Hyadas, quae uicinae sunt, deserunt aut
Orionis proximam regionem relinquunt. Septentrionum
compago non soluitur ; Anguis, qui inter eos labitur, semel
circumfusum non mutat amplexum. **6.** Hae uero modo in
hac, modo in illa caeli regione uisuntur, et saepe, cum in
unum locum duae pluresue conuenerint, et a loco tamen in
quo simul uisae sunt et a se postea separantur. Ex hoc eas non
esse caelo infixas oculis quoque approbantibus constat. Igitur mouentur, nec negare hoc quisquam poterit quod uisus
adfirmat.

7. Quaerendum est ergo utrum ab ortu ad occasum an in
contrarium motu proprio reuoluantur. Sed et hoc quaerenti-
bus nobis non solum manifestissima ratio, sed uisus quoque
ipse monstrabit. Consideremus enim signorum ordinem quibus zodiacum diuisum uel distinctum uidemus, et ab uno
signo quolibet ordinis eius sumamus exordium. **8.** Cum
Aries exoritur, post ipsum Taurus emergit. Hunc Gemini
sequuntur, hos Cancer, et per ordinem reliqua. Si istae ergo
in occidentem ab oriente procederent, non ab Ariete in Taurum, qui retro locatus est, nec a Tauro in Geminos, signum
posterius, uoluerentur, sed a Geminis in Taurum, et a Tauro
in Arietem recta et mundanae uolubilitatis consona acces-

---

18. 5. hyadas $S\,K\,N$: hiad- $E\,A\,H$ yad- X ‖ relinquunt $S\,X^2\,E^2\,A^2\,H\,N$:
-quint A^1 -qunt $X^1\,K$ -quit E^1 ‖ mutat $S\,X\,E\,A\,K\,H$: immutat N. **6.** hae
$S^2\,E^2\,A^2\,H\,N$: heae X haec $S^1\,E^1\,A^1\,K$ ‖ cum *om.* K^1 ‖ sunt et $S\,X\,E^2$
$A^2\,K\,H$: sunt ut $A^1\,N$ sunt E^1 ‖ *a* postea *usque ad* hoc S^2 *in ras.* ‖ caelo
$S^2\,X\,E^2\,A^2\,K\,H\,N$: -lum $E^1\,A^1$ ‖ oculis quoque adprobantibus S^2 *in ras.*
7. et hoc $S\,X\,H$: hoc $E\,A\,K\,N$ ‖ ab *om.* H^1 ‖ quolibet $S\,X\,E^2\,A^2\,H\,N$:
quodl- $E^1\,A^1$ quil- K. **8.** istae $S\,X\,E\,H\,N$: -ti A -ta K ‖ in occidentem ab
oriente $S\,X\,E\,A\,K$: in occidente ab oriente N ab orientem in occidentem
H ‖ *ab* est *usque ad* geminos S^2 *in ras.* ‖ *alt.* a tauro $S^2\,X\,E\,K\,H\,N$: ad
auro S^1 tauro A ‖ mundanae $S\,X\,E\,A^2\,K\,H$: -dana N -datae A^1.

avec la rotation [389] cosmique. **9** Mais comme leur révolution les ramène de la première constellation dans la seconde, de la seconde dans la troisième, puis vers toutes celles qui suivent, comme d'autre part les constellations fixées au ciel sont emportées <avec le ciel>, il est hors de doute que ces astres ne se meuvent pas avec le ciel mais en sens inverse du ciel.

Exemple du mouvement de la lune

Pour rendre le fait absolument évident, démontrons-le à partir du déplacement de la lune, parce qu'elle est plus facile à observer à cause de sa luminosité et de sa vitesse [390]. **10** Après avoir repris son cycle en s'éloignant du soleil, la lune vers le deuxième jour est visible vers l'occident, et pour ainsi dire dans le voisinage du soleil qu'elle vient de quitter ; après le coucher de celui-ci, elle occupe elle-même la bordure du ciel, et se couche juste au-dessus de son prédécesseur. Le troisième jour elle se couche plus tard que le second, et ainsi chaque jour elle s'écarte davantage du couchant, si bien que le septième jour, aux alentours du coucher du soleil, elle est elle-même visible au milieu du ciel. Sept autres jours plus tard, elle se lève quand il se couche. **11** Ainsi en une moitié de mois elle parcourt la moitié du ciel, soit un hémisphère, en reculant de l'ouest vers l'est. A nouveau sept autres jours plus tard elle occupe aux alentours du coucher du soleil son point le plus bas dans l'hémisphère caché, et la preuve en est qu'elle se lève au milieu de la nuit. Enfin, quand le même nombre de jours s'est écoulé, elle rejoint à nouveau le soleil, et on les voit tous deux se lever à proximité l'un de l'autre, jusqu'à ce que, passant sous le soleil, elle reprenne son cycle

---

389. *Volubilitatis (consona accessione)* : après *consonus*, le complément est habituellement au datif : cf. *Comm.* II, 1, 13, *soni sibi consoni.* Aussi Zeunius, puis Eyssenhardt avaient-ils corrigé en *uolubilitati.* Néanmoins le génitif (donné unanimement par les manuscrits et maintenu par Jan et Willis) est attesté au Ve s. (cf. *Th. L. L.*, IV, 3, col. 484, 66 ; A. La Penna, (1951), p. 259) ; aussi le conservons-nous.

390. Cf. notes complémentaires, p. 186.

sione prodirent. **9.** Cum uero a primo in signum secundum, a
secundo in tertium, et inde ad reliqua, quae posteriora sunt,
reuoluantur, signa autem infixa caelo <cum caelo> ferantur,
sine dubio constat has stellas non cum caelo, sed contra
caelum moueri.

Hoc ut plene liqueat, astruamus de lunae cursu, quia et
claritate sui et uelocitate notabilior est. **10.** Luna, postquam a
sole discedens nouata est, secundo fere die circa occasum
uidetur, et quasi uicina soli quem nuper reliquit ; postquam
ille demersus est, ipsa caeli marginem tenet, antecedenti
superoccidens. Tertio die tardius occidit quam secundo, et ita
cotidie longius ab occasu recedit ut septimo die circa solis
occasum in medio caelo ipsa uideatur. Post alios uero septem
cum ille mergit, haec oritur. **11.** Adeo media parte mensis
dimidium caelum, id est unum hemisphaerium, ab occasu in
orientem recedendo metitur. Rursus post septem alios circa
solis occasum latentis hemisphaerii uerticem tenet, et huius
rei indicium est quod medio noctis exoritur. Postremo, totidem diebus exemptis, solem denuo comprehendit, et uicinus
uidetur ortus amborum, quamdiu, soli succedens, rursus

---

18. 8. prodirent *S X E A¹ K² H* : -derent *K¹* -direntur *N* procederent *A²*.
9. a primo *S² X E A² K N* : apprimo *S¹* ac primo *A¹* a primis *H* ‖ in
tertium *X K H* : ad tertium *S E A* ad tertium ad tertium *N* ‖ cum caelo
suppl. Jan ‖ ferantur *K* : -runtur *S X E A H N* ‖ caelo sed *S X E A² K
H* : caelo feruntur sed *A¹* caelos *N* ‖ plene *S X E² K H N* : pene *E¹ A* ‖
quia *E* : qui *S A K H¹ N* quae *X H²* ‖ sui *S X K H* : sua *E A* suae *N* ‖
notabilior *S X E A H* : nobilior *K N*. **10.** luna — nouata est *om. E¹ A K*
‖ fere *S X E A H* : -res *K* -ro *N* ‖ quasi *S X E² A² K H N* : quia si *E¹* quia
A¹ ‖ demersus *S X E K H* : dim- *A N* ‖ antecedenti *S X E² K H²* : -ntis
E¹ A H¹ N ‖ cotidie *S X H* : cottidie *A² N* quotidie *E²* cotidius *E¹*
cottidius *A¹* quod diebus *K*. **11.** hemisphaerium *S* : hiemisperium *E¹*
hiemispremium *A¹, alii aliter, ut saepius* ‖ huius *S X E² K² H N* : cuius
E¹ A huus *K¹* ‖ exemptis *S X E A H* : exceptis *N* acceptis *K* ‖
comprehendit *S X E² A² K H N* : -ndat *E¹ A¹*.

une fois de plus et, une fois de plus, reculant peu à peu d'une marche toujours rétrograde vers l'orient, abandonne l'occident [391].

Exemple du mouvement du soleil

12 Le soleil lui aussi ne se déplace pas autrement que de l'occident vers l'orient, et bien qu'il accomplisse sa rétrogradation plus lentement que la lune, puisqu'il met le même temps à traverser un signe que la lune à parcourir le zodiaque entier, il donne cependant des preuves manifestes et observables de son mouvement. **13** Supposons-le en effet dans le Bélier [392], qui, parce qu'il est le signe de l'équinoxe, rend égales les heures du sommeil et de la journée. Lorsqu'il se couche dans ce signe, nous voyons bientôt se lever la Balance, c'est-à-dire les pinces du Scorpion [393], et le Taureau apparaît au voisinage du couchant : nous voyons les Pléiades et les Hyades, les parties plus brillantes du Taureau, disparaître peu après le soleil. **14** Le mois suivant, le soleil recule dans le signe suivant, c'est-à-dire dans le Taureau, et il s'ensuit que ni les Pléiades ni une autre partie du Taureau ne sont visibles ce mois-là. Car un signe qui se lève avec le soleil et se couche avec le soleil est toujours caché, au point que les astres voisins aussi sont dissimulés par la proximité du soleil. **15** En effet à ce moment-là le Chien aussi, parce qu'il est voisin du Taureau, n'est pas visible : la proximité de la lumière le dissimule. C'est ce que dit Virgile :

« Quand le Taureau brillant ouvre l'année avec ses cornes dorées, et que le Chien disparaît, cédant devant la constellation qui va à reculons... » [394]

391. Géminos, XII, 11-13, pour effectuer la même démonstration, se contente d'observer le mouvement rétrograde de la lune par rapport aux étoiles fixes en l'espace d'une seule nuit. Cela suffit en effet, puisque ce mouvement peut atteindre 8° quand la nuit est longue.

392. Le choix du Bélier est traditionnel : cf. ci-dessus, n. 388, p. 99.

393, 394. Cf. notes complémentaires, p. 186-187.

nouetur et rursus recedens paulatim semper in orientem
regrediendo relinquat occasum.

12. Sol quoque ipse non aliter quam ab occasu in orientem
mouetur, et, licet tardius recessum suum quam luna conficiat, quippe qui tanto tempore signum unum emetiatur
quanto totum zodiacum luna discurrit, manifesta tamen et
subiecta oculis motus sui praestat indicia. **13.** Hunc enim in
Ariete esse ponamus, quod, quia aequinoctiale signum est,
pares horas somni et diei facit. In hoc signo cum occidit,
Libram, id est Scorpii chelas, mox oriri uidemus, et apparet
Taurus uicinus occasui : nam Vergilias et Hyadas, partes
Tauri clariores, non multo post solem mergentes uidemus.
14. Sequenti mense sol in signum posterius, id est in Taurum, recedit, et ita fit ut neque Vergiliae neque alia pars Tauri
illo mense uideatur. Signum enim quod cum sole oritur et
cum sole occidit semper occulitur, adeo ut et uicina astra solis
propinquitate celentur. **15.** Nam et Canis tunc, quia uicinus
Tauro est, non uidetur, tectus lucis propinquitate. Et hoc est
quod Vergilius ait :

> candidus auratis aperit cum cornibus annum
> Taurus et auerso cedens Canis occidit astro.

18. 11. nouetur S^2 *in ras.* E K H : mouetur X A N. **12.** et licet *om.* E^1 A
‖ recessum S X E A K^2 H N : occasum K^1 ‖ quippe S X E A K N :
proprie H ‖ tempore S X E A K N : corp- H ‖ emetiatur S X E^2 A^2 K H
N : emit- E^1 A^1. **13.** enim S X E A K H : et enim N ‖ somni S X E^2 K H :
-nii E^1 A N ‖ diei S^2 *in ras.* X^2 E A K H N : dei X^1 ‖ in *om.* E^1 ‖ signo
S X E A^2 H N : signu A^1 signum K ‖ mox *om.* K ‖ nam S E^1 A K H N :
nam et E^2 X ‖ uergilias S X E^2 K H^2 : uergiliaes H^1 uirgilias A^2 N
uirgilios E^1 A^1 ‖ hyadas S E N : hiad- A yad- K hyid- X thiad- H ‖ solem
S^1 E A K N : -le S^2 X H ‖ mergentes E A K N : -nte// S -nte X H. **14.** et
post quod *add.* N ‖ cum sole oritur *om.* E^1 K ‖ occulitur S X E^2 A^2 K N :
oculit- H ocurrit- E^1 A^1. **15.** auerso S X H : aduerso E A K N.

Le poète ne veut pas faire entendre que, tandis que le Taureau se lève avec le soleil, le Chien, qui est tout proche du
Taureau, se trouve à l'occident ; il a dit que le Chien disparaissait du fait que le Taureau porte le soleil, parce qu'alors il
commence à n'être plus visible à cause de la proximité du
soleil. **16** A ce moment-là cependant, au coucher du soleil, on
trouve la Balance assez haute pour que le Scorpion apparaisse
tout entier levé ; quant aux Gémeaux, ils sont alors visibles
près du couchant. A leur tour, passé le mois du Taureau, les
Gémeaux cessent d'être visibles, ce qui manifeste que le soleil
a migré dans leur signe. Après les Gémeaux il recule dans le
Cancer et alors, quand il se couche, la Balance ne tarde pas à
être visible au milieu du ciel. **17** Cela montre bien qu'une fois
parcourus les trois signes, Bélier, Taureau et Gémeaux, le
soleil a reculé vers le milieu de l'hémisphère. Puis, une fois
passés les trois mois suivants et parcourus les trois signes qui
suivent — j'entends le Cancer, le Lion et la Vierge — on le
trouve dans la Balance, qui à nouveau rend la nuit égale au
jour, et pendant qu'il se couche dans ce signe, on voit bientôt
se lever le Bélier, dans lequel le soleil se couchait six mois plus
tôt. **18** Nous avons choisi de nous référer au coucher du soleil
plutôt qu'à son lever, parce que les signes qui suivent sont
visibles après son coucher, et en montrant que le soleil
revient vers ceux qui sont visibles au moment où il plonge
sous l'horizon, nous démontrons de façon sûre qu'il recule
d'un mouvement contraire à celui du ciel [395].

19 Ce que nous venons de dire du soleil et de la lune suffira
à prouver aussi le mouvement rétrograde des cinq planètes.
C'est par un processus semblable qu'en passant dans les
signes qui suivent elles accomplissent toujours leur révolution à rebours de la rotation cosmique [396].

---

395. Géminos, XII, 5-10, qui procède à la même démonstration, mais
avec plus de brièveté, choisit, lui, d'observer les constellations qui se
lèvent avant le soleil. C'était peut-être le procédé le plus courant, ce qui
expliquerait que Macrobe ressente le besoin de justifier sa préférence
pour le coucher.

396. Cf. ci-dessous, § 2 et notes afférentes.

Non enim uult intellegi, Tauro oriente cum sole, mox in
occasu fieri Canem qui proximus Tauro est, sed occidere eum
dixit Tauro gestante solem, quia tunc incipit non uideri sole
uicino. **16.** Tunc tamen, occidente sole, Libra adeo superior
inuenitur ut totus Scorpius ortus appareat, Gemini uero
uicini tunc uidentur occasui. Rursus, post Tauri mensem,
Gemini non uidentur, quod in eos solem migrasse significat.
Post Geminos recedit in Cancrum, et tunc, cum occidit, mox
Libra in medio caelo uidetur. **17.** Adeo constat solem tribus
signis peractis, id est Ariete et Tauro et Geminis, ad medietatem hemisphaerii recessisse. Denique, post tres menses
sequentes, tribus signis quae sequuntur emensis — Cancrum
dico, Leonem et Virginem —, inuenitur in Libra, quae rursus
aequat noctem diei, et dum in ipso signo occidit, mox oritur
Aries, in quo sol ante sex menses occidere solebat. **18.** Ideo
autem occasum magis eius quam ortum elegimus proponen-
dum, quia signa posteriora post occasum uidentur, et, dum
ad haec quae sole mergente uideri solent solem redire mons-
tramus, sine dubio eum contrario motu recedere quam caelum mouetur ostendimus.

19. Haec autem quae de sole ac luna diximus, etiam quinque stellarum recessum adsignare sufficient. Pari enim
ratione in posteriora signa migrando semper mundanae
uolubilitati contraria recessione uersantur.

---

18. 15. in occasu fieri *codd.* : in occasum ferri *Willis* ‖ gestante $S\,X\,E\,A^2$
H : -tantem $A^1\,N$ gestentante K. **16.** ortus *om.* H ‖ occasui $S\,X\,E\,A^2\,K$
$H\,N$: -su A^1 ‖ gemini non uidentur S^2 *in ras.* ‖ recedit S^2 *in ras.* $X\,E^2\,K$
$H\,N$: redit $E^1\,A^2$ reddidit A^1 ‖ tunc $S\,X\,E\,K\,H$: tum $A\,N$. **17.** et tauro
$S\,X\,E\,A\,K\,N$: tauro H ‖ emensis $S\,X\,E\,A^2\,H\,N$: emenses K imenses A^1
‖ occidit $S\,X\,E\,A\,K\,H^2\,N$: -dat H^1. **19.** migrando $S\,X\,E\,A\,K\,N$: mirando
H ‖ recessione $S\,X\,E\,A^2\,K\,H$: -censione $A^1\,N$.

L'ordre des sphères célestes

Comment accorder Cicéron et Platon

19. 1 Cette thèse démontrée, il faut parler un peu de
l'ordre des sphères [397] ; sur ce sujet Cicéron peut sembler en
désaccord avec Platon, puisqu'il dit que la sphère du soleil
est la quatrième des sept, c'est-à-dire placée au milieu, alors
que Platon signale qu'en remontant à partir de la lune, elle
est la deuxième, c'est-à-dire que parmi les sept, elle occupe la
sixième place à partir du haut. **2** Avec Cicéron s'accordent
Archimède et le système des Chaldéens, tandis que Platon a
suivi les Egyptiens, pères de toutes les disciplines qui forment la philosophie [398] ; eux veulent que le soleil soit situé
entre la lune et Mercure [399], même s'ils ont saisi et exposé la
raison pour laquelle certains croient que le soleil se trouve
au-dessus de Mercure et au-dessus de Vénus : en effet même
ceux qui en jugent ainsi ne sont pas loin d'une apparence de
vérité. Ce qui les a persuadés d'ajouter foi à cette permuta-
tion, c'est la sorte de raisonnement que voici [400].
3 De la sphère de Saturne, qui est la première des sept,
jusqu'à la sphère de Jupiter, deuxième à partir du haut, la
distance intermédiaire est telle que la planète supérieure met
trente ans à faire le tour du zodiaque, tandis que la planète
inférieure n'en met que douze. La sphère de Mars à son tour
est si éloignée de Jupiter que cette planète décrit le même
parcours en deux ans [401]. **4** Quant à Vénus, elle est tellement
au-dessous de la région de Mars, qu'une année lui suffit pour
parcourir le zodiaque [402]. En revanche l'étoile de Mercure est
si proche de Vénus, et le soleil si voisin de Mercure, que tous
trois parcourent leur circuit céleste en un laps de temps égal,
soit à peu près en un an [403]. Aussi Cicéron a-t-il appelé ces
deux astres dans leur révolution les « compagnons du soleil »,
parce que, décrivant une distance égale, ils ne s'écartent
jamais beaucoup les uns des autres [404]. **5** La Lune, elle, se
trouve si loin au-dessous d'eux qu'elle achève elle-même en

397-404. Cf. notes complémentaires, p. 187-188.

19. 1. His adsertis, de sphaerarum ordine pauca dicenda
sunt, in quo dissentire a Platone Cicero uideri potest, cum
hic solis sphaeram quartam de septem, id est in medio locatam, dicat, Plato a luna sursum secundam, hoc est inter
septem a summo locum sextum tenere commemoret. **2.** Ciceroni Archimedes et Chaldaeorum ratio consentit, Plato
Aegyptios, omnium philosophiae disciplinarum parentes,
secutus est, qui ita solem inter lunam et Mercurium locatum
uolunt ut rationem tamen et deprehenderint et edixerint cur
a nonnullis sol supra Mercurium supraque Venerem esse
credatur : nam nec illi qui ita aestimant a specie ueri procul
aberrant. Opinionem uero istius permutationis huius modi
ratio persuasit.

3. A Saturni sphaera, quae est prima de septem, usque ad
sphaeram Iouis, a summo secundam, interiecti spatii tanta
distantia est ut zodiaci ambitum superior triginta annis,
duodecim uero annis subiecta conficiat. Rursus tantum a
Ioue sphaera Martis recedit ut eundem cursum biennio pera-
gat. **4.** Venus autem tanto est regione Martis inferior ut ei
annus satis sit ad zodiacum peragrandum. Iam uero ita
Veneri proxima est stella Mercurii, et Mercurio sol propin-
quus, ut hi tres caelum suum pari temporis spatio, id est anno
plus minusue, circumeant. Ideo et Cicero hos duos cursus
comites solis uocauit, quia in spatio pari longe a se numquam
recedunt. **5.** Luna autem tantum ab his deorsum recessit ut,

19. 1. hic solis sphaeram S^2 *in ras.* ‖ locatam $S\ X\ E\ A^2\ K\ H^2\ N$: lac-
$A^1\ H^1$ ‖ summo $S\ X\ E^2\ A^2\ K\ H\ N$: summum $E^1\ A^1$. **2.** parum *ante*
parentes *add*.K ‖ rationem $S\ X\ K\ H\ N$: -ne $E\ A$ ‖ aberrant $S\ X\ E^2\ A^2$
$K\ H\ N$: aberant $E^1\ A^1$ ‖ ratio $S\ X\ A\ K\ H\ N$: -tione E. **3.** secundam $S\ X$
$E\ A\ K\ N$: usque secundum H ‖ annis *post* uero *om.* $E^1\ A\ K$. **4.** tanto S
$X\ E\ A^2\ K\ H\ N$: -nta A^1 ‖ regione $S\ X\ E\ K\ H$: regone A^1 a regione $A^2\ N$
‖ hi *om.* K ‖ ideo — recedunt *om.* N.

vingt-huit jours [405] le trajet qui leur demande une année.
C'est pourquoi ni l'ordre des trois planètes supérieures,
rendu manifeste et clair par l'immense distance qui les
sépare, ni la position de la lune, qui est tellement au-dessous
des autres, n'ont entraîné de désaccord parmi les Anciens.
Mais s'agissant des trois qui sont tout près les uns des autres,
Vénus, Mercure et le soleil, leur proximité a jeté la confusion
dans leur étagement, mais chez d'autres auteurs : car la
finesse des Egyptiens n'a pas manqué d'en saisir la raison,
que voici.

6 L'orbite que parcourt le soleil se trouve inscrite à l'intérieur de celle de Mercure, au-dessous de laquelle elle se
situe ; celle-ci à son tour est enserrée par l'orbite de Vénus,
au-dessus d'elle ; par conséquent, lorsque ces deux planètes
décrivent la région haute de leurs orbites, on considère
qu'elles se situent au-dessus du soleil, mais quand elles se
déplacent dans la partie inférieure de leurs orbites, c'est au
soleil que l'on attribue la position supérieure. **7** Ceux qui ont
dit que leurs sphères se situaient sous le soleil en ont jugé
d'après le cours de ces planètes, qui parfois, comme nous le
disions, semble inférieur ; et ce cours justement se remarque
davantage parce qu'à ce moment-là ces planètes apparaissent
plus librement. En effet lorsqu'elles occupent la position
supérieure, les rayons solaires les masquent davantage [406] ; et
c'est pour cela que cette fâcheuse opinion a prévalu, et que
cet ordre a été adopté par presque tous les auteurs.

Position et lumière de la lune

8 Une observation plus perspicace saisit pourtant l'ordre le
plus exact [407], que recommande, outre l'enquête visuelle, la

---

405. Pour la durée de la révolution lunaire, cf. ci-dessus, I, 6, 49-50 et
notes afférentes.
406-407. Cf. notes complémentaires, p. 189-190.

quod illi anno, uiginti octo diebus ipsa conficiat. Ideo neque
de trium superiorum ordine, quem manifeste clareque distinguit immensa distantia, neque de lunae regione, quae ab
omnibus multum recessit, inter ueteres fuit aliqua dissensio.
Horum uero trium sibi proximorum, Veneris, Mercurii et
solis, ordinem uicinia confudit, sed apud alios : nam Aegyptiorum sollertiam ratio non fugit, quae talis est.

6. Circulus per quem sol discurrit a Mercurii circulo ut
inferior ambitur ; illum quoque superior circulus Veneris
includit, atque ita fit ut hae duae stellae, cum per superiores
circulorum suorum uertices currunt, intellegantur supra
solem locatae, cum uero per inferiora commeant circulorum,
sol eis superior aestimetur. **7.** Illis ergo qui sphaeras earum
sub sole dixerunt, hoc uisum est ex illo stellarum cursu, qui
nonnumquam, ut diximus, uidetur inferior, qui et uere notabilior est quia tunc liberius apparent. Nam, cum superiora
tenent, magis radiis occuluntur ; et ideo persuasio ista conua-
luit, et ab omnibus paene hic ordo in usum receptus est.

8. Perspicacior tamen obseruatio ueriorem ordinem
deprehendit, quem praeter indaginem uisus haec quoque

19. 5. ipsa *om. E¹ A K* ‖ de *om. E¹ A¹* ‖ superiorum *S E A K H² N* :
superiorium *H¹* superorum *X* ‖ est *post* recessit *add. A² N* ‖ fuit aliqua
dissensio *H et clausulae causa* : aliqua fuit dissensio *S² X* aliqua
dissensio fuit *E²* aliqua dissensio est *K* aliqua dissensio *S¹ E¹ A N* ‖ uero
S X E² K H N : ergo *A, om. E¹* ‖ uicinia *S X E² A¹* : -cina *E¹ K H N*
-cinitas *A²* ‖ confudit *S X E² A² K H N* : -fundit *E¹* -fuditur *A¹* ‖ fugit *S
X E² A² K H N* : fuit *E¹ A¹*. **6.** ut inferior ambitur *S X E A H N* : superior
eo ambitu *K* ‖ per *om. S H* ‖ uertices *om. E¹ A*. **7.** sphaeras *S* : spheras
E A² N speras *X² K H* spheres *A¹* superas *X¹* ‖ nonnumquam *S X E A
H² N* : nonnum *K* numquam *H¹* ‖ apparent *S¹ A K N* : apparet *S² X E²
in ras. H* ‖ occuluntur *S X E A² N* : o.cul- *H* occol- *A¹* occiduntur *K* ‖
receptus *S X E A K N* : -pertus *H*. **8.** ueriorem *X E A N* : uiriorem *K*
meliorem *S H*.

raison que voici : il faut bien que la lune, qui n'a pas de
lumière propre et qui emprunte celle du soleil, soit placée
au-dessous de sa source lumineuse [408]. **9** La raison qui fait
que la lune n'a pas de lumière propre, tandis que toutes les
autres planètes brillent de la leur, c'est que, placées au-dessus
du soleil, ces dernières se trouvent dans un éther parfaitement pur, au sein duquel tout objet, quel qu'il soit, a par
nature une lumière à lui ; lumière qui dans sa totalité avec son
feu vient s'appuyer sur la sphère du soleil, de sorte que sur les
zones célestes éloignées du soleil pèse un froid perpétuel,
comme il sera montré ci-dessous [409]. **10** Mais parce que la
lune, elle, est la seule à se trouver au-dessous du soleil et
qu'elle est déjà toute proche du monde de l'éphémère
dépourvu de lumière propre, elle n'a pu avoir d'autre lumière
que celle du soleil placé au-dessus d'elle, dont elle réfléchit
l'éclat. Enfin, comme la terre est la partie la plus basse de tout
le cosmos, et la lune la partie la plus basse de l'éther, la lune
aussi a été appelée « terre », mais « terre de l'éther » [410]. **11**
Cependant elle n'a pu être immobile, comme la terre, parce
que dans une sphère en rotation rien ne demeure immobile,
sinon le centre ; or c'est la terre qui est le centre de la sphère
cosmique ; aussi est-elle seule à rester immobile [411].

12 La terre à son tour n'est qu'éclairée par la lumière
qu'elle reçoit du soleil, elle ne la renvoie pas ; la lune, à la
façon d'un miroir [412], réfléchit la lumière dont elle est illumi-
née ; c'est que la terre est considérée comme une lie d'air et
d'eau, éléments en eux-mêmes épais et denses [413], et ainsi,
sur sa vaste étendue externe, elle s'est solidifiée et au-delà de
sa surface ne se laisse pas pénétrer par quelque lumière que

408-409. Cf. notes complémentaires, p. 190.

410. Cf. I, 11, 7, où cette appellation est attribuée aux *physici* (Egyptiens, Orphiques, Pythagoriciens : cf. note afférente).

411. Cf. ci-dessous, I, 22, 3.

412. La lune réfléchit la lumière solaire à la façon d'un miroir : cf.
Vitr., IX, 2, 3 ; Achilles, *Isag. exc.* 21, p. 50 Maass ; Cléomède, II, 4, 1,
p. 182, 16 sq. Ziegler ; Martianus Capella, VIII, 863. Pline, *N.H.* II, 45,
compare le phénomène à celui des reflets dans l'eau, comme Cléomède,
II, 4, 2, p. 184, 11 Ziegler, et Plutarque, *De facie* 936C.

413. Cf. ci-dessous I, 22, 5-6.

ratio commendat quod lunam, quae luce propria caret et de
sole mutuatur, necesse est fonti luminis sui esse subiectam. **9.**
Haec enim ratio facit lunam non habere lumen proprium,
ceteras omnes stellas lucere suo, quod illae, supra solem
locatae, in ipso purissimo aethere sunt, in quo omn*i* quicquid
est, lux naturalis et sua est, quae tota cum igne suo ita
sphaerae solis incumbit ut caeli zonae quae procul a sole sunt
perpetuo frigore oppressae sint, sicut infra ostendetur. **10.**
Luna uero, quia sola ipsa sub sole est et caducorum iam
regioni luce sua carenti proxima, lucem nisi de superposito
sole, cui resplendet, habere non potuit. Denique quia totius
mundi ima pars terra est, aetheris autem ima pars luna est,
lunam quoque terram, sed aetheriam uocauerunt. **11.** Immobilis tamen, ut terra, esse non potuit, quia in sphaera quae
uoluitur nihil manet immobile praeter centrum ; mundanae
autem sphaerae terra centrum est ; ideo sola immobilis perseuerat.

12. Rursus terra accepto solis lumine clarescit tantummodo, non relucet, luna speculi instar lumen quo illustratur
emittit, quia illa aeris et aquae, quae per se concreta et densa
sunt, faex habetur et ideo extrema uastitate denseta est, nec
ultra superficiem quauis luce penetratur ; haec licet et ipsa

19. 8. quae *om.* K ‖ mutuatur *S X E A² K H N* : mutatur *A¹* ‖ luminis
S X E² A K H : -ni *E¹ N* ‖ subiectam *S X H N* : -iaectam *E A* -iactam *K.*
9. omni *ego* : -ne *codd.* ‖ ita *om.* *H¹* ‖ sint *S X E A N* : sunt *K H.* **10.**
regioni *S X E A H² N* : -ne *K H¹* ‖ lucem *S X E² A² H N* : luce *E¹ A¹ K*
‖ nisi — habere *S X E² A² H N* : *om. E¹ A¹ K* ‖ cui *codd.* : qua *Willis* ‖
a non potuit *usque ad 11* esse non *S²* ‖ mundi ima *S³ X E A K H N* :
mundi *S²* ‖ aetheris *S² X E² A² K* : -ri *E¹ A¹ H N* ‖ aetheriam *S X H²* :
-ream *E A K H¹ N.* **11.** *pr.* immobilis *S²* *in ras. E² A² K N* : inmobilis *X*
H immibilis *A¹* immibolis *E¹.* **12.** accepto *S X E A K H² N* : decepto
H¹ ‖ relucet *S X E² H N* : lucet *E¹ A K* ‖ et densa *S X E² K H N* : et
denda *A²* edenda *E¹ A¹* ‖ nec ultra — penetratur *om.* K ‖ quauis *S X E²*
A² H N : quamuis *E¹ A¹.*

ce soit ; la lune, elle, est assurément la limite, mais la limite
de la lumière la plus pure et du feu éthéré ; aussi son corps,
tout en étant plus dense que les autres corps célestes, mais
beaucoup plus pur cependant que celui de la terre, se laisse
pénétrer par la lumière qu'il reçoit, si bien qu'il peut à son
tour diffuser cette lumière, qui ne nous apporte pas pour
autant de sensation de chaleur : **13** c'est que le rayon lumineux, lorsqu'il est parti de sa source, c'est-à-dire du soleil,
pour parvenir jusqu'à nous, transporte avec lui les caractéristiques naturelles du feu dont il est issu ; mais lorsqu'il
s'enfonce dans le corps de la lune et se trouve réfléchi par
lui [414], il ne restitue plus que de la clarté, et non de la chaleur.
En effet un miroir aussi, lorsqu'il émet une lumière, suite à la
puissance d'un feu qui lui fait face à distance, ne présente
qu'une image du feu dépourvue d'effet de chaleur.

Position du soleil

14 La place qu'ont attribuée au soleil Platon ou ses sources, les auteurs que Cicéron a suivis pour assigner au globe
solaire la quatrième position, les considérations qui ont
entraîné cette diversité d'opinions, la raison pour laquelle
Cicéron a dit : « *sur le cercle le plus bas, gravite la lune,
embrasée par les rayons du soleil* », nous les avons suffisamment exposés ; mais à tout cela il faut ajouter l'explication de
ce fait-ci : Cicéron veut que le soleil soit le quatrième de sept
corps ; or, dans une série de sept, le quatrième se trouve et
passe pour se trouver au milieu non pas « à peu près », mais de
façon absolue ; Cicéron pourtant n'a pas dit carrément que le
soleil était au milieu, mais qu'il était « *à peu près* » au milieu,
en ces termes : « *puis la région qui est à peu près au milieu
des sept est occupée par le soleil* ».

414. Selon Posidonius déjà (*ap.* Cléomède, II, 4, 1, p. 182, 21 sq.
Ziegler = *frg.* 291 Theiler ; Plut., *De facie* 929D = *frg.* 295 Theiler), la
lumière solaire, au lieu d'être simplement réfléchie, s'enfonce dans la
substance lunaire dont elle se trouve modifiée, avant d'être renvoyée à la
terre. Idée apparentée *ap.* Pline, II, 45 : la *mollior et imperfecta uis* de la
lune transforme la lumière solaire.

finis sit, sed liquidissimae lucis et ignis aetherii, ideo, quamuis densius corpus sit quam cetera caelestia, ut multo tamen
terreno purius, fit acceptae luci penetrabile, adeo ut eam de
se rursus emittat, nullum tamen ad nos perferentem sensum
caloris : **13.** quia lucis radius, cum ad nos de origine sua, id
est de sole, peruenit, naturam secum ignis de quo nascitur
deuehit ; cum uero in lunae corpus infunditur et inde resplendet, solam refundit claritudinem, non calorem. Nam et
speculum, cum splendorem de se ui oppositi eminus ignis
emittit, solam ignis similitudinem, carentem sensu caloris,
ostendit.

14. Quem soli ordinem Plato dederit uel eius auctores,
quosue Cicero secutus quartum locum globo eius adsignaue-
rit, uel quae ratio persuasionem huius diuersitatis induxerit
et cur dixerit Tullius « *in infimoque orbe luna radiis solis
accensa conuertitur* », satis dictum est ; sed his hoc adiciendum est cur Cicero, cum quartum de septem solem uelit,
quartus autem inter septem non fere medius, sed omni modo
medius et sit et habeatur, non abrupte medium solem, sed
« *fere* » medium dixerit his uerbis : « *deinde de septem
mediam fere regionem sol obtinet.* »

19. 12. aetherii *S X K H²* : -rei *E A H¹ N* ‖ multo *S X E H N* : -tum *A K*
‖ purius *S X E A² H N²* : prius *A¹ K N¹* ‖ acceptae *S E N* : -pte *A¹ K H*
-pta *X A²* ‖ luci *S E A K H² N* : -ce *X H¹* ‖ penetrabile *codd.* : -lis *dett.*
Eyss. Willis ‖ eam de se rursus *S E A H N* : e. r. d. s. *X* r. e. d. s. *K* ‖
perferentem *S X E H N* : pref- *A K* ‖ *a* sensum caloris *usque ad 13* quia
S² in ras. **13.** refundit *S X E A K H² N* : refudit *H¹* ‖ calorem *S X E² A²*
K H N : a calore *E¹* aclorem *A¹* ‖ et *om. E¹ A¹* ‖ eminus *S X E A² K H*
N : -nis *A¹* ‖ emittit — ignis *om. K.* ‖ emittit *S X E² in ras. A² H* :
inmittit *A¹ N.* **14.** soli *S X E A K N* : -lis *H* ‖ quosue *S X E A H N* : quos
K ‖ quartum locum *S X E² K H N* : -to -co *E¹ A* ‖ *ab* et cur *inc. V* ‖ in
X² A² : *om. S X¹ E A¹ K H V N* ‖ orbe *X A² K* : -bi *S E A¹ H V N* ‖
accensa *S² X E A K H V N* : accessa *S¹* ‖ hoc *om. V* ‖ cur *om. K* ‖ de *E*
A K V N : ex *H²*, *om. S X H¹*.

15 Mais ce n'est pas pour rien que cet élément complémentaire nuance cette affirmation. En effet le soleil, qui se trouve en quatrième position [415], occupera la zone médiane numériquement, mais non spatialement. S'il est situé entre les trois d'en haut et les trois d'en bas, il est, certes, au milieu numériquement ; mais à considérer la mesure de tout l'espace qu'occupent les sept sphères, la zone du soleil ne se trouve pas située au milieu de cet espace, parce qu'il est plus éloigné du haut que ne l'est, de lui, la limite inférieure ; sans discussion compliquée, une brève démonstration le prouvera.

16 L'étoile de Saturne, qui est la plus haute, parcourt le zodiaque en trente ans ; le soleil, qui est au milieu, en un an ; la lune, qui est tout en bas, en un peu moins d'un mois. Il y a donc autant de distance entre le soleil et Saturne qu'entre un et trente ; autant entre la lune et le soleil qu'entre douze et un [416]. **17** Cela montre que l'espace pris dans sa totalité, du haut jusqu'en bas, n'est pas divisé exactement au milieu par la zone du soleil. Mais comme ici Cicéron parlait du nombre, et qu'en termes de nombre, c'est vrai, la quatrième sphère est au milieu, il a bien utilisé le terme « au milieu », mais, vu l'étendue implicite des intervalles, il a ajouté un mot pour nuancer cette précision.

---

415. En quatrième position selon l'ordre chaldéen des planètes, adopté par Cicéron ; en deuxième position selon l'ordre égyptien/platonicien, préféré par Macrobe ; il est vrai que Macrobe a « démontré » (§ 6-7), en adoptant le semi-héliocentrisme d'Héraclide du Pont, que ces deux ordres revenaient au même. Ici, néanmoins, et dans toute la démonstration des § 15-17, Macrobe semble utiliser un système de sphères homocentriques, étagées selon l'ordre chaldéen, sans avoir conscience de cette incohérence.

416. Pour les durées de révolution de ces planètes, cf. § 3 et 5 et notes. Le raisonnement de Macrobe est elliptique. Il sous-entend que les planètes se déplacent à vitesse égale (cf. *supra*, I, 14, 26-27) sur une orbite rigoureusement circulaire (ce sera redit en I, 21, 6-7). La distance qu'elles parcourent est donc proportionnelle à la durée de leur révolution. Par ailleurs Macrobe connaît la formule de calcul de la circonférence d'un cercle à partir de son diamètre, et sait déduire le diamètre — ou, ici, le rayon — de la circonférence (cf. I, 20, 15 et 20).

15. Sed non uacat adiectio qua haec pronuntiatio tempe-
ratur. Nam sol quartum locum obtinens mediam regionem
tenebit numero, spatio non tenebit. Si inter ternos enim
summos et imos locatur, sine dubio medius est numero, sed,
totius spatii quod septem sphaerae occupant dimensione
perspecta, regio solis non inuenitur in medio spatio locata,
quia magis a summo ipse quam ab ipso recessit ima postremitas : quod sine ulla disceptationis ambage compendiosa
probabit adsertio.

16. Saturni stella, quae summa est, zodiacum triginta
annis peragrat, sol medius anno uno, luna ultima uno mense
non integro. Tantum ergo interest inter solem et Saturnum
quantum inter unum et triginta, tantum inter lunam solemque quantum inter duodecim et unum. **17.** Ex his apparet
totius a summo in imum spatii certam ex media parte diuisionem solis regione non fieri. Sed quia hic de numero loquebatur, in quo uere qui quartus et medius est, ideo pronunti-
auit quidem medium, sed propter latentem spatiorum
dimensionem uerbum quo hanc definitionem temperaret
adiecit.

19. 15. qua $S\,X\,E\,A^2\,K\,H\,N$: quia $A^1\,V\parallel$ numero $S\,X\,K\,H\,N$: numeros
V numero sed $E\,A\parallel$ ternos $S\,E\,A^2\,H$: ternus $V\,N$ nos $X\,A^1\,K\parallel$ rotunde
ante occupant *add.* $E^1\parallel$ perspecta $S\,K\,H\,V\,N$: praespecta A^2 praeres-
pecta $E^1\,A^1$ perfecta $X\parallel$ ipse $S\,X\,E^2\,A^2\,H\,N$: *om.* $E^1\,A^1\,K\,V\parallel$ ipso S
$X\,E\,A^2\,K\,H\,N$: sole V, *om.* $A^1\parallel$ disceptationis $S\,X^2\,E\,A\,K\,H\,N$:
-ceptionis X^1 -cepta V. **16.** ultima *om.* $A^1\parallel$ *ab* inter duodecim *usque ad
17* loquebatur $K\,non\,leg.$ **17.** ex media parte $S\,X\,E^2\,A^1\,H\,N$: ex -diam
-tem V et -diam -tem E^1 mediae partis A^2 *s.l.* $\parallel$ *a* regione *usque ad 18*
commenta $V\,non\,leg.\parallel$ dimensionem $S\,X\,E\,A^2\,K\,H\,N^2$: dimers- $A^1\,N^1$
$\parallel$ uerbum quo hanc definitionem temperaret adiecit $S\,E^2\,N$: u. fere q. h.
deffinitionem t. a. A^2 u. q. h. diffinitionem a. t. X u. q. h. temperet
diffinicionem H temperaret a. $E^1\,A^1$ fere temperaret a. K.

Noms et influences astrologiques des planètes

18 Si telle étoile est « de Saturne », telle autre « de Jupiter », telle autre encore « de Mars », il faut bien noter que cela ne tient pas à leur constitution naturelle, mais à la croyance humaine, qui

« a dénombré les étoiles et leur a donné des noms. » [417]

En effet Cicéron ne dit pas « l'étoile de Saturne », mais « *l'étoile qu'on appelle sur terre Saturne* », et « *l'astre attribué à Jupiter* », « *l'astre que vous attribuez à Mars* » ; il a ainsi indiqué pour chaque astre que ces noms n'ont pas été inventés par la nature, mais sont des fictions humaines servant à les distinguer [418].

19 Si par ailleurs il a qualifié l'éclat de Jupiter de « favorable et salutaire à l'humanité », et à l'inverse celui de Mars de « rougeoyant et terrifiant pour la terre », cela vient d'une part de la couleur de ces étoiles — celle de Jupiter est éclatante, celle de Mars est rouge [419] —, d'autre part de ce qu'en disent les auteurs qui veulent que le flux des événements malheureux ou heureux qui affectent la vie humaine découle de ces étoiles. En effet, le plus souvent, c'est de Mars que proviennent, selon leurs assertions, les influences redoutables ; de Jupiter, les influences salutaires.

20 Si l'on cherche à mieux savoir pourquoi on taxe de malveillance des êtres divins, au point de déclarer maléfique une étoile — comme on le pense de Mars et de Saturne —, ou pourquoi la bienveillance de Jupiter et de Vénus [420] passe pour particulièrement remarquable auprès des astro-

---

417. Virg., *G.* I, 137 (*nauita tum stellis numeros et nomina fecit*). Sénèque, *N.Q.* VII, 25, 3, écrit pour sa part : *nondum sunt anni mille quingenti ex quo Graecia « stellis numeros et nomina fecit »*.

418, 420. Cf. notes complémentaires, p. 190-191.

419. Jupiter est en effet la plus brillante des planètes supérieures : Platon déjà signale sa couleur blanche (λευκότατον χρῶμα, *Rép.* X, 617a). De même, le rouge de Mars s'impose à l'observateur (ὑπέρυθρον, *ap.* Plat., *ibid.*) ; Mars est dit aussi πυρόεις (Ps.-Aristt., *De mundo* 392 a 25 ; Cic., *N.D.* II, 53 ; Apulée, *De mundo* 29 ; Censor., 13, 4 ; Martianus Capella, VIII, 884 ; Théon de Smyrne, p. 139, 8 Hiller = III, 15, p. 228-229 Dupuis) ou *rutilus* (Firmicus Maternus, *Math.* I, 10, 14), *igneus* (Pline, *N.H.* II, 79).

18. Notandum quod esse stellam Saturni et alteram Iouis, Martis aliam, non naturae constitutio sed humana persuasio est, quae

    ... stellis numeros et nomina fecit.

Non enim ait illa « quae Saturnia est » sed « *quam in terris Saturniam nominant* » et « *ille fulgor qui dicitur Iouis* », et « *quem Martium dicitis* » ; adeo expressit in singulis nomina haec non esse inuenta naturae, sed hominum commenta significationi distinctionis accommoda.

19. Quod uero fulgorem Iouis humano generi prosperum et salutarem, contra Martis rutilum et terribilem terris uocauit, alterum tractum est ex stellarum colore — nam fulget Iouis, rutilat Martis —, alterum ex tractatu eorum qui de his stellis ad hominum uitam manare uolunt aduersa uel prospera. Nam plerumque de Martis terribilia, de Iouis salutaria euenire definiunt.

20. Causam si quis forte altius quaerat unde diuinis maliuolentia, ut stella malefica esse dicatur, sicut de Martis et Saturni stellis existimatur, aut cur notabilior benignitas Iouis et Veneris inter genethlialogos habeatur, cum sit diuinorum

19. 18. notandum — *19* prospera *om. N* ‖ stellis *S X E A² K H* : -as *A¹* ‖ sed quam in terris saturniam nominant *S X E A H* : sed quam inter sed quam // saturniam nominantur *K* ‖ inuenta *S X E² A³ K H* : -ntae *E¹ A¹* -ntex *A²* ‖ commenta *S² E A K H* : comenta *X* commenda *S¹* ‖ significationi *S X E A K² H* : -ne *K¹*, *V non leg.* ‖ accommoda *E A²* : adcommoda *S A¹ K* accomoda *X* accommodata *H*, *V non leg.* **19.** terris *S X E A H V* : martis *K* ‖ uocauit *S X E A² K H V* : -cant *A¹* ‖ colore *S X E² A² K H* : -ra *E¹ A¹* -rem *V* ‖ fulget *S X E K H V* : fulgorat *A* ‖ martis *S X E² A K H V* : mortis *E¹* ‖ tractatu *S E² A K²* : tractu *X E¹ H V* tracta *K¹* ‖ manare *S X E² A² K H* : -nere *E¹ A¹ V* ‖ de martis terribilia *S²* in ras. *E A¹ K H V* : de m. stella t. *X A² N* ‖ salutaria *S X E A² H V N* : -riae *A¹* -ris *K* ‖ euenire *S X E K H N* : uen- *A V* ‖ definiunt *S X E A² K H N* : -ficiunt *A¹ V.* **20.** inscribatur *ante* ut *add. X* ‖ stellis *S X E A K V N* : -llas *K* ‖ existimatur *S X A K H N* : exaestimatur *E² V* exaestimet *E¹* ‖ genethlialogos *E* : genethliologos *A K H¹ N* genethialogos *S¹* genethiliologos *V* genethliacos *S² X* genathliacos *H².*

logues [421], alors que la nature des êtres divins est unique, je
vais en faire voir la raison, qu'on ne lit, à ma connaissance,
que chez un auteur. C'est Ptolémée, dans son traité *De
l'harmonie* en trois livres, qui en a révélé la cause [422], et je
vais l'exposer rapidement.

21 Il existe des nombres déterminés qui permettent d'établir un rapport de proportion entre toutes les choses qui
entretiennent un accord, un lien, une association, et rien ne
peut s'accorder à rien sans passer par ces nombres. Ce sont
l'épitrite, l'hémiole, l'épogde, le double, le triple, le quadruple [423]. **22** Ces rapports, ici, et pour le moment, je veux
que tu les entendes comme numériques ; mais par la suite,
lorsque je parlerai de l'harmonie céleste, j'exposerai plus à
propos leur nature et leurs propriétés [424]. Qu'il suffise pour
l'instant de savoir que sans ces nombres il ne peut y avoir ni
union ni harmonie.

23 Or notre vie est réglée principalement par le soleil et la
lune. En effet, sachant que les corps éphémères possèdent
deux propriétés, la sensation et la croissance, l'αἰσθητικόν,
c'est-à-dire la faculté de sentir, nous vient du soleil, le φυτικόν, la faculté de croissance, du globe lunaire [425]. Ainsi c'est

421. *Genethlialogi* : le terme *genethliaci* (translittération de
γενεθλιακοί) est mieux connu, puisque utilisé par Aulu-Gelle, *N.A.* XIV,
1, 1 (*istos qui sese Chaldaeos seu genethliacos appellant*) ; Censorinus,
De die natali 14, 10 ; etc. *Genethlialogi* en revanche est un hapax. Pour
autant, il n'y a pas lieu d'y substituer *genethliaci*, car *genethlialogi* est
donné en première main, reconnaissable malgré des fautes, par tous nos
manuscrits à l'exception de X ; par ailleurs le terme grec qu'il transpose,
γενεθλιαλόγοι (« diseurs d'horoscope »), bien que plus rare que
γενεθλιακοί, apparaît dans la littérature astrologique et néoplatonicienne (cf. Ptolémée, *Tetr.* I, 3 ; Hiérocl., *Prov.*, *ap.* Photius, p. 172 B ;
Jamblique, *De myst.* I, 18). Pour la culture astrologique de Macrobe et sa
réserve devant cette croyance, cf. J. Flamant, (1977), p. 445-459.

422. Les *Harmonica* de Ptolémée ne nous ont été correctement
conservés que jusqu'au chapitre II, 7 (éd. I. Düring, Göteborg, 1930) : cf.
R.E. XXIII, 2, 1959, s.v. *(Klaudios) Ptolemaios* 66, col. 1840-1847 [B.
L. van der Waerden] ; O. Neugebauer, (1975), II, V B 8, 2, p. 931-34. La
théorie astrologique évoquée ici par Macrobe ne figure pas dans la
Tétrabible ; elle devait prendre place, dans les *Harmonica*, au chapitre
III, 16 (éd. Düring), dont ne sont conservés par ailleurs que les titres et
la remarque finale.

423-425. Cf. notes complémentaires, p. 191.

una natura, in medium proferam rationem, apud unum
omnino, quod sciam, lectam. Nam Ptolemaeus in libris tribus quos De harmonia composuit patefecit causam, quam
breuiter explicabo.

21. Certi sunt numeri per quos inter omnia quae sibi
conueniunt, iunguntur, aptantur, fit iugabilis competentia,
nec quicquam potest alteri nisi per hos numeros conuenire.
Sunt autem epitritus, hemiolius, epogdous, duplaris, tripla-
ris, quadruplus. **22.** Quae hoc loco interim quasi nomina
numerorum accipias uolo ; in sequentibus uero, cum de
harmonia caeli loquemur, quid sint hi numeri quidue possint
opportunius aperiemus. Modo hoc nosse sufficiat quia sine
his numeris nulla colligatio, nulla potest esse concordia.

23. Vitam uero nostram praecipue sol et luna moderantur.
Nam cum sint caducorum corporum haec duo propria, sentire uel crescere, αἰσθητικόν, id est sentiendi natura, de sole,
φυτικόν autem, id est crescendi natura, de lunari ad nos

---

19. 20. quod *S X E A¹ K H N* : qua *A² V* ‖ lectam *S X E H* : -cta *A* -cto
K locus *V, N non leg.* ‖ ptolemaeus *S* : ptolemeus *X E A N* ptholomeus
K H V ‖ quos de *S X E A² K H N* : quod *A¹* qua *V.* **21.** inquit *post* certi
add. X² A² N ‖ se *post* inter *add. K* ‖ alteri nisi *S X E² A² K H N* : alter
nisi *E¹ A¹* alternis *V* ‖ hi *post* autem *add. A* ‖ epitritus *S E A H V N* :
epitrius *X K* ‖ epogdous *S A² K H V N* : epogdeus *E A¹* epodous *X.* **22.**
post quasi *add.* sint *N* ‖ nomina — loquemur *quid om. K* ‖ loquemur *S*
X E A V N : -quamur *H* ‖ hi *om. H¹* ‖ numeri *S E A K H V N* : muneri
X ‖ se *post* nosse a*dd. K* ‖ his numeris nulla *S²* *in ras.* ‖ colligatio *X H* :
conlig- *S E A V N* coniug- *K.* **23.** uitam — *26* existimetur *om. N in lac.*
‖ moderantur *S X E² A² H* : -ratur *E¹ A¹ K V* ‖ sint *S X E A² H* : sine
A¹ V semine *K* ‖ propria *S X E² A² H V* : proprie *E¹ A¹ K* ‖ crescere *om.*
K¹ ‖ αἰσθητικόν *edd.* : aestheticon *S* estheticon *X A H V* estethicon *E*
estesthetikon *K* ‖ sentiendi *S X E² A² K H V* : sciendi *E¹ A¹* ‖ φυτικόν
edd. : ΠΥΤΙΚΟΝ *H* ΕΠΥΤΙΚΟΝ *K* phitikon *S X* pythicon *E¹* epy-
thicon *E² A* epithicon *V* ‖ id *om. K.*

sur un bienfait de ces deux luminaires que se fonde la vie
dont nous jouissons. **24** Cependant nos relations humaines et
le résultat de nos actes relèvent tant des deux luminaires
mêmes que des cinq planètes ; mais parmi ces dernières, les
unes sont convenablement unies et associées aux luminaires
par la médiation des nombres dont j'ai fait mention plus
haut ; les autres n'ont aucun lien numérique qui les rattache
aux luminaires. **25** Donc les astres de Vénus et de Jupiter sont
associés par ces nombres à l'un et l'autre luminaire ; mais
Jupiter est rattaché au soleil par tous et à la lune seulement
par la plupart, Vénus, à la lune par tous et au soleil par la
plupart. Aussi, bien que les deux planètes passent pour
bénéfiques, Jupiter cependant est-il plus étroitement lié au
soleil et Vénus à la lune, et par là ils influent plus favorable-
ment sur notre vie, accordés qu'ils sont par une relation
numérique avec les luminaires responsables de notre vie. **26**
Quant à Saturne et à Mars, ils n'ont pas de rapport avec les
luminaires, quoiqu'un lien numérique, pour lointain qu'il
soit, fasse regarder Saturne vers le soleil et Mars vers la
lune [426]. Aussi passent-ils pour moins favorables à la vie
humaine, n'étant pas liés aux responsables de notre vie par
une étroite relation numérique. Quant à savoir pourquoi on
estime parfois qu'eux aussi confèrent puissance et gloire aux
hommes, cela doit être réservé à un autre traité [427], car il
suffit ici d'avoir exposé la raison pour laquelle tel astre passe
pour redoutable, tel autre pour salutaire.

---

426 Cf. notes complémentaires, p. 191-192.

427. Il faut prendre en compte en effet le degré de l'horoscope auquel
se trouve la planète en question, et les aspects des autres planètes à son
égard : les combinaisons d'influences sont multiples et leur exposé relève
d'un traité d'astrologie. Pour Saturne, cf. par exemple Firm., *Math.* III,
2, 10-11 et 14 ; pour Mars, *ibid.*, III, 2, 26.

globositate perueniunt. Sic utriusque luminis beneficio haec
nobis constat uita qua fruimur. **24.** Conuersatio tamen nostra
et prouentus actuum tam ad ipsa duo lumina quam ad quinque uagas stellas refertur ; sed harum stellarum alias inter-
uentus numerorum quorum supra fecimus mentionem cum
luminibus bene iungit ac sociat, alias nullus applicat numeri
nexus ad lumina. **25.** Ergo Veneria et Iouialis stella per hos
numeros lumini utrique sociantur, sed Iouialis soli per
omnes, lunae uero per plures, et Veneria lunae per omnes,
soli per plures numeros aggregatur. Hinc licet utraque benefica credatur, Iouis tamen stella cum sole accommodatior est
et Veneria cum luna, atque ideo uitae nostrae magis commo-
dant, quasi luminibus uitae nostrae auctoribus numerorum
ratione concordes. **26.** Saturni autem Martisque stellae ita
non habent cum luminibus competentiam, ut tamen aliqua
uel extrema numerorum linea Saturnus ad solem, Mars ad-
spiciat ad lunam. Ideo minus commodi uitae humanae exis-
timantur, quasi cum uitae auctoribus arta numerorum
ratione non iuncti. Cur tamen et ipsi nonnumquam opes uel
claritatem hominibus praestare credantur, ad alterum debet
pertinere tractatum, quia hic sufficit aperuisse rationem cur
alia terribilis, alia salutaris existimetur.

19. 23. haec S^2 *in ras.* $X E A K^2 H V$: hoc K^1 ‖ fruimur $S X E A^2 K H$:
fluim- V fuim- A^1. **24.** quorum *om.* V. **25.** per hos numeros *om.* K ‖
utrique $S X E A H$: iurique V iure K ‖ soli $S X E^2 A^2 K H$: -lis $E^1 A^1$
V ‖ omnes $X E A H V$: omnis S omes K ‖ uero per $S E A K H V$: uero
X ‖ et ueneria — plures *om.* A^1 ‖ ueneria S^2 *in ras.* $X E^2 A^2$ *i.m.* $K H$:
-riae $E^1 V$ ‖ soli $S X E^2 A^2$ *i.m.* $K H$: -lis E^1 -le V ‖ benefica $S E$: -cia X
$A K H V$ ‖ credatur $S X E A H^2 V$: -dantur $K H^1$ ‖ a luna *def.* V ‖
auctoribus $S X E A H^2$: aut- K act- H^1. **26.** ita non $S X E A H$: itamen
K ‖ habent *post* luminibus *transp.* K ‖ competentiam $E K H$: conpet- S
A conpot- X ‖ luminibus — numerorum *iter.* K ‖ commodi $S X K H$:
comodi E^2 commodae A coodi E^1 ‖ uitae humanae — cum uitae *om.*
A^1 ‖ auctoribus $S X E A K^2 H^2$: aut- K^1 act- H^1 ‖ non iuncti $S X E^2$ *i.m.*
$K^2 H$: non iunctae A coniuncti $E^1 K^1$ ‖ praestare *ante* hominibus
transp. H ‖ credantur $S X E^2 A^2 K H$: -datur $E^1 A^1$ ‖ existimetur $S X E^2$
$A^2 K H$: exaest- $E^1 A^1$.

27 Plotin en tout cas, dans l'ouvrage intitulé *Si les astres agissent* [428], affirme qu'aucun événement humain ne tient à leur influence ou à leur pouvoir : ce qu'une loi nécessaire rend pour les individus irrévocable est signifié par le passage, la station ou la rétrogradation de ces sept astres, de la même façon que les oiseaux, qu'ils passent en vol ou se posent, indiquent par leur plumage ou leurs cris les événements futurs, tout en les ignorant eux-mêmes [429]. Même ainsi cependant tel astre sera à bon droit déclaré salutaire, tel autre redoutable, puisque le premier présage les bonheurs, l'autre, les ennuis.

Traité sur le soleil

Fonctions du soleil dans l'univers

20. 1 Quant aux nombreuses appellations qui qualifient le soleil, ce n'est pas pour rien ni pour célébrer pompeusement sa louange que le discours s'y complaît : ces termes expriment des réalités. « *Guide, prince* », dit Cicéron, « *et modérateur des autres astres, âme et régulateur du monde* » [430].

2 Platon dans le *Timée*, parlant des huit sphères, s'exprime ainsi : « Afin qu'à travers ces huit orbites mêmes une mesure exacte de leur vitesse et de leur lenteur existe et soit identifiée, la divinité, dans la seconde orbite au-dessus de la terre, a allumé le luminaire que nous appelons maintenant soleil [431]. » **3** Tu vois comment cette définition implique que la lumière de toutes les sphères réside dans le soleil ; mais Cicéron, sachant que les autres étoiles aussi ont leur propre lumière, et que seule la lune, comme je l'ai déjà dit souvent, n'en a pas à elle, voulant éclaircir l'obscurité de cette asser-

---

428. Plotin, *Enn.* II, 3 (Περὶ τοῦ εἰ ποιεῖ τὰ ἄστρα). Macrobe donne un résumé global et pertinent de la thèse de Plotin sans que l'on puisse savoir, une fois de plus, s'il l'a lu directement ou non (cf. J. Flamant, (1977), p. 456).
429-431. Cf. notes complémentaires, p. 192.

27. Et Plotinus quidem, in libro qui inscribitur Si faciunt
astra, pronuntiat nihil ui uel potestate eorum hominibus
euenire, sed ea quae decreti necessitas in singulos sancit, ita
per horum septem transitum, stationem recessumue mons-
trari, ut aues, seu praeteruolando seu stando, futura pennis
uel uoce significant nescientes. Sic quoque tamen iure uoca-
bitur hic salutaris, ille terribilis, cum per hunc prospera, per
illum significentur incommoda.

20. 1. In his autem tot nominibus quae de sole dicuntur,
non frustra nec ad laudis pompam lasciuit oratio, sed res
uerae uocabulis exprimuntur. « *Dux et princeps* », ait, « *et
moderator luminum reliquorum, mens mundi et temperatio.* »
2. Plato in Timaeo, cum de octo sphaeris loqueretur, sic
ait : « Vt autem per ipsos octo circuitus celeritatis et tarditatis
certa mensura et sit et noscatur, deus in ambitu supra terram
secundo lumen accendit quod nunc solem uocamus. » **3.**
Vides ut haec definitio uult esse omnium sphaerarum lumen
in sole ; sed Cicero, sciens etiam ceteras stellas habere lumen
suum, solamque lunam, ut saepe iam diximus, proprio
carere, obscuritatem definitionis huius liquidius absoluens et

19. 27. plotinus *S X E A H N* : prot- *K* ‖ libro *S X E A² K H N* : -bris
A¹ ‖ pronuntiat *X E A K H N* : -nutiat *S* ‖ ui *om. H¹* ‖ uel *om. A¹* ‖
sancit *S X² E A² K N* : sanctit *X¹ H* sanat *A¹* ‖ horum *S E A H N* :
eorum *X, K non leg.* ‖ stationem *S X E A K* : -ne *H N* ‖ recessumue *S
X E A* : -ssumque *K H* -ssuue *N* ‖ uoce *S X E² H N* : uocis *E¹ A¹* uocibus
A², K non leg.
20. 1. de *om. H¹ N* ‖ dicuntur *S X E A² K H N* : duc- *A¹* ‖ uerae *S X
E A H² N* : -ro *H¹, K non leg.* ‖ luminum *S X E A² K H N* : numi-*A¹*.
2. cum *ante* per *add. A¹* ‖ mensura et *S X E² A² H N* : mensu et *A¹*
mensu// *E¹* mens et *K* ‖ ambitu... secundo *S X E²* : -tu... -dum *H* -tum...
-dum *E¹ A K N*. **3.** esse *post* lumen *transp. N* ‖ solamque *S X A K N* :
sola.que *E* solemque *H* ‖ absoluens *S X E A H² N* : absolues *K* soluens
H¹.

tion et montrer que c'est dans le soleil que réside la plus forte lumière, dit non seulement « *guide* », mais « *prince et modérateur des autres astres* ». Tant il sait que les autres étoiles aussi sont lumineuses, mais que leur guide et prince est l'astre qu'Héraclite appelle « source de la lumière céleste » [432]. **4** Il est donc leur « *guide* » parce qu'il est le premier de toutes par son éclat imposant ; leur « *prince* », parce qu'il les domine à tel point que, étant le seul (*solus*) à s'offrir ainsi au regard, il est appelé soleil (*sol*) [433] ; il est dit « *modérateur des autres* », parce que c'est lui qui modère leurs allées et venues. **5** Car il existe une limitation précise dans l'espace : lorsque chaque planète l'a atteinte, en s'écartant du soleil, elle donne l'impression, comme s'il lui était interdit d'aller au-delà, d'être tirée en arrière, et à l'inverse, lorsqu'en reculant elle a atteint un degré précis, elle est ramenée à sa trajectoire directe habituelle. Ainsi la puissance et le pouvoir du soleil modèrent les mouvements des autres planètes en fonction de mesures précises [434].

6 Il est appelé « *âme du monde* » [435] à la façon dont les physiciens l'ont appelé « cœur du ciel » : c'est que, évidemment, tous les phénomènes célestes que nous voyons se produire avec régularité, le jour et la nuit, avec les alternances de longueur et de brièveté que s'échangent ces derniers, avec aussi, à date fixe, leur égalité, et puis la tiédeur clémente du

---

432. Cette définition héraclitéenne du soleil n'est attestée nulle part ailleurs (ni même relevée par H. Diels dans ses *Vors.*) ; mais on peut la rapprocher de *Vors.* 22 B 99 (= Plut., *Aqu. et ign. comp.* 957A) : « S'il n'y avait pas de soleil, en dépit des autres astres, ce serait la nuit. »

433. Etymologie stoïcienne, donnée par Cicéron (*N.D.* II, 68 : *cum sol dictus sit uel quia solus ex omnibus sideribus est tantus, uel quia, cum est exortus, obscuratis omnibus solus apparet*) ; Varron, *L.L.* V, 68 ; Firmicus Maternus, *De err. prof. relig.* 17, 1 ; Martianus Capella, II, 188 (cf. M Regali, (1983), p. 376).

434-435. Cf. notes complémentaires, p. 192-193.

ostendens in sole maximum lumen esse, non solum ait
« *dux* », sed « *et princeps et moderator luminum reliquo-*
rum. » Adeo et ceteras stellas scit esse lumina, sed hunc
ducem et principem quem Heraclitus fontem caelestis lucis
appellat. **4.** « *Dux* » ergo est, quia omnes luminis maiestate
praecedit ; « *princeps* », quia ita eminet ut propterea quod
talis solus appareat, sol uocetur ; « *moderator reliquorum* »
dicitur, quia ipse cursus eorum recursusque moderatur. **5.**
Nam certa spatii definitio est ad quam cum unaquaeque
erratica stella, recedens a sole, peruenerit, tamquam ultra
prohibeatur accedere, agi retro uidetur, et rursus, cum certam partem recedendo contigerit, ad directi cursus consueta
reuocatur. Ita solis uis et potestas motus reliquorum luminum constituta dimensione moderatur.

6. « *Mens mundi* » ita appellatur ut physici eum cor caeli
uocauerunt, inde nimirum quod omnia quae stata ratione per
caelum fieri uidemus, diem noctemque et migrantes inter
utrumque prolixitatis breuitatisque uices et certis temporibus aequam utriusque mensuram, dein ueris clementem

---

20. 3. lumen *om. H^1* ‖ non solum *S^2 X E A K H N* : hoc solem *S^1* ‖ sed
S X E^2 : *om. E^1 A K H N* ‖ luminum *S X E A^2 K H N* : num- *A^1* ‖ ceteras
S X E^2 A^2 K H N : -ros *E^1 A^1* ‖ scit *S X E^2 A^2 K H N* : sit *E^1 A^1* ‖ esse
ante ducem *add. A^2* ‖ ducem *S X E^2 A^2 K H N* : duc *E^1 A^1* ‖ heraclitus
S X E N : er- *A K H*. **4.** reliquorum *S X E^2 A^2 K H N* : relinqu-*E^1 A^1* ‖
certa spatii definitione *ante* moderatur *add. A^2 N* certa diffinitione
spatii *add. X^2*. **5.** nam — 8 uocauit *def. N* ‖ a sole *S X E^2 A^2 s.l. K H* :
ad solem *E^1 A^1* ‖ prohibeatur *S^2 in ras. X E A H^2* : proibeatur *K*
proueatur *H^1* ‖ consus *ante* consueta *add. K*. **6.** stata *S E^1 A^1* : statuta *X*
E^2 A^2 K H ‖ migrantes *S X E^2 A^2 H* : mirantes *E^1 A^1* mirandas *K* ‖
utriusque *S X E^2 A^2 K H* : utrumque *E^1 A^1* ‖ dein *S X E A H^2* : deinde
K H^1 ‖ ueris *S X E A H^2* : ueneris *K H^1*.

printemps, la chaleur torride du Cancer et du Lion, la douceur de la brise automnale, l'intensité du froid entre les deux
périodes tempérées, tout cela est organisé par le cours régulier du soleil. On est donc en droit d'appeler « cœur du ciel »
l'astre grâce auquel se produisent tous les phénomènes que
nous voyons produits par la raison divine [436]. **7** Il y a une
autre raison qui fait qu'on est en droit de l'appeler « cœur du
ciel » : le feu est par nature toujours en mouvement et en
perpétuelle agitation ; or nous avons rapporté qu'on a appelé
le soleil « source du feu de l'éther » ; donc le soleil est pour
l'éther ce qu'est pour l'animal le cœur, dont la nature est de
ne jamais cesser de bouger ; ou, si un hasard quelconque
interrompt un instant son mouvement, il cause bien vite la
mort de l'animal [437]. **8** Voilà pour le qualificatif d'« âme du
monde » employé par Cicéron.

Quant à la raison pour laquelle le soleil a été appelé aussi
« *régulateur* » du monde, elle est évidente. En effet non
seulement la terre, mais aussi le ciel, justement appelé
monde [438], sont tempérés par le soleil ; cela est si certain que
ses parties extrêmes, qui sont les plus éloignées du trajet du
soleil, sont totalement dépourvues du bienfait de sa chaleur
et s'engourdissent dans l'uniformité d'un froid perpétuel. Ce
point sera développé plus explicitement par la suite [439].

La mesure du soleil : méthodes vicieuses...

Reste à dire aussi quelques mots indispensables sur la
taille du soleil, soulignée par Cicéron dans une formule tout
à fait exacte. **9** Dans toute recherche sur la taille du soleil, les
physiciens ont cherché avant tout à établir de combien il peut
être plus grand que la terre, et Eratosthène, dans son ouvrage

436. Cf. notes complémentaires, p. 193.
437. Même argumentation (le soleil, comme le cœur, est toujours en
mouvement) chez Théon de Smyrne, 187, 22 Hiller = III, 33, p. 302-303
Dupuis, et Calcidius, 100.
438. Cf. notes complémentaires, p. 193.
439. Cf. II, 7 : exposé sur les zones célestes (mais déjà aussi I, 15, 7 et
note 333, p. 176-177).

teporem, torridum Cancri ac Leonis aestum, mollitiem autumnalis aurae, uim frigoris inter utramque temperiem,
omnia haec solis cursus et ratio dispensat. Iure ergo cor caeli
dicitur, per quem fiunt omnia quae diuina ratione fieri uidemus. **7.** Est et haec causa propter quam iure cor caeli uocetur,
quod natura ignis semper in motu perpetuoque agitatu est ;
solem autem ignis aetherii fontem dictum esse rettulimus ;
hoc est ergo sol in aethere quod in animali cor, cuius ista
natura est ne umquam cesset a motu ; aut breuis eius quocumque casu ab agitatione cessatio mox animal interimat.
8. Haec de eo quod mundi mentem uocauit.

Cur uero et « *temperatio* » mundi dictus sit, ratio in aperto
est. Ita enim non solum terram, sed ipsum quoque caelum,
quod uere mundus uocatur, temperari sole certissimum est,
ut extremitates eius, quae a uia solis longissime recesserunt,
omni careant beneficio caloris et una frigoris perpetuitate
torpescant. Quod sequentibus apertius explicabitur.

Restat ut et de magnitudine eius, quam uerissima praedicatione extulit, pauca et non praetereunda dicamus. **9.** Physici hoc maxime consequi in omni circa magnitudinem solis
inquisitione uoluerunt, quanto maior possit esse quam terra,

20. 6. teporem $S\,H^2$: temperiem $X\,E\,A\,K\,H^1$ ‖ torridum $S\,X\,E^2\,A^2\,K$
H : -itum $E^1\,A^1$ ‖ mollitiem $S^2\,X\,E^2\,A^2\,K\,H$: molliciem S^1 mollitiae E^1
A^1 ‖ autumnalis $S\,X\,E^2\,A\,H$: autumalem K autnalis E^1 ‖ aurae $S\,X\,E$
A^2 : -re. H -raea A^1 -ream K. **7.** uocetur $S\,X\,E\,A^2\,K$: -catur $A^1\,H$ ‖ agitatu
$S\,X\,E^2\,A\,K\,H$: adiuuatu E^1 ‖ ignis *om.* K ‖ aetherii S : -rei $X\,E\,A\,K\,H$
‖ est *om.* H^1 ‖ in $S\,X\,H$: in// E^2 *in ras.* A^2 *in ras.* immani K ‖
quocumque $S\,X\,A^1\,K\,H$: quic- E^1 quac- $E^2\,A^2$ ‖ casu $S\,X\,H$: causa $E\,A$
K. **8.** *a* cur *inc. denuo* N ‖ temperari $S\,X^2\,E\,A\,H\,N$: -perare K -perali X^1
‖ sole $S\,X\,E^2\,A^2\,H\,N$: solem $E^1\,A^1$ sollem K ‖ solis longissime S^2 *in ras.*
‖ ut et $S\,X\,E\,A\,N$: ut haec H unde K ‖ quam — extulit *om.* N ‖
uerissima $S\,X\,E\,A^2\,H$: -mam A^1 ueterisma K ‖ extulit *om.* X ‖ et non S^2
in ras. **9.** ITEM EIVSDEM MACROBII AMBROSII DE SOLIS
MAGNITVDINE *ante* physici *add.* N.

Les mesures s'exprime ainsi : « la dimension de la terre multipliée par vingt-sept donnera la dimension du soleil » [440] ; Posidonius multiplie par un nombre beaucoup, beaucoup plus grand [441], et tous deux tirent argument, chacun pour sa thèse, des éclipses de lune. **10** Ainsi, lorsqu'ils veulent prouver que le soleil est plus grand que la terre, ils allèguent le témoignage de l'éclipse lunaire ; mais lorsqu'ils s'efforcent d'expliquer l'éclipse de lune, ils empruntent leur démonstration à la grandeur du soleil ; et il en résulte que, en tirant la démonstration de chacun de ces deux faits de l'autre, aucun des deux ne se trouve démontré de façon probante, le témoignage, à mi-chemin des deux, ne cessant d'osciller tour à tour de l'un à l'autre [442]. **11** De fait, qu'aide à prouver une donnée encore à prouver ?

... et méthode « égyptienne »

Mais les Egyptiens, qui ne se contentent jamais d'hypothèses, ont voulu, par une argumentation séparée et indépendante, qui n'appelle pas à l'aide l'éclipse de lune, démontrer de combien le soleil est plus grand que la terre, de façon à montrer dans un second temps seulement, en se servant de cette grandeur, pourquoi la lune s'éclipse. **12** Or il n'était pas douteux que ce phénomène ne pouvait être saisi qu'une fois découvertes les mesures de la terre et du soleil, en sorte que leur confrontation devînt décisive. La dimension de la terre, certes, apparaissait facilement à l'observation, auxiliaire du raisonnement [443]. Mais la mesure du soleil, elle, ne pouvait visiblement être découverte que grâce à la mesure de l'espace céleste qu'il parcourt. Ils établirent donc qu'il leur fallait

---

440-441. Cf. notes complémentaires, p. 193-194.

442. Le mécanisme des éclipses a été décrit en I, 15, 10-12. Il était en effet utilisé pour établir les dimensions respectives des trois astres qu'il impliquait, comme le dit bien Pline, *H.N.* II, 49 (*haec ratio mortales animos subducit in caelum, ac uelut inde contemplantibus trium maximarum rerum naturae partium magnitudinem detegit*).

443. Cf. notes complémentaires, p. 194.

et Eratosthenes in libris dimensionum sic ait : « mensura
terrae septies et uicies multiplicata mensuram solis efficiet » ; Posidonius multo multoque saepius, et uterque lunaris defectus argumentum pro se aduocat. **10.** Ita cum solem
uolunt terra maiorem probare, testimonio lunae deficientis
utuntur, cum defectum lunae conantur adserere, probationem de solis magnitudine mutuantur, et sic euenit ut, dum
utrumque de altero adstruitur, neutrum probabiliter ad-
struatur, semper in medio uicissim nutante mutuo testimonio. **11.** Quid enim per rem adhuc probandam probetur ?

Sed Aegyptii, nihil ad coniecturam loquentes, sequestrato
ac libero argumento nec in patrocinium sibi lunae defectum
uocante, quanta mensura sol terra maior sit probare uoluerunt, ut tum demum per magnitudinem eius ostenderent cur
luna deficiat. **12.** Hoc autem nequaquam dubitabatur non
posse aliter deprehendi nisi mensura et terrae et solis
inuenta, ut fieret ex collatione discretio. Et terrena quidem
dimensio oculis rationem iuuantibus de facili constabat.
Solis uero mensuram aliter nisi per mensuram caeli per quod
discurrit inueniri non posse uiderunt. Ergo primum metien-

20. 9. eratosthenes S : erathostenes $X\,H^2\,N$ eratostenes $E\,A$ aerathoste-
nens $K\,H^1$. ‖ mensuram S^2 *in ras.* ‖ et *post* efficiet *add.* $E\,A^2$ ‖
posidonius S : possid- $X\,E\,A\,K\,H\,N$ ‖ dicit *ante* multo *add.* X ‖ multo
multoque $S\,X\,E^2\,H^2\,N$: multoque $E^1\,A\,K\,H^1$ ‖ multiplicatam *post*
saepius *add.* X ‖ inuicem *ante* pro *add.* X. **10.** probationem $S\,X\,H\,N$:
-nes $E\,K$-nis A ‖ mutuantur S^2 *in ras.* ‖ ut $S^2\,X\,E\,A\,K\,H\,N$: et S^1 ‖ dum
$S\,X\,K\,H\,N$: dum // E dum sic A ‖ neutrum $S\,X\,E^2\,A^2\,H\,N$: nec utrum
$E^1\,A^1\,K$. **11.** probandam $S\,E\,A^2\,K\,H\,N$: -ndum $X\,A^1$ ‖ sed $S\,X\,E^2\,A\,N$:
se E^1 si H,K *non leg.* ‖ uocante $S\,A\,K\,N$: -ntes $X\,E\,H$ ‖ eius $S\,E\,A^2\,K$
$H\,N$: eo ius A^1 terrae X. **12.** *pr.* et *om.* $E\,A$ ‖ inuenta — oculis *om.* K ‖
ut *om.* A^1 ‖ quod $S\,X\,E^2\,A^2\,K\,H\,N$: quos $E^1\,A^1$ ‖ inueniri $S\,X\,E^2\,A^2\,K$
N : -re $E^1\,A^1\,H$.

d'abord mesurer cet espace céleste, c'est-à-dire l'orbite du
soleil, afin d'être capables, à partir de cette évaluation, de
connaître celle du soleil.

Préalables : méthode de calcul d'une circonférence...

13 Mais de grâce, s'il est jamais homme suffisamment
désœuvré et libre de toute occupation sérieuse pour prendre
en main ces recherches, qu'il ne frémisse ni ne sourie devant
une telle prétention des Anciens, en se disant que cela frisait
la folie [444]. Car leur génie s'est frayé un chemin vers un
mystère qui semblait par nature inaccessible, et, grâce à la
terre, ils ont découvert la mesure du ciel. Mais afin que leur
raisonnement puisse apparaître clairement, un bref exposé
préliminaire s'impose en bonne règle pour mettre en mesure
de mieux entendre ce qui va suivre.

14 Dans tout disque ou sphère le milieu est appelé centre,
et le centre n'est autre que le point où une observation très
précise discerne le milieu de la sphère ou du disque. En outre
une droite menée à partir de n'importe quel point de la
circonférence du disque jusqu'à n'importe quel autre endroit
de la même circonférence isole nécessairement une partie du
disque. **15** Mais cette division ne partage pas dans tous les cas
le disque par la moitié. Seule divise le disque par son milieu
en deux parties égales la ligne menée d'un point de la circonférence à un autre en passant nécessairement par le centre, et
cette ligne, qui partage ainsi le disque en moitiés égales, est
appelée diamètre. **16** En outre tout diamètre d'un disque

---

444. Pline condamne à plusieurs reprises, en termes très voisins de
ceux que cite Macrobe, les savants intrépides qui prétendent établir la
mesure précise du monde et la distance de la terre à la lune, au soleil et
aux étoiles (*N. H.* II, 3 ; 85 : *id enim uelle paene dementis otii est* ; 87),
ainsi que la mesure de la terre (II, 247). Selon J. Beaujeu, éd., (1950),
p. 174, n. 1, Pline pourrait viser les Pythagoriciens. Plus largement, on
sait qu'Epicure considérait que l'explication des phénomènes astronomiques échappait à la connaissance humaine, et fondait sur ce constat sa
méthode des hypothèses plurielles (*ad Pyth.* 93-94 ; Lucr., *R.N.* V,
531-533).

dum sibi caelum illud, id est iter solis, constituerunt, ut per
eum possent modum <modum> solis agnoscere.

13. Sed, quaeso, si quis umquam tam otiosus tamque ab
omni erit serio feriatus ut haec quoque in manus sumat, ne
talem ueterum promissionem, quasi insaniae proximam, aut
horrescat aut rideat. Etenim ad rem quae natura incompre-
hensibilis uidebatur uiam sibi fecit ingenium, et per terram
qui caeli modus sit reppererunt. Vt autem liquere possit ratio
commenti, prius regulariter pauca dicenda sunt, ut sit rerum
sequentium auditus instructior.

14. In omni orbe uel sphaera, medietas centron uocatur,
nihilque aliud est centron nisi punctum quo sphaerae aut
orbis medium certissima obseruatione distinguitur. Item
ducta linea de quocumque loco circuli qui designat ambitum
in quamcumque eiusdem circuli summitatem, orbis partem
aliquam diuidat necesse est. **15.** Sed non omni modo medietas est orbis quam separat ista diuisio. Illa enim tantum linea
in partes aequales orbem medium diuidit quae a summo in
summum ita ducitur ut necesse sit eam transire per centron ;
et haec linea, quae orbem sic aequaliter diuidit, διάμετρος
nuncupatur. **16.** Item omnis διάμετρος cuiuscumque orbis,

---

20. 12. illud S^2 X E^2 K H : illum S^1 E^1 A N ‖ eum S^1 E A K H N : id S^2
X ‖ *alt.* modum *addidi.* **13.** quis S^2 X^2 E A K H : qui S^1 X^1 N ‖ manus
S X E A H : -nu K N ‖ sumat *om.* A^1 ‖ reppererunt S^1 E A K H^2 N :
repererunt H^1 repperit S^2 *s.l.* reperit X^2 repererit X^1 ‖ auditus S^2 *in ras.*
E^1 A : haud- K ad- S^3 X E^2 H N. **14.** quae *post* sphaera *add.* H ‖ centron
Willis : centrum S X E A H N centum K ‖ nihilque aliud est S^2 *in ras.*
‖ nisi punctum S^2 *in ras.* ‖ quo S X E^2 A^2 K H N : quod E^1 A^1 ‖ qui
designat S X E^2 A^2 H N : quid signat E^1 quid signant A^1 quo designant
K ‖ quamcumque S X E A : quac- K H N ‖ diu *ante* necesse *add.* K. **15.**
quae *om.* N^1 ‖ centron S X E^2 A^2 H : -ntro A^1 -ntros E^1 K -ntrum N ‖
quae *om.* N^1 ‖ διάμετρος *ego* : ΔIAMETPOC K diametros S X E^2 A^2 H
N diemetros E^1 A^1. **16.** item omnis *om.* K ‖ διάμετρος *ego* : ΔIAMET-
POC K diametros S X E^1 A H N -trus E^2.

quelconque que l'on multiplie par trois et auquel on ajoute un septième de sa longueur donne la mesure de la circonférence du disque ; c'est-à-dire que, si la longueur d'un diamètre est de sept pouces, et si l'on veut déduire de cette donnée combien de pouces fait la circonférence du disque lui-même, on multipliera sept par trois, et cela fait vingt-et-un ; on ajoutera à vingt-et-un un septième (de sept), soit un, et l'on affirmera que la mesure du cercle dont le diamètre fait sept pouces est de vingt-deux pouces. **17** Nous pourrions prouver toutes ces assertions par des démonstrations géométriques absolument irréfutables [445], si nous ne pensions que nul ne peut les mettre en doute, et ne redoutions d'étendre plus que de raison les dimensions de ce volume.

... et longueur de l'ombre de la terre

18 Il faut savoir aussi que l'ombre de la terre — ombre que le soleil, lorsqu'il se déplace après son coucher dans l'hémisphère inférieur, projette vers le haut, ce qui produit sur la terre l'obscurité appelée nuit [446] — mesure en hauteur soixante fois le diamètre de la terre, et comme cette longueur lui fait atteindre l'altitude de l'orbite solaire, cette ombre écarte la lumière et répand les ténèbres sur la terre [447]. **19** Il faut donc faire connaître la longueur du diamètre terrestre, pour établir ce qu'on obtient en le multipliant par soixante ; ensuite, après ces préliminaires, mon exposé devra revenir au problème des mesures, qu'il a prises pour sujet.

445. Cf. notes complémentaires, p. 194-195.

446. Pour la définition de la nuit comme ombre de la terre, cf. Aristt., *Meteor.* I, 8, 345 b 7 ; Cic., *N.D.* II, 49 (dont la source serait Posidonius) ; Pline, II, 47 ; Plut., *De facie* 931F.

447. Le raisonnement de Macrobe repose donc sur un double postulat : 1) que l'ombre de la terre vaut soixante fois le diamètre terrestre ; 2) que cette ombre touche l'orbite solaire. On ne sait d'où Macrobe a tiré ces deux affirmations, mais J. Flamant, (1977), p. 435-443, a montré qu'elles étaient en accord avec un certain nombre de représentations cosmologiques classiques, en particulier platoniciennes. Il fait aussi remarquer que, à partir du seul second postulat (l'ombre terrestre touche l'orbite solaire), Macrobe aurait pu conclure immédiatement que le diamètre de la terre était la moitié de celui du soleil. Pour l'ensemble des § 18-31, cf., outre J. Flamant (*op. cit.*), B. Bakhouche, (1996), p. 232-235.

triplicata cum adiectione septimae partis suae, mensuram
facit circuli quo orbis includitur ; id est, si uncias septem
teneat diametri longitudo et uelis ex ea nosse quot uncias
orbis ipsius circulus teneat, triplicabis septem, et faciunt
uiginti unum ; his adicies septimam partem, hoc est unum,
et pronuntiabis in uiginti et duabus unciis huius circuli esse
mensuram cuius diametros septem unciis extenditur. **17.**
Haec omnia geometricis euidentissimisque rationibus probare possemus, nisi et neminem de ipsis dubitare arbitraremur et caueremus iusto prolixius uolumen extendere.

18. Sciendum et hoc, quod umbra terrae quam sol post
occasum in inferiore hemisphaerio currens sursum cogit
emitti, ex qua super terram fit obscuritas quae nox uocatur,
sexagies in altum multiplicatur ab ea mensura quam terrae
διάμετρος habet, et hac longitudine ad ipsum circulum per
quem sol currit erecta, exclusione luminis tenebras in terra
refundit. **19.** Prodendum est igitur quanta διάμετρος terrae
sit, ut constet quid possit sexagies multiplicata colligere ;
unde, his praelibatis, ad tractatum mensurarum quas promi-
sit oratio reuertatur.

20. 16. diametri $S\,X\,E^2\,A^2\,K\,H\,N$: diem- $E^1\,A^1$ ‖ quot $S^2\,X\,E\,A\,H\,N^2$:
quod $S^1\,K$ quo N^1 ‖ adicies $S\,X\,E^2\,A^2\,H$: addicies E^1 adiciens $A^1\,K\,N$ ‖
partem *om. K* ‖ et *post* unum *om. K.* **17.** et *ante* haec *add. K* ‖ possemus
$S\,X\,E^2\,A\,K\,H^2\,N$: possumus $E^1\,H^1$ ‖ arbitraremur $S\,X\,E^2\,A^2\,K\,N$:
arbitremur $E^1\,A^1\,H$ ‖ extendere $S\,X\,E^2\,K\,H\,N$: ostend- $E^1\,A.$ **18.** est *post*
hoc *add. X* ‖ cogit emitti S^2 *in ras.* ‖ διάμετρος *ego* : ΔΙΑΜΕΤΡΟC K
diametros $S\,X\,E\,A\,H\,N$ ‖ refundit $S\,X\,E\,A\,K\,H^2\,N$: inf- $H^1.$ **19.** est igitur
$S\,X\,K\,H\,N$: est // igitur A^2 *in ras.* quid igitur E^1 igitur est E^2 ‖
διάμετρος *ego* : ΔΙΑΜΕΤΡΟC K diametros $S^2\,X\,E^2\,A^2\,H\,N$ -tras S^1 -tro
$E^1\,A^1$ ‖ quid $S\,X\,E^2\,A^2\,K\,H\,N$: qui $E^1\,A^1$ ‖ ad tractatum $S\,X\,E^2\,H^2\,N$:
ad tractatu A^2 ad tractum $E^1\,K\,H^1$ a tractatu $A^1.$

Circonférence et diamètre terrestres

20 Des estimations absolument sûres et indubitables ont établi que la circonférence de la terre entière, qui comprend aussi bien les régions habitées de peuples quelconques que les étendues inhabitables, est de 252 000 stades [448]. Puisque c'est là sa circonférence, son diamètre n'excède guère, de toute évidence, 80 000 stades, en fonction de la multiplication par trois avec addition d'un septième, règle que j'ai mentionnée plus haut à propos du diamètre et de la circonférence. **21** Et comme, pour obtenir la longueur de l'ombre terrestre, ce n'est pas la mesure de la circonférence terrestre, mais celle du diamètre qu'il faut multiplier — car c'est elle, on le sait, qui s'étend vers le haut — tu auras à multiplier par soixante les 80 000 stades qui constituent le diamètre terrestre, ce qui fait 4 800 000 stades de la terre jusqu'à l'orbite solaire, à laquelle parvient, nous l'avons dit, l'ombre de la terre.

Longueur de l'orbite solaire

22 Or la terre, située au milieu du cercle céleste parcouru par le soleil, lui sert de centre ; donc la mesure de l'ombre terrestre donnera la moitié du diamètre de ce cercle céleste, et si l'on porte une longueur égale, de l'autre côté de la terre, jusqu'à ce même cercle, on obtient le diamètre total de l'orbite solaire. **23** Donc, en multipliant par deux ces 4 800 000 stades, le diamètre total de l'orbite céleste sera de

448. Cf. ci-dessus, note 443, p. 194. Macrobe cite à nouveau cette estimation en II, 6, 3.

20. Euidentissimis et indubitabilibus dimensionibus constitit uniuersae terrae ambitum, quae ubicumque uel incolitur a quibuscumque uel inhabitabilis iacet, habere stadiorum
milia ducenta quinquaginta duo. Cum ergo tantum ambitus
teneat, sine dubio octoginta milia stadiorum uel non multo
amplius διάμετρος habet, secundum triplicationem cum septimae partis adiectione quam superius de diametro et circulo
regulariter diximus. **21.** Et quia ad efficiendam terrenae
umbrae longitudinem non ambitus terrae, sed diametri mensura multiplicanda est — ipsa est enim quam sursum constat
excrescere — sexagies multiplicanda tibi erunt octoginta
milia quae terrae διάμετρος habet, quae faciunt quadragies
octies centena milia stadiorum esse a terra usque ad solis
cursum, quo umbram terrae diximus peruenire.
22. Terra autem in medio caelestis circuli per quem sol
currit ut centron locata est ; ergo mensura terrenae umbrae
medietatem diametri caelestis efficiet, et si ab altera quoque
parte terrae par usque ad eundem circulum mensura tenda-
tur, integra circuli per quem sol currit diametros inuenitur.
23. Duplicatis igitur illis quadragies octies centenis milibus,
erit integra διάμετρος caelestis circuli nonagies sexies cente-

---

20. 20. euidentissimis S^2 E A K H N : e.uidentissimis X^2 *in ras.* et
uidentissimis S^1 ‖ constitit S^1 E A K N : consistit H constat S^2 X ‖
ubicumque S X H : *om.* E A K N ‖ uel incolitur *om.* S^1 ‖ a quibuscumque *om.* S X H ‖ ergo *om.* E^1 A^1 K ‖ διάμετρος *ego* : ΔΙΑΜΕΤΡΟϹ K
diametros S X E A H N ‖ cum *iter.* H ‖ de *om.* X. **21.** et quia — centena
milia *om.* N^1 ‖ διάμετρος *ego* : ΔΙΑΜΕΤΡΟϹ K diametros S X E A H N^2
‖ cursum S X E^2 H N : occurs- E^1 A K. **22.** ut — currit *om.* K ‖ centron
S X E H N : centrum A ‖ terrenae S X E A N : terrae H ‖ ad eundem S
X E^2 H : ad dimidium E^1 A ad dimediam N. **23.** erit — milibus *om.* K ‖
pr. διάμετρος *ego* : diametros *codd.* ‖ caelestis — *alt.* διάμετρος *om.*
H^1 ‖ in *ante* nonagies *add.* S^2 *in ras.*

9 600 000 stades, et ce diamètre une fois trouvé nous donne aisément la mesure aussi de la circonférence. **24** En effet le résultat qui a donné le diamètre doit être multiplié par trois, avec addition d'un septième, comme cela a déjà été dit à de multiples reprises ; et ainsi tu trouveras que la circonférence de l'orbite entière du soleil est de 30 170 000 stades.

Mesure du diamètre solaire

25 Une fois exposés les calculs qui font connaître la circonférence ou le diamètre de la terre, mais aussi la longueur de l'orbite solaire ou de son diamètre, indiquons maintenant quelle mesure ces savants si avisés ont attribuée au soleil, et comment ils ont fait. En effet, tout comme l'ombre terrestre a pu faire découvrir la grandeur de l'orbite du soleil, c'est grâce à cette orbite même que la mesure du soleil a été découverte, la recherche procédant ingénieusement de la façon suivante.

26 Le jour de l'équinoxe, avant le lever du soleil, on a installé à l'horizontale un vase de pierre, arrondi sur tout son pourtour creusé en forme d'hémisphère ; sur le fond on a indiqué par des lignes le nombre des douze heures diurnes, que signale l'ombre d'un style proéminent en se déplaçant avec le passage du soleil. **27** Telle est, on le sait, la fonction de ce genre de vase : l'ombre du style le parcourt d'un bord à l'autre en autant de temps qu'il en faut au soleil, de son lever

nis milibus stadiorum, et inuenta διάμετρος facile mensuram nobis ipsius quoque ambitus prodit. **24.** Hanc enim summam quae διάμετρον fecit debes ter multiplicare, adiecta parte septima, ut saepe iam dictum est ; et ita inuenies totius circuli per quem sol currit ambitum stadiorum habere trecenties centena milia et insuper centum septuaginta milia.

25. His dictis, quibus mensura quam terrae uel ambitus uel διάμετρος habet, sed et circuli modus per quem sol currit uel diametri eius ostenditur, nunc quam solis esse mensuram uel quemadmodum illi prudentissimi deprehenderint indicemus. Nam sicut ex terrena umbra potuit circuli per quem sol meat deprehendi magnitudo, ita per ipsum circulum mensura solis inuenta est, in hunc modum procedente inquisitionis ingenio.

26. Aequinoctiali die, ante solis ortum, aequabiliter locatum est saxeum uas, in hemisphaerii speciem cauata ambitione curuatum, infra per lineas designato duodecim diei horarum numero quas stili prominentis umbra cum transitu solis praetereundo distinguit. **27.** Hoc est autem, ut scimus, huius modi uasis officium, ut tanto tempore a priore eius extremitate ad alteram usque stili umbra percurrat quanto

---

20. 23. διάμετρος *ego* : ΔΙΑΜΕΤΡΟC *K* diametros *S X E A H² N* ‖ facile *S X E² in ras. H N* : -lem *A K* ‖ ipsius quoque *S² in ras.* **24.** quae *S X E A¹ K H N²* : quam *A²*, *om. N¹* ‖ διάμετρον *ego* : diametron *S X E A K N* -trum *H* ‖ quem *S X A² K H N* : quam *E A¹*. **25.** *alt.* uel *om. K* ‖ διάμετρος *ego* : ΔΙΑΜΕΤΡΟC *K* diametros *S X E A H N* ‖ sed *om. H¹* ‖ uel *om. E A¹* ‖ nunc quam *S X E² A² H²* : numquam *E¹ A¹ K H¹ N* ‖ quemadmodum *S X H N²* : quemammodum *E A K* quem *N¹* ‖ deprehenderint *S X E A H N* : -dant *K* ‖ hunc *S X E² A K H N* : huc *E¹*. **26.** diei *om. X¹* ‖ horarum *post* numero *transp. H* ‖ stili *S X E² in ras. A²* *in ras. K H* : stellae *N* ‖ transitu *S X E K H* : -tu. *A²* -tum *A¹ N* ‖ distinguit *S² X E A K H N* : -ngit *S¹*. **27.** ut *om. H* ‖ scimus *S E A K H N* : sciamus *X*.

à son coucher, pour couvrir le milieu du ciel [449], par révolution d'un seul hémisphère, s'entend. Car la révolution complète du ciel entier associe un jour et une nuit, et il est clair que le déplacement de l'ombre dans ce vase correspond à celui du soleil sur son orbite [450]. **28** Donc, sur ce vase placé bien horizontalement, vers le moment où le soleil est près de se lever, l'observateur a fixé attentivement son regard, et, au premier rayon du soleil émis par le sommet du disque en train de monter, lorsque l'ombre tombant de la pointe du style atteignit le haut de la lèvre arrondie du vase, on indiqua l'endroit que l'ombre avait commencé par frapper en y marquant un repère, et l'on observa combien de temps mettait le disque solaire pour apparaître en entier au-dessus du sol, de telle façon que le bas du disque semblât encore tangent à l'horizon. **29** Puis on repéra l'endroit jusqu'où l'ombre s'était alors déplacée dans le vase, et une fois mesuré l'espace séparant les deux repères des ombres qui, issus des deux bords du disque solaire, mesurent sa totalité, c'est-à-dire son diamètre, on trouva le neuvième de la distance qui sépare le bord supérieur du vase et la ligne de la première heure [451]. **30** Le résultat de l'opération, c'est que dans le déplacement du soleil, une progression de neuf fois son disque équivaut à une heure équinoxiale ; et comme la révolution de l'hémisphère

---

449. Le « milieu du ciel », soit l'équateur (l'expérience se situant au moment de l'équinoxe) ; d'où la précision suivante : « par révolution d'un seul hémisphère », c'est-à-dire pendant la durée du jour seulement.

450. L'instrument utilisé est le cadran solaire appelé *polos*. Hérodote, II, 109, le fait remonter aux Babyloniens, tandis que Vitruve, qui l'appelle *scaphe siue hemispherium*, en attribue l'invention à Aristarque de Samos, probablement à tort (*De arch.* IX, 8, 1 ; cf. la note très complète de l'éd. J. Soubiran, (1969), p. 242-7). Le *polos* fut au début en pierre, comme celui que décrit ici Macrobe, puis plus tard en bronze (comme chez Martianus Capella, VI, 597). Le style était fixé au point du rebord situé vers le nord, son extrémité coïncidant avec le centre de l'hémisphère. Selon Cléomède également (II, 1, 12, p. 136-138 Ziegler) les Egyptiens auraient utilisé l'horloge à eau pour mesurer le diamètre apparent du soleil. Martianus Capella (VIII, 860) décrit une mesure du diamètre de la lune obtenue de la même façon.

451. Cf. notes complémentaires, p. 195.

sol medietatem caeli ab ortu in occasum, unius scilicet
hemisphaerii conuersione, metitur. Nam totius caeli integra
conuersio diem noctemque concludit, et ideo constat quantum sol in circulo suo, tantum in hoc uase umbram meare.
28. Huic igitur aequabiliter collocato, circa tempus solis
ortui propinquantis, inhaesit diligens obseruantis obtutus, et
cum, ad primum solis radium quem de se emisit prima
summitas orbis emergens, umbra, de stili decidens summi-
tate, primam curui labri eminentiam contigit, locus ipse qui
umbrae primitias excepit notae impressione signatus est,
obseruatumque quamdiu super terram ita solis orbis integer
appareret, ut ima eius summitas adhuc horizonti uideretur
insidere. **29.** Et mox locus ad quem umbra tunc in uase
migrauerat adnotatus est, habitaque dimensione inter ambas
umbrarum notas, quae integrum solis orbem, id est diametrum, natae de duabus eius summitatibus metiuntur, pars
nona reperta est eius spatii quod a summo uasis labro usque
ad horae primae lineam continetur. **30.** Et ex hoc constitit
quod in cursu solis unam temporis aequinoctialis horam
faciat repetitus nouies orbis eius accessus, et quia conuersio

20. 27. metitur $S\,X\,E^2\,A\,H\,N$: mititur K etitur E^1 ‖ noctemque $S\,X\,E$
$A\,H\,N$: nocte K ‖ umbram $S\,X\,E\,H\,N$: -bra $A\,K$. **28.** collocato $S\,X\,E\,A$
$H\,N$: collato K ‖ emergens $S^2\,X\,E^2\,A^2\,K\,H\,N$: mergens S^1 emerges A^1
emergeret E^1 ‖ decidens $S\,X\,E\,A\,K\,H^2\,N$: deced- H^1 ‖ contigit $S\,X\,E\,A$
$K\,H^2\,N$: -tegit H^1 ‖ excepit $S\,X\,E\,A\,H\,N$: excip- K ‖ notae $S\,X\,E^2\,A^2$
N : note K no.te H nocte $E^1\,A^1$ ‖ appareret $S\,X\,E^2\,K\,H\,N$: apparet $E^1\,A$
‖ ut ima $S\,X\,A^2\,K\,H\,N$: ultima A^1 u.tima E ‖ horizonti $S\,K$: orizo- X
$E\,A\,H^2\,N$ oriza- H^1 ‖ uideretur $S\,X\,E^2\,H\,N$: uidetur $E^1\,A^1$ uideatur A^2
K. **29.** dimensione $S\,X\,A\,K\,H\,N$: dimessione E^1 dimesione E^2 ‖ notas
om. A^1 ‖ quae om. N^1 ‖ horae $S\,X\,A$: orae $E\,H\,N$ ore K ‖ primae ante
orae transp. H. **30.** cursu $X\,E\,A^2\,K\,H\,N$: cursu. S cursus A^1 ‖
aequinoctialis $S\,X\,E^2\,A^2\,K\,H\,N$: aequenoctialis A^1 aequenotialis E^1 ‖
nouies $S^2\,X\,E\,A\,H\,N$: nobies S^1 noties K ‖ eius post quia add. K.

céleste, qui se fait en douze heures, correspond au jour, et que neuf fois douze font cent huit, le diamètre du soleil est assurément la cent huitième partie de l'hémisphère équinoxial. Il est donc la deux cent seizième partie de toute l'orbite équinoxiale [452].

31 Or il a été démontré précédemment que l'orbite elle-même mesure 30 170 000 stades ; donc, si l'on prend la deux cent seizième partie de ce tout, on trouvera la longueur du diamètre du soleil. Cette partie elle-même fait environ 140 000 stades ; il faut donc dire que le diamètre du soleil est d'environ 140 000 stades, ce qui représente presque le double du diamètre de la terre. **32** Et l'on sait, grâce à un calcul géométrique, que pour deux sphères dont l'une a un diamètre double de l'autre, celle dont le diamètre est double est huit fois plus grande [453]. Il faut donc en conclure que le soleil est huit fois plus grand que la terre. Voilà, à propos de la grandeur du soleil, le bref résumé de ce que nous avons emprunté à de nombreuses sources.

Le zodiaque et ses signes

Pourquoi l'on dit que les planètes se déplacent « dans » le zodiaque

21. 1 Mais puisque nous avons dit que sept sphères se situaient sous le ciel, chaque sphère extérieure enveloppant celles qu'elle contient au-dedans [454], et que toutes se trou-

---

452. Cf. notes complémentaires, p. 195.
453. Il s'agit bien entendu des volumes respectifs des deux sphères : les diamètres étant dans le rapport de 2 à 1, les volumes sont dans le rapport de 2^3 à 1^3.
454. Cf. ci-dessus, I, 6, 47 ; I, 14, 23. On remarquera qu'ici Macrobe écarte sans ambiguïté le système d'Héraclide du Pont, qu'il avait pourtant adopté en I, 19, 6-7 pour tenter de concilier l'ordre égyptien et l'ordre chaldéen des planètes : cf. note 407, p. 189-190.

caelestis hemisphaerii, peractis horis duodecim, diem
condit, nouies autem duodeni efficiunt centum octo, sine
dubio solis diametros centesima et octaua pars hemisphaerii
aequinoctialis est. Ergo totius aequinoctialis circuli ducente-
sima sexta decima pars est.

31. Ipsum autem circulum habere stadiorum trecenties
centena milia et insuper centum et septuaginta milia antela-
tis probatum est. Ergo, si eius summae ducentesimam sextam decimam consideraueris partem, mensuram diametri
solis inuenies. Est autem pars ipsa fere in centum quadraginta milibus. Διάμετρος igitur solis centum quadraginta fere
milium stadiorum esse dicenda est ; unde paene duplex
quam terra διάμετρος inuenitur. **32.** Constat autem geometricae rationis examine, cum de duobus orbibus altera
διάμετρος duplo alteram uincit, illum orbem cuius διάμετρος
dupla est orbe altero octies esse maiorem. Ergo ex his dicendum est solem octies terra esse maiorem. Haec de solis
magnitudine breuiter de multis excerpta libauimus.

21. 1. Sed quoniam septem sphaeras caelo diximus esse
subiectas, exteriore quaque quas interius continet ambiente,

---

20. 30. orbis eius *ante* autem *add.* K^1 ‖ efficiunt centum S^2 *in ras.* ‖
octaua pars S^2 *in ras.* ‖ est — aequinoctialis *om.* K. ‖ et *ante* sexta *add.*
E^1. **31.** centum et $S\,X\,E\,A\,H^2\,N$: centum K centena H^1 ‖ septuagiura S^2
in ras. $X\,E\,H\,N$: sexag- $A\,K$ ‖ probatum $S\,X\,E\,A\,K\,H\,N^2$ *i.m.* : prola-
N^1 ‖ διάμετρος *ego* : ΔΙΑΜΕΤΡΟC K diametros $S\,X\,E\,A^2\,H\,N$ -tro
A^1 ‖ igitur *om.* X^1, *post* solis *suppl.* X^2 ‖ διάμετρος *ego* : ΔΙΑΜΕΤΡΟC
K diametros $S\,X\,E\,A^2\,H\,N$ diametos A^1. **32.** διάμετρος *ego* : ΔΙΑΜΕΤ-
ΡΟC K diametros $S\,X\,E\,A\,H\,N$ ‖ uincit $S\,X\,E^2\,K\,H\,N$: uic- $E^1\,A$ ‖
διάμετρος *ego* : ΔΙΑΜΕΤΡΟC K diametros $S\,X\,E\,A\,H\,N$ ‖ dupla est
orbe S^2 *in ras.* ‖ dicendum $S\,X\,E\,A\,H\,N$: disc- K ‖ terra esse $X\,E^2\,A^2$
$K\,H\,N$: terrae esse S terrae se A^1 terasse E^1 ‖ excerpta $S\,X\,E^2\,H$: excepta
$A\,K\,N$ expesta E^1 ‖ libauimus $S\,X\,E^2$ *in ras.* A^2 *in ras* $H\,N$: libra- K.
21. 1. esse *om.* K^1, *post* subiectas *suppl.* K^2.

vaient éloignées à la fois du ciel et les unes des autres, il faut
maintenant examiner, puisque le zodiaque est unique et qu'il
se compose d'astérismes fixés au ciel, comment on peut dire
que les astres des sphères inférieures se déplacent « dans » les
signes du zodiaque [455]. Il n'est pas long d'en découvrir la
raison, qui monte la garde dès le vestibule de la question [456].

2 Il est exact en effet que ni le soleil, ni la lune, ni aucune
des planètes ne se déplacent dans les signes du zodiaque de
façon à se mêler à leurs astérismes ; on dit que chacun de ces
astres se trouve « dans » le signe qu'il a au-dessus de lui quand
il parcourt la portion de sa propre orbite qui se trouve sous ce
signe ; en effet le calcul a divisé l'orbe de chaque sphère en
douze parties, comme il l'a fait pour le zodiaque, et quand un
astre a atteint la partie de son orbite située sous la partie du
zodiaque attribuée au Bélier, on considère qu'il est arrivé
dans le Bélier lui-même ; une observation similaire s'applique aux astres quand ils passent dans chaque partie [457]. **3** Et
parce que le regard ouvre une voie plus facile vers la compréhension, une représentation figurée va appuyer les termes de
l'exposé.

Soit le cercle du zodiaque, désigné par A. Plaçons à l'intérieur les sept autres orbites, et, à partir de A, divisons le
zodiaque en douze, par une suite de repères fixes désignés par
les lettres suivantes : que l'espace compris entre A et B soit
assigné au Bélier ; l'espace entre B et C, au Taureau ; l'espace
entre C et D, aux Gémeaux ; celui qui suit, au Cancer ; et
ainsi de suite. **4** Cela fait, à partir de chaque repère et lettre

---

455. Le même problème est posé par Hygin, *Astr.* IV, 14, 4 : *nonnulli
existimant, cum dicitur sol in Ariete aut in quolibet signo esse, eum
supra ipsas stellas Arietis iter facere. Qui autem hac ratione utuntur,
longe a uera ratione errant. Nam neque sol neque luna proxime sidera
apparent.*

456. Pour mieux savourer la métaphore, voir, dans les *Saturnales* VI,
8, 14-23, le long développement sur le sens de *uestibulum*.

457. Cf. notes complémentaires, p. 195-196.

longeque et a caelo omnes et a se singulae recesserunt, nunc
quaerendum est, cum zodiacus unus sit et is constet caelo
sideribus infixis, quemadmodum inferiorum sphaerarum
stellae in signis zodiaci meare dicantur. Nec longum est
inuenire rationem quae in ipso uestibulo excubat quaestionis.

2. Verum est enim neque solem lunamue neque de uagis
ullam ita in signis zodiaci ferri ut eorum sideribus miscean-
tur, sed in illo signo esse unaquaeque perhibetur quod habue-
rit super uerticem, in ea quae illi subiecta est circuli sui
regione discurrens, quia singularum sphaerarum circulos in
duodecim partes aeque ut zodiacum ratio diuisit, et quae in
eam partem circuli sui uenerit quae sub parte zodiaci est
Arieti deputata, in ipsum Arietem uenisse conceditur, simi-
lisque obseruatio in singulas partes migrantibus stellis tene-
tur. **3.** Et quia facilior ad intellectum per oculos uia est, id
quod sermo descripsit uisus adsignet.

Esto enim zodiacus circulus, cui adscriptum est A. Intra
hunc septem alii orbes locentur, et zodiacus ab A per ordinem adfixis notis, quibus adscribentur litterae sequentes, in
partes duodecim diuidatur, sitque spatium quod inter A et B
clauditur Arieti deputatum, quod inter B et C Tauro, quod
inter C et D Geminis, Cancro quod sequitur, et reliquis per
ordinem cetera. **4.** His constitutis, iam de singulis zodiaci

21. 1. is *S X A H* : his *E K N* ‖ caelo *om. K* ‖ inferiorum *S² X E A H N* :
-feriorem *S¹* -ferorum *K.* **2.** ferri *S² E² A K* : fieri *S¹ X E¹ H N* ‖ illi *S X
E² A H N* : illis *E¹ K* ‖ singularum *S² X E A K H N* : -rem *S¹* ‖ quae sub
S X E A K H N² : sub *N¹* ‖ parte *S X E K H* : -tem *A N* ‖ ipsum *S X E²
A² K H N* : ipso *E¹ A¹.* **3.** descripsit *S X E² H* : discr- *E¹ A N* scribsit *K*
‖ A *om. S¹* ‖ intra *S X E A K N* : inter *H* ‖ et *om. K¹* ‖ adfixis *S X² E²
A² K H N* : adfixit *A¹* adfix *E¹* affisis *X¹* ‖ notis *S X E² A K H N* : noct-
E¹ ‖ diuidatur *S X² E² H N* : -dantur *X¹ K* -detur *A²* -dentur *E¹ A¹.*

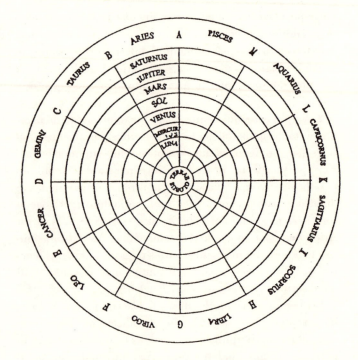

Schéma n° 1 : *Comm.* I, 21, 4 [458]

du zodiaque, menons des lignes en direction du bas, en
coupant tous les cercles jusqu'au dernier : il est évident que
le passage des lignes à travers chacune des orbites délimitera
douze parties. Donc, quel que soit le cercle parcouru par le
soleil, ou la lune, ou n'importe laquelle des planètes, une fois
l'astre parvenu à l'espace compris entre les lignes qui partent
des repères et des lettres A et B, on dira qu'il est « dans » le
Bélier, parce que dans cette position il aura au-dessus de lui la
portion du zodiaque attribuée au Bélier, comme nous l'avons
indiqué. De même, quelle que soit la partie du ciel dans

458. Cf. notes complémentaires, p. 196.

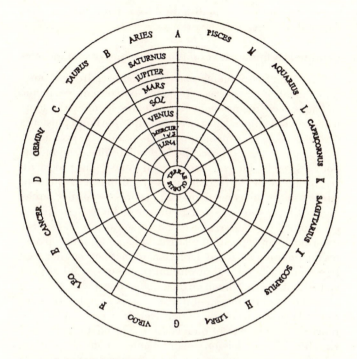

notis et litteris singulae deorsum lineae per omnes circulos
ad ultimum usque ducantur : procul dubio per orbes singulos duodenas partes diuidet transitus linearum. In quocumque igitur circulo seu sol in illo seu luna uel de uagis quaecumque discurrat, cum ad spatium uenerit quod inter lineas
clauditur ab A et B notis et litteris defluentes, in Ariete esse
dicetur, quia illic constituta spatium Arietis in zodiaco designatum super uerticem, sicut descripsimus, habebit. Simili-

21. 4. notis $S X^2 E^2 A H N$: noct- $X^1 E^1 K$ ‖ et *om. K N* ‖ litteris $S X E^2$
$K H N$: -rae $E^1 A$ ‖ ducantur $S X E^2 A^2 K H^2 N$: -catur $E^1 A^1$ -cuntur
H^1 ‖ et *ante* procul *add. K* ‖ circulo $S X E A N$: circulos K curculo H
‖ sol *om.* X^1 ‖ designatum $S X E^2 A K H$: -to $E^1 N$.

laquelle il sera passé, on dira qu'il est « dans » le signe sous lequel il se trouve.

Pourquoi les durées de révolution des planètes sont inégales

5 Et cette figure même nous fera comprendre tout aussi rapidement pourquoi ces planètes parcourent ce même zodiaque et ces mêmes signes en un temps, les unes plus long, les autres plus court. Chaque fois en effet que l'on a plusieurs cercles emboîtés, de même que le plus grand est le premier, et le plus petit, celui qui occupe la dernière place, de même, pour les cercles intermédiaires, celui qui est plus proche du cercle supérieur est reconnu plus grand que ceux qui sont au-dessous de lui, et celui qui est plus près du dernier cercle, plus petit que ceux qui sont au-dessus de lui. **6** Donc, parmi ces sept sphères aussi, chacune a eu son degré de rapidité déterminé par sa position relative. Voilà pourquoi les planètes qui ont un plus grand déplacement mettent davantage de temps pour achever leur révolution ; celles qui en ont un petit en mettent moins. On sait en effet qu'aucune d'elles n'avance plus vite ou plus lentement que les autres ; comme elles ont toutes la même façon de se déplacer, la considérable différence de temps ne tient qu'à la différence de distance [459]. **7** En effet, si nous laissons maintenant de côté les planètes intermédiaires, pour éviter de nous répéter constamment, la raison pour laquelle Saturne met trente ans et la lune vingt-huit jours [460] pour faire le tour des mêmes signes et les parcourir ne tient qu'à la longueur de leurs orbites, dont l'une est la plus grande et l'autre la plus petite. Donc chacune des autres aussi, en fonction de la distance à parcourir, utilise pour son déplacement un temps prolongé ou raccourci.

Comment les Égyptiens divisèrent le zodiaque en douze signes

8 Ici l'observateur attentif trouvera matière à s'interroger. En effet, après avoir examiné les repères portés sur le zodiaque dans la figure appelée à soutenir la conviction, il deman-

459-460. Cf. notes complémentaires, p. 196.

ter in quamcumque migrauerit partem, in signo sub quo
fuerit esse dicetur.

5. Atque haec ipsa descriptio eodem compendio nos doce-
bit cur eundem zodiacum eademque signa aliae tempore
longiore, aliae breuiore percurrant. Quotiens enim plures
orbes intra se locantur, sicut maximus est ille qui primus est
et minimus qui locum ultimum tenet, ita de mediis qui
summo propior est, inferioribus maior, qui uicinior est
ultimo, breuior superioribus habetur. **6.** Et inter has igitur
septem sphaeras, gradum celeritatis suae singulis ordo posi-
tionis adscripsit. Ideo stellae quae per spatia grandiora discurrunt, ambitum suum tempore prolixiore conficiunt, quae
per angusta, breuiore. Constitit enim nullam inter eas cele-
rius ceteris tardiusue procedere, sed, cum sit omnibus idem
modus meandi, tantam eis diuersitatem temporis sola spatiorum diuersitas facit. **7.** Nam ut de mediis nunc praetermit-
tamus, ne eadem saepe repetantur, quod eadem signa Saturnus annis triginta, luna diebus uiginti octo ambit et permeat,
sola causa in quantitate est circulorum, quorum alter maximus, alter est minimus. Ergo et ceterarum singulae pro spatii
sui modo tempus meandi aut extendunt aut contrahunt.

8. Hoc loco diligens rerum discussor inueniet quod requirat. Inspectis enim zodiaci notis quas monstrat in praesidium

---

21. 5. ipsa *om.* H^1 ‖ longiore... breuiore *S X A K H N* : -giori... -uiori *E*
‖ locantur *S X² E² A² K H N* : locatur *E¹ A¹* loquantur *X¹*. **6.** igitur *om.*
H ‖ adscripsit *S E¹ A² K H¹ N* : adscripsis *A¹* adscribit *H²* assumsit *X*
assumpsit *E² i.m.* ‖ grandiora *S¹ E¹ A K H N* : longiora *S² i.m. X E² i.m.*
‖ angusta *S X E A H N* : -stiora *K* ‖ constitit *S¹ E A K* : constat *S² i.m.*
X H N ‖ nullam *S X E K H* : nulla *A N* ‖ procedere sed *S² in ras.* ‖
modus *S X E² K² H N* : modos *K¹* motus *E¹ A²* motis *A¹*. **7.** saepe *S X*
E² i.m. H : semper *E¹ A K N* ‖ est *post* maximus *add. K* ‖ extendunt ...
contrahunt *S² s.l. X A² H²* : -dit ... -hit *S¹ E A¹ K H¹ N*. **8.** discussor *S X*
E H N : -cursor *A K* ‖ notis *om. H¹*.

dera : « oui, mais qui a découvert ou établi les douze divisions
du cercle céleste, d'autant que rien ne signale aux regards où
chacune commence ? » A cette question qui s'impose, c'est
donc à l'histoire elle-même de répondre, en rapportant l'opération par laquelle les Anciens ont tenté et réussi cette division si délicate.

9 En effet, dans le passé, les ancêtres des Egyptiens, qui
furent, on le sait, les premiers de tous à oser observer et
mesurer le ciel, s'aperçurent, parce qu'à la faveur de leur
perpétuel beau temps ils pouvaient toujours lever librement
leurs regards vers le ciel, que si toutes les étoiles ou astérismes étaient fixés au ciel, cinq étoiles, seules, se déplaçaient
avec le soleil et la lune ; **10** et pourtant ces étoiles ne couraient
pas n'importe où à travers le ciel entier et sans qu'aucune loi
dirigeât leur errance, jamais enfin elles ne déviaient vers le
pôle septentrional, jamais elles ne s'enfonçaient vers les profondeurs du pôle austral, mais leur course à toutes se trouvait
contenue dans la limite d'un cercle oblique [461] ; et cependant
leurs allers et retours n'étaient pas synchronisés, mais elles
parvenaient au même endroit à des moments différents ;
d'autre part les unes avançaient, d'autres reculaient, et elles
semblaient parfois s'immobiliser ; **11** une fois, dis-je, qu'ils
eurent observé entre elles ces phénomènes, ils décidèrent de
partager le cercle même en régions précises et de les repérer
par des divisions, afin de donner des noms précis aux
endroits dans lesquels ces astres s'arrêtaient, à ceux dont ils
étaient sortis et à ceux dont à l'inverse ils s'approcheraient,
de se les signaler entre eux et d'en transmettre la connaissance à la postérité [462].

461. Cf. note 335, p. 177.
462. Cf. notes complémentaires, p. 196-197.

fidei aduocata descriptio, « quis uero, » inquiet, « circi caelestis duodecim partes aut inuenit aut fecit, maxime cum nulla
oculis subiciantur exordia singularum ? » Huic igitur tam
necessariae interrogationi historia ipsa respondeat, factum
referens quo a ueteribus et temptata est tam difficilis et
effecta diuisio.

9. Aegyptiorum enim retro maiores, quos constat primos
omnium caelum scrutari et metiri ausos, postquam, perpetuae apud se serenitatis obsequio caelum semper suspectu
libero intuentes, deprehenderunt, uniuersis uel stellis uel
sideribus infixis caelo, solas cum sole et luna quinque stellas
uagari, **10.** nec has tamen per omnes caeli partes passim ac
sine certa erroris sui lege discurrere, numquam denique ad
septentrionalem uerticem deuiare, numquam ad australis
poli ima demergi, sed intra unius obliqui circi limitem omnes
habere discursus, nec omnes tamen ire pariter ac redire, sed
alias aliis ad eundem locum peruenire temporibus, rursum
ex his alias accedere, retro agi alias, uiderique stare nonnumquam ; **11.** postquam haec, inquam, inter eas agi uiderunt,
certas sibi partes decreuerunt in ipso circo constituere et
diuisionibus adnotare, ut certa essent locorum nomina in
quibus eas morari uel de quibus exisse ad quaeue rursus esse
uenturas et sibi in uicem nuntiarent et ad posteros noscenda
transmitterent.

21. 8. uero *S X E A H* : -rum *K N* ‖ inquiet *S X E A K H* : inquiret et *N*
‖ circi caelestis *S X E² A² H² N* : circa caelestis *H¹* circaelestis *E¹ A¹*
circumlectis *K* ‖ subiciantur *S² X E A K H N* : -cientur *S¹* ‖ singularum
S X E² N : -lorum *E¹ A K H* ‖ *alt.* et *om. K* ‖ effecta *S X E A² K H* : aff-
A¹ N. **9.** enim *om. K* ‖ metiri ausos *S X E A² H N* : materia usos *A¹ K* ‖
apud *om. A* ‖ se *om. X E¹ A* ‖ solas — stellas *om. A¹*. **10.** omnes —
discursus *om. E¹ A*. **11.** *ab* exisse *usque ad* esse *S²* in ras.

12 Donc, ayant préparé deux vases de bronze, dont l'un avait le fond percé à la façon d'une clepsydre, ils placèrent dessous le vase intact, vide, et mirent l'autre au-dessus de lui, plein d'eau, mais l'orifice préalablement bouché ; et ils guettèrent le lever d'une étoile fixe, n'importe laquelle, mais très brillante et d'un éclat bien observable. **13** Dès qu'elle commença à émerger, ils retirèrent le bouchon pour laisser l'eau du vase supérieur couler dans le vase inférieur, et elle coula jusqu'à la fin de cette nuit-là et du jour suivant, et jusqu'à l'instant de la seconde nuit où la même étoile recommença à se lever. **14** A peine eut-elle commencé d'apparaître qu'ils arrêtèrent l'écoulement de l'eau. Donc, comme l'apparition et le retour de l'étoile observée signifiaient une révolution céleste complète, ils considérèrent que la mesure du ciel correspondait à la quantité d'eau écoulée et recueillie.

15 Ayant donc réparti cette eau en douze parts égales par un procédé de division sûr, ils préparèrent deux autres vases d'une capacité égale, pour chacun, à chacune de ces douze parts, et la totalité de l'eau fut reversée dans son vase précédent, dont l'orifice avait été préalablement bouché ; et, prenant l'un des deux vases de moindre capacité, ils le placèrent sous le vase plein, et posèrent le second à côté, à portée de main et tout prêt.

16 Ces préparatifs achevés, une autre nuit, dans la partie du ciel où une longue observation leur avait appris que se déplaçaient le soleil, la lune et les cinq planètes, et qu'ils appelèrent par la suite le zodiaque, ils guettèrent le lever

12. Duobus igitur uasis aeneis praeparatis, quorum alteri fundus erat in modum clepsydrae foratus, illud quod erat integrum uacuum subiecerunt, pleno aquae altero superposito, sed meatu ante munito, et quamlibet de infixis unam clarissimam stellam lucideque notabilem orientem obseruauerunt. **13.** Quae ubi primum coepit emergere, mox, munitione subducta, permiserunt subiecto uasi aquam superioris influere, fluxitque in noctis ipsius et secuti diei finem, atque in id noctis secundae quamdiu eadem stella ad ortum rursus reuertitur. **14.** Quae ubi apparere uix coepit, mox aqua quae influebat amota est. Cum igitur obseruatae stellae itus ac reditus integram significaret caeli conuersionem, mensuram sibi caeli in aquae de illo fluxu susceptae quantitate posuerunt.

15. Hac ergo in partes aequas duodecim sub fida dimensione diuisa, alia duo huius capacitatis procurata sunt uasa ut singula tantum singulas de illis duodecim partibus ferrent, totaque rursus aqua in uas suum pristinum, foramine prius clauso, refusa est ; et de duobus illis capacitatis minoris alterum subiecerunt pleno, alterum iuxta expeditum paratumque posuerunt.

16. His praeparatis, nocte alia, in illa iam caeli parte per quam solem lunamque et quinque uagas meare diuturna obseruatione didicerant quamque postea zodiacum uocaue-

---

21. 12. clepsydrae *E A N* : clepshydrae *S* clepshidrae *H* clepsidra *X* clepsiore *K* ‖ foratus *om. N¹* ‖ aquae *S X² E A H N* : atque *X¹ K* ‖ quamlibet *S X E² A² H* : qualibet *N* quolibet *K* quodlibet *E¹ A¹ ut uid.* ‖ de infixis *S X E A H N* : re infixa *K*. **13.** in id *S X E A H N* : initium *K* ‖ reuertitur *S² X H N* : -rtit *S¹ E¹ A¹ K* -rtatur *E² -*rsa est *A².* **14.** quae *om. N¹* ‖ itus *S X E A H N* : iustus *K*. **15.** hac *S E² K H² N* : haec *X E¹ A ac H¹* ‖ dimensione *S² X E A K H N* : dem- *S¹* ‖ huius *S X E A² H N* : hunc *A¹* hinc *K*. **16.** illa ... parte *X E A K H N* : illam ... partem *S* ‖ quam *S X E A² K H* : quem *A¹ N.*

imminent de l'astre qu'ils nommèrent par la suite Bélier. **17**
Tout au début de son lever, ils laissèrent aussitôt couler l'eau
du vase du dessus dans celui du dessous. Quand ce dernier fut
plein, ils l'enlevèrent tout de suite et le vidèrent, et mirent à
sa place l'autre vase semblable, en observant et mémorisant
des repères précis parmi les étoiles de la région céleste qui
était en train de se lever juste au moment où le premier vase
se trouvait rempli, avec l'idée qu'au moment où la douzième
partie de toute l'eau s'était écoulée, la douzième partie du ciel
s'était levée. **18** A partir donc de l'endroit qui commençait à
se lever tandis que l'eau commençait à couler dans le premier
vase, jusqu'à l'endroit qui était en train de se lever lorsque ce
même premier vase finissait de se remplir, ils dirent que
s'étendait la douzième partie du ciel, soit un signe. **19**
Pareillement, une fois le second vase rempli et aussitôt
enlevé, ils mirent à nouveau à sa place l'autre vase semblable,
préalablement vidé, et tenu prêt ; ayant de la même façon
noté l'endroit du ciel qui émergeait au moment où le second
vase se trouvait rempli, ils désignèrent comme deuxième
signe la partie de ciel qui s'étendait de la limite du premier à
l'endroit du ciel qui apparaissait au moment où s'achevait la
deuxième portion d'eau. **20** Et ainsi, en alternant les vases, et
en notant chaque fois les limites des parties de ciel qu'ils
voyaient monter pendant que s'écoulait chaque portion
d'eau, lorsque, une fois épuisée toute l'eau, douzième par
douzième, ils furent revenus au début du premier signe, ils
disposèrent en toute certitude, par la maîtrise de ce disposi-
tif remarquable, d'une division du ciel en douze, définie par
des observations et des repères précis [463].

21 Cela ne se fit pas en une nuit, mais en deux, parce que le
ciel entier n'accomplit pas sa révolution en une nuit : une
moitié tourne pendant le jour et la moitié restante pendant la

---

463. Cf. notes complémentaires, p. 197.

runt, ascensurum obseruauerunt sidus, cui postea nomen
Arietis addiderunt. **17.** Huius incipiente ortu, statim
subiecto uasi superpositae aquae fluxum dederunt. Quod ubi
completum est, mox eo sublato effusoque, alterum simile
subiecerunt, certis signis obseruanter ac memoriter adnota-
tis inter eius loci stellas qui oriebatur cum primum uas esset
impletum, intelligentes quod, eo tempore quo totius aquae
duodecima pars fluxit, pars caeli duodecima conscendit. **18.**
Ab illo ergo loco quo oriri incipiente aqua in primum uas
coepit influere usque ad locum qui oriebatur cum idem
primum uas impleretur, duodecimam partem caeli, id est
unum signum, esse dixerunt. **19.** Item secundo uase impleto
ac mox retracto, illud simile quod olim effusum parauerant
iterum subdiderunt, notato similiter loco qui emergebat cum
secundum uas esset impletum, et a fine primi signi usque ad
locum qui ad secundae aquae finem oriebatur, secundum
signum notatum est. **20.** Atque ita uicissim uasa mutando, et
per singulas influentis aquae partes singulos sibi ascenden-
tium caeli partium limites adnotando, ubi, consummata iam
omni per duodecim partes aqua, ad primi signi exordia
peruentum est, sine dubio iam diuisas certisque sibi obserua-
tionibus et indiciis adnotatas duodecim caeli partes tantae
compotes machinationis habuerunt.

21. Quod non nocte una, sed duabus effectum est, quia
omne caelum una nocte non uoluitur, sed per diem uertitur
pars eius media, et medietas reliqua per noctem. Nec tamen

21. 17. completum X E A H N : conplectum S K ‖ effusoque S^2 *in ras.*
‖ obseruanter S^2 X E K H^2 N : -banter S^1 -uantur A^1 H^1 -uatis A^2. **18.**
loco *om.* K ‖ signum esse S^2 E A K H N : e. s. X esse S^1. **19.** ac *om.* H^1 ‖
subdiderunt X E A H N : -diderant K -dixerunt S^1 -duxerunt S^2 ‖ esset
S^2 X E A K H N^2 : essed S^1 esse N^1 ‖ secundae aquae S X E H N :
secunda aeque A^1 secundi aeque A^2 K. **20.** uasa S X E^2 A^2 K H N : -se E^1
A^1 ‖ singulas S X E^2 A^2 K H N : -los E^1 A^1 ‖ influentis S E A K N : -ntes
X H ‖ omni S X E^2 A K H^2 N : omnis E^1 mni H^1.

nuit. Cependant ce n'est pas l'observation de deux nuits successives qui permit de diviser le ciel entier : pour établir des repères dans les deux hémisphères ils pratiquèrent, en faisant se succéder des quantités d'eau égales, des mesures nocturnes à des saisons opposées. **22** Ils choisirent d'appeler « signes » ces douze parties, et pour pouvoir les désigner, ils attribuèrent à chacun un nom déterminé ; et comme en grec « signes » se dit ζῴδια (« zôdia »), ils appelèrent le cercle même des signes « zodiaque », c'est-à-dire « porte-signes » [464].

Pourquoi le Bélier est le premier des signes

23 Ce sont eux encore qui ont fait connaître la raison pour laquelle ils ont choisi de donner la première place au Bélier, alors que dans une sphère il n'y a ni premier ni dernier [465]. Ils disent qu'à l'aube du jour qui fut le premier de tous à briller, celui où le ciel et les éléments purifiés atteignirent leur éclat actuel, et qui pour cette raison est appelé justement « jour de naissance du monde », le Bélier se trouvait au milieu du ciel [466], et comme le milieu du ciel est en quelque sorte le haut du crâne [467] de l'univers, le Bélier passa pour le premier de tous, parce qu'il apparut comme la tête du monde [468] au commencement de la lumière.

Les domiciles zodiacaux

24 Ils donnent aussi la raison pour laquelle ces douze signes mêmes sont mis sous l'influence de divinités diverses. Ils disent en effet que, dans cette géniture même du monde, l'heure de la naissance du monde coïncida, nous l'avons dit, avec le passage du Bélier au méridien, le Cancer portant alors

---

464, 466-467. Cf. notes complémentaires, p. 197-198.

465. *Id*. Ptol., *Tetr*. I, 10, 2. Pour la première place du Bélier, cf. ci-dessus, note 388, p. 99.

468. Le Bélier tête du monde : cf. Bouché-Leclercq, (1899), p. 185, n. 3 ; 227 ; 319. Réciproquement, chez l'homme-microcosme, c'est le Bélier qui contrôle la tête et ses pathologies (Manil., II, 456-7 ; *Livre sacré sur les décans*, § 2 et 5-6-7, éd. C.-E. Ruelle, *Rev. Philol.*, (32), 1908, p. 247-277).

caelum omne duarum sibi proximarum noctium diuisit inspectio, sed diuersorum temporum nocturna dimensio utrumque hemisphaerium paribus aquae uicibus adnotauit. **22.** Et has ipsas duodecim partes signa appellari maluerunt, certaque singulis uocabula gratia significationis adiecta sunt ; et quia signa Graeco nomine ζῴδια nuncupantur, circum ipsum signorum zodiacum, quasi signiferum, uocauerunt.

23. Hanc autem rationem iidem illi cur Arietem, cum in sphaera nihil primum nihilque postremum sit, primum tamen dici maluerint, prodiderunt. Aiunt incipiente die illo qui primus omnium luxit, id est quo in hunc fulgorem caelum et elementa purgata sunt, qui ideo mundi natalis iure uocitatur, Arietem in medio caelo fuisse, et quia medium caelum quasi mundi uertex est, Arietem propterea primum inter omnes habitum, qui ut mundi caput in exordio lucis apparuit.

24. Subnectunt etiam causam cur haec ipsa duodecim signa adsignata sint diuersorum numinum potestati. Aiunt enim in hac ipsa genitura mundi, Ariete, ut diximus, medium caeli tenente, horam fuisse mundi nascentis, Cancro

21. 21. diuisit *S X E A H² N* : -uisi *H¹* -uidit *K* ‖ inspectio *S² X E A² K H N* : -petio *S¹* -pecio *A¹* ‖ nocturna *S X E A H N²* : noturna *N¹* necanda *K* ‖ aquae *S X E² A H N* : aequae *E¹* aequi *K*. **22.** ζῴδια *Willis* : ZOΔIA *H* zodia *S X A K N, om. E* ‖ nuncupantur *S² X E² A² K H N²* : -patur *S¹ E¹ A¹ N¹* ‖ ipsum *S X E² K H N* : -sorum *E¹ A* ‖ uocauerunt *om. E¹ A¹*. **23.** rationem *om. A¹* ‖ iidem *S* : idem *X E A K* id est *H N* ‖ cur arietem *S X² in ras.* *E² A² K H N* : curari aetatem *E¹ A¹* ‖ maluerint *S X E² N* : -runt *E¹ A K H* ‖ *alt.* dici *post* maluerunt *add. H¹* ‖ prodiderunt *om. K* ‖ enim *post* aiunt *add. X* ‖ die *S X E A² H* : de *A¹ K N* ‖ natalis iure uocitatur *S² in ras.* ‖ in medio *iter. H.* **24.** numinum *S X E A K H* : nom- *N* ‖ genitura *S X E A H N* : natura *K* ‖ caeli *S H* : -lum *X E A K N* ‖ cancro *S² X A H* : in cancro *S¹ E K N*.

la lune. Après lui le soleil apparut avec le Lion, la Vierge avec
Mercure, la Balance avec Vénus ; Mars était dans le Scorpion,
Jupiter occupait le Sagittaire, Saturne se déplaçait dans le
Capricorne [469]. **25** D'où le fait qu'on les appelle chacun les
maîtres des signes où l'on croit qu'ils se trouvaient à la
naissance du monde. Mais à chacun des deux luminaires,
l'antiquité n'assigna qu'un signe, celui où ils se trouvaient
alors, le Cancer pour la lune, pour le soleil, le Lion. Aux cinq
planètes en revanche, outre les signes avec lesquels elles
étaient alors en contact, les Anciens en donnèrent en sus cinq
autres, recommençant, pour cette attribution, une seconde
série à partir de la précédente. **26** Nous avons dit plus haut en
effet que Saturne, dans le Capricorne, fermait la série. La
seconde attribution fit donc de lui le premier, de dernier qu'il
était ; pour cette raison le Verseau, qui suit le Capricorne, est
donné à Saturne ; à Jupiter, qui se trouvait avant Saturne, on
consacre les Poissons ; le Bélier fut donné à Mars, qui précé-
dait Jupiter ; le Taureau, à Vénus, que suivait Mars ; les
Gémeaux, à Mercure, qui devançait Vénus [470].

27 Il faut remarquer ici, à propos de la géniture du monde,
que soit la providence même, qui régit le réel, soit le génie des
Anciens [471], ont donné aux planètes l'ordre que Platon a
assigné à leurs sphères, et qui fait de la lune la première, du
soleil le deuxième, avec au-dessus Mercure, de Vénus la
quatrième, puis vient Mars, ensuite Jupiter, et pour finir
Saturne. Mais même sans le patronage de ce système, la
première raison recommande largement l'ordre platonicien [472].

Sommaire des chapitres 17 à 21

28 Parmi toutes les questions, suscitées par la dernière
citation de Cicéron, que nous nous étions proposé d'exami-

---

469. Même configuration du *thema mundi* chez Firmicus Maternus,
Math., III, 1, 1.
470-472. Cf. notes complémentaires, p. 198-199.

gestante tunc lunam. Post hunc sol cum Leone oriebatur,
cum Mercurio Virgo, Libra cum Venere, Mars erat in Scorpio,
Sagittarium Iuppiter obtinebat, in Capricorno Saturnus
meabat. **25.** Sic factum est ut singuli eorum signorum domini
esse dicantur in quibus, cum mundus nasceretur, fuisse
creduntur. Sed duobus quidem luminibus singula tantum
signa in quibus tunc fuerant adsignauit antiquitas, Cancrum
lunae, soli Leonem. Quinque uero stellis, praeter illa signa
quibus tunc inhaerebant, quinque reliqua sic adiecit uetustas
ut in adsignandis a fine prioris ordinis ordo secundus incipe-
ret. **26.** Superius enim diximus in Capricorno Saturnum post
omnes fuisse. Ergo secunda adiectio eum primum fecit qui
ultimus fuerat ; ideo Aquarius, qui Capricornum sequitur,
Saturno datur ; Ioui, qui ante Saturnum erat, Pisces dicantur ; Aries Marti, qui praecesserat Iouem, Taurus Veneri,
quam Mars sequebatur, Gemini Mercurio, post quem Venus
fuerat, deputati sunt.

27. Notandum hoc loco quod in genitura mundi uel ipsa
rerum prouidentia uel uetustatis ingenium hunc stellis ordinem dedit quem Plato adsignauit sphaeris earum, ut esset
luna prima, sol secundus, super hunc Mercurius, Venus
quarta, hinc Mars, inde Iuppiter, et Saturnus ultimus. Sed
sine huius tamen rationis patrocinio abunde Platonicum
ordinem prior ratio commendat.

28. Ex his quae de uerbis Ciceronis proxime praelatis
quaerenda proposuimus, qua licuit breuitate, a summa

21. 24. scorpio S^2 E A H N : scorpoo S^1 scorpione X scorphyo K ‖
capricorno S E A H N : -nio X -nu K. **25.** fuerant — tunc *om.* H^1 ‖ ut *om.*
E^1 A^1 N. **26.** ante S X E^2 A^2 K H N : a te E^1 A^1. **27.** uero *ante* hoc *add.*
X ‖ genitura S X E A H N : gemit- K ‖ commendat S X E A H : -dant N
-dauit K.

ner, depuis la sphère supérieure qu'on appelle *aplanes*
jusqu'à la lune, dernier des corps divins, nous avons maintenant, je pense, tout résolu avec toute la brièveté possible. **29**
Nous avons montré la rotation du ciel et sa cause ; un raisonnement indubitable a mis en évidence le mouvement
contraire des sept sphères ; et, s'agissant de l'ordre même des
sphères, notre traité a exposé les diverses opinions, la raison
des désaccords, et l'avis le plus digne d'être suivi. **30** Et l'on
n'a pas passé sous silence la raison qui fait que la lune est la
seule de toutes les étoiles à ne point briller en l'absence des
rayons fraternels ; on a dévoilé aussi la raison spatiale qui a
obligé ceux-là mêmes qui ont fait du soleil le quatrième des
sept astres à dire qu'il est « à peu près au milieu » et non pas
carrément « au milieu ». **31** La signification des noms qui lui
sont donnés et qu'on s'imagine seulement laudatifs est devenue claire ; on a également fait connaître à la fois sa grandeur,
mais aussi celle de l'orbite céleste qu'il parcourt, celle également de la terre, et la méthode d'investigation utilisée. **32** On
a expliqué comment on peut dire que les planètes des sphères
inférieures se déplacent « dans » le zodiaque qui est au-dessus
d'elles toutes, pour quelle raison encore le retour des diverses
planètes est soit rapide soit lent, mais aussi la méthode
utilisée pour diviser le zodiaque en douze, pourquoi on tient
le Bélier pour premier, et quels signes sont sous l'empire de
quelles divinités [473].

---

473. Macrobe vient ainsi de donner la « table des matières » des
chapitres I, 17, 5 à I, 21, 27.

sphaera quae ἀπλανής dicitur, usque ad lunam quae ultima diuinorum est, omnia iam, ut opinor, absoluimus. **29.** Nam et caelum uolui, et cur ita uoluatur, ostendimus, septemque sphaeras contrario motu ferri ratio indubitata patefecit, et de ipso sphaerarum ordine quid diuersi senserint uel quid inter eos dissensionem fecerit quaeue magis sit sequenda sententia tractatus inuenit. **30.** Nec hoc tacitum est cur inter omnes stellas sola sine fratris radiis luna non luceat, sed et quae spatiorum ratio solem ab his quoque qui eum inter septem quartum locarunt, non tamen abrupte medium sed fere medium dici coegerit publicatum est. **31.** Quid significent nomina quibus ita uocatur ut laudari tantum putetur inno- tuit ; magnitudo quoque eius sed et caelestis per quem dis- currit circuli, terraeque pariter quanta sit uel quemadmo- dum deprehensa monstratum est. **32.** Subiectarum sphaerarum stellae quemadmodum in zodiaco, qui supra omnes est, ferri dicantur, uel quae ratio diuersarum faciat seu celerem seu tardum recursum, sed et ipse zodiacus in duode- cim partes qua ratione diuisus sit, curque Aries primus habeatur, et quae signa in quorum numinum dicione sint, absolutum est.

21. 28. quae ἀπλανής *Willis* : quae ΑΠΛΑΝΕС *K* quae aplanes *S X E A² H N* quaplanes *A¹*. **29.** ferri *S X E² A² H N²* : feri *E¹ N¹* fieri *A¹ K* ‖ *pr.* quid *S X E² A² K H N* : qui *E¹ A¹* ‖ uel quid — *30* nec *om. H¹* ‖ dissensionem *S X E² K H² N* : dissentionem *E¹ A* ‖ quaeue *om. N¹*. **30.** luceat *S X E² A H* : liceat *E¹* lucet *K N* ‖ sed fere medium *om. E¹ A*. **31.** significent *S E A H N* : -cant *X K* ‖ pariter *om. N* ‖ deprehensa — *32* quemadmodum *om. K*. **32.** in zodiaco *X A²* : zodiaco *S E K H N* zodia *A¹* ‖ ferri *X E² A² K H* : fieri *S E¹ A¹ N* ‖ faciat *S X E² K H N* : -ciet *E¹ A* ‖ tardum *S X E K² H N* : -dam *A* -dem *K¹* ‖ sed et *S X E² H N* : sed ut *E¹ A K* ‖ partes *S X E K H N* : signis partes *A¹* signorum partes *A²* ‖ signa *om. H¹* ‖ in *om. K*.

L'air : mondes supra- et sublunaire

33 Mais tous ces corps, qui s'étagent de tout en haut jusqu'à la lune, sont sacrés, incorruptibles et divins, parce qu'il n'y a en eux que de l'éther, qui est toujours immuable et jamais exposé au flux irrégulier du changement. Au-dessous de la lune commencent à la fois l'air et la variabilité, et tout comme elle est la frontière de l'éther et de l'air, la lune est pareillement celle du divin et de l'éphémère [474]. **34** Quand Cicéron dit qu'il n'y a rien de divin au-dessous de la lune, « *à l'exception des âmes dont, par un présent divin, a été doté le genre humain* », il ne faut pas comprendre qu'il y a des âmes ici-bas, au sens où on les croirait nées ici-bas [475]. Comme nous disons qu'il y a du soleil sur la terre lorsqu'un de ses rayons nous atteint et repart [476], de même l'origine des âmes est céleste, mais, par une loi qui en fait des hôtes de passage, elles se trouvent ici en exil. Donc notre domaine ne comporte en lui-même rien de divin : il reçoit du divin ; et parce qu'il le reçoit, il le renvoie aussi. On ne pourrait dire qu'il le possède en propre que s'il lui était loisible de le garder toujours. **35** Mais s'étonnera-t-on que l'âme ne relève pas de notre domaine, alors qu'il n'a pas suffi seul à fabriquer même le corps ? Car la terre, l'eau et l'air, étant au-dessous de la lune, n'ont pu à eux seuls produire un corps apte à la vie ; il a fallu le concours du feu de l'éther, pour conférer aux membres terrestres la force de soutenir la vie et le souffle, pour créer et maintenir la chaleur vitale.

36 En voilà assez au sujet de l'air. Il reste à exposer quelques précisions nécessaires au sujet de la terre, qui est la neuvième des sphères et la dernière du monde.

---

474. Cf. notes complémentaires, p. 199-200.

475. Qui Macrobe vise-t-il ici ? On peut penser à ceux des philosophes, cités dans sa doxographie de l'âme (I, 14, 19), qui tiennent l'âme pour matérielle, formée d'un ou de plusieurs des quatre éléments : cf. le § 35. Pour l'origine céleste de l'âme, cf. I, 9, 1 ; I, 14.

476. Même image *ap*. Plotin, *Enn*. IV, 8, 4 ; Porphyre, *ap*. Nemesius, p. 133 sq. Matthaei (rapprochements signalés par M. Regali, (1983), p. 389) ; et déjà Sén., *Ep*. 41, 5.

33. Sed omnia haec quae de summo ad lunam usque perueniunt, sacra, incorrupta, diuina sunt, quia in ipsis est aether, semper idem nec umquam recipiens inaequalem uarietatis aestum. Infra lunam et aer et natura permutationis pariter incipiunt, et sicut aetheris et aeris, ita diuinorum et caducorum luna confinium est. **34.** Quod autem ait nihil infra lunam esse diuinum « *praeter animos munere deorum hominum generi datos,* » non ita accipiendum est animos hic esse ut hic nasci putentur. Sed sicut solem in terris esse dicere solemus cuius radius aduenit et recedit, ita animorum origo caelestis est, sed lege temporalis hospitalitatis hic exula*n*t. Haec ergo regio diuinum nihil habet ipsa, sed recipit ; et quia recipit, et remittit. Proprium autem habere diceretur si ei semper tenere licuisset. **35.** Sed quid mirum si animus de hac regione non constat, cum nec corpori fabricando sola suffecerit ? Nam quia terra, aqua et aer infra lunam sunt, ex his solis corpus fieri non potuit quod idoneum esset ad uitam, sed opus fuit praesidio ignis aetherii qui terrenis membris uitam et animam sustinendi commodaret uigorem, qui uitalem calorem et faceret et ferret.

36. Haec et de aere dixisse nos satis sit. Restat ut de terra, quae sphaerarum nona et mundi ultima est, dictu necessaria disseramus.

21. 33. et aer S X E^2 A^2 K H : ether E^1 A^1 ethaer N ‖ ita S^2 X E A K H : ita in S^1 N. **34.** putentur S X E A^2 K H^2 N : putetur A^1 putatur H^1 ‖ animorum S X E^2 A K H N : -marum E^1 ‖ exulant *ego* : -lat *codd.* ‖ sed recipit S X E^2 A^2 K H N : se recepit E^1 A^1 ‖ et quia recipit *om.* E^1 K ‖ autem habere diceretur S X E A K N : uero d. h. H. **35.** quid S X E^2 A^2 K H N : quia E^1 A^1 ‖ non *om.* H^1 ‖ suffecerit S X E^2 A^2 N : sufficerit E^1 A^1 suficerit H sufficeret K ‖ solis S E A^2 K H N : solus X A^1 ‖ sustinendi S X E^2 K H N : -nendam E^1 A ‖ commodaret X E^2 K H^2 N : commodaeret S commendaret H^1 modaret E^1 A ‖ et *ante* faceret *om.* A ‖ et ferret *om.* E^1. **36.** et *om.* A ‖ quae *om.* N.

La terre

La terre est immobile au centre du monde

22. 1 « *Quant à l'astre qui vient au centre et en neuvième position, la terre* », dit Cicéron, « *il est immobile et placé tout en bas, et tous les corps pesants se portent sur lui de leur propre mouvement.* » [477]

2 Vraiment indissolubles sont les causes liées par des connexions mutuelles et réciproques ; du fait que l'une crée l'autre et qu'elles naissent réciproquement l'une de l'autre, elles ne sont jamais libérées de l'emprise de leur association naturelle. Tels sont les liens dans lesquels la nature a enserré la terre. En effet, si tous les corps se portent sur elle, c'est parce que, étant située au milieu, elle est immobile ; si elle est immobile, c'est parce qu'elle est tout en bas ; et elle ne pourrait pas n'être pas tout en bas puisque tous les corps se portent sur elle. Ces implications, que la nécessité de l'univers, enroulée sur elle-même, a liées indissolublement, dégageons-les une par une dans notre exposé.

3 « *Elle est immobile* », dit-il. C'est qu'elle est le centre. Or nous avons dit que dans une sphère le centre seul reste immobile, parce qu'il est nécessaire que la sphère tourne autour d'un point fixe [478].

Théorie des graves

4 Il a ajouté : « *et placée tout en bas.* » Cela aussi est exact. Car ce qui est centre est milieu. Or on sait que dans une sphère cela seul est tout en bas qui est au milieu [479]. Et si la terre est tout en bas, il s'ensuit que Cicéron a eu raison de dire que tous les corps se portent sur elle. En effet la nature dirige toujours les corps pesants vers le bas : c'est aussi ce qui s'est passé dans l'univers même, pour amener la terre à l'existence [480]. **5** Ce qu'il y avait, dans l'ensemble de la matière dont sont faites toutes choses, de plus pur et de plus limpide, a occupé la position la plus haute et reçu le nom d'éther ; une partie, dotée d'une pureté moindre et d'un poids léger, est

477-480. Cf. notes complémentaires, p. 200.

22. 1. « *Nam ea quae est media et nona, tellus,* inquit, *neque mouetur et infima est et in eam feruntur omnia nutu suo pondera.* »

2. Illae uere insolubiles causae sunt quae mutuis in uicem nexibus uinciuntur, et dum altera alteram facit ac uicissim de se nascuntur, numquam a naturalis societatis amplexibus separantur. Talia sunt uincula quibus terram natura constrinxit. Nam ideo in eam feruntur omnia quia ut media non mouetur ; ideo non mouetur quia infima est ; nec poterat infima non esse in quam omnia feruntur. Horum singula, quae inseparabiliter inuoluta rerum in se necessitas uinxit, tractatus expediat.

3. « *Non mouetur* », ait. Est enim centron. In sphaera autem solum centron diximus non moueri, quia necesse est ut circa aliquid immobile sphaera moueatur.

4. Adiecit : « *et infima est.* » Recte hoc quoque. Nam quod centron est, medium est. In sphaera uero hoc solum constat imum esse quod medium est. Et si ima est, sequitur ut uere dictum sit in eam ferri omnia. Semper enim pondera in imum natura deducit : nam et in ipso mundo, ut esset terra, sic factum est. **5.** Quidquid ex omni materia de qua facta sunt omnia purissimum ac liquidissimum fuit, id tenuit summitatem et aether uocatus est ; pars, cui minor puritas et inerat

---

22. 1. mouetur $S X^2 E A K H N$: morietur X^1 ‖ infima $S X E A^2 K H N$: -firma A^1 ‖ est et $E^2 K$: est $S X E^1 A H N$. **2.** uere $S A K$: -rae X -ro $E H N$ ‖ ac $S X^2 E A^2 K H N$: a $X^1 A^1$ ‖ a $S X^2 E^2 H$: an X^1, om. $E^1 A K N$ ‖ constrinxit $S^2 E A K$: -strincxit N -strixit S^1 -struxit $X H^2$ -stuxit H^1 ‖ ideo non *codd.* : ideo autem non *Eyss.* *Willis* ‖ uinxit $S E^2 A^2$: uincxit N uixit $E^1 A^1$ iunxit $X K H$. **4.** et infima $S E A K N^2$: infima $X H N^1$ ‖ centron $S E A K H N$: -trum X ‖ hoc $S X E^2 A K H$: hec N, om. E^1. **5.** et aether $S X E A^2 H N$: aether A^1 et id aether K ‖ uocatus $S X E A N$: -tur K -tum H ‖ pars $S X E^2 H N$: par $E^1 A K$ ‖ cui $S E A K H^1 N$: illa cui $X H^2$.

devenue l'air et a glissé en deuxième position ; ensuite, ce qui
était encore transparent, mais avait assez de densité pour être
perceptible au toucher, se condensa pour former l'eau
liquide. **6** Enfin, parmi toute cette matière chaotique, tout ce
qui, brut, impénétrable, épaissi, avait été, lors de leur décan-
tation, retiré des éléments et s'était déposé, cela resta au
fond ; ce qui avait été englouti dans l'étreinte d'un gel perpétuel, ce qui, rejeté dans la partie la plus basse du monde,
s'était trouvé accumulé du fait de l'éloignement du soleil, ce
qui donc s'était ainsi solidifié, cela reçut le nom de terre. **7** Un
air épais, plus proche du froid terrestre que de la chaleur du
soleil, l'étaie et la maintient de tous côtés grâce à l'inertie
d'un souffle particulièrement dense, et elle est empêchée de
se déplacer en arrière ou en avant, soit par la force de l'air qui
l'encercle et l'équilibre de toutes parts avec une égale énergie [481], soit par sa forme sphérique même, qui, si elle s'écarte
tant soit peu du milieu, se rapproche d'un point quelconque
de la surface et abandonne le bas, lequel ne peut se trouver
qu'au milieu parce que c'est la seule partie équidistante de
n'importe quel point de la surface de la sphère.

Démonstration : la chute des pluies

8 Il est donc nécessaire, puisqu'elle est à la fois tout en bas,
en tant que médiane, et immobile puisque centre, que tous
les corps pesants se portent sur elle ; aussi bien a-t-elle glissé
elle-même en ce lieu en tant que corps pesant. Pour preuve,
entre mille autres corps pesants, les pluies surtout qui tombent de chaque région de l'air sur la terre. Car elles ne

481. Il existait une théorie archaïque, soutenue à la fois par Anaximène, Anaxagore et Démocrite (*ap.* Platon, *Phaed.* 108e-109a ; Aristt.,
De caelo II, 13, 294 b), qui faisait reposer la terre sur l'air (cf. J. Flamant,
(1977), p. 462). Mais la terre y était conçue comme un disque plat. Il vaut
mieux rapprocher Macrobe de Pline (*N.H.* II, 10 : *[aeris] ui suspensam
cum quarto aquarum elemento librari medio spatii tellurem* ; II, 64) et
de Martianus Capella (VIII, 814 ; contexte péripatéticien), pour lesquels
l'air maintient la terre en l'enserrant.

aliquid leuis ponderis, aer extitit et in secunda delapsus est ;
post haec, quod adhuc quidem liquidum, sed iam usque ad
tactus offensam corpulentum erat, in aquae fluxum coagula-
tum est. **6.** Iam uero quod de omni siluestri tumultu uastum,
impenetrabile, densetum, ex defaecatis abrasum resedit elementis, haesit in imo ; quod demersum est stringente perpetuo gelu, quod eliminatum in ultimam mundi partem longin-
quitas solis coaceruauit, quod ergo ita concretum est, terrae
nomen accepit. **7.** Hanc spissus aer et terreno frigori propior
quam solis calori stupore spiraminis densioris undiqueuer-
sum fulcit et continet, nec in recessum aut accessum moueri
eam patitur uel uis circumuallantis et ex omni parte uigore
simili librantis aurae uel ipsa sphaeralis extremitas, quae si
paululum a medio deuiauerit, fit cuicumque uertici propior
et imum relinquit, quod ideo in solo medio est, quia ipsa sola
pars a quouis sphaerae uertice pari spatio recedit.

8. In hanc igitur, quae et ima est, quasi media, et non
mouetur, quia centron est, omnia pondera ferri necesse est,
quia et ipsa in hunc locum quasi pondus relapsa est. Argumento sunt, cum alia innumera, tum praecipue imbres qui in
terram ex omni aeris parte labuntur. Nec enim in hanc solam

22. 5. corpulentum $S\,X\,E^2\,K\,H\,N^2$: corpol- $E^1\,A$ copul- N^1. **6.** quod de
$S\,E\,H\,N$: quod $X\,A\,K \parallel$ defaecatis S^1 : defec- $S^2\,E\,A^2\,K\,H\,N$ defic- $X\,A^1$
$\parallel$ haesit $S\,X\,A^2\,H\,N$: hesit E^2 *in ras.* haecsit A^1 hadhesit $K \parallel$ demersum
$S\,X\,E^2\,K\,H$: mers- A emers- $E^1\,N \parallel$ stringente $S\,X\,E^2\,A^2\,K\,H\,N$: -gete
$E^1\,A^1 \parallel$ eliminatum $S\,X\,E\,A\,N$: eliminectum K elimatum H^2 *in ras.* $\parallel$
ultimam ... partem $S\,X\,E\,A\,H$: -ma ... -te $K\,N$. **7.** propior $S^2\,X\,E^2\,A^2\,H$
N : proprior $S^1E^1\,A^1\,K \parallel$ calori $S\,X\,E^2\,A^2\,H\,N$: calore $E^1\,A^1$ calor est K
$\parallel$ aut $S\,X\,E^2\,H$: et $E^1\,K\,N$ *om.* $A \parallel$ accessum *om.* $A^1 \parallel$ simili librantis
$S^2\,E\,A\,K\,H\,N$: similibrantis S^1 simili labrantis X^1 simili uibrantis $X^2 \parallel$
si $S\,X\,E^2\,A^2\,H\,N$: circum K, *om.* $E^1\,A^1 \parallel$ propior $S\,X\,E^2\,A^2\,H\,N^2$:
proprior $E^1\,A^1\,K\,N^1 \parallel$ in *ante* ipsa *add.* K. **8.** quasi $S^1\,E^1\,A\,K\,N$: et quasi
$S^2\,X\,E^2\,H \parallel$ necesse est *om.* $X \parallel$ cum $X\,E\,A\,K\,H\,N$: tum $S \parallel$ in membris
ante imbres *add.* $K \parallel$ solam $S^2\,X\,E\,A\,K\,H\,N$: -lem S^1.

s'abattent pas seulement sur la surface que nous habitons,
mais aussi sur les côtés qui donnent à la terre sa rotondité
sphérique ; et sur l'autre partie, celle qui par rapport à nous
est considérée comme inférieure, se produisent les mêmes
chutes de pluie. **9** Car si l'air, épaissi par l'exhalaison du froid
terrestre, se condense en nuage et ainsi crève sous forme de
pluies [482], et si l'air diffus entoure la terre entière, assurément l'eau de pluie émane de chaque région de l'air, hormis
celle que brûle une chaleur perpétuelle ; et cette eau coule de
tous côtés sur la terre, seul endroit où se stabilisent les corps
pesants. **10** Celui qui rejette cette idée n'a plus qu'à penser
que, hormis sur cette seule surface que nous habitons, les
chutes de neige, de pluie ou de grêle ruissellent tout entières
dans le ciel à partir de l'air. En effet le ciel est à égale distance
de tout point de la terre, et, qu'on le contemple de notre lieu
d'habitation, ou des côtés, ou de la partie tenue par rapport à
nous pour inférieure, il est pour nos regards à une altitude
pareillement vertigineuse. Donc, si tous les corps pesants ne
se portaient pas vers la terre, les pluies qui ruissellent à
l'extérieur des côtés de la terre ne tomberaient pas sur la terre
mais dans le ciel : hypothèse plus médiocre qu'une plaisan-
terie de bouffon.

11 Soit en effet la sphère terrestre, désignée par ABCD ;
soit autour d'elle le globe de l'air, désigné par EFGLM ; soit
une ligne divisant les deux globes, celui de la terre et celui de
l'air, menée de E jusqu'à L : la partie supérieure sera celle que
nous habitons, l'autre se trouve sous nos pieds. **12** Si donc
tout corps pesant ne tombait pas sur la terre, la terre recevrait

---

482. L'épaississement de l'air produit un nuage, qui, si la condensation se poursuit, se résout à son tour en pluie : cf. Anaximène (*ap.* Plut.,
Plac. III, 4 ; Aét., III, 4, 1 = *Vors.* 13 A 17 ; *Vors.* 13 A 7, § 7), et surtout
Aristote, *Météor.* I, 9, 346 b 24 sq., qui ajoute le facteur température : la
vapeur d'eau (c'est-à-dire l'eau terrestre devenue air sous l'effet des
rayons du soleil) se condense à nouveau en se refroidissant et forme un
nuage, qui finit par crever en pluie. Cf. *R.E.*, Suppl. VI, 1935, s.v.
Meteorologie, col. 315-358 [W. Capelle].

quam habitamus superficiem decidunt, sed et in latera quibus in terra globositas sphaeralis efficitur ; et in partem
alteram, quae ad nos habetur inferior, idem imbrium casus
est. **9.** Nam si aer, terreni frigoris exhalatione densetus, in
nubem cogitur et ita abrumpit imbres, aer autem uniuersam
terram circumfusus ambit, procul dubio ex omni aeris parte,
praeter ustam calore perpetuo, liquor pluuialis emanat, qui
undique in terram, quae unica est sedes ponderum, defluit.
10. Quod qui respuit, superest ut aestimet extra hanc unam
superficiem quam incolimus, quidquid niuium imbriumue
uel grandinum cadit, hoc totum in caelum de aere defluere.
Caelum enim ab omni parte terrae aequabiliter distat et, ut a
nostra habitatione, ita et a lateribus et a parte quae ad nos
habetur inferior pari altitudinis immensitate suspicitur. Nisi
ergo omnia pondera ferrentur in terram, imbres qui extra
latera terrae defluunt non in terram, sed in caelum caderent,
quod uilitatem ioci scurrilis excedit.

11. Esto enim terrae sphaera cui ascripta sunt ABCD, circa
hanc sit aeris orbis cui ascripta sunt EFGLM, et utrumque
orbem, id est terrae et aeris, diuidat linea ducta ab E usque ad
L : erit superior ista quam possidemus et illa sub pedibus. **12.**
Nisi ergo caderet omne pondus in terram, paruam nimis

22. 8. quam $S\ X\ E\ K\ H$: qua $A^2\ N$ que A^1 ‖ in latera $S\ X\ E\ A\ K^2\ H^2\ N$:
latera K^1, *om.* H^1. **9.** si $S\ X\ H$: etsi $E\ A\ K\ N$ ‖ exhalatione $S^2\ X\ E\ A^2$:
exalatione $S^1\ A^1\ K\ H$ exalationis N ‖ densetus $S\ X\ E\ A^2\ H$: -secus K
-setur $A^1\ N$ ‖ in terram quae $S\ X\ E\ A\ K\ H\ N^2$: terram N^1. **10.** superest
$S\ X\ E\ A\ K\ H$: supera est N ‖ imbriumue $S\ X\ H$: imbrium $E\ A\ K\ N$ ‖
defluere $S\ X\ E\ A\ K\ H^2\ N$: infl- H^1 ‖ aequabiliter $S^2\ X\ E\ A\ K\ H\ N$:
aequaliter S^1 ‖ a *ante* nostra *om.* A^1 ‖ a *ante* parte *om.* E^1 ‖ altitudinis
$X\ E^2\ K\ H$: alti.tudinis S^2 altitudini $E^1\ N$ altititudinis A ‖ suspicitur $S\ X$
$E^2\ K\ H$: suscipitur $A\ N$ suscipit E^1 ‖ ergo $S\ X\ E^2\ H$: enim $E^1\ A\ K\ N$ ‖
ferrentur $S\ X\ E^2\ A^2\ H\ N$: ferentur $E^1\ A^1$ feruntur K.

de A jusqu'à C une toute petite partie des pluies ; mais les côtés de l'air, de F à E et de G à L, projetteraient leur eau dans l'air et dans le ciel ; quant à la pluie venant de l'hémisphère inférieur du ciel, elle coulerait dans les régions extérieures et de ce fait inconnues de la nature, comme le montre le schéma ci-dessous [483]. **13** Mais un discours de bon sens dédaigne même de réfuter cette hypothèse, si absurde qu'elle s'effondre sans l'aide d'une argumentation.

Il reste donc qu'a été démontré par un raisonnement indubitable que « *tous les corps pesants* » se portent sur la terre « *de leur propre mouvement* ». Toutes les remarques faites à ce sujet nous aideront également à discuter le passage où Cicéron évoque l'existence des antipodes [484]. Mais maintenant, interrompant la continuité de notre traité, réservons au volume du second commentaire la discussion de la suite.

483. Tous nos manuscrits, à l'exception de V, lacunaire pour cette partie du texte, contiennent à la fin du livre I un schéma montrant par l'absurde ce que serait la chute de la pluie si les corps pesants n'étaient pas attirés par le centre du monde. Selon les manuscrits, ce schéma présente des différences importantes. Partout figurent le globe terrestre, signalé par ABCD, et la sphère de l'air, signalée par EFGLM, ainsi que le diamètre horizontal EACL. Les manuscrits S et N s'en tiennent là. X et E y ajoutent la figuration de la pluie, représentée par des hachures verticales ; mais ils en remplissent l'ensemble de la sphère de l'air, y compris « sous » la terre (ce qui est contradictoire avec la « démonstration » par l'absurde tentée ici par Macrobe) ; d'autre part, la pluie reste confinée dans la sphère de l'air, sans « tomber » vers le ciel, comme le voudrait le texte de Macrobe. Dans K en revanche, la pluie tombe bien au-delà de la sphère de l'air, vers le ciel ; mais elle emplit toute la sphère de l'air, y compris « sous » la terre. Seuls A et H présentent des schémas cohérents avec le texte de Macrobe, celui de A étant le plus précis et le plus soigné : c'est lui que nous reproduisons ici.

484. Cic., *Rép.* VI, 20 = *Somn.* 6, 1, commenté par Macrobe au livre II, 5.

imbrium partem terra susciperet ab A usque ad C ; latera
uero aeris, id est ab F usque ad E et a G usque ad L, umorem
suum in aerem caelumque deicerent ; de inferiore autem
caeli hemisphaerio pluuia in exteriora et ideo naturae ignota
deflueret, sicut ostendit subiecta descriptio. **13.** Sed hoc uel
refellere dedignatur sermo sobrius, quod sic absurdum est ut
sine argumentorum patrocinio subruatur.

Restat ergo ut indubitabili ratione monstratum sit in terram ferri « *omnia nutu suo pondera* ». Ista autem quae de hoc
dicta sunt opitulabuntur nobis et ad illius loci disputationem
quo antipodas esse commemorat. Sed hic, inhibita continuatione tractatus, ad secundi commentarii uolumen disputationem sequentium reseruemus.

22. 12. C latera S^2 *in ras.* ‖ id *om.* E^1 ‖ deicerent S X E^2 A H N :
deiecerent E^1 K ‖ descriptio S X E K H : dis- A N. **13.** sic S X E^2 H N :
si E^1 A K ‖ pondera S X E^2 A^2 K H N : -re E^1 A^1 ‖ ista — reseruemus
om. N ‖ hic S E A H : his K et his X ‖ inhibita S^2 X^2 E^2 A^2 H^2 : inibita
S^1 inhabita X^1 E^1 A^1 H^1 in habitu K.

emendatum est *post* reseruemus E^1 A^1, *del.* E^2 A^2 ‖ AVR. MEMM.
SYMMACHVS .VC. EMENDABAM VEL DISTING MEVM RAVEN-
NAE CVM MACROBIO PLOTINO EVDOXIO .VC. S, *similia habent*
E H, *nisi quod* MEVM *om.* E : *nulla suscriptio* X A K N.

MACROBII AMBROSII THEODOSII .VC. ET INLVSTRIS DE
SOMNIO SCIPIONIS LIBER PRIMVS EXPLICIT S E H MACROBII
THEODOSII LIBER PRIMVS EXPLICIT X EXP. LIB. I A.

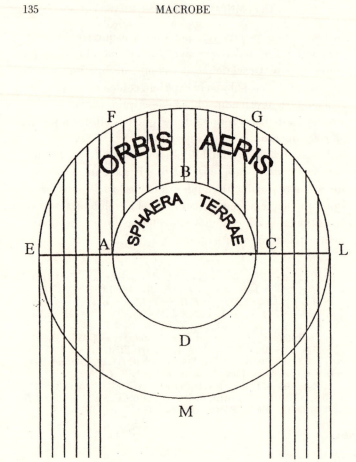

Schéma n° 2 : *Comm.* I, 22, 11-12

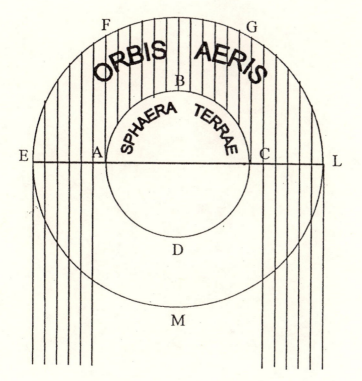

NOTES COMPLÉMENTAIRES

1. La matière du préambule, qui occupe les chapitres 1 à 4 du livre I, est résumée *a posteriori* par Macrobe au début du chapitre 5. On y reconnaît les trois points traditionnels dans les prologues des commentaires philosophiques, tels que les décrit Proclus, *In remp.* I, 5-7 Kroll = I, p. 22-23 Festugière (cf. J. Flamant, (1977), p. 149-164) : 1 — le genre (εἶδος) de l'œuvre commentée : ici, le songe, qui relève de la *fabula* (chap. 2 et 3) ; 2 — le but de l'œuvre (σκοπός ou *propositum* : chap. 1, 3-9 et 4, 1) : ancrer le goût de la justice chez les politiques ; 3 — les circonstances (ὑπόθεσις ou ὕλη : chap. 4, 2-5).

9. Dans le *De republica* de Cicéron, le thème de la justice devait dominer le livre III (qui nous est parvenu très mutilé). Au témoignage d'Augustin (*Ciu.* II, 21), Scipion démontrait que la définition de la *res publica* (quelle que fût la forme prise par celle-ci : monarchie, oligarchie, démocratie) impliquait qu'elle fût gouvernée *bene ac iuste*.

11. Le passage du *De republica* où Cicéron évoquait le mythe d'Er est perdu, mais son existence est attestée, outre ce passage de Macrobe, par les témoignages de Favonius Eulogius, *Disp.* I, 1, et d'Augustin, *Ciu.* XXII, 28. Le mythe d'Er avait été commenté par toute une lignée de philosophes platoniciens : Proclus (*In remp.* XVI, 96, 10-15 Kroll), avant de se mettre à son tour à la tâche, cite les noms de Numénius, Albinus, Gaius, Maxime de Nicée, Harpocration, Eucléidès et Porphyre — ce dernier étant le meilleur, assure Proclus, de tous ces exégètes. Favonius Eulogius (*loc. cit.*) résume le mythe d'Er dans son prologue, mais plus brièvement encore que ne le fait Macrobe.

13. Cf. par exemple Cicéron, *N.D.* I, 18 sq. : discours de l'Épicurien Velleius (cf. J. Pépin, (1958), chapitre VII). Favonius Eulogius, *Disp.* I, 1, fait lui aussi une allusion, mais fort rapide, à la polémique des Épicuriens contre des mythes dont ils n'ont retenu que l'invraisemblance : *fabulas incredibiles, quas Epicurei derident*. A l'époque de Macrobe et de Favonius Eulogius, l'épicurisme, aussi éloigné du christianisme que du néoplatonisme, n'est plus une école vivante, mais la connaissance de la doctrine demeure à travers celle des auteurs qui en ont rendu compte ou qui ont bataillé contre lui : on le voit bien ici.

14. Colotès, élève d'Épicure, avait polémiqué contre le *Lysis* et l'*Euthydème* de Platon (*Pap. Herc.* 208 et 1032), et critiqué l'usage philosophique des mythes dans son traité (perdu) Περὶ τοῦ ὅτι κατὰ τὰ τῶν ἄλλων φιλοσόφων δόγματα οὐδὲ ζῆν ἔστιν. Plutarque a répondu à Colotès dans le *Contre Colotès* = *Mor.* 74. La polémique de Colotès contre le mythe d'Er nous est connue par Proclus (*In remp.* XVI, 105, 23-106, 14 Kroll), qui nous transmet aussi la réfutation qu'en donna Porphyre dans son propre commentaire (perdu) de la *République* (*ibid.*, 106,14-107,14). L'exposé de Proclus et celui de Macrobe présentent de nombreuses convergences, relevées par K. Mras, (1933), p. 235-237, qui tient pour probable que la source commune de Proclus et de Macrobe est le commentaire de Porphyre.

15. Objection rapportée aussi par Proclus, *In remp.* XVI, 105, 23-26 Kroll. Selon Proclus, Colotès faisait à Platon trois objections successives, celle-ci étant la première. Macrobe laisse de côté les deux autres, qui étaient : en utilisant un mythe, Platon, qui condamne ailleurs les fables des poètes sur l'Hadès, se met en contradiction avec lui-même (*ibid.* 106, 1-8) ; les mythes sont inutiles, puisqu'ils ne conviennent ni à la foule qui ne peut les comprendre, ni aux sages qui n'en ont pas besoin (*ibid.* 106, 9-14). En revanche, on trouve trace chez Macrobe des réponses que fit Porphyre à ces deux dernières objections de Colotès (comme l'a montré K. Mras, (1933), p. 235-237, et comme nous le signalerons *ad loc.*). L'exposé de Macrobe, si on le compare à celui de Proclus, peut paraître désorganisé. Mais Proclus commente Platon : il est normal qu'il rende compte avec rigueur d'une polémique directement dirigée contre l'œuvre qu'il commente ; en revanche, Macrobe se sent plus libre d'adapter sa source porphyrienne à son propre commentaire de Cicéron.

16. Cet argument est l'écho de la réponse de Porphyre à la deuxième objection de Colotès (Proclus, *In remp.* XVI, 106, 23 sqq. Kroll : cf. note préc.) : Platon n'a pas banni toutes les fictions mythologiques, mais seulement les fictions immorales comme celles d'Homère et d'Hésiode ; et lorsque lui-même use de fictions à propos de l'Hadès, c'est pour transmettre une leçon sur l'injustice (cf. en effet Platon, *Rép.* II, 378 d-e). En revanche, le témoignage de Proclus n'indique pas que Porphyre ait procédé aux « divisions successives » annoncées maintenant par Macrobe, et qui pourraient être propres à notre auteur (cf. A. Setaioli, (1966), p. 156-171). Ce développement de Macrobe sur l'usage des *fabulae* en philosophie a été abondamment glosé au XIIe s. par Guillaume de Conches (cf. A. Hüttig, (1990), p. 96 sq.).

18. Respectivement le *Satiricon* de Pétrone et les *Métamorphoses* d'Apulée (sachant que parmi les œuvres perdues d'Apulée figurait un *Hermagoras* en plusieurs livres qui était peut-être lui aussi un roman). *Miramur* : Macrobe s'étonne qu'Apulée, philosophe platonicien (c'est ainsi qu'il se présente lui-même, *Apol.* 41, 7, et il est élogieusement cité à ce titre par Macrobe, *Sat.* VII, 3, 24), se soit abaissé à écrire un (ou des) roman(s).

19. Respectivement, la *Théogonie* d'Hésiode et les divers poèmes mis sous le nom du poète légendaire Orphée (cf. M. L. West, *The Orphic Poems*, Oxford, 1983), dont les vingt-quatre *Rhapsodies orphiques*. Ces dernières, ou ἱεροὶ λόγοι ἐν ῥαψῳδίαις κδ', contiennent des récits mythologiques en hexamètres sur la formation du monde et les généalogies divines (cf. O. Kern-H. Schwalb, *Orphicorum fragmenta*, 1963[2]). Connues essentiellement à travers des écrits néoplatoniciens tardifs, elles remontent au mieux à l'époque post-hellénistique. Cependant certains fragments pourraient émaner du ve ou même du vi[e] s. av. J. C. Pour l'influence des *Rhapsodies* dans l'Antiquité tardive, cf. M. L. West, *op. cit.*, chap. VII, p. 251-258.

20. Cf. Porphyre, *Vie de Pythagore*, 41 : ἔλεγε δέ τινα καὶ μυστικῷ τρόπῳ συμβολικῶς. Les *sensa* auxquels pense Macrobe peuvent être les acousmates, où l'on décèle des indices de spéculations mythologiques (*Vors.* 58 C 1 ; 2 ; 4). Cf. ci-dessous, I, 2, 19. Selon Proclus (*In Tim.* V, 167,32-171,4 Diehl), Pythagore, initié aux mystères d'Orphée à Libèthre, en Thrace, reproduisait dans son enseignement la généalogie divine des Orphiques (cf. aussi Jamblique, *Vit. Pyth.* 28).

21. Pour le mythe de Saturne/Cronos, cf. Hésiode, *Theog.* 178 sqq. et 453 sqq. C'est l'exemple même que donne Platon (*Rép.* II, 377e-378a) pour exclure de l'éducation des gardiens de sa République les récits mythologiques indignes de la grandeur des dieux. Sur le problème général de l'inconvenance des mythes homériques et leur condamnation par les philosophes depuis l'époque présocratique, cf. F. Buffière, (1973[2]), p. 13 sq. (et ci-dessous n. 30). Cf. par exemple Héraclite, *Allégories d'Homère*, 1, 1-2 (Ier s. ap. J.C.) : « On fait à Homère un procès colossal, acharné, pour son irrévérence envers la divinité. Tout chez lui n'est qu'impiété si rien n'est allégorique. Des contes sacrilèges (ἱερόσυλοι δὲ μῦθοι), un tissu de folies blasphématoires étalent leur délire à travers les deux poèmes » (éd. et trad. F. Buffière, C.U.F., Paris, 1962). Proclus lui aussi condamne l'αἰσχρότης des mythes d'Homère (*In remp.* VI, 76, 17 sq. Kroll), qui les rend inutilisables dans l'éducation ; mais par ailleurs ces mythes, et en particulier celui de Cronos, peuvent faire l'objet d'une interprétation allégorique et conduire à l'intellection des choses divines (*ibid.* 82, 15 sqq.).

22. *Anima* ne nous semble pas désigner ici l'âme individuelle, malgré l'argument que l'on pourrait tirer de la concordance avec Porphyre. Celui-ci en effet (au témoignage de Proclus, *In remp.* XVI, 106, 16 sq. Kroll) acceptait, lorsque le philosophe traitait de l'immortalité des âmes et de leur destinée après la mort, qu'il donnât « de ces choses une sorte d'aperçu divinatoire » (trad. Festugière). Ici, la suite du texte (§ 14-16) montre qu'*anima* représente la troisième hypostase plotinienne, qui est donc la seule à se prêter à l'expression mythique. Pour les deux premières hypostases (le Dieu suprême et l'Intellect), seule l'expression analogique (symbolique) est adéquate (§ 14).

23. Les « puissances de l'air et de l'éther » : il s'agit des démons, puissances intermédiaires entre les hommes et les dieux, et qui ont une

longue histoire tant chez les philosophes que dans les croyances populaires : cf. Cl. Zintzen, art. *Geister (Dämonen)*, *R. L. A. C.*, IX, 1976, col. 640-668. L'expression de Macrobe est à rapprocher de Porphyre, *De regressu animae*, *fr.* 2 Bidez (= Aug., *Ciu.* X, 9) : « il (Porphyre) distingue les anges des démons, expliquant qu'ils ont pour résidence, les démons, l'air, les anges, l'éther et l'empyrée » (les anges étant les « bons » démons ; cf. F. Cumont, « Les anges du paganisme », *Rev. Hist. Rel.*, (72), 1915, p. 165-182). Porphyre encore, adoptant l'opinion de Numénius, considérait que divers affrontements mythiques — celui d'Osiris et de Typhon, celui de Dionysos et des Titans, celui, chez Platon (*Tim.* 24e-25d), des Athéniens et des Atlantes — symbolisaient la lutte des âmes, lors de leur descente dans la génération, avec les démons malfaisants qui s'attaquent à elles (cf. Proclus, *In Tim.* I, 76, 30-77, 23 Diehl). Quant aux « autres dieux » dont parle Macrobe, ce sont les divinités traditionnelles de la mythologie païenne (auxquelles on peut ajouter celles des religions orientales) : cf. l'exposé de théologie solaire de Prétextat, dans les *Sat.*, I, 17-22, où ces divers dieux sont rapportés par le biais de la méthode allégorique à une divinité unique, le Soleil.

25. La *similitudo* et l'*exemplum* sont des figures de style (respectivement, comparaison et exemple), soigneusement définies par la rhétorique, qui reposent sur l'analogie (cf. notre article « Histoire des notions rhétoriques de métaphore et de comparaison, des origines à Quintilien. II. — Deuxième partie : la période romaine », *B.A.G.B.*, 1991, 1, p. 19-44). A la différence du récit mythique, ces figures n'utilisent pas de déroulement chronologique. Or, c'est bien le fait que l'action du mythe s'inscrive dans le temps qui gênait Plotin, lorsqu'il s'agissait de parler de réalités qui, comme les hypostases, sont hors du temps (*Enn.* III, 5, 9, 24 sq.). Pour autant, même dans ce cas, Plotin n'a pas hésité à user du mythe : cf. J. Pépin, (1958), p. 190-209. Reste que le problème de l'indicible tourmente les Platoniciens depuis les origines. Selon Platon, *Parménide* 142 a, il n'existe de l'Un ni science, ni sensation, ni opinion. A partir de là, Plotin posera à son tour la question de l'indicible à propos des deux premières hypostases : l'Un est inconnaissable, et ne peut être saisi que dans l'expérience mystique, immédiate et muette (*Enn.*, V, 3, 13 et 17 ; VI, 7, 34, 28-29) ; l'Intellect, pour sa part, est l'objet d'une « évidence » intelligible (*Enn.* V, 3, 8, 9-11) ; d'où le recours à des symboles : *Enn.* VI, 8, 8, 1-5. Même idée chez Porphyre, *De abstinentia* III, 11, 3. Cf. Ph. Hoffmann, « L'expression de l'indicible dans le néoplatonisme grec de Plotin à Damascius », in *Dire l'évidence (Philosophie et rhétorique antique)*, éd. C. Lévy et L.Pernot, *Cahiers de philosophie de l'Université de Paris XII-Val de Marne*, 2, Paris, 1997, p. 335-390 ; R. Ferwerda, *La signification des images et des métaphores dans l'œuvre de Plotin*, Groningen, 1965, p. 4 sq. Dans la lignée de Platon encore, les *Oracles chaldaïques* : « Car l'Intellect du Père a semé les symboles à travers le monde, lui qui pense les intelligibles, que l'on appelle indicibles beautés » (*fr.* 108 Des Places).

26. Cf. Platon, *Rép.* VI, 508a-509b : [ὁ ἥλιος], ὃν τἀγαθὸν ἐγέννησεν ἀνάλογον ἑαυτῷ ; ἀνάλογον est traduit chez Macrobe par *simillimum*, qui lui-même fait écho au terme de *similitudo*, employé au § 14. Le soleil permet d'apercevoir les objets du monde sensible, tout comme l'idée du Bien permet de concevoir ceux du monde intelligible. Chez Plotin, le soleil symbolise l'Un dont émane l'Intellect, à la façon dont les rayons solaires émanent de l'astre : *Enn.* V, 1, 6, 29-30 ; V, 1, 7, 1-5 ; V, 3, 35 sq. ; etc.

27. L'argument vient de Porphyre, toujours dans sa réfutation de Colotès (*ap.* Proclus, *In remp.* XVI, 107, 5 sq. Kroll). Porphyre y citait Héraclite : φύσις κρύπτεσθαι φιλεῖ (= *Vors.* 22 B 123).

29. Numénius : philosophe originaire d'Apamée (2ᵉ moitié du IIᵉ s. de notre ère), néopythagoricien d'après la majorité des témoignages, mais parfois traité de platonicien. L'enseignement de Plotin lui empruntait beaucoup (Porphyre, *Vie de Plotin*, 14). Le songe que lui attribue ici Macrobe (fr. 55 Des Places) n'est pas attesté ailleurs.

30. Pour Pythagore, cf. ci-dessus, n. 20. S'agissant d'Empédocle, Parménide et Héraclite, les fragments conservés ne portent pas trace de fabulation mythologique au premier degré. Au contraire : Empédocle aurait condamné les mythes par lesquels les poètes représentaient les dieux sous forme humaine (*Vors.* 31 B 134), et Héraclite condamnait Homère et Archiloque à la bastonnade (*Vors.* 22 B 42). Néanmoins, on peut penser à la critique que Platon (*Soph.* 242c-e) adresse, entre autres, à Parménide et à Empédocle formulant leurs théories de l'être : μῦθόν τινα ἕκαστος φαίνεταί μοι διηγεῖσθαι παισὶν ὡς οὖσιν ἡμῖν. La remarque de Macrobe peut donc s'expliquer par le fait que ces philosophes ont personnifié sous le nom de divers dieux des concepts essentiels de leurs doctrines : chez Empédocle, combinaison des quatre éléments sous les noms de Zeus, Héra, Aidoneus, Nestis, sous les influences opposées d'Amour et de Haine (*Vors.* 31 A 28-33). Pour Parménide, on verra le prologue de son Περὶ φύσεως, où l'accès à la connaissance est décrit sous la forme d'un mythe fortement inspiré d'Homère et d'Hésiode : le philosophe, monté sur un char, franchit les portes célestes dont Dikè contrôle le passage, et il est accueilli par la déesse (*Vors.* 28 B 1), puis découvre le système des astres (*Vors.* 28 B 10). La génération de l'univers, elle, est décrite sur le modèle d'une théogonie (*Vors.* 28 B 13). Timée, enfin, est le personnage de Platon, qui, dans le dialogue du même nom, expose une généalogie divine conforme à l'une des traditions orphiques, car, dit-il, dans ce domaine qui nous dépasse, « il faut faire confiance à nos devanciers », πειστέον δὲ τοῖς εἰρηκόσιν ἔμπροσθεν (*Tim.* 40d-41b). Pour la tradition orphique dont ce passage est inspiré, cf. le commentaire de Proclus, *In Tim.* V, 167, 32 sq. Diehl : Timée, Pythagoricien, connaît cette tradition à travers l'enseignement de Pythagore (cf. ci-dessus, n. 20).

31. Le développement sur les songes fut extrêmement populaire au Moyen-Âge (John de Salisbury, Albert le Grand : cf. A. Hüttig, (1990), p. 119 et 157), au point que les titres de nombreux manuscrits médiévaux

attribuent à Macrobe l'épithète d'*oniriocensis*, déformation probable de *oneirocrites*, « interprète des songes » (W. H. Stahl, (1990²), p. 42).

33.   Pour l'influence des excès alimentaires sur les rêves, cf. Cic., *Diu.* I, 60, citant Platon, *Rép.* IX, 571c ; I, 115.

34.   Artémidore (*Onir.* I, 1, p. 3 Pack) est ici très proche de Macrobe : il définit l'ἐνύπνιον de la même façon (ci-dessous, § 5), et donne les mêmes exemples dans un ordre légèrement différent. Il connaît lui aussi la distinction entre rêves d'origine physique et psychique ; mais à la place de la troisième catégorie de Macrobe, celle des rêves d'origine extérieure, figure chez Artémidore une catégorie mixte, à la fois psychique et physique.

36.   Virg., *Aen.* VI, 896.

41.   Ce dernier exemple figure chez Artémidore (I, 2, p. 5 Pack).

43.   Cette même subdivision en cinq catégories apparaît chez Artémidore, appliquée au songe « allégorique » (I, 2, p. 7 Pack) : cf. note 42.

44.   Paul Emile, père de Scipion Emilien, fut augure de 192 à sa mort, en 160. Scipion, le Premier Africain, grand-père par adoption de Scipion Emilien, appartenait au collège des Saliens (Polybe, XXI, 13 ; Tite-Live, XXXVII, 33).

47.   Scipion Emilien, le Second Africain, fut consul en 147 av. J. C. (avant l'âge légal : il n'avait que trente-huit ans), sous la pression populaire et malgré l'opposition du sénat. En 149 av. J. C., date scénique du songe, il était tribun militaire, soit, comme le lui dit avec quelque exagération le Premier Africain, *paene miles* (*Rép.* VI, 11 = *Songe*, 2, 1). Le *ut ipse dicit* de Macrobe s'explique par le fait que le *Songe* tout entier est un récit de Scipion Emilien.

52.   Cf. Cic., *Diu.* I, 34 ; 110 ; 115 ; 129. Cp. avec Aristote, *De Philosophia*, fr. 11 Rose (= Sextus Empiricus, *Adv. Phys.* I, 20-21) : « Lorsque dans le sommeil l'âme s'appartient, ayant retrouvé sa propre nature, elle prophétise et annonce l'avenir. » L'idée que l'âme, pendant la veille, est au service du corps et qu'elle retrouve dans le sommeil la libre disposition d'elle-même figurait déjà dans le traité pseudo-hippocratique *Du Régime*, IV, 640 ; elle se rattacherait aux croyances pythagorico-orphiques.

56.   C. Laelius Sapiens est l'ami très proche de Scipion Emilien ; interlocuteur du *De republica*, il sera aussi le protagoniste du *Laelius/e amicitia*, où il évoque cette amitié. Le *tyrannus* est Tiberius Gracchus, qui fut assassiné en 133 par Publius Cornelius Scipio Nasica. La remarque prêtée à Laelius contredit quelque peu le témoignage de Plutarque, selon lequel Laelius devait son surnom de Sapiens à la modération dont il avait fait preuve précisément lors de ce dramatique épisode (Plut., *Tib. Gr.* 8, 5).

59.   C'est en fait le Premier Africain qui parle, s'adressant à Scipion Emilien, le futur Second Africain, son petit-fils par adoption. Mais comme c'est ce dernier qui relate la conversation, Macrobe lui rapporte les paroles de tous les autres interlocuteurs. De la même façon, dans la citation suivante, Scipion ne s'exprime pas pour son compte,

mais reproduit les mots de Paul Émile, son père par le sang (*ego qui te genui*).

60. *Rép.*VI, 13 = *Somn.* 3, 1.

65. Macrobe procède ici exactement comme Proclus dans son *Commentaire au Timée* I, 9, 25-31 : après avoir résumé le contenu des chapitres d'introduction, les deux auteurs annoncent leur intention de passer au détail du texte même qu'ils commentent. Sachant que Proclus, comme Macrobe, s'inspire du *Commentaire au Timée* (perdu) de Porphyre, il est possible que nous ayons ici un vestige de l'œuvre de Porphyre (cf. J. Flamant, (1977), p. 150-151). Pour la conduite d'ensemble du commentaire, cf. l'*Introduction*, p. XXXII sq.

66. Ici commence le long exposé d'arithmologie, qui prend son point de départ dans les deux nombres — huit et sept — dont le produit donne l'âge de Scipion Émilien au moment de sa mort, et qui occupera la suite du chapitre 5 et l'énorme chapitre 6. Favonius Eulogius, quant à lui, consacre tout le livre I de sa *Disputatio* à ces considérations arithmologiques. Pour les rapports de l'arithmologie avec l'arithmétique et sa suprématie au temps de Macrobe, cf. J. Flamant, (1977), p. 306-313.

67. *Plenus* traduit le grec τέλειος. Le concept est d'origine pythagoricienne. Les nombres 7 et 8 étaient en effet considérés par les Pythagoriciens comme τέλειοι, « parfaits », parce qu'ils présentaient un certain nombre de qualités arithmologiques remarquables (détaillées par Macrobe dans les chapitres 5, 15-18, et 6), et bien connues à Rome à l'époque de Cicéron (cf. les développements de Varron sur l'hebdomade *ap.* Aulu-Gelle, *N. A.* III, 10). Cette « perfection » pythagoricienne n'a rien à voir avec la définition donnée par les mathématiciens du nombre τέλειος-*perfectus*, nombre qui est égal à la somme de ses diviseurs (cf. par exemple Euclide, *Eléments*, 7, déf. 23 ; Philon, *De opif.* 13 ; Théon de Smyrne, p. 45, 10 Hiller = I, 2, p. 74-75 Dupuis ; Nicomaque de Gérasa, *Introd.* I, 6, 1 ; Favonius Eulogius, *Disp.* 10, 1 ; 16, 4 ; Martianus Capella, VII, 753 ; Boèce, *Arith.*, I, 19, 9). Il est probable que c'est pour éviter la confusion avec la notion mathématique de perfection que Cicéron a préféré rendre τέλειος par *plenus* plutôt que par *perfectus*.

68. *Rép.* VI, 12 = *Songe* 2, 2. Scipion Émilien mourut en 129, à l'âge en effet de 56 ans, sans avoir été dictateur et dans des circonstances mystérieuses. Il venait, dans la journée, de faire voter au sénat une loi dépouillant de leur pouvoir judiciaire les *triumuiri agris diuidundis*, qui étaient chargés d'appliquer la loi agraire de Ti. Gracchus : cela revenait à empêcher la mise en œuvre effective de la loi. Puis il était rentré chez lui au comble de la popularité, raccompagné par la foule (Cic., *Lael.* 12). Le lendemain matin, on le trouva sans vie dans son lit. La rumeur attribua cette mort déconcertante à un empoisonnement, commandé soit par Cornélie, mère des Gracques, avec la complicité de sa fille Sempronia, l'épouse de Scipion (Liv., *per.* 59 ; Appien, *B.C.* 1, 20 ; Orose, 5, 10, 10), soit par les triumvirs (Plut., *C. Grac.* 10, 5-6 ; Cic., *Fam.* 9, 21, 3 ; *De or.* 2, 170). Dans le *Lael.*12, Cicéron fait dire prudem-

ment à Laelius : *quo de genere mortis difficile dictu est ; quid homines suspicentur uidetis.* Mais lui-même admettait la thèse de l'assassinat (*Fat.* 18), et Pompée ne craignait pas d'y faire publiquement allusion (*ad Q. fr.*, II, 3, 3).

69. « Minéraux » : nous traduisons ainsi *metallicis corporibus.* En effet *metallum* peut désigner des productions minérales : cf. Pline, *N. H.* XVIII, 114 (à propos de la craie) ; Stace, *Silves* IV, 3, 98 (le marbre). Cette première définition que Macrobe se donne de la *plenitudo* est d'ordre ontologique, et semble partir tout simplement du sens concret du terme : Macrobe oppose les *res diuinae supernaeque*, qui possèdent la *plenitudo* dans la mesure où elles ignorent le changement, aux corps sensibles, dépourvus de *plenitudo* parce que soumis au changement (cf. Boèce, *Arith.* II, 31, 5 : *aut enim propriae immutabilis eiusdemque substantiae est, quod deus uel anima uel mens est uel quodcumque propriae naturae incorporalitate beatur, aut mutabilis uariabilisque naturae, quod corporibus indubitanter uidemus accidere*). Les corps sensibles se subdivisent à leur tour en deux catégories : les corps soumis aux processus biologiques, qui perdent et absorbent de la matière, et les minéraux (*corpora metallica*), qui ignorent l'accroissement et la perte biologiques, non du fait d'une quelconque *plenitudo*, mais parce qu'ils sont *uasta*, « bruts » (nous avons hésité, pour ce dernier mot, à adopter la correction hardie mais tentante de Bentley, ναστά, « compacts » : *Rh. M.*, (36), 1881, p. 325).

71. La *plenitudo* spécifique à certains nombres pris individuellement (cf. note 70, p. 20) peut donc être assurée selon deux *modi* : a) *[numeri] qui aut uim obtinent uinculorum* (cf. ci-dessous § 14 et note) ; b) *[numeri] qui aut corpus efficiunt, sed corpus quod intellegendo, non sentiendo concipias* (c'est-à-dire les nombres qui produisent un corps mathématique : cf. ci-dessous § 7 et note 74). Ici tous nos manuscrits, à l'exception de S, portent, après *uinculorum*, un membre de phrase qui fait état d'une autre catégorie de *plenitudo* : celle des nombres qui *aut corpora rursus efficiuntur.* Cette leçon a été retenue par les précédents éditeurs du *Commentaire*, dont Willis. Or cette catégorie supplémentaire de *plenitudo* pose problème, au point que les commentateurs modernes de Macrobe (travaillant à partir du texte de Willis) ont renoncé à l'interpréter (cf. J. Flamant, (1977), p. 314 ; M. Regali, (1983), *ad loc.*). En effet on ne voit pas à quoi elle peut correspondre, ni en quoi les nombres qui *corpora rursus efficiuntur* se distingueraient de ceux qui *corpus efficiunt.* D'autre part, au § 14, où Macrobe revient sur ces modes de *plenitudo* spécifiques — paraphrasant, comme il le signale, le § 4 — il n'y a pas trace de cette catégorie supplémentaire : *illa, ut supra admonuimus, plenitudo est eorum (*scil. *numerorum) qui aut corpus efficiant aut uim obtineant uinculorum.* Enfin, l'adverbe *rursus* ne se justifierait guère à ce moment de l'énumération, et, qui plus est, *rursus efficiuntur* constituerait une clausule détestable. Nous proposons donc de considérer cette expression comme une glose supralinéaire à *aut corpus efficiunt*, insérée par erreur dans le texte et reprise par la plupart

des manuscrits, à l'exception de S, qui a conservé le texte correct : nouvel indice de la qualité de ce manuscrit.

72. J. Flamant, (1977), p. 319-323 (à la suite de A. Sodano, *Porphyrii in Platonis Timaeum Commentariorum fragmenta*, Naples, 1964, p. 53-57, et suivi par L. Scarpa, (1981), p. 382-383) note la tonalité aristotélicienne du processus qui consiste à abstraire progressivement les notions mathématiques de la réalité sensible — les Pythagoriciens, au contraire, considérant les intelligibles comme plus substantiels que les objets sensibles — ; aussi propose-t-il, comme source de ce passage, le *Commentaire au Timée* de Porphyre, dans la mesure où ce dernier, pour platonicien qu'il soit, est lecteur d'Aristote et constitue de façon générale la source favorite de Macrobe.

73. Idée d'origine pythagoricienne, transmise par Aristt., *Métaph.* XIII, 3, 1090b : « Le point est la limite et l'extrémité de la ligne, la ligne celles de la surface, et la surface celles du solide. »

74. Les corps mathématiques sont définis en I, 6, 35 (cf. aussi II, 2, 4) : leur caractéristique est de résulter de la série d'accroissements successifs point/ligne/ surface/volume.

75. Lieu commun mathématique, qui se lit déjà chez Aristote, *De caelo*, 268a ; cf. aussi Philon, *De decalogo* 7 ; 24-25 ; *De opif.* 36 ; Aulu-Gelle, I, 20 ; Théon de Smyrne, p. 111 Hiller = II, 53, p. 184-5 Dupuis ; Nicomaque de Gérasa, *Introd.* II, 6, 4 ; Favonius Eulogius, *Disp.* 7, 4 ; Calcidius, 32-33 ; Martianus Capella, VI, 708 ; Boèce, *Arith.* II, 4, 6-11.

80. Pour une illustration de cette *uis uinculorum* à propos du quatre, cf. ci-dessous, I, 6, 23-34. De la même façon, Favonius Eulogius (*Disp.* 7, 1 et 8, 1) appelle le trois *totus* — terme synonyme de *plenus* : cf. *ibid.* 8, 5 ; 10, 2 ; 12, 1 — et confère la *plenitudo* au quatre, du fait que le trois et le quatre contiennent respectivement un et deux termes intermédiaires ; ce qui revient à mettre en relation *plenitudo* et *uis uinculorum*. Chez Calcidius, 38, et Martianus Capella, VII, 733, c'est le terme *perfectus* qui qualifie le trois, parce que celui-ci est le premier des nombres à posséder un début, un élément médian et une fin.

82. Aux § 10-11. Maintenant, Macrobe passe à la démonstration de la *plenitudo* spécifique au nombre huit. Le huit est *plenus*, déjà, du fait qu'il est propre à générer un solide (cf. § 4 et 14). A cela s'ajoutent d'autres qualités qui confirment la perfection de ce nombre : son implication dans l'harmonie céleste (§ 15), les qualités propres des nombres dont il est la somme (§ 16), le titre de « justice » que lui ont décerné les Pythagoriciens (§ 17-18). On voit que l'acception de *plenitudo* s'est élargie et diluée au point de recouvrir toutes sortes de qualités arithmologiques.

84. De la même façon, Favonius Eulogius considère que la *plenitudo* des nombres s'augmente de celle des éléments qui les composent. Ainsi le sept, composé de deux nombres eux-mêmes pleins, le trois et le quatre, *fit ipse plenissimus* (*Disp.* 12, 1) ; même chose pour le cinquante-six : *Hic quoque plenissimus intelligitur, quia (...) et ex his partibus constat*

in quibus est miranda perfectio, id est duodetriginta duplicatis in summam (*Disp.* 18, 2).

85. Cf. *infra*, I, 6, 10-11. Un nombre qui n'est pas engendré est un nombre premier ; un nombre qui n'engendre pas est un nombre dont le produit par un autre ne donne pas de nombre compris dans la décade (cf. par ex. Favonius Eulogius, *Disp.*, 13, 1).

86. Cf. I, 6, 19.

87. Dans le résumé des Θεολογούμενα Ἀριθμητικῆς de Nicomaque conservé par Photius (*Codex* 187, 144b), le huit est appelé Θέμις (*id.* Proclus, *In Remp.*, XIII, p. 22, 10 ; XIII, p. 53, 29 ; XV, p. 93, 17 Kroll). Néanmoins, le cinq aussi est nommé Δικαιοσύνη et Δίκησις par Nicomaque (*ibid.* 144a).

88. On appelle nombre « pairement pair » (ἀρτιάκις ἄρτιος, *pariter par*) toute puissance de deux (Euclide, *Elementa*, VII, *déf.* 8 ; Nicomaque, *Introd.* I, 8, 4 ; Boèce, *Arith.* I, 9, 1 ; etc.). Cf. Ps.-Jamblique, *Theol.* p. 72, 2 sq. De Falco ; Martianus Capella, VII, 740.

89. Le plan de ce très long chapitre 6, consacré aux vertus du nombre sept (qui, multiplié par huit, donne l'âge où mourut Scipion Émilien) est le suivant :

a) § 1-4 : Exposé-charnière entre l'examen du nombre huit et celui du sept : puissance de la combinaison du pair et de l'impair.

b) § 5-44 : Etude des nombres dont l'addition produit sept, soit : un et six (§ 6-17) ; deux et cinq (§ 18-20) ; trois et quatre (§ 21-44).

c) § 45-81 : propriétés spécifiques du sept : le nom de l'heptade (§ 45) ; rôle du sept dans la création de l'Âme du Monde selon le *Timée* (§ 45-46) ; le sept et le ciel : rythmes astronomiques (§ 46-60) ; le sept et la terre : les marées (§ 61) ; le sept et l'homme : divisions de la conception et de la vie humaines, et disposition des parties du corps (§ 62-81).

d) § 82-83 : synthèse et conclusion.

91. *Tim.* 35 b-c. Macrobe reviendra sur le même passage en I, 6, 45-46 et II, 2, 11-17.

93. Le passage du *Timée* est plus complexe que le résumé qu'en donne Macrobe ; et pour éclairer la série numérique, alternance de puissances de 2 et de 3, qui sous-tend le passage de Platon, les commentateurs antiques du *Timée* utilisaient deux types de schémas : un schéma linéaire où se succédaient les sept nombres 1, 2, 3, 4, 9, 8, 27 (ainsi Porphyre, selon Proclus, *In Tim.* II, p. 171, 5 sq. Diehl), et un schéma en forme de lambda, le *labdoma*, qui, à partir de la monade située au sommet, faisait diverger d'un côté la série des pairs — 2, 4, 8 —, et de l'autre celle des impairs — 3, 9, 27 — (schéma inventé par Crantor, au témoignage de Plut., *De anim. pr.* 29, 1027 D, et repris par Théon de Smyrne, p. 95 Hiller = II, 38, p. 156-157 Dupuis ; Ps.-Jamblique, *Theol.*, p. 2, 5 De Falco ; Calcidius, 32 ; Proclus, *In Tim.* II, p. 170, 26 sq. et p. 187, 17 sq. Diehl. Cf. J. Flamant, (1977), p. 325 et n. 77). Il est difficile de déterminer lequel de ces deux schémas suit ici Macrobe. Nous penchons (en accord avec les arguments de M. Regali, (1983), p. 249-250, et malgré ceux de J. Flamant, (1977), p. 325-328 et de L. Scarpa, (1981), p. 385)

pour le labdoma, que Macrobe décrit, sans doute possible cette fois, au § 46. En revanche, en II, 2, 11-17, Macrobe suit le schéma linéaire.

94. *octo dico et septem* : je serais tentée de croire, en dépit de l'unanimité des manuscrits, que ces mots sont une glose erronée, fâcheusement insérée dans le texte : ils rendent la fin du développement incohérente. Si en revanche on considère que *hos duos numeros* représentent le *numerus par* et le *numerus impar*, tout devient clair : l'idée de Macrobe est que la combinaison du pair et de l'impair sous-tend aussi bien le nombre des années de Scipion, *uir perfectus*, que l'organisation de l'Âme du Monde, *qua nihil post auctorem potest esse perfectius*. Macrobe reprend en conclusion de son développement ce qu'il avait annoncé au début : *hoc enim uere perfectum quod ex horum numerorum* (i.e. *ex pari et impari*) *permixtione generatur* (§ 1), et cette architecture en boucle est bien conforme à ses habitudes littéraires. Contre-arguments : le fait que *dico* soit à la première personne (dans une glose, on attendrait plutôt *dicit*), et la présence de formules comparables, et authentiquement macrobiennes, en I, 6, 24 et 40.

95. Cf. I, 5, 5-12.

96. En I, 14, 19, cette définition est rapportée à Xénocrate (*id.* chez Favonius Eulogius, *Disp.* 5, 6 : *estque numerus, ut Xenocrates censuit, animus ac deus*).

97. Cf. ci-dessus, I, 5, 16.

100. Dans la tradition pythagoricienne, la monade n'est pas un nombre : elle est l'Un insécable, face à la multiplicité des nombres : cf. Favonius Eulogius, *Disp.* 4, 2 ; Martianus Capella, VII, 745.

101. Cf. Théon, p. 19 sq. Hiller = I, 4, p. 31-33 Dupuis et p. 24 Hiller = I, 7, p. 38-9 Dupuis ; Ps-Jamblique, *Theol.* p. 5, 19 De Falco ; Calcidius, 38 et 39 ; Favonius Eulogius, *Disp.* 4, 2-3 ; Martianus Capella, VI, 707 ; VII, 731.

102. Cf. Ps-Jamblique, *Theol.* p. 3, 18 De Falco.

103. Macrobe va montrer maintenant que la monade est en relation avec chacune des trois hypostases néoplatoniciennes. La doctrine de Plotin s'y prêtait, dans la mesure où chacune des hypostases possède l'unité. Ici, le *summus deus* se confond avec la première hypostase, l'Un. La tradition que suit Macrobe est influencée par le pythagorisme, qui assimilait la monade au dieu responsable de l'unité de l'univers, et la dyade à la matière multiple : *Numenius... ait Pythagoram deum quidem singularitatis nomine nominasse, siluam uero duitatis* (Calcidius, 295 ; cf. aussi Porphyre, *Vit. Pyth.* 59). On comparera le texte de Macrobe avec Théon, p. 20-21 Hiller = I, 4, p. 32-33 Dupuis ; Ps-Jamblique, *Theol.* 3, 2 sq. De Falco ; Calcidius, 39. La monade est assimilée à Jupiter par Martianus Capella, VII, 731 et Favonius Eulogius, *Disp.* 6, 1.

104. La monade, qui engendre les nombres, représente l'Intellect, qui pour être unique contient en lui la multiplicité des intelligibles (cf. par ex. Plotin, *Enn.* V, 1, 7, 27 sq. ; V, 3, 11, 1-30 ; etc. : textes nombreux). Il ne nous semble pas que le verbe *esse*, employé par Macrobe pour associer la monade à l'Intellect, indique une relation plus

étroite que *referri*, par lequel il la met en relation avec les deux autres hypostases, le dieu suprême et l'Âme (§ 8 et 9). Cf. en effet le texte proche de Calcidius, 39, qui recourt à un unique verbe *esse* : *ipsaque singularitas mens siue intellegentia uel ipse deus opifex intellegatur esse.* L'association de la monade avec le Noῦς figure chez le Ps.-Jamblique, *Theol.* 3, 21 De Falco.

105. Dans la métaphysique plotinienne, la troisième hypostase participe encore de l'unité, tandis que la multiplicité en tant que telle commence avec les corps (*Enn.* IV, 2, 2). Or les Pythagoriciens symbolisent par Un le principe de l'unité, et par la dyade celui de la multiplicité.

106. Des formules identiques se rencontrent dans l'exposé sur le six (§ 13) et sur le sept (§ 21 ; 45). Quelque surabondantes que les considérations arithmologiques de Macrobe puissent paraître à un lecteur moderne, elles n'épuisent pas la matière fournie par la tradition, comme on peut le constater en consultant nos autres sources sur le sujet, Philon, Aulu-Gelle, Théon de Smyrne, le Pseudo-Jamblique, Calcidius, Martianus Capella, pour ne citer que les plus importantes.

107. Le sept est doublement assimilé à Pallas, déesse à la fois vierge et sortie tout armée du crâne de Zeus, qu'Héphaïstos avait fendu d'un coup de hache (Hésiode, *Théog.* 924). En effet le sept est « vierge », parce qu'il n'engendre aucun autre nombre inférieur à dix, c'est-à-dire compris dans la décade ; et comme Pallas-Minerve, il n'a qu'un parent, puisque, nombre premier, il ne résulte pas du produit de deux autres nombres, mais du produit de lui-même par la monade (elle-même attribuée à Zeus : cf. Martianus Capella, VII, 731, et Favonius Eulogius, 6, 1). Cette assimilation, qui pourrait remonter à Philolaos (cf. Jean Lydus, *De mens.* II, 12 et III, 9), est des plus fréquentes dans les textes arithmologiques : cf. Varron *ap.* Aulu-Gelle, III, 10, 1 ; 6-7 ; 12 ; Philon, *De opif.* 99-100 ; *Leg. alleg.* I, 15 ; Nicomaque de Gérasa (mais qui donne le nom de Pallas également au six), *ap.* Photius, *Codex* 187, 144b ; Plutarque, *De Is. et Osir.* 10, 354F ; Théon, p. 103 Hiller = II, 46, p. 168-169 Dupuis ; Ps.-Jamblique, *Theol.* p. 71, 4 sq. De Falco ; Calcidius, 36 (texte très proche de Macrobe) ; Favonius Eulogius, *Disp.* 13, 1 et 10 ; Proclus, *In Tim.* II, p. 95, 5 Diehl ; Martianus Capella, VII, 738.

108. Macrobe définit ainsi ce que les arithméticiens (et non plus les arithmologues) appellent un nombre *perfectus* ou τέλειος : nombre qui résulte de la somme de ses diviseurs (cf. la note 67, p. 143). 6 est le premier nombre parfait (6 = 3 + 2 + 1), le suivant étant 28 (= 14 + 7 + 4 + 2 + 1). La perfection arithmétique du 6 est signalée par Philon, *De decalogo* 29 ; *De opif.* 13 ; 89 ; *Leg. alleg.* I, 3 ; Théon, p. 102 Hiller = II, 45, p. 168-9 Dupuis ; Nicomaque de Gérasa, *Introd.* I, 16, 2 ; Ps.-Jamblique, *Théol.* p. 42, 1 ; Calcidius, 38 ; Favonius Eulogius, 10, 1 ; Martianus Capella, VII, 736 ; 753 ; Boèce, *Arithm.* I, 19, 9. On notera que Macrobe évite le terme propre *perfectus*, sans doute parce qu'il l'a déjà utilisé, mais dans un sens non technique, en I, 6, 1 et 3.

110. Le même argument en faveur du six se lit chez Favonius Eulogius (*Disp.* 16, 4-5), un peu moins développé (ce qui rend improbable que Macrobe le lui ait emprunté). Pythagore considérait que pour être viable l'enfant devait naître à neuf mois de grossesse ou à sept, mais pas à huit ; selon Censorinus, *De die natali* 11, 1-5, c'est par le biais de considérations harmoniques qu'il mettait la gestation de 7 mois sous l'influence du nombre 6. Le témoignage de Proclus (*In Remp.* II, 26, 15 sq. Kroll), malheureusement mutilé, diffère : la démonstration de Pythagore semble s'être appuyée sur des calculs arithmologiques qui nous sont parvenus trop incomplets pour être compréhensibles, mais qui paraissent avoir reposé sur le triangle rectangle dont la surface serait six. Empédocle de son côté proposait une démonstration numérique que Proclus nous transmet aussi (*ibid.*, 34, 25 sq.), mais qui est différente de celle reproduite ici par Macrobe.

111. L'enchaînement des idées est tout à fait déconcertant : se promettant d'indiquer comment reconnaître le sexe de l'enfant à naître, Macrobe « oublie » son projet en route et en revient à son précédent sujet, la durée de la gestation. Ce genre d'incohérence grossière n'est pas dans ses habitudes, et il est bien possible qu'on ait affaire une fois de plus à une corruption textuelle antérieure à l'archétype des manuscrits. Cela étant, Hippocrate (*De natura pueri* 21, 1) affirme que le fœtus mâle commence à bouger à trois mois, le fœtus femelle à quatre (ce qui ne correspond pas tout à fait aux 70 et 90 jours énoncés par Macrobe). Il n'y a pas de relation, bien entendu, entre cette affirmation et la durée de la gestation (sauf à croire que la durée de la grossesse est fonction du sexe de l'enfant !). Il est visible qu'ont interféré ici deux séries de calculs se proposant de déterminer, l'une, le sexe de l'enfant à venir, l'autre, la date présumée de l'accouchement.

112. La dyade est le premier nombre du fait que la monade n'est pas à proprement parler un nombre, mais le principe originel des nombres (ci-dessus, I, 6, 7 et notes). Cf. Favonius Eulogius, *Disp.* 4, 1 : *Sed numerus est quantitas congregabilis, a duobus initium sumens.*

113. « Du corps intelligible », c'est-à-dire du corps mathématique. Cf. Philon, *De opif.* 49 : « C'est par l'écoulement (ῥύσει) du point que se constitue la ligne, comme la dyade par l'écoulement de l'un. » *Defluere* fait écho à ῥύσις, terme technique de géométrie.

114. *In numerum* nous semble désigner la dyade (on attendrait plutôt *in hunc numerum* : y aurait-il eu omission de ce mot bref ?). Les planètes, lorsqu'elles adoptent un mouvement inverse de celui de la sphère céleste, introduisent la dualité parmi les mouvements des étoiles. C'est ce que confirme la phrase suivante : *ille* [*scil.* le deux] *ratione scissionis.*

115. Dans la représentation géocentrique du cosmos, les étoiles sont censées être fixées sur la sphère céleste, avec laquelle elles accomplissent un tour complet en un jour. Seules les planètes, tout en obéissant aussi au mouvement diurne d'est en ouest, sont animées d'un mouvement propre d'ouest en est, non sans irrégularités apparentes (d'où leur nom d'« errantes » : cf. *Comm.* I, 14, 21 et 26, et notes). Macrobe, se conformant ici

aux habitudes de l'astronomie populaire, simplifie les données astronomiques, en faisant comme si les planètes se déplaçaient toujours en sens
inverse de la sphère céleste. Or ce n'est le cas que des luminaires, soleil et
lune ; les cinq autres planètes, elles, semblent à certains moments, dans
leur mouvement propre, être affectées de stations ou de rétrogradations.

116. Zones arctique, tempérée nord, torride, tempérée sud, antarcti-
que : cf. II, 6, 1-6. Id. *ap.* Martianus Capella, VII, 735.

117. Pour décrire la vertu des cinq, Macrobe fait appel successivement
aux thèses platonicienne et néoplatonicienne. Platonicienne, l'idée que
seul le monde intelligible existe véritablement, et que le monde sensible
n'a qu'une existence apparente ; néoplatoniciennes, les trois hypostases
(Dieu suprême — c'est-à-dire l'Un — Intellect et Âme) qui composent le
monde intelligible et auxquelles il est fait allusion ci-dessus, § 8-9, ainsi
qu'en I, 2, 13-16 ; I, 14, 6-8 ; I, 17, 12-13.

119. Les vertus du trois et du quatre sont traitées longuement (§ 21 à
44), et, ce qui est original dans l'ensemble de l'exposé arithmologique,
conjointement. Macrobe ne mentionne donc que les capacités que ces
deux nombres possèdent en commun : capacité à produire respectivement la première surface impaire et la première surface paire (§ 22) ; *uis
uinculorum* (§ 23-34) ; capacité à produire des corps, tant intelligibles
que sensibles (§ 35-41) ; rôle dans la production de l'harmonie de l'âme
(§ 42-44).

120. Les traités d'arithmétique (Nicomaque de Gérasa, *Intr.* II, 7, 3 ;
Boèce, *Arithm.* II, 6, 1) mentionnent le triangle comme première figure
du nombre plan, sans faire interférer la considération du pair et de
l'impair, et donc sans y associer le carré. Ils sont suivis par Favonius
Eulogius, *Disp.* 7, 4.

121. Il s'agit du *Timée* 31b-32b, qui inspire les § 23 à 34, et dont
Macrobe donnera une traduction abrégée aux § 29-31. J. Flamant, (1977),
p. 335-342, note que ce passage du *Timée* a reçu dans l'antiquité deux
types différents d'interprétation, mathématique (Calcidius, 8-22) et physique (Basile de Césarée, *In Hexam.* 4, 5 ; Némésius, *De Nat. hom.* 5 ;
Jean Philopon, *De Aeternitate mundi* 13, 13), Proclus pour sa part
rendant compte des deux (*In Tim.* II, p. 20, 10 sq. Diehl). L'interprétation de Macrobe appartient, comme on le voit, à la deuxième catégorie.
La source commune de toutes ces exégèses serait le *Commentaire au
Timée* de Porphyre : cf. J. H. Waszink, *Studien zum Timaios Kommentar des Calcidius*, Leiden, 1964, p. 74 sq. ; A. Setaioli, (1966), p. 181-
184 ; J. Flamant, *loc. cit.*

124. W. Jaeger, *Nemesios von Emesa*, Berlin, 1914, p. 72 sq. (cité par
K. Mras. (1933), p. 241), avait déjà signalé que cette doctrine figurait chez
Némésius, dans son traité *Sur la nature de l'homme*, chap. 5, et il la
supposait élaborée dans des cercles néoplatoniciens influencés par la
doctrine posidonienne de la sympathie. A. Setaioli, (1966), p. 181-184,
pense qu'elle a même pu être formulée en tant que telle par Posidonius
lui-même, dans son commentaire au *Timée*, puis reprise et adaptée par
Porphyre dans son propre commentaire au même traité platonicien ; ce

dernier ouvrage serait ici la source de Macrobe. Par ailleurs il existe une parenté intéressante entre ce § 26 et une scolie d'Homère (Schol. in Hom. *Il.*, Cramer, *Anecd. Gr. Paris.*, vol. III, p. 108, 32 - 109, 4) à propos de la « chaîne d'or » de l'*Iliade* VIII, 19 (cf. ci-dessous, *Comm.* I, 14, 15 et note 307, p. 172) ; aussi A. Setaioli suppose-t-il que le passage posidonien a dû influencer au même titre l'exégèse stoïcienne d'Homère, mais non l'exégèse néoplatonicienne, qui préféra attacher à la chaîne d'or homérique un autre symbolisme.

133. Macrobe prend soin de traduire l'hexamètre grec par un hexamètre latin. La formule du serment pythagoricien (*Carmina aurea*, 47) apparaît dans de nombreux textes, avec quelques variantes : Théon de Smyrne, p. 94 Hiller = II, 38, p. 154-155 Dupuis ; Sextus Empiricus, *Adv. Math.* IV, 2 ; VII, 94-95 ; Porphyre, *Vie de Pythagore* 20 ; Jamblique, *Pyth. Vit.* 150 ; 162 ; Ps-Jamblique, *Theol.* p. 22, 21 sq. De Falco ; Stobée, *Ecl.* I, 10, 12 ; Proclus, *In Tim* II, 53, 5 sq. Diehl ; Aetius, *Plac.* I, 3, 8. Τὸν... παραδόντα, « celui qui offrit », est Pythagore, mis au rang des dieux par ses disciples (cf. Porphyre, *ibid.* : « ils prirent l'habitude de jurer par elle [*scil.* la tétrade] en invoquant Pythagore comme un dieu »). Selon A. Delatte (*Etudes sur la littérature pythagoricienne*, Paris, 1915, p. 253), pour tardifs que soient ces témoignages, la formule du serment remonte à l'ancien pythagorisme.

136. Cf. en effet *infra*, II, 1, 14. Ici Macrobe privilégie le trois et le quatre, mais la description du système des accords musicaux (découvert, selon la tradition, par Pythagore : cf. *infra*, II, 1, 8-25) fait encore intervenir la tétrade. Les rapports numériques régissant les accords sont ceux que l'on obtiendrait en faisant résonner ensemble des cordes de même matériau, même épaisseur et même tension, mais entretenant des rapports de longueur bien précis. Cf. Philon, *De opif.* 48 : « Et puis la tétrade renferme les rapports des accords musicaux, de la quarte, de la quinte, de l'octave et aussi de la double octave, rapports qui réalisent le système le plus parfait. Le rapport de quarte est l'épitrite ; celui de quinte, l'hémiole ; le double est le rapport d'octave (διὰ πασῶν) ; le quadruple, de double octave (δὶς διὰ πασῶν). Tous ces rapports, la tétrade les contient : l'épitrite, dans le rapport de quatre à trois ; l'hémiole, dans le rapport de trois à deux ; le double, dans le rapport de deux à un ou de quatre à deux ; le quadruple, dans le rapport de quatre à un » (trad. Arnaldez, Sources chrétiennes, 1961). Cf. notes du chapitre II, 1, 8 sq.

142. Macrobe distingue ici la révolution sidérale de la lune (temps qui sépare deux passages de la lune en un même point de son orbite) de la révolution synodique ou lunaison (temps qu'elle met pour revenir à la même position par rapport au soleil, c'est-à-dire temps qui sépare deux phases identiques). Les durées de ces deux révolutions sont respectivement, selon les connaissances modernes, 27 j. 7 h 43 mn 11,5 s et 29 j. 12 h 44 mn 2,9 s .

143. Il s'agit de la révolution sidérale. Les manuscrits les plus anciens du *Commentaire* portent *post uiginti et octo dies et septem fere horas* ;

seuls des manuscrits du XIIe s. (et, parmi les nôtres, des corrections de
2e main) donnent *post uiginti et septem dies et octo fere horas*, qui
correspond avec une fort bonne approximation à la durée véritable de la
révolution sidérale (cf. note préc.). Il y a donc une faute, par interversion
des numéraux, commune à l'ensemble de la première tradition manuscrite ; faute qui a été expurgée dans un certain nombre de manuscrits
tardifs. Le problème est de savoir si la faute est imputable à l'archétype
ou à Macrobe lui-même. La durée de la révolution sidérale est arrondie
dans certains textes à 28 j. : ainsi, Aristide (Aristarque ?) de Samos, *ap.*
Aulu-Gelle, III, 10, 6, ainsi que chez un certain nombre d'arithmologues,
pour des raisons propres (cf. ci-dessous, n. 147). Remarquons bien
cependant que la durée de la révolution sidérale était connue des astronomes antiques. Hipparque pour la première fois l'estima à 27 jours
1/3 : cf. Géminos, I, 30 ; Pline, II, 44 ; Théon de Smyrne, p. 136 Hiller
= III, 12, p. 222-3 Dupuis ; Calcidius, 70 ; moins précis, il est vrai, sont
Vitruve, IX, 1, 5 (27 j et 1 h), Aulu-Gelle, I, 20, 6 (27 j), et Martianus
Capella, VIII, 865 (27 jours 2/3 ; à noter que ce dernier compare
révolutions sidérale et synodique en des termes très proches de ceux de
Macrobe). Mais aucun ne va au-delà de 28 j. Il est donc très vraisemblable
que Macrobe a écrit *post uiginti et septem dies et octo fere horas*. Et si,
aux § 49 et 52 (et ci-dessous, I, 19, 5), il arrondit la durée de la révolution
sidérale à 28 jours, c'est afin de faire intervenir le nombre sept, dont 28
est le multiple, mais cela n'implique pas qu'il se méprenne sur sa durée
précise. Varron (*ap.* Aulu-Gelle, III, 10, 6), qui a la même visée arithmologique, utilise une tournure plus scrupuleuse qui joue sur l'ordinal : *die
duodetricesimo Luna, inquit (Varro), ex quo uestigio profecta est,
eodem redit* (Varron est cité aussi par Favonius Eulogius, *Disp.* 17, 1).

144. Cela s'explique dans la réalité par le fait que la terre décrit une
orbite elliptique dont le soleil occupe un foyer ; au printemps et en été,
elle est dans la partie de l'ellipse la plus éloignée du soleil (l'aphélie se
situant le 1er juillet) ; elle a donc à la fois davantage de distance à
parcourir pour un même déplacement angulaire de 30°, et, du fait
qu'elle est moins proche du soleil, une vitesse moindre (loi de Képler).
Donc, si l'on transpose dans le système géocentrique des Anciens, le
soleil semblera, dans son déplacement apparent sur le zodiaque, ralentir
et s'attarder dans les signes qui correspondent au printemps et à l'été (les
autres signes possibles sont les deux contigus aux Gémeaux : Taureau et
Cancer). Les Anciens avaient bien remarqué que sa vitesse de translation
variait au cours de l'année, au point qu'il demeurait jusqu'à 32 jours
dans les Gémeaux : cf. Cléomède, I, 6, 4, p. 54 Ziegler ; Géminos, I, 31-41
(cf. notes éd. Aujac, p. 125-127) ; Censorinus, 22, 4 ; Martianus Capella,
VIII, 848. Il est alors possible que deux nouvelles lunes se produisent
tandis que le soleil est dans ce signe. En revanche, contrairement à ce que
semble dire Macrobe (*altitudine signi morante*), le phénomène n'a rien
à voir avec la hauteur du signe, soit sur l'horizon, soit en déclinaison
(latitude) céleste. Macrobe semble prendre au sérieux une métaphore,
fréquente dans les textes astronomiques, qui décrit la montée des planè-

tes dans le ciel comme une ascension pénible : cf. Vitruve, IX, 1, 5 et 15 et notes de l'éd. Soubiran (1969).

146. L'écliptique, dans le système géocentrique des Anciens, correspond au plan de l'orbite solaire (de l'orbite terrestre dans le système héliocentrique). Le zodiaque est la bande dans laquelle se situe le mouvement apparent de la lune et des planètes ; elle a l'écliptique pour ligne médiane, et sa largeur totale est évaluée par les Anciens à 12° (estimation arbitraire, liée sans doute à des considérations astrologiques) : cf. Géminos, V, 51-53 ; Pline, II, 66 (et commentaire de J. Beaujeu, éd., (1950), p. 154-155) ; Martianus Capella, VIII, 834. La lune se déplace sur un plan incliné de 5° 9′ par rapport à celui de l'écliptique, soit dans une bande de 10° 18′ de largeur totale, qui ne coïncide qu'approximativement avec la largeur supposée du zodiaque. Mais les Anciens, comme Macrobe ici, arrondissent généralement son mouvement en latitude à 12° (Cléomède, II, 5, 6, p. 206 Ziegler ; Manilius, I, 682 ; Pline, II, 66 ; Calcidius, 70 ; Martianus Capella, VIII, 867-869). Il faut noter que Théon de Smyrne, p. 194 Hiller = III, 38, p. 312-314 Dupuis, et Calcidius, 88, se référant l'un et l'autre à Hipparque, proposent concurremment une valeur de 10° (cf. B. Bakhouche, (1996), p. 190).

148. L'idée que la lune au cours d'une lunaison passe par sept phases (lune naissante, demi-lune, lune gibbeuse, pleine lune, lune gibbeuse, demi-lune, nouvelle lune) est une remarque d'arithmologues, sans véritable intérêt astronomique, qui figure chez le Ps.-Jamblique, *Theol.* 60, 2-6 De Falco ; Calcidius, 37 ; Favonius Eulogius, *Disp.* 12, 4 ; Martianus Capella, VII, 738.

149. Pour les noms des divers aspects de la lune, en grec et en latin, cf. W. Gundel, s.v. *Mond, R.E.* XVI, col. 98. Macrobe utilise une terminologie mêlant grec et latin, et assez peu technique, à l'exception de διχότομος et d'ἀμφίκυρτος (deux termes que Macrobe juge d'ailleurs nécessaire d'expliquer, aux § 54 et 56). Les autres textes arithmologiques latins (cf. note préc.) font des choix différents : la terminologie de Calcidius est toute latine, celle de Favonius Eulogius toute grecque, tandis que Martianus Capella, le plus complet, utilise des termes latins accompagnés de leur équivalent grec.

151. Addition de réalités disparates, qui n'a aucune raison d'être, sinon de dégager une fois de plus le nombre sept. Elle n'est d'ailleurs pas fréquente : cf. Jean Lydus, *De mens.* II, 9, et (cité par M. Regali, (1983), p. 275) Porphyre, *Introductio in Claudii Ptolomaei opus de affectibus astrorum*, chap. 1. J. Flamant, (1977), p. 344, n. 145, note avec justesse que dans la mesure où il n'est plus question du sept en lui-même, mais de ses composés, ce développement aurait dû se situer plus haut, avec ceux que Macrobe a consacrés aux combinaisons dont est formé le sept ; il en conclut que Macrobe juxtapose deux sources différentes.

153. Dans les traités d'arithmologie, il est habituel qu'aux considérations sur le rôle astronomique du sept succèdent des développements sur les âges de la vie et les parties du corps humain : cf. le tableau comparatif

(limité aux auteurs latins) dressé par J. Flamant, (1977), Annexe 7. Les principaux rapprochements avec les § 62-81 de ce chapitre de Macrobe sont Varron *ap.* Aulu-Gelle, III, 10, 7-15 ; Philon, *De opif.* 103-105 et 117-125 ; Théon, p. 104 Hiller = II, 46, p. 170-171 Dupuis ; Censorinus, 7 et surtout 14 ; Ps.-Jamblique, *Theol.* p. 62-68 De Falco (le plus proche de Macrobe) ; Clément d'Alexandrie, *Strom.* VI, 16, 143-144 ; Calcidius, 37 ; Favonius Eulogius, *Disp.* 12, 6-7 et 14, 1-2 ; Martianus Capella, VII, 739. L'idée que les âges de la vie humaine sont organisés en périodes « climatériques » de sept ans est familière de bonne heure à la pensée grecque : Solon avait composé sur le sujet un poème célèbre (M. L. West, *Iambi et elegi Graeci*, II, Oxford, 1992², frg. 27, p. 155-157), que citent Philon, *De opif.* 104 et Clément d'Alexandrie, *Strom.* VI, 144, et que Censorinus paraphrase (*De die natali*, 14) ; cf. aussi Aristt., *Pol.* VII, 16, 1335 b 32 et 17, 1336 b 37. On trouve un écho de cette croyance chez Sén., *Ben.* VII, 1, 5. Elle a été accueillie aussi dans la littérature médicale : cf. Hippocrate, *Des chairs* 19 ; *Du fœtus de huit mois* 9, 4 ; *Des Semaines* 5. Le chapitre 14 du *De die natali* de Censorinus est un intéressant résumé de la question. On remarquera que les animaux aussi voient leur vie assujettie au nombre sept : cf. Pline, XI, 22, 69 ; XI, 43, 120.

157. *De natura pueri*, 13, 1-2. M. Regali, (1983), p. 277, note justement que la référence à Hippocrate n'implique pas que Macrobe l'ait lu directement. Très proche de Macrobe (cf. note suiv.) est le Ps.-Jamblique, *Theol.* p. 61, 15 sq. De Falco, qui cite le texte même d'Hippocrate. Favonius Eulogius, *Disp.* 14, 1, attribue à Hippocrate l'idée que le sperme une fois dans l'utérus se transforme en sang le septième jour, et il cite le traité *Des semaines* ; Philon, *De opif.* 124, se réfère aussi à Hippocrate, mais R. Arnaldez, dans son édition (Sources Chrétiennes, 1961, p. 223, n. 2), met en doute l'authenticité de la phrase.

158. Straton de Lampsaque (surnommé le Physicien), disciple de Théophraste, dirigea le Lycée de 287 à 269 av. J. C. Il fut actif dans tous les domaines de la philosophie, mais se distingua surtout comme physicien et expérimentateur, d'où son surnom. Dioclès de Carystos, célèbre médecin du IVᵉ s. av. J. C., accomplit une synthèse entre la médecine hippocratique, la philosophie présocratique (Empédocle en particulier) et la philosophie attique. On s'est parfois demandé s'il ne fut pas élève d'Aristote, ce qui entraînerait une datation plus tardive. Il est troublant de lire chez le Ps.-Jamblique (*Theol.* p. 62, 8 De Falco) Στράτων δὲ ὁ Περιπατητικὸς καὶ Διοκλῆς ὁ Καρύστιος..., dans le même ordre que chez Macrobe, bien que Dioclès soit plus ancien. K. Mras, (1933), p. 246, juxtaposant les § 65-69 de Macrobe aux p. 62-63 du Ps.-Jamblique (éd. De Falco), suppose, à la suite de W. H. Roscher (*Die hippokratische Schrift von der Siebenzahl*, Paderborn, 1913, p. 92 sq.), que les deux textes ont pour source commune lointaine (« Urquelle ») l'hypothétique *Commentaire au Timée* de Posidonios. M. Regali, (1983), p. 277-279, fait remarquer que la présence du δέ, dans la formule du Ps.-Jamblique, incite à

maintenir dans le texte de Macrobe le *uero* donné par un groupe de manuscrits.

160. L'idée qu'un embryon qui a pris forme dès la cinquième semaine sera viable au septième mois figure chez le Ps.-Jamblique, *Theol.* p. 55 De Falco. Il semble (car le texte est mutilé) que ce soit bien cette même théorie que Proclus (*In Remp.* II, 33, 15 sq. Kroll) attribue à Orphée et aux Pythagoriciens. Pour Varron, *ap.* Aulu-Gelle, III, 10, 7, le fœtus prend toute sa forme au bout de sept semaines.

162. Tout ce paragraphe correspond au Ps.-Jamblique, *Theol.* 65, 3 sq. De Falco. Mais des rapprochements de détail sont possibles avec bien d'autres textes. Les dents percent à sept mois : Hippocr., *Du fœtus de huit mois* 9, 3 ; Varron *ap.* Aulu-Gelle, III, 10, 12 ; Théon, p. 104 Hiller = II, 46, p. 170-171 Dupuis ; Censorinus, 7, 4 ; Calcidius, 37 ; Favonius Eulogius, 14, 2 ; Martianus Capella, VII, 739.

163. Les dents définitives poussent à sept ans : Varron *ap.* Aulu-Gelle, III, 10, 12 ; Philon, *De opif.* 103 ; 104 (citant Solon) ; 105 (citant Hippocrate) ; Théon, p. 104 Hiller = II, 46, p. 170-171 Dupuis ; Censorinus, 7, 4 ; Ps.-Jamblique, *Theol.* p. 65, 8 sq. De Falco ; Calcidius, 37 ; Favonius Eulogius, 14, 2 ; Martianus Capella, VII, 739.

164. Il y a en effet sept voyelles en grec, α ε η ι ο ω υ. L'observation est courante chez les arithmologues grecs : cf. Ps.-Jamblique, *Theol.* p. 55, 12 De Falco ; Philon, *De opif.* 126 ; *Leg. alleg.* I, 14 ; Jean Lydus, II, 12. Calcidius, 37, la reprend telle quelle, sans se soucier de la différence entre grec et latin. Macrobe est plus précis, et s'inscrit dans la tradition des grammairiens latins, qui ont l'habitude de faire remarquer que leur langue, tout en ne distinguant par écrit que cinq voyelles, connaît néanmoins la différence entre brèves et longues : cf. Velius Longus, *De orthographia*, *G.L.* VII, 47, 18 ; Audax, *De Scauri et Palladii libris excerpta*, *G.L.* VII, 325, 18 ; Charisius, *G.L.* I, 7, 13 ; Diomède, *G.L.* I, 422, 9 ; etc. (nous devons ces références à la science de notre regrettée collègue F. Desbordes). P. Flobert (*Revue de Philologie*, LVI, 1982, 1, p. 96) voit en revanche dans ce texte un témoignage sur le bouleversement du vocalisme vers la fin du IVe s.

165. Philon, *Leg. all.* I, 10 ; *De opif.* 103 ; 104 (citant Solon) ; 105 (citant Hippocrate) ; Théon, p. 104 Hiller = II, 46, p. 170-171 Dupuis ; Censorinus, 7, 4 ; Ps.-Jamblique, *Theol.* p. 65, 10 (toujours très proche de Macrobe) ; Calcidius, 37 ; Favonius Eulogius, 14, 2 ; Martianus Capella, VII, 739.

166. L'orphelin mineur, placé sous la dépendance d'un tuteur, s'en trouve libéré par la puberté, dont l'âge est fixé lors des débuts de l'Empire à 14 ans. Elle autorise aussi le mariage. Quant aux filles, quel que fût leur âge au moment même du mariage (il arrivait que l'on mariât des filles impubères), elles n'étaient considérées par les jurisconsultes comme *uxores* qu'à partir de 12 ans (R. Villers, *Rome et le droit privé*, Paris, 1977, p. 211). *Votorum*, dans ce contexte juridique, désigne le mariage (sens courant dans les textes juridiques du Bas-Empire : cf. A. Forcellini, *Totius Latinitatis Lexicon*, s.v. *uotum*, § 23).

167. Philon, *De opif.* 103 ; 104 (citant Solon) ; 105 (citant Hippo-crate) ; Théon, p. 104 Hiller = II, 46, p. 170-171 Dupuis ; Calcidius, 37 ; Favonius Eulogius, *Disp.* 14, 2 ; Martianus Capella, VII, 739.

168. La 3ᵉ hebdomade voit la fin de la croissance en taille pour Philon, *Leg. alleg.* I, 10 ; Théon, p. 104 Hiller = II, 46, p. 170-171 Dupuis ; Ps-Jamblique, *Theol.* p. 66, 10 De Falco ; c'est en revanche la 4ᵉ pour Calcidius, 37 ; Favonius Eulogius, *Disp.* 14,2 ; Martianus Capella, VII, 739. La croissance en carrure prend fin avec la 4ᵉ hebdomade : Théon, *ibid.* ; cf. Ps-Jamblique, *ibid.*

169. La 5ᵉ hebdomade marque l'apogée des forces physiques : cf. Ps.-Jamblique, *Theol.* p. 66, 14 De Falco ; Calcidius, 37 ; Martianus Capella, VII, 739. Pour Philon, *De opif.* 103 ; 104 (citant Solon) ; 105 (citant Hippocrate), c'est la 4ᵉ hebdomade qui achève la croissance des forces. K. Mras, (1933), p. 249, fait remarquer que l'exemple des pugilistes ne trouve de parallèle que chez le Ps.-Jamblique, *Theol.*, p. 66, 17 De Falco, qui parle, lui, des athlètes en général.

170. Ce dernier détail ne se rencontre également que chez le Ps.-Jamblique, *Theol.* p. 66, 18 sq. De Falco. En revanche, *in pluribus... post septimam* ne se trouve que chez Macrobe.

176. *Id.* Ps.-Jamblique, *Theol.* p. 67, 1 sq. De Falco. Philon, *De opif.* 118 et Martianus Capella, VII, 739, qui ne comptent pas les organes sexuels, divisent le tronc en poitrine et abdomen.

177. Cf. Philon, *De opif.* 119 ; Théon, p. 104 Hiller = II, 46, p. 172-173 Dupuis ; Clément d'Alexandrie, VI, 16, 144 ; Ps.-Jamblique, *Theol.* p. 68, 2 sq. De Falco ; Calcidius, 37 ; Favonius, 12, 7 (qui compte un seul orifice pour l'odorat, et pour le toucher, toutes les parties du corps) ; Martianus Capella, VII, 739.

178. Chez les médecins hippocratiques, le septième jour est en effet l'un des jours critiques (mais non le seul) : cf. *Du fœtus de huit mois*, 9, 2 ; *Des chairs*, 19, 4-5 ; etc. Les arithmologues le répètent à l'envi : Varron *ap.* Aulu-Gelle III, 10, 14 ; Philon, *De opif.* 125 ; *Leg. alleg.* I, 13 ; Théon, p. 104 Hiller = II, 46, p. 170-171 Dupuis ; Clément d'Alexandrie, VI, 16, 145 ; Censorinus, 11, 6 ; 14, 9 ; Ps.-Jamblique, *Theol.* p. 68, 11 sq. De Falco ; Calcidius, 37.

179. L'idée prend son origine chez Platon, *Timée* 34a et 43b, selon qui il existe sept mouvements, que le vivant possède tous, à l'exclusion du mouvement circulaire, éternel, parfait, et réservé de ce fait à la divinité. On la retrouve chez Arist., *De caelo*, 2, 2, 284 b 30-32. Elle connaît une grande fortune chez les arithmologues : cf. Philon, *De opif.* 122 ; *Leg. alleg.* I, 4 et 12 ; Ps.-Jamblique, *Theol.* 55, 10 sq. ; Calcidius, 121 ; Favonius Eulogius, *Disp.* 13, 6 ; Macrobe, *Sat.* VII, 9, 3-4 ; Martianus Capella, VII, 736 ; Boèce, *Arithm.* 2, 4, 6 (= Nicomaque de Gérasa, *Intr.* 2, 6, 4).

180. On ne sait à qui pense Macrobe ici.

183. L'ambiguïté repose sur le sens de πανσυδίῃ (*Il.* II, 12 ; 29 ; 66) : « en toute hâte » (comme le comprend Agamemnon) ou « avec toute l'armée », comme l'entend Macrobe ? Selon Proclus (*In Remp.* I, 115,

13-26), l'argumentation donnée par Macrobe était la préférée des commentateurs d'Homère. Porphyre (*Questions homériques,* p. 23 Schrader) signalait trois explications différentes de ce déconcertant mensonge divin, faisant remonter à Apion celle que reprend Macrobe. Aussi K. Mras, (1933), p. 251, considère-t-il ce traité porphyrien comme la source de Macrobe ; en revanche, A.R. Sodano, (1965), et à sa suite A. Setaioli, (1966), p. 176 sq., préfèrent le *Commentaire à la République*, perdu, du même Porphyre.

187. Ces « quelques mots » vont occuper les § 3 à 12 du chapitre I, 8. C'est au chapitre I, 9 que Macrobe commentera « l'ensemble du passage » qu'il vient de citer en I, 8, 1.

188. Macrobe ne précise pas l'identité de ces penseurs, mais on serait tenté d'y ranger les Néoplatoniciens (Plotin et Porphyre, cf. ci-dessous) qui ne voient dans les vertus politiques qu'un préalable aux vertus contemplatives (par ex. Plotin, *Enn.* I, 2, 1 sq.). Macrobe se trouve donc devant une difficulté : rendre compatibles la pensée de Cicéron, selon qui la possession des vertus politiques confère la béatitude *post mortem*, et celle des Néoplatoniciens, qui ne leur accordent qu'un rang secondaire. Sur tout ce chapitre 8, cf. P. Henry, (1934), p. 154-162 ; Cl. Zintzen, (1969) ; J. Flamant, (1977), p. 597-615 ; M. Regali, (1980), p. 154-168 ; M. di Pasquale Barbanti, (1988), p. 97-103.

189. Ces vertus propres aux philosophes se confondent avec celles qui plus loin seront appelées purificatrices (*purgatoriae*, § 8). Macrobe est amené par les nécessités de sa démonstration à anticiper sur la suite de son exposé, c'est-à-dire sur la répartition plotinienne des vertus en quatre *genera*. Son raisonnement est le suivant : a) Cicéron affirme que les vertus de l'homme politique procurent la béatitude (§ 1-2) ; b) or certains penseurs ne reconnaissent la possession des vertus qu'aux philosophes (§ 3-4) ; c) mais Plotin fait place aux vertus politiques au sein de sa classification quadripartite (§ 8-12) ; d) donc Plotin s'accorde avec Cicéron pour penser que les vertus politiques peuvent elles aussi conférer le bonheur. En fait ce raisonnement implique un gauchissement de la pensée de Plotin : cf. ci-dessous, note 196.

190. La distinction des quatre vertus cardinales, prudence, tempérance, courage et justice, déjà attestée chez Eschyle, *Sept.* 610, a été développée par Platon, *Rép.* IV, 427e sq. ; *Prot.* 330b ; *Phédon* 69b. Elle devint un bien commun au platonisme et au stoïcisme, en même temps qu'un *topos* rhétorique (la *Rhétorique à Herennius* III, 3 et Cicéron, *Inv.* II, 159-160 décrivent ces quatre vertus ainsi que leurs espèces en guise de *locus* oratoire).

191. Plotin, *Enn.* I, 2 (Περὶ ἀρετῶν). Il est rarissime que Macrobe indique ses sources. Ici, il se trouve que nous avons conservé non seulement le traité *Des Vertus* de Plotin, mais aussi le résumé qu'en a donné Porphyre dans les *Sententiae ad intelligibilia ducentes*, 32 (ce qui permet d'apprécier, pour une fois, la façon dont Macrobe dispose de ses sources : loin d'être un copiste passif, il domine et adapte). La comparaison des trois textes montre que c'est Porphyre, et non Plotin,

qui est la source directe de Macrobe (cf. la démonstration de P. Henry, (1934), p. 154-162). Si Macrobe cite Plotin, c'est par fidélité à l'esprit plus qu'à la réalité de la filiation : car Plotin est l'inventeur des quatre degrés de la vertu, même si c'est Porphyre qui fournit à Macrobe l'essentiel de sa description.

192. *Sociale animal* : cf. Porphyre, *Sent.* 32, 2 (ἐκ τοῦ συναγελασμοῦ καὶ τῆς κοινωνίας πολιτικαὶ λέγονται), mais aussi Cic., *Rép.* I, 39 : à l'origine du *populus* se trouve une *naturalis quaedam hominum quasi congregatio*. Cicéron lui-même emprunte l'idée aux Stoïciens et en particulier à Chrysippe (cf. *S.V.F.* III, 492). Ainsi, Macrobe superpose à ses sources grecques sa propre culture latine et romaine.

193. Virg., *Aen.* VI, 664.

194. Cf. Porphyre, *Sent.* 32, 2. Par ailleurs la *prudentia* est traditionnellement définie (chez les Stoïciens en particulier) comme la *scientia rerum bonarum et malarum et nec bonarum nec malarum* (Cic., *Inu.* II, 160 ; *N.D.* III, 38 ; etc.), où *scientia* rend l'idée de norme rationnelle.

195. Cf. *Rhet. Her.* III, 3 : *iustitia... ius uni cuique rei tribuens pro dignitate cuiusque* ; Cic., *Inv.* II, 160 : *iustitia... suam cuique tribuens dignitatem.*

196. Macrobe accorde aux vertus politiques un développement beaucoup plus important que ne le faisaient Plotin (*Enn.* I, 2, 1, 16-21) et Porphyre (*Sent.* 32, 2). Simple effet d'*augmentatio* rhétorique, facilité par l'existence préalable d'un grand nombre de lieux communs (comme le croit J. Flamant, (1977), p. 608-614 ; cf. ci-dessus, n. 190) ? Nous penserions plutôt, comme déjà Cl. Zintzen, (1969), que Macrobe infléchit ses sources afin d'adapter le matériau néoplatonicien à la thèse cicéronienne et aux valeurs traditionnelles romaines.

197. Plotin, *Enn.* I, 2, 3, 10 sq. ; Porphyre, *Sent.* 32, 3.

198. Au § 4.

199. Cf. Plotin, *Enn.* I, 2, 6 ; Porphyre, *Sent.* 32, 4.

200. Juvénal, 10, 360. Le poète est cité deux fois encore dans le *Commentaire* (I, 9, 2 = Juv., 11, 27 ; I, 10, 12 = Juv., 13, 3) et une fois dans les *Saturnales* (III, 10, 2 = Juv., 1, 15).

201. Ci-dessus, I, 2, 14. Cf. Plotin, *Enn.* I, 2, 7 ; Porphyre, *Sent.* 32, 6-7.

202. Virg., *Aen.* VI, 733. Cf. le commentaire de Servius, *ad loc.* : *Varro et omnes philosophi dicunt quattuor esse passiones.* En fait, ce sont surtout les Stoïciens (depuis Zénon : *S.V.F.* I, 211) qui ont popularisé la liste des quatre passions fondamentales, douleur, crainte, désir, plaisir : cf. Cic., *Fin.* III, 35 ; *Tusc.* III, 24-25 ; IV, 15 (cf. *S.V.F.* III, 377 sq.).

203. Cf. l'autre célèbre définition cicéronienne : *populus autem non omnis hominum coetus quoquo modo congregatus, sed coetus multitudinis iuris consensu et utilitatis communione sociatus* (*Rép.* I, 39).

204. Cf. *infra*, I, 21, 34 : *animorum origo caelestis est sed lege temporalis hospitalitatis hic exulat.* La doctrine de l'origine céleste de

l'âme apparaît chez les Présocratiques, avant de passer chez Platon : au témoignage même de Macrobe, Héraclite considérait que l'âme était une étincelle détachée de la substance stellaire (*Comm.* I, 14, 19 = *Vors.* 22 A 15). Platon (*Tim.* 90a sq.) développe l'idée d'une parenté de l'âme intelligente avec le ciel. Par la suite, les Stoïciens répètent que l'âme humaine, composée d'éther et de feu, est une parcelle de la substance divine constituant les astres (*S.V.F.* I, 504 ; II, 633 ; 773 sq. ; Sénèque, *Ep.* 66, 12 ; *Ot.* 5, 5 : *[animas] partem ac ueluti scintillas quasdam astrorum*). A l'époque de Macrobe la croyance en l'origine céleste de l'âme est quasi unanimement partagée, et *recte philosophantes* n'exclut guère que les Épicuriens (comme le dit J. Flamant, (1977), p. 530 sq.).

205. Juvénal, *Sat.* 11, 27 (déjà cité en I, 8, 9 : cf. note *ad loc.*). Macrobe interprète la formule du dieu de Delphes comme une exhortation à l'introspection cathartique par laquelle l'âme prend conscience de son origine céleste et de son essence divine.

206. Réponse de l'oracle à Crésus (Xénophon, *Cyropédie* VII, 2, 20). La formule était gravée sur le fronton du temple : le fait est attesté par Xénophon, *Mém.* IV, 2, 24. Selon les *Saturnales* I, 6, 6, c'est sur le jambage de la porte qu'elle était inscrite (*cum posti inscriptum sit Delphici templi... ista sententia γνῶθι σεαυτόν*).

207. Adaptation de Perse, *Sat.* 1, 7 : *nec te quaesiueris extra.*

209. Virg., *Aen.* XII, 952 (c'est le dernier vers du poème). Cette citation est la première d'une abondante série tirée du chant VI de l'*Enéide*, à laquelle se mêlent divers emprunts à d'autres poètes latins. D'où l'hypothèse selon laquelle Macrobe utiliserait ici un commentateur néoplatonicien latin de Virgile. Confortant l'hypothèse de F. Bitsch, *De Platonicorum quaestionibus quibusdam Vergilianis*, Berlin, 1911, et de P. Courcelle, « Les Pères de l'Église devant les Enfers virgiliens », *Archives d'histoire doctrinale et littéraire du Moyen-Âge*, (30), 1955, p. 5-74, P. Hadot, *Marius Victorinus. Recherches sur sa vie et ses œuvres*, Paris, 1971, p. 215-231, a supposé que le commentateur en question pouvait être Marius Victorinus. Il est suivi par J. Flamant, (1977), p. 576-580 (qui observe néanmoins que les citations de l'*Enéide* ne sont pas présentées dans l'ordre du texte virgilien, et suppose que l'ouvrage de Marius Victorinus utilisé par Macrobe pourrait être plutôt des *Libri Platonicorum*).

210. Virg., *Aen.* VI, 736-7. Dans les manuscrits, la citation omet le mot *omnes* qui clôt le vers 736. Qu'on attribue cette absence à une erreur ou à une intention délibérée, la chose est bizarre chez un écrivain aussi scrupuleux dans ses citations que Macrobe, à plus forte raison lorsqu'il s'agit d'un texte connu de tout écolier latin, comme le chant VI de l'*Enéide*. Mais on remarquera par ailleurs que *funditus* n'est donné que par une correction de seconde main de S, les autres manuscrits offrant des leçons de pure imagination. Dès lors, il semble probable que le même désastre ayant affecté les deux termes *funditus omnes* dans l'archétype, un scribe érudit a rétabli dans S^2 le premier mot mais non le second, et que l'omission de *omnes* n'est pas le fait de Macrobe.

211. Pour la doctrine de la métempsychose et ses avatars chez les Néoplatoniciens et chez Macrobe, cf. K. Mras, (1933), p. 253 ; F. Buffière, (1956), p. 500-520 ; J. Flamant, (1977), p. 615-628 ; M. Regali, (1983), *ad loc.* ; L. Scarpa, (1981), *ad loc.* ; M. di Pasquale Barbanti, (1988), p. 115 et n. 63 ; A. Setaioli, (1995), chap. IV, p. 123-143. D'origine pythagoricienne (Jamblique, *Vie de Pyth.* 63), la métempsychose a été adoptée par Platon, puis par les Néoplatoniciens. Plus discutée, l'idée que l'âme puisse se réincarner dans un corps d'animal est admise par les Pythagoriciens, par Platon (*Rép.*, X, 618a ; *Phaed.* 81e-82b ; *Phaedr.* 249b ; *Tim.* 42c) et par Plotin (*Enn.* III, 4, 2 ; IV, 3, 12, 37-9). Elle présente pourtant une difficulté (à laquelle Plotin avait d'ailleurs réfléchi : *Enn.* VI, 7, 6) : comment une âme peut-elle se dégrader au point de devenir irrationnelle ? Difficulté que Némésius tente de résoudre en considérant les réincarnations animales, telles que les décrit Platon, comme un simple symbole (cf. F. Buffière, (1956), p. 517-20 et n. 76). Quant à Porphyre, il semble avoir adopté successivement les deux thèses : dans son commentaire au mythe de Circé (*ap.* Stobée, I, 41, 60, p. 1046 Wachsmuth), il soutient fermement la métempsychose animale, alors que dans le *De regressu animae* il l'aurait rejetée (au témoignage d'Augustin, *Civ.*, X, 30 ; XII, 27). Macrobe, qui, au chapitre I, 13, suit pourtant de près le *De regressu*, semble donc s'en écarter ici, soit qu'il adopte la première des deux thèses de Porphyre, soit — ce qui nous semble moins vraisemblable — qu'il revienne à Plotin par-delà Porphyre.

213. Hésiode, *Trav.* 122-3 et 126, où il s'agit des hommes de la race d'or, qui après leur mort reçoivent « l'honneur royal » (γέρας βασιλήϊον) de devenir des démons, gardiens des mortels. Ces vers ont connu une grande fortune dans la tradition platonicienne et néoplatonicienne (ils sont cités ou paraphrasés par Platon, *Rép.* V, 469a ; *Crat.*, 398a ; Plutarque, *De Is. et Os.* 361B ; *De def. orac.* 417B ; 431E ; Proclus, *In Remp.*, II, 75, 18 sq.). Constatant que Macrobe gauchit le sens des vers hésiodiques, A. Setaioli, (1966), p. 192, suppose avec vraisemblance qu'il ne disposait pas de leur contexte, et que γέρας βασιλήϊον lui a fait croire à tort qu'Hésiode parlait des chefs d'état.

217. *Qui merentur* atteste un glissement de la pensée. Dans le *Songe* en effet, Cicéron ne visait que la survie des âmes des bons politiques. L'expression de Macrobe, plus large, semble impliquer que tous les hommes méritants (c'est-à-dire dont les âmes ont été purifiées par la pratique de toutes les vertus décrites au chapitre 8, et non seulement par celle des vertus politiques) ont accès au séjour astral. L'eschatologie néoplatonicienne se substitue à la pensée cicéronienne.

219. L'image qui fait de la vertu une semence enfouie dans l'âme humaine, et que la philosophie fait lever, remonte, au témoignage de Cicéron (*Fin.* IV, 18), à Xénocrate et Aristote (cf. en effet *Hist. an.* VIII, 588 a 32-33, et, pour l'idée, *Eth. Nic.* II, 1 et 6). Mais ce sont sutout les Stoïciens qui l'ont développée, en relation avec leur théorie des σπερματικοὶ λόγοι, et elle imprègne toute la tradition stoïcisante : *S.V.F.* I, 566 ; II, 834 ; III, 214 ; Musonius, II, p. 8, 11 Hense ; Cic., *Fin.* V, 18

(*uirtutum igniculi ac semina*) ; V, 43 ; *Diu*. I, 3, 6 ; *Tusc*. III, 2 ; Philon, *Prob*. 71 ; *De congr*. 127 ; Sén. *Ep*. 73, 16 ; 94, 29 ; 108, 8.

221. La représentation de la mort comme « envol » de l'âme hors du corps remonte à Homère (*Il*. XIX, 454 ; XXII, 362) et se rencontre dans la tradition poétique (Eur., *El*. 177 ; *Or*. 675 ; Aristoph., *Ois*. 1445 ; *Nuées* 319). Mais c'est surtout une image platonicienne : *Leg*. 905a ; *Phaedr*. 246a ; 248d ; 249a ; 256e, liée à celle de l'âme « ailée » (*Phaed*. 70a et 109e ; *Tim*. 81d ; *Rép*. 469d). Chez Cicéron lui-même, cf. *Lael*. 14 : *optimi cuiusque animus in morte facillime euol(a)t tamquam e custodia uinclisque corporis*.

223. *Rép*. VI, 14 = *Somn*. 3, 2. *Vestra uita... mors est* : l'idée remonte à Héraclite, *Vors*. 22 B 62 et 77 (cité par Porphyre, *De antro nympharum* 10), et se lisait chez Euripide, frg. 639 Nauck, cité par Platon, *Gorgias* 493a. Cf. Cic., *Scaur*. 5 : *Platonis... lib(er) de morte* (c'est-à-dire le *Phédon*), *in quo, ut opinor, Socrates... disputat hanc esse mortem quam nos uitam putaremus*. Elle est confortée par l'image du corps-tombeau de l'âme : cf. ci-dessous, n. 228, p. 59.

224. L'exposé des chapitres I, 10, 9 - I, 12, consacré à l'emplacement des enfers, est clairement structuré :
I) (chap. 10, 9-fin) : Thèse pré-philosophique soutenue par les *auctores constituendis sacris caerimoniarum* ou *theologi* : les enfers ne sont autres que le corps.
II) (chap. 11 et 12) : Thèses philosophiques :
   a) (chap. 11, 1-3) Question préalable (thèse pythagorico-platonicienne) : il faut distinguer la mort de l'âme et celle de l'être animé.
   b) (chap. 11, 4 à chap. 12, fin) Les enfers sont une région du monde, soutiennent les *Platonici*, eux-mêmes divisés en trois écoles dont les opinions sont rapportées respectivement aux chap. 11, 5-7 ; chap. 11, 8-9 ; chap. 11, 10-12 et chap. 12.

225. *Aliqua... amore breuitatis excerpsimus* semble indiquer que Macrobe condense sa ou ses sources avec une certaine autonomie. Mais quelles sont-elles ? Pour le détail des discussions, cf. H. De Ley, (1967) ; et aussi M. A. Elferink, (1968) ; H. De Ley, (1972) ; J. Flamant, (1977), p. 575-81 ; L. Scarpa, (1981), *ad loc*. ; M. Regali, (1983), *ad loc*. ; A. Setaioli, (1995), p. 173-205 ; et, ci-dessous, notes *ad loc*.

226. Ces *auctores constituendis sacris caerimoniarum* sont les *theologi* des § 16 et 17. Depuis Aristote, θεολόγοι et sa transcription latine *theologi* désignent les poètes des premiers âges (Homère, Hésiode, Orphée...) qui ont traité des généalogies divines (cf. par ex. Cic., *N.D.* III, 53). Notons aussi qu'en I, 2, 9, à propos du discours allégorique, Macrobe juxtaposait aux *sacra caerimoniarum* les noms d'Hésiode et Orphée. L'usage qu'il fait de *theologi* (au § 16 et *infra*, I, 14, 5 ; 17, 14) se rapproche de celui des termes θεολογικόν et θεολογικῶς, appliqués à la pratique allégorique des mythes par Strabon, X, 3, 23 et Plutarque, *De fato* 1, 568D (cf. A.-J. Festugière, (1949-54), II, p. 601 sq.). L'identification des *auctores... / theologi*, liée au problème des sources de Macrobe,

a suscité diverses hypothèses : E. Dodds, (1960), qui fait remonter l'ensemble des chapitres 10, 8 à 12, 17 à Numénius, rapproche ces *auctores* des τελεταί et des ἱδρύσεις orientaux dont parle Numénius, frg. 1ᵃ Des Places. P. Courcelle, (1948), p. 28-29, suivi par M. Regali, (1983), p. 307-308, en comparant ce passage avec un fragment du *De Styge* de Porphyre cité par Stobée (*Ecl.* I, p. 420 Wachsmuth), voit en Porphyre la source de Macrobe. H. De Ley, (1966), p. 194 sq., dont la démonstration nous paraît convaincante, écarte Numénius comme Porphyre, mais, par rapprochement avec Proclus (*In Remp.* II, p. 107, 11 Kroll), identifie les *sacra caerimoniarum* aux cérémonies des cultes à mystères. J. Flamant, (1977), p. 581, frappé par le caractère moralisateur du passage et par le nombre de citations poétiques latines, suppose que Macrobe a puisé dans une source latine intermédiaire, postérieure à Juvénal.

227. L'idée que l'âme a été jetée en prison dans le corps pour expier une faute est une idée orphique (selon Platon, *Crat.* 400c) et pythagoricienne (Philolaos, *Vors.* 44 B 14). Chez ce dernier et chez Platon (*Phaed.* 62 b), le corps est une φρουρά : terme ambigu, qui peut avoir les sens de « parc à bétail », « poste militaire » ou — ce qui semble le meilleur — « prison ». L'image du corps-prison est fréquente chez Cicéron : *Tusc.* I, 74 ; I, 118 ; II, 48 ; *Lael.* 14 ; *Scaur.* 5. Elle figure dans les textes aussi bien littéraires (Virg., *Aen.* VI, 734 ; Lucain, VI, 721) que proprement philosophiques (*Axiochos* 365e ; Philon, *Ebr.* 101 ; *Somn.* 1, 139 ; Sén., *Pol.* 9, 3 ; *Ep.* 26, 10 ; Plutarque, *De sera num. uind.* 554D ; Plotin, *Enn.* IV, 8, 1, 30 ; Porphyre, cité par Aug., *Civ.* XII, 27, 10). Cf. P. Courcelle, « Traditions platoniciennes et traditions chrétiennes du corps-prison », *R.E.L.*, (43), 1965, p. 406-442.

229. Philon, *Quaest. in Gen.* 4, 234, pose déjà l'Hadès comme équivalant au corps, et l'on trouve des traces de cette même doctrine chez Servius (*Ad. Aen.* VI, 477 : *inferi, ut diximus supra, humanam continent uitam, hoc est animam in corpore constitutam* : cf. A. Setaioli, (1995), p. 173-9.

230. *Obliuionis fluuius* : cf. Sén., *Marc.* 19, 4 ; Lact., *Inst.* VII, 22, 16 ; Firm., *Math.* I, 2, 10 ; Serv., *Ad Aen.* VI, 705 ; Aug., *Civ.* X, 30. Il s'agit du Léthé, auquel, selon la tradition mythologique courante, les âmes buvaient pour oublier leur vie terrestre (Hésiode, *Théog.* 227 sq. ; Virg., *Aen.* VI, 714-5 ; Ov., *Pont.* II, 4, 23). Mais chez Platon au contraire (*Rép.* X, 621a), les âmes boivent au Léthé avant de se réincarner dans un nouveau corps, pour oublier ce qu'elles ont vu dans l'au-delà ; même infléchissement du mythe chez Virg., *Aen.* VI, 748-51 ; Plotin, *Enn.*, IV, 3, 26, 52-55 ; Proclus, *In Remp.* II, p. 346, 19 sq. et 348, 18 sq. Kroll. Servius, *Ad Aen.* VI, 714, précise : [l'âme] *obliuiscitur autem secundum poetas praeteritorum, secundum philosophos futuri*. Cf. A. Setaioli, (1995), p. 56 sq.

231. Le Phlégéthon (ou Pyriphlégéthon) s'unit avec le Cocyte pour former l'Achéron : cf. Hom., *Od.* X, 513 ; Platon, *Phaed.* 113b ; 114a ; Luc., *Dialogue des Morts*, 20, 1 ; Virg., *Aen.* VI, 550-1. Son nom (de φλεγέθειν, « être en flammes ») indique qu'il était fait de feu. Les quatre

fleuves infernaux, Achéron, Phlégéthon, Cocyte et Styx ont fait l'objet de la part des Anciens d'interprétations de deux types différents. Cf. A. Setaioli, (1995), p. 176 sq. : la première, rationaliste, est attestée par Apollodore d'Athènes (frg. 102 Jacoby = Stob., *Ecl.* I, 418, 9-420, 20), Héraclite (l'auteur des *Quaestiones Homericae*, 74, 2-5), Servius (*Ad Aen.* VI, 107 ; VI, 132 ; VI, 134 ; VI, 154 ; VI, 295 ; VI, 324) : le nom de chaque fleuve symbolise une circonstance entourant la mort (absence de joie pour l'Achéron, feu du bûcher pour le Phlégéthon, lamentations funèbres pour le Cocyte, tristesse pour le Styx). L'autre interprétation, moralisante, est celle à laquelle se rattache Macrobe : chaque fleuve représente une passion humaine. Porphyre avait écrit un *De Styge*, dont des fragments nous sont connus par Stobée, *Ecl.* I, 418, 9-420, 20 : l'ordre des fleuves, ainsi que la plupart des interprétations qui s'y trouvent attachées, y sont différents de ce qu'on lit chez Macrobe (ce qui rend improbable que Porphyre soit la source de Macrobe : cf. J. Flamant, (1977), p. 578, n. 49).

232. L'Achéron est le fleuve marécageux que franchissent les âmes dans la barque de Charon pour accéder aux enfers : Hom.,*Od.* X, 513 ; Virg., *Aen.* VI, 295-7. Les interprétations allégoriques antiques mettent son nom en relation avec ἄχος, « douleur, chagrin ».

233. Le Cocyte roule une eau glacée (*Od.* X, 514 sq. ; Plat., *Phaed.* 113c ; Virg. *Aen.* VI, 297 ; *G.* IV, 478 sq. ; Apul., *Met.* VI, 13). Son nom est en relation avec κωκύειν, « se lamenter ».

234. Pour la description mythologique du Styx, cf. Hésiode, *Théog.* 361 ; 383 sq. ; 775 sq. ; Virg. *Aen.* VI, 438-9 ; Apul., *Met.* VI, 13 sq. Les Anciens rapprochent son nom de στυγνός et de στυγνάζειν, qui contiennent la double notation de « haine » et de « tristesse » (cf. A. Setaioli, (1995), p. 176 sq.). Macrobe ne retient que le premier sens.

235. L'évocation des fleuves infernaux est suivie de celle des damnés. La description de Macrobe doit beaucoup à Virgile, *Aen.* VI, 595 sq. Mais en outre Macrobe donne des châtiments infernaux une interprétation allégorique, conformément à une riche tradition antique, en germe chez Platon, *Gorg.* 493a, puis commune par la suite sans distinction de doctrine : Philon, *Congr. erud.* 57 ; Cic., *Tusc.* I, 36-49 ; Hor., *Sat.* I, 1, 68-70 ; Plut., *De sera num. vind.* 554A. Pour les Épicuriens, qui devaient s'y être adonnés avec prédilection (cf. Servius, *Ad Aen.* VI, 127 ; Sén., *Ep.* 24, 18), il ne nous reste que le célèbre témoignage de Lucrèce, III, 978-1023 (cf. H. De Ley, (1967), p. 201, n. 45 ; A. Setaioli, (1995), p. 186 sq.).

236. Cf. Virg., *Aen.* VI, 598 : *immortale iecur tondens*. Il s'agit du géant Tityos, foudroyé par Zeus (ou, selon les auteurs, tué par les flèches d'Apollon et Artémis) pour avoir tenté de violer Léto, et jeté dans les enfers où son foie, dévoré par deux vautours, renaît selon les phases de la lune (Hom., *Od.* XI, 576-581 ; Lucr., III, 984-94, chez qui il symbolise l'homme *in amore iacentem* ; Virg., *Aen.* VI, 595 sq. ; Ov., *Met.* IV, 457 sq.).

239. Cf. Virg., *Aen.* VI, 616-7 : *radiisque rotarum / districti pendent.* Ixion, roi des Lapithes, qui avait tenté de violer Héra, fut attaché par Zeus à une roue enflammée (Pind., *Pyth.* II, 25 sq. ; Esch., *Eum.* 441 et 718 ; Soph., *Philoct.* 676 ; Virg., *Georg.* IV, 484 ; Ov., *Met.* IV, 461). L'interprétation allégorique que donne Macrobe de la roue d'Ixion est contaminée par la représentation traditionnelle de la Fortune faisant rouler les destinées des hommes.

240. Description du châtiment de Sisyphe (cf. Hom., *Od.* XI, 593-600). *Saxum ingens uoluere* : cf. Virgile, *Aen.* VI, 616 (*saxum ingens uoluunt alii*). *Atram silicem... similem* paraphrase *Aen.* VI, 602-3 (*atra silex iam iam lapsura cadentique / imminet adsimilis*). Chez Lucrèce, III, 995-1002, Sisyphe symbolise pareillement l'ambitieux.

241. *Odisse dum metuant* : célèbre citation de l'*Atrée* d'Accius, *oderint dum metuant* (cf. éd. Dangel, C.U.F., p. 118 et 279 sq.) ; cf. Cic., *Off.* I, 97 ; Sén., *Ira* I, 20, 4.

244. Virg., *Aen.* VI, 743. La formule de Virgile est extrêmement mystérieuse et a donné lieu aux interprétations les plus diverses, en particulier à propos du sens à donner à *manes* : s'agit-il du démon personnel à chaque homme dans la tradition platonicienne (interprétation la plus courante) ? Ou les mânes, qui sont, dans les croyances religieuses romaines, ce que devient la personne humaine après la mort, servent-elles à symboliser, associées à l'idée de processus pénible induite par le verbe *patimur*, le déclin de l'homme vers la vieillesse et la mort (suggestion de J. Perret, éd. de l'*Énéide*, C.U.F.) ? L'interprétation de Macrobe, en tous cas, est claire : c'est au sein même de notre vie corporelle que nous sommes en état de mort, et notre être, que nous croyons vivant, est en réalité réduit à l'état douloureux de *manes*.

245. Après avoir décrit la représentation pré-philosophique des enfers par les mythographes, Macrobe passe aux thèses des philosophes, pythagoriciens et platoniciens. Deux problèmes toujours discutés se posent à propos des chapitres 11 et 12 : 1) l'identification des trois écoles « platoniciennes » dont Macrobe rapporte successivement la pensée ; 2) la ou les sources du passage, dont la plus importante semble être Numénius, connu de Macrobe à travers Porphyre (cf. chap. I, 2, 19 et note 29). Il ne nous est pas possible d'entrer ici dans le détail des discussions ; nous nous bornerons à en donner quelques aperçus au fil du texte. Les principaux repères bibliographiques sont F. Cumont, (1919) ; (1942) ; (1949) (avec des variations d'un ouvrage à l'autre) ; K. Mras, (1933), p. 253-257 ; E.-A. Leemans, (1937) ; R. Beutler, (1940) ; E. R. Dodds, (1960) ; H. De Ley, (1967) ; (1972), particulièrement p. 7-14 ; E. Elferink, (1968) ; J. Flamant, (1977), p. 485-565 ; M. di Pasquale Barbanti, (1988), p. 120-141. On trouvera de précieux états de la question dans les commentaires de L. Scarpa, (1981), p. 410-11, et de M. Regali, (1983), p. 319-322. Dès maintenant, notons, à la suite de H. De Ley, (1967), p. 197 sq., que la conception progressiste de la connaissance dénotée par l'expression de Macrobe, *ueri sollicitior inquisitor philosophiae cultus*, s'oppose absolument à celle de Numénius, qui ne croit pas, lui, à un

progrès de la connaissance à travers le temps, mais au contraire à un recul. Pour Numénius, la vérité a été révélée de façon divine aux peuples archaïques par le biais des mythes ; son intérêt pour les mythes est d'ailleurs attesté par Macrobe lui-même, *Comm.* I, 2, 19. Cette distorsion est un indice pour limiter l'influence de Numénius, certaine aux chapitres I, 11, 10-11 (opinion de la troisième secte platonicienne) et I, 12, 1-3 (topographie du ciel), et seulement probable dans le reste du chapitre 12 (description de la descente de l'âme) : cf. J. Flamant, (1977), p. 549-553.

246. C'est la vie terrestre qui est la véritable mort : l'idée, chère à Platon, est en effet antérieure à lui, comme il l'atteste dans le *Gorgias* 493a, où il l'attribue à Euripide (frg. 639 Nauck) et au Pythagoricien Philolaos ; dans le *Cratyle* 400c en revanche, il se réfère aux Orphiques. La nature de cette mort est explicitée par Macrobe en I, 12, 17.

248. Pour les conceptions du corps-chaîne, du corps-tombeau et du corps-prison, cf. ci-dessus, I, 10, 6 et 9, et notes afférentes.

249. Depuis F. Cumont, (1929), p. 301, n. 28, les commentateurs s'accordent à considérer que cette représentation est d'origine pythagoricienne ; puis elle a été contaminée par la conception aristotélicienne des deux moitiés, active et passive, de l'univers, avant de passer aux Néo-pythagoriciens et aux Néo-stoïciens. K. Mras, (1933), p. 254, puis M. A. Elferink, (1968), p. 37-9, rapprochant le texte de Macrobe de celui de Proclus, *In Tim.* III, p. 234, 9-18 Diehl, suggèrent que ce premier groupe de « Platoniciens » selon Macrobe pourrait correspondre aux Médio-platoniciens Albinus et Atticus ; la source directe de Macrobe serait le *Commentaire au Timée* de Porphyre. On trouvera une excellente mise au point *ap.* M. Regali, (1983), p. 314-6.

250. Cf. ci-dessous, I, 21, 33 et note 474, p. 199-200.

251. Cf. Serv., *Ad Aen.* III, 63 : *animabus plena sunt loca inter lunarem et terrenum circulum, unde et defluunt.*

252. *Aetheria terra* : *id.* au § 8, ainsi que ci-dessous, I, 19, 10 : *lunam quoque terram sed aetheriam uocauerunt.* Cf. W. H. Stahl, (1990²), p. 131, n. 8 : cette appellation était attribuée soit à Orphée, soit aux Égyptiens (cf. Proclus, *In Tim.* I, p. 147, 9 et II, p. 48, 17 Diehl). Selon Simplicius, *In Aristotelis De caelo comm.* 229b, elle était commune chez les Pythagoriciens.

253. L'idée que la lune est habitée, ancrée probablement dans des croyances populaires, se rencontre de bonne heure dans la pensée grecque, sans qu'il soit toujours facile de faire nettement la part de la crédulité, de la fantaisie poétique et de la réflexion proprement philosophique. Cf. W. Gundel, art. *Mond*, *R. E.*, XVI, 1935, col. 79 sq. ; C. Préaux, (1973), p. 178 sq. Certains êtres exceptionnels seraient tombés de la lune : le lion de Némée (croyance attribuée à Anaxagore, *Vors.* 59 A 77 !), Hélène (selon Athénée, II, 57f, qui n'y croit pas). Selon Achille Tatius, *Introduction à Aratos*, 21, Maass, 49, 4, « d'autres auteurs » pensent qu'il y a sur la lune des habitants, des fleuves, et toutes les autres choses qui sont aussi sur la terre. Il est probable que ces « auteurs » sont des Pythagoriciens. Ces derniers en effet semblent avoir accordé une

importance toute particulière aux supposés habitants de la lune. Philolaos (*Vors* 44 A 20) affirmait qu'il y avait sur toute la surface de l'astre des végétaux et des animaux plus grands et plus beaux que sur la terre. Dans les acousmates de l'école, les Iles des Bienheureux ne sont rien d'autre que le Soleil et la Lune (*Vors*. 58 C 4). Enfin, une croyance pythagoricienne veut qu'après la mort les âmes purifiées aillent se fixer sur la lune : cf. F. Cumont, (1949), p. 175. Platon, dans le mythe du *Banquet* (190d), situe sur la lune les androgynes ronds. Aristote, raisonnant de façon plus scientifique, supposait qu'il pouvait se trouver sur la lune une race d'êtres vivants, propres à ce milieu spécifique fait de feu. Les habitants de la lune sont intégrés par la tradition médio- et néoplatonicienne : Plutarque, *De facie* 937D, affirme la possibilité de leur existence, dans la mesure où la lune est faite de terre, et où la terre a la capacité de nourrir des êtres vivants. Enfin, Proclus, *In Tim*. V, p. 307, 10 sq. Diehl, fait dire à Platon (à propos du *Timée* 42 d 4-5) que le démiurge a « semé » des hommes sur la lune comme sur la terre.

254. Cette observation ne se limite pas aux mouvements des marées. Cic., *Diu*. II, 33 : *ostreisque et conchyliis omnibus contingere ut cum luna pariter crescant pariterque decrescant* ; cf. les très nombreux *loci similes* réunis par A. S. Pease *ad loc*., dont Aristt., *Part. An*. 680 a 31-34 ; Hor., *Sat*. II, 4, 30 ; Manil., *Astron*. II, 93-5 ; Pline, *N.H*. II, 109 et 221 ; IX, 149 ; Sén., *N.Q*. IV, 23, 1 ; Aulu-Gelle, *N.A*. XX, 8, 4 ; et Macrobe lui-même, *Sat*. VII, 16, 31. Cf. Cl. Préaux, (1973), p. 64-135 ; S. Lunais, *Recherches sur la lune*, Leyde, 1979, p. 68-78.

255. L'opinion de ce deuxième groupe de Platoniciens est exposée en termes semblables par Proclus, *In Tim*. II, p. 48, 17 sq. Diehl, qui cependant l'attribue aux Pythagoriciens (cf. K. Mras, (1933), p. 254). Il ne pourrait en fait s'agir que de Néopythagoriciens, puisque l'ordre des planètes sur lequel s'appuie la description est l'ordre chaldéen, qui ne prévalut qu'à partir du IIe s. av. J. C. J. Flamant, (1977), p. 543-544, propose, avec beaucoup de prudence, l'hypothèse que cette doctrine ait été mentionnée simplement par Numénius et incluse par Porphyre, la source de Macrobe, dans une doxographie platonicienne. Remarquons pour notre part que l'on retrouve, intégrées dans cette triple classification, des croyances générales attestées ailleurs. Ainsi Lucain, X, 504-509, attribue à Saturne la neige (c'est-à-dire l'eau associée au froid), à Mars la tempête et la foudre (le feu), à Jupiter l'air calme, à Mercure l'eau (cf. Lucain. *La Guerre civile*, éd. J. Soubiran, Toulouse, E.U.S., 1998, notes p. 271-272).

256. La thèse de cette troisième secte platonicienne, à laquelle se rallie Macrobe (*quorum sectae amicior est ratio*), est au fond celle de tous les Néoplatoniciens, comme le remarque J. Flamant, (1977), p. 545, citant Plotin, *Enn*. III, 4, 6 ; IV, 3, 12 ; Porphyre, *Sent*. 29 ; Proclus, *In Remp*., II, p. 129, 25 sq. Kroll. Il est probable que Macrobe l'a empruntée à Porphyre, et qu'elle remonte, par-delà cet intermédiaire, à Numénius (qui est la source du chap. 12, 1-3 : cf. note 245, p. 164-165).

258. Les enveloppes éthérées ou ἐνδύματα (cf. aussi ci-dessous I, 12, 13), dont l'âme se revêt au cours de sa descente, sont des émanations des différentes sphères célestes, émanations successivement aériennes, aqueuses, terrestres, qui servent d'intermédiaires entre la pureté originelle et immatérielle des âmes et leur pesant corps d'ici-bas. C'est la doctrine de l'ὄχημα ou « véhicule » pneumatique de l'âme, chère à la gnose hermétique et aux Néoplatoniciens : cf. en particulier *Oracles Chaldaïques*, frg. 104 ; 120 (éd. Des Places) ; Plotin, *Enn.* I, 6, 7, 5-6 ; Jamblique, *ap.* Stobée, I, 385 Wachsmuth ; Serv., *Ad Aen.* VI, 714 ; Proclus, *In Tim.* III, 297, 20 sq. ; 234, 19 sq. (se référant à Porphyre). On trouvera un copieux exposé de cette doctrine et de son histoire *ap.* E. R. Dodds, (1963²), p. 313 sq. ; A. Setaioli, (1995), p. 89-121.

259. Même expression *ap.* Synésios de Cyrène, *Traité des Songes* 1297 b.

260. La plupart des commentateurs s'accordent à considérer que, pour les § 1-3 de ce chapitre, nous possédons la source directe de Macrobe : c'est le *De antro nympharum* de Porphyre, où est interprétée allégoriquement la description de la grotte des nymphes à Ithaque, *Od.*, V, 102-122. Porphyre y voit un symbole du cosmos conçu comme lieu de la destinée de l'âme. Nous pouvons saisir ici la méthode de Macrobe : il contamine deux passages du traité de Porphyre, les § 21-23 et le § 28. Dans les § 21-23, Porphyre élucide la signification des deux entrées de la grotte, orientées par Homère l'une vers le nord, l'autre vers le sud, et réservées respectivement, la première aux hommes, la seconde aux dieux. Ces portes symboliseraient le Cancer et le Capricorne, par où passent les âmes : le Cancer pour descendre vers la génération, le Capricorne pour remonter vers les dieux. Porphyre attribue explicitement cette doctrine à Numénius et à son disciple Cronius (cf. Numénius, *Testimonia*, 42-43 Leemans). Dans le § 28 en revanche, Porphyre parle des portes du Soleil mentionnées dans l'*Od.* XXIV, 12, pour les assimiler à leur tour au Cancer et au Capricorne, limites tropicales du trajet du soleil. Macrobe contamine donc, sans le signaler, deux passages du même traité porphyrien, relatifs à deux textes homériques distincts ; et ce n'est qu'à la fin du développement (§ 3) qu'il fait allusion à la grotte d'Ithaque. Il faut signaler cependant que H. De Ley, (1972), p. 15-25, et J. Flamant, (1977), p. 549-53, préfèrent supposer que Macrobe a pour source un autre traité de Porphyre (le *Commentaire à la République*, ou le *De regressu animae*, ou le *De Styge*). Leurs argumentations — indépendantes l'une de l'autre — s'appuient essentiellement sur la proximité du texte de Macrobe avec celui de Proclus, *In Remp.* II, 129 Kroll, et sur des différences de détail avec le *De antro nympharum*. Mais d'une part on ne sait pas grand'chose des traités porphyriens en question, ce qui rend l'hypothèse invérifiable. D'autre part, les différences entre le texte de Macrobe et le *De antro* ne sont pas suffisantes pour compromettre la filiation entre les deux œuvres. Aussi vaut-il mieux s'en tenir à la thèse communément reçue : le *De antro* est la source de Macrobe. Pour les

diverses exégèses antiques de la grotte des nymphes, cf. F. Buffière, (1956), p. 438-459.

261. Affirmation erronée, ont noté les commentateurs depuis le Moyen-Âge (cf. W. H. Stahl, (1990²), p. 133, n. 1) : il s'agit en réalité des Gémeaux et du Sagittaire. L'erreur appartient à la tradition néoplatonicienne : elle était déjà chez Porphyre, *De antro nympharum* 28. On la retrouve chez Proclus, *In Remp.* II, 129 Kroll (cf. n. préc.).

262. Cic., *Rép.* VI, 13 = *Somn.* 3, 1 (cf. aussi *Comm.* I, 4, 5, et, pour la description astronomique de la Voie Lactée, I, 15, 1-7). Après Cicéron, et peut-être sous son influence, Manilius, I, 760 sq., fait à son tour de la Voie Lactée le paradis des âmes méritantes. La Voie Lactée comme lieu originel d'où descendent les âmes : l'idée est pareillement attribuée à Pythagore par Porphyre (*De antro nympharum* 28) et Proclus (*In remp.* II, 130, 2), et à Héraclide du Pont par Jamblique (*ap.* Stobée, I, 378, 12 Wachsmuth). Proclus, comme Macrobe, explique que le lait est le premier aliment du nouveau-né, en souvenir du séjour originel des âmes (trace aussi de cette doctrine chez Servius, *Ad Aen.* III, 68). En revanche, chez Porphyre, l'idée est inversée : c'est parce que les âmes tombées dans la génération commencent par se nourrir de lait que le lieu dont elles proviennent a été appelé Voie Lactée.

264. Cette affirmation est étrange. Elle semble incompatible avec la descente décrite peu après, aux § 12-14, où l'on voit les âmes traverser successivement les diverses sphères planétaires (énumérées dans l'ordre chaldéen, de Saturne à la Lune). Ici, en revanche, leur trajet les conduit du Cancer dans le Lion. Or le Lion, comme le Cancer, se situe sur la sphère des fixes, et il est à la même distance de la terre. Dès lors la descente des âmes est une descente en latitude, non en profondeur. Macrobe juxtapose-t-il, comme cela lui arrive parfois, deux représentations incompatibles empruntées à deux sources différentes ? Et si oui, d'où vient celle que nous avons ici ? A moins que les âmes, descendant à travers les sphères planétaires, comme cela sera décrit aux § 12-14, adoptent une trajectoire non pas linéaire mais courbe, et qui les fasse passer, non pas « dans » les divers signes du zodiaque à proprement parler, mais sous eux, de façon à ce que leur déplacement considéré de la terre semble se faire, par illusion d'optique, à travers ces signes (même problème que lorsque les astrologues disent des planètes qu'elles se trouvent « dans » tel ou tel signe : cf. *Comm.* I, 21, 1-4 et notes).

265. On sacrifiait aux Mânes lors des Parentalia, du 13 au 21 février : probable addition « romaine » de Macrobe à ses sources grecques. Quant au Verseau, domicile nocturne de Saturne, la plus funeste des planètes (cf. *Comm.* I, 21, 26), il est un signe *triste* : *contristat Aquarius annum* (Hor., *Sat.* I, 1, 36) : cf. W. Hübner, (1982), pp. 229 ; 237 ; 285.

266. Dans l'imaginaire philosophique grec (exception faite des atomistes et des Épicuriens) la forme sphérique est régulièrement assimilée à la perfection divine ou spirituelle, en particulier chez Platon (par ex. *Tim.* 33b-34a ; *Polit.* 269d ; *Lois* 898a-b) et ses sectateurs (Apul., *De Plat. et eius dogm.* I, 8, 198). C'était un lieu commun aussi du stoï-

cisme : Cic., *N.D.* I, 18 ; II, 47 (éloge de la beauté de la sphère dans la bouche du Stoïcien Balbus) ; Sén., *Apoc.* 8, 1 ; *Ep.* 113, 22. Cf. L. S. Ballew, *Straight and circular : a Study of Imagery in Greek Philosophy*, Vanderbilt University, Ph. D., 1975 ; J. Pigeaud, *L'art et le vivant*, Paris, 1995, p. 55 sq. ; et ci-dessous, I, 14, 8 ; 9 ; 22, et notes.

269. Pour le thème de l'ivresse et de l'intoxication de l'âme par la matière, Platon, *Phaed.* 79c ; Boèce, *Cons.* III, *pr.* 2, 45 (autres textes *ap.* P. Courcelle, (1974-1975), I, p. 70, n. 7). Cf. M.A. Elferink, (1968), p. 30-31.

270. En fait, la Coupe se situe plus au sud, entre le Lion et la Vierge, non entre le Cancer et le Lion. Elle forme avec l'Hydre et le Corbeau une triade liée par un mythe unique (Eratost., *Catast.* 41 ; Ov., *F.* II, 243-66 ; Hygin, *Astr.* II, 40 : cf. A. Le Bœuffle, (1977), p. 204). Mais d'autres mythes la rattachent à Liber (Hygin, *loc. cit.* ; Manil., *Astron.* I, 417 sq.).

275. La descente (et le retour) de l'âme à travers les sphères célestes, décrite aux § 13-15, est une doctrine très ancienne, qui mêle conceptions eschatologiques, d'origine probablement orientale, et représentations astronomiques, à propos de l'ordre, chaldéen ou égyptien, des sphères planétaires traversées par l'âme (Macrobe adopte ici l'ordre chaldéen ; mais en I, 19, 1-13 il tentera de concilier cet ordre et l'ordre égyptien : sur ces questions, cf. les notes afférentes). K. Mras, (1933), p. 256, a relevé les parentés entre ce passage de Macrobe et Proclus, *In Tim.* III, p. 355, 12 Diehl, mais on a pu montrer que les deux auteurs ne suivaient pas la même source immédiate : l'ordre dans lequel ils citent les planètes diffère (ordre chaldéen chez Macrobe, égyptien chez Proclus). J. Flamant, (1977), p. 561 sq., suppose que la source primitive reste dans les deux cas Numénius, reflété par Porphyre, mais que Macrobe suit le *Commentaire à la République* (dans lequel Porphyre aurait conservé l'ordre chaldéen proposé par Numénius), tandis que Proclus utilise le *Commentaire au Timée*, toujours de Porphyre (mais où Porphyre aurait « normalisé » les données de Numénius en introduisant l'ordre platonico-égyptien). En l'absence des deux commentaires porphyriens, tout cela ne peut être qu'hypothèse.

277. Cf. J. Flamant, (1977), p. 517-524 et 557-562 : la liste des qualités acquises dans les différentes sphères célestes résulte de la superposition des divisions de l'âme selon Platon (λογιστικόν, θυμικόν, ἐπιθυμητικόν : cf ci-dessus, I, 6, 42 et note) et selon Aristote (λογιστικόν, αἰσθητικόν, φυτικόν : *De anim.* II, 2, 413b et ci-dessous, I, 14, 7 et note), auxquelles ont été ajoutées deux qualités supplémentaires, pour Jupiter et pour Mercure, afin d'arriver au nombre de sept, celui des planètes. K. Mras, (1933), p. 256, avait pour sa part rapproché ce passage du texte de Proclus, *In Tim.* III, 355, 13 sq. Diehl. Cf. aussi Serv., *Ad Aen.* XI, 51 ; Proclus, *In Tim.* III, 69, 15 sq. Diehl. Quelle est la source de Macrobe ? On peut penser que c'est encore Numénius, réfracté par un traité de Porphyre, mais lequel ? On trouvera un bon état de la question *ap.* L. Scarpa, (1981), *ad loc.* La comparaison avec I, 19, 23 amène aussi à se demander s'il n'y a pas d'influence des conceptions astrologiques.

279. La *prudentia* de Scipion Emilien et sa *pietas* à l'égard de ses proches ont été démontrées, dans l'ordre inverse, en I, 10, 3, à l'occasion de l'étude des vertus.

280. Cic., *Rép.* VI, 15 = *Somn.* 3, 5.

281. Cf. successivement *Phaed.* 64c-d (= § 6) ; 67d (= § 6) ; 62b-c (= § 8). La question est : Macrobe a-t-il lu directement le *Phédon* ? Oui, répond P. Henry, (1934), p. 170 sq., qui s'appuie sur une comparaison soigneuse des deux textes ; non, répondent F. Cumont, (1919), p. 113-20, puis P. Courcelle, (1948²), p. 25-28, qui croient reconnaître dans le texte de Macrobe des expressions porphyriennes et supposent donc la médiation de Porphyre ; oui et non, dit J. Flamant, (1977), p. 590, posant l'hypothèse ingénieuse, mais indémontrable, que Macrobe a pu lire un extrait du *Phédon* enchâssé dans un commentaire de Porphyre.

283. Dans son bref traité *Sur le suicide raisonnable* (Περὶ εὐλόγου ἐξαγωγῆς), *Enn.* I, 9. P. Henry, (1934), p. 173 sq., a établi les parallèles entre le texte de Plotin et celui de Macrobe. Néanmoins, tandis que Plotin admettait le suicide dans des situations exceptionnelles, comme la folie, Macrobe l'exclut dans tous les cas. Par ailleurs l'idée que l'âme du suicidé reste enchaînée au cadavre vient probablement de Porphyre (cf. *De abstin.* 1, 38, 2 ; 2, 47, 1). Macrobe a-t-il lu directement le Περὶ εὐλόγου ἐξαγωγῆς ? Si oui, il y a certainement eu une contamination porphyrienne. A moins que Macrobe ne cite Plotin, une fois de plus, par l'intermédiaire d'un traité de Porphyre, sans que l'on puisse savoir lequel.

287. L'idée qu'un rapport numérique, base d'une harmonie musicale, unit l'âme et le corps, est d'origine pythagoricienne : cf. ci-dessous, I, 14, 19, où Macrobe attribue cette opinion à Pythagore et Philolaos. On la retrouve chez Aristide Quintilien (*De mus.*, 2, 17, p. 87 Winnington-Ingram), dans le Περὶ ψυχῆς de Jamblique (*ap.* Stob., I, 364, 19 Wachsmuth), et dans de nombreux traités hermétiques ; elle était devenue un bien commun à l'époque de Macrobe (cf. A. Setaioli, (1995), p. 209-210 et n. 1215). Plotin aussi mentionne cette harmonie, dont la rupture fait que le corps se détache de l'âme (*Enn.* I, 9, 6 sq.). *Fatalia uitae tempora* : cf. *Enn.* I, 9, 15-6 : εἱμαρμένος χρόνος.

290. *De reditu animae* est une référence au traité de Porphyre, intitulé probablement Περὶ ψυχῆς ἐπανόδου, dont Augustin, dans la *Cité de Dieu*, cite de longs passages sous le titre *De regressu animae* : cf. la reconstruction de ce traité par J. Bidez, (1913). La différence de titre en latin (*De reditu/de regressu*) pourrait tenir au fait que Macrobe adapte directement le titre grec, tandis qu'Augustin utilise Porphyre à travers la traduction de Marius Victorinus (cf. P. Hadot, (1968), I, p. 476). P. Courcelle, (1948²), p. 26 sq., a mis en évidence les points de contact entre ce passage de Macrobe et le développement de Porphyre *ap.* Augustin, *Ciu. Dei* X, 29, 1.

291. *Comm.* I, 22.

292. L'idée que le monde est le véritable temple des dieux développe Cicéron, *Rép.* VI, 15 = *Somn.* 3, 5 (cité au § 1) ; 22 ; cf. aussi *Leg.* II,

26-27 (où elle est attribuée, avec diverses nuances, aux mages perses, à Pythagore et à Thalès). Elle est devenue un bien commun tant de la poésie depuis Ennius (*Ann.* 541 Vahlen[2]), puis Manilius (*Astron.* I, 20-24), que de la rhétorique (Dion Chr., *Discours Olympique* XII, 33-34) et de la littérature philosophique, toutes écoles confondues (Sén., *Ben.* 7, 7, 3 ; *Ep.* 90, 28 ; Plutarque, *De Tranq. an.* 20, 477C).

293. L'image est stoïcienne par excellence : Cléanthe (*S.V.F.* I, 538) assimilait la connaissance philosophique à une initiation aux mystères (*id.* Sén., *Ot.* 5, 8 ; *Ep.* 90, 28). Mais Sénèque (*N.Q.* VII, 30, 1) atteste qu'Aristote déjà comparait l'étude de la nature aux rites religieux. Pour Porphyre (*Ep. ad Marcellam* 16), le philosophe est un prêtre.

295. Macrobe va exposer maintenant la théorie néoplatonicienne de l'émanation des hypostases (§ 5-7). Qui sont ces *theologi* ? On peut rapprocher le terme de l'expression du § 8 : *sapientes de deo et mente*. Il s'agit simplement des philosophes néoplatoniciens traitant de la divinité. Le pluriel n'implique d'ailleurs pas que Macrobe pense à plusieurs auteurs, comme le note justement J. Flamant, (1977), p. 502, qui y voit une sorte de pluriel de majesté. Ici, Macrobe désignerait Plotin. Mais Plotin est-il sa source immédiate ? P. Henry, (1934), p. 188, ainsi que P. Courcelle, (1948[2]), p. 22, n. 3, et M. di Pasquale Barbanti, (1988), p. 153 sq., pensent à une lecture directe de *Ennéades* V, 2, 1, 1-22 (pour la doctrine des hypostases), combinée avec III, 4, 2-3 (pour les trois pouvoirs de l'Âme, raison, sensation et pouvoir de croissance). En revanche P. Hadot, (1968), I, p. 459-460, relève des différences significatives de doctrine entre les deux textes. Et, en s'appuyant par ailleurs sur Calcidius, *In Tim.* 176, qui présente des points de contact avec le texte de Macrobe, et dont on sait en même temps qu'il est influencé par Numénius à travers Porphyre, P. Hadot suppose une influence indirecte de Numénius sur Macrobe comme sur Calcidius, par la médiation du *Commentaire au Timée* de Porphyre. Pour sa part J. Flamant, (1977), p. 503, imagine ingénieusement, mais sans autre preuve, que Macrobe pourrait utiliser un commentaire de Porphyre à *Enn.* V, 2. Enfin M. Regali, (1983), I, p. 343, note avec bon sens que la doctrine de l'émanation, exposée ici par Macrobe, a été retravaillée par à peu près tous les philosophes platoniciens. Quoi qu'il en soit, l'exposé de Macrobe est l'un des plus précis que nous possédions sur la doctrine des hypostases.

296. Cette tripartition des fonctions de l'âme est d'origine aristotélicienne (cf. *De anim.* 2, 2, 413b), et elle est réutilisée par Plotin, *Enn.* III, 4, 2-3. Quant au terme de λογικόν, il n'apparaît que dans *Enn.*, III, 1, 2. Macrobe procède-t-il à une combinaison personnelle des textes plotiniens ? Ou, plus vraisemblablement, puise-t-il cette combinaison chez Porphyre ? Pour la discussion, cf. note préc.

297. L'idée, qui prend son origine chez Platon (*Tim.* 90a-b ; *Crat.* 396b-c), était devenue un lieu commun de l'anthropologie antique : cf. Aristt., *Part. an.* II, 10, 656 a 12 sq. ; IV, 10, 686 a 27 sq. ; Xen., *Mem.* I, 4, 11 ; Cic., *N.D.* II, 140 ; *Leg.* I, 27 ; Sall., *Cat.* 1, 1 ; Vitr., II, 1, 2 ; Ov.,

Met. I, 84-6 ; Manil., *Astron.* IV, 896 sq. ; Firmicus Maternus, *Math.* 8, 1, 3-4.

298. La forme sphérique, comme le mouvement circulaire, sont caractéristiques du divin : cf. ci-dessus, I, 12, 5 et n. 266 p. 168-169. Selon Platon, *Tim.* 44d, la tête humaine est ronde, à l'image du monde, parce qu'elle contient ce qu'il y a de plus divin dans l'homme. Id. *ap.* Calcidius, *In Tim.* 231 ; Lactance, *De opif. Dei* 8, 4.

299. Cf. Plat., *Tim.* 91e ; *Crat.* 596a. Beaucoup des textes cités à la n. 297 associent à l'éloge de la station verticale humaine le mépris pour la position des animaux. Dans le passage de Macrobe, on décèle des réminiscences probables d'Ovide, *Met.* I, 84-86 (*Pronaque cum spectent animalia cetera terram,/os homini sublime dedit, caelumque tueri/ iussit et erectos ad sidera tollere uultus*) et de Salluste, *Cat.* I, 1 (*omnis homines qui sese student praestare ceteris animalibus summa ope niti decet ne uitam silentio transeant ueluti pecora quae natura prona atque uentri oboedientia finxit*).

303. Virg., *Aen.* VI, 727.

304. Virg., *Aen.* VI, 728.

305. Virg., *Aen.* VI, 731.

306. Image plotinienne : cf. surtout *Enn.* I, 1, 8, 17-19, mais aussi I, 4, 10. Elle apparaît également chez Porphyre, *Sent.* 20, mais infléchie dans un sens différent de celui qu'elle a chez Macrobe ; c'est un argument supplémentaire, aux yeux de M. di Pasquale Barbanti, (1988), p. 156-7, pour penser que Macrobe a dû pratiquer les textes de Plotin plus qu'on ne le croit habituellement.

307. Hom., *Il.* VIII, 19. Cf. P. Lévêque, (1959) ; A. Setaioli, (1966), p. 180-1 : ce vers a donné lieu dans l'Antiquité à une surabondance d'interprétations, qui se divisent en deux groupes. Le premier est celui des exégèses cosmologiques, les plus anciennes, qui font de la chaîne d'or le symbole soit du soleil (interprétation platonicienne), soit de la cohésion des quatre éléments (interprétation stoïcienne ; cf. ci-dessus, *Comm.* I, 6, 26 et note). Le second, d'inspiration néoplatonicienne, y voit le symbole du lien unissant les puissances spirituelles de l'univers entre elles, et ces puissances à l'homme (Proclus, *In Tim.* I, 206, 5-7 Diehl). C'est à ce dernier groupe que se rattache le texte de Macrobe, dont P. Lévêque, p. 46-7, a montré la parenté avec Olympiodore, *In Gorg.* 47, 2, p. 223 Norvin. La source commune pourrait être une fois de plus une œuvre de Porphyre, qu'aucun indice cependant ne permet d'identifier.

308. *Rép.* VI, 15 = *Somn.* 3, 4. L'idée que l'âme ignée est d'origine astrale, pour avoir été ébauchée dès l'époque présocratique au moins par Héraclite (ci-dessous, I, 14, 19 = *Vors.* 22 A 15), est indubitablement, dans le contexte cicéronien, de sens stoïcien (cf. ci-dessus, I, 9, 1 et note). Mais le matérialisme du Portique, qui fait de l'âme une substance analogue à celle des astres, est inacceptable pour un Néoplatonicien ; d'où l'exégèse subtile et quelque peu laborieuse de la formule cicéronienne. Macrobe joue sur le sens de la préposition *ex (illis sempiternis ignibus)*. Chez Cicéron, l'expression signifie sans ambiguïté « (une âme)

détachée de ces feux éternels... ». Macrobe préfère donner à *ex* le sens de
« conformément à », « d'après » (cf. *Th.L.L.*, s.v. *ex*, vol V, 2, fasc. VII,
col. 1109, l. 14 sq.), ce qui lui permet de sauver l'expression cicéronienne.

309. H. Diels (*Dox. Gr.*, p. 202-214) énumère une douzaine de doxo-
graphies sur l'âme, dont celle d'Aétius (IV, 2-7), qui coïncide avec celle
de Macrobe à propos de Platon, de Xénocrate, d'Asclépiade, d'Héraclide, d'Anaximène, d'Epicure. Pour le reste, il y a discordance. Par
ailleurs, les définitions de Macrobe concordent avec la tradition de
Soranos d'Ephèse (dont le Περὶ ψυχῆς, perdu, est reflété par Tertullien,
De anima, passim) pour les auteurs suivants : Critolaos le Péripatéticien
(Tert., *An.* 5), Empédocle et Critias conjoints (Tert., *ibid.*) et Hippase,
que, par une commune erreur, Tertullien, Némésius et Macrobe appellent Hipparque — erreur qui signale un lien probable entre ces auteurs.
H. Diels suppose que la tradition macrobienne, dans la mesure où elle
s'accorde avec Aétius et où les philosophes les plus récents qui y figurent
sont Asclépiade et Posidonius, pourrait dériver des *Vetera Placita*. Mais
par quel cheminement ? P. Courcelle, (1948²), p. 233, pense, mais sans
autre preuve, au *De regressu* de Porphyre, que Macrobe a abondamment
utilisé dans les chapitres 9 à 14. Quant au principe de classement adopté
par Macrobe, il a été dégagé par Ph. M. Schedler, (1913), p. 39 : Macrobe
cite d'abord les philosophes qui définissent l'âme comme immatérielle
(Platon, Xénocrate, Aristote, Pythagore, Philolaos, Posidonius, Asclépiade) ; puis ceux qui la tiennent pour matérielle et composée, soit d'un
seul élément (Hippocrate, Héraclide du Pont, Héraclite, Zénon, Démocrite, Critolaos, Hipparque (*sic*), Anaximène, Empédocle, Critias), soit
de deux éléments (Parménide, Xénophane, Boéthos), soit de trois (Epicure).

311. Les convergences entre les définitions énumérées par Macrobe et
les autres sources ont été scrupuleusement relevées par L. Scarpa,
(1981), p. 430-432, et M. Regali, (1983), p. 347-350 ; nous les utilisons ici.
Platon : *Phaedr.* 245c ; Plut., *De animae procr. in Tim.* 1013C ; Aétius,
Plac. IV, 2, 5 ; Calcidius, *Tim.* 226. Xénocrate : Cic., *Tusc.* I, 20 ; Plut.,
De animae procr. in Tim. 1012D ; Aétius, *Plac.*, IV, 2, 4. Aristote : cf.
note 310. Pythagore, Philolaos : Aristt., *De anim.* I, 4, 407b ; Lucrèce,
III, 100. Posidonius : Plut., *De animae procr. in Tim.* 1023B. Asclé-
piade : Stob., *Ecl.* I, 49, 1 a, p. 319, 4 sq. Wachsmuth ; Aétius, *Plac.* IV,
2, 8. Hippocrate : *De morbo sacro* 19 ; Tert., *De an.* 15, 3. Héraclide du
Pont : Tert., *De an.* 9, 5 ; Aétius, *Plac.* IV, 3, 6. Théorie attribuée à
Héraclite, au lieu d'Héraclide, par Stob., *Ecl.* I, 49, 1b, p. 320, 1 Wachs-
muth. Héraclite : Aristt., *De anim.* I, 2, 405 a 26 ; Thémistios, *De anima*
II, 24 ; Tert., *De an.* 5, 2. Zénon : Cic., *Tusc.* I, 19 ; Diog. L., VII, 157 ;
Tert., *De an.* 5 ; Stob., *Ecl.* I, 49, 1b ; Démocrite : Aristt., *De anim.* I, 2,
403 b 31sq. ; Stob., *Ecl.* I, 49, 1b ; Ps.-Plut., *Plac. phil.* IV, 3. Critolaos :
Tert., *De an.* 5, 2 ; Aétius, *Plac.* I, 7, 21. Hipparque (en fait, Hippase) :
Aristt., *Metaph.* 984a ; Aétius, *Plac.* IV, 3, 4 ; Tert., *De an.* 5 (Hippar-
que) ; Némésius, *de nat. hom.* p. 169 Matthaei (Hipparque). Anaximène :

Aétius, *Plac.* IV, 3, 2 ; Thémistios, *De anima*, I, 2 ; Stob., *Ecl.* I, p. 329, 1 ; Ps.-Plut., *Plac. phil.* I, 3, 6. Empédocle : Cic., *Tusc.* I, 19 ; Tert., *De anim.* 5 ; Galien, *De plac. Hipp. et Plat.* II, 8. Critias : Aristt., *De anim.* I, 2, 405 b 5 sq. ; Thémistios, *De anima* I, 2. Parménide : Aristt., *Métaph.* I, 3, 984 b ; Stob., *Ecl.* I, p. 319, 12 W. Xénophane : Ps.-Plut., *De uita et poesi Hom.* II, 93 ; Stob., *Ecl.* I, p. 123, 9 W. Boéthos : pas d'autre témoignage que celui de Macrobe. Epicure : Lucr., III, 269-81 ; Stob., *Ecl.* I, p. 320, 9-11 W ; Ps.-Plut., *Plac. phil.* IV, 4 ; Aétius, *Plac.* IV, 3, 11 (mais Macrobe ne mentionne pas la quatrième substance innommée par laquelle Epicure expliquait les mouvements de l'âme : cf. Lucr., III, 241-246 et 270).

312. Ici commence la section astronomique, qui occupe la fin du premier livre et les neuf premiers chapitres du second. Au Moyen-Âge, elle connut un succès extrême, au point de circuler indépendamment du reste du *Commentaire* sous forme d'*excerpta* : tradition représentée par notre manuscrit N (cf. *Introduction*, p. LXXVIII).

313. *Res una gemina appellatione monstratur* : la remarque nous rappelle que Macrobe est aussi grammairien, auteur d'un *De uerborum graeci et latini differentiis uel societatibus*. La figure décrite ici est la συνωνυμία, qui peut être définie soit d'un simple point de vue lexical, pour désigner l'existence de plusieurs mots de même sens (Quint., *I.O.* VIII, 3, 16 : *cum idem frequentissime plura significent, quod* συνωνυμία *uocatur...*), soit d'un point de vue stylistique, comme accumulation pléonastique, à des fins expressives, de termes de sens quasi semblable (Quint., IX, 3, 45 ; Isid., II, 21, 6 : *synonymia est, quotiens in conexa oratione pluribus uerbis unam rem significamus*). Commentant l'expression cicéronienne *sidera et stellas*, qui relève de la *conexa oratio*, du discours continu, Macrobe pense sans doute à la seconde définition de la synonymie, la définition stylistique.

314. La terminologie soigneusement définie ici par Macrobe correspond en effet à l'usage du latin le plus classique, où *stella* s'applique à une étoile considérée isolément. Il peut arriver néanmoins que le terme désigne une étoile appartenant à une constellation (par ex. Virg., *G.* I, 222 : *stella Coronae*), mais c'est alors parce que l'auteur veut la considérer en elle-même, et non comme partie de la constellation : cf. A. Le Bœuffle, (1977), p. 5-11. Quand il s'agit des planètes, le terme apparaît rarement seul (quoique ce soit le cas ci-dessous, au § 25) : le plus souvent, *stellae* est précisé, comme l'indique Macrobe, par un adjectif, ici *erraticae* (cf. aussi *Comm.* I, 18, 4 ; I, 20, 5 ; première occurrence attestée *ap.* Varron, *De Imag.* I), mais aussi *errantes* (ci-dessous, *Comm.* I, 14, 26 ; Cic., *N.D.* II, 51 ; 88 ; etc.), ou encore *uagae* (*Comm.* I, 6, 18 ; I, 11, 10 ; II, 4, 8 ; Cic., *N.D.* I, 34 ; II, 80) et *uagantes*, qui semble d'un usage plus tardif (*Comm.* I, 6, 47 ; I, 14, 25 ; Apul., *Plat.* I, 10). Ces termes sont la traduction du grec (ἄστρα) πλανητά, qui signifie proprement « astres errants », pour désigner les planètes (cf. A. Le Bœuffle, *ibid.*, p. 47-51). L'explication de cette appellation est donnée par Macrobe au § 26. Cf. aussi I, 6, 18 et note 115, p. 149-150.

315. Cf. A. Le Bœuffle, (1977), p. 15-21 (qui cite la définition de Macrobe) : *sidus*, dont les emplois sont à l'origine très divers, a fini par se spécialiser dans le sens de « constellation », et cela dès le premier siècle avant notre ère, chez les poètes (Catul., 66, 64 ; Virg., *Buc.* 10, 68 ; etc.), un peu plus tard chez les prosateurs (Hygin, *Astr.* II, *praef.* 1 ; Pline, *N.H.* II, 107 ; etc.)

316. Macrobe choisit comme exemples de catastérismes deux constellations zodiacales (le Bélier et le Taureau) et trois constellations boréales (Andromède, Persée et la Couronne), qui, hormis la Couronne, sont proches dans le ciel. Le Bélier est celui qui transporta Phrixos et Hellé, et dont la toison d'or fit l'objet de la quête des Argonautes (Hygin, *Astr.* II, 20 ; Ov. *F.* III, 875). Le Taureau passe soit pour l'animal ravisseur d'Europe, soit pour la vache Io (Hygin, *Astr.* II, 21). Andromède (Hygin, *Astr.* II, 11 ; Aviénus, *Arat.* 459-69) et Persée (Hygin, *Astr.* II, 12 ; Vitr., IX, 4, 2), constellations voisines mais distinctes, relèvent de la même célèbre légende. La Couronne est la Couronne boréale, dans laquelle les mythologues voyaient la couronne nuptiale d'Ariane (Catul., 66, 60-61 ; Vitr., IX, 4, 5 ; Hygin, *Astr.* II, 5 ; Ov., *Met.* VIII, 179). Il existe bien aussi la Couronne australe, composée d'étoiles faibles groupées aux pieds du Sagittaire, mais aucune légende particulière ne lui est associée, et ce n'est certainement pas à elle que pense Macrobe. Cf. A. Le Bœuffle, (1977), p. 187 sq.

320. Encore des distinctions terminologiques, révélatrices tant de l'ambiguïté du lexique astronomique latin que des scrupules de Macrobe. Si *circulus* signifie « cercle », dans tous les sens de ce mot, *orbis* est plus ambigu (cf. A. Le Bœuffle, (1977), p. 45-46, et (1987), p. 203-206). Comme Macrobe le signale, *orbis* peut être le synonyme de *circulus*, en particulier chez Cicéron (*N.D.* II, 47 : *circulus aut orbis qui* κύκλος *graece dicitur*). A partir de là, *orbis* peut désigner l'orbite d'une étoile ou d'une planète (Cic., *N.D.* II, 53 ; Germ., 443 ; Pline, *N.H.* II, 6 ; et ci-dessous, § 25-26). Enfin, comme il est dit également ici, *orbis* peut être l'équivalent de *sphaera* dans l'un ou l'autre de ses divers sens (pour *sphaera*, cf. ci-dessus, § 23 et note 318, p. 83). *Globus* s'applique à une sphère, qu'elle soit pleine ou creuse.

321. *Rép.* VI, 16 = *Somn.* 3, 6 (Macrobe anticipe sur la citation qu'il fera en I, 15, 1).

322. *Semita*, « sentier », est une métaphore couramment appliquée aux cercles de la sphère céleste, ici, le zodiaque (cf. Calcidius, *Tim.* 81 : *zodiaci circuli... semitam*). Pour la description du zodiaque, cf. I, 15, 9-10.

323. *Legitimus error* : l'apparent vagabondage des planètes (cf. ci-dessus, I, 6, 18 et n. 115, et ci-dessous, I, 18) chagrine les Anciens, pour lesquels les mécanismes célestes ne sauraient être que réguliers et parfaits. Aussi s'attachent-ils à souligner que les déplacements planétaires obéissent en fait à des lois, et que le terme « errant » n'est pas adéquat : cf., entre autres, Platon, *Lois*, VII, 822 a ; Cic., *Cons. frg.* II, 8-9 ; *Tusc.* I, 62 ; *N.D.* II, 51 ; Hygin, *Astr.* IV, 14, 5 ; Pline, *N.H.* II, 12 ; Mart. Cap.,

VIII, 850. Mais définir ces lois, et surtout les expliquer, posait dans le système géocentrique un problème astronomique des plus ardus. Pour l'explication qu'en donne Macrobe, cf. ci-dessous I, 20, 4-5 et note 434.

326. *Rép.* VI, 16 = *Somn.* 3, 6-7 (déjà cité en I, 4, 5). *Orbis lacteus* est l'équivalent de γαλάκτιος κύκλος. Cette traduction, pour n'être pas rare, est cependant moins courante en prose que *lacteus circulus* (cf. A. Le Bœuffle, (1987), p. 151-152).

327. A la différence des dix autres cercles célestes, que Macrobe décrira ensuite (le zodiaque, § 8-9 ; les cinq parallèles, § 13 ; les deux colures, § 14 ; le méridien, § 15-16 ; l'horizon, § 17-19), la Voie Lactée est un cercle matériel et non théorique : Géminos, 5, 11, insiste bien sur cette différence ; cf. aussi Manilius, I, 701-702.

329. Nombreux sont les mythes relatifs à la Voie Lactée : cf. A. Le Bœuffle, (1977), p. 220-222. Elle serait le flot de lait échappé du sein de Junon ou de la bouche de son nourrisson, Hercule ou Mercure (Eratosth., *Catast.* 44 ; Hygin, *Astr.* II, 43 ; Manilius, I, 750-754 ; Philon, *Prou.* II, 89 ; Achilles, *Isag.* 24 ; Schol. Germ. p. 104 et 187 Breysig). Mais on en fait aussi la trace du passage d'Hercule menant le troupeau de Géryon (Philon, *Prou.* 89), ou celle du char du Soleil conduit par Phaéton (Diodore de Sicile, V, 23 ; Manil., I, 735-49), ou celle encore d'une étoile tombée du ciel à cette dernière occasion (les Pythagoriciens, *ap.* Aristt., *Met.* I, 8, 345 a 13 sq. ; Ps.-Plut., *Plac.* II, 1, 892F), ou enfin une route abandonnée par le Soleil (Manil, I, 730-734).

330. Thèse mentionnée aussi, sans *auctor* précis, par Philon, *Prou.* 89 ; Manilius, I, 718-728 ; Achilles, *Isag.* 24 ; Schol. Germ., p. 187 Breysig.

331. Diodore d'Alexandrie fut un physiologiste et mathématicien contemporain de Cicéron et de César (cf. H. Diels, *Dox. Gr.* p. 19-22). *Ignem discretione mundanae fabricae coaceruante concretum* : nous proposons, avec beaucoup d'hésitations, « un feu concentré (*ignem concretum*) par la ligne de séparation (*discretione*) de l'architecture cosmique (*mundanae fabricae*), qui (l') accumule (*coaceruante*) ». Diodore, par une hypothèse très proche de la précédente, expliquerait la Voie Lactée par la superposition des bords des deux hémisphères, rendant visible, à l'endroit où ils se rejoignent, une lumière autrement trop faible. Cf. *R.E.* XIII, 1910, s.v. *Galaxias*, col. 560-571 [W. Gundel].

332. Telle est en effet l'explication scientifique contemporaine. Cette thèse est pareillement attribuée à Démocrite par le Ps.-Plut., *Plac.* III, 1, 893 A et le Ps.-Galien (Diels, *Dox. Gr.* p. 629). Elle est donnée sans nom d'auteur par Achilles, *Isag.* 24 ; Géminos, V, 68 ; Manil., I, 755-757 ; Schol. Germ., p. 187 Breysig. En revanche Aristt., *Met.* I, 8, 345a, attribue à Démocrite et Anaxagore conjoints une opinion sensiblement différente.

333. La thèse de Posidonius n'est pas attestée ailleurs sous cette forme, semble-t-il ; la définition que lui prête le Ps.-Plutarque (III, 1, 893A 10-11 = Diels, *Dox. Gr.*, III, 1, p. 366) se limite à la composition physique de la Voie lactée (πυρὸς σύστασιν ἄστρου μὲν μανοτέραν, αὐγῆς

δὲ πυκνοτέραν, « condensation de feu plus ténue que celle d'un astre, mais plus dense que l'*augè* »). Macrobe est plus précis : Posidonius institue une sorte de complémentarité entre deux grands cercles célestes, le zodiaque et la Voie Lactée. Le soleil parcourt le premier et réchauffe donc cette large zone. Par souci d'équilibre, le Créateur aurait ménagé une autre zone de chaleur selon le large cercle de la Voie Lactée, grossièrement perpendiculaire au zodiaque (*aduersa zodiaco*). Mais d'où proviendrait cette chaleur ? L'expression *caloris siderei fusio* n'est pas d'interprétation évidente. Revenons à la citation du Ps.-Plutarque : l'*augè* étant l'éther hypercosmique, feu extrêmement ténu et pur extérieur à la sphère des fixes (Manilius, I, 718-720 ; P. Boyancé, (1936), p. 65-78 ; M. Laffranque, (1964), p. 301 et 304-305), πυρὸς σύστασιν pourrait être la même chose que *caloris siderei fusio* (c'est ce que suggère H. Diels, *Dox. Gr.* p. 230). M. Laffranque (suivie par W. Theiler, (1982), II, p. 177) prête, avec vraisemblance, à Posidonius l'idée que la substance composant les corps célestes est d'autant plus subtile qu'ils sont plus élevés. La Voie lactée serait un « feu sidéral », situé au-dessus des astres (puisque sa substance est plus subtile), mais au-dessous de l'*augè*.

334. Cf. I, 12, 1-3 (description des « portes du soleil »), où Macrobe d'ailleurs commet une erreur, en affirmant que la Voie Lactée coupe le zodiaque dans le Capricorne et le Cancer, alors qu'il s'agit des Gémeaux et du Sagittaire.

335. Cf. aussi I, 21, 10. Le zodiaque, à la différence des autres cercles astronomiques, a une largeur : *id. ap.* Théon, p. 133, 17-18 Hiller = III, 10, p. 218-219 Dupuis ; Calcidius, *Tim.* 68. Construction de la géométrie astronomique, et non réalité matérielle (à la différence de la Voie Lactée), le zodiaque n'est pas un simple cercle, mais la bande, d'une largeur de 12° selon les Anciens (17° en réalité), à l'intérieur de laquelle s'effectue le mouvement apparent du soleil, de la lune et des planètes (pour un affinement de cette définition, cf. G. Aujac, « Le zodiaque dans l'astronomie grecque », *in* (1993), p. 99-128). Néanmoins, lorsque Macrobe affirme que la largeur du zodiaque vient du fait qu'il contient les *signa*, les « signes » zodiacaux, il intervertit l'ordre des choses. Les *signa* ne servent qu'à repérer les déplacements des planètes à l'intérieur de la bande zodiacale ; et ils sont si peu à l'origine de sa mesure que les astronomes antiques ont été contraints de distinguer entre les constellations zodiacales proprement dites (d'étendues différentes, et qui pour certaines débordent de la bande zodiacale) et les *signa* zodiacaux, correspondant chacun à une dodécatémorie, et donc arbitrairement dotés d'une longueur de 30° (cf. ci-dessous, I, 21, 2 et note). Macrobe se laisse entraîner par l'étymologie du terme grec ζῳδιακὸς κύκλος (« cercle relatif aux ζῴδια », aux constellations représentées sous forme d'animaux) et de sa transposition latine *signifer circulus* (« cercle qui porte les signes »).

336. L'écliptique (ἐκλειπτικόν, cercle qui tire son nom, comme l'indique Macrobe, du fait qu'il est le lieu géométrique des éclipses) est le cercle céleste défini par la révolution apparente du soleil autour de la terre (cf. Martianus Capella, VIII, 834).

337. *Conus terrae* : pour la longueur de cette ombre, cf. I, 20, 11 sq. La description du système des éclipses est claire et exacte, bien qu'incomplète, puisque Macrobe omet de dire pourquoi les éclipses ne se produisent pas tous les mois.

338. Virg., *G.* II, 478. Mais le poète écrit ailleurs *solisque labores* (*Aen.* I, 742) ! En fait, *labores* est une métaphore courante pour désigner les éclipses, comme l'atteste Pline, *N.H.* II, 55 : *siderum (quoniam ita appellare placuit) labores.*

339. *Paralleli* est la transcription du grec παράλληλοι, pour désigner les cercles de la sphère céleste (et, par projection, de la sphère terrestre) dont le plan est perpendiculaire à l'axe du monde. Les parallèles fondamentaux sont les cinq qu'indique Macrobe : l'équateur (ici, *aequinoctialis*), les deux cercles polaires, septentrional et austral, et les deux tropiques : cf. (entre autres) Autolycos, *Sph.* 1 ; Géminos, V, 1-10 ; Arat., *Ph.* 480-524 ; Cic., *Arat.* 237-297 ; Hygin, *Astr.* I, 4, 1 ; I, 8, 1-3 ; Manilius, I, 565-593 ; Germanicus, 446-510 ; Cléomède, I, 2, 1, p. 20, 18 sq. Ziegler ; Théon de Smyrne, p. 129, 10 sq. Hiller = III, 5, p. 212-215 Dupuis ; Ps.-Jamblique, *Theol.* p. 73, 13 sq. De Falco ; Calcidius, *In Tim.* 67 ; Aviénus, *Phén.* 930-1013 ; Martianus Capella, VIII, 818-822. Mais Macrobe s'en tient à une simple énumération de ces cercles, sans définition véritable. M. Regali, (1983), p. 356, relève, entre ce passage du *Commentaire* et l'*Expositio* de Théon de Smyrne (*loc. cit.*), des ressemblances qui peuvent faire penser à une source commune.

340. Les *coluri* (transcription chez les auteurs tardifs du grec κόλουροι, « (cercles) à queue tronquée ») doivent leur nom au fait qu'une partie du cercle reste constamment sous l'horizon, et non, comme le dit Macrobe en prenant le terme au pied de la lettre, à une circonférence qui serait incomplète. Les colures sont les deux cercles menés par les pôles (le terme *ambientes*, « entourant (le pôle) », est donc imprécis), et passant, l'un par les points équinoxiaux (en traversant le Bélier et la Balance), l'autre par les points solsticiaux (en traversant le Cancer et le Capricorne). Ce sont donc des cercles fixes, et leurs plans perpendiculaires partagent les *paralleli*, comme le texte l'indique, en quatre parties égales : cf., entre autres, Géminos, II, 21 et V, 49-50 ; Manilius, I, 603-630 ; Hygin, *Astr.* III, 3 ; Ps.-Jamblique, *Theol.* 55, p. 73, 15 De Falco (qui ne les distingue pas des méridiens) ; Martianus Capella, VIII, 823-824. Bien que, selon Manilius, les colures aient pour fonction d'indiquer la division des saisons et la répartition des mois (I, 607-608), ils ne présentent en réalité aucune utilité astronomique.

342. L'*horizon* (terme translittéré du grec ὁρίζων (κύκλος), cercle « limitateur » : cf. A. Le Bœuffle, (1987), p. 149) admet deux définitions, que Macrobe, sans les confondre, juxtapose sans autre forme de procès : 1) L'horizon théorique, grand cercle céleste qui passe par le centre de la sphère et dont le plan est perpendiculaire à celui du méridien du lieu. Ainsi l'horizon délimite-t-il l'hémisphère céleste théoriquement visible d'un point donné. Tel est bien le sens de la première définition de

Macrobe : « l'horizon est la limite, figurée par une sorte de cercle, de la portion de ciel visible au-dessus de la terre. » 2) L'horizon sensible, limité à la fois par les obstacles matériels (montagnes, etc.), l'état de l'atmosphère, l'acuité visuelle de l'observateur, et surtout la sphéricité du globe terrestre (image classique du navire qui, s'éloignant de la côte, s'enfonce peu à peu au-dessous de l'horizon : Pline, *N.H.* II, 164). C'est lui qui est décrit à partir de « Et comme le regard humain... ». Cf. Géminos, V, 54-63, qui distingue soigneusement les deux définitions ; Cic., *Diu.* II, 92 ; Hygin, *Astr.* I, 4, 2 ; Manilius, I, 648-65 ; Sén., *N.Q.* V, 17, 2-3 ; Théon, p. 131, 4-8 Hiller = III, 7, p. 216-217 Dupuis ; Calcidius, *In Tim.* 66 ; Martianus Capella, VIII, 826.

343. Un premier problème, mal élucidé, est celui de la valeur du stade. Cf. J. Flamant, (1977), p. 392 : Macrobe parle-t-il du stade d'Eratosthène (157,5 m), ou du stade philétairien (210 m), en usage à son époque ? A moins, comme le pense Y. Janvier (« Les problèmes de métrologie dans l'étude de la cartographie antique », *Latomus*, (52), 1993, p. 3-22), que le seul stade itinéraire « assuré de réalité » ne soit celui de 177/178 m. Selon l'une ou l'autre de ces mesures extrêmes, le diamètre de l'horizon réel selon Macrobe est soit de 56,7 km, soit de 75,6 km. Notons, à titre de comparaison, que Géminos (V, 56) propose pour l'horizon réel un diamètre de 2000 stades (éd. G. Aujac, C.U.F., 1975) ; et si, dans son cas, il s'agit de stades de 157, 5 m, cela suppose une portée visuelle de 157,5 km. La différence entre les deux auteurs peut surprendre. Mais ni Macrobe ni Géminos ne prennent explicitement en compte une variable de première importance, qui est l'altitude de l'observateur par rapport au sol (supposé lisse et parfaitement sphérique, telle une mer calme et libre, comme le dit Macrobe au § 18). La portée L du regard est en effet donnée par la formule $L = \sqrt{(2Rh + h^2)}$, où R est le rayon du globe terrestre (6378 km ; valeur connue des Anciens depuis Eratosthène) et h la hauteur de l'œil au-dessus du sol. Ainsi la valeur proposée par Macrobe pour le diamètre de l'horizon réel correspond-elle à une altitude comprise à peu près entre 60 m et 110 m, selon la valeur attribuée au stade ; celle de Géminos, à une altitude d'à peu près 2000 m.

344. L'expression de Macrobe n'est pas claire. Il est vraisemblable que *in rotunditatem* désigne la sphéricité de la terre, donc la courbure de sa surface, et se rattache à *accessu deficiens* : « [le regard], qui ne peut aller plus loin sur la courbure de la terre ». L'observateur, dont la vue est ainsi limitée, pivote sur lui-même, parcourant des yeux le demi-cercle de l'horizon jusqu'au point opposé à celui qu'il considérait au départ. Toutefois, l'emploi de *curuatur* au sens de *uertitur* surprend. Et si l'on considère que la réfraction atmosphérique a pour effet de courber réellement le rayon visuel autour de la rotondité terrestre, et donc d'en allonger la portée, on peut se demander si Macrobe ne fait pas allusion à ce phénomène — très maladroitement sans doute et mal à propos pour la suite des idées. Car il était connu des Anciens, depuis Posidonius sans doute, et décrit par Cléomède à propos des éclipses de lune (*De motu circulari*, II, 1-2, p. 122 sq. Ziegler), puis plus tard par Ptolémée (cf.

J. Mazères, « Cléomède. L'étude du mouvement circulaire », in *L'astronomie dans l'antiquité classique*, Actes du colloque tenu à l'Université de Toulouse-Le Mirail (21-23 octobre 1977), Paris, 1979, p. 127-128).

347. *Quos quidem scire nos possumus* : le texte des manuscrits — *qui in uicem scire nos* (ou *non*) *possumus* n'a pas de sens. L'éditeur Willis déjà avait corrigé *qui* en *quos*, ce qui ne donne pas pour autant de sens tout à fait satisfaisant (« ceux que nous pouvons réciproquement connaître » : pourquoi « réciproquement » ?). Il est clair que Macrobe fait ici allusion à la théorie de Cratès de Mallos sur les quatre mondes habités épars à la surface du globe terrestre, et entre lesquels, séparés qu'ils sont par les bras de l'Océan, il ne peut exister de relations : théorie développée dans le *Comm.* II, 5, 13-17 et 27-36 ; on note d'ailleurs en II, 5, 16, à propos de notre monde, la phrase *incolitur ab omni quale scire possumus hominum genere*, qui reprend I, 16, 4. Aussi l'adverbe *quidem*, à la place de *in uicem*, paraît-il très vraisemblable, appelé qu'il est par l'idée restrictive. Mais comment dans ce cas *quos quidem* a-t-il pu être altéré en *qui in uicem* ? On peut faire l'hypothèse d'une glose supra linéaire à *quos quidem... possumus*, glose qui serait *qui in uicem... possunt*, et qui, considérée comme une correction par un scribe mal inspiré, a été partiellement insérée dans le texte.

348. Que la sphère du ciel tourne d'est en ouest, et non d'ouest en est, ne modifie pas pour un lieu donné la délimitation de l'horizon céleste, puisque c'est de cela qu'il s'agit ici (cf. I, 15, 17 et note). Ce que veut dire Macrobe, c'est que l'axe du mouvement céleste est immuable. Il ne tient pas compte de la précession des équinoxes, qu'il décrira pourtant en I, 17, 16-17. Il ne précise pas non plus que les étoiles visibles ne sont pas les mêmes selon la latitude de l'observateur, alors que cela était explicite dans sa définition de l'horizon : c'est qu'il commente le texte de Cicéron, et que dans cette perspective il raisonne à partir de la seule latitude de Rome, ou, à la rigueur, de la Numidie, où Scipion est censé se trouver.

349. *Septentriones* : cf. A. Le Bœuffle, (1977), p. 87-88. Les *septem triones*, c'est-à-dire, selon l'étymologie de Varron, *L. L.* VII, 74, les « sept bœufs de labour » (ou plutôt « bœufs de battage », selon l'étymologie moderne), sont les sept étoiles de la Grande Ourse, qui, à la façon de bœufs au travail, tournent autour du pôle. On sait en effet que pour les Anciens, du fait de la précession des équinoxes, le nord n'était pas signalé par l'étoile polaire, mais se trouvait dans une région vide, entre la Grande et la Petite Ourse (cf. Hipparque, I, 4, 1, p. 31 Manitius).

350. Virg., *G.* I, 246. Les Ourses sont des constellations circumpolaires, sans lever ni coucher, du moins en Europe. Elles rasent la ligne nord de l'horizon — représentée ici par l'Océan — sans y plonger : topos littéraire depuis Hom., *Od.*, V, 275 ; Aratos, *Ph.* 48 ; Ovide, *F.* II, 192 ; Hygin, *Astr.* II, 1, 5 ; *Fab.*, 177, 1 ; Aviénus, *Arat.* 115.

351. Virg., *G.* I, 242-243. Le v. 243 est cité aussi par Calcidius, au chapitre où il traite de l'horizon (*In Tim.* 66), ce qui fait supposer à J. Flamant, (1977), p. 394, que les deux auteurs utilisent une source commune à travers un intermédiaire latin. Remarquons pour notre part

que chez Macrobe le verbe *surgit*, un peu plus haut, fait écho au *consurgit* virgilien (v. 241), et cela dans un contexte tout à fait comparable : il semble qu'il n'y ait pas ici simple citation, mais influence plus diffuse de Virgile.

352. Cf. Géminos, XVI, 29, qui considère cette idée comme fondamentale dans le système sphérique et géocentrique ; ainsi que Théon de Smyrne, p. 120, 11 Hiller = III, 1, p. 198-199 Dupuis ; Cléomède, I, 11, 1, p. 102 Ziegler ; Calcidius, 59 ; Martianus Capella, VI, 584. Plus loin, Macrobe précisera qu'elle est un point immobile au centre du monde : cf. I, 22, 3 et note 478, p. 200.

354. *Deus ille fuit, deus... qui princeps uitae rationem inuenit*, dit Lucrèce, V, 8, à propos d'Epicure : Macrobe veut-il prendre le contrepied de cette formule célèbre en évoquant le savant *quem doctrina philosophiae supra hominem, immo uere hominem fecit* ? Quoi qu'il en soit, l'usage de *homo* au sens de « homme digne de ce nom » est proverbial : cf. A. Otto, *Die Sprichwörter und sprichwörtlichen Redensarten der Römer*, Leipzig, 1890 (repr. Hildesheim, 1962), s.v. *homo*, n° 824, qui cite Cic., *ad Att*. 13, 52, 2 ; Pétrone, *Sat*. 39 (*me hominem inter homines uoluit esse*) ; 57 ; Suét., *Ner*. 31.

355. Représentation qui a donné naissance dans les textes littéraires à la métaphore usuelle *fax* pour désigner les astres : cf. *Th. L. L*. VI, 1, col. 403, 70 sq. On sait qu'Epicure, *ad Pyth*. 91, suivi par Lucrèce, V, 555-556 et 577-578, considérait que les dimensions réelles du soleil et des autres astres ne différaient pas de leurs dimensions apparentes.

357. Cf. ci-dessus, § 6 et note 352. On voit tout de suite la première faiblesse de l'argumentation de Macrobe : il y confond la définition géométrique, qui fait du point une entité abstraite dépourvue d'épaisseur, et ce qui n'est qu'une métaphore technique des astronomes pour désigner une réalité minuscule. Le « point » des physiciens possède une dimension, si faible soit-elle, et rien ne l'empêche d'être une « fraction » d'une autre réalité matérielle, contrairement à ce qu'affirme Macrobe au § 11.

359. Le raisonnement de Macrobe est à la fois confus et erroné : comment faire le rapport entre la taille d'une étoile et la longueur de son orbite, puisque, vues de la terre, les étoiles n'ont pas de diamètre apparent et ne peuvent faire l'objet d'une mesure angulaire (à la différence du soleil et de la lune) ? La méthode utilisée précédemment pour comparer la terre et le soleil, et qui déjà était fautive, ne peut à plus forte raison convenir pour des étoiles.

361. Nos manuscrits portent unanimement *de septem* ; en revanche le texte du *Songe* même, dans sa transmission autonome (cf. *Introduction*, p. xxv-xxvi et n. 54 et 55), est *subter* ; leçon qui figure également dans un certain nombre de manuscrits tardifs du *Commentaire*, et qui a été adoptée par Jan et Eyssenhardt, mais non par Willis. Quel texte Macrobe avait-il sous les yeux ? Nous tendons à croire (avec Willis, et malgré l'avis de A. La Penna, (1951), p. 248) que c'était *de septem*, car l'expression réapparaît dans deux passages du *Commentaire* où Macrobe

paraphrase le texte de Cicéron : I, 19, 1 (*cum [Cicero] solis sphaeram quartam de septem, id est in medio locatam, dicat*) et I, 19, 14 (*Cicero cum quartum de septem solem uelit*). Pour autant, cela ne signifie pas qu'il faille corriger en ce sens le texte du *Songe*, qui est excellent : Macrobe a pu avoir sous les yeux une tradition déjà corrompue, voire une variante éditoriale. Quant aux manuscrits *deteriores*, ils ont dû intégrer une correction médiévale, faite précisément à partir du texte du *Songe*.

363. Le *quidam* de Macrobe (donné par tous nos manuscrits) est bien restrictif. En effet l'expression τὸ πᾶν, pour désigner l'univers, était déjà fréquente chez les Présocratiques (cf. les nombreuses occurrences réunies dans le lexique de Diels-Kranz, *Vors.* IV, p. 338-340). On la retrouve dans la première tradition platonicienne : *Tim.* 28c (Calcidius la traduit par *uniuersitas*, comme Macrobe dans l'expression *uniuersitatis corpus*) ; *Pol.* 272c ; etc.. Elle se rencontre de même dans le stoïcisme (*S.V.F.* II, 522-525) et dans le néoplatonisme (Plotin, *Enn.* III, 3, 6).

365. Macrobe donne le plan de son exposé, qui occupera toute la fin du livre I. Il traitera successivement de la rotation du ciel étoilé (I, 17, 8-17) ; du mouvement des planètes (I, 18) ; de l'ordre des sphères planétaires (I, 19, 1-17), en y ajoutant des considérations astrologiques (I, 19, 18-27) et un exposé spécifique sur le soleil (les épithètes dont Cicéron qualifie le soleil : I, 20,1-8 ; son diamètre : I, 20, 9-32) ; du trajet des planètes à l'intérieur du zodiaque (I, 21) ; du mouvement qui porte les corps pesants vers la terre (I, 22).

366. Pour prouver le mouvement du ciel, Macrobe avance des arguments non pas astronomiques, mais ontologiques. Sa source est l'*Ennéade* II, 2 de Plotin (nommé au § 11), qui a pour titre Περὶ κινήσεως οὐρανοῦ ou Περὶ τῆς κυκλοφορίας. Il adapte le texte de Plotin assez librement, bouleversant l'ordre de l'exposé, mais retenant l'idée-force et un certain nombre de charnières logiques : cf. K. Mras, (1933), p. 260, et surtout P. Henry, (1936), p. 182-186, qui met en lumière « la science consommée du 'traducteur' ». Le début de ce § 8 est à rapprocher de Plotin, *Enn.* II, 2, 1, 1-4.

367. Le ciel se meut d'un mouvement circulaire éternel parce qu'il a reçu ces qualités de son créateur, qui est l'Âme, c'est-à-dire la troisième hypostase (cf. § 12), elle-même toujours en mouvement parce qu'éternelle, comme il sera démontré dans le *Comm.* II, 13-16. L'idée que le monde doit son mouvement à l'Âme cosmique remonte au *Timée* 36e ; elle fut combattue par Aristote (*De Caelo* I, 3 ; II, 1 ; II, 6), selon qui le mouvement du ciel résulte de l'action d'un moteur transcendant et lui-même immobile, l'Intelligence.

370. Nous nous trouvons devant l'un des cas où Macrobe peine à ajuster le texte cicéronien — dans lequel la sphère céleste est qualifiée de *summus deus* —, à son propre système néoplatonicien et à la doctrine des trois hypostases. Chez Cicéron, *summus deus* est à entendre au sens des Stoïciens, qui identifient l'éther, c'est-à-dire le ciel, avec la divinité : cf. en particulier *S.V.F.* I, 154 (= Cic., *N.D.* I, 36 : *[Zeno] aethera deum dicit* ; *Acad. pr.* II, 126 : *Zenoni et reliquis fere Stoicis aether uidetur*

summus deus, mente praeditus, qua fere omnia regantur) ; II, 634 ; II, 1077 ; ainsi que les nombreux passages réunis par A. Ronconi, (1961), p. 94-95, qui signale que, par-delà le stoïcisme, l'idée remonte au mysticisme oriental (cf. Hérodote, I, 131) et apparaît déjà chez les Présocratiques (*Vors.* 7 A 9 ; 31 A 33 ; 64 B 5) et chez Platon (*Tim.* 34 b). Pour un Néoplatonicien en revanche, le dieu suprême ne peut être, en bonne doctrine, que la première hypostase. D'où l'exégèse quelque peu laborieuse qui suit, au § 13.

372. *Theologi* ne peut désigner, comme c'était le cas en I, 10, 9, les poètes exposant les généalogies divines. K. Mras, (1933), p. 260, constatant que Proclus applique ce terme à diverses reprises aux auteurs des oracles orphiques et chaldéens (*In Tim.* I, 173, 1 ; II, 80, 20 ; III, 310, 30 Diels), propose de le comprendre ici de la même façon. Nous préférons, quant à nous, noter que dans le *Comm.* I, 14, 5, Macrobe utilisait déjà ce terme pour désigner les philosophes néoplatoniciens traitant de la divinité, et en particulier Plotin. Or ce dernier fait de Ouranos-Cronos-Zeus la transposition mythique des trois hypostases, dans laquelle Ouranos représente l'Un, Cronos l'Intelligence, et Zeus l'Âme du Monde (*Enn.* V, 1, 7 ; IV, 4, 10) : cf. J. Pépin, (1958), p. 203-207 ; 380-384. Mais l'assimilation de Jupiter à l'Âme du Monde a une histoire antérieure : elle se rencontre chez les Stoïciens (Chrysippe, *S.V.F.* II, 1076), et, à Rome, Varron s'en fait l'écho (*ap.* Aug., *Ciu.* IV, 11). Néanmoins le sens de l'interprétation diffère : alors que pour les Stoïciens l'Âme cosmique, *i.e.* Jupiter, occupe la position suprême, dans l'allégorie plotinienne Zeus vient après Ouranos et Cronos, comme dans le mythe hésiodique.

373. Virg., *B.* 3, 60.

374. Il s'agit des premiers mots du poème astronomique d'Aratos de Soles, les *Phénomènes*, cités par Macrobe en grec dans les *Sat.* I, 18, 15 (*mundus autem uocatur caelum, quod appellant [physici] Iouem ; unde Aratus de caelo dicturus ait* ἐκ Διὸς ἀρχώμεσθα), et souvent traduits par les auteurs latins (entre autres, Virg., *B.* 3, 60 ; Ov., *Met.* X, 148 sq. ; Valère Maxime, I, *pr.* 17 ; Quint., X, 1, 46 ; Stace, *Silves* I, *pr.* 19) : cf. J. Martin, éd. d'Aratos, (1998), t. II, p. 139 sq. ; 148 sq. ; J. Soubiran, éd. de Cicéron, *Aratea*, (1993²), p. 158, n. 2.

375. Junon symbolise l'air : cf. aussi *Saturnales* I, 15, 20 ; I, 17, 54 ; III, 4, 8. Cette interprétation allégorisante a une histoire très ancienne, fondée sur la paronymie Ἥρα/ἀήρ, déjà attestée chez Parménide (*Vors.* 28 A 20) et Empédocle (*Vors.* 31 A 33), adoptée par Platon (*Crat.* 404 c) et popularisée par les Stoïciens (Cic., *N.D.* II, 66 : *aer autem, ut Stoici disputant, interiectus inter mare et caelum Iunonis nomine consecratur, quae est soror et coniux Iouis, quod <ei> et similitudo est aetheris et cum eo summa coniunctio* ; cf. A. S. Pease, éd., note *ad loc.*). Augustin la cite d'après Varron (*Ciu.* IV, 10 et 11) ; cf. aussi Héraclite, *Questions homériques*, 39, 3. Elle est aimée du médio- et du néoplatonisme : cf. Plutarque, *De Is. et Osir.* 32, 363D ; Martianus Capella, II, 149 ; Porphyre, *De imaginibus, ap.* Eusèbe, *Praep. Ev.* III, 11 ; Servius, *Ad Aen.* I, 47 (*Iouisque/et soror et coniunx*) ; VIII, 454 ; Théodore *ap.*

Proclus, *In Tim.* III, p. 190, 14 sq. Dans son propre commentaire au *Songe*, Favonius Eulogius (*Disp.* 6, 2), citant lui aussi des *theologi*, justifie autrement le statut de *soror* et *coniunx* de Junon : elle représente la dyade, qui s'unit à la monade/Jupiter (*id. ap.* Martianus Capella, VII, 732).

376. A l'exception de quelques philosophes ioniens, et, curieusement, de Géminos (I, 23), qui croient les étoiles suspendues dans l'éther (cf. Cic., *N.D.* II, 54), les Anciens considèrent qu'elles sont « fixées » sur la sphère céleste : *infixus*, que Macrobe utilise ici après Cicéron, est le terme le plus courant pour rendre cette idée, et correspond au grec ἐνδεδεμένος (par ex. Aristt., *De caelo* II, 8, 290 a 19) : cf. A. Le Bœuffle, (1987), p. 136. Ne présentant aucune variation observable dans les azimuts de leurs levers et couchers, et conservant leurs positions respectives au sein des constellations, les étoiles sont censées ne pas posséder de mouvement propre, et ne se déplacer qu'entraînées par la rotation diurne de la sphère céleste, d'est en ouest, autour de l'axe invariable du monde. Seuls Hipparque et, à sa suite, Ptolémée, puis quelques rares auteurs nuancèrent cette affirmation : cf. note suiv.

377. Cette thèse, à laquelle va la sympathie de Macrobe, est celle de la précession des équinoxes (cf. P. Duhem, (1965²), II, p. 180-266 ; O. Neugebauer, (1975), I, p. 292-298 ; J. Flamant, (1977), p. 402-413). On désigne ainsi la très lente révolution du pôle céleste autour du pôle de l'écliptique, révolution qui se traduit par un mouvement rétrograde du point vernal (lui-même intersection de l'écliptique et de l'équateur céleste). Dans la représentation géocentrique du monde, les étoiles fixes semblent surajouter, à leur mouvement diurne d'est en ouest, un mouvement d'ouest en est autour de l'axe de l'écliptique. C'est Hipparque, dans son traité perdu *Du transport des points équinoxiaux*, qui identifia le phénomène, en 129 av. J. C. Il remarqua d'abord que la longitude écliptique de l'Epi de la Vierge (alpha Virginis) avait crû de deux degrés depuis les observations de Timocharis, un siècle et demi auparavant. Il nota par ailleurs, à propos du Soleil, un écart de 15 mn entre l'année sidérale et l'année tropique, et en déduisit le déplacement des points équinoxiaux. La géniale découverte d'Hipparque nous est connue par Ptolémée (*Synt.*, VII, 3 ; cf. O. Neugebauer, (1975), II, 909-910), qui la vérifia deux siècles et demi plus tard. Mais elle n'eut pas beaucoup d'échos dans l'Antiquité. Il nous semble probable que c'est à elle que fait allusion Pline, *N.H.* II, 95 : *(Hipparchus) ad dubitationem est adductus anne (...) mouerenturque et eae quas putamus adfixas.* Elle est mentionnée de façon plus ou moins explicite et favorable par Origène, Théon d'Alexandrie, Thémistius, Simplicius (cf. P. Duhem, *op. cit.*, p. 190-204). En revanche, Proclus s'en prend à « ceux qui, pour s'être fondés sur des observations, donnent à ces astres un mouvement rétrograde... autour de l'axe de l'écliptique, comme Ptolémée et avant lui Hipparque » (*In Tim.* III, p. 124, 19-23 Diehl ; trad. Festugière). On ne peut que s'émerveiller de la résurgence chez Macrobe — qui n'a rien d'un astronome savant — d'une théorie aussi technique et finalement peu diffusée.

378. Pour les Anciens, le problème était de savoir par quel système mécanique pouvaient se combiner en théorie le mouvement diurne et le mouvement de précession. Ptolémée le premier (*Opera quae exstant omnia*, II : *Opera astronomica minora*, éd. Heiberg, Leipzig, 1907, p. 123) supposa l'existence, au-dessus de la sphère des fixes, d'une neuvième sphère dépourvue d'étoiles et animée de la rotation diurne, qu'elle communique à tout l'univers ; la sphère des fixes y ajoute le mouvement de précession et le transmet à toutes les sphères inférieures. Se font l'écho de cette hypothèse Origène (*ap.* Migne, *Patrologia graeca*, XII, col. 195-196) et Simplicius (*In Aristotelis physicorum libros quattuor priores commentaria*, éd. Diels, Berlin, 1882, p. 633 et p. 643 ; *In Aristotelis de Caelo commentaria*, éd. Heiberg, Berlin, 1894, p. 462-3). P. Duhem (*op. cit.*, p. 196) pense qu'ici Macrobe adopte ce montage, en distinguant la sphère des fixes (*caelum*) d'une autre sphère qui l'engloberait (la « sphère la plus extérieure », *extimus globus*).

379. Au livre II, 11 du *Commentaire*, où Macrobe identifie la périodicité de la Grande Année à celle de la précession des équinoxes, il estime la durée d'une révolution complète à 15 000 ans (ce qui est très insuffisant : près de 26 000 ans en réalité) : cf. notes *ad loc.*

380. En fait, bien entendu, Cicéron ne songeait nullement à la précession des équinoxes, et Macrobe lui prête une science qu'il n'avait pas. *Simul attigit utramque sententiam* : Ptolémée (*Synt.* VII, 1, Heiberg, II, p. 2), dans un passage qui n'est pas sans rappeler celui de Macrobe, utilise une formule toute voisine pour présenter la thèse d'Hipparque, ἑκάτερον γὰρ τούτων οὕτως ἔχον εὑρίσκομεν. On a vu en effet dans la note 378 que les deux thèses (la précession des équinoxes d'une part, et, de l'autre, la représentation commune selon laquelle les étoiles sont fixées sur la sphère céleste) ne s'excluent pas, grâce à l'hypothèse de la neuvième sphère, formulée pour la première fois par Ptolémée.

381. *Globus* désigne plutôt une masse pleine (cf. A. Le Bœuffle, (1987), p. 145). Ici, il s'agit donc probablement des corps mêmes des planètes, plutôt que des sphères creuses sur lesquelles elles sont fixées et qui les entraînent dans leur rotation.

382. Le chapitre 18 est consacré à la démonstration du mouvement spécifique des planètes, nié par des contradicteurs bornés (§ 2-3). La division du raisonnement est donnée au § 4. Première étape : les planètes ont-elles un mouvement propre ou non ? Elles en ont un : ce sera démontré aux § 5-6. Deuxième étape : ce mouvement se fait-il d'est en ouest ou d'ouest en est ? Il se fait d'ouest en est : démonstration aux § 7-19, par extrapolation à partir des mouvements de la lune (§ 8-11) et du soleil (§ 12-18).

384. Macrobe simplifie à l'excès le problème, en traitant conjointement des mouvements des deux luminaires et de ceux des cinq planètes. En effet, si le soleil et la lune ne semblent, vus de la terre, qu'animés du double mouvement combiné décrit ici par Macrobe, il en va autrement des planètes : satellites du soleil, dans la réalité, comme l'est la terre elle-même, elles paraissent à l'observateur terrestre affectées d'un mou-

vement irrégulier alternant progressions, stations et rétrogradations. La complexité de leurs déplacements ne se ramène pas aux modèles simples du soleil ni de la lune. Macrobe part, comme il l'a déjà fait en I, 6, 18, d'une conception populaire et rudimentaire des mouvements planétaires ; mais de ce fait sa démonstration ne rend compte qu'incomplètement des « errances » des planètes. On peut comparer avec les exposés sur les mouvements planétaires de Théon de Smyrne, p. 147, 7 - 148, 12 Hiller = III, 17, p. 238-241 Dupuis, et de Calcidius, 74, qui utilisent une source commune, le *Commentaire au Timée* du péripatéticien Adraste : eux distinguent explicitement les mouvements de la lune et du soleil (planètes *sequaces* ou *hypolipticae*) de ceux, plus complexes, des autres planètes.

385. Qui peuvent être ces *doctrina initiati*, nombreux de surcroît ? Selon le Ps.-Plutarque, *Plac.* II, 16, Anaxagore, Démocrite et Cléanthe considéraient que tous les astres sans exception se déplaçaient d'est en ouest (mais pour le Stoïcien Cléanthe, le témoignage de Diogène Laërce, VII, 144, est contradictoire). On peut songer aussi à la théorie du « retard » des planètes, exposée par Géminos, XII, 14-18, à propos du soleil et de la lune (cf. notes éd. G. Aujac, (1975), p. 145-6), par Cléomède, I, 3, 1, p. 30 Ziegler, et par Martianus Capella, VIII, 853 (qui la présente comme un *Peripateticorum dogma*) : les planètes vont dans le même sens que la sphère céleste, mais elles prennent du retard par rapport à cette dernière, d'où des variations dans les positions relatives.

387. *Vergiliae* est le nom latin le plus courant pour désigner le groupe d'étoiles appelé Pléiades par les Grecs. Les Pléiades, leurs voisines les Hyades et Orion sont unis dans un mythe commun, qui atteste leur proximité céleste (Hygin, *Astron.* II, 21, 1-4). Pourquoi Macrobe prend-il comme exemple ces constellations ? Les Pléiades « jouissent d'un honneur sans égal », dit Hygin, *Astron.* II, 21, 4. Et en effet leur rôle dans le calendrier était prépondérant, leur lever, au début de mai, annonçant la belle saison et la reprise de la navigation (cf. A. Le Bœuffle, (1987), p. 217). Notons aussi que Homère, *Il.*, XVIII, 486 et *Od.* V, 270, associe pareillement les Pléiades, les Hyades, les Ourses et Orion, comme repères du navigateur ; cf. aussi Virgile, *Aen.* III, 516 (chez qui manquent néanmoins les Pléiades). Or les deux poètes sont cités et commentés par Macrobe dans les *Saturnales* V, 11, 10-13. Quant au Dragon (Macrobe dit plus littéralement « le Serpent », *Anguis*, traduction d'Ὄφις), sa mention est appelée par son étroite proximité avec les Ourses, entre lesquelles il sinue et qu'il enserre (Aratos, *Ph.* 26-62) : cf. *Comm.* II, 8, 7.

390. Cf. ci-dessus, note 384, p. 385 sq. : Macrobe commet une approximation, en s'appuyant sur la seule observation de la lune (et du soleil) pour démontrer le principe du déplacement des planètes.

393. La constellation de la Balance, Ζυγός ou *Libra*, est de création relativement récente. Le groupe d'étoiles qui la constitue était préalablement considéré comme formant les « pinces » de la constellation voisine du Scorpion, les Χηλαί, ou, en latin, *Chelae* : cf. Martianus Capella,

VIII, 839. Les deux appellations continuent à coexister, en latin comme en grec (cf. J. Soubiran, éd. de Vitruve, IX, (1969), p. 138, n. 17).

394. Virg., *G.* I, 217-218. *Auerso* : la tête du Taureau est tournée vers l'est, à l'inverse des autres signes (Hygin, *Astr.* II, 21, 1 ; Manilius, I, 264 et II, 153 ; cf. W. Hübner, (1982), p. 102). *Aduerso*, proposé par certains manuscrits, semble une *lectio facilior* : le terme signifierait que le Taureau, qui regarde vers l'est, paraît menacer le Chien qui le suit (encore que, pour les mythographes, le Chien ne soit pas associé au Taureau, mais à Orion et au Lièvre, au sein d'une scène de chasse : cf. Aratos, 338-341 et 678). Néanmoins les Anciens déjà connaissaient les deux leçons *auerso* et *aduerso* : cf. la mise au point de R. A. B. Mynors, Virgil. *Georgics*. Ed. with commentary by..., Oxford, 1990, p. 51.

397. L'ordre des sphères planétaires est traité aux § 1-17, avec les subdivisions suivantes : description des systèmes chaldéen et égyptien (§ 1-2) ; problème posé par Vénus et Mercure (§ 3-5) ; positions respectives du soleil, de Mercure et de Vénus (§ 6-7) ; position et lumière de la lune (§ 8-13) ; position « médiane » du soleil (§ 14-17). Suit un exposé astrologique (§ 18-27) : attribution de chaque planète à une divinité (§ 18) ; explication du caractère bénéfique ou maléfique des planètes d'après Ptolémée (§ 19-27).

398. Macrobe admire volontiers les Egyptiens, *solos diuinarum rerum omnium conscios* (*Sat.* I, 14, 3), et qui sont, selon lui, les premiers à avoir osé observer et mesurer le ciel (*Comm.* I, 21, 11) ; l'Egypte est *mat[er] artium* (*Sat.* I, 15, 1) ; *diuinarum omnium disciplinarum compo[s]* (*Sat.* VII, 13, 10). Cf. *Introduction*, p. XII et LI.

399. L'ordre « égyptien » des planètes faisait se succéder, à partir de la terre immobile au centre du monde, les sphères concentriques de la Lune, du Soleil, de Vénus, de Mercure, de Mars, de Jupiter et de Saturne. C'est cet ordre qu'à la suite d'Eudoxe (Proclus, *In Tim.* III, p. 62 Diehl), Platon adopte dans le *Timée* 38c-d (ainsi qu'Aristote, *Mét.* VIII, 1073 b 32 ; Chrysippe, *S.V.F.* II, 527 ; Ps.-Aristt., *De mundo* 392a ; Apulée, *De mundo*, 2). Notons qu'ici Macrobe décrit une variante de cet ordre, où Mercure et Vénus sont intervertis : la même variante est signalée par Théon de Smyrne, p. 143 Hiller = III, 15, p. 232-233 Dupuis, et par Calcidius, 73, ainsi que par Martianus Capella, VIII, 851 (en revanche, dans le *Comm.* II, 3, 14, Macrobe adopte l'ordre de Platon). Si l'étagement des planètes supérieures, Mars, Jupiter et Saturne, se laissait aisément déduire de l'observation, si l'on s'accordait par ailleurs à considérer la lune comme la plus voisine de la terre, en revanche les planètes inférieures, Mercure et Vénus, faisaient problème, comme Macrobe le dit bien au § 5 : leur durée de révolution apparente est à peu près égale à celle du soleil, et elles semblent ne jamais beaucoup s'écarter de lui. D'où l'existence de l'ordre Lune-Mercure-Vénus-Soleil-etc (et de sa variante Lune-Vénus-Mercure-Soleil). Attribué à Pythagore (Pline, II, 84) et aux Pythagoriciens (Théon de Smyrne, p. 138, 11 Hiller = III, 15, p. 226-227 Dupuis), à Archimède (ici et en II, 3, 13), ou plus communément aux Chaldéens (comme ici encore), cet ordre est aussi

celui des astronomes Hipparque, Géminos (I, 24-30), Cléomède (I, 3, 2, p. 30-32 Ziegler) et Ptolémée (*Synt.* IX, 1, 102). Il est le plus courant dans le monde romain, où il a peut-être été introduit par Posidonius (cf. Manilius, I, 807 sq. ; V, 5 sq. ; Vitruve, IX, 1, 5 ; Hygin, *Astr.* IV, 14, 4 ; Pline, II, 32-41 ; et Macrobe lui-même, *Comm.* I, 12, 14). Cicéron l'adopte dans le *Songe*, comme le voit bien Macrobe, et dans le *Diu.* II, 91 (tandis que le *N.D.* II, 52-53 présente curieusement l'ordre égyptien). Notre malheureux Macrobe, si appliqué à faire de Cicéron un Platonicien accompli, se trouve donc une fois de plus devant la rude difficulté : comment superposer les thèses contradictoires de Cicéron et de Platon ?

400. La théorie que va présenter Macrobe aux § 6-7 est donc attribuée aux « Egyptiens » (même affirmation au § 5). Nous verrons qu'il s'agit en fait de la théorie semi-héliocentrique d'Héraclide du Pont.

401. Les durées de révolution annoncées ici par Macrobe sont des approximations traditionnelles : mêmes estimations *ap.* Achilles, *Isag. exc.* 18, p. 44 Maass ; Ps.-Aristt., *De mundo* 29 ; Géminos, I, 24-26 (mais deux ans et demi pour Mars) ; Cic., *N.D.* II, 52-53 (= Poseidonios, *frg.* 360 Theiler) ; Hygin, *Astr.* IV, 15-19 ; Pline, II, 32-34 ; Apulée, *De mundo* 29 ; Ps.-Plut., *Plac.* II, 32 ; Théon de Smyrne, p. 135, 21 sq. Hiller = III, 12, p. 222-223 Dupuis ; Calcidius, 70 (avec une approximation pour Jupiter) ; Nonnos, *Dion.* 38, 226 sq. ; Martianus Capella, VIII, 884-886. Les durées réelles (mais il s'agit de la révolution autour du soleil) sont de 29 ans 167 jours pour Saturne, 11 ans 315 jours pour Jupiter, et 687 j. pour Mars. Vitruve, IX, 1, 6-10 s'en approche de fort près (respectivement 29 ans 160 jours ; 11 ans 313 jours ; 682 jours).

402. Un an est l'approximation courante (comme l'atteste bien Martianus Capella VIII, 882, qui la corrige : *Venus circa anni confinium ambire circulum proprium perdocetur. Nam diebus CCC et aliquot... peruagatur*) : cf. Plat., *Tim.* 38d ; Géminos, I, 28 ; Cic., *N.D.* II, 53 ; Apulée, *De mundo* 29 ; Théon de Smyrne, p. 136, 4 et 20 Hiller = III, 12, p. 222-223 et 13, p. 224-225 Dupuis ; Calcidius, 70. En fait, Vénus met 225 jours à tourner autour du soleil.

403. Un an de révolution pour Mercure (souvent associé à Vénus et au soleil) : cf. Platon, *Tim.* 38d ; Géminos, I, 29 ; Cic., *N.D.* II, 53 ; Apulée, *De mundo* 29 ; Théon de Smyrne, p. 136, 4 et 20 Hiller = III, 12, p. 222-223 et 13, p. 224-225 Dupuis ; Calcidius, 70 ; Martianus Capella, VIII, 879. Vitruve, IX, 1, 8 propose 360 j. et Pline, II, 39, descend à 339 j. La durée réelle est de 88 jours pour la révolution autour du soleil.

404. Mercure et Vénus, du fait que leurs orbites, dans la réalité, sont situées entre le soleil et l'orbite de la Terre, semblent à l'observateur terrestre ne jamais s'écarter beaucoup du soleil : l'élongation maximale était arrondie par les Anciens, pour Vénus, à deux signes, soit 60° (48° dans la réalité), et pour Mercure, à un signe, soit 30° (28° en réalité). Cf. A. Le Bœuffle, (1987), s.v. *abesse*, p. 26, et *comes*, p. 96-7. Notons néanmoins la précision de Pline, II, 38 et 39, qui donne, pour Vénus, 46°, et, pour Mercure, 22°.

406. Les commentateurs s'accordent quasi unanimement à reconnaître ici la théorie semi-héliocentrique d'Héraclide du Pont (disciple de
Platon, IVe s. av. J.C.), qui, tout en continuant à faire tourner le soleil et
les trois planètes supérieures autour de la terre, faisait de Vénus et de
Mercure des satellites du Soleil : cf. P. Duhem, (1965^2), I, p. 406-410, et
pour l'attribution de cette théorie à Macrobe, *ibid.*, III, p. 47-52 ; J.
Flamant, (1977), p. 426-435 ; L. Scarpa, (1981), p. 445-447 ; M. Regali,
(1983), p. 370. En revanche W. H. Stahl, (1990^2), *Appendice A*, p. 249-
250, est de l'avis contraire. La théorie d'Héraclide est attestée pour la
première fois, dans les textes qui nous ont été conservés, chez Vitruve,
IX, 1, 6 (précieuse note dans éd. Soubiran, (1969), p. 90-92). Elle ne
réapparaît pas avant Théon de Smyrne, p. 186, 17-187, 17 Hiller = III,
33, p. 300-303 Dupuis, puis Calcidius, *In Tim.* 109-111 (ces deux auteurs
ayant peut-être pour source commune le Péripatéticien Adraste), ainsi
que chez Martianus Capella, VIII, 854 et 857 ; Théon et Calcidius, en
sus, ajoutent que le soleil se meut lui-même sur un épicycle, c'est-à-dire
sur une orbite dont le centre décrit un cercle autour de la terre : mention
absente des textes de Vitruve et de Martianus Capella, et qui ne provient
pas d'Héraclide (cf. discussion de P. Duhem, *op. cit.*, p. 408-410).
Macrobe utilise ingénieusement le système d'Héraclide pour tenter de
réconcilier l'ordre égyptien et l'ordre chaldéen. Il suggère que lorsque
Mercure et Vénus sont en position « inférieure », ils se trouvent entre la
terre et le soleil, restituant en quelque sorte l'ordre chaldéen, si bien que
leur proximité les rend plus faciles à observer : d'où le succès de cet
ordre. En revanche, lorsqu'ils sont en position « supérieure » (ordre
égyptien), la lumière solaire s'interpose entre la terre et eux, et ils sont
moins observables (rien de cela, bien entendu, n'est conforme à la réalité
visuelle : Macrobe déduit l'observation de la théorie !). Reste néanmoins
une ambiguïté, avec la phrase *circulus per quem sol discurrit a Mercurii
circulo... ambitur*, etc. (début du § 6). Faut-il comprendre que l'orbite
(*circulus*) du soleil est enfermée à l'intérieur de celles de Mercure et de
Vénus ? Cela revient, en modifiant sur ce point le système d'Héraclide, à
attribuer au soleil un épicycle. C'est ce que font Théon et Calcidius, on
l'a vu ; il semble dès lors probable que Macrobe suit ici la même tradition
qu'eux (telle est déjà l'opinion de J. Flamant, (1977), p. 432). Quoi qu'il
en soit, l'adoption du semi-héliocentrisme n'est pour Macrobe qu'un
expédient momentané, et qui n'engage pas sa vision véritable du
monde : à partir des § 8 et surtout 9, il revient implicitement au système
égyptien pur.

407. *Veriorem ordinem* : « l'ordre le plus exact (des deux, égyptien et
chaldéen) ». En fait, d'après la démonstration des § 6-7, aucun des deux
ordres ne devrait être plus exact que l'autre, dans la mesure où tous deux
s'expliqueraient par le système d'Héraclide. Mais Macrobe trahit sa
pensée profonde : tout en ne démentant pas Cicéron, il persiste à donner
raison à Platon. A partir de maintenant, il oublie donc à nouveau
Héraclide et revient à un système de sphères concentriques, centrées sur
la terre, et étagées selon l'ordre égyptien : cf. I, 21, 1 : *septem sphaeras*

*caelo diximus esse subiectas, exteriore quaque quas interius continet
ambiente.* Notons que cette inconséquence n'est pas isolée parmi les
auteurs : Vitruve la partage, en adoptant la théorie d'Héraclide en IX, 1,
6, pour la démentir en IX, 1, 15 (image des sept fourmis sur la roue du
potier).

408. L'idée que la lune emprunte sa lumière au soleil a été formulée
très tôt, dès Thalès (selon le Ps.-Plutarque, *Plac.* II, 28), Parménide
(*ibid.*, II, 26) et Anaxagore (selon Platon, *Crat.* 409a ; Plut., *De facie*
929B) ; selon Théon de Smyrne, c'est Anaximène qui en serait l'inventeur (*Vors.* 13 A 16). A l'époque de Cicéron, c'est l'opinion, non pas
unique, mais la plus couramment reçue : cf. Géminos, IX, 1 et 10 ; et par
la suite Hygin, *Astr.* IV, 14 ; Vitr., IX, 2, 3 (et note éd. Soubiran, p.
126-127) ; Pline, *N.H.* II, 45 ; Apul., *Flor.* X ; Cléomède, II, 4, 1, p. 182
et II, 5, 1, p. 194 sq. Ziegler ; Martianus Capella, VIII, 862-863. Macrobe
en déduit une double conséquence, destinée à étayer l'ordre égyptien des
planètes : 1) La lune se trouve au-dessous du soleil (§ 8 ; déduction
d'ailleurs surprenante, puisque, selon les Anciens mêmes, la flamme et
la lumière peuvent aussi bien monter que descendre : cf. Vitr., IX, 1, 16,
et notes éd. Soubiran, (1969), p. 112 sq.) 2) La lune est la seule dans ce
cas, puisqu'elle est la seule dépourvue de lumière propre (§ 10 ; ce
raisonnement, qui mêle l'ontologie à l'astronomie, n'est attesté, à notre
connaissance, nulle part ailleurs).

409. *Quae tota... ostendetur* : cf. II, 7, 6-8, à propos des ceintures
célestes. *Sphaerae solis incumbit,* si on le comprend comme nous l'avons
fait, est un écho de conceptions archaïques selon lesquelles le soleil
redistribuerait aux hommes, c'est-à-dire à la terre, la lumière et la
chaleur reçues du reste du ciel : « Le Pythagoricien Philolaos dit que le
soleil est semblable à du verre ; il reçoit le reflet du feu qui se trouve dans
le monde et en filtre pour nous la lumière et la chaleur » (*Vors.* 44 A 24 =
Aét., II, 20 ; cf. aussi le texte jumeau du Ps.-Plut., *Plac.* II, 20, et la note
éd. Lachenaud, p. 252-253). Cette représentation a été adoptée peu ou
prou par l'épicurisme : cf. Epicure, *frg.* 343 Us. (= Aét., II, 20, 14), et à
sa suite Lucrèce, V, 610-613 (cf. comm. Bailey, *ad loc.*) et Diogène
d'Oenoanda (*frg.* VIII, col. 3-4 William : le soleil se comporte comme
une source, émettant le feu qui lui arrive de l'univers). Selon Empédocle,
« le soleil est le reflet du feu qui entoure la terre » (Ps.-Plut., *ibid.* ; cf.
note Lachenaud, p. 253-4).

418. Ce sont les Chaldéens qui les premiers ont identifié les planètes
et les ont désignées du nom des divinités auxquelles elles étaient consacrées. En même temps qu'ils leur empruntaient cette science, les Grecs
ont transposé les noms, en choisissant dans leur propre panthéon des
divinités comparables à celles des Chaldéens, sous le patronage desquel-
les ils ont placé les planètes. Aussi l'expression correcte, adoptée ici par
Cicéron et approuvée par Macrobe, est-elle bien « l'astre attribué à
Jupiter », « à Mars », etc. Mais il existait aussi, depuis le Ier s. av. J.C., une
tendance à désigner les planètes directement du nom des dieux (par ex.
Cic., *N.D.* II, 119 : *Mars* ; Manilius, I, 807 : *Venus* ; etc.). Ce n'était pas

un simple raccourci linguistique, mais l'expression d'une conception, tant philosophique (pythagoricienne, stoïcienne) qu'astrologique, qui tenait les planètes pour des divinités : représentation évidemment incompatible avec le néoplatonisme de Macrobe (cf. A. Bouché-Leclercq, (1899), p. 67-70 ; A. Le Bœuffle, (1977), p. 244-249).

420. Avec l'attribution d'influences, bénéfiques ou maléfiques, aux planètes, on quitte le domaine de la stricte observation pour entrer, comme le signale Macrobe, dans celui de l'astrologie. La couleur rouge de Mars évoquait tout naturellement le sang et la destruction, et son influence était jugée hostile (Cic., *Diu.* I, 85 ; Ptolémée, *Tetr.* I, 4 ; Apul., *Flor.* 10 ; Firmicus Maternus, *Math.* I, 10, 14). Saturne-Cronos, identifié par paronymie avec Chronos, le Temps destructeur, passait pour provoquer les morts violentes (Ptolémée, *Tetr.* IV, 9), et était considéré de façon générale comme funeste : Juvénal, 6, 569 sq. ; Ptolémée, *Tetr.* I, 4 ; Apul., *Flor.* 10 ; Firmicus Maternus, *Math.* II, 13, 5-6). En revanche Jupiter est une planète favorable, tempérée et suscitant des vents féconds (Ptolémée, *Tetr.* I, 4 ; Cic., *N.D.* II, 119 ; Germ., *frg.* 4, 1-24 ; Vitr., VI, 1, 11 et IX, 1, 16 ; Pline, *N.H.* II, 34 ; Apul., *Flor.* 10 ; Firmicus Maternus, *Math.* I, 10, 14 ; II, 13, 5-6). Par ailleurs une interprétation allégorique d'origine stoïcienne rapprochait Ζεύς de ζῆν (*S.V.F.* II, 1021 ; 1062) et *Iuppiter* de *iuuare* (Ennius, *Epich.* 578 Vahl. ; Cic., *N.D.* II, 64 ; Aulu-Gelle, V, 12, 4 ; Apul., *De mundo* 37). Quant à Vénus, elle est l'astre de la fécondité, qui répand la rosée et favorise les germinations des plantes et la reproduction des animaux : cf. Catulle, 64, 329 ; Cic., *Diu.* I, 85 ; Pline, *N.H.* II, 38 ; Juv., 6, 570 ; Apul., *Flor.* 10 ; Ps.-Censorinus, *frg.* III, 5 ; Porphyre *ap.* Euseb., *Praep.* III, 11, 40.

423. Cf. Ptolémée, *Harmonica* I, 7. L'épitrite est le rapport 4/3, l'hémiole le rapport 3/2, l'épogde le rapport 9/8. Pour la *iugabilis competentia*, le rapport de proportion, cf. I, 6, 24 ; I, 6, 31 et 33.

424. *Comm.* II, 1, 14 sq.

425. Cf. ci-dessus, I, 12, 14 ; I, 14, 7. L'idée que la lune régit le physique de l'homme est un dogme astrologique bien connu : cf. Firmicus Maternus, *Math.* IV, 1, 5.

426. Les rapports numériques établis entre planètes et luminaires sont très probablement des rapports musicaux, fondés sur les distances et les vitesses respectives des planètes. Par ailleurs le texte de l'inscription de Canope, qui semble pouvoir être rapporté aussi à Ptolémée (O. Neugebauer, (1975), II, p. 913-917), contient une double liste, de degrés musicaux et de nombres en progression arithmétique, de 4 à 36, pour les neuf sphères planétaires (Ptolémée, *Opera astronomica minora*, éd. Heiberg, p. 154, 1-10). Les *Harmonica* (c'est-à-dire, pour nous, la citation de Macrobe) et l'inscription de Canope reflètent-ils la même théorie ? La discussion est ouverte : cf. O. Neugebauer, *op. cit.*, p. 933-934 et n. 14. D'autre part, quelle est la source de Macrobe ici ? Notons qu'en II, 3, 15, où Macrobe traite de l'harmonie des sphères planétaires, il s'appuie explicitement sur le *Commentaire au Timée* (perdu pour nous) de Porphyre. Or ce dernier avait pratiqué les *Harmonica* de Ptolémée,

dont il avait donné un commentaire, également perdu, à quelques fragments près. Aussi est-ce vraisemblablement à travers Porphyre que
Macrobe connaît la théorie de Ptolémée, qu'il l'ait lue dans le *Commentaire aux Harmonica* (comme le pense J. Flamant, (1977), p. 454) ou
dans le *Commentaire au Timée*.

429. Cf. Plotin, *Enn.* II, 3, 3, 27-28. La question de savoir si les astres,
et les présages en général, étaient signes ou causes des événements était
souvent posée (cf. Cic., *Diu.* I, 29 et *loci similes* cités par A.S. Pease, éd. ;
Aug., *Ciu.* V, 1 : *dicuntur stellae significare potius ista quam facere* ;
Macrobe lui-même, *Sat.* I, 17, 3). Les astrologues en faisaient bien
entendu la cause : cf. Sext. Emp., *Math.* V, 5 ; Cic., *Diu.* II, 89 ;
Ptolémée, *Tetr.* I, 2. Pour Plotin, ils ne sont que le signe : les événements
du monde n'admettent d'autre cause que la Cause première (*Enn.* II, 3,
6, 16 sq.). Celle-ci a établi une fois pour toutes, à partir d'un Principe
unique, une corrélation entre les événements, si bien que « tout est plein
de signes, et être savant, c'est connaître une chose d'après une autre »
(*Enn.* II, 3, 7, 12 sq.) : en cela les oiseaux et divers animaux sont bien des
présages de l'avenir, sans pour autant en être la cause. Cette théorie de la
divination, *mutatis mutandis* (car elle s'inscrit dans des conceptions
différentes du cosmos et de la condition humaine), était déjà celle des
Stoïciens : Sénèque, *N.Q.*, II, 32 ; Pline, *N.H.* II, 97.

430. Cic., *Rép.* VI, 17 = *Somn.* 4, 2.

431. Plat., *Tim.* 39b.

434. Macrobe fait référence à la théorie radio-solaire, attestée dans de
nombreux textes techniques et même poétiques : cf. Cic., *Diu.* II, 89 ;
Vitr., IX, 1, 11, et notes *ad loc.* éd. Soubiran, (1969) ; Lucain, X, 201
sq. ; Pline, *N.H.* II, 59-60 et 69-71, et comm. éd. Beaujeu, (1950), p. 158-
159 ; Théon de Smyrne, p. 187 Hiller = III, 34, p. 304-305 Dupuis ;
Censorinus, 8, 2-3 ; Martianus Capella, VIII, 887. D'origine chaldéenne
(cf. A. Bouché-Leclercq, (1899), p. 117-119) et d'époque probablement
hellénistique, elle a pu passer à Rome par l'intermédiaire de Posidonius.
Les astrologues avaient en effet remarqué que Jupiter et Saturne arrêtaient leur course lorsqu'ils étaient à une distance du soleil correspondant au tiers de la circonférence céleste (trigone) ; Mars, à une distance
d'un quart (quadrant) : c'est la *certa spatii definitio* de Macrobe. Ils
attribuaient le phénomène à la force des rayons solaires, qui, de même
qu'ils attirent les plantes et les vapeurs (Vitr., *loc. cit.*), permettraient au
soleil d'attirer à lui les planètes qui le suivent et de freiner celles qui le
précèdent. Leurs observations n'étaient pas sans fondement, puisque les
stations des planètes se produisent en effet à des distances régulières du
soleil. En revanche le principe de l'attraction par la lumière solaire est
fantaisiste, et les modes de calcul astrologique utilisés — trigone et
quadrant — entrent en contradiction avec les axiomes fondamentaux de
l'astronomie antique, puisqu'ils négligent le fait que le soleil et les
planètes ne se situent pas sur la même sphère céleste.

435. La formule cicéronienne provient des Stoïciens, chez lesquels
elle exprime une stricte réalité : selon Cléanthe (*S.V.F.* I, 499), le soleil est

l'*hégémonikon* du monde, c'est-à-dire son âme raisonnable. Cf. aussi Pline, *N.H.* II, 13 : *hunc (solem) esse mundi totius animum ac planius mentem.* Mais quel sens peut revêtir l'expression aux yeux du Néoplatonicien Macrobe ? Dans les *Saturnales* I, 18, 15, Prétextat, au sein de son exposé de théologie solaire, donne une interprétation de cette même formule : *physici* Διόνυσον Διὸς νοῦν, *quia solem mundi mentem esse dixerunt. Mundus autem uocatur caelum, quod appellant Iouem.* Dans un contexte nettement néoplatonicien donc, Dionysos, assimilé au soleil, apparaît comme l'élément qui transmet l'intelligence à la sphère céleste, assimilée pour sa part à Jupiter : cf. S. Gersh, (1986), I, p. 553-555 et 563 sq. L'expression réapparaît dans les *Sat.* I, 18, 17 ; I, 19, 9.

436. Les Stoïciens, auteurs déjà de la formule précédente « âme du monde », du fait qu'ils situaient l'*hégémonikon* dans le cœur (*S.V.F.* II, 837-839), ont pu passer tout naturellement à l'image du soleil « cœur du monde » ; néanmoins cette dernière n'est pas attestée dans les textes stoïciens conservés. P. Boyancé, (1936), p. 101, la suppose pythagoricienne, en s'appuyant sur Théon de Smyrne, 187, 16 sq. Hiller = III, 33, p. 302-303 Dupuis et sur Plutarque, *De facie...*, 928A-C. Notons pour notre part qu'à Théon de Smyrne, *loc. cit.*, est apparenté Calcidius, *In Tim.* 100, et que les deux textes semblent bien remonter au Péripatéticien Adraste (cf. J. H. Waszink, éd. de Calcidius, p. LXVII). L'analogie figure aussi dans les *Oracles chaldaïques* (*frg.* 58 Des Places = Proclus, *In Remp.* II, 220, 14 Kroll). Quant à Synésios de Cyrène (*Hymne* 5, 29) et à Proclus (*Hymne* 1, 6), ils appliquent au soleil l'épithète de κραδιαῖος. Bref, à l'époque de Macrobe, l'assimilation soleil/cœur du monde est devenue un bien commun. Pour l'argumentation (le soleil est l'*hégémonikon* ou le cœur du monde parce qu'il préside aux rythmes cosmiques, jours et nuits, saisons), cf. Cléanthe, *S.V.F.* I, 499 ; Cicéron, *N.D.* II, 49 ; et Proclus, *In Tim.* II, p. 104 Diehl.

438. La même équivalence *caelum/mundus* est posée par Macrobe en II, 11, 12, ainsi que dans les *Sat.* I, 9, 11 et I, 18, 15. Le sens originel de *mundus* semble bien être celui de « ciel nocturne », par opposition à *caelum*, « ciel lumineux » (cf. A. Le Bœuffle, (1987), s.v. *mundus*, p. 187-191). Par la suite le substantif *mundus* fut mis en rapport avec l'adjectif homonyme *mundus*, « paré », « pur », de façon à retrouver dans *mundus* le même double sens que dans le grec κόσμος, « monde », mais aussi « parure » (cf. Varr., *Men.* 199, 4 Riese ; Pline, *N.H.* II, 8, qui cite conjointement κόσμος, *mundus* et *caelum*).

440. Le témoignage de Galien, *Inst. log.* 12, conforte celui de Macrobe : Eratosthène avait traité, entre autres, des dimensions et des distances du soleil et de la lune, et de leurs éclipses partielles et totales (cf. aussi Ps.-Plut., *Plac.* II, 892B). Le savant alexandrin, connu surtout pour avoir déterminé la longueur du méridien, avait écrit un ouvrage sur la mesure de la terre (cf. *R.E.* VI, 1909, s. v. *Eratosthenes* 4, col. 364-5 [Knaack]) : s'agit-il des *libri dimensionum* dont parle Macrobe, ou faut-il y voir deux traités distincts ? Quoi qu'il en soit, Macrobe est la seule source attribuant à Eratosthène ce rapport de 1/27 entre les

dimensions du soleil et celles de la terre (une source chrétienne anonyme lui attribuait en revanche un diamètre solaire 100 fois supérieur à celui de la terre : cf. O. Neugebauer, (1975), p. 663). Ici, 27 étant un nombre cubique, il est plus que probable qu'il s'agit d'un rapport entre les volumes, ce qui supposait, pour le soleil, un diamètre triple de celui de la terre.

441. Cela n'implique pas que Posidonius ait consacré un traité spécifique à la mesure du soleil (cf. M. Laffranque, *Posidonios d'Apamée*, Paris, 1964, p. 101-2). Quoi qu'il en soit, la bizarre méthode qui lui est attribuée par Cléomède (II, 1, 17, p. 144-146 Ziegler) — la seule que nous connaissions de lui — ne fait pas intervenir les éclipses de lune. Posidonius pose, sans autre justification, que l'orbite solaire est 10 000 fois plus grande (μυριοπλασίων) que la circonférence terrestre (ce rapport de 1/10 000 pourrait provenir d'un calcul d'Archimède, *Arenarium*, p. 155, 28-156, 2 Mugler). Pour obtenir le diamètre du soleil, il prend alors la portion du méridien terrestre où, lors du solstice d'été, les rayons solaires tombent sans produire d'ombre — portion estimée par Eratosthène à 300 stades — et la multiplie par 10 000. Le diamètre du soleil est donc de 10 000 fois 300 stades, soit 3 millions de stades. Selon K. Mras, (1933), p. 263, ce serait par erreur que Macrobe aurait traduit μυριοπλασίων par *multo multoque saepius*, au lieu de donner au terme grec son sens mathématique précis. Rien de moins certain, nous semble-t-il : au contraire, Macrobe, ou sa source, a pu avoir considéré qu'il ne s'agissait que d'une estimation, dont il suffisait de retenir l'ordre de grandeur. Estimation heureuse, d'ailleurs : de tous les savants antiques, c'est Posidonius qui s'est approché le plus près de la réalité.

443. Nous savons par Cléomède, I, 10, 3-4, p. 94-100 Ziegler, comment Eratosthène, alliant en effet *ratio* et observation, détermina la mesure du méridien terrestre. Il serait oiseux de rapporter ici sa méthode, au demeurant célèbre : elle lui permit d'aboutir à une mesure de 250 000 stades, arrondie ensuite, par lui-même ou par Hipparque, à 252 000 (cf. Pline, II, 247, et *infra*, *Comm.* I, 20, 20), afin qu'elle devînt divisible par 12. Le stade d'Eratosthène mesurant en principe 157,5 m (en principe : cf., pour cette difficulté, Y. Janvier, « Les problèmes de métrologie dans l'étude de la cartographie antique », *Latomus*, 52, 1993, p. 19), cela donnait pour la circonférence terrestre l'excellente approximation de 39 690 km.

445. Cette mesure remonte à Archimède, qui avait établi que le périmètre π d'un cercle de diamètre 1 était compris entre 3 + 10/71 et 3 + 10/70 (*La mesure du cercle*, 3. Cf. éd. Mugler, C.U.F., 1970, p. 140, n. 3 : la proposition d'Archimède est citée aussi par Ptolémée, *Synt.* I, p. 513, 2-5 Heiberg ; Héron, *Métr.*, p. 66 ; Théon de Smyrne, p. 124, 12 Hiller = III, 3, p. 204-207 Dupuis ; Simplicius, *In Aristt. De caelo*, p. 549). Les *geometricae euidentissimaeque rationes* consistent à calculer la circonférence d'un polygone de 96 côtés, inscrit dans le cercle : calcul extrêmement lourd, en fait, et la formule de Macrobe ne montre qu'une chose, c'est qu'il ne l'a certainement pas refait lui-même ! La

limite supérieure de la valeur approchée ainsi obtenue, 3+1/7 = 22/7, qui est celle de Macrobe, avait pour avantage d'être aisément calculable de tête. Il existait d'autres approximations antiques : $\pi = 3$, en Orient (Mésopotamie ; Bible : 1 *Rois* 7, 23), et aussi *ap.* Géminos, XVI, 6 ; Vitruve, X, 9, 1 (du moins si l'on s'abstient de corriger le texte des manuscrits : cf. éd. Callebat/Fleury, C.U.F., 1986, p. 187-8) ; $\pi = 3+1/8$ (tablette de Suse, XVIIIe s. av. J.C. : cf. J. Pottage, « The Vitruvian Value of Π », *Isis*, 59, 1968, p. 190-7) ; $\pi = 3+1/6$ (Papyrus Rhind, XVIIe s. av. J.C.).

451. La procédure décrite par Macrobe, pour être géométriquement correcte, laisse néanmoins sceptique. Elle ne tient pas compte de la réfraction — phénomène découvert, semble-t-il, par Posidonius (*ap.* Strabon, III, 1, 5), et connu de Cléomède (II, 1, 2, p. 122 sq. Ziegler). Par ailleurs elle exige des conditions d'observation difficiles à trouver : un polos parfaitement exact, un horizon parfaitement dégagé. Enfin, les temps considérés sont extrêmement brefs (le soleil, au moment de l'équinoxe, met 2 mn à émerger pour un observateur situé à l'équateur, et 4 mn à la latitude de 60°) : d'où des mesures très délicates, et une marge d'incertitude considérable.

452. W. Stahl, (1990[2]), p. 253, confronte, en les transposant en données angulaires, les diverses estimations antiques de la dimension apparente du disque solaire (32′ 2″ dans la réalité). Elles s'étagent de 28′ 48″ chez Cléomède à 36′ chez Martianus Capella. Cf. aussi O. Neugebauer, (1975), p. 657-659, qui cite, pour Archimède, une valeur comprise entre 27′ et 32′ 55″. L'observation livrée par Macrobe peut paraître aberrante, puisqu'elle correspond, elle, à 1° 40′ : cf. *supra* I, 16, 10 et n. 358. J. Flamant, (1977), p. 439-440, pense qu'elle provient de l'observation, classique jusqu'à Aristarque (et adoptée par ce dernier dans son traité de jeunesse *Sur les dimensions et distances du soleil et de la lune*), qui attribuait au soleil un diamètre apparent de 2°, observation combinée avec l'hypothèse selon laquelle le cône d'ombre de la terre s'étendrait jusqu'à l'orbite solaire. Par ailleurs B. Bakhouche, (1996), p. 235, fait ingénieusement remarquer que 216 est le produit de 8 (cube du premier pair, 2) et de 27 (cube du premier impair, 3) ; ajoutons qu'il est aussi le cube de 6, nombre parfait (cf. *supra*, I, 6, 12-13 et n. 108, p. 148) : vertus qui ne pouvaient que ravir un adepte de l'arithmologie néopythagoricienne comme Macrobe. Ajoutons enfin que Vitruve, V, *pr.* 3 sq., présente le nombre 216 comme cher à Pythagore, qui aurait voulu qu'un ouvrage écrit comportât 216 lignes ou vers (*versus*), ou un multiple (jusqu'à 3 fois) de ce nombre — ce qui ne semble pas s'observer dans la réalité (cf. A. Kessissoglu, *Die fünfte Vorrede in Vitruvs « De architectura »*, Frankfurt/Main, 1993, p. 102-119).

457. Sur toutes ces remarques, au demeurant élémentaires pour les Anciens, cf. G. Aujac, « Le zodiaque dans l'astronomie grecque », *in* (1993), p. 99-128. C'est par un simple effet d'optique que les planètes, infiniment plus proches de la terre que les astres fixes, semblent à l'observateur terrestre se déplacer au milieu d'eux. Mais, pour décrire plus aisément leur course erratique, les astronomes grecs, après avoir

identifié la bande céleste dans laquelle elles confinent leurs mouvements, le zodiaque (cf. ci-dessus, I, 15, 8-9 et n. 335, p. 177 ; et ci-dessous, § 10-11), se servirent comme repères des constellations qui avaient été distinguées, de façon tout à fait arbitraire, dans cet espace céleste (ci-dessous, § 22). Enfin, ils géométrisèrent ces observations, en divisant la bande zodiacale en douze parties égales de 30°, les dodécatémories, dont chacune ne correspond que très approximativement à une constellation zodiacale (Hipparque, *In Arat.* II, 1, 8 ; Géminos, I, 1-5 : certaines couvrent un espace supérieur, d'autres un espace inférieur à une dodécatémorie). Mais ils gardaient à l'esprit que les étoiles étaient à des distances différentes de la terre (Géminos, I, 23), et que les planètes dans la réalité ne circulaient pas au milieu d'elles. Macrobe discute donc ici d'une habitude de langage propre soit à une astronomie peu technique (Ovide, *Met.* II, 78, écrit encore que le soleil fait route *per insidias... formasque ferarum*), soit, plus vraisemblablement, à l'astrologie. Les astrologues en effet continuaient à dire que les planètes se trouvaient « dans » tel ou tel signe : cf. ci-dessous, § 25-26 (les *domicilia* des planètes), et A. Le Bœuffle, (1977), p. 47-48.

458. Tous nos manuscrits, à l'exception du très lacunaire V, présentent, à la suite de *Comm.* I, 21, 4, le schéma que voici, avec deux variantes néanmoins. Alors que S X E A K N présentent, pour la succession des planètes, l'ordre chaldéen (L Me V So Ma J Sa), H adopte l'ordre égyptien L So Me V Ma J Sa. Par ailleurs K et H offrent une succession des constellations erronée, dans laquelle les Poissons et le Verseau sont intervertis.

459. Cf Géminos, I, 19 : « L'astronomie tout entière repose en effet sur l'hypothèse que le soleil, la lune et les cinq planètes se déplacent à vitesse constante (ἰσοταχῶς), suivant un mouvement circulaire, inverse de celui de l'univers. » Géminos fait remonter ce principe aux Pythagoriciens, qui ne pouvaient admettre qu'il y eût d'irrégularité dans les mouvements de ces êtres divins que sont les astres. Cf. note éd. Aujac, p. 124 : l'origine pythagoricienne est en effet probable, même si les Anciens citaient généralement Platon (Simplicius, *Comm. au De caelo*, II, 12, p. 488 Heiberg). Reste que les termes de Géminos ne sont pas sans ambiguïté : veut-il dire que toutes les planètes se meuvent à une vitesse égale pour toutes, ou simplement que chaque planète conserve pour sa part une vitesse constante ? Macrobe, de tous les auteurs que nous possédons, est celui qui soutient le plus clairement la première thèse (Martianus Capella, VIII, 852, est moins net) : cf. *supra* I, 14, 26-27 et notes *ad loc.* Mais si sa remarque peut expliquer les différences de durée des révolutions planétaires, elle ne résout en rien le problème autrement difficile de leur « errance », c'est-à-dire de leurs stations et rétrogradations, auxquelles il est fait allusion au § 10.

460. Pour la durée de la révolution de Saturne, cf. I, 19, 3 et 16 (révolution autour du soleil) ; pour celle de la lune, I, 6, 49-50 et I, 19, 5.

462. Cf. ci-dessus, n. 457, p. 195 sq. L'explication donnée par Macrobe n'a pas de valeur historique. En fait, les *signa* ont été découpés

dans le ciel bien avant qu'on se souciât de leur attribuer une dimension
égale au douzième de la circonférence du zodiaque — dimension purement conventionnelle, comme on l'a vu. Préalablement même, il n'y eut
pour les Grecs, dans cette portion du ciel, que onze constellations : la
Balance fut créée tardivement, à partir des pinces du Scorpion (Martianus Capella, VIII, 839, écrit encore : *zodiacus, qui quidem aequales
duodecim signorum integrat portiones, sed undecim habet signa*).
Quant à la division du zodiaque en dodécatémories, l'idée vient plutôt
des Chaldéens (cf. note suiv.), qui, dès la fin du VIe s. av. J.C., possédaient
une série de douze signes égaux : système qui passa en Grèce et que
connaissaient Eudoxe et Callippe. Certes Servius, *Ad G.* I, 33 et le Schol.
Apoll. Rhod. IV, 266, comme Macrobe, attribuent au zodiaque une
origine égyptienne ; mais de tels témoignages n'ont pas de valeur historique : cf. *R.E.*, II, 19, (1972), s.v. *Zodiakos*, col. 487-498 [H. Gundel] ;
A. Le Bœuffle, (1987), s.v. *signifer*, p. 238-242. Autre faiblesse du raisonnement de Macrobe (comme le voit bien J. Flamant, (1977), p. 448) :
il ne tient pas compte de la précession des équinoxes (pourtant évoquée
en I, 17, 16), qui modifie la position des constellations par rapport au
point vernal, à raison d'à peu près un *signum* en deux millénaires. Voilà
qui suffit à compromettre la transmission *ad posteros* de ces repères que
sont les constellations. Remarquons néanmoins que les astrologues, afin
de sauver leur « science », utilisaient (et utilisent encore), pour définir les
positions des planètes, des signes fictifs, correspondant à l'aspect du
zodiaque au temps d'Hipparque. Il est possible donc que Macrobe
emprunte à une source plus astrologique qu'astronomique.

463. Selon Sextus Empiricus, *Adv. Math.* V, 24-25, c'est également à
l'aide d'une horloge à eau que les Chaldéens, cette fois, auraient délimité
les dodécatémories du zodiaque. De même, dans la *Didascalie céleste* de
Leptine, 37 (trad. P. Tannery, (1893), p. 283-294), la clepsydre est utilisée
pour mesurer le premier signe à apparaître après le coucher du soleil. La
division du zodiaque dont parle ici Macrobe est la division en signes-
dodécatémories, non en signes-constellations (ces derniers étant par
nature d'étendue inégale : cf. ci-dessus, § 2 et 11 et notes afférentes). Mais
la méthode ne tient pas compte de l'inégalité des durées d'ascension des
signes, liée à l'obliquité du zodiaque, et bien mise en évidence pourtant
par les savants grecs : voir la démonstration géométrique d'Euclide,
Phénomènes 9, ainsi que les calculs de l'astronome Hypsiclès d'Alexandrie, *Anaphoricos* (IIe s. av. J. C.), transposés en unités de temps contem-
poraines par G. Aujac, (1993), p. 118 : à la latitude d'Alexandrie, l'ascension des signes les plus rapides (Bélier, Poissons) prend 1h 27mn, celle
des signes les plus lents (Vierge, Balance), 2h 34mn. Deux siècles après
Hypsiclès, Manilius s'élève contre le *uulgatae rationis... ordo/quae
binas tribuit signis surgentibus horas* (*Astron.* III, 218-219), et décrit
longuement la réalité astronomique (*ibid.* 203-442).

464. Cic., *Arat.* 317-319, rend pour la première fois *zodiacus* par
orbis signifer. Cf. A. Le Bœuffle, (1987), p. 240-241. Dès lors, *signifer*
devient fréquent d'abord comme adjectif (Lucr., V, 691 ; Vitr., IX, 8, 8 ;

Pline, *N.H.* II, 9), puis comme substantif (Sén., *N.Q.* VII, 24, 2 ; Pline, *N.H.* II, 48 ; etc.). Mais ce qui est surtout notable ici, c'est la naïveté avec laquelle Macrobe, sans s'en rendre compte, dénonce l'attribution, qu'il vient de soutenir, du zodiaque aux Égyptiens : comment ces derniers, s'ils étaient vraiment les inventeurs des constellations zodiacales, auraient-ils pu en emprunter le nom à un autre peuple — qui les aurait donc connues avant eux ? En fait, les constellations des anciens Égyptiens n'étaient pas celles des Grecs (ils avaient en revanche la notion de décans, inconnue des autres peuples), et l'origine des *signa* zodiacaux est à chercher chez les Chaldéens : cf. ci-dessus, note 462, p. 196 sq. Les historiens antiques de l'astronomie et de l'astrologie ont eu tendance à accorder beaucoup, et beaucoup trop, à une influence égyptienne réelle ou supposée : cf. Diodore de Sicile, I, 50 ; I, 98, 2 ; Diogène Laërce, I, 1, 11 ; etc. Ici, comme le dit cruellement J. Flamant, (1979), p. 450 : « Si « Égyptiens » il y a, il ne peut s'agir que de mauvais astronomes alexandrins. »

466. Le « thème du monde » (*genitura mundi*, § 24) est d'origine égyptienne, selon Firmicus Maternus, *Math.* III, *praef.* 4 ; III, 1, 1-2, qui en donne la généalogie : il remonterait à Pétosiris et Néchepso (noms censés être ceux d'un prêtre et d'un roi d'Égypte de la lointaine antiquité, et sous lesquels circulait un ouvrage, véritable Bible des astrologues, composé vraisemblablement au IIe s. av. J. C.) ; et au-delà d'eux, à Asclépios et Hanubius (Anubis ?), ces derniers tenant eux-mêmes leur science de Mercure/Hermès Trismégiste. L'explication donnée par Macrobe pour justifier la première place du Bélier figure, semblable, chez Firmicus Maternus, *Math.* III, 1, 17 (qui insiste sur l'importance du *Medium Caelum* dans tout thème astral) ; Procl., *In Tim.* I, 96, 18 Diehl.

467. Dans la terminologie astronomique, *uertex* désigne le « pôle » de l'univers. Mais dans le contexte présent, qui est astrologique, il nous semble qu'il faut y superposer le sens de « sommet de la tête ». Dans les *Sat.* I, 20, 17, Macrobe fait dire au dieu-soleil égyptien Sarapis : « la voûte du ciel est ma tête, mon ventre, la mer, mes pieds sont la terre, mes oreilles sont dans l'éther (etc.) ». De plus, en astrologie, le parallèle entre les parties du monde et celles du corps humain, entre macrocosme et microcosme, déjà traditionnel dans la pensée antique (cf. M. Armisen-Marchetti, *Sapientiae facies*, Paris, 1989, p. 305-7), a le statut de dogme fondateur, et il est censé révéler une réalité : cf. Manilius, IV, 888-95 (et comm. Housman *ad loc.*) ; Firmicus Maternus, *Math.* III, *proem.* 2-3. Significatifs sont les textes cités par A.-J. Festugière, (1949-1954), I, p. 92-94 et 126-131, dans lesquels le ciel est au monde ce que la tête est à l'homme.

470. Pour les astrologues, chaque planète a pour « domiciles » particuliers ou « maisons » (*domicilia* ou *domus*) deux des signes zodiacaux. L'un est le *domicilium* diurne (série énoncée au § 25), l'autre, le *domicilium* nocturne (§ 26). Seuls les luminaires n'ont qu'un domicile unique, le Lion pour le soleil, le Cancer pour la lune. Une planète exerce une

influence prépondérante lorsqu'elle se trouve dans son *domicilium*, dont elle est le *dominus* (cf. § 25). Les *domicilia* des planètes sont énumérés exhaustivement par Porphyre, *De antro* 22 ; Firmicus Maternus, *Math.* II, 2, 3-5 ; Ps.-Censor., *frg.* III, 10 ; et, partiellement, par Lucain, I, 652-660, et par Macrobe lui-même, *Sat.*, I, 12, 10-11 et I, 21, 16. Mais seul Macrobe met explicitement les *domicilia* en rapport avec le *thema mundi*. Firmicus Maternus, lui, traite des *domicilia* et du *thema mundi* à deux endroits éloignés (II, 2, 3-5 et III, 1, 1), sans établir de lien entre eux. Cf. A. Bouché-Leclercq, (1899), p. 182-192 sq. ; A. Le Bœuf-fle, (1987), s.v. *domicilium*, p. 123-124.

471. *Vel ipsa rerum prouidentia uel uetustatis ingenium hunc stellis ordinem dedit* : étrange formule. En quoi l'ordre des planètes, au lieu d'être une réalité physique, pourrait-il ne relever que du « génie des Anciens » ? L'explication est à chercher, croyons-nous, chez Firmicus Maternus, *Math.* III, 1, 9-11, à la suite de sa description de la situation des planètes lors de la naissance du monde : le *thema mundi*, dit-il, ne correspond pas à une réalité physique, car le monde n'a pas eu de commencement, et de toute façon, personne n'aurait pu être là pour en faire l'observation. Il est une hypothèse de travail, un *exemplum*, mis au point par les fondateurs de l'astrologie, comme modèle pour l'établissement des horoscopes humains : *ut esset quod mathematici in genituris hominum sequerentur exemplum, ideo hanc quasi genituram mundi diuini uiri prudenti ratione finxerunt.* Lorsqu'il parle en astrologue, Macrobe peut donc tenir l'ordre des planètes au sein du *thema mundi* pour un produit de l'inventivité humaine ; d'autant que, pour lui non plus, le monde n'a pas été créé à un instant précis : cf. A. R. Sodano, (1963). En revanche, lorsqu'il parle en astronome (comme à la fin de ce même § 27), il ne peut qu'attribuer à cet ordre une réalité physique, c'est-à-dire y voir une création de la providence organisatrice du réel. Et que les deux coïncident ne fait que démontrer une fois de plus, à ses yeux, la puissance du génie des « Égyptiens ».

472. Macrobe énumère l'ordre « égyptien », ou platonicien, selon la même disposition exactement qu'en I, 19, 2-4. En II, 3, 14, en revanche, il intervertira les places de Mercure et de Vénus. Ces deux versions de l'ordre égyptien (dues toujours à la difficulté d'observer les déplacements des planètes inférieures) coexistaient dans l'antiquité (cf. I, 19, 2 et n. 399, p. 187 sq.).

474. Cf. I, 11, 6. L'idée que la sphère lunaire sépare le monde d'en haut, pur et immortel, et le monde d'en bas, troublé et périssable, semble remonter à Pythagore (*ap.* Epiphanios, *Adv. haeres.*, *proem.* 1 et *ibid.*, III, 8 ; cf. Diels, *Dox. Gr.*, p. 587 et 590) et à son école : Alcméon de Crotone, *Vors.* 24 A 1 ; et surtout Philolaos, *Vors.* 44 B 21 (texte important, mais considéré par Diels comme d'attribution douteuse). On la trouve parallèlement chez Héraclite et Empédocle (*Vors.* 31 A 62). L'opposition entre mondes supra- et sublunaire devient dès lors substantielle dans la cosmologie platonicienne du *Timée*, et plus encore chez Aristote, qui attribue au monde d'en haut une cinquième essence inal-

térable, l'éther, tandis que le monde d'en bas, livré aux transmutations des quatre éléments, est celui du changement et du périssable (*De Caelo* I, 3, 270 a-b ; *Météor.* I, 1, 338 a-b ; Hippolyte, *Philosoph.* 20, 5, = Diels, p. 322 ; Epiphanios, *Adv. haeres.* III, 21 = Diels, p. 592). L'idée devient par la suite un lieu commun de la pensée antique, épicurisme excepté : cf. Cic., *N.D.* II, 56 ; Sén., *Ep.* 59, 16 ; *N.Q.* VII, 12, 7 ; Pline, II, 48 ; Apulée, *De mundo* 2-3 ; Cléomède, II, 99, p. 178, 26-28 Ziegler ; Calcidius, *In Tim.* 76 ; Ps.-Jambl., *Theol. arith.* p. 59, 7 sq. De Falco ; Claudien, *R. Proserp.* II, 298-9.

477. *Rép.* VI, 17 = *Songe* 4, 3.

478. Cf. I, 19, 11 (et déjà, pour l'idée que la terre n'est qu'un point au regard de l'immensité du monde, I, 16, 6 et n. 352, p. 181). La terre est un point immobile au centre de la sphère céleste : cette hypothèse, qui apparaît dès l'époque présocratique (Parménide, *Vors.* 28 A 1 ; Anaximandre, *Vors.* 12 A 1 ; Anaxagore et Empédocle, *Vors.* 59 A 88), a l'avantage de permettre une représentation géométrique et une modélisation commodes du monde : cf. Euclide, *Phén.* 1 ; Géminos, XVI, 29 ; XVII, 16 ; Hygin, *Astr.*, I, 2 ; Pline, *N.H.* II, 176 ; Cléomède, I, 9, 5 p. 90 et I, 11, 1, p. 102 Ziegler ; Théon de Smyrne, p. 120, 1 et 128, 1 Hiller = III, 1, p. 198-199 et 4, p. 210-211 Dupuis ; Ptolémée, *Synt.* I, 5-7 (cf. G. Aujac, « Le géocentrisme en Grèce ancienne ? », *in* (1993), p. 23-32). L'immobilité de la terre peut être présentée comme résultant d'un équilibre d'ordre physique : ainsi, Cic., *Tusc.* V, 69 ; Ov., *Met.* I, 12 sq. ; Manilius, I, 168-181 ; Pline, *N.H.* II, 11 ; et Macrobe lui-même, ci-dessous, § 7. Mais ici, Macrobe propose une démonstration mathématique, de tradition aristotélicienne : cf. Aristt., *De caelo* II, 3, 286a ; 13, 293a ; et surtout 14, 296a-b. Une argumentation du même ordre figure chez Théon de Smyrne, p. 149, 15 Hiller = III, 22, p. 242-243 Dupuis, et Calcidius, 76, dont la source commune est le Péripatéticien Adraste. Cf. aussi Plotin, *Enn.* II, 2, 1, 31-33 et 2, 10-12.

479. Cic., *N.D.* II, 116 : *id... medium infimum in sphaera est* ; Théon de Smyrne, p. 120, 1 sq. et 128, 1 sq. Hiller = III, 1, p. 198-199 et 4, p. 210-211 Dupuis.

480. Position centrale et fixité de la terre liées aux lois de la pesanteur : cf. Aristt., *De caelo*, I, 3, 269d ; II, 14, 296b-297a ; IV, 4 ; Géminos, XVI, 2 ; Théon de Smyrne, p. 122, 1 sq. Hiller = III, 2, p. 202-203 Dupuis ; Calcidius, 76. Cf. P. Duhem, (1965[2]), I, p. 205-210 et 215-230.

TABLE DES MATIÈRES

COLLECTION DES UNIVERSITÉS DE FRANCE

OUVRAGES PARUS

Série grecque

dirigée par Jacques Jouanna
de l'Institut
professeur à l'Université de Paris Sorbonne

Règles et recommandations pour les éditions critiques (grec). (1 vol.).

ACHILLE TATIUS.
Le Roman de Leucippé et Clitophon. (1 vol.).

AELIUS THÉON.
Progymnasmata. (1 vol.).

ALCÉE.
Fragments. (2 vol.).

LES ALCHIMISTES GRECS.
(3 vol. parus).

ALCINOOS.
Les doctrines de Platon. (1 vol.).

ALEXANDRE D'APHRODISE.
Traité du destin. (1 vol.).

ANDOCIDE.
Discours. (1 vol.).

ANTHOLOGIE GRECQUE.
(12 vol. parus).

ANTIGONE DE CARYSTE.
Fragments. (1 vol.).

ANTIPHON.
Discours. (1 vol.).

ANTONINUS LIBERALIS.
Les Métamorphoses. (1 vol.).

APOLLONIOS DE RHODES.
Argonautiques. (3 vol.).

APPIEN.
Histoire romaine (3 vol. parus).

ARATOS.
Phénomènes. (2 vol.).

ARCHILOQUE.
Fragments. (1 vol.).

ARCHIMÈDE. (4 vol.).

ARGONAUTIQUES ORPHIQUES. (1 vol.).

ARISTÉNÈTE. (1 vol.).

ARISTOPHANE. (5 vol.).

ARISTOTE.
De l'âme. (1 vol.).
Constitution d'Athènes. (1 vol.).
Du ciel. (1 vol.).
Économique. (1 vol.).
De la génération des animaux. (1 vol.).
De la génération et de la corruption. (1 vol.).
Histoire des animaux. (3 vol.).
Marche des animaux - Mouvement des animaux. (1 vol.).
Météorologiques. (2 vol.).
Les parties des animaux. (1 vol.).

GALIEN. (1 vol. paru).
GÉOGRAPHES GRECS. (1 vol. paru).
GÉMINOS.
Introduction aux phénomènes. (1 vol.).
GRÉGOIRE DE NAZIANZE (le Théologien) (Saint).
Correspondance. (2 vol.).
HÉLIODORE.
Les Éthiopiques. (3 vol.).
HÉRACLITE.
Allégories d'Homère. (1 vol.).
HERMÈS TRISMÉGISTE. (4 vol.).
HÉRODOTE.
Histoires. (11 vol.).
HÉRONDAS.
Mimes. (1 vol.).
HÉSIODE.
Théogonie. - Les Travaux et les Jours. - Bouclier. (1 vol.).
HIPPOCRATE. (10 vol. parus).
HOMÈRE.
L'Iliade. (4 vol.).
L'Odyssée. (3 vol.).
Hymnes. (1 vol.).
HYPÉRIDE.
Discours. (1 vol.).
ISÉE.
Discours. (1 vol.).
ISOCRATE.
Discours. (4 vol.).
JAMBLIQUE.
Les mystères d'Égypte. (1 vol.).
Protreptique. (1 vol.).
JOSÈPHE (Flavius).
Autobiographie. (1 vol.).
Contre Apion. (1 vol.).
Guerre des Juifs. (3 vol. parus).

JULIEN (L'empereur).
Lettres. (2 vol.).
Discours. (2 vol.).
LAPIDAIRES GRECS.
Lapidaire orphique. - Kerygmes lapidaires d'Orphée. - Socrate et Denys. - Lapidaire nautique. - Damigéron. - Evax. (1 vol.).
LIBANIOS.
Discours. (2 vol. parus).
LONGUS.
Pastorales. (1 vol.).
LUCIEN. (2 vol. parus).
LYCURGUE.
Contre Léocrate. (1 vol.).
LYSIAS.
Discours. (2 vol.).
MARC-AURÈLE.
Écrits pour lui-même. (1 vol. paru).
MÉNANDRE. (3 vol. parus).
MUSÉE.
Héro et Léandre. (1 vol.).
NONNOS DE PANOPOLIS.
Les Dionysiaques. (13 vol. parus).
NUMÉNIUS. (1 vol.).
ORACLES CHALDAÏQUES. (1 vol.).
PAUSANIAS.
Description de la Grèce. (4 vol. parus).
PHOCYLIDE (Pseudo-). (1 vol.).
PHOTIUS.
Bibliothèque. (9 vol.).
PINDARE.
Œuvres complètes. (4 vol.).
PLATON.
Œuvres complètes. (26 vol.).
PLOTIN.
Ennéades. (7 vol.).

PLUTARQUE.
Œuvres morales. (18 vol. parus).
Vies parallèles. (16 vol.).

POLYBE.
Histoires. (11 vol. parus).

PORPHYRE.
De l'Abstinence. (3 vol.).
Vie de Pythagore. - Lettre à Marcella. (1 vol.).

PROCLUS.
Commentaires de Platon. - Alcibiade. (2 vol.).
Théologie platonicienne. (6 vol.).
Trois études. (3 vol.).

PROLÉGOMÈNES A LA PHILOSOPHIE DE PLATON. (1 vol.).

QUINTUS DE SMYRNE.
La Suite d'Homère. (3 vol.).

SALOUSTIOS.
Des Dieux et du Monde. (1 vol.).

SAPHO-ALCÉE.
Fragments. (1 vol.).

SCYMNOS (Pseudo-) voir GÉOGRAPHES GRECS.

SOPHOCLE.
Tragédies. (3 vol.).

SORANOS D'ÉPHÈSE.
Maladies des femmes. (4 vol.).

STRABON.
Géographie. (10 vol. parus).

SYNÉSIOS DE CYRÈNE.
Hymnes (1 vol.).
Lettres (2 vol.).

THÉOGNIS.
Poèmes élégiaques. (1 vol.).

THÉOPHRASTE.
Caractères. (1 vol.).
Métaphysique. (1 vol.).
Recherches sur les plantes. (3 vol. parus).

THUCYDIDE.
Histoire de la guerre du Péloponnèse. (6 vol.).

TRIPHIODORE.
La Prise de Troie. (1 vol.).

XÉNOPHON.
Anabase. (2 vol.).
L'Art de la Chasse. (1 vol.).
Banquet. - Apologie de Socrate. (1 vol.).
Le Commandant de la Cavalerie. (1 vol.).
Cyropédie. (3 vol.).
De l'Art équestre. (1 vol.).
Économique. (1 vol.).
Helléniques. (2 vol.).
Mémorables (1 vol. paru).

XÉNOPHON D'ÉPHÈSE.
Ephésiaques ou Le Roman d'Habrocomès et d'Anthia. (1 vol.).

ZOSIME.
Histoire nouvelle. (5 vol.).
Tome I. N^{lle} éd. (1 vol.).

Série latine
dirigée par Paul Jal

Règles et recommandations pour les éditions critiques (latin). (1 vol.).

ACCIUS.
Œuvres. Fragments. (1 vol.).

AMBROISE (Saint).
Les devoirs. (2 vol. parus).

AMMIEN MARCELLIN.
Histoires. (7 vol. parus).

L. AMPÉLIUS.
Aide-mémoire. (1 vol.).

ANONYME.
L'annalistique romaine. (2 vol. parus).

APICIUS.
Art culinaire. (1 vol.).

APULÉE.
Apologie. - Florides. (1 vol.).
Métamorphoses. (3 vol.).
Opuscules philosophiques. Fragments. (1 vol.).

ARNOBE.
Contre les Gentils. (1 vol.)

AUGUSTIN (Saint).
Confessions. (2 vol.).

AULU-GELLE.
Nuits attiques. (4 vol.).

AURÉLIUS VICTOR.
Livre des Césars. (1 vol.).

AURÉLIUS VICTOR (Pseudo-).
Origines du peuple romain. (1 vol.).
Abrégé des Césars. (1 vol.).

AVIANUS.
Fables. (1 vol.).

AVIÉNUS.
Aratea. (1 vol.).

BOÈCE.
Institution arithmétique. (1 vol.).

CALPURNIUS SICULUS.
Bucoliques. CALPURNIUS SICULUS (Pseudo-). Éloge de Pison. (1 vol.).

CATON.
De l'Agriculture. (1 vol.).
Les origines. (1 vol.).

CATULLE.
Poésies. (1 vol.).

CELSE.
De la médecine. (1 vol. paru).

CÉSAR.
Guerre civile. (2 vol.).
Guerre des Gaules. (2 vol.).

CÉSAR (Pseudo-).
Guerre d'Afrique. (1 vol.).
Guerre d'Alexandrie. (1 vol.).
Guerre d'Espagne. (1 vol.).

CICÉRON.
L'Amitié. (1 vol.).
Aratea. (1 vol.).
Brutus. (1 vol.).
Caton l'ancien. De la vieillesse. (1 vol.).
Correspondance. (11 vol.).
De l'invention (1 vol.).
De l'Orateur. (3 vol.).
Des termes extrêmes des Biens et des Maux. (2 vol.).
Discours. (22 vol.).
Divisions de l'Art oratoire. Topiques. (1 vol.).
Les Devoirs. (2 vol.).
L'Orateur. (1 vol.).
Les Paradoxes des Stoïciens. (1 vol.).
De la République. (2 vol.).
Traité des Lois. (1 vol.).
Traité du Destin. (1 vol.).
Tusculanes. (2 vol.).

TITE-LIVE.
Histoire romaine. (25 vol. parus).

VALÈRE MAXIME.
Faits et dits mémorables. (2 vol.).

VALERIUS FLACCUS.
Argonautiques. (1 vol. paru).

VARRON.
L'Économie rurale. (3 vol.).
La Langue latine. (1 vol. paru).

LA VEILLÉE DE VÉNUS (Pervigilium Veneris). (1 vol.).

VELLEIUS PATERCULUS.
Histoire romaine. (2 vol.).

VIRGILE.
Bucoliques. (1 vol.).
Énéide. (3 vol.).
Géorgiques. (1 vol.).

VITRUVE.
De l'Architecture. (8 vol. parus).

Catalogue détaillé sur demande

CE VOLUME,
LE TROIS CENT
SOIXANTIÈME
DE LA SÉRIE LATINE
DE LA COLLECTION
DES UNIVERSITÉS DE FRANCE
PUBLIÉE
AUX ÉDITIONS LES BELLES LETTRES,
A ÉTÉ ACHEVÉ D'IMPRIMER
EN JANVIER 2001
PAR
L'IMPRIMERIE F. PAILLART
À ABBEVILLE.

DÉPÔT LÉGAL : 1er TRIMESTRE 2001
Nº D'IMP. 11069. Nº D. L. ÉDIT. 3900